上海社会科学院城市与人口发展研究所
学科建设丛书

总　编　　朱建江
副总编　　周海旺　屠启宇

区域发展导论

主　编 / 朱建江
副主编 / 宗传宏　李　娜

上海社会科学院出版社
SHANGHAI ACADEMY OF SOCIAL SCIENCES PRESS

上海社会科学院城市与人口发展研究所
学科建设丛书编委会

总　编

朱建江

副总编

周海旺　屠启宇

委　员（按姓氏笔画排序）

邓智团　杨　昕　李　健　张同林　林　兰　宗传宏　胡苏云

丛书总序

为贯彻落实2016年5月17日习近平总书记在哲学社会科学工作座谈会上的重要讲话精神和2017年3月5日中共中央发布的《关于加快构建中国特色哲学社会科学的意见》，依据本所职能定位，按照研究生教学需要和智库建设需要，经本所所务会议和所学术委员会讨论决定，在继续推进《上海社会科学院城市与人口发展研究所学术研究丛书》基础上，制定并按照《上海社会科学院城市与人口发展研究所学科建设规划及实施措施》，集中全所科研人员力量，立足中国实践，集中花几年时间，系统地撰写本所职能定位领域内的若干基础学科理论读本。

学科建设力求于研究问题的广度，理论构建着眼全面性、系统性、基础性，追求的学术价值是求同，建设的方式是教材编写。学术研究力求于研究问题的深度，追求的学术价值是求异，建设的方式是论文或专著。不过学科建设和学术研究是可以转换的，学科建设达不到全面性、系统性、基础性要求，此时该学科建设实际上已转为学术研究；反过来，一项学术研究已达到全面性、系统性、基础性的广度，此时的学术研究成果也就转化成学科建设成果了。总之学科体系的建设难于学术体系的建设，而学术体系的建设最终是为学科体系建设服务和打基础的。从这个角度讲，哲学社会科学研究的最高境界是学科体系建设或教材体系建设，学术体系建设是最活跃、最前沿、最创新的研究领域，但最终是为学科体系建设打基础和服务的。而话语体系建设融入于学科体系和学术体系建设之中。

基于上述考虑，本所将继续致力于"学科建设丛书"和"学术研究丛书"的撰写和出版工作。

朱建江

2018年6月29日

前　言

区域发展是人类按照经济社会发展某类特定指标对划定的"均质"空间进行规划、设计、运营、管理，使该划定的"均质"空间由"异质"变成"均质"、由小变大、由弱变强的内涵提升过程或方式。在实践中呈现的区域发展，是由各种具体区域发展类型来表现的，区域发展类型是区域发展的具体实践形态。在区域化和全球化的背景下，这部分内容包括行政区的区域发展、功能区的区域发展、跨国界的区域发展，乃至国境外的区域发展。对实践中的各种具体区域发展类型共同属性进行归纳研究，使之系统化、学理化，构成区域发展基础理论部分，这部分内容主要包括区位、区域划分、区域空间结构、区域协调发展、区域合作发展等。对实践中各种具体区域发展类型共性的落地措施进行归纳研究，使之系统化、学理化，构成区域发展的实施部分，这部分内容主要包括区域发展规划、区域发展政策、区域建设项目、区域发展制度法规等。对划定的某一具体区域拟制定区域发展规划、区域发展政策、区域发展制度法规，乃至编排区域发展建设项目时，都需要对这一具体区域的资源、经济、社会发展状况进行区域分析，我国区域学界所说的区域分析主要是相对于区域发展实施讲的，由崔功豪老师主编的《区域分析与区域规划》一书就隐含着这个逻辑。综上所述，从区域发展的学科体系角度讲，区域发展学科主要内容应由区域发展基础理论、区域发展类型、区域发展分析、区域发展实施四大部分组成。然而本书的重点是研究实践中的各种区域发展类型，以及从各种具体区域发展类型中抽象出来的区域发展基础理论和区域发展实施措施，区域发展分析内容暂没有单独列入其中。

从我国经济社会发展的实践角度看，我国改革开放40多年取得的举世瞩目的工业化、城镇化、农业现代化成就，很大部分来源于我国各种具体区域发展类型的实施。例如，从行政区的区域发展类型角度看，我国超大、特大、大城市的发展成绩是显著的；从功能区的区域发展类型角度看，我国二、三产业经济园区,经济特区,国家新区的发展成绩也是显著的;从跨国界的区域发展类型角度看,近几年我国推进的"一带一路"发展也取得了一些积极进展。一国或一个地区的经济社会发展,是在特定空间范围内进行的,由于资源禀赋、发展基础和条件的差异,人类经济社会发展不可能在一国或一个地区所有空间中无区别地"四处开花"和"无差异地发展",而必须对其空间按照某一指标划分为"均质"空间,分门别类、有针对性地进行发展,形成各种类型的"极化发展区域",达到投入最小、产出最多的经济社会发展效果。人类的物质文明和精神文明,就是在这一过程中逐步进化、梯度进步的。从某种角度讲,我国40多年改革开放的成就,既来自一、二、三产业部门,更来自这些多种多样的、具体的区域发展类型。市场经济是一种横向经济、扁平化经济,"条进网格"和"条块结合",无论是从经济快速发展角度,还是从社会有效治理角度,都是必需的。作者在实际部门经济岗位工作时,在我国改革开放初期,20世纪80年代至90年代,在经济发展中大多实施的是行业或部门经济政策,而从20世纪90年代中期到现在,行业经济或部门经济,必须与一个具体的集聚集约发展空间相结合,经济才能获得有效发展。从某种角度讲,将有限的要素向一个适宜的"均质"空间集聚,实现"店多成市""厂多成区""企多成群",这些都不是行业或部门经济中的产业链和供应链,而是一种区域发展的"经济集聚区""生态功能区""社会发展区",这就是区域发展研究的魅力所在、意义所在。重庆市原市长黄奇帆,2020年3月29日在清华互联网产业研究院微信公众号推送的《新冠疫情蔓延下全球产业链重构的三点思考》文章中提出,"在粤港澳大湾区、长三角、京津冀、成渝地区双城经济圈等地域,围绕国家九大战略性新兴产业,努力打造一批区域性产业集群。这些产业集群是把全球产业链的各个组成部分集中到特定区域,在区域内依然是全球供应商的水平分工,但同时也形成了区域产业链的垂直整合,从而大大降低了产业链集群的抗风险能力",讲的就是行业经济或部门经济必须与特定适宜的空间相结合,才能更加有效。党的十九届四中全会指出,"新中国成立70年来,我们党领导人民,创造了世所罕见的经济快速发展奇迹和社会长期稳定奇迹,……"[1]前世界银行首席经济学家,诺贝尔经济学奖获得者西蒂格利茨指出,"21世纪影响世界进程和改善世界面貌的两件事:一是美国高科技产业的发展,二是中国的城市化进程。"[2]上述这些都与我国改革开放40多年来各种具体区域发展类型创新、实践有关。

然而,本书的体系是探索性的,不完善的,并且对我国改革开放40多年以来的区域发展类型总结归纳是指一般的、普遍的区域发展类型,而不是指具体的、特定的区域发展类型。例如,本书并没有具体讨论长三角、京津冀、粤港澳等城市群的发展,而是将其放入城市群区域发展类型中去讨论;本书并没有具体讨论我国东部、中部、西部等三个经济地带的发展,而是将其放入区域协调发展战略中去讨论。此外,本书对区域发展一

---

[1] 中共中央:《关于坚持和完善中国特色社会主义制度,推进国家治理体系和治理能力现代化若干重大问题的决定》,《新华每日电讯》2019年11月6日,第1版。
[2] 新玉言主编:《国外城镇城镇化比较研究与经验启示》,国家行政学院出版社2013年版,封面。

般类型的讨论也是挂一漏万的,也许还有一些重要、行之有效的区域发展类型并没有囊括其中。在区域发展基础理论和区域发展实施措施两部分,也有许多需要进一步深入总结研究的内容,况且本书还没有完全包括区域分析有关内容。因此本书的写作和出版仅仅是一种抛砖引玉,旨在引起学界、实践部门对现代经济社会发展中区域发展类型研究的重视和继续优化探索。从某种角度讲,区域发展类型是一种现代经济社会的空间组织形式和生产方式,每一种具体的区域发展类型都是生产力与生产关系的"集合体",对一国或一个地区在有限生产要素下的经济快速发展和社会和谐稳定都是极其重要的。

本书是本所科研人员集体攻关、分工合作的学术成果,参加本书编写的本所科研人员及其分工如下:

第一章　绪论　朱建江

第二章　区位与区域发展定位　李健

第三章　区域范围的划分与界定　邓智团

第四章　区域空间结构　李健

第五章　区域协调发展　李娜

第六章　区域合作与发展　李娜

第七章　城镇体系　邓智团

第八章　城市发展　严春松

第九章　小城镇发展　庄渝霞

第十章　乡村发展　薛艳杰

第十一章　城区发展　刘玉博

第十二章　郊区发展　戴伟娟

第十三章　县域发展　朱建江

第十四章　居住社区发展　戴伟娟

第十五章　农业园区发展　薛艳杰

第十六章　第二产业经济园区发展　林兰

第十七章　第三产业经济园区发展　林兰

第十八章　经济特区和国家级新区发展　刘玉博　李鲁

第十九章　欠发达地区发展　周莹

第二十章　国家主体功能区发展　陈晨

第二十一章　城市群发展　杨传开

第二十二章　经济带发展　周莹

第二十三章　国家生态功能区发展　春燕

第二十四章　发达国家区域和都市区发展　黄彦(执笔)　屠启宇(指导)

第二十五章　金砖国家的都市区发展　屠启宇　卡佐·纳卡诺　亚历山大·普赞诺夫　帕特里克·海勒　菲利普·哈里森

第二十六章 "一带一路"发展 严春松
第二十七章 全球城市 春燕
第二十八章 区域发展战略 程鹏
第二十九章 区域发展规划 张同林
第三十章 区域发展体制机制 宗传宏
第三十一章 区域发展政策 宗传宏
附录 嘉昆太协同创新核心圈发展方案 朱建江 宗传宏 李娜 杨传开

本书可供从事区域发展工作的政府、企业等实际部门工作人员和学生、教学科研人员学习与参考。本书编写的范围和内容涉及面广，由于是集体著作且编写人员水平有限，本书的缺点、错误在所难免，望读者批评指正，以便今后进一步修改补充。

朱建江
2020年3月28日

目　录

前言　　001

第一编　区域发展基础理论

第一章　绪论　　003
　　第一节　区域的概念和特征　　003
　　第二节　区域发展的概念和特征　　006
　　第三节　区域发展类型及其演变　　013
　　第四节　区域发展学科体系　　016

第二章　区位与区域发展定位　　024
　　第一节　区位概念　　024
　　第二节　区位理论　　027
　　第三节　区位优劣势分析方法　　035
　　第四节　区域功能定位　　037
　　第五节　区域发展目标　　039

第三章　区域范围的划分与界定　　043
　　第一节　区域范围　　043
　　第二节　区域边界　　049
　　第三节　区域规模　　053

第四章　区域空间结构　　061
　　第一节　区域空间结构的概念与再认识　　061

第二节　区域空间作用机制与全球化发展　　066
第三节　全球化与新的区域空间结构模式　　073
第四节　大都市区空间结构与新的组织　　076

第五章　区域协调发展　　089
第一节　区域协调发展的含义与内容　　089
第二节　区域协调发展的原因与特征　　095
第三节　区域协调发展基本理论　　100
第四节　新时代区域协调发展战略　　104

第六章　区域合作与发展　　116
第一节　区域合作的产生、效果与作用　　116
第二节　区域合作目标形式内容　　120
第三节　区域合作的体制机制　　123
第四节　区域合作中的要素流动　　129

第二编　区域发展类型(Ⅰ)

第七章　城镇体系　　137
第一节　城镇村体系构建　　137
第二节　城镇村人口、建设用地、住房规模确定　　142
第三节　城镇村公共设施与市政设施配置标准　　145

第八章　城市发展　　158
第一节　城市发展定位　　158
第二节　城市发展规模　　160
第三节　城市发展结构　　164
第四节　城市发展活力　　167
第五节　城市公共服务　　171
第六节　城市运营　　173

第九章　小城镇发展　　178
第一节　小城镇发展概述　　178
第二节　小城镇综合改革　　180
第三节　特色小镇建设　　185

第四节　强镇改革之路　　　　　　　　　　　　　　　　　　*188*

第十章　乡村发展　　　　　　　　　　　　　　　　　　　　*194*
　　第一节　乡村概述　　　　　　　　　　　　　　　　　　　　*194*
　　第二节　乡村发展　　　　　　　　　　　　　　　　　　　　*199*
　　第三节　乡村发展战略与规划　　　　　　　　　　　　　　　*203*

第十一章　城区发展　　　　　　　　　　　　　　　　　　　*209*
　　第一节　城区基本范畴　　　　　　　　　　　　　　　　　　*209*
　　第二节　城区功能定位　　　　　　　　　　　　　　　　　　*211*
　　第三节　城区人口规模　　　　　　　　　　　　　　　　　　*213*
　　第四节　城区发展布局　　　　　　　　　　　　　　　　　　*218*
　　第五节　城区旧区改造　　　　　　　　　　　　　　　　　　*224*

第十二章　郊区发展　　　　　　　　　　　　　　　　　　　*229*
　　第一节　郊区的内涵　　　　　　　　　　　　　　　　　　　*229*
　　第二节　郊区的发展　　　　　　　　　　　　　　　　　　　*232*
　　第三节　郊区城乡一体化　　　　　　　　　　　　　　　　　*244*

第十三章　县域发展　　　　　　　　　　　　　　　　　　　*253*
　　第一节　县域发展内涵　　　　　　　　　　　　　　　　　　*253*
　　第二节　县域产业　　　　　　　　　　　　　　　　　　　　*255*
　　第三节　县域城乡统筹　　　　　　　　　　　　　　　　　　*266*
　　第四节　县域生态文明　　　　　　　　　　　　　　　　　　*271*

第十四章　居住社区发展　　　　　　　　　　　　　　　　　*277*
　　第一节　居住区发展概述　　　　　　　　　　　　　　　　　*277*
　　第二节　居住社区发展内容　　　　　　　　　　　　　　　　*283*
　　第三节　居住社区发展模式　　　　　　　　　　　　　　　　*296*

第三编　区域发展类型(Ⅱ)

第十五章　农业园区发展　　　　　　　　　　　　　　　　　*307*
　　第一节　农业园区概述　　　　　　　　　　　　　　　　　　*307*
　　第二节　农业科技园区　　　　　　　　　　　　　　　　　　*310*

第三节　现代农业园区　　318

第十六章　第二产业经济园区发展　　326
　　第一节　工业区发展　　326
　　第二节　老工业基地　　335
　　第三节　科技园区　　338
　　第四节　临空经济园区　　344

第十七章　第三产业经济园区发展　　348
　　第一节　第三产业经济园区解析　　348
　　第二节　商业区和商务区　　352
　　第三节　自贸区和保税区　　355
　　第四节　国家级金融改革综合试验区　　358
　　第五节　国家级旅游度假区　　359

第十八章　经济特区和国家级新区发展　　365
　　第一节　经济特区和国家级新区概述　　365
　　第二节　经济特区发展　　369
　　第三节　国家级新区发展　　373

第十九章　欠发达地区发展　　384
　　第一节　"欠发达"地区的理论界定　　384
　　第二节　区域发展的理论综述　　387
　　第三节　地区发展存在差异的因素剖析　　393
　　第四节　地区发展竞争力的评价标准　　395
　　第五节　我国欠发达地区的现状界定　　397
　　第六节　欠发达地区发展的指标体系　　400
　　第七节　欠发达地区发展的对策建议　　402

第二十章　国家主体功能区发展　　406
　　第一节　国家主体功能区概述　　406
　　第二节　优化开发区域　　410
　　第三节　重点开发区域　　412
　　第四节　限制开发区域　　415
　　第五节　禁止开发区域　　420

第二十一章 城市群发展 423
第一节 城市群理论基础与相关概念 423
第二节 城市群概念在国内的发展 427
第三节 城市群在中国的发展实践 433
第四节 城市群发展的未来展望 437

第二十二章 经济带发展 440
第一节 经济带的基本概念定义 440
第二节 相关理论剖析与经济带的内涵界定 441
第三节 案例剖析 458
第四节 对策与建议 461

第二十三章 国家生态功能区发展 464
第一节 生态功能区概述 464
第二节 生态环境保护与经济社会发展 466
第三节 我国生态功能区类型 468
第四节 国家风景名胜区发展 471
第五节 国家公园发展 473

第四编 区域发展类型(III)

第二十四章 发达国家区域和都市区发展 483
第一节 欧洲空间规划 483
第二节 日本首都圈的发展与规划 487
第三节 美国芝加哥大都市区的发展与规划 492
第四节 法国巴黎大区的发展与规划 495

第二十五章 金砖国家的都市区发展 502
第一节 圣保罗大都市区在巴西城市体系中的地位与作用 502
第二节 莫斯科都市区及俄联邦城市发展的现状与问题 507
第三节 德里都市区及印度城市治理的困境与挑战 510
第四节 约翰内斯堡都市区的可持续发展 517

第二十六章 "一带一路"发展 528
第一节 "一带一路"倡议的区域解释 528

第二节　"一带一路"建设的理念、原则与合作机制　　531
　　第三节　基础设施互联互通　　535
　　第四节　中国境外经济合作区建设　　540

第二十七章　全球城市　　546
　　第一节　全球城市内涵　　546
　　第二节　全球城市理论演进　　549
　　第三节　全球城市评价指标　　551

第五编　区域发展实施

第二十八章　区域发展战略　　563
　　第一节　区域发展战略的概念　　563
　　第二节　区域发展战略的目标　　565
　　第三节　区域发展战略的内容　　568
　　第四节　区域发展战略的实施　　574

第二十九章　区域发展规划　　576
　　第一节　区域发展规划理论溯源　　576
　　第二节　区域发展规划的关键问题　　578
　　第三节　我国区域发展规划的演进趋势　　587
　　第四节　我国区域发展规划的展望　　593

第三十章　区域发展体制机制　　596
　　第一节　区域发展体制　　596
　　第二节　区域发展机制的概念与内涵　　603
　　第三节　长三角一体化发展机制　　607

第三十一章　区域发展政策　　612
　　第一节　区域发展政策概念　　612
　　第二节　区域发展政策体系　　614
　　第三节　区域发展政策制定　　619
　　第四节　区域发展政策实施　　621
　　第五节　区域发展政策评估　　622

附录　嘉昆太协同创新核心圈发展方案　　　　　　　　　　　627
　　第一节　嘉昆太协同创新核心圈建设进展和面临问题　　　627
　　第二节　嘉昆太三地发展状况分析　　　　　　　　　　　632
　　第三节　嘉昆太协同创新核心圈与长三角一体化示范区联动发展思路任务　638
　　第四节　嘉昆太协同创新核心圈与示范区联动发展重点领域的财税政策　641
　　第五节　飞地经济发展案例　　　　　　　　　　　　　　643

编后记　　　　　　　　　　　　　　　　　　　　　　　　646

第一编
区域发展基础理论

　　区域发展基础理论来源于实践中具体的区域发展类型，是对实践中具体的区域发展类型共同属性归纳研究，使之上升到可指导区域发展的一般理论。根据国内外区域的学界研究和实践需要，本编主要由绪论、区位与区域发展定位、区域范围的划分与界定、区域空间结构、区域协调发展、区域合作与发展等六章组成。本编涉及的内容都是观念性的，是各种具体区域发展类型的思想、灵魂或精神所在。在各种具体的区域发展类型中，也许并不存在具体的文字、数字形态，但在各种具体的区域发展类型的方案制定及操作中却客观存在。

第一章 绪 论

区域发展是中国工业化、城镇化、农业现代化进程中空间经济社会发展的重要实现方式。系统总结我国近 40 年区域发展具体类型及其基础理论、分析方法、实施措施是中国学科体系、学术体系、话语体系的重要任务和使命。绪论是本书的开宗明义部分,由区域的概念和特征、区域发展的概念和特征、区域发展的类型和演变、区域发展的学科体系四节构成,核心是讨论区域、区域发展、区域发展类型、区域发展学科体系四方面内容。

第一节 区域的概念和特征

一、区域的概念

"区域"(region)一词,学界没有一个统一的概念。我国《辞海》解释为"土地的界划""界线、范围"。[①]《简明不列颠百科全书》将区域解释为:"区域是指有内聚力的地区。根据一定标准,区域本身具有同质性,并以同样的标准与相邻诸地区、诸区域相区别。"英国地理学家迪金森(R. Dickinson)认为,"区域概念是用来研究各种现象在地表特定地区结合或复合体的趋向。"美国地理学家惠特尔西(D. Whittlesey)主持的国际区域地理学委员会研究小组在探讨了区域研究的历史及其哲学基础后,对区域作了比较全面和本质化的界定,提出"区域是选取并研究地球上存在的复杂现象的地区分类的一种方法",认为"地球表面的任何部分,如果在某种指标的地区分类中是均质的话,即为一个区域",并认为"这种分类指标,是选取出来阐明一系列在地区上紧密结合的多种因素的特殊组合"。[②]在张忠国主

[①] 《辞海》,上海辞书出版社 2009 年版,第 1848 页。
[②] 吴志强、李德华主编:《城市规划原理》,中国建筑出版社 2010 年第 4 版,第 19 页。

编的《区域研究理论与区域规划编制》一书中,将区域定义为:"区域是一个空间概念,是地球表面上占有一定空间的,以不同物质条件为对象的地域结构形式。"[①]

综观上述各位学者对区域的看法,结合实践,区域的概念可表述为:区域是地球表面的人类经济社会发展的均质性空间范围。譬如经济区域,如商务区、商业区、工业区、农业区,乃至经济特区等;聚落区域,如城市、小城镇、乡村,乃至居民社区等;生态区域,如森林公园、地质公园、湿地公园、自然保护区、风景名胜区、国家公园;协同区域,如都市圈、城市群、经济带等;社会区域,如教育园区、科技园区、影视区等。从这些实践中我们常见的一些区域类型可看出:一,实践中各种各样的区域类型是人类社会的,区域是人类赋予地球表面的特定名词,离开人类社会,地球表面就是地球表面,不存在区域这个特定名词以及区域类型;二,人类社会的任何区域都是有空间范围的,即使是抽象的"政治权力",在人类社会中也是有有效空间边界的,如此地市长的政令在彼地市就无用等;三,区域性质是由这个区域内发展的主要内容决定的,尽管一个居住社区中也有公共服务、绿化市政等内容,但居住社区中的主要内容是居住住宅,其他是为居住配套的,是从属的内容。同样,一个商业区,商务区,乃至国家公园,也有可能有些居住设施、服务设施,但其主要内容是商业、服务、生态,其余内容都是从属的。我们通常讲的区域均质性,是从区域内发展的主要内容角度讲的。换句话说,划分区域,也可以从均质性发展边界或主要内容发展边界来确定区域的空间范围。

还需要说明的是,实践中,我们常将区域的概念和区域的均质性内容混淆,区域是地球表面具有均质性的一个空间范围,至于这个空间范围内的均质性内容,可以是政治的、生态的、经济的、文化的、社会的,这并不影响区域地球表面空间范围属性的客观存在,对任何学科而言,区域都是地球表面的一个空间范围。只是区域内的均质性,不同学科具有不同的认识和表达方式,例如,同一的城市区域,地理学认为是聚落,城市只包括聚落及其相应的二、三产业生产经营场所,是个物理空间;而政治学认为城市区域是个行政管理单元,是指行政权力可到达的有效的边界。在我国,城市既包括城区,又包括其行政管理涉及的乡村,在这里城市是个政治权力范围。地理学和政治学对城市区域不同的认识,从其本质角度讲,是对区域内均质性认识不一带来的空间范围差异。从这里也可看出,区域的空间边界是要通过均质性边界来确定的,只要均质性的分类各学科统一,区域概念也就各学科统一了。在此也可看出,美国地理学家惠特尔西所讲的"某种指标"均质的话即为一个区域,都是指区域是个均质性空间范围。

二、区域的特征

(一)区域的空间性

区域的空间性指地球表面上某一区域与另一区域之间的排列、方位、距离关系,这

[①] 张忠国主编:《区域研究理论与区域规划编制》,中国建筑工业出版社2017年版,第2页。

种空间关系可通过方位和距离确定区域的确切位置。区域与山脉、平原、江河、海洋的空间关系为空间的自然关系，与交通线、产业区、港口及其城市等的空间关系为空间的人文关系。区域的空间关系对区域的各个领域发展都有广泛的影响。在一定条件下，空间关系是区域形成和发展的决定性因素。优越的空间关系有利于区域发展，不利的空间关系则相反。区域空间关系对区域具有重要的意义。

（二）区域的可度量性

任何一个区域都是地球表面的一个空间范围。这个空间范围可以用地理边界来确定或其他物体来标志；可以用面积等来度量，可以在地图上画出来，大的区域还可以用经纬线来表达。

（三）区域的行政空间不可重复性和功能空间有过渡性

按同一原则或同一指标划分的区域，一个行政管理区域与另一个行政管理区域的空间范围应该不重叠和无遗漏，但功能区域可以跨界、重叠。例如，商务区或商业区空间范围的四至边界划定后，在发展过程中，因其功能溢出，可覆盖临近区域或带来邻近区域的功能调整，但这一般是以经济社会为内容的区域，自然区域一般变化缓慢，在短时期内不同的自然区域是截然不同的。

（四）区域的系统性

区域的系统性包括区域空间系统性、区域时间系统性和区域要素系统性。

区域空间系统性是指任何一个空间范围较大的区域，根据某类指标可以分解成若干空间范围较小的区域，除了最小范围区域外，每一个区域都是更大区域的局部，每一个区域都由若干个较小区域组成，从而形成区域空间系统性中的区域与区域之间关系和区域内部各客体（自然、经济、社会）之间关系。按一定要求通过区域大小空间的细分，区域之间和区域内的空间、时间、要素整合，区域将产生质的变化和新的特征。

区域时间系统性是指一个区域的过去、现在、未来需要进行有效衔接和整合。既要尊重区域过去发展的历史，不要切断其发展的脉络和机理；又要直面区域发展的现实和阶段，客观进行评价；还要面向国内外发展时势，把握区域发展走向。时间是区域中的重要因素和资源，区域中的时间、空间、要素紧密相连，区域的过去、现在和未来有机衔接是区域整体效能提升的前提。实践中，区域时间的系统性突出体现在区域发展的战略定位和建设目标上。

区域要素系统性是指人类社会任何区域都由自然、经济、社会三大内容及其要素组成。其中自然又由水、气、土、生物、阳光等要素组成；经济又由资金、资本、技术、信息、管理等要素组成；社会又由人口、劳动力、人才等要素组成。区域中的这三大内容及其要素相互联系，相互制约，只有通过合理组合，区域内的自然、经济、社会及其相应要素才能获得最佳整体效能。区域的性质取决于区域内自然、经济、社会的性质，并且正是由于区域自然、经济、社会及其要素的多样性，才形成了区域类型的多样性。区域内部要素按一定方式、秩序、比例组合是有机的、整体的，不是随意简单相加的。区域发展的难度就在于这些区域内要素的有机组合和区域之间要素的有机组合。

（五）区域的动态性

区域的动态性既可以来源于区域的空间性，也可以来源于区域的均质性。沙漠扩张、海岸升降、河水淹没、港口淤塞会引起空间的自然关系改变；交通技术和网络改变、行政区变更、经济社会项目布局都会引起空间的人文关系改变。例如，随着退耕还林、植树造林等活动，原来的农田区域改变为林地区域；随着产业空间转移，原来的工业区现在改变为居住区或商业区、商务区等。

第二节 区域发展的概念和特征

一、区域发展的概念

我国《辞海》对"发展"一词的解释为"事物由小到大，由简到繁，由低级到高级，由旧质到新质的变化过程"。[①]西方认为发展与文明几乎同义，它表示美好、积极和进步，包括实物形态的发展和非实物形态的发展两大方面。[②]我国著名区域学家陆大道在其《区域发展及其空间结构》一书中详细阐述了区域发展的概念，指出："在西方语言中，区域开发与'区域发展'是属同一个概念，其基本内涵是：在宏观国民经济增长的背景下，区域经济总量获得增长，人口增长和人均收入水平提高，物质性和社会性的基础建设不断改善，地区间建立合理的经济关系，逐步缩小地区间经济社会发展水平的差距，以及为此目标而制定的区域政策。"[③]从陆老先生所言上述"区域发展"的内涵看，区域发展包括区域经济发展、区域社会发展、区域公共设施发展、区域协调发展、区域发展政策，以及区域发展目标等。本书讨论的区域发展内涵与范围，既包括上述陆老先生所述的内涵，而且还根据现阶段和未来我国经济社会发展要求，增加了区域生态发展，区域文化发展，"一带一路"发展，区域发展战略、规划、体制等内涵，以适应我国社会主义现代化进程需要。因此，本书所述的区域发展概念是指人类社会为实现更少投入和更大产出，将经济社会发展同类内容配置在特定空间范围进行发展的生产方式。区域发展也有不同表达，但基本内涵是相近的，如："区域发展一般是指在一定时空范围内所进行的以资源开发、产业组织和结构优化的一系列经济社会活动。"[④]一个地区的地质、地形地貌、气候、水文、土壤、生物、矿产等自然环境因素是影响人类生存和发展的重要自然条件和自然资源，综观人类经济社会发展，人类始终选择在适合生产生活的地球表面空间上进行活动。与区域发展相关的概念有区域开发、区域协调发展、区域平衡发展、区域融合发展、区域统筹发展和区域一体化发展等。

[①] 《辞海》，上海辞书出版社 2009 年版，第 550 页。
[②] [美]瓦尔特·艾萨德：《区域科学导论》，陈宗兴译，高等教育出版社 1991 年版，第 453—457 页。
[③] 陆大道：《区域发展及其空间结构》，科学出版社 1998 年版，第 1 页。
[④] 崔功豪等：《区域分析与区域规划》，高等教育出版社 2006 年版，第 3 页。

（一）区域开发

陆大道先生在其"关于区域开发与区域发展概念的内涵"中提出，区域开发与区域发展两个概念既包括相同的内涵，也有明显差异。区域开发主要指地区内各类自然资源的开发利用，是针对地区经济发展的，较多地体现为由一种状态、一个阶段到另一种状态、另一个阶段的过渡，从无到有的过程，强调开发、促进、突变。区域开发所论述的事物内容基本局限于区域内部，并且区域开发概念较多地表述国家和地区工业化初期和中期的特征。而区域发展除了区域开发内容外，还包括区域内经济社会总量增长、内部结构与对外联系合理化、经济社会要素空间流动、经济社会发展水平地区均衡化、人口城镇化和经济文化水平提高等；区域发展除经济发展外，还包括社会发展、生态环境等。区域发展能确切表述工业化高级阶段和后工业化阶段的社会经济活动，是使地区经济社会发展更加完善、更加高级的发展活动；区域发展更强调已开发地区不断变化、提高和深化。区域发展涉及的对象和目标，从根本上讲不仅是经济发展，更为重要的是"人"的发展。区域发展涉及较多的区际问题，即将区域效率放在有关的区域群体中去考察。总体上看，区域发展的内容可以包含区域开发。①

（二）区域协调发展

"区域协调发展"一词国内外使用十分广泛，但没有人下过具体定义，在我国《辞海》中也没有"协调"一词的释义。从"区域协调发展"一词所使用的语境看，区域协调发展是区域发展中处理区际关系的一种要求或方法。在党的十九大报告关于区域协调发展战略的表述中，区域协调发展包含后进地区或不充分发展地区或边疆地区中的优先发展，实现后进地区或不充分发展地区、先进地区、边疆地区的整体发展。十九大报告区域协调发展战略中还提出了"共抓大保护、不搞大开发为导向推动长江经济带发展""坚持陆海统筹，加快建设海洋强国"等。因此，区域协调发展是处理或评价区域内部和区际之间发展状况的方法。区域协调发展在处理区际关系和区域内部关系时，可表述为初步协调、比较协调、相当协调和基本一致四种程度；可围绕区域发展中的空间系统性、时间系统性、要素系统性，设定一定指标进行定量评价；当区域协调达到基本一致程度时，区域协调发展就是区域平衡发展了。

（三）区域平衡发展

在中文的语义中，"平衡"与"均衡"是同义的，指的都是在区域发展中，区际发展水平和区内自然、经济、社会及其要素组合基本相当，是区域协调发展的高级阶段，也是区域协调发展的结果。例如，一个区域内自然、经济、社会相当，人口与就业岗位相当，生活的便利性和可及性、职住平衡、发展中过去现在未来的连接性，规划的实践适应性，人口经济社会资源环境的平衡性，地区内工农城乡居民收入的平衡性，等等。区域平衡发展是区域发展的目标，相对于区域平衡发展而言，区域协调发展是区域平衡发展中的过程。人类社会的发展就是一个从不平衡发展到平衡发展，再到更高层次的不平衡发展

---

① 陆大道：《区域发展及其空间结构》，科学出版社1998年版，第1—2页。

到平衡发展,循环往复,逐渐实现人类社会不同阶段的发展目标。人类面对的区域发展环境大都是不平衡的,但区域发展追求和设定的目标是平衡的,包括区域空间上的平衡、时序上的平衡和要素上的平衡。结果平衡是地球表面各种物体常见的现象,有山谷就有山峰,有河流就有大海,等等,人类本身的再生产也是平衡的,双手、双脚都是对称的,身心不平衡也会带来疾病。人类社会发展更需要平衡,政治、经济、社会、文化、生态五大建设不平衡,会带来诸多社会问题;人口、经济、社会、资源、环境不平衡也会带来人类可持续发展问题。

(四)区域融合发展

从中共中央、国务院于2019年4月15日发布的《关于建立健全城乡融合发展体制机制和政策体系的意见》看,城乡区域融合发展主要是"以缩小城乡发展差距和居民生活水平差距为目标,以完善产权制度和要素市场化配置为重点,坚决破除体制机制弊端,促进城乡要素自由流动、平等交换和公共资源合理配置,……"。可见,区域融合发展主要通过区域发展所需的要素市场化配置及其促进要素资源配置的体制机制来解决。区域发展差异主要是基于区域发展物质基础(包括资源禀赋、发展基础等)和发展政策形成的。区域发展物质基础属于生产力范畴,改变相对困难或需要较长时间,人类较易改变的是区域发展政策,要让先进发展地区带动后进发展地区和国家确定的重点地区,必须对后进地区、重点地区给予更优的区域发展政策。区域发展政策包括宏观政策和微观政策两大类,区域宏观政策主要通过大型骨干项目和产业布局在后进发展地区、重点发展地区的投入而改变区域发展格局。区域微观政策主要通过劳动力、人才、资金、资本、土地、管理等向后进地区和重点地区的流动及配置改变区域发展格局。例如,20世纪20年代,苏联围绕电气化计划,在能源条件较好的地区建设发电站、工厂、城镇,从而带动了不发达地区的发展。1933年,美国在田纳西河流域修建了许多小坝,促进了当地水电、工业和旅游的发展。在"一五"期间,我国将一批重点建设项目布局在内陆地区,也使这些内陆地区得到发展。

(五)区域统筹发展

党的十六届三中全会提出要统筹城乡发展、区域发展、经济社会发展、人与自然和谐发展、国内发展和对外开放。区域统筹发展是指将区域"作为一个整体进行通盘筹划"。毛泽东曾指出:"我们作计划、办事、想问题,都要从六亿人口这一点出发,千万不要忘记这一点。"在区域发展中,无论是区域空间系统性,还是区域时间系统性和区域要素系统,区际关系和区内关系,在区域发展的整个过程中都需要统盘考虑,按照区域平衡发展目标,区域协调和区域融合发展要求,进行思考、谋划、规划以及执行、验收、评估等。区域统筹发展,相比区域协调发展和区域融合发展而言,更侧重于方法的含义,是区域发展的一种思想方法和工作方法。例如,浙江省在推进县域城乡统筹发展时,主要从扩权强县和扩权强镇、中心镇和小城市培育、一般镇环境综合整治、特色小镇建设、美丽乡村建设等五方面逐步展开,前后持续达30年,目前是全国城乡发展均衡度最高的省份。

（六）区域一体化发展

区域发展一体化主要指的是一起发展，侧重于区域内部和区域之间时间上的发展要求。例如，白永秀在其《西部地区城乡经济社会一体化战略研究》中提出："城市、农村、经济、社会四者在时间上同步增长，在内容上互相渗透，在动力上彼此互动，在过程中融为一体。""'一体化'就是要在后改革时代，按照'和谐发展'的思路，促进由非均衡发展向均衡发展的转变，实现城乡、工农、区域、经济社会、国际国内'五个一体化'。"[①]我们通常讲的城乡发展一体化，实际是在讲城市与乡村在时间和内容上一起发展。区域发展一体化是区域发展的一种价值要求和发展阶段的判断，它不像区域协调发展和区域平衡发展具有数量上或程度上的要求，而是质量上或时间上的要求，也是区域发展中的一种思想或方法。

总体上看，区域开发是区域发展中的初始活动，区域平衡发展是区域发展的目标，区域协调发展是区域平衡发展的过程，区域融合发展是区域发展要素的优化配置，区域统筹发展是区域发展的谋划方法或工作方法，区域发展一体化是区域发展时间和质量上的要求。这些与区域发展相关的概念，事实上都包含在区域发展概念中。

二、极化发展区域和扩散发展区域

（一）极化发展区域

极化发展区域，也称集聚发展区域、核心区域、中心地、节点区域等，是将各类要素和政策集中配置在一个资源禀赋、发展基础和条件较好区域进行经济社会发展的一种区域发展方式，是周边区域的经济社会发展中心。区域发展实践中，有经济发展极化区域，如商业区、商务区、工业区、科技园区等；有社会发展极化区域，如城镇区、科创中心、文教中心等；有交通发展极化区域，如航运中心、交通枢纽等；有政治发展极化区域，如政治中心、行政管理中心等。可见，极化发展区域，首先是人类经济社会发展的均质区，但极化发展区域又不是人类经济社会发展的一般均质区，而是周边区域的经济社会发展至高点，在区域发展中具有引领带动作用。

极化发展区域思想，源于20世纪50年代初法国经济学家弗朗索瓦·佩鲁（Francois Perroux）提出的"增长极"概念，他认为经济增长并非同时出现在所有地方，而是按照不同的强度首先出现一些增长点或增长极，然后通过不同的渠道向外扩散，并对整个经济产生最终影响。法国地理学家布代维尔（J. R. Boudville）在1966年将增长极定义为："增长极是指在城中心区配置不断扩大的工业综合体，并在其影响范围内引导经济活动的进一步发展。"[②]可见，极化思想最初在经济增长点或经济增长中心中使用，随着社会的发展，极化思想也延伸到社会、交通、政治等发展领域和空间中使用，对周边区域具有了引导带动地位的都可称为极化部门或极化区域。

---

① 白永秀等：《西部地区城乡经济社会一体化战略研究》，人民出版社2014年版，第61、6页。
② 张忠国主编：《区域研究理论与区域规划编制》，中国建筑工业出版社2017年版，第53—54页。

极化区域是借助自身的区位、资源禀赋、发展基础和条件,乃至等级地位和政策,利用自身优势和通过吸引周边地区(或称影响地区、边缘地区、扩散地区、辐射地区)资源和要素进行发展后逐步形成的。因此,极化区域形成是基于极化区域发展中所需资源和要素可以流动且可以进行交易,故而极化区域的发展基础是市场经济体制机制。

极化区域对周围区域有正负效应。极化区域的负效应是指极化区域在发展中吸引了周围地区的资源和要素,从而使得周围地区在特定时间内减少了发展资源和要素,使得极化区域与周围区域经济社会发展差距扩大;极化地区对周边地区的负效应,也可称为虹吸作用、集聚作用、吸引力、向心力、凝聚力。极化区域对周边区域的正效应是指极化区域吸收了周围区域的资源和要素,使周边区域收入提高和消费水平提高,促进了周边地区农业适度规模经营和技术水平的提高,以及周边地区基础设施、公共服务水平的提高和管理水平的提高;极化地区的正效应,也称为扩散作用、涓滴效应和波及效果。从生产力角度而言,极化区域在区位、资源禀赋、发展基础和条件方面,相对周围区域一般都具有优势,如果再叠加生产关系中的区域发展的行政等级优势和区域发展的政策优势,则极化地区的负效应将大大扩大,与其周围地区的发展差距将大大扩大。因此,在区域发展中如何缩小极化地区的负作用,扩大极化地区的正效应,只有在区域发展时段上和区域发展政策中去把握、平衡。

(二)扩散发展区域

扩散发展区域,是相对极化区域而言的,是指极化区域的影响范围、周围地区、边缘区域、涓滴地区、波及地区、辐射区域等,是依托自身区位、资源禀赋、发展基础和条件进行自主发展和为极化区域提供资源和要素、配套和服务,以及接受功能扩散和辐射的区域,是区域发展中的次中心区域。如,相对超大、特大城市而言的大中小城市、小城镇、城镇中的街道和乡镇、街道和乡镇中的居委会区域和村委会区域。

相对于周边极化区域而言,一般扩散区域的区位、资源禀赋、发展基础和条件,乃至行政等级和区域发展政策均逊于极化地区,并且区域内的资源和要素向周边极化地净流出。因此,为了避免与极化区域差距的扩大,扩散区域一方面要积极与极化区域对接,主动接受辐射,争取资源和要素流入与流出之间的平衡;另一方面要依托自身区位、资源禀赋、发展基础和条件,独立自主加快发展;三是争取极化区域外或更大范围区域的资源、要素、项目、政策的支持,实现资源和要素的净流入大于净流出。

扩散区域对极化区域和周边区域也有正负效应。扩散区域对极化区域和周边区域的负效应是加大自身区域发展力度,与极化区域和周边区域进行市场竞争,以及跳出本区域,构建邻近范围或更大范围的发展共同体,改变资源和要素流动方向,在更大范围内配置市场、资源和要素,从而提升自身在区域发展中的定位,逐渐成为区域发展的极化地区。例如,浙江义乌就是从为浙江金华极化区域配套的次中心,通过市场拓展,现在已成为金华地区乃至全国、全球的小商品交易中心。扩散地区的正效应,相对极化区域而言,就是自身不发展,而专为极化区域作配套服务,不参与周边地区竞争等。

（三）极化区域和扩散区域的国家调节

极化区域的区位、资源禀赋、发展基础和条件，一般比扩散区域占优，在一个地区或一个国家经济社会发展初期，因经济综合实力还比较弱，一般会偏向将有限的资金、资本、技术，通过政府公共投资、重大产业项目和政策集中投向这些发展初始条件较好的区域，进行集聚发展；但特别需要注意的是，即使这一时期也不能在资源要素、政策上限制扩散区域依据自身区位、资源禀赋、发展基础和条件，利用市场进行与极化区域进行错位发展和同时发展。在一个地区或一国经济社会发展的中期，地区和国家的区域发展政策必须进行转型，做到极化区域和扩散区域在发展政策方面基本平等，并且在基础设施和公共服务上做到各类区域均等化，从而避免极化区域与扩散区域的经济社会发展水平差距扩大；在这一阶段，因极化区域区位、资源禀赋、发展基础和条件占优，故此时极化区域的资源和要素还是净流入。在一个地区或一国经济社会发展进入中后期，极化区域因在区位、资源禀赋、发展基础和条件是占优的，为了缩小极化区域与扩散区域的差距，国家区域发展政策、公共投资和重大产业项目，一是要向扩散区域倾斜，二是要促进极化区域在功能辐射和扩散上下功夫，三是基础设施和公共服务在区域上全面实现均等化。

三、区域发展的基本特征

（一）空间选址是人类经济社会发展的出发点

一个地区的地质、地形地貌、气候、水文、土壤、生物、矿产等自然环境因素是影响人类生存和发展的重要自然条件和自然资源。综观人类经济社会发展，包括物质再生产和人口再生产，人类始终选择在适合生产生活的地球表面空间上进行。"在世界范围内，农业起源中心主要有三个：西亚、东亚和中南美洲。西亚是小麦大麦的发源地，畜牧业以饲养山羊和绵羊为主；东亚，以中国为代表是大米、小米的发源地，畜牧业主要是养猪业，另有鸡、狗养殖等；中南美洲是玉米的发源地，农业以玉米为主，伴有西瓜和豆类，这三者在印第安人的传说里叫做农业三姐妹。这三大农业起源中心，产生了世界上六个原生形态的文明，美索不达米亚、埃及、印度河流域、中国、中美洲、南美安第斯文明。"[①]

（二）区域发展不平衡是区域发展的阶段性现象

一般认为，"工业化进程的城乡关系，尽管纷繁复杂，但其变迁也是有规律的。总的来看，城乡关系的变迁是从农业社会无差别统一的均衡状态，到工业社会初中期阶段的逐步失衡，再到工业化社会中期阶段起逐步走向均衡，直到工业化社会后期阶段和后工业社会城乡一体的均衡状态。"[②]区域发展核心边缘理论也认为，工业化前期阶段，工业产值在经济中小于10%，商品生产不活跃，各地方基本上自给自足，区际之间联系不紧

---

① 卞宪群总撰稿：《中国通史：从中华先祖到春秋战国》，华夏出版社、安徽教育出版社2016年版，第24页。
② 刘君德、范今朝：《中国市制历史演变与当代改革》，东南大学出版社2015年版，第27—28页。

密,区域发展水平的差异比较小;工业化初中期阶段,工业产值在经济中的比重占10%—50%,核心区域和边缘区域之间发展存在着不平衡的关系;后工业化阶段,核心区对边缘区域的扩散作用加强,边缘区域产生的次中心逐步发展,并趋向于发展到原来的核心区相似的规模,核心区域与边缘区域的发展基本上达到相互平衡的状态。①

（三）错位发展、同时发展是区域发展的常态

世界上各地区的自然条件和自然资源千差万别,几乎不存在完全相同的两处地方。每个空间的资源禀赋、发展基础和条件都是不相同的,因此各地均可以利用自身的优势进行经济社会发展,从而形成区域发展中的错位发展和同时发展状态。例如,"在东京都市圈,由于东京具备强大的吸引力,其他城市面临强大的竞争压力,但是这些城市并没有被东京的竞争所击垮,而是通过与东京建立协商沟通机制,形成与东京的错位发展,如埼玉县主要发展机械工业与旅游产业,千叶县主要发展石油化工、钢铁等重化工业,神奈川县主要发展港口和机械、电子等产业。"②而初始发展条件较好地区的集中发展、集中投资、重点建设、集聚发展,不应该妨碍和限制发展条件较差地区的错位发展和同时发展。

（四）基础设施和公共服务均等化是区域平衡发展的基础

在现代化进程中,地区自然条件和自然资源的差异并不完全是区域发展的决定条件,区域发展差异更多取决于区域的基础设施和公共服务差异。在工业化前期阶段,城乡基础设施和公共服务基本均等化,因此城乡发展是均衡的;在工业化的初中期,因一国或一个地区的资金资源有限,初试条件较好的地区得到了基础设施和公共服务的重点投资和集中发展,从而形成了极化发展区域或核心发展区域;后工业化阶段,核心区域和边缘区域的均衡发展,其基本条件是核心区域与边缘区域的基础设施和公共服务均等化。"在2017年召开的中央经济工作会议上,习近平总书记进一步强调了区域协调发展的三大目标。实现基本公共服务均等化,基础设施通达成程度比较均衡,人民生活水平大体相当。"③

（五）平衡发展是人类社会追求的目标

平衡发展是人类社会追求的目标。任何地区在发展的过程中,不平衡发展是客观的,实现平衡发展是必要的,也是可能的。工业化前期阶段,到工业化的中期阶段,再到后工业化后期阶段,就是一个从不平衡到平衡发展的多阶段过程。人类社会发展过程,就是从不平衡发展到平衡发展,在更高层次上从不平衡发展到平衡发展,螺旋式向上地循环往复,逐步实现人类社会的进步与文明。

（六）区域发展是生产力和生产关系共同作用的结果

区域发展既有生产力的因素,也有生产关系的因素。从不平衡发展到平衡发展,不仅仅是生产力发展的自然演变,更是人类依据发展的客观时势、区位、条件制定相应的

---

① 张忠国主编:《区域研究理论与区域规划编制》,中国建筑工业出版社2017年版,第62—64页。
② 陈宪:《从东京都市圈区域融合发展》,《文汇报》2018年2月15日,第8版。
③ 李程华:《建立更加有效的区域协调发展新机制》,《光明日报》2018年2月23日,第6版。

战略、规划、项目、政策、制度等生产关系的内容,予以干预使之达到人类社会平衡发展的预期目标。

第三节　区域发展类型及其演变

一、区域发展类型的划分方法

按照区域的内在结构特征和外在结构特征,即区域内部各组成部分在特征上存在的相关性和区域之间在特征上存在的相关性,区域可分为均质区和结节区(枢纽区)两大类。均质区是划分区域的方法,结节区是划分区际的方法。

（一）均质区划分方法

均质区是由区域要素系统性决定的,是根据区域空间范围内自然、经济、社会主要特征与区域外部主要特征差异性来划分的,区域内其他特征从属于区域内主要特征,其他特征随主要特征而存在。如区域经济中的农业区、商业区、工业区、商务区等,这些区域主要功能或特征是农业、工业、商业、商务办公等。但商业区、工业区、商务区乃至农业区内也有一些居住、文教、管理等功能或特征,但这些居住、文教、管理等功能或特征在这些经济区域中不是主要功能和特征,恰恰是为主要功能或特征配套的,是从属的。实践中,纯而又纯的单一功能或单一特征的均质区域是很少存在的,一般是以区域内的主要特征或功能来确定区域空间边界的。只有那些自然区域,如气候区、水文区、土壤区、植物区、动物区是由单一功能或特征来确定区域空间边界的。同理,区域社会中的人口聚落、语言区、文教区、民族区、宗教区等也是均质区,都是以区域内主要特征和功能来划分的。我国区域政治中的各个等级行政区、港澳特别行政区也是均质区;区域生态环境中的自然保护区、风景名胜区、森林公园、地质公园、湿地公园也是均质区;区域交通中的空港区、航运中心、交通枢纽等也是均质区。可见,除自然地理中的纯自然区域是用单一特征或功能来确定区域范围的,其余人文区域都是由主要特征或功能来确定区域空间范围的。特别需要说明的是,均质区空间范围的划定是从这个区域建设目标角度确定的,而不是从现状角度确定的。例如,当一个区域被确定为城市化建设地区时,其现状可能是农田,但这并不影响把这个地区划定为城市化建设地区;反之,不是城市化建设地区,农田就不应该被划入这个区域。

（二）结节区划分方法

结节区是指由若干均质区域组成的更大范围的区域,是由区域空间系统性决定的。一个完整的结节区由一个或多个核心、影响范围和结节性三部分组成。核心是结节区域中具有集聚功能或极化特征的区域;影响范围是结节区域中与核心区域具有自然、经济、社会相关性的区域;结节性是结节区域中联结核心区域和影响区域的功能通道,这种功能通道可以是交通、经济、人脉、传统、历史、习惯、气流、径流等,既有自然属性,也有人文属性,但就其本质而言,结节性是通过核心区域和影响区域的要素流动传递的。

因此,结节区域组成既要发挥核心区域的集聚、极化、虹吸作用,在这个作用中影响区域是配合、配套;也要发挥核心区域引领带动作用,重视核心区域的功能扩散、辐射,在这个作用中影响区域是受益、共同发展;为完成结节区域集聚和扩散功能,同时加强结节区域中的结节性建设和联系,结节区域只有通过核心区域、影响区域、结节性三方面作用发挥,才具有存在的价值和必要。然而,结节区域中的核心区域、影响区域和结节性联系,在区域发展不同阶段中是各有侧重的,在区域发展的初中期,核心区域一般得到优先、快速发展;在区域发展的中后期,核心区域功能溢出,以及结节性发展,影响区域也由此受益并与核心区域缩小差距,从而形成结节区域的整体性提高,但这一过程既需要生产力发展到一定阶段,也需要生产关系的干预促进才能实现。就我国而言,结节区典型类型为经济区、都市区、城市群、东中西、长江经济带、"一带一路"等。经济区和都市区一般由一个核心区域带动,城市群和经济带一般由多个核心区域带动。需要提醒的是,结节区不仅仅是区域之间的构建,还包括区域内自然、经济、社会等各方面内容;以及时间、资金、资本、技术、劳动力、人才、管理等要素构建,也需要应用结节区理论进行区域内各要素的系统性配置,主要表现为区域内主要功能或特征与配套功能或特征的量和质、时间和空间的配置。例如,一个 CBD,除商务办公楼主要内容配置外,一般还需要银行、酒店、商业、道路交通乃至绿化、公园等辅助功能配置,在这个区域中,商务办公区是核心区域,银行、酒店、商业区等是影响区域,而道路、交通、流通线路就是商务办公核心区域与酒店、银行、商业区影响区域的结节性连接通道。

需要提出的是,"美国地理学家惠特尔西根据区域功能和内在联系程度的不同,将区域分为三大类。第一类是单一特征的区域,如坡度区。第二类是多种特征的综合区域,其中又可分为几个亚区:第一亚区是产生于同类过程,形成高度内在联系的区域,如气候区、土壤区、农业土地利用区等;第二亚区是产生于不同类过程,形成较少内在联系的区域,如根据资源基础及其综合利用而划出的经济区;第三亚区是仅具有松散内在联系的区域,如按地理环境要素划分的传统自然区。第三类是根据人类对地域开发利用的全部内容而分异的总体区域,如为研究和教育服务的一般地理区。"[1]根据实践笔者认为,惠特尔西在这里所述的区域功能"单一特征""多种特征"与区域联系"高度内在联系""较小内在联系""松散的内在联系",区域功能的"单一特征"和"多种特征"属于区域均质区的表达方法,区域联系的"高度内在联系""较少内在联系""松散的内在联系"属于区域结节区的表达方法。故惠特尔西上述表达仍然是区域类型划分的方法,而不是区域类型本身。

二、区域发展类型

(一)均质型发展区域

1. 根据聚落人口规模,均质型发展区域可分为城市(超大城市、特大城市、大城市、

---

[1] 吴志强、李德华主编:《城市规划原理》,中国建筑工业出版社 2010 年第 4 版,第 219—220 页。

中小城市)、小城镇(特大镇、一般建制镇、集镇、特色小镇等)、乡村(中心村、基层村等)。

2. 根据产业功能,均质型发展区域可分为粮食生产功能区、重要农产品生产保护区、特色农产品优势区、工业园区、经济技术开发区、高新技术产业区、出口加工区、商业区、商务区、金融区、科技园区、自贸区、保税区、旅游度假区等。

3. 根据自然属性,均质型发展区域可分为气候区、土壤区、水文区、植物区、动物区等。

4. 根据经济社会发展水平,均质型发展区域可分为发达地区、欠发达地区、先进地区、后进地区等。

在均质型发展区域划分中可以采用单一功能特征,尽量不要采用多种功能特征,这是因为功能指标多且并列的话就冲淡了区域发展的主导功能或特征。除自然区域外,经济社会发展区域极大部分是由多种功能特征组成的,而之所以这个区域与外部区域区分开来,主要在于这个区域的主导功能特征。因此,实践中区域空间范围主要依据该区域主导功能特征覆盖的范围来决定,而不是根据区域中的若干功能特征来确定。需要说明的是,区域发展的均质性具有现在的均质性范围和未来的均质性范围,在实践中,一般以发展区域(目标均质性为区域的空间边界)。例如,一个地区区域发展的主导功能是工业区,而现状可能是居住区或农业区,但区域发展功能仍需覆盖区域内居住区或农业区。通常我们在实践中看到的区域发展的功能过渡带,商务区、商业区周边的商务功能或商业功能也随之发展起来,这是区域发展功能溢出所致,并且这个过渡范围是有限的,并不等于说区域发展主导功能特征及其空间边界是不好确定的。

(二)结节型发展区域

1. 根据行政管辖,结节型发展区域可分为城镇体系、国家新区或经济特区、都市圈等。在我国,有省(直辖市、自治区)、地(市、自治州)、县(市、自治县)、乡(镇)等行政管理区域。行政管辖区域都具备较完整的城镇体系,全国城镇体系也在国家行政管辖内,从目前我国国家新区来看,其区域一般也是与行政管辖区域重叠的;都市圈是由一个核心城市构建的城镇体系,在我国一般也与行政管辖区域重叠。

2. 根据跨行政区,结节型发展区域可分为经济区、经济带(如我国东、中、西、长江经济带等)、城市群、国家主体功能区、国家生态功能区(如国家公园,国家风景名胜区等)、"一带一路"等。

在结节型区域的划分中,可以考虑核心区域与影响区域,根据"高度内在联系""较少内在联系""松散内在联系"来确定结节型区域的空间边界以及合作、协调范围。

三、区域发展类型的演变

区域发展类型或方式是生产力和生产关系有机组合的集中表现,不同的经济社会发展阶段具有不同的区域发展类型或方式。根据经济社会发展阶段,适时创新区域发展类型或方式是推动一国或一个地区经济社会发展的重要形式。工业化前期,粮食种植区域、畜牧业区域、乡村聚落、乡村工业区域等区域发展类型占据主导地位。工业化中期,蔬菜水果等经济作物区、特色农产品优势区、主要大宗农产品生产保护区、工业园区、经济技术开发区、高新技术产业园区、出口加工区、临空经济园区、科技园区、商业区、商务区、保税区、金融改革实验区、国家旅游度假区、超大城市、特大城市、大城市等区域发展类型获得较快发展。工业化后期,城镇体系、都市圈、城市群、经济带、郊区、县域、小城镇、乡村、现代农业园区、农业科技园区、休闲农业园区、老工业区、自贸区、革命老区、贫困地区、边疆地区、少数民族地区、国家自然保护区等跨行政功能性区域、跨国功能性区域、欠发达区域、自然性区域等区域发展类型得到较快发展。随着科技进步和制度进步,新的区域发展类型或方式还将不断产生。整体来看,生产力是区域发展类型或方式的决定因素,区域发展类型和方式要适应生产力的发展要求,既不能超前,也不能滞后。

第四节　区域发展学科体系

一、区域发展理论的形成与发展

区域发展理论何时在世界上产生,学界没有定论,但从逻辑角度来说,区域发展与区域发展理论的产生时间应该是不一样的。一般情况下,区域发展应该先于区域发展理论的产生。同时,就理论的特性而言,区域发展理论应该是源于区域发展问题的探讨。而从区域发展问题的探讨这个角度讲,区域发展理论当从德国农业学家杜能(Johann Heinrich von Thunen)于1826年完成的《孤立国同农业和国民经济关系》(简称《孤立国》)一书论述的农业区域理论起算。1807年,普鲁士首相施泰因颁布"十月敕令","允许地主把拿破仑战争时期'无主'的那些农民土地攫为己有,同时不管农民意见如何,如果地主给农民一定的代价,或者在别的地方换给农民同样大小的土地,地主便可占有农民的份地,把小块土地联合成大地产。"[①]这为当时德国农业的企业化经营或规模经营奠定了条件。与此同时,当时的普鲁士著名农业学家泰尔(A.D.Thaer)提出应将中世纪的"三圃制"农业生产方式改为轮作制(即在农地上种植三叶草、萝卜、马铃薯)农业生产方式,史称"合理农业论"。杜能的《孤立国》就是针对农业规模经营和轮作制生产经营方式提出的在地域上的农作物种植配置原则,即在特定区域范围中的农业生产经营或德国农业规模经营及轮作制应该遵循的生产规模。

20世纪初,德国经济学家韦伯(Alfred Weber)1909年出版的《工业区位论:区位的纯理论》一书,也是基于德国近代工业有了较快发展,并伴随大规模人口的地域间移动,从而形成商业和人口向大城市集中现象的区域经济社会发展机理的探讨。20世纪50年代初,法国经济学家弗朗索瓦·佩鲁通过对实际经济活动的观察,提出"增长并非同时出现在所有地方,它以不同的强度首先出现于一些增长点或增长极上,然后通过不

---

① 樊亢、宋则行主编:《外国经济史(第一册)》,人民出版社1980年第2版,第148—150页。

同的渠道向外扩散,并对整个经济产生不同的最终影响",①以及德国地理学家克里斯塔勒(Walter Christaller)提出的"中心地理论",美国区域发展和区域规划学家弗里德曼(John Friedmann)和赫希曼(A.O.Hirschman)等人提出的"核心-边缘理论",波兰萨伦巴和马利士提出的"点轴理论"等区域发展理论,其共同特征都是基于区域发展中问题的理论探讨。因此,区域发展理论应该说形成于杜能的《孤立国》,其后的"区位理论""中心地理论""增长极理论""核心边缘理论""点轴理论"乃至"圈层理论"等都属于区域发展理论的进一步发展和完善。

我国区域学家陆大道先生所著、1995年4月由科学出版社出版的《区域发展及其空间结构》,是我国专家首次用区域发展名称构建理论体系的论著。该书由9章构成,包括区域发展是当代世界重大的社会经济问题,国外区域发展研究的进展,我国区域开发与区域发展研究的进展,产业结构与区域发展,资源环境与区域发展,空间结构与区域发展,位置级差地租与城市土地利用的空间结构,点轴、渐进式扩散及点轴空间结构系统,技术创新与空间结构。从该书的9章内容看,该书侧重于区域发展基础理论,如区位,空间结构,区域发展中的产业、资源、经济、社会、环境、技术关系等,没有研究区域发展的具体类型。①陆大道先生还有一本与区域发展有关的著作《区位论及区域研究方法》,于1988年由科学出版社出版。而由陆大道先生主编的、2003年4月由科学出版社出版的《中国区域发展理论与实践》一书,主要讨论的是区域发展类型。由我国胡兆量和韩茂莉编著、2008年由北京大学出版社出版的《中国区域发展导论》,也是用区域发展名称构建理论体系的。该书是北京大学博士研究生和硕士研究生班的教材,由15章构成,包括经济增长,古代农耕区的扩展与地区开发,行政区域与行政区划,经济的区域结构与区域差异,区域协调发展,城市协调发展,区位与房地产,首都北京与京津唐,长江三角洲,前进中的香港,深港共建国际都市,澳门的回顾与前瞻,中部崛起和东北振兴,西部开发,新区域地理探索。从该书的15章内容看,该书既包括区域发展基础理论的内容,如区位、协调发展、区域结构等;更多的则是区域发展具体类型的内容,如长三角、深港澳、京津唐、中西部等。②崔功豪、魏清泉、刘科伟编著、1999年6月高等教育出版社出版的《区域分析与区域规划》共有15章,包括绪论,区域发展的资源环境基础分析,区域发展的经济社会背景分析,区域发展的技术支持分析,区域发展的整体评价,区域优势与区域分工,区域产业结构与主导产业分析、区域规划及其发展,区域发展战略,区域经济空间结构理论,区域土地利用与区域管理,区域产业规划布局,区域基础设施规划,区域城镇体系规划,区域生态环境规划。从该书的15章内容看,该书主要包括区域发展理论、区域分析和区域发展实施三大部分内容,没有涉及具体的区域发展类型。综合上述我国专家有关的区域发展学科体系构建来看,区域发展学科体系的内容主要侧重四大部分,一是区域发展基础理论,包括区位、区域划分、区域空间结构、区域协同

---

① 陆大道:《区域发展及其空间结构》,科学出版社1995年版。
② 胡兆量、韩茂莉:《中国区域发展导论》,北京大学出版社2008年第2版。

或合作、区域协调或平衡等;二是区域发展分析,包括区域自然资源和自然条件、经济社会发展基础和水平、区域发展有利条件和不利条件、区域发展优势和区域分工等;三是区域发展类型,包括城市、乡村、商业区、工业区、都市圈、城市群、经济带等;四是区域发展实施方法,包括区域发展战略、区域发展规划、区域发展体制机制、区域发展功能。

二、区域发展的研究对象

综合前面所述,区域发展的研究对象是区域发展的基本方式(区域发展类型)、基本理论(区域发展基础理论)和基本方法(区域分析、区域发展实施)。到目前为止,实践中我们常见的区域发展方式,有城市、乡村、特色小镇、城区、郊区、居住区、现代农业园区、农业科技园区、休闲农业园区、工业区、高新技术产业园区、经济技术开发区、出口加工区、商业区、商业街、商务区、自贸区、保税区、旅游度假区、临空经济园区、国家新区、经济特区、欠发达地区、主体功能区、都市圈、城市群、经济带、"一带一路"等。自我国改革开放以来,随着我国经济社会发展,我国结合各地实际,创造了诸多的区域发展方式,上述都是我国近几十年来的比较典型且富有成效的区域经济社会发展方式。而这些区域发展方式构建和推进时,涉及区位选择,区域范围划分,区域内和区际间自然、经济、社会要素组合,区内和区际的协同合作,区内与区际的协调与平衡,区域发展战略,区域发展规划,区域重大骨干项目,区域发展体制机制,区域发展政策,等等,这些都属于区域发展研究的具体内容。需要说明的是,区域发展研究对象与区域科学研究对象是有区别的。前者是后者中的一部分,后者包括的范围更广。如有专家提出区域科学研究对象是区域能动机体或区域系统,其研究内容涉及区域或空间系统的治理、开发、管理。①

区域发展方式是人类社会特定空间内的物质资料生产方式,是人类物质资料生产的空间平台,也是人类社会生产力和生产关系的集成平台,是人类社会生活的基础和社会发展的决定力量。在区域发展空间范围内,生产力是区域发展的物质内容,生产关系是区域发展的社会形式,在区域发展中生产力因素是最活跃、最革命的因素,而生产关系不仅相对稳定,还有促进或阻碍生产力发展的作用。因此,在区域发展中,不但要协调区内和区际生产要素的优化组合,更需要协调生产关系与生产力之间的协同组合。从某种角度说,区域发展理论就是区域发展各种具体方式的区内与区际生产力要素优化组合和生产关系与生产力优化组合的规律和方法。因此,当区域发展中的生产力要素改变,如知识、信息技术、生态环境,区内和区际生产力要素优化组合也要相应调整。当区域发展中生产力整体格局改变时,如工农、城乡、地区差异扩大,工业、城镇集聚过度带来环境污染、房价过高、交通不畅、人口拥挤时,区域发展中的生产关系也要作些适应,如制定发挥核心区域辐射作用和支持不充分发展地区的区域发展政策等。

自从党的十九大明确了"新时代我国社会主要矛盾是人民日益增长的美好生活需要和不平衡不充分的发展之间的矛盾"以及"五大建设"和"七大战略",在区域发展理论

---

① 崔功豪等编著:《区域分析与区域规划》,高等教育出版社2006年第2版,第10页。

研究方面,科创中心的区域发展研究,生态文明的区域发展研究,乡村振兴的区域发展研究,以城市群为主体的大中小城市和小城镇协调发展的区域发展研究,长三角、京津冀、粤港澳、长江经济带,欠发达地区、边疆地区、西部大开发,中部崛起,东部振兴等区域发展研究等都成为区域发展研究的热点。

三、区域发展学科体系

区域发展学科体系包括哪些内容,国内外学界没有定论。美国经济学家沃尔特·艾萨德(Walter Isard)[①]于1975年出版的《区域科学导论》一书共有18章,包括第一章导言和概要,第二章对城市和区域的一些描述,第三章空间分布、区域差异和社会问题,第四章市场系统的活动方式,第五章城市分析和利润最大化的一些基本要素,第六章比较成本和工业区位,第七章城市和区域的基础、经济结构及发展,第八章多区域社会的贸易、人口迁移、空间流动和剥削,第九章城市和区域发展的私人和公共决策,第十章博弈、冲突和二难推理,第十一章冲突的解决和协调过程,第十二章组织和它们的目的、活动、时间和地点,第十三章公共部门、活动和辐射,第十四章经济—生态冲突和环境质量,第十五章发展理论和社会福利分析,第十六章发展理论、联合分析和冲突的解决,第十七章区域科学的实践、波多黎各的案例,第十八章结语和综述、世界组织的一些关键要点。作者在该书的第一章中提出了"区域科学"的定义:"简言之,作为一门学科的区域科学,所关心的是采用各种各样的分析性研究和经验性研究相结合的办法,对区域内的或空间范围内的社会问题进行细致耐心的研究。"并且认为区域科学的定义是多样化的,包括"1.区域科学是研究作为具有能动性的机体的具有意义的区域(或区域系统)的学科。2.区域科学是对影响一个具有意义的区域或区域系统发展的政治、经济、社会、文化和心理因素作综合(总体)分析的学科。3.区域科学是对一个具有意义的区域或区域系统所有关键性的经济、政治、社会、文化和心理方面作全面研究的学科。4.区域科学是在所有社会、经济、政治、心理方面研究社会及人口时空发展的学科。5.区域科学是研究世界各地有关人类曾所随时间变化的所有空间过程的学科。6.区域科学是分析诸如城市区、区域、地区、河流流域和次大陆等具有意义的空间随时间而发生变化的学科。7.区域科学是分析研究诸如城市区、区域、地区、河流流域和次大陆等具有意义的空间随时间发生变化的学科。8.区域科学的目的在于确定和揭示空间组织的简要的基本规律——控制均衡和组织结构,并与效率、平等社会福利有关的规律。9.区域科学研究地方的、区域的、城市的、城市性区域和世界性区域系统,以及以自然环境为背景的各种人类聚落,工业和经济活动、职业、收入的产生和接受、资源利用的类型等。10.区域科学是规划、管理艺术和空间系统科学的集合。11.区域科学是研究行为单位之间的空间冲突以及分析和解决这些冲突的方法的学科。12.区域科学是对系统的时空模式以

[①] 沃尔特·艾萨德:1954年领导创立了区域科学协会,世界上第一个区域科学系——美国宾夕法尼亚大学区域科学系(1954—1994)和第一个区域科学研究机构——费城区域科学研究所;1958年创立了《区域科学报》。被誉为"区域科学之父"。

及自然有限探索和解决与该模式有关的社会问题的方法进行系统性研究的学科。

13.区域科学是研究存在具有意义的区域和区域系统内的社会、政治、经济的行为单位和自然环境综合相互作用的学科。"[①]

本书在学科体系上由区域发展基础理论、区域发展类型和区域发展实施三部分构成,力争使区域发展方式与区域发展基础理论、区域发展实施三方面融为一体,以促进我国区域发展的具体方式更好更快地发展。具体由三大版块构成。第一版块为区域发展基本理论,主要是第一编的第一—六章;第二版块为区域发展类型(方式),即第二编的第七—二十六章;第三版块为区域发展实施,主要是第三编的第二十七—三十一章(图1-1)。

《区域发展导论》

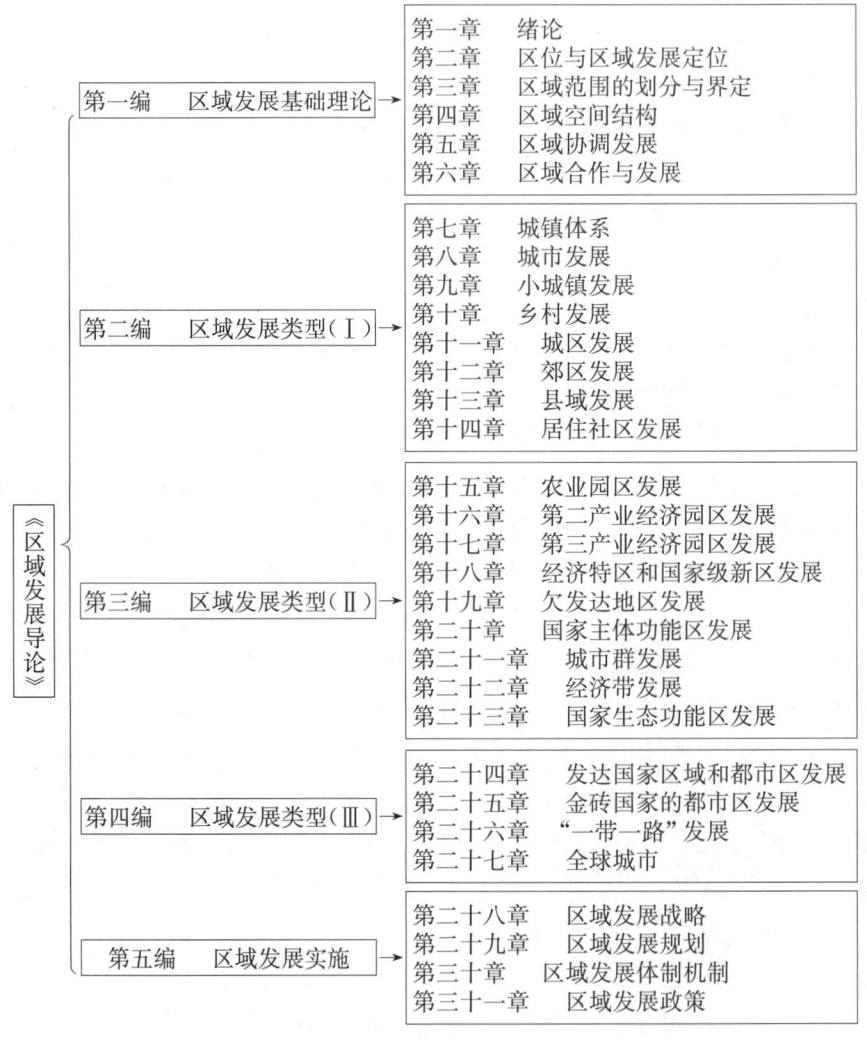

第一编　区域发展基础理论
- 第一章　绪论
- 第二章　区位与区域发展定位
- 第三章　区域范围的划分与界定
- 第四章　区域空间结构
- 第五章　区域协调发展
- 第六章　区域合作与发展

第二编　区域发展类型(Ⅰ)
- 第七章　城镇体系
- 第八章　城市发展
- 第九章　小城镇发展
- 第十章　乡村发展
- 第十一章　城区发展
- 第十二章　郊区发展
- 第十三章　县域发展
- 第十四章　居住社区发展

第三编　区域发展类型(Ⅱ)
- 第十五章　农业园区发展
- 第十六章　第二产业经济园区发展
- 第十七章　第三产业经济园区发展
- 第十八章　经济特区和国家级新区发展
- 第十九章　欠发达地区发展
- 第二十章　国家主体功能区发展
- 第二十一章　城市群发展
- 第二十二章　经济带发展
- 第二十三章　国家生态功能区发展

第四编　区域发展类型(Ⅲ)
- 第二十四章　发达国家区域和都市区发展
- 第二十五章　金砖国家的都市区发展
- 第二十六章　"一带一路"发展
- 第二十七章　全球城市

第五编　区域发展实施
- 第二十八章　区域发展战略
- 第二十九章　区域发展规划
- 第三十章　区域发展体制机制
- 第三十一章　区域发展政策

图1-1　《区域发展导论》学科构成

资料来源:作者绘制。

[①] [美]沃尔特·艾萨德:《区域科学导论》,陈宗兴等译,高等教育出版社1991年版,目录第1—3页,第一章第1—6页。

区域发展研究的是特定空间范围自然、经济、社会三方面内容的优化组合和集聚配置问题。例如，一个特定的乡村发展区域，因生态环境的约束，在此空间内可以配置一些手工业、较少污染的轻工业、乡村旅游乃至创新空间，难以配置重化工业；在现代农业中，农业发展区域也尽可能集中连片；农村聚落，也尽可能朝公共服务设施和生活服务业相对集中区域配置。再如，一个特定的城镇发展区域，商业、商务、房地产和其他服务业，一般情况下可与市民居住聚落进行组合配置，但工业，尤其重化工业就难以与居住聚落组合配置；并且，商业要求"店多成市"的线性配置和块状配置，较能提高效益和效率，商务更要求组团配置或轴线配置并与交通条件紧密相关。城镇发展区域的居住区域与生态区域配置要求互相连接，适合生态区域以楔入方式与居住区域交融，不太适用居住区域与生态区域大尺度分隔配置等。因此，与其他学科相比，区域发展研究侧重于地区表面均质性点、线、面的自然、经济、社会发展关系，地理学研究侧重于整个地球表面的人地关系，经济学研究的是整个地球表面上的自然与经济关系，社会发展学科侧重于整个社会人口、文化、科技发展，政治学研究的是整个地球表面的管理问题。总之，与区域发展紧密相关的地理学、经济学、社会发展有关学科、政治学、生态学等学科研究的是本学科研究对象的一般的部门或行业理论，而区域发展研究是将这些相关学科的部门或行业理论在点、线、面区域空间上集成，形成空间的自然、经济、社会发展专业理论。从这个角度来说，区域发展研究是地理学、经济学、社会发展有关学科、政治学、生态学等部门或行业理论在区域发展中的应用，故区域发展科学既是空间经济社会发展的综合性学科，也是空间经济社会发展的应用学科，还是空间经济社会发展的跨界学科（图1-2）。

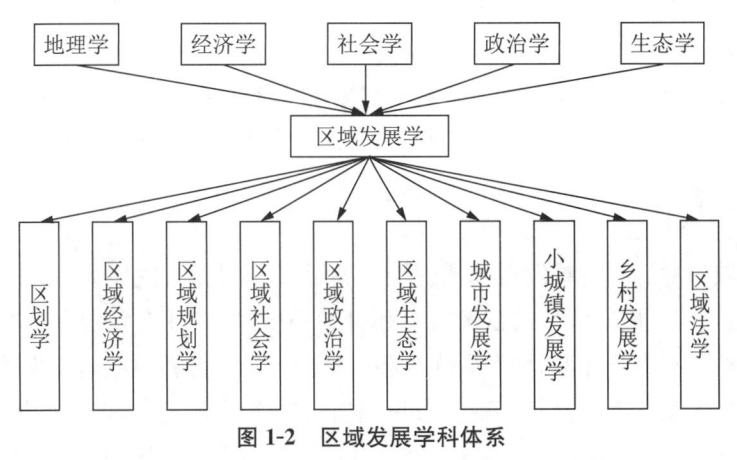

图 1-2 区域发展学科体系

资料来源：作者绘制。

四、区域发展研究方法

如前所述，区域发展是一个综合性学科、跨界学科和应用学科，故在区域发展研究中，除通常学科建设常用的历史总结、演绎归纳、文献梳理和情景比较外，下列研究方法也是重要的。

（一）计量统计表达方法

这是基于区域的可度量性决定的。区域发展中无论研究哪一类具体的区域发展类型或方式，最基础的都是要锁定区域发展的四至边界，丈量其面积范围和划定区域的影响范围，明确区域位置，确定该区域与地区的空间距离、方向及其关系。而这些都需要通过测绘、计量、统计等技术性方法才能将区域内和区域间的数量关系进行固定，以便更好界定区域定性概念、术语的语义边界。

（二）图示表达方法

区域发展研究中的"区域"泛指地球表面的空间，其范围有大有小，因此比较抽象、笼统，不像城市中的商务区、工业区、居住区那么具体可识别，即使是城市、乡村这样相对具体的概念，至今学界也没有一个明确的共识的概念。而由于中文语义的多样性，在区域发展研究中，文字话语体系往往难以表达研究者想反映的内涵，文字语言表述还可能让读者无法很好理解研究者表达的意思。所以在区域空间结构中，国内外学者普遍采用了图示表达方法，来阐述理论的内涵和外延，从而使十分抽象、笼统的区域发展研究理论变得通俗易懂。本书也要尽可能采用图示表达法来阐述区域发展中的一些理论内涵。

（三）系统统筹法

在区域发展研究中，不管大小区域，其特点就是系统性，其中既有自然、经济、社会的要素问题，也有点、线、面的空间问题，还有过去、现在和未来的时间问题。任何区域发展系统，都不是一种非此即彼的一分为二关系，而是你中有我，我中有你的相互联系、相互制约的系统关系。因此，区域发展研究就是将区域内或区域间不同范围的区域均看作一个整体，区域发展研究的任务就是将区域的空间、时间和要素进行科学有效的最优化组合并使其效率效益最大化。区域发展要求思考的系统性和推进的系统性，除此之外，没有更好的方法能解决区域问题。本书的研究也需贯彻系统性研究方法，以助于区域系统性发展的实现。

（四）区域分析法

任何区域的发展都要对发展区域的资源禀赋、发展基础、发展条件、发展环境进行分析，以确定区域发展所依赖的自然资源和自然环境，经济社会发展基础和水平，区域发展有利条件和不利条件，区域发展优势和区域分工等。分析这些区域发展内容，其目的是据此提出区域发展方向和策略。因此，本书的区域发展基本理论、区域发展类型和区域发展实施的论述都应建立在区域分析方法基础上，以助于区域发展实践的展开。

（五）时空统筹法

从区域空间角度来说，世界上几乎不存在自然资源和自然条件完全相同的区域。各个区域存在独特的资源禀赋及发展基础和条件，因此，各个空间均应依托自己的资源禀赋及发展基础和条件进行错位发展和同时发展。然而正是各个区域的资源禀赋及发展基础和条件在一定时间范围内又是不等量和不等质的，因此，区域发展实践中，在特定阶段又有一个初始条件较好的地区先发展,从而形成了特定时期中的先发展地区或较发达地区和后发展地区或欠发达地区。人类社会驾驭这个先发展地区和后发展地区的方法一般是,一国或一个地区在现代化初期和后期普遍实施各区域共同发展,而现代化中期普遍采用初始条件较好的区域先发展。

参考文献

白永秀等:《西部地区城乡经济社会一体化战略研究》,人民出版社2014年版。

卜宪群总撰稿:《中国通史:从中华先祖到春秋战国》,华夏出版社、安徽教育出版社2016年版。

陈宪:《从东京都市圈区域融合发展》,《文汇报》2018年2月15日。

《辞海》,上海辞书出版社2009年版。

崔功豪等编著:《区域分析与区域规划》,高等教育出版社2006年版。

樊亢、宋则行主编:《外国经济史(第一册)》,人民出版社1980年第2版。

胡兆量、韩茂莉:《中国区域发展导论》,北京大学出版社2008年第2版。

李程华:《建立更加有效的区域协调发展新机制》,《光明日报》2018年2月23日。

刘君德、范今朝:《中国市制历史演变与当代改革》,东南大学出版社2015年版。

陆大道:《区域发展及其空间结构》,科学出版社1998年版。

[美]沃尔特·艾萨德:《区域科学导论》,陈宗兴译,高等教育出版社1991年版。

吴志强、李德华主编:《城市规划原理》,中国建筑出版社2010年第4版。

张忠国主编,孙莉、郑文丹、曹传新副主编:《区域研究理论与区域规划编制》,中国建筑工业出版社2017年版。

第二章 区位与区域发展定位

区位与区域发展定位是区域发展研究中的重要内容，通过区位与区域发展定位研究，进而明确城市或地区在区域发展中所担负的特定身份，是为某一特定行政主体的区域发展定位。区位与区域发展定位需要在区域体系或者城镇体系中才能进行分析。根据本书章节内容分配，本章重点研究三个方面的内容：一是区位分析，这是区域发展定位研究中的时空分析节点，包含深厚的地理空间内涵和历史时间内涵。二是区域功能定位分析，重点是根据地方的地理区位、资源禀赋、基础设施、人文历史、政策体系、外部机遇等条件的研究，明确地方在区域发展或者城镇体系中承担的特定功能。三是区域发展目标分析，在充分把握地方区域功能定位基础上，进一步明确其未来发展目标；地方发展目标可拆解为多个细分领域，包括经济产业、社会民生、城市建设、文化创意、生态环境等，进而形成明确的地方发展目标体系。

第一节 区位概念

一、区位的概念

区位是某一地方发展的自然基础和社会基础，每一个城市都有特定的地理位置、自然环境和资源状况，这些自然背景决定了城市的产生及其随后的发展规模、基础设施建设、产业布局、经济发展水平和对外联系强度等，进而形成城市发展的社会区位。因此，区位不仅有地理空间内涵和历史事件内涵，还有自然基础内涵和社会经济内涵。

"区位"一词最早源于德语的复合词"standort"，英文于1886年译为"location"，为位置、地方之意，在我国译成区位，有些则意译为位置或布局。区位一方面指某地方在不同空间尺度下的自然地理位置，另一方面也指该地方与其他地方之间的空间联系,这种联系一般分为两大类:一是自然环境的联系,二是与社会经济环境联系。①从以上概念来看,对于区位的理解需从多个维度进行分析,才能深刻把握区位在区域发展定位研究中的重要性。区位不仅表示一个点、一个位置,还表示为实现某个特定目标而标定的一个地区范围,这个地区范围不仅具有独特的自然地理特征,还具有浓厚的行政管理色彩;其次,从人和地方政府的情感认知视角分析,区位还包括人类对地方占据位置的规划、设计,这个规划和设计具有浓厚的目标导向性;区位与其所关联的所有自然、经济、社会文化形态共同构成地方的"区位价值",因区位的差异性特征彰显了不同的空间价值,形成了区域"区位价值"体系。地方可以看作不同区位价值选择、过滤的结果,因此,区位不仅具有地理、方位内涵,而且具有经济、社会、文化价值特征,能够彰显不同社会群体对环境和空间的区位价值响应。

从以上分析可以看出,区位具有明显的自然属性和社会文化属性(石崧、宁越敏,2005),同时还具备空间属性和时间属性、客观现实属性和主观认识属性等不同维度下的多重特征。法国马克思主义社会学家列斐伏尔(Henri Lefebvre)把历史性、社会性和空间性结合起来研究,对于本节的区位分析有重要启示。列斐伏尔在《空间的生产》一书中认为,空间不是社会关系演变的静止"容器"或"平台",而是多重和相互重叠的。列斐伏尔以新的"空间生产"概念作为城市和区域研究新起点,并基于此提出"空间中的生产"(production in space)转变为"空间的生产"(production of space),区别在于前者指自然属性空间,而后者特指社会属性空间,空间作为一个整体进入现代资本主义的生产模式,它被利用来生产剩余价值。

正是在以上认识基础上,本书认为区位是指人类行为活动的空间,包括:①区位首先被确定为一个多空间尺度的研究范畴,可能同时发生在地方、区域、国家和全球尺度上。②空间中社会经济关系相互作用的过程,及其产生的循环累积因果关系,是区位形成发展的动力机制。③区位是一个典型的结构主义产物,社会经济的发展塑造区位,而区位又不断地对社会经济发展的规则和模式提出调整要求。④区位是一个动态变化过程,强调区域功能的联系。

二、区位影响因子

作为一个动态与静态、过程与结果整合一体的概念,"区位"包含动力、机制与过程的全部,即空间生产与再生产的过程,地理表征、空间格局以及其分布组合关系等,这也符合当前全球化和区域化发展进程中的要素流动及其集聚(动态过程)与点、线、面(静态结果)相统一的结果。在全球化和区域化的发展进程中,基于劳动空间分工发展,区域经济组织逐渐超越行政区域限制,渗透到更广泛的区域空间层面,塑造了新的城市区域格局,不同城市和地方正是在自然环境基础上,基于劳动空间分工发展,再次形塑区

---

① 张中华:《地方理论导向下的城市区位论》,《中国名城》2012年第8期,第11—17页。

域的功能定位,这个过程中包括了传统区位因子和新的区位因子。

(一) 传统影响因子

1. 地理因子。在地方化经济生产时代,地方经济组织有明显的近资源性、近交通节点性、近市场性等特点,由此区域发展及城市的兴起往往发生于工矿场地、临水地区、临交通节点等。到了全球化发展时代,全球生产网络的形成使得生产和市场范围都扩展到全球尺度,而网络密集的交互关系则需要发达的交通和通信联系保障。如果将传统时代的地理因子视为"自然区位",那么在全球化时代更需要的是建立在高度发达,包括海港、空港、信息港等的现代交通通信基础设施上的新的"社会区位"。

2. 经济因子。经济因子是区位因子中的重要影响变量。经济因子由资本、土地、劳动力、科技要素等构成,其高度集中能够推动区域的发展和城市的崛起。但在全球化组织框架下,资本、土地、劳动力的概念与内涵发生了变化。其中,资本已经超越原有的地方资源限制,表现为从地方到全球资本的高度流动。资本的全球选址,刺激了作为有限资源的土地经济价值持续增高,级差地租所引导的土地利用格局势必会发生变化,混合型和多样性的空间结构开始出现。同时知识经济的兴起,使得全球化发展对劳动力的需求在继续重视成本和数量的同时,也更加重视劳动力结构和培训水平,以适应高科技产业对高素质劳动力的需求。而在创新经济时代,科技创新要素会形塑地方发展新的动力,推动区域发展格局产生新变化。

3. 生产组织因子。传统生产组织因子强调企业内部垂直一体化生产,因此地方化组织的特征明显,地方生产高度集聚于某个或某几个地方空间。但到了全球化发展和主导的区域经济发展过程中,生产组织形式倾向于纵向一体化的发展,不同价值区段镶嵌的地方主导了不同的区域经济发展类型,比如以管理和营销为主的核心城市、以研发为主的二级城市和以生产组装为主的外围城市,形成不同空间组织模式。从总体看,区域内以城市为节点的网络联系更为紧密,构成了更大尺度的空间体系,并促成大都市-区域形成。在城市内部,价值区段模块化操作等新的生产组织模式,使企业管理部门、服务部门与生产部门等在空间布局上出现了城郊脱离,并通过企业内部联系空间的延伸,建立城市内外空间之间的紧密联系,也重塑了城市的空间组织。

(二) 新的影响因子

1. 知识因子。作为新的区位影响因子,知识是在知识经济和科技创新时代才逐渐凸显其重要影响作用。在全球化发展的研究框架中,关于知识的生产、流动和配置的研究是重要内容,依据价值链分析框架,高层级主体特别是领导厂商之所以能占据附加值相对较高的价值链环节和增值活动,是因为它们控制着一些稀有资产(Gereffi,1999、2005),而以知识技术为代表的"技术租"无疑是较为显著的部分。在全球生产网络空间作用过程中,知识在价值区段的流动,是知识作为空间经济基础和新区位因子发挥重要作用的途径。不同价值区段类型企业及其所携带的特定类型知识向特定空间的镶嵌和集中,所产生的集聚效应必然会引导不同空间结构。

2. 信息技术因子。技术从来都是塑造社会生产空间结构的重要因素之一,也是区域空间组织变动的重要引擎。信息技术对区域生产空间结构的影响可以归结为①：信息技术改变了传统生产方式，提高生产效率、促进传统产业的转型升级与空间再布局；信息技术对企业运营和企业区位决策都产生了至关重要的影响，形成新的社会区位条件；信息产业的发展促进了生产组织的弹性布局和管理，改变了企业内部的组织联系与空间布局；在全球化发展下，信息技术及其产业扩散方式与规律不再限于传统的等级扩散模式，网络状的扩散模式已经形成并带来空间结构转型；信息技术的应用，体现在政府决策与空间管理过程的联系组织作用，加强了区域内城市之间的经济联系和空间互动。

3. 制度因子。城市和区域的发展不单纯是经济发展的产物，地方政府及其制度对区域空间结构的形成和发展也起着重要的作用。政府通过政策对企业和个人施加影响，有效地影响他们的空间行为，进而对城市空间组织产生影响。但在全球生产网络主导框架下，政府政策和制度的作用更多体现在政府对网络在地方镶嵌的鼓励或制约，例如上海市出台的总部经济发展政策及苏州市出台的高科技产业鼓励发展政策等，都大大促进了全球生产网络不同价值区段的空间着陆，引导了新的区域和城市空间结构。

第二节 区位理论

区位理论是关于人类经济社会活动空间组织优化的学问（杨吾扬，1988）。德国地理学家克里斯塔勒（W.Christaller）于1933年提出的"中心地理论"是城市地理学中的第一个区位模型，也是国外最早对城市区位及其特征的研究，进而为城市区位论奠定了基础。城市区位不仅指城市所占据的场所，而且包括城市在区域内的相对空间位置，区域体系内该城市与其他城市的空间交互作用（陆锋等，2008），这种作用包括城市对区域其他城市空间发展的影响和区域对城市空间发展的引导与制约。我国城市区位研究进展使城市区位被纳入一定区域范围内点、线、面的空间格局中，侧重城市在社会经济空间组织中的作用（李平华等，2006）。国内著名经济地理学家陆大道（2002）在中心地理论基础上建立"点-轴系统"理论，进一步发展城市区位论，为城市群、都市圈的形成与演变提供理论与模型支撑。

基于以上文献和本文对区位基本概念的定义，本节认为区位理论就是关于人类社会事物空间分布及其空间相互关系的学说，具体地说，是研究人类经济活动的空间区位选择及在空间内经济活动优化组合的理论。区位理论一般分为传统区位理论和现代区位理论，其中传统区位理论又可划分为两个阶段：理论形成的初期和理论演化提升期。在本部分对区位理论发展体系介绍后，将重点围绕农业区位论、工业区位论以及中心地理论进行分析。

---

① 甄峰：《信息时代新空间形态研究》，《地理科学进展》2004年第3期，第16—26页。

一、传统区位理论的形成

传统区位理论(有时也被称为新古典经济学区位理论)指新古典经济学家阿尔弗雷德·马歇尔(Alfred Marshall)及韦伯(A. Weber)的研究为代表的传统区位理论体系。1920年,马歇尔出版其著作《经济学原理》,在书中提出区位理论中产业集聚三动力:第一,劳动力市场的共同分享(labor force pooling);第二,中间产品的投入与分享;第三,技术外溢(technology spillover)。这三个概念,或者称理论机制,有巨大的理论创新性,突破了经济学中关于劳动分工、要素配置才会产生经济效益的论断。因此到20世纪90年代,这三大动力机制的分析就成为区位理论的核心内容,是研究工业区以及产业集聚现象时的理论基础。韦伯在1929年出版的《工业区位论》一书中进一步对集聚经济现象的形成机理、集聚类型、动力机制及竞争优势等内容进行体系梳理和内容补充,古典区位理论有了较好发展基础和开端。之后包括俄林(B. Ohlin)、艾萨德(W. Isard)等人都对传统区位理论作出了一定贡献,特别是针对马歇尔、韦伯理论的不足之处进行的补充,论证了工业区位、原材料产地、消费市场三者之间的相互依存关系,进一步提升了区位理论的理论性和实践指导性。

传统区位理论重点以产业集聚作为分析的基础视角,理论结合实践现象,在理论架构上逻辑严谨、分析层次递进鲜明,但也存在明显不足之处:第一,在研究方法上偏重于基于现状的静态分析,缺乏发展视角的动态分析。第二,主要受新古典经济学的较大影响,采用完全竞争市场、收益递减、完全理性人等前提条件,与现实社会经济环境有很大出入,使该理论的实际应用价值存在许多问题。

二、传统区位理论的演化

传统区位理论的创立期是从1920年到20世纪50年代的一段时间,其中1920年到20世纪30年代初期是传统区位理论的诞生期和繁荣期。20世纪30年代中期以后,基于产业集聚理论的传统区位理论发展受到了实践和理论的双重挑战。此后传统区位理论逐渐被学术界忽略,主要原因在于经济社会发展环境的巨大变化,特别是在"二战"以后的20世纪50年代到20世纪80年代,国际投资和国际贸易推动的劳动分工快速发展,世界经济产业出现离散后再布局的现象,这需要较长的过程来考察新的变化。其次,西方国家受"二战"及冷战需求的刺激,尽管已经开发出了大量的新技术,但更具有革命性意义的信息技术及其支持发展的信息经济仍然还处于初期发展阶段,西方经济学家和地理学家难以把握新的高科技经济集聚发展的组织特征和动力机制。但与此同时,一些新的研究视角对区位理论的发展作出了新的贡献,主要是行为经济学家和结构主义经济学家的贡献。

20世纪60—80年代,对于区位理论中的完全理性经济人、完全竞争市场、完全信息对称等假设出现大量的质疑甚至批判。例如逐渐发育成熟并取得了大量研究成果的行为经济学提出区位选择的主体是人(还包括由各种人组成的决策团队),而他们的决策行为是在不完全竞争、不完全信息对称的环境下进行的,整体决策受个人(以及团队)的需求、成本、感情偏好等因素影响巨大,所以这个过程并非完全理性经济人的决策过程,这个区位的选择也未必就是最佳的,而且可能还处于动态的调整过程。此外,结构主义经济学家也对区位理论的进一步完善和提升作出了贡献。例如经济学家梅西(D. Massey)就指出,行为经济学的研究有重大意义,但太过于强调个人、团队的作用,忽视了个人、企业和外部环境的相互作用,她特别强调社会文化要素的重要性,认为社会文化形成的环境要素对区位的选择有重要决定作用,这也成为20世纪90年代以来现代区位理论的重要内容之一。此外,布劳戴尔(F. Braudel)、瓦伦斯泰因(I. Wallerstein)、默德尔斯基(G. Modelski)等人研究了西方跨国公司及大型企业的区位选择特征,以及它们垄断本质的区位选择对于全球产业区位结构的重大影响,从而更加强调社会文化因素、制度环境要素、结构和系统要素等对区位选择或者区位形成过程的影响;与行为经济学家相比较,他们的研究和分析框架更加宏观和全面,与社会实践的结合要更加紧密,为之后现代区位理论的发展打下坚实基础。

三、现代区位理论的发展

20世纪90年代以来,全球化发展进入高速发展阶段,同时全球经济与产业分工的格局也基本明确,信息技术、基因技术、生物技术等主要的新兴产业体系形成,在全球化浪潮中,西方国家依然强盛,但"金砖四国"为代表的发展中国家也在崛起。正是在这种历史背景下,现代区位理论也开始形成,并对21世纪的全球经济发挥了重要作用。现代区位理论的创新者主要包括迈克尔·波特(Michael E. Porter)和保罗·克鲁格曼(Paul R. Krugman)等人。1990年波特率先发表了其经典代表论文《国家竞争优势》(《哈佛商业评论》1990年第2期),之后他把论文主要观点进一步扩充和延伸,形成内容更加翔实的同名专著,波特从竞争力的角度研究区位选择问题,开拓了西方经济学界对区位理论及产业集聚现象的研究热潮。之后是克鲁格曼研究工作的大爆发,其代表著作包括《收益递增与经济地理》《地理与贸易》《发展、地理学与经济地理》《空间经济:城市、区域与国际贸易》等论文。

综合现代区位理论,或称之为现代集聚理论的核心观点,包括以下几个方面:第一,规模经济效益。现代区位理论仍然关注产业集聚这一重要现象,同时指出规模经济效应才是产业集聚的最大动力,数量可观的现代企业集聚在一起,可以形成强竞争力的产业链条和产业集群,进而塑造规模经济,这种集聚经济的规模效应可以大大提升生产效率和降低生产成本,并形成相关产业的核心竞争优势。第二是外部性,先进企业和旗舰企业可为后进入的企业在基础设施、劳动力市场、中间产品和原材料的供应、专业知识的扩散学习等方面提供外部正向效益(positive externality)。第三是向心力或离心力。外部性形成后可以对相关企业产生较强的吸引力,使得产业空间吸引更多的相关企业进入,进入企业越多,规模经济效应就越大、生产效率就越高。但企业过密、过多,会使投资环境恶化,产生诸如交通、污染及噪音等问题,使得企业集群的规模经济效益下降,产生离心力、分散力,使相关企业向产业集聚点的外部边缘区域扩散,直到两种力量实现平衡。第四是区位竞争。这是现代区位理论核心内容之一。以往的区位理论大多局限在作为区位主体的相关企业如何根据现有条件选择投资设厂的地点(即区位选择问题),进而忽略了地区主体(即有意吸引投资的土地所有人,包括政府机构等主体)如何改善投资环境与潜在对手开展积极区位竞争,力争本地区成为集聚性投资行为的首选地点,以造福当地人民。现代区位理论还在延伸产业支撑作用、自然资源、运输成本、跨国公司投资、社会文化及政策因素(企业家精神、历史文化传统、体制架构、政府政策)对区位的影响方面开拓出相当丰富的研究成果。

四、经典区位理论的介绍

(一) 农业区位论

1. 杜能农业区位论的前提条件

农业区位理论的创始人是德国经济学家杜能(Johann Heinrich von Thunen),他于1826年完成了农业区位论专著《孤立国同农业和国民经济之关系》(以下简称《孤立国》)。杜能的"孤立国"理论包括五个方面的前提条件:①在"孤立国"中只有一个城市,且位于区域中心,其他都是农村和农业土地。农村只与城市发生联系,城市是"孤立国"商品农产品的唯一销售市场,而农村则靠该城市供给工业品。②"孤立国"没有通航的河流和运河,马车是城市与农村间联系的唯一交通工具。③"孤立国"是一个天然均质的大平原,并位于中纬度地区,各地农业发展的自然条件等都完全相同,宜于植物和作物的生长。平原上农业区之外为不能耕作的荒地,只供狩猎之用,荒地圈的存在使孤立国与外部世界隔绝。④农产品的运费和重量与产地到消费市场的距离成正比关系。⑤农业经营者以获取最大经济收益为目的,并根据市场供求关系调整他们的经营品种。

2. 杜能农业区位论的主要内容

(1) 杜能区位理论基本经济分析。杜能首先假定其经济理论前提,即市场上农产品的销售价格决定了农业经营的产品和经营方式;农产品的销售成本为生产成本和运输成本之和;而运输费用又决定着农产品的总生产成本。因此,某经营者是否能在单位面积土地上获得最大利润(P),将由农业生产成本(E)、农产品的市场价格(V)和把农产品从产地运到市场的费用(T)三个因素所决定,它们之间的变化关系可用公式表示为:

$$P = V - (E + T)。$$

按照杜能农业区位理论的假设,"孤立国"的唯一城市是全国各地商品农产品的唯一销售市场,故农产品的市场价格都要由这个城市市场决定。因此,在一定时期内"孤立国"各种农产品的市场价格应是固定的,即 V 是个常数。此外,"孤立国"各地发展农业生产的条件完全相同,所以各地生产同一农产品的成本也是固定的,即 E 也是个常数。因此,V 与 E 之差也是常数,故上式可改写成:

$$P+T=V-E=K$$

上式中利润加运费的和是 K,这是一个常数,其实际意义是只有把运费支出压缩为最小,才能将利润增至最大。因此,杜能农业区位论所要解决的主要问题可归为如何通过合理布局使农业生产实现节约运费,从而最大限度地增加利润。

(2)"杜能圈"空间功能组织分析。根据区位经济分析和区位地租理论,杜能在《孤立国》一书中提出六种耕作制度,每种耕作制度构成一个区域,每个区域都以城市为中心,围绕城市呈同心圆状分布,这就是著名的"杜能圈"。第一圈为自由农作区,是距市场也即城市最近的一圈,主要生产易腐烂及难运输的农产品。第二圈为林业区,主要生产木材,以解决城市居民所需薪材及提供建筑和家具所需的木材。第三圈是谷物轮作区,主要生产粮食。第四圈是草田轮作区,提供的商品农产品主要为谷物与畜产品。第五圈为三圃农作制区,即本圈内 1/3 土地用来种黑麦,1/3 种燕麦,其余 1/3 休闲。第六圈为放牧区。

(3)"杜能圈"的进一步修正模型。杜能根据假设前提所构建的农业空间地域模型过于理论化,与实际情况不太相符。为了使其区位图式更加符合实际条件,他在《孤立国》第一卷第二部分中将其假设前提加以修正,指出现实存在的国家与"孤立国"有以下区别:

① 现实存在国家中,找不到与"孤立国"中所设想的自然条件、土壤肥力和土壤的物理性状都完全相同的土地。

② 在现实存在国家中,不可能有那种唯一大城市,既不靠河流边,也不在通航的运河边。

③ 在有一定国土面积的国家中,除了它的首都,还有许多小城市分散在全国各地。

针对以上情况,杜能根据农产品市场价格的变化和可通航河流的实际存在,对"孤立国"农业区位模式产生的巨大影响,对"杜能圈"进行了修正。他假设当有一条通航河流可达中心城市时,若水运的费用只及马车运费的 1/10,于是一个距城 100 英里,位于河流边上的农场,与一个同城市相距 10 英里,位于公路边上的农场是等同的。这时,农作物轮作制将沿着河流两岸延伸至边界。

杜能还考虑了在"孤立国"范围出现其他小城市的可能。这样大小城市就会在产品供应等方面展开市场竞争,根据实力和需要形成各自的市场范围。大城市人口多,需求量大,不仅市场范围大,市场价格和地租亦高。相反,小城市则市场价格低,地租亦低,市场波及范围也小。

(二)工业区位论

工业区位理论的奠基人是德国经济学家韦伯。其理论的核心就是通过对运输、劳力及集聚因素相互作用的分析和计算,找出工业产品的生产成本最低点,作为配置工业企业的理想区位。

1. 韦伯工业区位理论的假设条件

为了理论演绎的需要,与杜能的农业区位论一样,韦伯首先作了下列基本假设:

①研究的对象是一个均质的国家或特定的地区,在此范围内只探讨影响工业区位的经济因素,而不涉及其他因素。②工业原料、燃料产地分布在特定地点,并假设该地点为已知。③工业产品的消费地点和范围为已知,且需求量不变。④劳动力供给亦为已知,劳动力不能流动,且在工资率固定情况下,劳动力的供给是充裕的。⑤运费是重量和距离的函数。⑥仅就同一产品讨论其生产与销售问题。

2. 以运输成本定向的工业区位分析

以运输成本定向的工业区位分析,是假定在没有其他因素影响下,仅就运输与工业区位之间的关系而言。韦伯认为,工厂企业自然应选择在原料和成品二者的总运费最小的地方,因此,运费的大小主要取决于运输距离和货物重量两者,即运费是运输物的重量和距离的函数,亦即运费与运输吨公里成正比关系。

在货物重量方面,韦伯认为,货物的绝对重量和相对重量(原料重量与成品重量间比例)对运费的影响是不同的,后者与前者相比尤为重要。为此,他对工业用原料进行了分类:一是遍布性原料,指到处都有的原料,此类原料对工业区位影响不大;二是限地性原料,也称地方性原料,是指只分布在某些固定地点的原料,它对工业区位模式会产生重大影响。

根据对工业用原料的分类,韦伯提出原料指数概念,以此来论证运输费用对工业区位的影响,指需要运输的限地性原料总重量和制成品总重量之比,即:

原料指数＝限地性原料总重量/制成品总重量

按此公式推算,可以得到在工业生产过程中使用不同种类原料的原料指数。一般使用遍布性原料的指数为0,纯原料的指数为1,失重性原料的指数大于1,限地性原料加用遍布性原料,其指数都可能大于1。由此可知,限地性原料失重程度愈大,原料指数也愈大;遍布性原料参用程度愈大,原料指数愈小。而原料指数的不同将导致工业区位的趋向不同,因此,在原料指数不同情况下,只有在原料、燃料与市场间找到最小运费点,才能找到工业的理想区位。

3. 劳工成本影响工业区位趋向的分析

韦伯从运输成本的关系论述工业区位模式之后,又对影响工业区位的劳工成本进行了分析。他认为劳工成本是导致以运输成本确定的工业区位模式产生第一次变形的因素,劳工成本是指每单位产品中所包含的工人工资额,或称劳动力费用。

韦伯认为,当劳工成本(工资)在特定区位对工厂配置有利时,这可能使一个工厂离开或者放弃运输成本最小的区位,而移向廉价劳动力(工资较低)的地区选址建厂。也即在工资率固定、劳动力供给充分的条件下,工厂从旧址迁往新址,所需原料和制成品的追加运费小于节省的劳动力费用。在对具体选择工厂区位加以分析时,韦伯使用了单位原料或单位产品等运费点的连线即等费用线的方法;同时,还考虑了劳工成本指数(即每单位产品之平均工资成本)与所需运输的(原料和成品)总重量的比值即劳工系数的影响。

4. 集聚与分散因素影响工业区位的分析

如同劳工成本可以克服运输成本最小区位的引力一样，由集聚因素形成的聚集经济效益也可使运费和工资定向的工业区位产生偏离，形成工业区位第二次变形。

（1）集聚因素。集聚因素是指促使工业向一定地区集中的因素，又可分为一般集聚因素和特殊集聚因素，主要通过两方面对工业企业的经济效益产生影响。①生产或技术集聚。它对工业效益的影响主要通过两种方式：其一是由工厂企业规模的扩大带来的；其二是同一工业部门中企业间的协作，使各企业生产在地域上集中，且分工序列化。②社会集聚，又称"偶然集聚"，是由企业外部因素引起的，也包括两方面：一是由于大城市的吸引，交通便利及矿产资源丰富使工业集中；二是一个企业选择与其他企业相邻位置，获得额外利益。

（2）分散因素。分散因素与集聚因素相反，指不利于工业集中到一定区位的因素。一些工厂宁愿离开工业集聚区，搬到或新建在工厂较少的地点去，但前提条件是要比较集聚给企业带来的利益大还是运输价格、劳动力价值、房地产价格上涨造成的损失大，即取决于集中与分散的比较利益大小。

（三）中心地理论

中心地理论是由德国著名地理学家克里斯塔勒提出的，逐步在城市地理学、区域经济学等领域形成巨大影响力，并引领区位理论在城市内部空间结构和功能组织领域形成突破。

1. 中心地理论有关基本概念

（1）中心地。是相对于一个区域而言的中心点，不是一般泛指的城镇或居民点。更确切地说是区域内向其周围地域的居民点提供各种货物和服务的中心城市或中心居民点。

（2）中心地职能。由中心地提供的商品和服务就称为中心地职能。中心地职能主要以商业、服务业方面的活动为主，同时还包括社会、文化等方面的活动，但不包括中心地制造业方面的活动。

（3）中心性。中心性或者中心度，可理解为一个中心地对周围地区的影响程度，或者说中心地职能的空间作用大小，中心性可以用"高""低""强""弱""一般""特殊"等概念来形容和比较。

（4）需求门槛。需求门槛是指某中心地能维持供应某种商品和劳务所需的最低购买力和服务水平。在实际中，需求门槛多用能够维持一家商业服务企业的最低收入所需的最低人口数来表示，这里的最低人口数就被称为门槛人口。

（5）商品销售范围。如果条件不变，消费者购买某种商品的数量，取决于他们准备为之付出的实际价格。此价格就是商品的销售价格加上为购买这种商品来往的交通费用。显然，实际价格是随消费者选择商品提供点的距离远近而变化的。距离越短，交通花费越少。商品的实际价格越低，该商品的需求量也就越大。否则相反。由此可得出，商品销售范围就是指消费者为获取商品和服务所希望通达的最远路程，或者是指中心地提供商品和劳务的最大销售距离和服务半径。

2. 克里斯塔勒的中心地理论

(1) 假设条件。克氏理论的假设条件如下：①研究的区域是一块均质平原,其人口均匀分布,居民收入水平和消费方式完全一致。②有一个统一的交通系统,对于同一等级规模的城市的便捷性相同,交通费用和距离成正比。③厂商和消费者都是经济人。④平原上货物可以完全自由向各方向流动,不受任何关税或非关税壁垒的限制。

(2) 六边形市场区。在一个均质平原上,让所有的人都由一个中心地提供商品和服务显然是不可能的。超额利润的存在,必然吸引其他中心地的厂商加入。为了避免相互竞争所引起的销售额下降,第二个中心地必须与第一个中心地相隔一定距离,一般距离(r 是第一个中心地某商品最大销售距离)不能太近。以后,第三个中心地、第四个中心地等都会以同样方式加入。

在这块平原上,由于新的中心地厂商不断自由进入,竞争结果使各厂商经营某类商品的最大销售范围逐渐缩小,直到能维持最低收入水平的门槛范围为止。这样,就使某类商品的供给在均质平原上最终达到饱和状态,而每个中心地的市场区都成为圆形,且彼此相切。但是,相切的圆形市场区,如果不重叠的话,圆与圆之间必然会出现空隙,居住在这些空隙里的居民将得不到服务。在相互激烈竞争的情况下,这种现象不可能长期存在下去,各中心地都试图把这片空白区吸引到自己的市场区内。竞争的结果,各中心的销售范围都有一部分相互重叠,这时,居住在重叠区内的居民就有两个可供选择的区位。其中,位于平分线上的居民到两个相邻中心地的距离是相等的,故这条线被称为无差别线。由于重叠区被无差别线分割,圆形市场区即被六边形的市场区所替代,从而推导出正六边形市场区这一便于组织中心地与服务区相联系的最有效的全覆盖的理论图式。

(3) 市场等级序列。根据前面的论述,中心地商品和劳务的需求门槛、利润和服务范围,是与中心地规模、人口分布密度、居民收入水平及商品与服务的种类密切相关的。例如,在一个规模较小、人口密度和居民收入都低的中心地,其每个单位面积内的商品销售量和服务需求水平亦低。不同规模的中心地,其需求门槛和销售范围也是不同的,它们在空间地域的这些差异,经过互相作用和人类经济活动的干扰,就将形成规律有序的中心地—市场等级体系。

就区域内各城镇而言,大城市的商业服务设施和商品种类向高级发展,多而全;中等规模的城市具有中高级或仅能维持中级水平,服务项目少而不齐全;小城市具有中低或只有低级水平,种类少而不全;一般城镇(县城、建制镇)只有基本生活性商业服务,水平很低,种类更少。就城市内部而言,市级中心、区级中心和小区级商业服务中心也有类似分异规律。

就不同商业、服务行业而言,有些行业经营品类多,有些则少;有的以高级为主,有的以低级为主。商品种类、级别不同,其需求门槛和服务范围也不一样,由此形成的等级序列可归并为:低级商品和服务,其售价低,顾客购买频率高,需要量大,需求门槛则低,销售距离则短或服务半径较小。而高级商品和服务,因质量好、耐用、更新慢,故售价高,需要量相对较少,购买频率则低,运费占售价的比重小,致使其门槛高,销售距离长或服务半径大。按地域归并可以找出规律,即高级商业服务中心,提供高级到低级的全部商品和服务;中级商业服务中心提供从中级到低级的全部商业服务活动;低级商业服务中心只有低级的商品和服务。需求门槛和服务范围也依次由高到低、由大变小。

第三节 区位优劣势分析方法

城市的区位优劣势需要在城市和区域两个尺度进行考察,其中在城市的尺度主要是考察自身所具备的发展条件,在区域尺度则是通过发展条件的区域比较和发展机遇的分析,找出城市未来发展的重大依托和发展潜力。在内容分析方面,主要包括地理区位和交通优势、自然资源优势、社会经济优势、科学与信息技术优势、制度环境优势等,这些优势的分析和把握需要一定方法来进行刻画和总结,一般在实践工作中包括定性判别法、定量统计法、综合分析法以及专家打分形成的层次分析法等。

一、定性判别法

定性判别法主要是根据既有的知识认知和现状特征把握,对城市在各个层面包括农业区位、工业区位、城市区位、交通区位、港口区位、商业区位以及科技区位、制度区位等进行宏观判读,进而判断城市区位优劣势的分析方法。其中,针对农业区位的分析中,自然地理要素的分析包括地形、地势、气候、土壤和水源等各种要素。例如,在气候要素分析过程中,要具体到光照条件的情况(判断农作物对于光的喜好)、热量条件的情况(决定了耕作制度)、降水条件的情况(决定了农作物的耕作类型)、气象灾害的情况(包括旱灾、涝灾、台风等灾害性天气)。以长江中下游平原为例,在气候条件分析中,其气候的整体判断是亚热带季风气候,水热资源丰富,光、热、水配合较好;在地形条件上,其位于长江中下游平原地区,地势平坦,土壤肥沃,类型以水稻土为主,河湖众多,水源充足。社会经济要素的分析则包括经济、交通、市场、政策、技术、劳动力、历史等要素。同样以长江中下游平原地区为例,该地区经济产业基础雄厚,是中国重要的制造业基地,交通条件良好,运输方式多元,良好的交通条件保障了原材料产品、能源等大量及时供应,临近消费市场,劳动力规模大、技术水平高,但同时劳动力雇佣的成本也较高,政策红利大,改革开放程度高,政府对于经济支持的制度环境较好,高校和科研院所的数量及提供的高水平科研人员、高技术劳动力有保障。

另外在定性分析城市区位优劣势的过程中,应避免流水账式的分析,要重视对主导优劣势的分析和把握,提炼出区域最大的优势和劣势。同时要关注动态变化,特别是社会经济要素随着时代和技术的变化而出现较大变化。

表 2-1　现代城市八大区位自然地理与社会经济影响因素

	自然地理因素	社会经济因素
农业区位	地形、地势、气候、土壤和水源等	经济、交通、市场、政策、技术、劳动力、历史等
工业区位	原料、燃料、风向、地形和水源等	经济、交通、市场、政策、技术、劳动力、历史等
城市区位	地形、地势、地质、气候、河流等	交通、历史、政治、宗教、军事、科技、旅游等
交通区位	地形、地势、地质、河流等	人口规模、交通流、经济、土地
港口区位	水域、水深、气温、地质	交通、腹地区域、依托城市、技术
商业区位	地形、河流等	交通、经济、人口、市场、历史等
科技区位		人口、人才、科研、产业、腹地等
制度区位		历史、政治、宗教、亲商、人口等

资料来源：作者整理。

二、定量统计法

定量统计法是指根据一定的区位比较指标，通过定量统计与比较，衡量与比较不同城市和区域区位优劣的方法。在定量统计区位优劣的指标中，包括自然地理因素和社会经济因素等都有许多方面可以应用。在自然地理要素中，如地势的高度和坡度情况、气候的温度和降水情况、土壤的酸碱度、水源的供应情况、港口水深条件、水域范围等都可以进行测度，进而可根据实践需求比较区位选址的自然优劣势。而在社会经济要素中，包括腹地大小、产业基础、产业结构与发达情况、资源丰富程度和配套情况、供需市场远近和发育程度、交通联系与规划、高水平劳动力的数量与结构、教育与科研机构情况、人口基础等都可以进行定量比较，进而可判断不同城市或者区域的区位优劣势。

三、综合分析法

综合分析法是将定性分析与定量统计相结合，进而衡量与比较不同城市和区域区位优劣的方法。该方法一方面是宏观定性判断，依托的是重要的知识积累和经验支持；另一方面是具体指标的统计比较，根据的是客观的发展需求。综合分析法在具体实践案例分析中应用最多，因为在区位优劣势分析的自然地理因素和社会经济因素比较中，很多指标难以定量分析，但同样有很多的指标可以定量比较。例如在针对珠江三角洲地区劳动力密集型加工产业发展的区位分析中，地理区位优越，靠近港澳台及东南亚地区，便于引进外资和先进的技术、管理经验，定性分析可支撑该结论，但通过定量分析结合图示化展示，则可以更加形象；劳动力丰富，有大量来自腹地包括广西、湖南、湖北、四川的劳动力，定性判断足够，但可以通过具体的数据分析，展现来自广西、湖南、湖北、四川的劳动力数量和其占本地劳动力的比重，来凸显该观点。此外，水陆与航空交通便利、科技信息发达、供需市场广阔，都可结合定性、定量分析来进行更好的展示。

四、层次分析法

层次分析法是通过专家打分的方式,对不同领域和层次的具体区位方面或者指标进行打分衡量和比较。层次分析法具有专家主观认知的特点,所以该方法的效果具有专家主观认知和喜好偏向的倾向。但层次分析法又是借助专家丰富经验来进行区位优劣判断的重要方法,可以超越一般认知和数据统计的表面性,因此层次分析法又具有与实践发展结合更为紧密的特征。比如在评价创新创业发展的区位优劣势分析中,以距离市中心远近作为指标进行衡量,一方面距离市中心近可以提供更好的生活服务和便利的交通条件,因此是优势指标,但与此同时距离市中心近又代表着环境嘈杂、交通拥堵,对创新创业者会造成较大活动干扰,因此又是劣势指标。以经济密度作为创新创业区位评价的指标同样存在这样的问题,经济密度高意味着产业丰富、高级化程度优,可以为创新创业提供更好生产网络支持,但与此同时经济密度高意味着高租金的成本,从而对创新创业者形成较高的成本压力,因此是劣势指标。这样的非正向或者逆向指标,都需要专家丰富的经验结合城市或区域发展的阶段和实际情况进行判断,从能形成更为客观的区位优劣势结论。

第四节 区域功能定位

区域功能定位是城市和区域在一定时期范围内,基于发展基础、发展条件和发展机遇等确定的区域功能担当和性质判读。区域功能定位在传统的认知中更多是经济的功能,但随着经济社会转型,文化、社会、制度和历史的功能担当日益明显,通过不同角度和观点的分析偏好,可以更好地进行城市和区域在区域发展过程之中的功能任务和性质识别。区域功能定位主要取决于城市和区域的历史发展地位,同时也必须服从于国家和区域经济发展的大局。因此,区域功能定位有历史传承的路径依赖性,同时也有基于发展的动态变化性。区域功能定位具有"比较"的内在特征,也即会在区域对象比较中明确自身定位,因此还具有竞争性的明显特征。

一、区域功能定位的内涵

(一)关于城市功能的探讨

城市地理学认为城市的功能担当分为基本职能和非基本职能两大部门,其中城市功能的着眼点是基本职能部分,除满足城市自身需求外还可以为城市以外区域提供更多服务,是城市得以持续存在和发展的经济基础,同时还是城市发展的主要动力。因此,城市或区域功能定位包含着明确的功能类型内涵和空间作用范围的内容,而且不同类型的功能还具有不同空间服务范围,这也决定了在不同空间尺度上,对于区域功能定位有不同的科学认定和评价。因此,区域功能定位是功能体系和空间体系的综合体。

不同学科对城市功能概念的理解有其不同的着眼点,城市经济学认为城市的功能主要体现在经济和产业功能上,进而探讨其集聚经济效益、规模经济效益等;城市社会学则强调城市功能对人类社会规则、传统和文化的保全、整合、传递及创造等,最终推动和维持城市生活的协调进行;城市管理学理论则提出城市功能主要体现在其具有的承载体、依托体、中心主导性、职能特殊性等方面(高宜程、申玉铭、王茂军等,2008)。

(二)关于功能体系的探讨

城市功能体系是在区域范围之中探讨城市功能的重要研究内容。城市在区位条件、发展基础、资源条件、政策环境等方面会存在较大差异,而且在发展时序、发展时机把握等方面也不尽相同,因此,城市功能开始出现分工甚至是等级性。特别是相同功能定位的城市由于在城市规模、发展条件、发展机遇、政策支持等方面存在差异,城市对外服务功能存在很明显的等级性。根据中心地理论的论述,一般来说,对外服务的功能等级越高、服务范围越广,城市或者区域的功能定位等级性也越高,反之则是低功能等级城市。

但从实践来看,在一个区域内部一般不会出现两个具有完全相同功能的城市功能体系类型,因为即使在发展条件、发展机遇、城市基础和政策支持等方面有相同之处,但城市往往又会在历史时期、社会偏向特别是区位条件等方面存在巨大差异。最为关键的是,城市功能是对外服务,所以容易出现相互排斥的现象,这种相互排斥、相互服务的特性,才能保证区域城市功能体系出现良性的合作和形成良好生态,最终实现共同发展。

(三)关于区域范围的探讨

城市功能定位有明确区域作用范围,这取决于对区域发展的影响程度,一般来说影响作用越强,区域作用范围也越大。因此,区域功能定位中的区域概念与城市功能腹地范围有一定差别。城市功能定位的空间是指对区域影响最广的空间单元,这个空间单元已经超越行政区的概念,而是一个功能地域概念,对于核心城市而言,城市功能定位的区域有可能是一个城市群甚至是国家及次国家区域。

在区域中,城市与城市之间的经济社会联系、相对位置及空间地理关系会对城市的发展产生影响。城市功能定位如何确定,与城市追求的最大发展目标有关,因此,城市功能定位及其空间范围与城市的主观意愿性有很强的关系,这就关系到规划、政策以及主政者的强烈愿望等。而这种愿望或者主观意愿性又不能完全建立在主观意愿上,而是对区域空间的格局、要素组织、发展机遇等有科学性、多角度、全方位的综合认知作出的判断。同时,还要用发展的眼光来洞悉区域的关系格局和发展变动趋向,现状区域是通过对现实条件的把握得出的对城市功能的理解,定位区域则需要充分认识未来发展的最大空间和城市发展的最大潜力,预测城市未来的最大发展可能和最大影响范围。

二、区域功能定位的制订

(一)区域功能定位的实施原则

区域功能定位是在对城市自身发展基础、发展条件、区位交通、发展机遇等深入分析的基础上,通过确定城市在区域中的功能担当,以形塑城市在区域发展中的最强竞争力的过程。进行区域功能定位,首先必须坚持综合分析的原则,充分把握各种发展条件、外部环境的变化,特别是综合考虑该地区各种自然因素和社会经济因素,根据经济社会发展的具体要求和未来城市规划发展需求,作出综合性的判读。第二必须把握主导性的原则,一个城市或者区域在更大区域范围内可能会承担多种不同的功能,但城市的区域功能定位又不可能是全能型,所以需要在梳理和比较各种条件、机遇的基础上,选出主导性功能。第三是区域性的原则,区域功能定位必须是在特定区域范围内的工作,因此区域功能定位一定不能脱离"区域"这个前提。第四是动态性原则,区域功能定位是基于基础条件、机遇挑战等确定的,而外部环境及其他影响城市发展的因素都是不断发展变化的,因此需要用动态的眼光来把握区域功能定位。

(二)区域功能定位的技术路线

基于对城市功能、功能体系、区域范围等的论述以及关于定位原则的把握和分析,区域功能定位的推进和实施包括以下的技术模块和组织:

1. 分析城市和区域发展的宏观背景、技术进展,结合城市自身发展基础、发展条件,确定城市未来面临的重大机遇和严峻挑战。

2. 分析城市自身发展的基础条件,包括资源条件、产业基础、人口规模、技术条件、制度环境、交通联系、市场构成等,进一步结合区域其他城市的宏观比较,明确城市自身的优劣势条件。

3. 明确城市和区域外部的影响范围,结合城市自身的条件和发展的重大机遇,确定城市定位的外部区域范围。

4. 对以上三大条件进行综合分析和判断,梳理影响和决定城市未来发展的主要影响因子和制约条件,明确城市未来发展的区域功能定位。

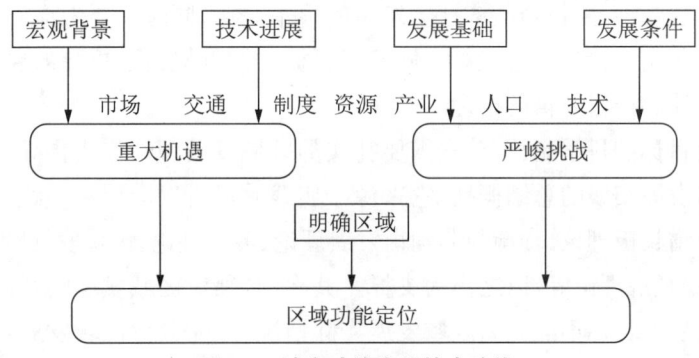

图 2-1 城市功能定位技术路线

资料来源:参考高宜程、申玉铭、王茂军等(2008)而绘制。

第五节 区域发展目标

区域发展目标是在分析区域发展基础、发展条件、发展机遇及明确区域功能定位的基础上，预期区域在一定时期内可实现的发展目标和状态。区域发展目标是针对区域在一定社会阶段、一定技术水平、一定发展环境等条件下经济社会与城市、区域发展的方向和水平，是人口、资源、环境和制度综合效益的最佳组织方式，是区域制订发展规划和确定发展项目的重要依据。

一、区域发展目标的内涵

区域发展目标具有动态发展的特点，不同发展阶段的内涵存在很大差异。传统的区域发展目标以经济发展目标为主，包括国民经济增长、产品商品增加等。随着对区域发展内涵的认识深化，社会治理、城市建设、人文历史、生态发展等都成为区域发展目标的重要内容，经济、社会、生态目标的融合特征日趋明显，区域发展目标成为一个兼顾经济、社会、生态的多维发展综合体，具有经济社会发展全面性和整体性的特征。

区域发展目标作为一个经济社会发展的整合体系，其经济发展目标主要包括经济总量、结构、效益、分配等多方面。社会发展目标涉及公共服务与人文发展等方面，而且随着社会发展成熟，社会发展目标日益重要，甚至要超过经济发展目标的重要性，主要包括医疗、就业、教育、养老等社会服务多个方面内容。生态发展目标随着环境恶化、城市宜居水平下降等变得更加重要，为实现区域的健康发展，以生态环境改善和提升为导向的生态发展目标变得至关重要。总之，区域发展目标的三层次体系并非完全隔开的，而是存在复杂的相关性关系，需要结合地方发展的实际情况，协调三层目标体系的关系和矛盾，最终推动区域科学稳定发展。

二、区域发展目标的依据

区域发展目标是对区域未来社会、经济以及生态三维体系发展的整体描述，区域发展目标要考虑宏观性，要符合经济社会发展的根本规律，同时又要考虑到可操作性，要精确、具体、可落实、可考核，这就对区域发展目标的制订提出了更高的要求，需要背后扎实内容的支撑和严密逻辑的推理。

区域发展目标的科学制订，首先需要扎实的区域发展理论作为指导。区域发展理论是过去区域发展实践的总结概括，它来源于实践并可再次应用于实践工作。区域发展理论包括了增长极理论、均衡与非均衡发展理论、区位理论、区域发展阶段理论、规模效应理论、集聚经济理论等，以之作为支撑。其次，必须对区域发展的基础条件进行科学评估。区域发展目标不能脱离区域发展实际情况，应充分对区域发展经济、人口、资源、区位、制度等基础条件进行科学判断，形成区域发展优劣势分析的正确估量测度，为符合区域发展阶段特性、合理可行的区域发展目标提供基础。再次，充分把握区域经济发展的未来重大机遇。区域经济发展存在很多动态发展机遇，特别是国家级、区域级的重大基础设施建设、重大产业项目、重大开发决策等都会对区域经济发展产生强力的引导，区域发展目标的制订必须充分考虑这些内容。同时，区域经济发展存在一定周期和规律，要充分把握未来一段时期区域经济发展的繁荣期、萧条期，进而科学制订发展目标,调整区域发展重点,为未来打好基础。最后,必须适应未来城市和区域经济社会更加突出和重视社会、生态目标的发展趋势,积极响应区域规律和人民需求导向,推进资源和收入的公平分配,以可持续发展为目标,推进区域和代际的发展公平,推进公共服务的均等化配置,建设良好的生态环境,同时关注效益和效率问题,最终保障经济社会的富裕、健康、优美、和谐,实现经济、生态、社会全面发展。

三、区域发展目标的制订

综合前文所述,区域发展目标当前已经突破了传统以经济发展为主要目标的阶段,经济、社会、生态三维统一已经成为制订区域发展目标的基本导向。同时,在区域发展目标制订的过程中,除了基础条件的分析,还需要关注动态发展性,重视突发性重大机遇、重大事件的影响。

1. 明确主导型发展目标。一定发展阶段、一定技术水平、一定发展环境条件下,区域发展的目标会存在多个,但必须在这多目标中选取最为核心、将会主导未来区域发展的关键目标,进而放弃一些别的目标。其中,可以通过多方、多部门沟通、商讨、研判等形式,将多个目标进行优先排序,确定目标的实现顺序。在这种多目标体系中,排序的原则一般首先是考虑对区域发展影响力、影响面等最大的目标;其次是考虑该目标与其他目标的关联性强度;再次是投入产出效益可能是最高的目标。

2. 层次分析与打分。组织专家组对每个子领域的目标进行打分,更可以对每个子目标进行细化,以方便专家更好把握真实意图。最后根据不同目标的总分多少来确定优先目标,其中各目标的因子也可以通过专家咨询法求得。例如经济发展目标,可以对规模、结构、空间、科技及就业等关键因子分别进行得分评价,得分加总择优。

3. 根据国家政策进行决策。当目标出现冲突的时候,特别是经济发展与社会发展、生态发展目标可能出现较大矛盾时,应该根据国家的大政方针来进行科学决策。20世纪90年代,发展是硬道理,决定了我们大投入和大产出的发展模式,这也是一种经济社会发展目标。随着国家对社会发展、生态环境建设的重视,社会稳定与公平、生态效益与保护成为首要原则,这个时候就需要在重视经济发展的同时重视甚至让位于社会发展目标、生态发展目标。

4. 重视区域定位与比较。区域发展目标的基础是区域发展定位,必须要在区域比较中实现发展目标的制订。一方面要紧跟区域发展总体趋势和规律,制订与区域发展阶段、技术水准、发展环境相适应的发展目标;另一方面,要与区域竞合对象进行科学比较,制订承担不同区域功能、适合城市发展阶段和要素特征的区域发展目标。

参考文献

蔡之兵:《产业匹配容易度、城市产业结构与增长极效应差异——以京沪与周边区域发展关系为例》,《首都经济贸易大学学报》2018年第2期。

冯邦彦、叶光毓:《从区位理论演变看区域经济理论的逻辑体系构建》,《经济问题探索》2007 年第 4 期。

高宜程、申玉铭、王茂军等:《城市功能定位的理论和方法思考》,《城市规划》2008 年第 10 期。

金相郁:《20 世纪区位理论的五个发展阶段及其评述》,《经济地理》2004 年第 3 期。

李健:《全球生产网络与大都市区生产空间组织》,科学出版社 2011 年版。

刘玉亭、刘科伟:《论区域发展目标》,《经济地理》2002 年第 4 期。

陆大道、刘卫东:《论我国区域发展与区域政策的地学基础》,《地理科学》2000 年第 6 期。

苗长虹:《区域发展理论:回顾与展望》,《地理科学进展》1999 年第 4 期。

孙晋、钟原:《我国区域协调发展战略的理论逻辑与法制保障——基于政府和市场的二元视角》,《江西社会科学》2019 年第 4 期。

夏添、孙久文:《基于区域经济理论的新时代空间尺度重构研究》,《城市发展研究》2019 年第 6 期。

徐阳、苏兵:《区位理论的发展沿袭与应用》,《商业时代》2012 年第 33 期。

姚宝珍:《博弈视角下区域协调发展的制度困境及其创新路径——以制度互补理论为基础》,《城市发展研究》2019 年第 6 期。

张文忠:《大城市服务业区位理论及其实证研究》,《地理研究》1999 年第 3 期。

朱炎亮:《劳动力流动、城乡区域协调发展的理论分析》,《经济科学》2017 年第 2 期。

第三章 区域范围的划分与界定

本章主要从区域范围、区域边界和区域规模等三个方面对区域范围的划分与界定进行了归纳整理。区域范围是认识和研究区域的关键概念,主要包括城乡区域划分、功能划分和国际区域划分三个维度。区域边界是一个区域与另一个区域相区分的标识,包括边界的类型和边界的功能两个方面;边界类型主要有自然边界、人为边界和几何边界等三种,边界功能则包括防御、政治法律、经济和社会治理等职能。区域规模的内涵十分丰富,从本质意义上来看,主要包括三类:人口规模、经济规模和土地规模。

第一节 区域范围

区域范围是认识和研究区域的关键概念,主要包括城乡区域划分、功能区域划分和国际区域划分三个维度。

一、城乡区域的划分

(一) 城市

1. 城市的概念

城市作为人类社会经济活动的载体和文明的象征,已经历了相当长的发展时期。根据我国古代的定义,城市是"城"与"市"的组合词。"城"主要是为了防卫,并且用城墙等围起来的地域。《管子·度地》说"内为之城,内为之阔"。"市"则是指进行交易的场所,"日中为市"。美国著名城市学家刘易斯·芒福德(Lewis Mumford)2005年对城市作了如下评述:从历史上看,城市是社区权力和文化的最集中点,生活散射的各种光芒在这里全面聚焦,并取得更大的社会效益和意义。城市是社会整体关系和形式的标志。

因此,城市本质上是人的聚集,群体与个人的活动网络构成了城市的深层结构,也是城市具有活力的真正原因。①《辞源》一书中,城市被解释为人口密集、工商业发达的地方。根据地理学的观点,城市也叫城市聚落,是以非农业产业和非农业人口集聚形成的较大居民点。人口较稠密的地区称为城市,一般包括了住宅区、工业区和商业区并且具备行政管辖功能。在我国实行的《城市规划基本术语标准》中,城市是以非农业产业和非农业人口集聚为主要特征的居民点。②在我国,城市也包括按国家行政建制设立的市、镇。因此,本书在使用城市概念的时候,以地理学和城市规划学中的内涵为主,即城市是指以非农业产业和非农业人口集聚为主要特征的居民点,包括按国家行政建制设立的市、镇。

2. 城市的范围

城市的空间范围,一般是市域,指城市行政管辖的全部地域。

表 3-1 城乡分类与代码

代码	分	类	
100 110 111 112	城镇	城市	设区市的市区 不设区市的市区
120 121 122		镇	县及县以上人民政府所在建制镇的镇区 其他建制镇的镇区
200 210 220	乡村	集镇 农村	

资料来源:《关于统计上划分城乡的规定》,http://www.stats.gov.cn/tjsj/ndsj/renkoupucha/2000pucha/html/append7.htm。

(二)城区、郊区和乡村

城区是指人口、机构、经济、文化、高度集中的区域,与"郊区"相对。中华人民共和国国务院于 2008 年 7 月 12 日国函〔2008〕60 号批复《统计上划分城乡的规定》,其中规定城镇包括城区和镇区。③

城区是指在市辖区和不设区的市、区、市政府驻地的实际建设连接到的居民委员会和其他区域。

镇区是指在城区以外的县人民政府驻地和其他镇,政府驻地的实际建设连接到的

---

① 单文慧:《城市发展的内涵与内驱力》,《城市发展研究》1998 年第 2 期。
② 城市规划基本术语标准,http://www1.planning.org.cn/law/view?id=40。
③ 《关于统计上划分城乡的规定》,http://www.stats.gov.cn/tjsj/ndsj/renkoupucha/2000pucha/html/append7.htm。

居民委员会和其他区域。与政府驻地的实际建设不连接,且常住人口在3 000人以上的独立的工矿区、开发区、科研单位、大专院校等特殊区域及农场、林场的场部驻地视为镇区。

乡村是指该规定划定的城镇以外的区域。乡村是与城市相对应的概念,一般是指人口密度较低,聚落规模较小,以农田、林地、河流等自然空间为主,社会文化同一度较高的区域。我国的乡村一般有明确的行政区边界,一个村通常是指一个村民委员会所管理的地域,村民委员会是依据《中华人民共和国村民委员会组织法》设立的基层群众性自治组织。

常住人口包括:居住在本乡镇街道,且户口在本乡镇街道或户口待定的人;居住在本乡镇街道,且离开户口登记地所在的乡镇街道半年以上的人;户口在本乡镇街道,且外出不满半年或在境外工作学习的人。国务院印发《关于调整城市规模划分标准的通知》沿用了该规定。

二、功能区域的划分

(一)发达地区与欠发达地区

欠发达地区,是指那些有一定经济实力和潜力但与发达地区还有一定差距,生产力发展不平衡,科技水平还不发达的区域,如我国的中、西部地区。改革开放以来,欠发达地区与发达地区之间经济发展上的差距有不断加大的趋势。

(二)国家主体功能区与国家生态功能区

国家主体功能区是以国家重点生态功能区为主体,推动各地区严格按照主体功能定位发展,构建科学合理的城市化格局、农业发展格局、生态安全格局,是推动生态文明建设、实现中华民族永续发展的重要战略任务。

全国生态功能一级区共有3类31个区,包括生态调节功能区、产品提供功能区与人居保障功能区。生态功能二级区共有9类67个区。其中包括水源涵养、土壤保持、防风固沙、生物多样性保护、洪水调蓄等生态调节功能,农产品与林产品等产品提供功能,以及大都市群和重点城镇群人居保障功能二级生态功能区。生态功能三级区共有216个。(表3-2)

表3-2 全国生态功能区划体系

生态功能大类(3类)	生态功能类型(9类)	生态功能区(242个)举例
生态调节	水源涵养	米仓山—大巴山水源涵养功能区
	生物多样性保护	小兴安岭生物多样性保护功能区
	土壤保持	陕北黄土丘陵沟壑土壤保持功能区
	防风固沙	科尔沁沙地防风固沙功能区
	洪水调蓄	皖江湿地洪水调蓄功能区

(续表)

生态功能大类(3类)	生态功能类型(9类)	生态功能区(242个)举例
产品提供	农产品提供	三江平原农产品提供功能区
	林产品提供	小兴安岭山地林产品提供功能区
人居保障	大都市群	长三角大都市群功能区
	重点城镇群	武汉重点城镇群功能区

资料来源:《全国生态功能区划(修编版)》,http://www.mee.gov.cn/gkml/hbb/bgg/201511/t20151126_317777.htm。

将全国生态功能区按主导生态系统服务功能归类,分析各类生态功能区的空间分布特征、面临的问题和保护方向,形成了全国陆域生态功能区(表3-3)。

表3-3 全国陆域生态功能区类型统计

主导生态系统服务功能		生态功能区(个)	面积(万平方公里)	面积比例(%)
生态调节	水源涵养	47	256.85	26.86
	生物多样性保护	43	220.84	23.09
	土壤保持	20	61.40	6.42
	防风固沙	30	198.95	20.80
	洪水调蓄	8	4.89	0.51
产品提供	农产品提供	58	180.57	18.88
	林产品提供	5	10.90	1.14
人居保障	大都市群	3	10.84	1.13
	重点城镇群	28	11.04	1.15
合计		242	956.29	100.00

注:本区划不含香港特别行政区、澳门特别行政区和台湾省,其面积合计为3.71万平方公里。
资料来源:《全国生态功能区划(修编版)》,http://www.mee.gov.cn/gkml/hbb/bgg/201511/t20151126_317777.htm。

(三) 都市圈、城市群与经济带

大都市带(megalopolis)是法国地理学家戈特曼(Jean Gottmann)在1957年提出的概念,用于描述美国东北部沿海地区的城市密集区域。1961年,他又从理论上对大都市带作了描述,认为大都市带具有两方面的特征:在空间形态上是在核心地区构成要素的高度密集性和整个地区多核心的星云状结构;在空间组织上是其基本单元内部组成的多样性与宏观上的"马赛克"结构,农田、森林等绿地与住宅区或工厂混杂分布。他还运用了两个指标来界定大都市带:首先,总人口规模超过2500万人;其次,人口密度超过250人/平方公里,核心区的人口密度更高。[①]

---

① 史育龙、周一星:《关于大都市带(都市连绵区)研究的论争及近今进展述评》,《国际城市规划》1997年第2期。

大都市圈的概念来源于日本，相当于欧美的都市区概念。规定大都市圈的中心城市既可以是中央指定城市（相当于中国的直辖市），也可以是人口规模100万人以上，附近有50万人以上城镇的城市。外围区到中心城市的通勤人口不低下本身人口的15%、大都市圈之间的货物运输量不得超过总运输量的25%。在中国，学者普遍认为都市圈是由一个或多个中心城市与其社会、经济紧密联系的邻接城镇组成，具有一体化倾向的协调发展区域。①

城市群是指在特定的地域范围内具有相当数量的不同性质、类型和等级规模的城市，依托一定的自然环境条件，以一个或两个超大或特大城市作为地区经济的核心，借助于现代化的交通工具和综合运输网的通达性，以及高度发达的信息网络，发生与发展着城市个体之间的内在联系，共同构成一个相对完整的城市集合体。②城市群的概念是1992年姚士谋等在《中国城市群》一书中提出的，他认为城市群应符合三个条件：有相当数量的不同类型的城市；有一个以上特大城市作为区域中心；城市之间存在着内在联系。城市群在国外没有对应的统计区域，与其类似的概念有城市区域、大都市圈等。③

自1984年"点轴开发"理论和中国国土开发、经济布局的"T"字型宏观战略提出以来，"T"字型空间结构战略在20世纪80—90年代得到大规模实施。海岸经济带和长江经济带2个一级重点经济带构成"T"字型，长江经济带将内地2个最发达的核心地区（成渝地区和武汉地区）与海岸经济带联系起来，其腹地几乎包括半个中国，其范围内资源丰富，农业、经济和技术基础雄厚，已经形成世界上最大的以水运为主的，包括铁路、高速公路、管道以及超高压输电等组成的具有超大能力的综合运输通道，其巨大的发展潜力是除海岸经济带以外的其他经济带所不能比拟的。"点轴开发"理论和中国国土开发、经济布局的"T"字型宏观战略（海岸带和长江沿线作为全国的一级发展轴线）已经得到国内诸多知名学者和有关部门领导的认同，符合中国国土开发和经济布局合理化的要求，以海岸地带和长江沿岸作为今后几十年中国国土开发和经济布局的一级轴线的战略将是长期的。经济带[或城市群、城市带、大城市连绵区（megalopolis）]由多个相邻的都市圈组成，经济带内大城市间的距离，以200—300公里为宜（小于200公里，难于就近提供农产品和生态产品，也不利于废弃物的就近消纳和交通畅通等，容易形成严重的城市群病），最远不大于400公里（中心城区与卫星城市，实现1小时通勤；中心城区与圈内镇村，能当天来回，办事方便；大于400公里，会造成大片被边缘化、贫困化区域）。经济带是在劳动地域分工基础上形成的不同层次和各具特色的带状地域经济单元。经济带是依托一定的交通运输干线、地理位置、自然环境等并以其为发展轴，以轴上经济发达的一个和几个大城市作为核心，发挥经济集聚和辐射功能，联结带动周围不同等级规模城市的经济发展，由此形成点状密集、面状辐射、线状延伸的生产、

---

① 吕拉昌、谢媛媛、黄茹：《我国三大都市圈城市创新能级体系比较》，《人文地理》2013年第3期。
② 李仙德、宁越敏：《城市群研究述评与展望》，《地理科学》2012年第3期。
③ 顾朝林：《城市群研究进展与展望》，《地理研究》2011年第5期。

流通一体化的带状经济区域或经济走廊。①

三、国际区域的划分

（一）发达国家

发达国家，也称已开发国家和先进国家，是指那些经济和社会发展水准较高，人民生活水准较高的国家，又称作高经济开发国家（more economically developed country, MEDC）。发达国家的普遍特征是较高的人类发展指数、人均国民生产总值、工业化水准和生活品质。借由开发自然资源，一个国家也可以达到较高的人均国民生产总值和人类发展指数，但未必属于发达国家（比如文莱、沙特阿拉伯、卡塔尔等国）。发达国家大都处于后工业化时期，服务业（也就是商业）为主要产业，而发展中国家大都处于工业化（制造业，也就是工业）时期，未开发国家则还在农业时代。根据国际货币基金组织2015年的统计资料，发达国家的GDP占世界的60.8%，按购买力平价计算则占42.9%，人口占世界比率约为16%。自1990年开始，联合国开发计划署的人类发展指数成为衡量国家发达程度的重要指标，然而这些数据并不完善，一些指数值很高的国家（例如波兰、匈牙利、智利、阿根廷、文莱和卡塔尔等）仍被视为发展中国家。②

综合HDI VH联合国开发计划署人类发展指数极高的国家，WB HIE世界银行高收入经济体，IMF AE国际货币基金组织发达经济体，CIA AE中央情报局《世界概况》发达经济体，根据这些标准，全球的发达经济体共24个，分别为：

欧洲：英国、爱尔兰、法国、荷兰、比利时、卢森堡、德国、奥地利、瑞士、挪威、丹麦、瑞典、芬兰、意大利、西班牙、葡萄牙。

北美洲：美国、加拿大。

大洋洲：澳大利亚、新西兰。

亚洲：日本、韩国、新加坡和以色列。

（二）发展中国家

发展中国家，也称开发中国家、欠发达国家，指经济、技术、人民生活水平程度较低的国家，与发达国家相对。发展中国家的评价标准主要是这个国家的人均国内生产总值（人均GDP）相对比较低，通常指主要集中在亚洲、非洲、拉丁美洲的130多个国家，占世界陆地面积和总人口的70%以上。发展中国家地域辽阔，人口众多，有广大的市场和丰富的自然资源，还有许多战略要地，无论从经济、贸易上，还是从军事上，都占有举足轻重的战略地位。从未来趋势看，发展中国家整体增速放缓成为"新常态"。尽管发展中经济体被西方"唱衰"，但其增速仍高于发达经济体，是拉动世界经济增长的重要引擎。③

---

① 陆大道：《建设经济带是经济发展布局的最佳选择》，《地理科学》2014年第7期。
② 《发达国家》，https://www.baike.com/wiki。
③ 《发展中国家》，https://www.baike.com/wiki。

在人类大家庭190多个国家中,大多数是发展中国家。非洲、南美洲、亚洲绝大多数国家都是发展中国家(除日本、韩国、新加坡和以色列以外)。中国是最大的发展中国家。

(三)"一带一路"区域

"一带一路"是"丝绸之路经济带"和"21世纪海上丝绸之路"的简称,2013年9月和10月由中国国家主席习近平分别提出建设"新丝绸之路经济带"和"21世纪海上丝绸之路"的合作倡议。依靠中国与有关国家既有的双多边机制,借助既有的、行之有效的区域合作平台,"一带一路"旨在借用古代丝绸之路的历史符号,高举和平发展的旗帜,积极发展与沿线国家的经济合作伙伴关系,共同打造政治互信、经济融合、文化包容的利益共同体、命运共同体和责任共同体。①

共建"一带一路"倡议及其核心理念已写入联合国、二十国集团、亚太经合组织以及其他区域组织等的有关文件中。2015年7月,上海合作组织发表了《上海合作组织成员国元首乌法宣言》,支持关于建设"丝绸之路经济带"的倡议。2016年9月,《二十国集团领导人杭州峰会公报》通过关于建立"全球基础设施互联互通联盟"倡议。2016年11月,联合国193个会员国协商一致通过决议,欢迎共建"一带一路"等经济合作倡议,呼吁国际社会为"一带一路"建设提供安全保障环境。2017年3月,联合国安理会一致通过了第2344号决议,呼吁国际社会通过"一带一路"建设加强区域经济合作,并首次载入"人类命运共同体"理念。②

第二节 区域边界

对一个区域而言,边界是一个区域与另一个区域相区分的标识所在。对区域边界的理解关键包括边界的类型和边界的功能两个方面。边界的类型或边界的确定主要有自然边界、人为边界和几何边界等三种。边界的功能主要有防御、政治法律、经济和社会治理等职能。

一、边界类型

边界形成的原因多种多样,划分边界的标准也各不相同,这就使得边界的形式多种多样,归纳起来,世界上大致有如下几种边界类型:③

(一)自然边界

所谓自然边界,是指以自然要素作为划分依据的边界。这是最早的边界形式。一般以独特的地貌特征为根据,如高山、海洋、河流、湖泊、沙漠、森林等。具体包括:

1. 界山

界山是自平地天然突起的、分配两个或两个以上国家的领土的高地。如阿尔卑斯

---

①② "一带一路"网,https://www.yidaiyilu.gov.cn/?agt=2318。
③ 《版图与边界》,https://www.zrzyst.cn/gjbtdtzs/400.jhtml。

山脉——瑞士、意大利、法国；喜马拉雅山脉——印度、尼泊尔、不丹、中国；安第斯山脉——智利、阿根廷。一般来说，边界线是在山脊上沿着分水岭走的。

但是边界的划分不仅涉及自然因素，同时还涉及历史、民族、经济、文化等因素，因此，不能只用这个原则进行划界，更不能借口分水岭原则来侵吞他国的领土。

2. 界河

界河是分隔两个不同国家的河流。如果河流是不通航的，边界线原则上是在河流的中间，循着河流两岸曲折而行；如果河流是可通航的，边界线原则上在主航道的中间。但边界也可以是河的一岸，例如长期以来就有条约，或一个国家在其他国家占有河流那一岸的土地以前就已占有河流那一岸。以下是一些界河：

格兰德河——美国、墨西哥；奥德—尼斯河——德国、波兰；多瑙河——保加利亚、罗马尼亚、南斯拉夫、捷克、斯洛伐克、匈牙利；拉普拉塔河——阿根廷、乌拉圭；黑龙江——中国、俄罗斯。

3. 界湖

界湖是分隔两个或两个以上国家的领土的湖。[①]

（二）人为边界

与自然边界相对应，人为边界是指以民族、宗教信仰、语言、意识形态、心理习惯等因素作为依据划分的边界。与自然边界不同的是，人为边界可以是有形的，也可以是无形的。在当代世界政治地图上，人为边界多种多样，归纳起来主要有两种：一种以政治力量作为划界标准；一种是以居民的民族的宗教信仰、心理习惯等文化因素作为划界标准。

1. 以政治力量作为划界标准

这种边界既存在于国与国之间，也存在于政治集团与政治集团之间；既可以是有形的，也可以是无形的。国与国之间的人为边界，最典型的是前德意志民主共和国和德意志联邦共和国之间的边界。这两国在第二次世界大战前是一个国家，政治体制、经济形态完全相同，"二战"后，德国成了东西方政治力量较量的地方，其结果便是形成了两个尽管民族相同，但政治体制、经济形态和意识形态完全不同的国家。两国的边界尽管是有形的自然物，但这已经是政治意义的自然物。集团与集团之间的界线最典型的是"东欧"和"西欧"的划分。东西欧的划分并不是一个自然地理概念，而是一个政治地理概念。"西欧"包括自然地理上的西欧、中欧和南欧部分国家；"东欧"包括自然地理上的东欧、中欧和南欧部分国家。"东欧"和"西欧"划分标准的主要依据是政治力量，这种界线与国家之间边界不同，它是无形的。类似这样的无形的国际界线还有"三个世界"的划分、"南北关系"中的南与北的分界、"东西方关系"中的"东"与"西"的划界。

2. 以文化因素作为划界标准

在第一、第二次世界大战以后，出现了许多新独立的国家。很多国家在决定领土的

---

① https://baike.baidu.com/item/%E8%BE%B9%E7%95%8C/15497485?fr=aladdin

范围时，根据民族自决原则进行公民投票。许多欧洲国家的界线就是沿着民族的界线而划分的，只要看一下欧洲的语言分布图，就不难发现这一点。在"一战"前，中欧和东欧许多国家都是奥匈帝国的组成部分，"一战"后，随着奥匈帝国的解体，出现了许多独立的国家，这些国家的领土范围和语言分布大致是相当的。如果我们深信语言在确定国家领土范围时确实起过作用，就不难理解为什么"一战"后，希腊和土耳其曾交换过200万名少数民族。当然，我们谈民族的语言在部分欧洲国家划界时起过作用，这并不意味着语言是划界的唯一标准，在有些地区，是很难区分出语言的界线的，这就要求划界必须同时兼顾当地的村落、河流、山脉、行政区划等因素。事实上，真正使用单一语言的国家只有少数。如果不算印第安语，巴西是使用一种语言的国家，澳大利亚也属于此类。使用单一的阿拉伯语的国家也只有埃及、利比亚，其他国家都是使用两种或两种以上的语言。

除了民族、语言对划界有影响外，还有根据宗教信仰来划分边界的。宗教信仰与语言不同，因为不同的民族可以有相同的宗教信仰，而说同一语言的人却可以有不同的宗教信仰。在某些地区，宗教信仰导致了大规模的国内摩擦，从而成为新独立国家划分边界的一个基础。如巴基斯坦与印度之间的边界便是如此。印巴分治之前同属印度版图，并受英国殖民主义统治。"二战"后，随着印度民族独立运动的高涨，印度版图内印度教徒和伊斯兰教徒之间矛盾加剧，英国于1947年6月根据英驻印总督蒙巴顿的建议，提出了《蒙巴顿方案》，主张根据宗教对印度分而治之，分为主要是印度教徒居住的印度联邦和主要是伊斯兰教徒居住的巴基斯坦两个自治领，同年8月，两个自治领宣布独立。

（三）几何边界

几何国界是指以经度或纬度等数理位置作为划分国界的根据而划分的国界，不考虑地表上的人文和自然状况，又称数理国界。如以纬度作为两国边界的：美国和加拿大基本以北纬49°作为边界；埃及和苏丹基本以北纬22°作为边界。以经度作为两国边界的：阿拉斯加（美）和加拿大基本以西经141°作为边界；埃及和利比亚基本以东经25°作为边界。

以上只是根据边界的形式对当今世界政治地图上的边界作了分类，这并不意味着囊括了划分边界的所有标准。划分边界的标准是多种多样的。如美国政治地理学家德布列杰等人主张：除了对边界作地貌上的划分和人为的划分外，还应对边界作功能上的划分和发生学上的划分。根据功能，边界可分为防御性的、文化分裂性的、行政管理性的、意识形态性的等；根据发生学来划分，边界可分为先行的、后来的、叠加的、遗留的。英国政治地理学家缪尔对以往政治地理学者关于边界的划分进行了总结，并列表说明了划界标准和类型的多样性。[1]

当然，对边界的这些不同分类只是为理论上的研究方便，事实上，任何一国的边界

---

[1] https://baike.baidu.com/item/%E8%BE%B9%E7%95%8C/15497485?fr=aladdin。

都不是单一的,边界的划分也不是只考虑一种因素,而是自然状况、文化、民族愿望、政治力量、交通运输等因素的综合统一。

二、边界功能

边界的功能并不是不变的,而是随着时间的推移和科学技术的进步而不断变化的。综观边界在国家演变过程中的作用,边界大致有如下几种主要职能:①

(一)防御职能

边界是一国领土范围的界线,也是一国实行其主权的界线,边界是保证一国政治独立、领土完整的最基本的条件。保护边界就是防止他国入侵,在古代科学技术不发达的条件下,边界最明显的功能就是防御,特别是那些自然边界,如界山、界水等都有防御他国入侵的作用。如在17、18世纪欧洲大陆处于狼烟四起、彼此争夺领土的年代,英国却由于英吉利海峡的隔绝多次免于卷入战争,而又能够利用其独特的地理位置使庞大的海军越过英吉利海峡参与欧洲事务。因此,在欧洲大陆各国相互争战时,英国却能从这些战争中脱身,坐收渔利。美国著名历史学家保罗·肯尼迪曾对这一时期英吉利海峡在英国和荷兰的海战中的作用作过如下描述:"不论特隆普和德·吕泰尔那样的指挥官战术指挥才能多么杰出,在对英国的海战中,荷兰商人或者不得不闯过两翼受敌的英吉利海峡,或者不得不兜个大圈子,绕过波涛汹涌的苏格兰,而这类路线(像他们捕捞鲱鱼一样),在北海仍然受到的攻击。"②英吉利海峡的这种防御职能一直受到英国的重视,以致后来英法之间的海峡隧道几次被延期,其根本原因就是英国担心欧洲大陆强国利用隧道入侵英国。但随着科学技术的进步,特别是航海、航空技术的发展,边界的这种军事防御职能已逐渐减小。所以,许多国家已不依靠这些自然边界来防御敌国的入侵。

(二)政治、法律职能

边界的政治职能是指,边界是一国主权管辖范围的界线,在边界内,国家或政府可根据本国的实际情况采取独特的政治体制,接受特定的意识形态,而不受其他国家的影响。边界的法律职能有二:一是两国边界一旦确定就产生法律效应,边界首先受国际法的保护,边界的任何变动都须在严格遵守国际法的程序下进行,任何一国未经他国同意对边界的随意改动,都是违法行为;二是边界是一国政府法律达到的最后适应线,超过界线,国家的法律就失效,但在边界内,国家可根据本国的实际情况制定法律。

如果说,在科学技术不发达的情况下,边界的防御职能是维持国际政治秩序的重要手段,那么,近代以来,随着航海技术和航空技术的发展,尊重边界的政治职能和法律职能便是保证国家领土完整、维护国际政治秩序的首要条件。当代许多边界纠纷,究其最终原因,其实都是关于边界的政治职能和法律职能的纠纷,许多人为边界的设立正是边界的法律和政治职能的体现。例如,统一前的西德和东德之间的边界,其政治职能和法律职能都是首要的,其他许多国家之间的几何边界,发挥的也主要是政治职能和法律

①② https://baike.baidu.com/item/%E8%BE%B9%E7%95%8C/15497485?fr=aladdin。

职能。

（三）经济职能

以边界保护民族经济。例如,国家利用贸易限制来保护新兴工业,提高经济增长幅度,限制进口,增加出口,创造有利于发展本国经济的环境,提高国民生产总值。这里应该注意,边界的经济职能与边界的政治职能以及军事防御职能有显著的不同,边界的政治职能以及军事防御职能表明,边界是一个国家主权范围的界线,不允许邻国对其进行政治上的干预和军事上的侵略,就这种意义来说,一个国家对邻国没有任何依赖性。但近代任何一个国家都并不是一个完全封闭的体系,各国由于所处的地理环境不同,资源条件各异,对生产和生活资料的要求种类和数量也有差别,同时,无论哪一个国家(不论地处沿海还是内陆、经济发展水平高还是低、发展速度是快还是慢),它所能提供的生产和生活资料都有一定局限性,这就使得各国或各地区有相互交流的必要,而这种交流最突出地反映在经济交流上。如发达国家对发展中国家初级产品的需要,发展中国家对发达国家制成品及技术设备的需要,这些都必须经过国家的边界。这就必然影响国家关税政策的制定,而国家又可以通过关税政策来限制这种交换。与政治边界和军事防御边界不同的是,这种通过边界的经济交换不是对国家主权的侵犯,而是社会化大生产分工的必然结果。当然,这种交换是有一定限度的。如果一国经济完全为他国所主宰,那么,这个国家就容易丧失独立性。在这种情况下,谈论其政治独立也是徒劳的。

第三节 区域规模

区域规模的内涵十分丰富,从本质意义上来看,主要包括三类:人口规模、经济规模和土地规模。

一、人口规模

人口规模(population size)是在城市地理学研究及城市规划编制工作中所指的一个城镇人口数量的多少(或大小)。一般指一个城镇现状或在一定期限内人口发展的数量,后者与城市(镇)发展的区域经济基础、地理位置和建设条件、现状特点等密切相关。城市人口容量,指一个城市的生态系统和社会经济系统能够支持多大人口规模得以生存的潜力。城市人口规模,指生活在一个城市中的实际人口数量。

一个城市的人口始终处于变化之中,它主要受到自然增长与机械增长的影响,两者之和便是城市人口的增长值。

（一）人口规模类型

1. 户籍人口规模

户籍人口是指公民依《中华人民共和国户口登记条例》已在其经常居住地的公安户籍管理机关登记了常住户口的人。这类人口不管其是否外出,也不管外出时间长短,只要在某地注册有常住户口,则为该地区的户籍人口。户籍人口数一般是通过公安部门的经常性统计月报或年报取得的。①

在观察某地人口的历史沿革及变动过程时,通常采用这类数据。户籍人口包括有常住户口,以及被注销户口的在押犯、劳改、劳教人员。而未落常住户口的人,理论上包括持出生、迁移、复员转业、劳改释放、解除劳教等证件未落常住户口的人和城乡均无户口的人,以及户口情况不明且定居一年以上的流入人。在实际操作中这部分人无法被统计全。

2. 常住人口规模

常住人口是指全年经常在家或在家居住6个月以上,而且经济和生活与本户连成一体的人口。外出从业人员在外居住时间虽然在6个月以上,但收入主要带回家中,经济与本户连为一体,仍视为家庭常住人口;在家居住,生活和本户连成一体的国家职工、退休人员也为家庭常住人口。但是现役军人、中专及以上(走读生除外)的在校学生,以及常年在外(不包括探亲、看病)且已有稳定的职业与居住场所的外出从业人员,不应当作家庭常住人口。具体调查时,符合以下几种情况的人口登记为常住人口:

(1) 居住在本乡、镇、街道,并已在本乡、镇、街道办理常住户口登记的人。

(2) 已在本乡、镇、街道居住半年以上,常住户口在本乡、镇、街道以外的人。

(3) 在本乡、镇、街道居住不满半年,但已离开常住户口登记地半年以上的人。

(4) 调查时居住在本乡、镇、街道,常住户口待定的人。

(5) 原住本乡、镇、街道,调查时在国外工作或者学习,暂无常住户口的人。

常住户口在本乡、镇、街道,但已离开本乡、镇、街道半年以上的人,在户口所在地只登记人数,不计入户口所在地的常住人口数内。

(二) 人口规模增长

1. 自然增长

人口的自然增长是指人口再生产的变化量,即出生人数与死亡人数的净差值。通常以一年内城市人口的自然增加数与该城市总人口数(或期中人数)之比的千分率来表示其增长速度,称为自然增长率。

出生率的高低与城市人口的年龄构成、育龄妇女的生育率、初育年龄、人民生活水平、文化水平、传统观念和习俗、医疗卫生条件以及国家计划生育政策有密切关系。死亡率则受年龄构成、卫生保健条件、人民生活水平等因素影响。目前,中国城市人口自然增长情况,已由解放初期的高出生、低死亡、高增长的趋势转变为低出生、低死亡、低增长。

2. 机械增长

人口的机械增长是指由于人口迁移所形成的变化量,即一定时期内,迁入城市的人口与迁出城市的人口的净差值。机械增长的多少与城市经济发展的速度、城市的建设和发展条件以及国家的城市发展方针密切相关。机械增长的速度用机械增长率来表

---

① 《中华人民共和国户口登记条例》,http://www.npc.gov.cn/wxzl/gongbao/2000-12/10/content_5004332.htm。

示,即一年内城市的机械增长的人口数对年平均人数(或期中人数)之千分率。

人口平均增长速度(或人口平均增长率)指一定年限内,平均每年人口增长的速度。

根据城市历年统计资料,可计算历年人口平均增长数和平均增长率,以及自然增长和机械增长的平均增长数和平均增长率,并绘制人口历年变动累计曲线。这对于估算城市人口发展规模有一定的参考价值。

3. 流动人口

流动人口是指在本市无固定户口的人口。一般分常住流动人口和临时流动人口。前者指外地或外国来本市从事较长一段时间公务、商务的人员,也包括外来的临时工、季节工、借调、支援人员等;后者指前来开会、参观学习、工作出差、游览以及路过而短时间停留的人员。

随着改革开放政策的实行,以及市场经济体制的建立,城市的流动人口数量迅速增加。如北京、上海、天津、武汉、南京等中心城市,流动人口已占市区人口的20%—30%。流动人口给城市经济带来活力的同时,也给城市的住房、交通、社会服务产业、文化教育设施增加了压力。因此,在城市规划中必须将流动人口也列为影响城市规模的重要因素。

二、经济规模

(一)经济规模的概念

狭义的经济规模指社会财富总量即社会价值总量,包括能够用货币来计算的与不能用货币来计算的社会真正财富总量,既包括社会财富的量,也包括社会财富的质。[①]

狭义的经济总量是有效经济总量,不包括无效经济总量。经济总量广义上指所有能够用货币来计算的国民经济总量,既包括有效经济总量,也包括无效经济总量。经济总量增加、经济规模扩大有两种途径:资源配置与资源再生。

狭义的经济总量增加更多通过创新与资源再生来完成,广义的经济总量增加往往通过资源配置与外延扩张来实现。新常态经济增长是狭义的即有效经济总量的增长,不包括无效经济总量的增加;经济新常态是不断扩大有效经济总量范围、缩小无效经济总量范围的过程。

(二)经济规模增长方式

经济增长方式,狭义上指GDP增长方式,即把GDP增长作为经济增长的目标与指标的增长方式;广义上指社会财富的增加(包括量的增加与质的提高)方式,即价值(包括能够用货币来计算的与不能用货币来计算的社会财富,既包括社会财富的量,也包括社会财富的质)的增长方式。根据经济要素在经济结构中的地位和作用,迄今为止人类的经济增长方式从低级到高级依次经过了资源运营—产品运营—资产运营—资本运

---

① 陈世清:《新常态经济是创新驱动型经济——新常态经济是经济增长方式转变》,求是理论网,2015年6月16日。

营—知识运营增长方式、要素驱动型—投资驱动型—创新驱动型增长方式；根据经济主体和经济客体的关系，迄今为止人类的经济增长方式从低级到高级依次经过了资源配置型—资源再生型增长方式、外延扩张型—内涵开发型增长方式。知识运营增长方式、创新驱动型增长方式、资源再生型增长方式、内涵开发型增长方式是知识经济时代的经济增长方式，也是新常态经济的经济增长方式。人类经济增长方式由低级向高级转化提升，既是社会发展的自然历史过程，也是经济主体性提高、经济主体自觉能动性发挥的结果，其中创新驱动是经济增长方式由低级向高级转变的根本动力。在知识经济时代，政府宏观调控是一国经济增长方式由低级向高级转化的必要一环。低级增长方式和高级增长方式不是对立的；低级增长方式是高级增长方式的基础，高级增长方式包容提升主导低级增长方式。增长方式属于宏观经济范畴。广义的增长方式是 GDP 增长方式向发展模式转化的中间环节。①

三、土地规模

（一）城市用地规模

城市用地是城市规划区范围内赋予一定用途和功能的土地的统称，是用于城市建设和满足城市功能运转所需要的土地。如城市的工厂、住宅、公园等城市设施的建筑活动，都要由土地来承载，而且各类功能用途的土地都要经过规划配置，使之具有城市整体而有机的运营功能。城市用地规模是指依据城市人口规模和国家规定的人均建设用地标准而确定的城市建设用地总量。

我国进入了快速城市化时期，2004 年我国城市化水平达到 41.8%，较 1978 年增加了 26 个百分点。相应地，城市用地规模不断增长，1985—2000 年我国城市建成区用地年均扩展速度为 850 平方千米。②进入 21 世纪以后，在经济高速增长的情况下，城市的空间结构面临调整，许多城市的总体规划都进入修编阶段。在各城市总体规划进行修编的过程中遇到的一个突出问题就是城市规模问题。表现在两个方面，一是大部分城市总体规划确定的人口与城市用地规模在 20 世纪 90 年代初已被突破，城市总体规划的范围、目标和标准不能适应经济社会发展的需求；③二是许多城市在 20 世纪 90 年代中后期就开始城市总体规划的修编或编制城市发展战略规划，其中 2010 年的城市人口规模出现了大幅增加的现象，比上版总体规划确定的 2010 年城市人口规模增加 30% 以上。④城市发展规模一直是城市总体规划编制和审批关注的焦点，多年以来主要是通过预测人口规模来确定用地规模，在市场经济体制改革不断深入的情况下，城市人口规模预测的不确定性越来越强。⑤

---

① 陈世清：《对称经济学 术语表（一）》，中国改革论坛网，2015 年 4 月 18 日。
② 谈明洪、李秀彬、吕昌河：《我国城市用地扩展的驱动力分析》，《经济地理》2003 年第 9 期。
③ 陈岩松、王巍：《关于城市总体规划编制改革的思考》，《城市规划》2004 年第 12 期。
④ 陈有川：《大城市规模急剧扩张的原因分析与对策研究》，《城市规划》2003 年第 4 期。
⑤ 黎云、李郇：《我国城市用地规模的影响因素分析》，《城市规划》2006 年第 10 期。

中国正处于由计划经济向市场经济转型阶段,随着经济体制改革的深入,中国人口流动越来越趋于市场化,传统的以城市人口规模为主体的城市规模控制思路已不能完全适应如今的城市管理。在市场经济条件下,城市经济增长水平对城市用地规模有决定性的影响。在我国实行城市土地国家所有的体制下,通过用地规模的管理实现城市规模的调控是可行的。进一步,我们用城市建成区面积对经济增长水平的弹性,实证分析了我国城市用地规模的影响因素。[①]

(二) 城市用地分类与规划建设用地

现批准的《城市用地分类与规划建设用地标准》为国家标准,编号为 GB50137-2011,自 2012 年 1 月 1 日起实施。其中,第 3.2.2、3.3.2、4.2.1、4.2.2、4.2.3、4.2.4、4.2.5、4.3.1、4.3.2、4.3.3、4.3.4、4.3.5 条为强制性条文,必须严格执行。原《城市用地分类与规划建设用地标准》(GBJ137-90)同时废止。

1. 城乡用地

城乡用地指市(县)域范围内所有土地,包括建设用地与非建设用地。建设用地包括城乡居民点建设用地、区域交通设施用地、区域公用设施用地、特殊用地、采矿用地等,非建设用地包括水域、农林用地以及其他非建设用地等。

表 3-4 城乡用地分类中英文对照

代码 codes	用地类别中文名称 Chinese	英文同(近)义词 English
H	建设用地	development land
E	非建设用地	non-development land

资料来源:《城市用地分类与规划建设用地标准》(GBJ137-90)。

2. 城市建设用地

城市建设用地指城市和县人民政府所在地镇内的居住用地、公共管理与公共服务用地、商业服务业设施用地、工业用地、物流仓储用地、交通设施用地、公用设施用地、绿地。城市建设用地规模指上述用地之和,单位为 hm^2。

表 3-5 城市建设用地分类中英文对照

代码 codes	用地类别中文名称 Chinese	英文同(近)义词 English
R	居住用地	residential
A	公共管理与公共服务用地	administration and public services
B	商业服务业设施用地	commercial and business facilities
M	工业用地	industrial, manufacturing

---

① 黎云、李郇:《我国城市用地规模的影响因素分析》,《城市规划》2006 年第 10 期。

(续表)

代码 codes	用地类别中文名称 Chinese	英文同(近)义词 English
W	物流仓储用地	logistics and warehouse
S	道路与交通设施用地	road, street and transportation
U	公用设施用地	municipal utilities
G	绿地与广场用地	green space and square

资料来源:《城市用地分类与规划建设用地标准》(GBJ137—90)。

3. 人口规模

人口规模分为现状人口规模与规划人口规模,应按常住人口进行统计。常住人口指户籍人口数量与半年以上的暂住人口数量之和,计量单位为万人,应精确至小数点后两位。

4. 人均城市建设用地

人均城市建设用地指城市和县人民政府所在地镇内的城市建设用地面积除以中心城区(镇区)内的常住人口数量,单位为 $m^2/人$。

5. 人均单项城市建设用地

人均单项城市建设用地指城市和县人民政府所在地镇内的居住用地、公共管理与公共服务用地、交通设施用地以及绿地等单项城市建设用地面积除以中心城区(镇区)内的常住人口数量,单位为 $m^2/人$。

6. 人均居住用地

人均居住用地指城市和县人民政府所在地镇内的居住用地面积除以中心城区(镇区)内的常住人口数量,单位为 $m^2/人$。

7. 人均公共管理与公共服务用地

人均公共管理与公共服务用地指城市和县人民政府所在地镇内的公共管理与公共服务用地面积除以中心城区(镇区)内的常住人口数量,单位为 $m^2/人$。

8. 人均交通设施用地

人均交通设施用地指城市和县人民政府所在地镇内的交通设施用地面积除以中心城区(镇区)内的常住人口数量,单位为 $m^2/人$。

9. 人均绿地

人均绿地指城市和县人民政府所在地镇内的绿地面积除以中心城区(镇区)内的常住人口数量,单位为 $m^2/人$。

10. 人均公园绿地

人均公园绿地指城市和县人民政府所在地镇内的公园绿地面积除以中心城区(镇区)内的常住人口数量,单位为 $m^2/人$。

11. 城市建设用地结构

城市建设用地结构指城市和县人民政府所在地镇内的居住用地、公共管理与公共服务用地、工业用地、交通设施用地以及绿地等单项城市建设用地面积除以中心城区（镇区）内的城市建设用地面积得出的比重，单位为％。

12. 气候区

气候区指根据《建筑气候区划标准》（GB 50178-93），以1月平均气温、7月平均气温、7月平均相对湿度为主要指标，以年降水量、年日平均气温低于或等于5℃的日数和年日平均气温高于或等于25℃的日数为辅助指标而划分的七个一级区。

表3-6 不同气候区规划人均建设用地规模标准　　　　　单位：m²/人

气候区	现状人均城市建设用地规模	规划人均城市建设用地规模取值区间	允许调整幅度		
			规划人口规模≤20.0万人	规划人口规模20.1万—50.0万人	规划人口规模＞50.0万人
Ⅰ、Ⅱ、Ⅵ、Ⅶ	≤65.0	65.0—85.0	＞0.0	＞0.0	＞0.0
	65.1—75.0	65.0—95.0	＋0.1—＋20.0	＋0.1—＋20.0	＋0.1—＋20.0
	75.1—85.0	75.0—105.0	＋0.1—＋20.0	＋0.1—＋20.0	＋0.1—＋15.0
	85.1—95.0	80.0—110.0	＋0.1—＋20.0	－5.0—＋20.0	－5.0—＋15.0
	95.1—105.0	90.0—110.0	－5.0—＋15.0	－10.0—＋15.0	－10.0—＋10.0
	105.1—115.0	95.0—115.0	－10.0——0.1	－15.0——0.1	－20.0——0.1
	＞115.0	≤115.0	＜0.0	＜0.0	＜0.0
Ⅲ、Ⅳ、Ⅴ	≤65.0	65.0—85.0	＞0.0	＞0.0	＞0.0
	65.1—75.0	65.0—95.0	＋0.1—＋20.0	＋0.1—20.0	＋0.1—＋20.0
	75.1—85.0	75.0—100.0	－5.0—＋20.0	－5.0—＋20.0	－5.0—＋15.0
	85.1—95.0	80.0—105.0	－10.0—＋15.0	－10.0—＋15.0	－10.0—＋10.0
	95.1—105.0	85.0—105.0	－15.0—＋10.0	－15.0—＋10.0	－15.0—＋5.0
	105.1—115.0	90.0—110.0	－20.0——0.1	－20.0——0.1	－25.0——5.0
	＞115.0	≤110.0	＜0.0	＜0.0	＜0.0

资料来源：《城市用地分类与规划建设用地标准》（GBJ137-90）。

参考文献

https://baike.baidu.com/item/％E8％BE％B9％E7％95％8C/15497485?fr=aladdin。

https://baike.baidu.com/item/％E8％BE％B9％E7％95％8C/15497485?fr=aladdin。

《版图与边界》，https://www.zrzyst.cn/gjbtdtzs/400.jhtml。

陈世清：《超越中国主流经济学家》，中国国际广播出版社2013年版。

陈世清：《对称经济学　术语表（一）》，中国改革论坛网，2015年4月18日。

陈世清：《新常态经济是创新驱动型经济——新常态经济是经济增长方式转变》，求是理论网,2015年6月16日。

陈岩松、王巍:《关于城市总体规划编制改革的思考》,《城市规划》2004年第12期。

陈有川:《大城市规模急剧扩张的原因分析与对策研究》,《城市规划》2003年第4期。

《城市规划基本术语标准》,http://www1.planning.org.cn/law/view?id=40。

《发达国家》,https://www.baike.com/wiki。

《发展中国家》,https://www.baike.com/wiki。

顾朝林:《城市群研究进展与展望》,《地理研究》2011年第5期。

《关于统计上划分城乡的规定》,http://www.stats.gov.cn/tjsj/ndsj/renkoupucha/2000pucha/html/append7.htm。

侯钧生、陈钟:《发达国家与地区社区发展经验》,机械工业出版社2004年版。

黎云、李郇:《我国城市用地规模的影响因素分析》,《城市规划》2006年第10期。

李仙德、宁越敏:《城市群研究述评与展望》,《地理科学》2012年第3期。

陆大道:《建设经济带是经济发展布局的最佳选择》,《地理科学》2014年第7期。

吕拉昌、谢媛媛、黄茹:《我国三大都市圈城市创新能级体系比较》,《人文地理》2013年第3期。

单文慧:《城市发展的内涵与内驱力》,《城市发展研究》1998年第2期。

史育龙、周一星:《关于大都市带(都市连绵区)研究的论争及近今进展述评》,《国际城市规划》1997年第2期。

谈明洪、李秀彬、吕昌河:《我国城市用地扩展的驱动力分析》,《经济地理》2003年第9期。

"一带一路"网,https://www.yidaiyilu.gov.cn/?agt=2318。

《中华人民共和国户口登记条例》,http://www.npc.gov.cn/wxzl/gongbao/2000-12/10/content_5004332.htm。

第四章 区域空间结构

区域空间结构是区域学中的经典研究内容和领域。当前，城市和区域发展不仅受区域内部及周边区域的制约，而且受全球化发展的影响日益深远，因此在本章中，在传统区域空间结构研究的基础上，还重点探讨了全球化对区域及城市空间结构发展的影响，包括区域空间结构的概念与新内涵、新特征，区域空间作用机制，区域空间结构与大都市区生产空间组织探讨等内容。其中，从微观层面结合传统城市土地利用结构模式，探讨全球化背景下全球生产网络①各生产环节的空间投影，全球生产网络地方镶嵌后的内在作用机制及与大都市区生产空间组织的互动内涵研究，是本章相对于传统的区域空间结构研究的工作内容创新。

第一节 区域空间结构的概念与再认识

城市及区域都是复杂的社会系统，是以各种空间经济主体为"点"（子系统），以各类经济联系，包括资本流、商品流、劳动力流、信息流等为"线"所构成的空间网络，这是本章从网络模型角度对空间系统的描述和理解。在传统区域空间结构模式之下，全球化力量再次塑造新的组织框架与动力机制，更加专注于地方发展的分析体系，由此成为本章对城市及区域空间系统研究的嵌入式分析工具。在本章，全球化主导的全球生产网络成为城市及区域空间结构新的分析框架，以区域经济、空间经济、新经济地理等经济学科为理论基础，并结合传统空间结构理论进行探讨。

一、区域空间结构的概念与认知

在人文地理学中，空间结构（spatial organization）被视为学科研究的

---

① 全球生产网络是指在全球化条件下，以一定正式的规则（契约），通过网络参与者等级层次的平行整合进程，来组织跨企业以及跨界价值链的一种全球生产组织治理模式。

基础和原则。空间结构在本质属性上是一个相当复杂的主观概念,除自然属性之外,随着社会经济的发展更被赋予社会人文属性(石崧、宁越敏,2005)。后现代理论的兴起,使得后现代人文地理学家更深入思考空间结构的社会经济涵义,例如哈维(D. Harvey, 1973)认为空间结构是体现社会各种生产关系更宽泛结构的一整套表述。苏贾(E.Soja, 1994)认为空间结构产生于有目的的社会实践,是有组织的空间结构形式。

法国马克思主义社会学家列斐伏尔被认为是一位"元哲学家"。列斐伏尔从20世纪60年代起开始把空间引进其研究框架中,到70年代(英文本为90年代),他在《空间的生产》一书中对社会空间关系进行了极富想象力的分析,认为空间不仅仅是社会关系演变的静止的"容器"或者"平台",我们所面对的社会空间是多重和相互重叠的。按列斐伏尔的理解,资本主义的空间具有以下功能:①生产资料的功能。城市空间不仅是消费场所,还为城市、区域、国家或大陆的空间配置增进了生产力,利用空间就如同利用机器一样。②消费对象的功能。作为整体的空间在生产中被消费。③政治工具的功能。国家利用空间以确保对地方的控制。④阶级斗争介入。由此,列斐伏尔以"空间生产"概念作为城市研究起点,提出"空间中的生产"(production in space)转变为"空间的生产"(production of space),区别在于前者指自然属性空间,后者特指社会属性空间,空间作为一个整体进入了现代资本主义的生产模式,它被利用来生产剩余价值(宁越敏、石崧,2010)。

正是在以上认识的基础上,本章认为区域空间结构:①首先被确定为是一个多空间尺度的研究范畴,可能同时发生在地方、区域、国家和全球尺度上;②空间中社会经济关系相互作用的过程,及其产生的循环累积因果关系,是空间结构形成发展的动力机制;③是一个典型的结构主义产物,社会经济发展塑造空间结构,而空间结构的发展又会不断对社会经济发展的规则和模式提出调整要求;④是一个动态变化的过程,强调区域功能的联系。作为社会经济发展的空间结构模式,生产模式是很好的理论分析工具,符合空间结构以上四个内涵特征,并且迎合当今全球化、信息化发展的趋势,同时包含政府及各种非政府组织的制度分析,从而为空间结构分析在自组织基础上增加了他组织的探讨,保证了空间结构动力机制和作用过程分析的完整性。

二、区域空间结构新的构成要素

哈盖特(P.Haggett, 1965)在其《人文地理学的区位分析》一书中提出,人文地理研究的区域空间形式主要由节点、层次、网络或渠道、流、面五部分组成。之后在该书1977年的第二版中,哈盖特从枢纽区域中分解出运动模式、运动路径、节点空间布局、节点的层次、地面、时间和空间的扩散六个几何要素,由此奠定了空间系统构成的基本论调。

全球化时代,资本、信息、市场等经济要素的国际流动加强,原有的区域空间系统被迫向国际、国内大环境开放,封闭的区域节点体系已被打破,区域经济发展的资源和商品面向的是整个全球市场,产生新的空间结构影响因素,区域空间系统的构成要素也被赋予新的涵义,这必然会重新塑造区域以及城市体系。在全球化主导的生产网络中,节点包括两方面的内容(网络行动者):一是生产网络中的企业;二是生产企业镶嵌的地方(城市)。线是将网络节点联系在一起的重要通道,但在全球生产网络中,线是一种动态和静态概念的集合,包括资本流、商品流、劳动力、信息流以及支撑各种"流"流动的软硬基础设施建设,如交通通信基础设施、市场流通渠道等。正是各种不同性质、不同方向的线通过节点连接在一起,构成了全球生产网络与区域不同功能空间的等级体系(表4-1)。

表 4-1 全球生产网络主导下空间结构要素的新组合模式

区位要素及其组合	空间子系统	空间组合类型
点—点	资本与信息节点系统	区域城市体系、城市内部功能区
点—线	资本信息枢纽系统	金融中心、信息中心、知识创新中心
点—面	城市—区域系统	大都市区、大都市区域
线—线	网络设施系统	资本网络、信息网络、高速交通网络
线—面	产业区域系统	特定高科技产业带(走廊)
面—面	一体化经济系统	基于分工合作的特定产业区
点—线—面	空间经济一体化系统	价值区段劳动分工区域(组合)

资料来源:转引自李健(2011),表6-1。

首先,在区域城市体系中,城市自身拥有的资源和市场已经不是决定城市规模及城市在城市网络体系中地位的主要原因,在全球化以"流动的空间"为主要特征的时代,城市流入和流出的知识、资本、商品和信息等"流"的种类和数量才是决定城市规模及在网络中地位的根本要素,其中资本流和知识流在节点联系方面的作用日益突出。这意味着城市发展不再仅局限于某个区域内,而是在更高层次的全球经济网络中,其资源和市场面向的是全球市场。其次,全球生产网络中知识和技术的作用日益突出,而品牌营销与资本运营、信息处理等非生产领域亦是高价值创造区段。这些价值环节共同的特点是需要快捷的信息获取、处理和密切交流,基础设施完善的区域中心城市无疑是最佳空间。中心城市开始从生产中心转向知识创新和技术研发中心、金融中心、管理中心、信息处理中心等,实现了所谓的"功能软化"。制造业亦依次向周边不同等级节点扩散。在这样的发展机理下,节点功能呈现多级分化的态势,不同节点之间功能互补性加强,区域节点通过各种"流"的密集联系,网络特征更加显明。再次,全球生产网络模块化操作模式的出现,改变的是企业生产模式,使得企业生产在空间上实现了分离,由此引导了区域经济空间模式的改变,这一过程伴随的是新产业空间出现。区域节点城市逐渐打破传统"摊大饼"空间扩展的模式,在全球生产网络的组织框架下,通过各种"流动"将节点联系起来,各节点城市之间的互动加强。

三、区域空间结构新的特性与表征

网络模式是欧几里得平面几何中最复杂的平面结构,表现在全球生产网络及其镶嵌的区域空间结构中,是生产网络中各因素间的相互渗透、相互包含。与传统以固定场所为特征的地理空间存在着明显的差异,本节主要是对全球化主导下新的空间结构特征进行分析,包括区域空间的多样性、区域空间边界的模糊性以及区域空间的互动性等三个方面(甄峰,2004)。

(一)区域空间的多样性

在工业化经济时代,空间内部经济系统的完整性决定了区域空间的单一性。全球化经济时代,全球生产网络组织框架下的区域空间是基于价值链垂直分工和水平分工所形成的功能互补且相互融合的新的空间范畴,区域经济活动的内容、方式及其空间表现与工业经济时代相比较都发生很大的改变。管理、金融运营及品牌营销区段趋向于核心城市中心区集聚,形成城市 CBD;后台服务与办公倾向核心城市城郊结合带,减轻级差地租压力并享受城市基础设施服务,形成 Sub-CBD 或者服务业集聚区;研究开发与设计、高科技产品生产制造趋向于环境优美、智力密集的地区,形成科技园区或高新技术开发区;劳动密集型生产趋向劳动力廉价密集地区,形成工业区或工业基地。这些基于全球生产网络价值区段存在,但具备不同功能的区域经济空间体功能互补、相互依赖,通过彼此间的互动联系共同构成了综合区域空间结构,这些经济区域之间彼此的互动联系则是区域空间结构的动态过程。

(二)区域空间边界的模糊性

在工业经济发展的时代,由于交通、通信技术的落后,区域经济的发展局限于内部区域,强调系统内部的独立性,区域社会经济联系在空间上表现为连续的、不间断的特征,并可以通过社会经济活动明确的边界予以定义。而全球化和信息化的发展,促使社会经济的活动开始扩展其原先活动范围而跨越更广泛的空间,区域社会经济活动表现出明显跳跃性和更大空间范围发展的特征。

在全球生产网络组织框架下,基于价值链区段劳动分工存在的空间镶嵌使得区域

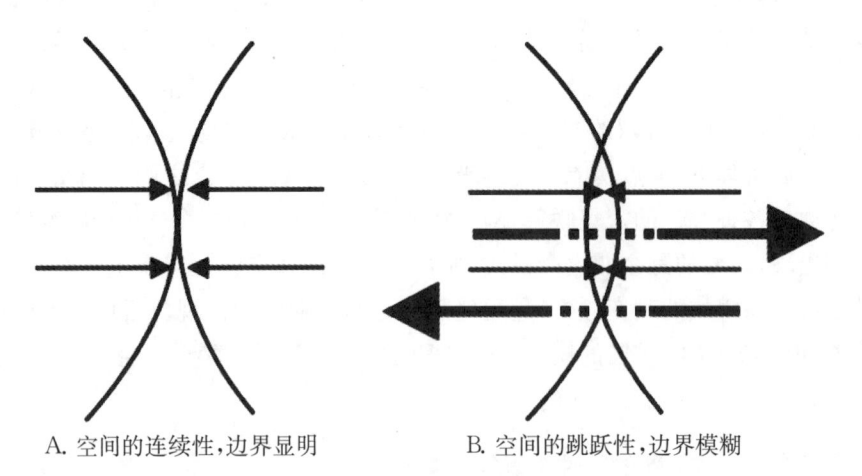

A. 空间的连续性,边界显明　　　　B. 空间的跳跃性,边界模糊

图 4-1　全球生产网络主导下区域空间边界变化

资料来源:参考甄峰(2004),图 2-15。

间以及区域内部各节点之间的交流日益频繁。而借助于发达的远程信息及快速交通网络，生产、贸易、消费等活动已经不再被局限在区域内部，而更多表现为各节点之间跨越了较大时空尺度的区域与区域之间、城市与城市之间、企业之间的网络联系。这使得区域空间一方面继续延续了过去空间连续性的特征，另一方面也表现出从地方空间—区域空间—国家空间—次全球空间—全球空间不同空间层面的跳跃性。区域和城市越来越表现为一个"流动的空间"，以及在地域和功能上相互依赖、相互融合的动态弹性空间，从而使得原先以固定场所存在的区域空间边界变得越来越模糊（图4-1）。

（三）区域空间的互动性

在全球化条件下，区域空间的互动性不断加强，推动这一互动进程的关键力量仍是基于生产网络价值区段而存在的劳动空间分工。其中核心城市功能从产品生产制造和商品服务中心，转向知识和信息生产中心，而生产制造则转向郊区和周边次级城市。我国香港和珠江三角洲地区之间"前店后厂"的关系模式（图4-2），即为香港负责销售与营业、广东负责生产的地方生产网络。这个模式成功地利用大陆廉价的劳动力和土地资源，提高了香港出口加工业的竞争优势，更加强了与大陆的依存关系。在城市层面，则是城市中心CBD与郊区工业园区之间的功能联系，CBD为郊区工业园区提供金融、信息、知识以及技术等方面的支持和服务，而郊区工业园区在生产制造方面给予CBD支持。总之，在全球生产网络劳动分工基础上与发达交通技术和信息网络支持下，区域经济要素在空间上的集聚与扩散呈现新的特征，区域日益成为一个在地理和功能上相互融合、相互包含的动态弹性空间。

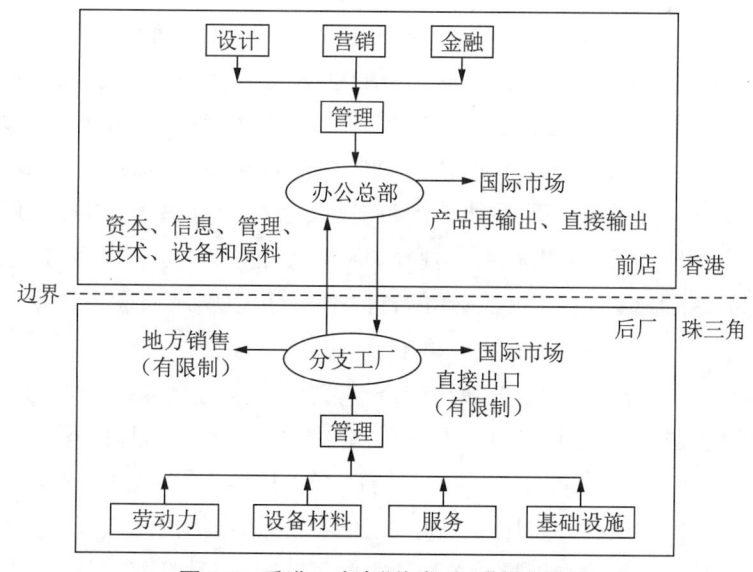

图4-2 香港—广东"前店后厂"整合模型

资料来源：Sit and Yang（1997），转引自简博秀（2004）、李健（2011）。

第二节 区域空间作用机制与全球化发展

作为形态的区域空间结构背后运行的经济社会实质是区域经济空间结构,因此,全球化主导的全球生产网络必然产生特定的空间塑型。全球生产网络都可以通过将行动者置于特定空间并描绘他们之间的相互联系而实现"地图化",即每一种形式的镶嵌总有固有空间特征,多重空间效果的累加最终塑造区域城市体系、区域空间结构以及城市内部空间结构的现状模式,而全球生产网络的动态发展又使得其空间作用机制引起更大区域范围空间结构的重组。

一、劳动分工理论与规模经济的启示

(一)分工、交易成本与规模经济探讨

从劳动分工理论角度探讨城市空间结构最早应该源于斯科特(A.Scott,1981)。在之后的研究中,斯科特将制度经济学中的交易成本要素赋予"空间"内涵,通过分析企业内部、企业之间的劳动分工和生产组织过程中的纵向结合和纵向分离、生产联系、空间集聚而得出现代工业的区位原则。1988年,斯科特又发表了《大都市——从劳动分工到城市形态》一书,探讨了后工业化社会生产组织形态与大城市空间布局关系的研究,从产业联系和联系成本的角度,探讨了不同类型产业集聚的特征、过程及产业综合体的形成。

斯科特认为产业之间的联系是有成本的,在经济学家所重视的组织成本基础上提出了空间成本的概念,指出降低或者消除组织成本有利于纵向分解,但由此会导致空间成本发挥更重要的作用。斯科特根据交易成本学说,提出不同分工形态导致企业间出现不同形式和特点的交易活动,企业联系的空间成本与企业间交易的性质、特点密切相关。基于此,斯科特认为企业的区位过程呈现两种趋势:一方面是联系小规模、非标准化、不稳定或需要特殊中介的企业,单位流动的距离附加成本较高,导致生产活动多变,该类企业主要位于联系伙伴附近,其集聚程度取决于产品价值与交易、联系成本的比例;另一方面,则为联系大规模、标准化、稳定和易于管理的企业,由于单位流动的交易成本较低,企业区位选择的自由度大,可以实现与联系厂家空间分离的布局。

建立在新古典经济学基础上的城市经济学,进一步从经济学的基本内涵角度探讨了城市中产业集聚的三点原因:地区的比较优势、生产上的内部规模经济与在生产和市场销售上的集聚经济(奥沙利文,2000)。赫希(W.Z.Hirsch,1984)认为内部规模经济有利于空间集中,因此成为许多城市产业发展的经济学基础,内部规模经济可以产生两种效应:一种是随着产量增加而导致单位成本的下降;另一种是随着经验积累而提高专业化水平后,单位时间的产量上升,单位成本沿"学习曲线"下降,是一种典型专业化经济发展后果。集聚经济则是产生于区域水平的规模经济,集聚经济可以产生较高的生

产力水平。但城市规模不可能无限膨胀,城市规模增加还存在城市拥塞效应,造成规模不经济,因此出现了专业化与交易成本提升的两难冲突。当城市中可交易品种很多时,类似于克里斯塔勒中心地理论中关于商品服务地理范围的讨论,对于一些门槛较低的商品,人们到大城市交易反而会造成不必要的交易成本;相反,那些门槛较高的商品,则倾向于在大城市交易。因此对专业化与交易成本两难冲突的解决结果,就是在大城市和周边区域之间形成次级中心城市,以进行交易与实现经济要素的集聚,形成分层区域体系结构。

(二)全球生产网络的分析角度

全球生产网络研究框架的经济学元理论是劳动分工。分工有多种层次,包括经济学、社会学及地理学等多重学科概念体系,其中全球生产网络主要综合地理学与经济学的分工概念,故可命名为"产品内分工与组织网络",强调围绕特定产品和服务生产过程的不同工序活动,包括管理、研发、生产组装等,通过空间分散成跨区域、跨国性的生产链条或网络。全球生产网络与其他劳动空间分工概念的关键区别在于其劳动过程的空间可分性大大增强。

对于生产网络中的关键行动者企业而言,空间集聚既可以因为区域化经济而节约交易成本,又可以因为产业内外部性的存在而获取专业化经济的好处。因此,即便随交通通信技术的发展实现物理和时间成本都大幅下降时,很多交易活动高昂的成本仍然迫使生产网络中各功能主体的行动者倾向于集聚。行动者的空间集聚,又会因地方提供的广泛多样化并能有效提高土地利用效率的各类基础设施,而加固其他各类企业集聚的倾向。因此,通过这些途径,全球生产网络在地方发展有集聚的可能,全球生产网络中各价值链分割带来的分工经济,会在区域内形成斯科特提出的"产业综合体"概念,其特征便是组织和交易关系的联合效应,鼓励着存在功能联系的生产者之间的地理集聚(A.J.Scott,1988a),而产业综合体所产生的集聚经济效益,又会陆续吸引许多无关联的产业集聚附近以利用其市场和服务。在产业综合体内部发展的动态过程中,生产网络中价值链的分割迂回程度会越来越长,新产生的价值链功能环节总能很快被企业行动者找到发展空间,由此塑造城市功能组织模式。但在自然条件、社会环境及制度制约(如城市规划)等多种因素叠加的持续作用下,又不断重构既定的城市功能和空间结构模式。

杨小凯和张永生(2002)在考察专业化与城市体系发展关系的时候,认为交易成本与专业化经济两难冲突的最优折中,会在区域产生一个给定分工水平条件下的最优城市层次数,其中分工水平决定每层次城市个数。而就单个城市考察,一个常见的现象便是城市化发展到一定阶段便会产生郊区化过程,逐渐打破原来城乡分离的二元化格局,走向大都市区的新发展形态。透过这样一种空间形态,城市实现了专业化经济与交易成本最优化的有机平衡。

随着现代生产方式从福特制到丰田制,再到新经济时代后福特制的产业组织模式的转变,以电子信息产业为代表的新兴产业产品内分工发展日益细化,企业管理、市场营销、研发设计、高端生产制造、低端生产制造、产品组装与测试等价值链环节不断分解出来，规模经济的效应有可能引导"产业综合体"的不断膨胀。随着城市规模的持续增加造成规模不经济而提升交易成本，出现了专业化经济与交易成本提升的两难冲突。因此当生产网络价值链环节分割日益细化时，那些价值链高端的生产环节因为其高获利能力，才足以支持专业化经济克服交易成本提升的压力，同时由于其交易产品多为非具体的物质流，具有非标准化的不确定性，该类生产环节仍倾向于在大城市生产交易；而在制造、组装以及测试等价值链低端的生产环节，会因为其较低的获利能力不足以支撑交易成本过高的压力而开始向周边区域转移。因此，当生产网络中价值链分割进一步细化并引起规模不经济的时候，对应专业化与交易成本两难冲突的解决结果，就是在大城市和周边区域之间形成次级中心城市进行交易与经济要素集聚，从而形成分层区域体系结构。这样既可以最大限度地发挥城市有利于交易效率提高的优势，获取专业化经济收益，又可以在一个层级体系框架内将交易成本降到最低。

二、创新理论与空间扩散理论的解释

（一）创新及其空间扩散的解释

空间扩散理论和核心边缘模型都可以追溯到熊彼特（Joseph Alois Schampeter）的创新扩散理论。熊彼特（1912）认为技术创新是资本主义经济增长的主要源泉，由此导致了经济发展的长波。由于技术创新在空间分布上是不均衡的，创新总是由核心扩散到边缘再扩散到外缘。在过去近半个世纪的研究中，创新在生产过程以及经济增长中的作用已经得到了学术界的广泛认同。但熊彼特的创新扩散理论本身并不直接涉及空间组织与发展关系，地理学的介入使得学术界开始注意产业创新的空间背景及其重要性，创新理论研究的视角和范围逐步扩大，从企业内部、企业之间、产业组织直至区域空间环境中，出现诸如地域生产体系、产业区、创新区域以及地区创新网络等概念。

瑞典地理学家哈格斯特朗（T.Hagerstrand）在1953年首次系统地提出空间扩散理论。空间扩散理论认为城市核心区域作为空间系统的基本结构要素，一方面从边缘区吸收经济要素，产生大量的创新元素和成果；另一方面，这些创新元素和成果源源不断地向外扩散，引导周边区域的经济活动、社会文化结构、权力组织和聚落类型等转换，从而促进整个空间系统的发展。而学术界一般认为城市中心在区域的发展作用应该包括两方面的内容：一是创新的渗透作用，使经济增长通过城市等级逐渐向下传播；二是增长利益的扩展作用，包括从核心区向腹地地区及从大都市中心向城市间外围区的扩散。从这个角度而言，区域发展不均衡源于创新的收益效应为时间的递减函数，并受扩散的门槛范围所制约。因此，核心大都市是作为创新的源地，并强烈影响区域采用创新成果的时间顺序，进而促进整个区域城市体系的形成（图4-3）。

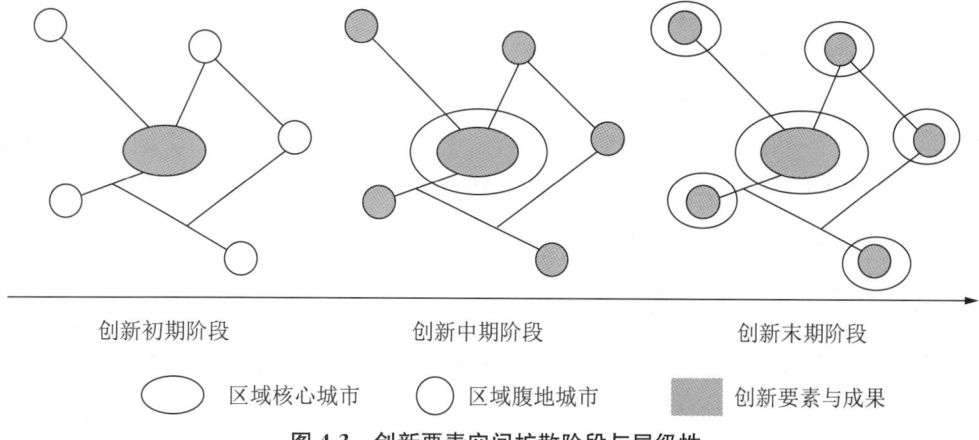

创新初期阶段　　　　　创新中期阶段　　　　　创新末期阶段

○ 区域核心城市　　○ 区域腹地城市　　● 创新要素与成果

图 4-3　创新要素空间扩散阶段与层级性

资料来源：转引自李健(2011)，图 6-3。

美国城市和区域规划学家弗里德曼（J.Friedmann）于 1966 年提出著名的"核心—边缘"模型。该模型认为核心和边缘是社会地域组织的两种基本要素：核心区（core regions）是创新变化的主要中心；核心区周围的地域组成边缘区（peripheral regions），边缘区的发展依赖于核心区，并在很大程度上由核心区的制度（institutions）所决定。创新从核心区传播到边缘区，核心与边缘间的交易、咨询、知识等交流不断增加，从而促进边缘区的发展和整个地域空间系统的成长。随着扩散作用加强，边缘区进一步发展，有可能形成次级的核心。弗里德曼的模型包括了一个特定区域的整个空间，处理了该区域的各种变量（除经济变量外，还包括社会文化和政治变量），把它们作为一个大系统的一部分，并从空间联系的角度予以解释。弗里德曼提出区域发展起源于数量相对较少的"变化中心"（即核心区），这种"变化中心"的区位常是在一定联系范围内区域相互作用力最大的那个点，创新要素就从这些"变化中心"向周围区域扩散。正是通过核心区创新要素向边缘区的扩散，才促进整个有关地域空间系统的发展。弗里德曼的"核心—边缘"模型从空间联系角度解释了区域发展不平衡问题，同样对区域城市功能体系及城市内部空间功能结构都有指导意义。

（二）全球生产网络中的等级扩散与联系

全球生产网络中不同价值链环节的地方镶嵌，也符合空间扩散理论及"核心—边缘"模型发展的内涵与特点。从集聚力与扩散力此起彼伏的作用效果看，在初级阶段，规模经济效益使集聚力成为城市在区域发展中的主要表现，大量的人才、资金、原材料等经济要素迅速集聚于城市，形成"核心—边缘"模型中的核心城市。随着城市的持续发展，城市特有的经济组织模式、人才集聚与组织、产业基础、风险资本等要素产生大量创新要素和成果（商品、技术、产业结构、社会体制、生活方式等），引起核心城市社会经济结构、组织模式的变革。进一步考察，技术创新将导致城市功能区的空间替代，创新就是一种新功能的产生，新功能的优势使之在空间竞争中，对老功能的空间具有很强的替代机会，使原有功能区由核心向边缘推移。城市区域扩散力的增强，使得核心城市产生的各种创新元素和成果开始源源不断地向外扩散,引导周边边缘地区的经济活动、社会文化结构、权力组织和聚落类型等转换。而随着核心城市各种创新要素向其周边区域扩散,该地二级核心城市亦开始从其边缘地区吸取经济要素而发展,并形成新的核心创新地。但由于一级核心城市的辐射作用,二级核心城市在高端创新方面往往受到压制而求其次,发展低等级产业并形成次级创新要素。在如此周而复始的集聚扩散发展过程中,知识、技术、资源、资本以及劳动力的流动将整个地区的发展联系起来,使得原来广泛的"核心—边缘"二元模式发展成为具有多层级的区域功能结构体系,并促进整个区域空间系统的重构和发展。

就全球生产网络区域空间镶嵌状况考察,随着生产组织革新及产品生产技术等创新要素的发展,产品劳动过程以模块存在的可分性日益明显。随着创新要素从核心城市到边缘地区的扩散,价值链环节日益复杂化,劳动过程得以实现空间的分离,管理与营销、研发与设计、高端生产制造、一般生产制造等从高端到低端价值链环节的分配,分别对应于区域空间系统中从核心到边缘的不同等级城市(图 4-4)。但也必须参考空间扩散理论中的多种扩散模式,其中如等级式扩散、点轴式扩散及跳跃式扩散,都可能造成从核心城市到边缘城市或地区扩散过程的不均衡发展,形成非均衡的城市空间结构及区域城市空间系统,这不仅取决于核心区的体制,还取决于边缘区的制度建设、历史文化以及自然条件等。

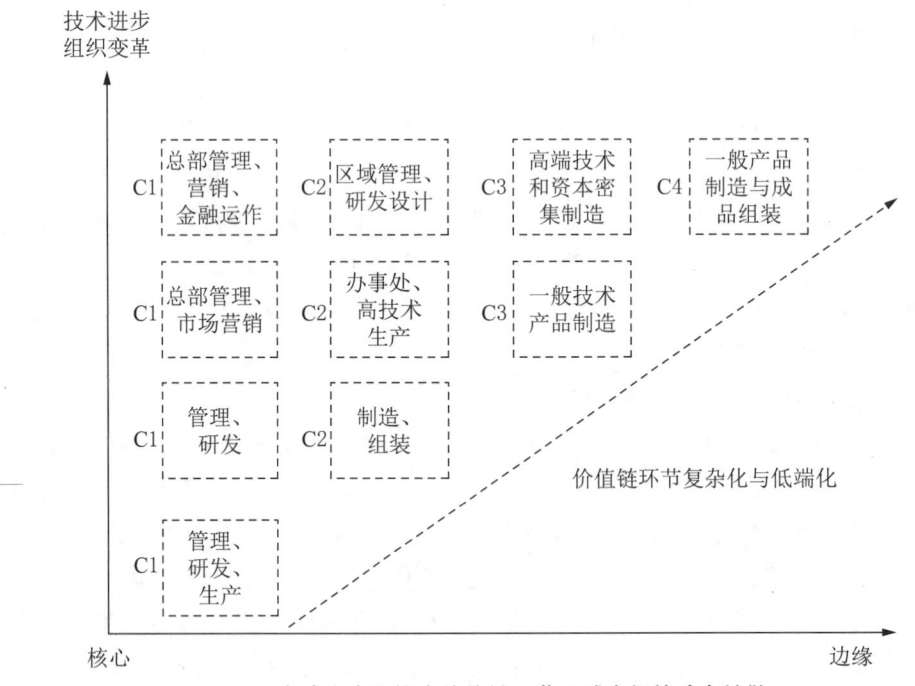

图 4-4 全球生产网络中价值链环节区域空间的动态扩散

资料来源:转引自李健(2011),图 6-4。

三、竞租—城市土地利用模式的借鉴

(一)传统的竞租—城市土地利用模式

1903年赫德(R.M.Hurd)发表了《城市土地价值原理》一文,首次将城市土地纳入生产理论,得出具有同等生产力土地的地租理论。海格(R.M.Haig)在1927年提出城市土地地租是城市交通可达性或交通成本节约的函数,从而形成城市空间结构经济模型的雏形。

但真正使城市空间结构经济理论系统化的是以阿隆索(Alonso)为代表的新古典主义土地经济学派,其认为不同的预算约束使各个土地使用者对于同一区位的经济评估不一致,随着与城市中心的距离递增,各种土地使用者的效益递减,但边际变化率不同。基于这样的假设,他提出的核心思想是不同土地使用者的竞租曲线可表示为土地成本和区位成本(交通成本)之间的权衡。阿隆索分别分析了办公用地、制造业用地、居住用地与农业用地等不同类型城市用地的竞标地租函数,并将其竞标地租曲线重叠在一起,得到一个城市在自由竞争条件下的均衡地租曲线。首先是办公投标租金函数与制造商的投标租金函数相交,由此确定了市中心为圆心、u_o为半径的办公区,在该区域内办公行业愿意付出的土地租金最高;第二个区域为办公区向外扩展的圆环制造业区,半径扩至u_m,为制造商投标租金函数与住宅投标租金函数的交点与市中心的距离,在该区域

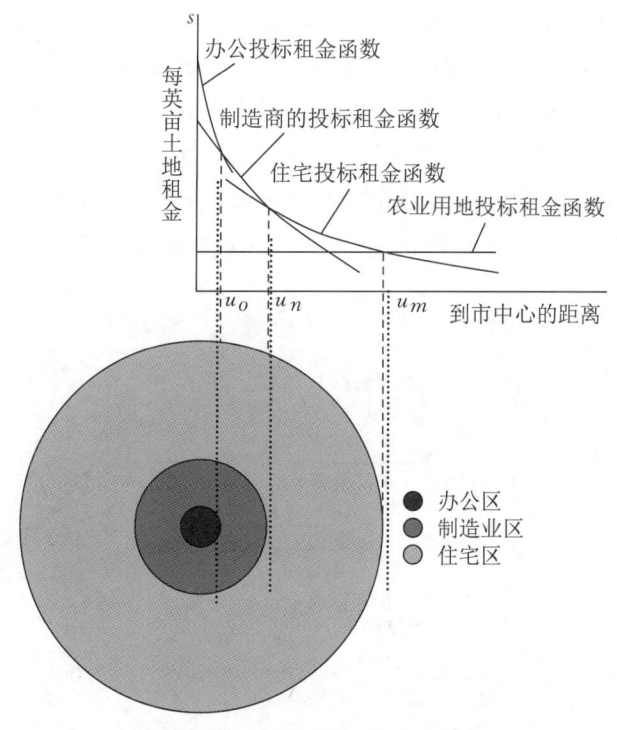

图4-5 阿隆索中心城市土地利用和投标租金函数

资料来源:奥沙利文,2003。

内制造业为良好的交通和市场条件而愿意付出最高的租金;第三个区域为制造业区向外扩展为半径 u_n 的圆环区,在该区域房产业愿意付出更高的租金,因而成为住宅区;第四个区域为最外层的农业区,在该区域办公业、制造业和房产业在交通运输成本方面付出得较多而收益减少,因此尽管该区域地租最少,但仍然只能成为农业区域(图 4-5)。

(二)基于商务成本的土地利用模式

深入劳动过程内部的产品内分工,已经使得全球生产网络价值链各环节呈现割裂操作的状态,这在技术密集型产业中表现尤其突出。在全球生产网络价值链各环节竞租曲线研究中,本章把综合空间成本转为商务成本的概念,定义为企业在开办和经营过程中与企业所在地相关的各种货币化生产要素支出和其他公用事业费用及管理费用,包括劳动力成本、土地成本、基础设施使用费、税收费用、地方政府办事效率及政策连续性、法律透明度等方面。商务成本最大的特点在于强调各类成本具有空间差异,同时具有生产成本和交易成本的内涵,数学函数式表达则为:

$$y = f(x_1, x_2, x_3, x_4, \cdots\cdots, x_n)$$

其中 y 为地区商务成本,$x_1, x_2, x_3, \cdots\cdots, x_n$ 分别为劳动力成本、土地成本、基础设施使用费、政府办事效率、法律透明度及政策连续性等。

全球生产网络各价值链环节土地利用竞争就是在获取专业化经济和支付商务成本之间权衡利弊,从而获取最大化的经济收益。而不同价值链环节平衡专业化经济与商务成本的获利空间涵义不等,这决定了不同功能的空间成本曲线的边际变化率的差异。结合阿隆索土地利用和投标租金函数,可形成基于商务成本曲线与城市土地利用模式图式,它在形式上与阿隆索的竞租—土地利用图式完全一致,这表明商务成本是对地租理论赋予其新的内涵,并更好地解释曲线变化,具备更强的解释能力和实践指导能力(图 4-6)。左图是不同土地利用属性的商务成本曲线,共包括企业管理与品牌营销、高端研发与设计、零部件生产与制造、成品组装与测试四类价值链环节,因为不同价值链

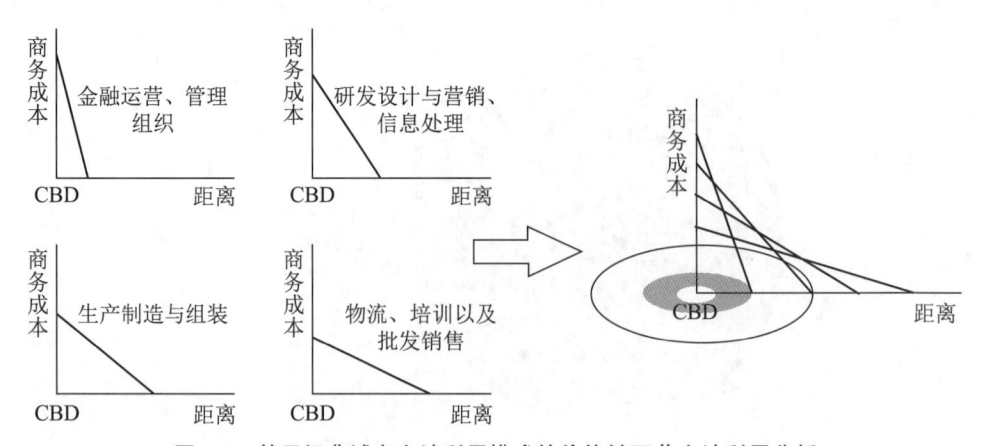

图 4-6 基于经典城市土地利用模式的价值链环节土地利用分析

资料来源:参考 P.Knox and J.Agnew(1994),Fig.4.20—4.21。

环节的土地利用功能平衡专业化经济和商务成本矛盾的能力不一,从而在图上表现出不同的边际变化率。而城市土地利用的空间分布模式就可以用一组商务成本曲线来表示。因此可以说是全球生产网络易用商务成本生产出"功能差异空间",并重新塑造了城市空间结构,中央商务区、居住区、工厂区等不同的空间正是在平衡商务成本和获取专业化与集聚经济的过程中逐渐被生产出来的。

第三节 全球化与新的区域空间结构模式

城市体系与城市空间结构分别是区域及城市社会经济发展程度、阶段与过程的空间反映。传统理论研究习惯于从一个闭合的区域系统来考察城市区域空间结构的内在问题,如城市地理学和城市经济学中的传统的区位理论、中心地理论、空间扩散理论、核心—边缘模型等。自斯科特(1986)将新制度学派科斯(Coase)的交易成本理论引入城市化发展研究,并对现代城市的产生、发展和空间形态进行分析之后,从劳动分工角度探讨产业组织与城市体系、城市空间结构成为新的分析视角,但这些还是基于城市或区域内部力量的作用机制方面探讨的结果,其论述显然无法完全反映来自全球化的空间流动和新的城市区域再结构过程。这个来自新的和再结构的空间力量,包括跨国公司投资和国际产业分工功能,配合着地方制度的建设和配合而逐渐明显并突出其重要性,特别是介于区域内城市间、大都市区中心城与郊区的经济联系。这些过程不仅发生于跨国空间的重组,同时亦在国家及区域层次的空间发生影响。

一、全球化条件下新的区域空间模式

随着全球化和信息化进程的日益深入,新兴产业全球生产网络扩散将"区域"概念更新成"全球"概念。在这个过程中,通过拥有绝对经济权力的跨国企业(transnational corporations,TNCs)的投资与安排,全球经济活动按照比较发展优势,将全球生产网络价值链环节功能性分割,并分配在不同的区域与地方,加上信息和交通等科技的创新与进步,促进全球经济活动的网络更为广泛地扩充和强化,使得这些跨国的企业活动可以在利益原则上顺利地进行,全球各地间的经济来往和联系更为频繁与便捷。"世界经济格局呈现出地理上的分散和分散性经济活动同步聚集、同步进行的趋势"(S.Sassen,1991)。但基于国际劳动分工的发展形成的全球生产网络仍具有明显阶层等级的特征,根据节点或核心在网络中某种功能的相对重要性(或主宰性),并且配合密集的信息技术支持其组织运筹加以建构不同空间层级(M.Castells,1989),这使得不同层级空间领域在全球生产网络中某特定产业部门或者生产过程的某特定环节从事经济发展,使得全球生产网络在地方发展过程中有了实现空间整合的可能,新的空间形态不断被"生产"或"再生产"出来,逐渐成为全球经济空间治理策略的重要单元,形成生产活动与信息集结的重要核心、次级核心、一般节点之分。

在全球化新的生产理论基础上,斯科特(2001)清楚描绘出全球资本主义落实在一

个城市区域的空间形态,并提出"都市区—腹地系统"(metropolitan-hind land system)(图4-7),包含两个主要的论点:①全球经济发达地区是通过极化的区域经济引擎所拼凑的,每一个地区都由核心都市区及其周围的腹地组成。城市区域围绕着核心都市区按照劳动分工原则形成专业化的网络基地,存在明显的集聚经济和规模经济收益,外部则有错综复杂的全球交互作用结构。②发达国家核心都市区无法垄断整个全球生产系统,因此在资本主义极端扩张的经济边界产生了大量"相对繁荣与经济机会之岛"。这些地区大多是低度发展的,它们无法完全依靠自身力量建立一个完善的经济组织来推动地区朝向繁荣中心的模式发展,必须借助区域外相关的财富和经济机会,如20世纪60—70年代发展兴起的香港、新加坡、台湾和汉城。上海、北京、曼谷、吉隆坡和圣保罗等则紧随其后,它们既是本地区域经济发展的引擎,同时也成为全球尺度劳动空间分工掌控广泛全球经济疆界的枢纽。因此,新的全球化空间现象是全球经济结构功能性地被整合在一个全球性阶层中,并带动了全球产业和空间的竞争。

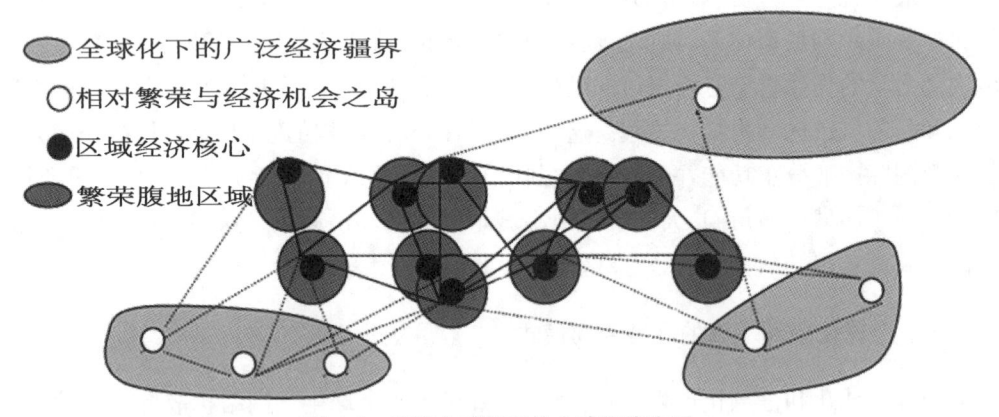

图4-7 经济全球化下的全球经济空间

资料来源:A. J. Scott(2001),Fig.4.

如何去重新描述这个全球化影响下的新的大都市区及其区域空间?从理论上分析,一方面全球生产网络中某功能模块镶嵌于地方,形成特定区域竞争优势;另一方面,全球生产网络又将地方及地方企业纳入其网络中,并形成特定的网络镶嵌。正是在全球化和本地化的互动作用中,某些城市作为衔接这种双向作用力的特殊地域空间系统,其功能和地位在全球经济地理格局中逐渐浮现出来,成为全球生产网络中不同等级的空间结点。在全球资本主义生产结构前提下,学术界已有的对新的城市区域空间模式研究的成果中,全球城市、全球城市体系及全球城市—区域无疑是几个最典型和有说服力的研究模型。

二、全球城市—区域与区域生产空间整合

随着全球生产网络的发展,其空间镶嵌的区域和城市凭借彼此上下游价值链的业务关系而呈现不断强化的经济联系。斯科特和霍尔(A.Scott,2001;H.Hall,2001)在世界/全球城市概念的基础上加以扩充和延伸,认为从20世纪70年代末起有一个巨大

的"城市—区域群岛"正在形成,它具有新的全球经济系统的空间基础功能,似乎已超越早期核心—边缘的全球空间结构系统,被称为全球城市—区域(global city-regions)或者巨型城市(mega cities)(M.Castells,1996)。斯科特认为全球城市—区域既不同于普通意义上的城市范畴,也不同于仅由地域联系所形成的都市连绵区,而是在全球化高度发展的前提下,以经济联系为基础,由全球城市及腹地内经济实力较为雄厚的二级城市扩展联合而形成的一种独特空间现象,主要强调了全球化条件下城市发展的跨区域关系,包括落后国家和地区为寻求融入全球经济系统中所形成的与全球城市的联系。霍尔则认为全球城市—区域描绘的是"一种新的城市组织尺度",对内通过整合内部结构而形成多中心空间格局,对外则在全球商品、社会、文化网络中占据着特殊的位置。如果将全球城市的定义建立在其与外部信息交换的基础上,全球城市—区域的定义应该建立在区域内部联系的基础上,并具备多中心的圈层空间结构形态联系(P.Hall,2001)。斯科特和斯托伯进一步从新区域主义的角度提出,城市—区域是表现上述全球化和本地化互动关系的连接点(M.Storper,1997;A.J.Scott,2001),在本质上是城市为适应日益激烈的全球竞争和实现在世界城市体系的升级,与腹地区域内城市联合发展的一种空间形态,包括三种形式:①中央是大都市区,外围腹地由不同程度的低密度发展地域单元构成;②空间重叠或者内聚的城市区域,如有卫星城的大都市,以腹地区域环绕;③临近的中等规模城市合作形成协作网络,以谋求多边合作利益。

全球城市—区域的概念超越了早期核心—边缘的空间结构系统,是基于全球生产网络中多尺度生产组织叠加所形成的城市空间组织系统,更加准确地表述了在全球化和本地化互动中形成的全球经济地理组织的全新格局。沙森认为"全球—城市区域"的概念可以使人更好地认清,随着全球化的动态发展,更多的地区可以从中获取利益(S.Sassen,2001),这反映出由于全球生产网络的空间扩展,将有更多的区域被纳入依据价值链联系的经济全球化的发展轨迹中。通过全球生产网络地方镶嵌的地方生产网络的再组织,则重塑了大都市区和腹地区域之间复杂的城市网络关系。一个本地化的城市—区域通过其在全球生产网络的网络镶嵌而与全球生产体系相衔接。这样,以全球生产网络整合起来的全球生产体系促进了互惠式的区域经济发展格局。与此同时,自上而下的全球化(地方镶嵌)和自下而上的本地化(网络镶嵌)两种过程在地方实现了统一,并且利用全球尺度不同层级的都市区枢纽,调动起一个世界城市体系、一个全球生产网络的载体体系。

强烈的全球竞争压力使全球城市—区域具有内在的和更为宽泛的空间经济特征,并以其强有力的诠释能力剖析了全球经济地理格局。以全球生产网络研究框架分析,全球城市—区域关注了生产网络中的全部价值链环节的完整性,即涵盖了管理、营销、研发、生产等不同价值环节的空间内涵,而不是如世界城市一样仅仅强调生产服务业、研发、营销等控制功能,使得从发达国家到发展中国家的城市都可以通过嵌入网络不同价值区段而从中获益。由于全球化突出空间接近和凝聚对促进经济生产能力和形成竞争优势的重要性,不同价值区段在地方镶嵌后由于自身组织特性而必然形塑不同空间形态和结构并彼此间发生密切联系,由此形成的紧密空间系统是全球化和本地化相互作用的结果。正是在这种有着高度经济联系的全球城市—区域中,才有足够的人力资源、资本动力、基础设施及相关服务行业支撑的具备全球化标准的生产。因此全球城市—区域不仅是经济全球化的结果,同时也是全球经济的驱动力之一(余丹林、魏也华,2003)。全球生产网络地方嵌入性条件的选择,使得对其空间效应的研究需要深入各个不同层次的社会—经济及政治结构中,包括自然条件、经济基础、制度(包括中央政府和地方政府)、地方文化等条件的分析。正如斯科特(2001)所说,"成为世界经济区域引擎的全球城市—区域,作为一种本地经济关系的动态网络已经卷入了日益扩张的全球范围内区域间竞争和交换的网络之中。"

第四节　大都市区空间结构与新的组织

在当前全球化发展日益深化条件下,全球生产网络组织的国际劳动分工引导城市经济结构的调整和空间重组,表现为全球生产网络中的价值链区段地方集聚和分散运动为特征的不断重组趋势,最终不断重塑原有城市空间结构并引导新的城市空间功能单元出现。其中城市化发展的高端形式——大都市区发展日益显明,全球化和信息作为双重动力引擎,不断引导其空间结构进行重组。由于空间结构着重考虑大都市区形成及演化的组织化过程,其研究重点就相应强调过程分析、机制分析。正是基于如此认识,全球生产网络分析框架就成为对结构主义方法论的应用。全球生产网络的发展实质是产业全球性的扩散与地方性的集中相结合,生产与经济活动势必会进一步集中在以大都市区为核心的区域空间,而构建一个内部垂直和水平分工并存的功能性城市网络,对外以大都市区域的整体形象参与国际竞争的特殊地域系统。这个特殊的地域系统更多突出核心城市与周边地区的功能组合关系,是全球化和信息化背景中全球生产网络地方镶嵌的结果。

全球生产网络控制下的价值分割及其地方镶嵌可能加深区域之间的差异性,通过专注于不同生产控制功能形成一个互相依赖的区域生产系统。因此本节着重以大都市区空间单元为研究对象:一方面大都市区是全球生产网络的完整镶嵌体,它的基本轮廓可以勾勒出全球生产网络全部价值链环节地方镶嵌的基本过程和结果,与城市研究相比较包含了更为完整的内容;另一方面,新兴工业国家与发展中国家往往也是以大都市区为媒介嵌入全球生产网络中执行某一功能模块,在生产和再生产过程中参与全球竞争与挑战,并随着全球生产网络中知识和技术的流动而不断成长,证实当前城市新的空间形式并非仅仅是集聚与扩散这种简单的二分概念。

一、传统城市空间结构模式

(一)城市空间结构模式的传统理论

最早对城市空间结构模式的探讨出现于 20 世纪 20 年代,美国芝加哥大学教授伯吉斯(E.W.Burgess)将生态学研究理论应用于城市社会空间结构的研究,在对芝加哥的实证分析基础上,提出了城市地域结构的同心圆模式(concentric ring model)。1939年霍伊特(H.Hoyt)在同心圆模式基础上,加上了放射状运输线路的影响,提出了城市空间结构的扇形模式(sector model)。到1945年,美国学者哈里斯(C.D.Harris)和乌尔曼(E.L.Ullman)在对现代大城市空间分异的因素进行分析的时候,发现行业区位、地价房租、集聚利益和扩散效益是主要制约因素,在这些因素的交互作用基础上,大城市除了中央商务区外还存在一些支配一定地域的其他中心的存在,于是提出了城市空间多核心模式。与同心圆和扇形模式比较,多核心模式已开始考虑都市区的空间因素(于洪俊、宁越敏,1983)。

"二战"以后,随着技术创新和经济的高速增长,西方国家及广大发展中国家的城市空间结构都发生了很大变化。于是,许多学者开始对现代城市新的空间结构模式进行探讨,塔弗(E.J.Taaffe)和加纳(B.J.Garner)提出的新的城市地域结构模式包括了近郊区,他们把城市地域从内向外分为中央商务区、中心边缘区、中间带、向心外缘带、放射近郊区5个地带,各带均有自己的突出功能和性质,但混合型经济活动较为明显,如中间带高、中、低住宅区并存,中心边缘有批发商业、工业小区和住宅的分布(图4-8)。

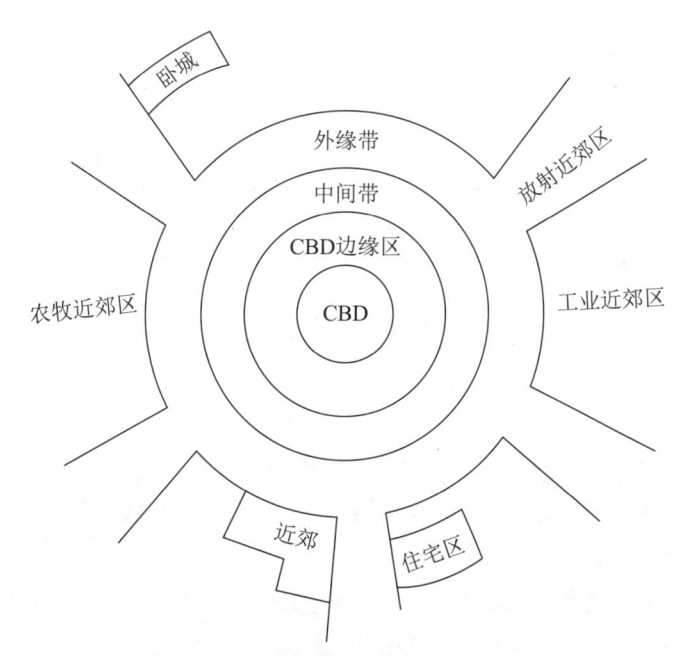

图 4-8　塔弗的城市地域理想结构模式

资料来源:转引自谢守红(2005),图1-1。

20世纪60年代以后,随着经济全球化、信息化的发展及城市郊区化的快速发展,城市空间结构出现一些新的变化,对城市空间结构的研究也朝着区域化、网络化方向发展,大都市区的研究则是这一时期城市地理学主要的新兴研究领域之一。埃里克森(Rodney A.Erickson)对美国14个特大城市人口、产业等向外扩散的情况进行了研究,侧重于城市作用力对土地利用活动的影响,将城市边缘区土地利用空间与结构的演变划分为三个不同的阶段,即外溢—专业化阶段、分散—多样化阶段、填充—多核化阶段(图4-9)。

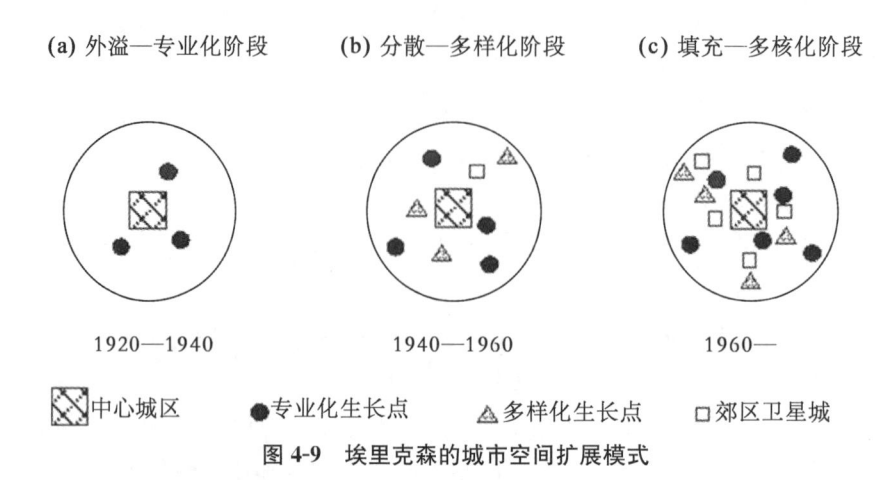

图 4-9　埃里克森的城市空间扩展模式

资料来源:转引自谢守红(2005),图1-2。

(二) 大都市区概念探讨及其空间结构模式

大都市区(metropolitan area,MA)概念最初源自美国在1910年全国人口普查中提出的大都市地区(metropolitan district,MD),之后经过多次修正,1990年最终将标准大都市统计区正式定名为大都市区,并进行了重新规定:每个大都市区包含一个人口在5万人以上的核心城市化地区为中心市,围绕它的是中心县和外围县。中心县是中心市所在的县。外围县则与中心县邻接并满足以下三个条件:①从事非农业活动的劳动力占全县劳动力的比例至少为75%以上;②人口密度大于50人/平方英里(19.3人/km²),且每10年的人口增长率在15%以上;③至少15%的非农业劳动力向中心县以内的地区通勤或双向通勤率达到20%以上(许学强、周一星、宁越敏,2009)。从以上概念看,大都市区是指一个大的人口经济集聚核心,以及与这个核心具有高度社会经济一体化倾向的邻接社区的组合,包括传统的城市中心城区、郊区以及联系中心城区与郊区的基础设施。

继美国之后,其他发达国家也引入了类似概念,如英国的标准都市劳动力区(standard metropolitan labor area,SMLA)、德国的劳动力就业区、法国的城市和产业人口密集区(zone de peuplement industrielou urbain,ZPIU)、加拿大的大都市普查区(census metropolitan area,CMA)等。日本于1954年提出了"标准城市地区"来确定城市功能地域的范围,指以一日为周期接受城市某方面功能服务的地域范围,中心城市的人口规模在10万人以上。1960年,日本行政管理厅为确定大城市地域,提出了"大都市圈"的概念,作为日本城市发展的主要空间结构形式。其中规定大都市圈的中心市人口规模为50万人以上,其外围地区到中心市的通勤率在1.5%以上(于洪俊、宁越敏,

1983)。此后又规定大都市圈的中心市为中央指定城市或人口规模在 100 万人以上,邻近有 50 万人以上的城市。由于社会经济和城市发展某些特征的相似性,日本的都市圈和大都市圈两个概念对中国的大都市区发展具有较大的影响和借鉴意义。

迄今为止,中国尚无对都市区的官方界定。但面对 20 世纪 90 年代以来国内若干大城市出现的郊区城市化现象,已有一些学者从学术研究的角度开始对中国的都市区进行研究。周一星认为在中国现有国情下,通勤不是城乡联系的主要方式,都市区应由中心市和外围非农化水平较高且与中心市存在着密切社会经济联系的邻接县(市)两部分组成。他提出中国都市区的界定方案,国家自然科学基金重点项目"中国沿海地区人口集聚与扩散机制"采纳了该定义,对中国沿海地区作了实证研究(胡序威等,2000)。

宁越敏、高丰(2008)认为伴随中国城市化的快速发展,以非农化指标界定的都市区存在局限性。宁越敏提出城市化水平应成为衡量大都市区的主要指标,根据我国第五次人口普查对城市人口的界定,设定大都市区由中心市和外围县组成,"中心市"的人口下限为 50 万人,"外围县"的城市化水平需达到 60% 以上。以此为标准,则 2000 年中国大陆有 94 个标准都市区,23 个非标准都市区,共计 117 个大都市区。

基于大都市区概念的演进,可以看出大都市区空间结构是大都市区社会—空间系统在自然基质及社会制度要素如行政区划和国界等约束条件之下,通过不同地域空间功能分工机制而推动的产业人口多维度时空变动过程。大都市区的有序演化同城市社会经济的发展密切相关,在时间序列上它是一个中心市集聚与扩散的双重过程,通过稠化与外围地区间的流量联系,逐渐演变为大都市区。在这个过程中,大都市区作为现代生产方式核心的生产、分配和交换焦点,其内部经济结构变动是推动其空间结构的内在驱动力。

二、新的大都市区生产空间结构

新的发展背景与趋势不仅在全球层面上引致了经济结构的空间调整,在城市自身层面也引发了一种相互关联的地域集聚和分散运动为特征的重组趋势,表现在性质相同的城市功能在空间分布上更趋为集中。城市空间在这种集聚与扩散的相互作用过程中出现新特征:一方面城市功能分区的融合和土地使用的兼容化,改变了城市土地传统利用模式;另一方面交通通信技术的发展使空间区位的影响因素大为减弱,城市不同地段的区位差异缩小,经济活动由于克服了空间障碍而出现加剧的扩散。但在扩散的同时,中心城市的核心地位不但没有减弱,反而得到进一步加强。中心城市的某些功能以节点的形式延伸到整个大都市区域并形成新的次级中心,大都市向分散的结构收敛,这一结构具有多个亚中心、分散化集中的制造业和服务业,一个多中心网络化的空间结构正在形成。

(一)生产网络的扩散与价值区段集聚

信息化的快速发展,使得全球化进程中的服务活动可以通过信息网络进行远距离的整合与沟通,似乎预示着服务业的分布将呈现必然的空间分散特征。但与纯粹生产制造环节活动不同,包括管理、营销、法律、广告、咨询等管理控制价值链区段的商务活动更多是建立在对市场信息的掌握程度上,"服务业的复杂性、市场的多变性以及交易活动对时间要求的迫切性都构成了新型集聚经济的动力。"(S.Sassen,2001)事实上,除了规模经济的效应和平衡商务成本的超强能力外,包括发达的金融机构、高效的办公场所、便捷的交通通信网络、完善的配套服务设施以及各类高素质的人力资源等,都保证处于生产网络管理控制区段的生产者服务业倾向于集聚在中心城区。大量同类知识信息密集型价值区段的空间集聚,正好为企业之间通过信息共享来获得完备的市场信息提供必要的条件。其中,近距离面对面交流(face to face)以形成彼此之间信任的网络互动关系显得更为重要,例如企业联盟间一项重大策划的出台,往往需要联盟企业所有管理、设计、财务、广告、会计、市场营销及专业技术等多部门之间的通力合作。因此生产者服务业一方面要求所在城市拥有发达的基础设施,以实现良好工作环境及与远程客户的及时沟通;另一方面要求同业之间的规模聚集,实现信息共享和项目协作。这两方面需求共同推动生产者服务业在城市空间上的集中化分布,且往往倾向于大都市的中心区。据纽约市1993年统计调查,各行业在曼哈顿集中的情况是:金融、保险和房地产(简写为FIRE)企业数量占全市89%以上,商业和商务服务业将近86%,制造业总部59%,服装业高达69%。信息技术的协同效应则使城市中区位最好、基础设施最完善的中心城区成为信息流通和管理服务的中心,生产网络中管理控制功能区段的集中化,使城市尤其是大都市区在全球生产网络中的中枢功能进一步加强。

在生产网络价值链高端向城市中心集聚同时,城市工业以及高新技术产业则进一步向郊区工业区和高科技园区集中(图4-10)。工业园区是发展中国家地方嵌入全球生产网络中的主要平台,具有地价低廉、基础设施齐全、资源共享以及明显的产业聚集效应等特点,加上政府的各种优惠条件,而成为价值生产制造以及组装测试等区段最佳空间选择。而随着社会经济的转型,以高科技园区(包括以研发设计为主的科技园区和高科技产品生产制造为主的高新技术产业园区)为代表的新产业空间得到了快速发展。高科技产业的基本生产资源就是创新的科技信息,而创新资源只有在一流的大学和高等教育机构、政府或企业兴办的研发中心以及企业联合体的研发网络中才能得到,除此之外高科技产业的空间选择还要具有舒适的环境、交通的可达性以及必要的集聚经济。从20世纪50年代初美国斯坦福大学创建世界第一个科学研究园区硅谷开始,世界各地的许多城市都相继建立类似的科技园区,例如东京的筑波、中国台湾的新竹、德国的斯图加特等都是依托大都市地区而发展,在中国有北京的中关村、上海的张江高科技园区等。工业区与高科技园区的兴建,带动了周边地区房产开发及商业和服务设施等的生活配套建设,使城市经济空间呈现中心的商业金融区和外围的高科技园区相互联系又保持一定距离的两极化发展,卡斯特(Manuel Castells)形象地称之为"对偶城市"。

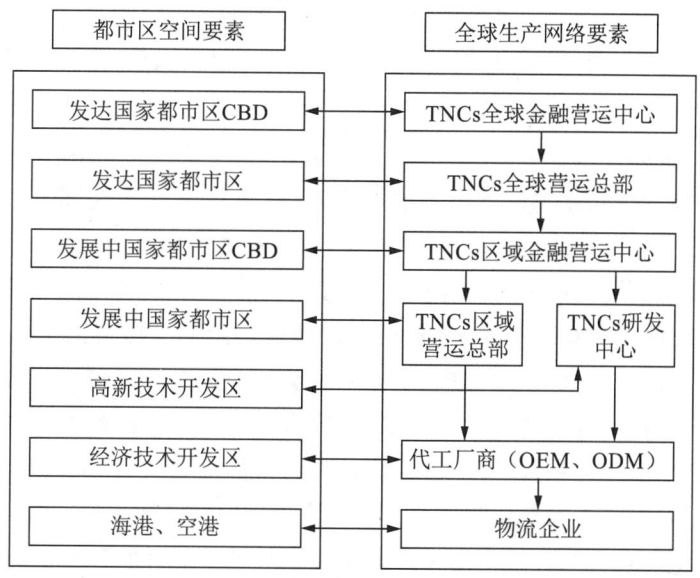

```
都市区空间要素                    全球生产网络要素

发达国家都市区CBD    ←→    TNCs全球金融营运中心
发达国家都市区       ←→    TNCs全球营运总部
发展中国家都市区CBD  ←→    TNCs区域金融营运中心
发展中国家都市区     ←→    TNCs区域营运总部    TNCs研发中心
高新技术开发区       ←→
经济技术开发区       ←→    代工厂商（OEM、ODM）
海港、空港          ←→    物流企业
```

图 4-10　全球生产网络中价值链构成与城市生产空间要素之对应关系

资料来源：转引自李健(2011)，图 6-15。

（二）多中心的形成与大都市区空间结构

生产网络价值链区段的扩散是有时间顺序的。其中生产制造环节扩散并在工业园区镶嵌是这种趋势的先导，继而越来越多的管理控制和研发设计劳动过程也趋于去中心化，包括后台办公业、物流管理、新的公司总部、媒体中心以及大规模的娱乐和体育综合体，都随着时间推移呈现出越来越强烈的在大都市区空间范围内再区位的趋势(P. Hall, 2001)。而在大都市区的形成与演变过程中，生产网络各价值链区段往往并非均匀分布，在整个生产网络空间扩散过程中仍倾向于同类区段的集聚，无论是管理控制、营销等高端环节，还是研发设计等中端环节，乃至制造组装环节均如此，其中规模经济和商务成本的博弈发挥了重要作用。首先商务成本的提升导致规模不经济，引导生产网络低端价值链区段的郊区化的发展，这无疑可以降低空间成本，但区位的均匀分布明显不能发挥规模经济降低成本、提高生产效率的效应。相反，在远离中心地区的地方实现新的集聚，不仅能够继续保持特有的外部规模经济，同时其商务成本也可以大大降低。正是在这样的经济学基础上，经济活动在扩散的同时，传统中心城市地位在区域的经济控制功能得到进一步强化。郊区价值区段的集聚辅以各种商业、娱乐及社会服务基础设施建设，从而形成新的次级中心。由此，在全球生产网络内在逻辑的支配下，大都市区最终向分散的多中心网络式空间结构收敛。

霍尔(1997)认为多中心网络化的空间结构在代表新的空间发展趋势的同时，也是城市社会和历史的空间累积，不同城市的历史和文化造就了由不同类型中心所组成的城市多中心体系。这些中心包括：①传统商业中心，一般处于城市核心地区，建成于城市产生之时并保留有城市传统的街道格局和大量的历史建筑，集聚了政府机构和传统生产服务业，如银行、保险等。伦敦金融城、纽约曼哈顿下城、上海外滩—人民广场地区属于此类。②新的商业中心,通常是在高尚住宅区基础上发展起来,包含了大量的商务办公(主要是大型企业的总部)和文化娱乐等功能。伦敦的西尾区、纽约曼哈顿的中城、上海陆家嘴和南京西路属于此类。③内部边缘城市,通常是在中心城市更新地区上发展起来,包括大量办公和娱乐在内的综合性区域,通常与传统商业中心和第二层次的商业中心保持一定的空间距离。如巴黎的德方斯、伦敦的道克兰、东京的新宿等属于此类。④专业化副中心,主要是为休闲、商务会议、展览和大型体育运动等所提供的专门活动区域,比如巴黎迪士尼乐园、上海的国际展览中心地区。其区位比较灵活,既可能接近传统CBD,又可以远离市区,主要根据其功能而定。是城市内的大型开放空间。⑤新城,其表现形式十分多样,大致可以分为三类。一是人口、商业和制造业郊区化在一定地域集合形成传统的新城;二是霍尔所谓的外部边缘城市,即位于主要的机场、高速铁路站点周围,服务业主要是物流,制造业以出口加工为主;三是工业园区和科技园区相结合的新城,制造业活动依赖于科技园区集聚的内勤、研发、设计等劳动过程。

大都市区空间经济结构呈现出一种多中心主导的格局,随着全球生产网络在地方的镶嵌按照一定规则实现空间扩散,地方集聚的各价值区段在空间上就形成多元化的产业综合体。商务成本曲线随着距离递减,由内至外可分为中心城区、中心城市、大都市区、大都市区域四个圈层。其中总部管理与市场营销类企业主要位于商务成本最高的中央商业商务区(CBD);研发与设计类企业主要位于中心城区与中心城市连接处的科技园区;区域运营与后台服务继续外移布局,空间形态以服务业集聚区或者城市副中心(sub-CBD)为主;技术密集型的高端产品生产制造环节则主要位于交通便捷的近郊地区的高新技术开发区;低技术、劳动力密集制造与组装环节因为对土地需求大及污染的问题,以工业区的形式存在于远郊区。

而就生产网络价值链生产支持性环节考察,金融服务与贸易位于中央商业商务区,多以金融贸易区的形式存在;信息服务与联系由于对空间需求不大,分布较为自由;物流服务与对外贸易则以空港、海港的形式存在于远郊地区,其与信息服务构成了全球生产网络中全球化与地方化互动的最根本支撑条件;另外如人才服务与劳动力供给方面以培训学校的形式存在,其空间集聚则形成大学城,由于对土地需求量大兼需成熟基础设施的支持,大学城多跟新城共同布局于大都市区远郊地区。进一步扩展到大都市—区域范围,一些已经具备一定发展基础的腹地城市也成为核心城市产业转移的重点基地,尤其是那些对商务成本较敏感、交易标准化的生产制造区段,而地方政府通过园区建设提供优良服务进一步迎合这种趋势。但这种扩散并不是均匀的,交通条件、信息通路及地方彼此间的竞争都会影响扩散的路径。规模经济决定制造业的扩散存在"乘数效应",最终通过产品上下游之间的密切联系和集聚效应形成产业群,这无疑会大大提升地方产业的竞争力和价值生产与提升能力。

大都市—区域各专业化功能区之间通过可见的商品/生产物质流和不可见的信息/服务流相互实现协作。占据价值高端环节的核心大都市区以垂直分工形式通过信息/服务流控制郊区及其腹地的生产活动;而郊区与腹地系统的城市承载大量的生产制造和开发价值区段,它们之间的价值链关系更多地表现为相同区段的水平分工合作,彼此间存在大量的信息和物质流。通过这样一个价值链高低端垂直联系以及价值链相同区段的分工合作,即形成大都市—区域的崭新格局,并在全球化和本地化的互动中实现区域经济和空间系统升级。

以上多中心大都市区空间结构的分析,其主要依据是传统城市空间结构模式和阿隆索的经典土地利用模式。但宁越敏(2000)指出,阿隆索城市空间结构的理论研究分析既忽略了城市土地利用具有社会性和历史延续性的特点,也忽略了城市规划在土地利用中的作用,因而和实际状况有较大出入。事实上即便是市场经济国家也需要政府干预城市的土地利用以防市场经济失效,最通常的做法便是通过城市规划及相应的管制条例来控制土地利用的格局。如美国在"区划条例"(Zoning Regulation)基础上形成的规划体系及英国的规划体系均对各自城市的发展产生了重大影响。因此,城市包括大都市区空间结构的变动,除受市场经济机制的影响外,也受政府管制的强烈影响。其中既包括中心城市土地利用和交通通信基础设施的空间规划和组织,也包括产生伊始就作为城市规划产物的大都市区副中心、新城、卫星城等,另外还包括通过规划出现的能左右企业空间区位的新产业空间,如工业园区、科技园区等。

三、大都市区空间成长单元与发展特征

从城市到都市区再到大都市—区域的城市组织特点,已经成为 20 世纪末期以来城市地理、城市经济以及产业经济学界关注的焦点。这一系列城市空间结构的演变正是全球生产网络框架组织下由系列经济学规律主导发展形成。夏铸久(2004)认为:"全球信息化时代'破碎化都市性'所具备的都市空间片断化与网络的区段化已经浮现了。"这种多元化破碎的空间格局正是由不同功能的大都市区新的空间成长单元塑造形成的,包括 CBD、工业区/科技园区及远郊物流中心、新城等大都市区空间单元都日益被赋予新的解释并成为典型代表。

(一)中央商业商务区

中央商务区(central business district,CBD)作为一个城市区域的概念,最早由 20 世纪 20 年代初芝加哥大学的伯吉斯(E. W. Burges)和帕克(R. E. Park)提出,他们将 CBD 定义为:位于城市布局的中心,交通发达,土地价值最高,拥有包括大型商店、办公楼、剧院、旅馆、银行等设施,是城市社交、文化活动的中心。从这个概念看,CBD 的包含了商务和商业两大功能(于洪俊、宁越敏,1983)。严重敏、宁越敏(1994)认为 CBD 是城市精华所在,是全市金融、商业、贸易最集中地区,也是专业性服务办公楼、各种企业总部等的集中地;汤建中(1995)认为 CBD 是城市地域结构的核心,城市经济的灵魂和城市繁华景观的主要标志;陈瑛(2002)从流量经济学的角度,认为 CBD 是城市人流、物流、资金流、信息流等经济流高度集中的地区,各种经济流利用其地处城市中心部位的有利区位,进行物质和能量的充分交换和优化组合,凝聚成中心商业和中央商务两大职能板块,共同组成城市中能级最高、最富活力的核心功能区。

随着全球化和信息化的发展，CBD日益被赋予新内涵，城市生产空间结构亦发生了很大变化，CBD内涵日益向商务功能偏移。从全球生产网络角度考察，大都市区CBD应该位于城市经济核心区域，是城市乃至区域经济的控制、管理和指挥中心，以产业价值高端包括管理控制、市场运营、金融服务、信息交流等为主，辅以高档商业功能，高档写字楼、高档酒店、高档商场、公寓、住宅等建筑实体较高密度聚集，具有最繁华的城市景观和完善便捷的交通、通信等现代化基础设施和良好环境，便于开展大规模的商务活动等。CBD成为生产性服务业最密集、城市景观最繁华的地段和城市经济发展的"心脏"，对城市及区域经济发展的"血液"流动（即各种经济流）拥有绝对管理和控制功能，从而成为城市及区域经济发展的"发动机"（表4-2）。

由于区域经济和城市经济高度发展，发达国家大都市区CBD以高度集聚的国际资本、人才、知识、技术等为特点，通过要素聚集而推动产业的集群和优势产业形成，带动和促进相关产业的发展和升级。包括美国纽约、芝加哥、洛杉矶、日本新宿、巴黎拉德方斯、新加坡南岸区、法兰克福金融区、香港中环等，这些风格迥异的中央商务区都成为城市经济发展的最重要力量。另外，高度发达的信息化是国际商务活动的技术保障，因此发达的信息网络基础设施是全球城市CBD商务经营环境的突出特点。而一些常规办公活动扩散后所形成的集聚效应开始引导城市周边区域的某些地方逐步发展成为次级城市中心，商务和商业功能特点显著。其在生产网络价值链区段表现方面与CBD功能存在一定阶层关系，承担了核心CBD的部分职能，空间结构上一般会呈现放射性特征，与CBD构成了一个"CBD系统"，因此陈瑛(2002)称之为"Sub-CBD"。Sub-CBD产生的动力机制在于核心CBD的外部经济性和核心CBD功能出现外溢而形成的扩散性。

表4-2 CBD内涵与外部特征发展比较

	传统CBD	现代CBD	全球化时代CBD
地理位置	城市核心地区	城市黄金地带	经济发展核心区域
主要功能	商业服务中心及人口密集居住	金融、办公与商业	管理与金融、信息服务
基础设施	商业及娱乐设施为主	商务办公楼及购物中心	国际商务中心、E基础设施
主要参与者	城市普通市民	公司白领、商业服务与消费者	全球化高级经理人及相关人员
主要发展条件	城市交通枢纽、建筑群	土地利用、交通及服务设施	人才、信息、文化

资料来源：转引自李健(2011)，表6-4。

(二) 工业区及高科技园区

关于经济产业区的最早研究要追溯到马歇尔1896年的著作《经济学原理》，马歇尔的"产业区"概念强调通过劳动分工的细化和生产力的提升建立与外部的广泛联系，是一个"企业与区域体制"相结合的系统。技术的发展、产业的转型与模块化的生产和管理模式使生产网络价值区段的空间分解性成为可能,常规性的生产环节可以集聚于远郊工业园区乃至腹地区域,以较低的空间成本享受规模经济的好处。而大量技术型生产环节和研发工作则有着不同的区位喜好,它们在空间上以特定的集聚形式如科技园区、技术区及高新技术开发区等发展。由此,工业区已经成为现代经济发展中研发、制造以及组装等价值区段的最重要空间集聚体。而在全球生产网络快速拓展进程中,开发区已经成为新兴工业化国家和发展中国家城市和区域融入实现"网络镶嵌"和迎接全球生产网络"地方镶嵌"的融合点和最重要载体。

目前,城市工业区的类型多种多样,包括工业园区、保税区、出口加工区、高新技术开发区、科技园区,等等。但自20世纪50年代资本主义经济社会转型后,以高科技产业发展为主体的高科技园区和高新技术开发区逐渐成为工业区最具代表性的形式,其他类似的表述还有技术区、技术城、知识园区等,本章统一称之为科技园区。科技园区意味着高技术指向的科学园区,拥有包括高技术研发、高科技产品生产制造,甚至某些高科技企业的总部与相关生产性服务等功能。在高技术日益成为全球生产网络主导部分的今天,以高科技产业为主、从事高科技知识、信息、研发和生产制造的科技园区就成为主导区域经济发展的重要增长极,在目前许多发达国家甚至发展中国家城市,都是以大学—高科技园区的结合形式发展形成新的功能空间,并重新塑造着传统的区域和城市空间结构(图4-11)。另外一些高科技企业总部也开始往中心城区及近郊办公园、新兴的科技园扩散,使得科技园区正成为城市知识活动的新空间,引导城市空间结构产生质的变化。甄峰(2004)指出科技园区在城市经济活动中起着先行、先导和衡量城市发展水平的标志性作用。随着知识经济兴起和发展,科技园区未来会向信息园、知识园甚至知识城市、知识社会发展,成为21世纪世界经济发展的主要形式,从而成为推动大都市区空间结构不断变迁的重要引擎。

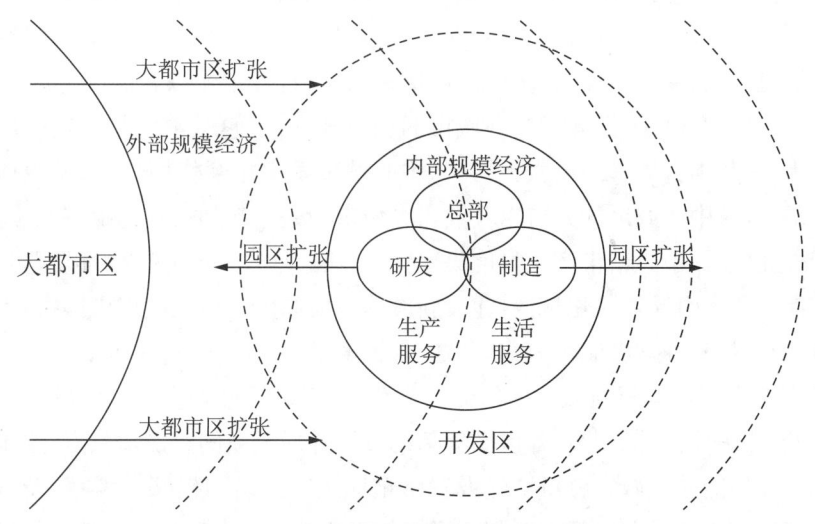

图 4-11 开发区与大都市区空间互动机制

资料来源:转引自李健(2011),图6-18。

(三) 国际物流中心

霍尔在1966年就指出世界城市必然拥有发达的国际海运或空运功能，国际航运枢纽也成为现代全球化经济中一些经济中心城市的重要空间功能特征。目前世界主要国际航运中心城市包括伦敦、纽约、鹿特丹、新加坡、香港、上海等。从这些城市发展进程中的特征看，发达腹地经济是成为国际航运中心首要条件，无论是伦敦、纽约、鹿特丹等欧美国际航运中心的形成和发展，还是东京、香港、新加坡等亚太国际航运中心的崛起，都充分证明国际航运中心的形成离不开发达腹地经济的充沛物流支持。从全球生产网络角度分析，则是由于某些区域的生产制造已经实现全球资源的资源配置和市场销售，资源和产品大进大出的贸易结构初步形成，发达国际航运市场就此形成。国际航运中心发展相应伴随的是有利于航运业发展的保税区、出口加工区、自由贸易区等各种特别经济区域，以及相应伴随的大型物流仓储区等新的空间经济体发展。

随着全球产业经济的发展和转型，以知识和高技术为要素的产品逐渐成为全球贸易的重要对象，该类产品普遍体积小、重量少、价值高，同时对市场信息要求偏高，因此航空港、信息港与国际航运中心都日益成为国际物流中心的重要部分。它们的自身建设加之与核心城市之间密切的资本、货物和信息联系，推动区域基础设施如高速公路、铁路、通信网络、信息网络等的建设，引导和促进大都市区空间结构的重组。但这种大型国际物流中心的建设普遍离中心城区有一定距离，在生产生活服务功能上难以共享中心城区的便利，因此随着物流中心的建设，其区域功能日益多元化而向城市功能区转化，由城市功能空间单元变成相对独立的大都市区空间单元，包括以郊区新城、卫星城以及边缘城市等形式存在。

(四) 新城及卫星城

第二次世界大战以后，工业经济的快速发展刺激了城市化在西方国家的迅速兴起，国家的经济活动日益向城市特别是大城市集中，导致大城市规模迅速膨胀。城市空间不断向四周蔓延，带来了一系列的社会问题。各国政府不得不采取措施，通过在大城市周围兴建卫星城或新城来缓解大城市日益增长的压力，其中尤以新城(new town)为发展的重点。新城的概念更强调了新兴城市的相对独立性，它基本上是一定区域范围中的中心城市，为其本身周围地区服务，并与中心城市发生相互作用，成为城镇体系中的一个组成部分，对中心城市的人口以及涌入大城市的人口起到一定的疏解和截流作用。

从国外经验看，中心城市产业过度集聚、人口快速增长、交通拥挤、环境恶化等内部动力才是促使政府引导郊区化扩散、建设新城的主要原因。但在发展中国家，大都市区新城建设的全球化动力机制的特征明显，外商直接投资(foreign direct investment, FDI)已经成为发展中国家新城发展的最重要动力，正是通过外资引导的城市产业升级与功能转变，才逐渐促进产业在郊区聚集新的资源并形成新的经济增长点，逐步成长为具有各种产业功能的新城。就新城建设置于全球生产网络的框架下考察，新城成为全球生产网络区域扩散后在大都市区郊区形成的重要节点。专业化经济效益促进了生产网络价值链区段的分解，出现生产制造环节的郊区扩散，而产业扩散的地点必然是区域自然地理状况、交通状况、人口状况、科技教育等状况具有明显优势的地方,同时具备良好的基础设施和人文社会条件及政府制度支持。在这样的基础上利用新城区的区位、环境和政策优势,尽快培育支柱产业,塑造地方经济新的增长点。同时,全球生产网络价值区段扩散保持动态发展的趋势,持续由低端向高端发展,新城发展的动力开始由传统制造工业向新型技术工业和第三产业转变,商务中心、研发机构、高科技产业园区等新型经济功能空间大量出现,并在新城空间布局中占据主导地位。新城与中心城之间及新城之间的功能合作日益强化,从而成为大都市区发展与空间结构重构的重要力量。

总之,基于劳动分工形成的新的产业空间(或被赋予新的功能的城市经济空间)的发展,对全球生产网络框架组织下的大都市区空间结构有着重要的意义。一方面,不同类型新的产业空间的发育可以促进大都市区空间结构变迁和多中心格局的形成,而全球生产网络框架下实现的区域功能整合,在面对全球竞争压力时对大都市区各功能主体都提出了更高要求,从而为大都市区空间成长单元提供了动力支持而塑造其空间结构;另一方面,新的产业空间利用大都市区作为发展平台,而大都市区又通过新产业空间来衔接全球化和本地化这种双向力量。其中地方政府和企业寄希望于网络镶嵌,扩张资源利用与商品销售的市场,实现自身在全球生产网络中地位的提升,而全球生产网络亦会透过大都市区作为区域组织的原始节点,不断谋求与本地化的结合。在这种双向作用过程中,全球生产网络实现了"空间中的生产"及"空间的生产"。

参考文献

卞坤、张沛、徐境:《都市圈网络化模式:区域空间组织的新范式》,《干旱区资源与环境》2011年第5期。

陈修颖:《空间结构重构的效应及地域性策略》,《财经科学》2003年第6期。

陈修颖:《区域空间结构重组理论初探》,《地理与地理信息科学》2003年第2期。

李健:《全球生产网络与大都市区生产空间组织》,科学出版社2011年版。

李健、宁越敏、汪明峰:《计算机产业全球生产网络分析——兼论其在中国大陆的发展》,《地理学报》2008年第2期。

林雄斌、马学广等:《珠江三角洲巨型区域空间组织与空间结构演变研究》,《人文地理》2014年第4期。

卢锋:《产品内分工》,《经济学(季刊)》2004年第1期。

宁越敏:《中国都市区和大城市群的界定——兼论大城市群在区域经济发展中的作用》,《地理科学》2011年第3期。

欧阳慧:《不同尺度区域空间组织研究》,《中国人口·资源与环境》2015年第S1期。

田明、樊杰:《新产业区的形成机制及其与传统空间组织理论的关系》,《地理学科学进展》2003年第2期。

汪明峰:《城市网络空间的生产与消费》,科学出版社2007年版。

甄峰:《信息时代的区域空间结构》,商务印书馆2004年版。

郑善龙、林彰平:《产业创新空间:区域产业空间组织的新模式:关于"集聚不经济"的思考》,中国地理学会2012年学术年会,2012年10月12日。

庄良、叶超等:《中国城镇化进程中新区的空间生产及其演化逻辑》,《地理学报》2019年第8期。

第五章　区域协调发展

区域协调发展是从空间视角配置人口、技术、资金等要素，基于更广阔的空间范围优化配置资源，实现资源的高效利用和空间协调均衡发展。区域协调发展是从较大空间尺度探讨区域之间均衡发展、非均衡发展以及协调发展，是区域发展中的重要内容。本章主要包括四方面内容，即区域协调发展的含义和内容、区域协调发展的原因和特征、区域协调发展基本理论与新时代区域协调发展战略。在充分把握区域协调发展内涵、特征基础上，总结区域协调发展理论，阐述新时代区域协调发展战略新内涵和新方略。

第一节　区域协调发展的含义与内容

区域协调发展是一种动态的长期过程，也是某一竞争的瞬间状态。本节从区域协调发展内涵入手，综述学者对其内涵的概述，并将其与区域一体化、区域协同发展等概念进一步辨析。基于此提出区域协调发展涵盖的主要内容和涉及的领域。

一、区域协调发展概念

（一）区域协调发展概念

美国区域经济学家胡佛（Edgar Malone Hoover）认为："区域是基于描述、分析、管理、计划或制定政策等目的而作为一个应用性整体而加以考虑的一片地区，它可以按照内部的同质性或功能一体化原则划分。"美国地理学家沃尔特·艾萨德（Walter Isard）认为："区域是一个能动的机体和区域系统。它内部的各组成部分之间存在高度相关性。"我国学者张忠国等认为："区域是一个空间概念，是地球表面上占有一定空间的、以不同的物质客体为对象的区域结构形式。"①由此可见,区域具有空间性(按照一定目的划定的地理边界)、有机性(区域内各要素之间相互联系,具有高度相关性)、整体性(尊重区域整体利益)。

"协调"从字义上理解,协,有"和""合""帮助""协理""和谐""协调"的意思;调,有"配合得均匀合适""调节"的意思。基于此,杨保军(2004)提出协调包含三层含义,即协作、调解、和谐,并认为协作是最本质含义,协作立于分工的基础之上,而分工是效率的源泉。②

区域协调发展既是一种动态的长期过程,也是某一竞争的瞬间状态。作为一种动态过程,其围绕各个具体的目标而对系统中的经济活动加以调节,以达到"同心协力,相互配合",体现了其作为一种关系调节手段或一种管理和控制职能的特点;作为一种瞬时状态,其表明各子系统或各系统因素之间、系统各功能之间、结构或目标之间的融合关系,从而描述系统的整体效应。③综观国内外学者对区域协调发展概念的描述,区域协调发展内涵可体现在以下几方面:

一是强调区域之间经相互依赖、联系紧密、分工合理的过程。如彭荣胜(2009)认为,区域之间经济交往日益密切、相互开放、区域分工趋于合理,区域经济整体能保持高效增长,区域经济差距能得到合理适度控制且逐渐变小,区域之间经济发展呈现正向促进、良性互动的状态。覃成林等认为,区域经济协调发展是指在区域开放条件下,区域之间经济相互依赖加深,经济联系日益密切,经济发展上关联互动和正向促进,各区域的经济均持续发展且区域经济差异趋于缩小的过程。

二是强调区域内差距缩小、利益共享、共同进步的和谐状态。徐康宁(2014)在综述郝守义、陈秀山、安虎森、范恒山等关于区域协调发展内涵的观点的基础上,认为:区域协调发展是指在既定的环境和条件下,各地区的发展机会趋于均等、发展利益区域一致,总体上处于发展同步、利益共享的相对协调状态。国家发展和改革委员会《关于贯彻落实区域发展战略促进区域协调发展的指导意见》(发改地区〔2016〕1771号)指出,区域协调发展的内涵包括:要素有序自由流动、主体功能约束有效、基本公共服务均等和资源环境可承载。习近平总书记在2017年年底的中央经济工作会议中指出,区域协调发展要实现三大目标,包括:基本公共服务均等化、基础设施通达程度比较均衡和人民生活水平大体相当。

三是空间区域协调发展主要基于两个空间尺度理解。一方面,区域内人口资源、环境、经济和社会系统中诸要素和谐、合理、效益最优的发展,强调区域内要素之间的流动性和协调性。另一方面,区域之间的协调发展,强调一个区域与周边区域之间的均衡、协调发展。例如,我国东、中、西部区域协调战略。1991年的《关于国民经济和社会发展十年规划和第八个五年计划纲要的报告》中首次提出"促进地区经济的合理分工和协

---

① 张忠国:《区域研究理论与区域规划编制》,中国建筑工业出版社2017年版,第2页。
② 杨保军:《区域协调发展析论》,《规划研究》2004年第5期,第42页。
③ 姜文仙:《区域协调发展的动力机制研究》,博士学位论文,暨南大学,2011年,第44页。

调发展",并且认为"生产力的合理布局和地区经济的协调发展,是我国经济建设和社会发展中一个极为重要的问题"。1999年以来,我国先后实施了西部大开发、振兴东北地区等老工业基地和中部崛起战略。

(二)相关概念辨析

1. 区域协调发展与区域一体化

区域一体化是区域协调发展的最高状态。但国内外学者对区域一体化内涵尚未形成统一认识。区域一体化是要求各地趋于差异分工还是趋同相似,空间上是集聚还是分散等还存在分歧。有关区域经济一体化研究中,被广泛引用并得到首肯的是美国经济学家贝拉·巴拉萨(Bela Balassal)在1961年提出的:我们建议将经济一体化定义为既是一个过程,又是一种状态。就过程而言它包括旨在消除各地区之间联系的物理障碍和制度障碍,前者主要指交通一体化,后者为制度一体化。就状态而言在集聚和分散两种力的作用下,经济、社会、环境在空间上表现的状态不是一样的。经济一体化以更高质量发展为目标,通过要素优化配置实现经济结构、经济密度、经济效率的提升;社会一体化以共享高质量生活为目标,通过社会保障、公共服务要素共享实现公共服务一体化;环境一体化以建设低碳绿色宜居生态环境为目标,通过绿色发展、联合整治、生态补偿等实现环境一体化。总之,区域一体化本质是降低交易成本,促进商品、要素等自由流动,实现资源的优化配置。可见,区域经济一体化的核心是区域市场一体化。

从以上的分析可以看出,不管对区域经济一体化的内涵如何表述,区域经济一体化总是表现为市场一体化,换言之,区域经济一体化是市场一体化的过程。因此,区域经济一体化与区域协调发展的区别是显而易见的,同时二者也有着密切的联系。具体表现:一是在空间尺度上,区域一体化着重于区域内要素的自由流动,强调市场一体化。而区域协调发展不仅强调区域内的协调发展,还强调区域之间的协调发展,空间内涵更为广泛。二是在联系程度上,区域一体化是区域协调发展的更高形式,联系更为紧密。在区域内部,两者都强调区域内各地之间的紧密联系,资源优化配置,而一体化程度更高,是区域协调发展的高级形态。三是从发展时序上,区域一体化发展有利于促进区域协调发展。一般而言,在区域经济一体化的初期,区域经济发展差距会扩大,而在区域经济一体化的后期,区域经济发展差距会缩小。此外,区域之间的初始发展状态也对区域经济发展差距的变化方向有着重要的影响,这已被相关研究所证实(陈雷、李坤望,2005)。

2. 区域协同发展与区域协调发展

现代汉语词典对"协同"的解释是,各方互相配合或甲方协助乙方做某些事。区域协同发展则是指区域内各地域单元(子区域)和经济组分之间协和共生,自成一体,形成高效和高度有序化的整合,实现区域内各地域单元和经济组分的"一体化"运作与共同发展的区域(或区域合作组织)经济发展方式。协同发展的区域体系有着统一的联合与合作发展目标和统一的规划,区域之间有着高度的协调性和整合度,共同形成统一的区域市场,商品及生产要素可以自由流动与优化组合,具有严谨和高效的组织协调和运作机制,内部各区域之间是平等和相互开放的,同时也向外部开放。从而使协同发展的区域体系形成一个协调统一的系统,既有利于内部子系统的发展,也有利于外部系统(如全国性经济系统或全球经济系统)的对接和互动(黎鹏,2003)。

区域协调发展和区域协同发展两者既有联系,也有着区别。主要表现:一是两者都强调区域内各地区的分工与协作,推动区域内各地区之间相互开放、商品和要素的顺畅流动。二是两者都把"同向促进、共同进步"作为发展的目的。即通过区域的协调或协同,促进各个区域经济的较快增长,一方的经济增长不能以损害另一方的利益为代价,并且通过区域之间的优势互补获得整体大于部分之和的"合成效益",从而实现区域之间的互利共赢。三是两者强调的侧重点有所不同。区域协同发展更强调区域之间的协作,即通过区域之间的合作或支援、帮扶来促进区域经济的共同发展。为此,区域经济协同发展也就相应地要求区域之间应当有着统一的联合与合作发展目标和统一的规划。而区域协调发展强调经济差距的收敛性。只有经济差距保持在合理、适度的范围内,区域经济才属于协调发展状态。而区域协同发展尽管有利于区域经济发展差距的缩小,但就其现实的状态而言,区域之间的差距可能较大(超过一定的限度),也可能较小(在合理的范围内)。当然,从这个意义上讲,区域经济协同发展将会促进区域经济协调发展的实现,或者说,区域经济协同发展为最终实现区域经济的协调发展创造了条件。①

3. 区域协调发展与区域可持续发展

所谓区域经济可持续发展,就是指"在现有自然资源(包括环境)约束条件下,充分发挥区域优势,实现区域经济的持续有效增长。其中,经济增长是在技术进步、产业结构不断高级化基础上的专业集约型经济增长;可再生资源的消耗速度要小于其再生速度,不可再生资源利用应约束在技术进步的条件之下;废物的产生应小于或等于环境的吸纳能力"(章尺木、骆玲,2004)。也就是说,应在客观评价本区域具体情况(社会经济及自然资源条件)和既有经济优势的基础上,按照可持续发展观的要求,科学地处理好区域内"生态环境—经济—社会"三维系统的协调发展,合理配置区域内的各种资源要素。同时,按照系统论的观点,协调好区域与区域外更高一级系统,乃至国内、国际两个大市场的关系,找准区域在其中的位置,分析影响区域经济可持续发展的相关因素,正确定位、合理规划,形成区域经济优势,形成区域内各单元社会经济功能及生态环境功能的协调,形成地区之间、城乡之间的合理分工和优势互补,以实现区域经济整体的健康、稳定和长期发展。

区域经济协调发展与区域经济可持续发展存在同构部分,有一致性,也有明显的差异性。具体表现:一是两者都注重各相关要素的相互依存性。在区域内部,经济、社会和环境系统是相互制约、相互影响的,只有处理好它们之间的关系,才能实现区域经济的可持续发展。区域之间形成紧密的联系和合理的分工是区域经济协调发展的主要标

---

① 彭荣胜:《区域经济协调发展内涵、机制与评价》,博士学位论文,河南大学,2007年,第45—47页。

志,区域之间的这种联系具体也体现为各种经济要素、社会要素和环境要素之间的相互依存。同时,区域协调发展也要求区域之间经济的同向增长,而这一目标的实现又以区域内部经济、社会和环境系统关系的协调为条件。二是从时空坐标的角度看,两者侧重点不同。区域协调发展强调各发展要素在空间上的横向关系,即各自在水平方向上发展的合理性;可持续发展则主要强调各发展要素在时间上的纵向关系,即各自在纵向上发展的合理性。三是从研究内容上看,二者的区别是显而易见的。区域协调发展是特指区域之间的协调发展;而区域经济可持续发展则是指某一个区域内部的经济可持续发展。[1]

二、区域协调发展内容

区域由地理环境和人类社会两大系统组成,并在特定范围内形成相对独立又相互依存的人地关系地域系统。区域以协调区域内部和区域之间人地关系为目的,最终为人类提供良好生存环境。[1]区域由经济、社会、生态等多系统组成,其协调内容既要注重各子系统内部协调发展,也要注重各子系统之间的协调发展,以及跨区域的系统之间的协调。主要有:

(一) 区域生态环境协调

自然界在一定区域范围内构成了稳定的生态系统。在此系统中,各种自然资源或要素相互联系与制约,具有本身的运动规律。如违反客观规律,就会破坏生态平衡,使资源遭到破坏,尤其是对于可再生资源和可更新资源而言。如农业生产中的滥垦滥伐,必然破坏生态系统平衡,使水、土等可更新循环的自然资源的生产潜力退化,自然环境日趋恶化。[2]

区域环境系统是一个开放系统,自然资源的开发和环境保护的影响是跨行政区的,甚至是全球性的,为此区域生态环境还涉及跨区域协调发展。如,汽车尾气污染当地空气,并产生影响全球的温室效应;湿地消失破坏当地的水资源,损害全球生物多样性。开发河流水资源时,上游、中游和下游各有所求,甚至以邻为壑。为此跨行政区的区域环境开发和保护成为区域协调的重要内容。其目的是屏弃从单一地区需要出发进行资源环境开发,而是从区域整体利益角度,进行跨区域合作,共同管治和保护生态环境。

(二) 区域经济发展协调

区域经济系统是由多个经济要素构成的复杂系统。区域经济系统协调发展,是区域经济系统在一定条件下,通过调节控制各个经济要素的独立运动以及要素之间的关联运动,使经济要素之间的关联支配各个要素的独立发展,达到经济要素之间相互配合、相互协作的发展态势。进而主导整个区域经济系统的发展趋向,使整个区域经济系统由旧结构状态发展变化为新结构状态;从而实现经济要素合乎规律发展、区域经济系

---

[1] 胡兆量:《中国区域发展导论》,北京大学出版社2003年版,第71—72页。
[2] 崔功豪、魏清泉、刘科伟:《区域分析与区域规划》,高等教育出版社2006年版,第23页。

统内部与外部互惠共赢发展、区域经济社会全面协调可持续发展。①

区域经济资源共轭是区域经济系统协调发展的一个重要特征，即把优势资源转化为优势产业，优势产业转化为优势功能，推进区域经济系统实现初级协同，并向高级协同转化。充分利用区域内现有各种优势资源条件，进行资源共轭，使各种经济资源之间保持相互依赖的状态，并将区域内的资源优势转化为产业优势；进而在开放的条件下，以区域经济发展目标为核心，以区域优势产业为主导，引导其他经济要素围绕优势产业进行协调发展产生协同效应，使区域经济发展获得比所有经济资源综合叠加还要大得多的倍增的协同历练，共同推进整个区域经济的发展。

其中，产业协调成为区域经济协调发展的重要内容。产业结构趋同，低水平重复，盲目投资，恶性竞争，是区域协调发展必须面对的难题。以旅游产业为例，其既涉及跨部门合作，又涉及跨区域合作。例如，旅游往往涉及宗教、文物、旅游、林业、交通等多个部门。还有部分景区涉及跨行政地区合作，如黄河壶口瀑布景观跨陕、晋两省。两省分别开发，将整个景区分成两半。游客不能从一岸进入另一岸观赏。如果进入对岸景区，先要退出景区，绕行4.5千米，重新购票进入，不但耗时耗钱，也有损景区的旅游价值。

（三）区域社会系统协调

区域社会系统的协调，是指区域内组成社会的各子系统或各社会体制之间在结构、功能和运作方式等方面相互适应、相互匹配、相互一致和相互促进的关系。区域社会系统的相互协调不仅意味着其子系统在结构、功能和运作方式上能够相互匹配，而且还意味着各子系统能够在适宜的条件下各司其职，充分发挥各自的社会功能，使每个社会成员和社会团体能够为社会充分发挥各自的潜能，做到各得其所，从而有力地促社会系统与经济系统、生态环境系统的协调发展。

区域社会系统协调主要包括两大方面的内容：一方面，区域基础设施协调，如交通、能源和水利等大型基础设施的服务范围跨行政区的协调发展。每个行政区自建一套可能形成重复建设，效益下降。大型基础设施往往是跨部门的。长江上的大桥公路和铁路兼用的较少，大都是单一通途的桥梁。原因是它们分属两个主管部门。1960年建的南京长江大桥净高24米，丰水期3 000吨以上船舶无法通行。后来南京以上大桥江面净高都仿南京长江大桥，影响长江黄金水道的开发。在城市化高潮中，城市间一体化趋势加强。规划实施统一供水、供气、供电，统一公交系统，统一治理污水等任务十分紧迫。

另一方面，推进区域间公共服务均等化，这是区域协调发展的核心。要通过经济适度发展和加大转移支付力度，缩小区域间公共服务水平差距，使不同区域的居民都能喝上干净的水，享受优美的环境、便利的交通，有基本统一的医疗卫生条件、社会保障待遇、基础教育条件等，从而使不同区域人民生活的综合质量与水平逐步趋于均等化。

---

① 王力年：《区域经济系统协同发展理论研究》，博士学位论文，东北师范大学，2012年，第24页。

（四）区域政策制度协调

区域政策制度协调是主要基于区域优势和战略发展需要，对区域功能定位、发展时序等进行的政策制度的安排，使区域发展呈现在空间和时间上不同维度的协调发展。

区域功能定位协调，主要体现在基于国家战略和区域发展实际，确定区域发展定位，在总体发展格局中承担不同的功能定位。区域定位既要从本区的实际出发，发挥本区的现实优势和潜在优势，又要根据国家社会经济发展的整体战略和整体目标，适应经济全球化和信息化的新趋势。区域定位要体现服务于全国，在全国总体布局和合理分工的基础上，确定区域的主攻方向，使区域发展与全国总体目标有机结合。

区域发展时序协调。区域发展存在重点发展区和一般发展区。在有限投资的情况下，政府更多倾向于在重点地区先行启动基础设施、公共服务等投资，进而引领企业等市场资本向重点地区投资，并可采取相应的财政政策、税收减免政策等引导企业投资区域。例如，我国最早实行沿海开放时，对东南沿海地区在地价、税收等方面给予了优惠政策，引导资本、人才、技术等要素向重点地区汇集。随着东南沿海的开放开发，我国又推行了西部大开发、东北振兴、中部崛起等区域发展战略，区域发展由非均衡发展转向均衡发展。

第二节　区域协调发展的原因与特征

区域协调发展是一个动态演化，呈现螺旋上升的状态，由低水平的均衡发展向非均衡发展，再向高水平的均衡发展。均衡与非均衡发展一直处在区域协调发展当中，其中区域非均衡发展是常态化的。本节重点分析区域发展非均衡原因，以及区域协调发展特征及一般规律。

一、区域发展非均衡原因

区域发展非均衡是常态化的，受制于一定的客观要素的影响，也受经济、社会发展等政策因素的影响。

（一）基础差异

1. 自然条件差异

自然条件是一个区域发展的自然本底，特别是自然资源的禀赋具有不可流动性（如土地、矿山等要素）或限制性流动性（如水资源），直接影响和限制社会经济发展的空间特性。[1]自然条件可包括自然资源禀赋和自然环境等两方面来影响区域发展。

从自然资源禀赋条件来看，自然资源（如矿产资源、能源、水源、土地）的地区差异给工业化初期的地区发展带来巨大影响。例如，有丰富矿产资源的地区，往往成为工业发展较快地区，如马鞍山、鞍山、兖州、攀枝花、铜陵等资源型城市的发展。但随着交通运

---

[1] 陆大道：《区域发展及其空间结构》，科学出版社1995年版，第112—114页。

输条件的改善和地区间贸易的发展,多数矿产资源可以从其他地区运入或进口,已基本不成为地区间差异繁荣的原因了。

自然环境对地区的经济社会发展也有重要影响。由于高山、地形、特殊不利的气候等而妨碍社会经济的迅速发展,进而导致与平原沃土气候温和地区发展水平的差距角度看,自然地理环境对区域发展具有一定的影响。例如,著名的胡焕庸线,即从黑龙江省瑷珲(1956年改称爱辉,1983年并入黑河市)到云南省腾冲,大致为倾斜45度基本直线。线东南方36%国土居住着我国96%人口(根据2000年第五次全国人口普查资料,利用ArcGIS进行的精确计算表明,按胡焕庸线计算而得的东南半壁占全国国土面积43.8%、总人口94.1%),以平原、水网、丘陵、喀斯特和丹霞地貌为主要地理结构,自古以农耕为经济基础;线西北方人口密度极低,是草原、沙漠和雪域高原的世界,自古为游牧民族的天下。因而划出两个迥然不同的自然和人文地域。"胡焕庸线"在某种程度上也成为城镇化水平的分割线。这条线的东南各省区市,绝大多数城镇化水平高于全国平均水平;而这条线的西北各省区,绝大多数城镇化水平低于全国平均水平。

2. 区位条件差异

区位是影响区域经济发展的重要条件,它包括一个区域所处的地理位置,在全国经济发展总体格局中所处的地位,以及区域与市场、区域与其他区域的空间关系等,它直接或间接地影响着本区域经济发展的信息、机遇和发展的空间。

首先,从地理位置上,处于沿海与内陆的差异,对区域发展影响较大。例如在改革开放中,我国首先实施了东部沿海开放政策,14个沿海开放港口省市,在对外开放、吸引外资、引入国外先进管理经验等方面得到中央的支持和优惠政策,率先发展。

其次,与经济核心区、大城市的相对位置。一般而论,靠近大范围的经济核心区或大城市的区域(或国家),发展机会(投资、商业活动、信息获取等)较多,因此,比较远离核心区的边缘地区发展快些。但是,在工业化的初期发展阶段,经济资源、人力等聚集为主要倾向,位于核心区附近区域的资源(经济的、人力以及自然的)被吸引到核心区,反而可能使该区域得不到应有发展。

3. 经济社会基础差异

区域经济社会发展具有历史的延续性,与之前的经济社会发展基础密不可分。一个经济相对落后的地区要赶上相对发达的地区,就必须以高于发达地区的经济增长速度,并经过一段时间的持续发展,才能在若干年后赶上那些发达地区的经济发展水平。同样,区域经济发展离不开社会基础的支撑,包括区域人口的增长状况、人口素质、文化水平、社会观念、法律意识、创新意识等。一般而言,较发达地区往往有较先进的产业、较完善的基础设施、较高的文化素养和科学技术水平。在未来发展中,这些因素一般会继续发挥作用,促进这些地区较快的发展。

(二)环境差异

区域发展不仅受地区本身的自然条件、经济社会基础等内在因素的影响,还受外部的环境要素的影响。这里的环境要素包括政策环境和市场环境。

1. 政策环境差异

经济政策对区域经济发展有着十分重要的影响,它可以是来自国家的、区域的以及本地区等政策。例如,1978年以来我国实行了改革开放政策,并把"效率优先"摆到了首位,对地区政策也作了重大调整。由建设内地为主的均衡布局政策转向以发展沿海为主的非均衡发展政策,其目的是希望集中有限的人力、物力和财力优先发展经济基础较好、区位条件优越的沿海地区,以使我国的整体经济实力和综合国力在短期内有较大的提高,并以此带动内地经济发展。在这样的政策环境下,我国东部沿海地区得到了长足发展,而对中西部地区的支持相对减弱,这在某种程度上进一步拉开了我国东西部差距,使两者区域发展不平衡。

2. 市场环境差异

所谓市场化,是实现经济资源的配置由计划配置为主向市场配置为主的转变,让市场的供求机制和价格机制发挥配置资源的决定性作用。市场在资源配置方面的作用也在不断地演化递进。1992年,党的十四大提出了我国经济体制改革的目标是建立社会主义市场经济体制,提出要使市场在国家宏观调控下对资源配置起基础性作用。2013年,党的十八届三中全会通过了《中共中央关于全面深化改革若干重大问题的决定》,明确提出了"经济体制改革是全面深化改革的重点。其核心问题是如何处理好政府和市场的关系,使市场在资源配置中起决定性作用和更好地发挥政府作用"。由此可以看出,随着我国改革开放不断深入,政府和市场的作用更加明晰,市场是主角,政府只是配角。在我国的区域发展中,各地市场环境存在差异,总体来看,东部地区无论是商品市场还是资本市场,都普遍高于中西部地区。区域之间经济市场化程度的差异、营商环境的不同,使地区之间产生经济增长活力、资源配置能力和市场竞争能力等方面的差异,进而导致地区之间的经济增长速度和发展质量的差异。

3. 营商环境差异

营商环境是指市场主体在准入、生产经营、退出等过程中涉及的政务环境、市场环境、法治环境、人文环境等有关外部因素和条件的总和。2019年10月24日,世界银行发布《2020年营商环境报告》。中国的全球营商便利度排名继2018年大幅提升32位后,2019年又跃升15位,升至全球第31位。世界银行称,由于"大力推进改革议程",中国连续两年跻身全球优化营商环境改善幅度最大的十大经济体。[1]营商环境包括影响企业活动的社会要素、经济要素、政治要素和法律要素等方面,是一项涉及经济社会改革和对外开放众多领域的系统工程。一个地区营商环境的优劣直接影响着招商引资的多寡,同时也直接影响着区域内的经营企业,最终对经济发展状况、财税收入、社会就业情况等产生重要影响。概括地说,营商环境包括影响企业活动的法律要素、政治要素、经济要素和社会要素等。良好的营商环境是一个国家或地区经济软实力的重要体

---

[1] 中国政府网:《中国这个排名大幅上升 世界银行说原因是这8个字》,http://www.gov.cn/shuju/2019-10/25/content_5444902.htm,2019年10月25日。

现,是一个国家或地区提高综合竞争力的重要方面,也是区域发展差异的重要影响要素。

二、区域协调发展特征与原则

(一)区域协调发展特征

区域协调发展是一个从初级协调到高级协调,最终实现由低级结构状态向高级结构状态发展的过程。在这一过程中,区域经济系统呈现出资源共轭、环境共享、目标一致和结构匹配等特征。

1. 区域发展水平趋同性

区域协调发展是指各地区人均实际 GNP 在实践序列中有所增长,对于中国来讲,中西部落后省份应该适当加快经济增长速度(区域税收政策课题组,1998)。从省际而言,区域协调发展实质上无非是落后省区能追赶上发达省区,即从经济增长的角度来看,区域协调发展属于趋同的研究范畴。实现区域经济协调发展的基本方式是使区域之间在经济发展上形成相互联系、关联互动、正向促进;衡量区域经济协调发展的标准是,区域之间在经济利益上是否同向增长以及经济差异是否趋于缩小(张敦富,覃成林,2001)。由此可见,区域经济协调发展是区域协调发展的重要内容,主要表现为:一方面,区域之间的经济发展水平差异趋小,正向发展;通过经济资源的共轭效应,把优势资源转化为优势产业,推进区域经济系统实现初级协同,并向高级协同转化。另一方面,区域之间社会发展水平的趋同性,各地区居民在可支配购买力及公共产品的享用水平上的差距能够限定在合理范围之内。区域协调发展不局限于经济发展水平的趋同,还要求人民生活水平的共同提高、社会的共同进步。

2. 区域发展要素开放共享

区域发展开放共享是区域协调发展的又一显著特征。区域是开放的系统,系统与外部环境存在着经济往来。开放型区域经济系统,使区域与区域之间共享发展环境,使系统容易接受外部环境的作用,并进一步影响到区域内部经济要素各自独立运动和要素之间的关联运动。坚持区域经济发展环境共享,一方面要积极主动地扩大对外经济技术交流,积极参与区域外部经济竞争与合作;另一方面要适当放宽经济政策和适度取消贸易壁垒,科学判断来自系统外部环境的各种经济信息,准确把握区域内部经济要素独立运动规律和要素之间关联运动规律,以推动协同由低级向高级转化和发展。[①]从而使生产要素能够在各地区之间比较顺畅地流动,形成统一、开放的全国市场。

3. 区域发展时空有序

区域协调发展具有时间动态性和空间属性特征。主要表现为:一方面,在时间动态上,区域协调发展在不同发展阶段侧重点不同,配置的资源重点也不同。例如在改革开放之初,我国推动经济开发区、高新技术开发区、高新园区等发展模式,以局部发展,重

---

① 王力年:《区域经济系统协同发展理论研究》,博士学位论文,东北师范大学,2012年,第42—43页。

点聚焦重点地块发展，带动整个区域发展，进而带动周边地区开发发展。随着我国经济发展水平的提高，我国推行特色小镇、美丽乡村建设，城市反哺农村，工业反哺农业，促进区域均衡发展。另一方面，从区域协调发展的空间尺度而言，空间范围不同，协调发展的重点不同。从全国范围来看，我国区域协调发展包括东中西三大地带的经济协调发展，区域内城市经济与农村经济的协调发展。在新时代，我国区域空间不平衡发展又呈现新的特征，包括东西不平衡、南北不平衡、城乡不平衡、大小不平衡（大、中、小城市发展不平衡）、内外不平衡（指省域内中心与外围、城市群域内城市与周边地区的差距）。

（二）区域协调发展原则

1. 由点到线，由线到面的空间协调发展原则

世界各国区域经济发展的一般规律是：在经济发展的早期，必须把有限的资源配置在某些条件较好的核心地区，当经济发展到一定阶段后，刺激需求培育新的经济增长点就成为保持国民经济稳定增长的重要条件。这时，区域经济平衡目标与经济增长的要求一致。我国的区域发展中也践行了这一原则。在改革开放初期，我国处于工业化初期，资金瓶颈十分突出。邓小平敏锐地认识到世界区域经济发展的规律和我国贫穷落后的现实国情，指出共同富裕必然是一条波浪式的道路，"一部分地区有条件先发展起来，一部分地区发展慢点，先发展起来的地区带动后发展的地区，最终达到共同富裕。"[1]我国区域发展实现了由点到线，由线到面的空间协调发展原则：1980年，国家将深圳、珠海、汕头和厦门率先开辟为经济特区；1984年，又进一步开放大连、秦皇岛、天津等14个沿海港口城市；1985到1988年，又将长江三角洲、珠江三角洲、闽东南地区、环渤海地区开辟为沿海经济开发区；1988年，海南建立省并成为经济特区；1990年，开发上海浦东新区。至此，已形成了由点到线，由线到面的沿海对外开放格局。[2]

2. 效率优先，兼顾公平的时间协调原则

理论上，任何一个国家在经济发展过程中都面临着双重任务，即促进全国的经济发展和实现区域之间的均衡增长。从整体上讲，这两个目标是统一的，但就具体发展阶段来看，又是有一定矛盾的。表现在：要实现国民经济高效率快速发展，就不利于区域之间的均衡发展；而如果首先实现区域均衡发展和公平目标，就可能影响到某一阶段国民经济的发展速度。这就是全国经济增长与区域不平衡发展之间的倒"U"字形相关规律。上述矛盾体现着全国利益与区域利益、长远利益与近期利益的关系。为此，效率与公平、非均衡发展与均衡发展要受到区域经济发展阶段和经济规律的制约。要通过"效率优先，兼顾公平"的两步走实现协调发展。在区域发展初期阶段，遵循地区经济不平衡发展的规律，通过有重点的不平衡发展，虽然在短期内地区之间差距有所扩大，却能在长期保证整个国民经济得到较快发展，切实有效地逐步缩小地区之间经济水平的差距，最终缩短实现地区经济发展水平均衡化立项目标的时间，达到公平与平等。

---

[1] 邓小平：《邓小平文选》（第3卷），人民出版社1993年版，第110—111页。
[2] 张永红、曾长秋：《从非均衡发展到协调发展——邓小平区域经济发展理论评述》，《区域经济研究》2008年第6期，第115—157页。

3. 市场主导,政府调控的区域调控发展原则

区域协调发展要遵循市场主导和政府调控相协调方针。在市场经济条件下,违背市场为主原则,违背价值规律,任何规划和整合都很难行得通。然而,矛盾错综复杂,涉及众多行业和部门,涉及众多的地区和行政实体,完全依靠市场机制,复杂的矛盾往往要付出沉重的代价才能缓解。在以市场为主导的前提下,发挥政府的调节功能,便于顺利解决矛盾。政府权威介入,在区域协调中往往是不可缺少的。

在区域经济理论中,西方经济学界一直有"扩散效应"和"集聚效应"的提法。区域经济能否协调发展,关键取决于这两种效应孰强孰弱。在经济发展的起飞阶段,集聚效应往往大于扩散效应,这是造成不同地区之间难以协调发展的重要原因,促进地区经济协调发展需要政府强有力的干预。为此,在区域经济协调发展中,在遵循市场经济发展规律的同时,要充分发挥政府的宏观调控作用,促进区域均衡协调发展。

第三节 区域协调发展基本理论

区域发展理论研究产生于20世纪50年代,由经济学、生产布局学、经济地理学等发展而来,主要分为均衡发展理论和非均衡发展理论。此后在20世纪90年代,有学者提出区域协调发展战略,进一步丰富了区域发展理论。

一、区域均衡发展理论

均衡增长理论兴起于20世纪40年代,其理论核心是,随着生产要素的区际流动,各区域的要素边际报酬递减,经济发展水平终将趋向收敛。由于不发达区域存在着生产和消费的低水平均衡,该理论主张通过在区域内均衡布局生产力,使各产业均衡发展,打破初始低水平均衡,最终实现区域经济的持续发展。代表性理论有赖宾斯坦(H. Leibenstein)的临界最小努力命题理论、纳尔森(R. Nelson)的低水平陷阱论、诺思(North)的出口基地理论、罗森斯坦-罗丹(P. Rosenstein-Rodan)的大推进论、纳克斯(R. Nurkse)的贫困恶性循环和平衡增长理论。其中,古典经济学区域经济均衡发展理论的核心思想是:区域经济发展在市场机制作用下通过区域内部资本积累过程和区域间生产要素流动,最终会自动趋向均衡。[①]出口基地理论由美国经济学家诺思首先提出,蒂博特(Tiebout)、博尔顿(Bolton)、罗曼斯(Romans)等人对其进一步补充而逐步完善,基本思想在于:任何一个区域的经济增长都取决于区域的输出产生的增长情况,而区域外生需求的扩大则是内生增长的主要推动力。贫困恶性循环理论是美国经济学家纳克斯提出的。他认为发展中国家在宏观经济中存在着供给与需求两个不同的恶性循环。从供给方面来讲,低收入意味着较低的储蓄能力,同时也会引起资本形成的不

---

① 蒋益民:《中国货币政策区域效应研究——生产力不平衡结构视角的分析》,中国社会科学出版社2013年版,第45页。

足,而资本形成不足又会使生产率处于较低水平,这又会造成低收入,这样一来,一个周而复始的恶性循环就形成了。从需求方面讲,低收入等价于低购买力,低购买力又会导致投资不足,进一步地,生产率处于较低水平,而这又会造成低收入,恶性循环也将产生。①大推进理论是发展经济学家保罗·罗森斯坦-罗丹提出的,他认为:发展中国家在投资方面要以一定的速度与规模进行,并将其持续作用在众多的产业之上,以此完成对现实发展瓶颈的突破,这样一来,区域经济将全面得到推动,获得高速增长。

区域均衡增长理论强调大规模投资和合理配置有限资源的重要性,重视发挥宏观计划的指导作用,为发展中国家实现工业化和经济迅速发展提供了一种发展模式,并对部分国家的经济发展战略政策制定产生了一定影响。但是其弊端也是显而易见的:其一,该理论忽略了区域之间复杂多变的差异性,过分强调通过外力干预助推区域均衡目标的实现,放大了干预者的经济理性。其二,该理论忽略了要素投入的来源和发展方式的可持续问题,对于欠发达地区而言,大规模的要素投入从何而来,过分强调投入的发展方式能否持续均衡,不得而知。其三,该理论忽略了规模经济和技术进步的累积影响,发达区域因先发优势而累积的经济增长的自增强机制往往导致其余欠发达地区的差距逐渐扩大。因而,区域均衡增长理论虽然注意到了区域经济的联系性,但是在经济增长的过程中将这一联系处理得过分简单,同时又将目标设定得过于理想化,因为在解释经济增长现实与指导经济增长实践上具有局限性。②

二、区域非均衡发展理论

非均衡增长理论立足区域经济发展的客观规律,针对平衡发展理论存在的问题,认为发展中国家应该集中有限的资本和资源首先发展一部分产业,以此为动力逐步扩大对其他产业的投资,带动其他产业的发展。在地里空间上也应该选择部分条件优越的区域优先发展,并通过经济活动的扩张带动其他区域共同发展,非均衡增长理论的代表主要有佩鲁(F.Perroux)的增长极理论,布代维尔(J.R.Boudville)的区域发展极理论,缪尔达尔(G.Myrdal)的地理上的二元经济结构理论,赫希曼(A.O.Hirschman)的"中心区-边缘区"理论,弗里德曼(J.Friedmann)的"中心地-外围模型"等。其中,增长极(growth pole)概念最早是由法国经济学家弗朗索瓦·佩鲁提出的,他认为经济空间存在着若干中心、力场或极,产生类似"磁极"作用的各种离心力和向心力,从而产生相互联合的一定范围的"场",并总是处于非平衡状况的极化过程之中。增长极是经济空间中在一定时期起支配和推动作用的经济部门,它不是一个区位,而是位于经济空间极点上的一个或一组推进型经济部门。增长极本身具有较强的创新能力和增长能力,并通过外部经济和产业关联的乘数扩张效应,推动了其他产业的增长,从而形成经济区域和经济网络。③

---

① 李佩芸、邢俊:《区域经济均衡发展理论述评及对我国经济格局的启示》,《商业时代》2013年第16期,第127—128页。
② 姜文仙:《区域协调发展的动力机制研究》,博士学位论文,暨南大学,2011年,第32页。
③ 褚淑贞、孙春梅:《增长极理论及其应用研究综述》,《现代物业(中旬刊)》2011年第1期,第4—7页。

区域发展极理论是法国经济学家布代维尔(1957)把佩鲁的增长极概念的内涵从抽象的经济空间转向地理空间,指出增长极是在城市区配置不断扩大的工业综合体,并在其影响范围内引导经济活动的进一步发展。外部经济和集聚效应,致使作为增长极的工业在空间上集中分布,并与现存的城市结合在一起;增长极是位于城镇或其附近的区域推进型产业的复合体,是引导区域经济进一步发展的地理"增长中心"。地理上的二元经济结构论是瑞典经济学家缪尔达尔对增长极理论的运行机制进行了补充论证,使用"扩散"和"回波"概念,说明了经济发展极对周边落后地区的双重作用和影响,提出了"地理上的二元经济结构"理论。缪尔达尔认为社会经济发展过程是一个动态的各种因素相互作用、互为因果、循环积累的非均衡发展过程。在此过程中,由于受到外部因素的作用,一些地区的经济发展速度快于其他地区,出现地区之间的经济发展差距。这种差距会引起"积累性因果循环",使发达地区发展更快,落后地区发展更慢,从而增大地区的经济差距。[1]"中心区-边缘区"理论是发展经济学家赫希曼提出的,他认为区域中社会活动的积累区域是核心区,受其影响并围绕其进行分布的经济不发达区域为边缘区。核心区与边缘区之间的经济联系表现为:一方面边缘区的大量生产要素(材料、劳动力、资金)向核心区聚集并产生创新;另一方面,这一创新又逐渐向边缘区扩散,导致边缘区经济活动和社会结构等产生转变,促进区域整体系统发展。赫希曼把发达地区的增长对落后地区的有利影响称为"涓滴效应",不利影响称为"极化效应"。"中心地-外围模型"中,弗里德曼把区域经济发展分为四个阶段,即前工业化阶段、中心—外围阶段1(工业化初期阶段)、中心—外围阶段2(工业化成熟阶段)、空间经济一体化阶段(后工业化阶段)。在不同发展阶段上,资源要素流动状态各有特征。

非均衡增长理论意识到了不同经济发展水平区域之间的相互影响,且强调通过政府干预促进区域经济由非均衡发展向均衡发展状态过渡。但是,这些理论关于初始非均衡状态对经济增长的影响大小、经济均衡的实现途径以及均衡状态表现存在认识分歧,从中得出的政府干预强度、措施以及时机选取上的启示也不尽相同。非均衡增长理论强调将有限资源集中于优势区域发展的思路较符合发展中国家的实际情况,在实践中获得了较普遍的认同。但是,政府干预的强度与实际的选择仍是一个现实的难题,也是制约非均衡增长理论在实践中发挥指导作用的关键。[2]

三、区域协调发展理论

(一)区域协调发展的提出

进入20世纪90年代,区域协调发展作为一种新的发展战略被提了出来。1994年国务院发展研究中心课题组出版了《中国区域协调发展战略》一书,成为我国较早正式提出区域协调发展战略的研究成果。部分学者也提出了区域协调发展思路。中国区域

---

[1] 唐一帆:《泛长江三角洲经济圈城市间经济增长溢出效应研究》,硕士学位论文,上海社会科学院,2013年,第21页。
[2] 姜文仙:《区域协调发展的动力机制研究》,博士学位论文,暨南大学,2011年,第32—33页。

经济专家、著名学者陈栋生教授很早就提出了东中西部地区合理分工、协调发展的思路，即国家和东部沿海地区要有意识地支持中西部地区，使之成为东部沿海地区实施外向型经济发展战略的原材料基地，提高内地产品在国内市场的份额，并相应地在资金、技术、人才、政策等方面给予支持。这样，通过东部地区外向经济循环带动起来的中西部地区内向经济循环，反过来将进一步促进东部地区外向经济循环的顺利运转，从而使中国区域经济走上协调发展、共同繁荣的道路。陈栋生教授在一篇题为《论产业政策和区域政策的结合》的文章中，针对区域差距扩大的趋势指出，为了在追求效率的同时防止区际差距扩大到引起社会的震荡，往往需要从逆向按"补偿原则"实施区域政策，以弥补市场机制的缺陷和不足，缓解追求效率过程中伴生的诸多社会矛盾，发挥促进社会和谐的稳定机制作用。

党的十五大报告首次提出"促进地区经济合理布局和协调发展"；十六大报告进一步明确"积极推进西部大开发，促进区域经济协调发展"；十七大报告提出"推动区域协调发展，优化国土开发格局……要继续实施区域发展总体战略"。十五大以来，区域协调发展一直是指导我国地区发展的总体要求；十七大以来，以东、中、西、东北四大地区发展为主体的区域发展总体战略成为指导我国地区发展的重大战略。我国先后启动了"推进西部大开发""振兴东北老工业基地"及"促进中部崛起"等区域战略，由此我国区域政策的目标由优先发展东部沿海地区转向促进区域协调与区域公平。这时期区域发展战略主要包括推进西部大开放、振兴东北地区等老工业基地、促进中部地区崛起、鼓励东部地区率先发展四大板块，大大推动了区域协调发展。①党的十八大报告提出"继续实施区域发展总体战略，充分发挥各地区比较优势"。党的十八大以来，为了促进区域协调发展，增强发展整体性，打造区域发展新动力，中央先后提出了新时期区域发展战略，包括推动京津冀协同发展、依托黄金水道推动长江经济带发展，成为我国区域经济发展的新的动力源。党的十九大报告，把实施区域协调发展战略作为建立我国现代化经济体系的重要战略之一，提到前所未有的战略高度。新时代，我国又提出粤港澳大湾区建设、长三角区域一体化、黄河流域生态保护和高质量发展等五大区域发展战略，从整体上实现了对传统四大区域板块的贯穿，改变了以往不同区域板块之间相对独立、各自为政的状态。

（二）区域协调发展理论内涵

区域协调发展战略是在充分吸收均衡发展理论和非均衡发展理论基础上，结合区域发展实践而提出的发展战略。其理论内涵主要体现在三个层面：

一是区域协调发展更强调区域之间的经济关系和互动。区域经济协调发展描述的是一种区域之间经济关系的状态：区域之间是开放的、联系的，发展上是关联的、互动的；相关区域的经济发展能够持续或共同发展，相互之间的经济差异区域缩小。部分学者将区域经济协调发展内涵定位为：区域之间经济交往日益密切，相互开放，区域分工

---

① 胡鞍钢：《三大战略保障区域协调发展》，《搜狐财经》2016年10月11日。

趋于合理,区域经济整体能保持高效增长,区域经济差距能得到合理适度控制且逐渐变小,区域之间经济发展呈现正向促进、良性互动状态(彭荣胜,2009)。范恒山、孙久文等(2012)按照科学发展观的要求,认为区域协调发展的内涵至少有四个要点:地区间人均生产总值差距保持在适度的范围内;各地区人民能享受到均等化的基本公共服务;各地区比较优势的发挥能够促进区域间优势互补、互利互惠;各地区人与自然的关系处于协调和谐状态。新时代区域协调发展战略,强调打破区域行政壁垒,促进要素跨区域自由流动。

二是区域协调发展强调实行分类管理的差别化区域政策。区域空间范围较大,各地区之间差异较大,各地区的自然条件和经济社会特点千差万别。无论是国家宏观调控还是区域政策制定,如果忽视这种地域差异性,单纯采取"一刀切"的办法,再好的政策也难以取得较好的效果。为此,区域协调发展为避免"一刀切"现象,切实提高政策的有效性、精准性和可持续性,提出按照经济功能区、主体功能区和特殊类型区等实行分类管理的差别化区域政策。

三是区域协调强调以人民为中心,缩小各地区的发展差距,实现共同富裕。区域协调发展的一个重要目的是缩小不同地区间发展差距,让各地区人民能共享改革开放的发展成果。习近平总书记对贫困地区、中西部欠发达地区发展的一系列重要论述,很好地体现了共同富裕思想和新时代共享发展理念。各地区的发展差距既体现在收入水平上,也体现在科教文卫等一系列公共服务水平上。因此,习近平总书记不仅高度重视区域经济开发和区域间居民收入差距的不断缩小,而且高度重视推进基本公共服务供给的区域均等化工作,力主通过区域公共服务产品的协调供给全面提升不同区域人民的幸福水平。

第四节 新时代区域协调发展战略

我国幅员辽阔,区域差异大,发展不平衡是我国的基本国情。长期以来,我国高度重视区域协调发展。十九大报告明确提出实施区域协调发展战略,这是对"两个一百年"奋斗目标历史交汇期我国区域发展的新部署。本节立足于中华人民共和国成立以来我国区域发展战略历史研究,分析新时代区域协调发展内涵,探讨在新目标和新矛盾下,我国区域协调发展战略的新要求、新表现和新方略。

一、中华人民共和国成立以来我国区域发展战略历史演进

中华人民共和国成立以来,我国区域发展水平差异巨大,区域发展面临不平衡态势。面对不同时期发展特点,我国先后制定了不同的区域发展战略,经历了从平衡发展战略到区域非均衡发展战略,再到区域协调发展战略,并取得了一定成效。

(一)改革开放前平衡发展战略阶段(1949—1978)

中华人民共和国成立初期,我国工业原来是畸形地偏集于一方和沿海的状态。出于经济上和国防上的考虑,国家提出了平衡发展战略,即在全国各地区适当地分布工业

生产力,使工业接近原料、燃料的产区和消费地区,并适合于巩固国防的条件,来逐步地改变不平衡状态,提高落后地区的经济水平。"一五"计划(1953—1957)提出:合理地利用东北、上海和其他城市已有的工业基础,发挥它们的作用,以加速工业的建设;积极地进行华北、西北、华中等地新的工业地区的建设;在西南开始部分的工业建设,并积极地准备新工业基地建设的各种条件。根据内地的需要,应该逐步地把沿海城市的某些可能迁移的工业企业向内地迁移。[1]"三五"计划(1966—1970)重点备战备荒,三线建设加快,提出加强国防建设,加快三线地区的经济建设,逐步改变当时的工业布局。"四五"计划(1971—1975)面对区域发展严重失控,对以备战为中心的战略进行调整,开始意识到经济效益问题,沿海与三线地区并重发展,大规模的三线建设进入收尾阶段。"六五"计划(1981—1985)后逐步走向改革开放。

平衡发展战略阶段,国家更强调区域间按计划和比例均衡地发展,公平放在首位,区域差距减小,在恢复国防安全和国民经济的同时,强调解决人民生活温饱问题,取得了一定成绩。但由于忽视生产力发展的客观规律,牺牲了效率,导致经济发展缓慢,人民生活水平很低,因而存在根本上的缺陷。

(二)改革开放初期非均衡发展战略阶段(1979—1995)

在我国改革开放初期,经济社会亟需发展,改革开放力度亟待加强,因此邓小平同志提出了"两个大局"思想:沿海地区要对外开放,使这个拥有两亿人口的广大地带较快地先发展起来,从而带动内地更好地发展,这是一个事关大局的问题。内地要顾全这个大局。反过来,发展到一定的时候,又要求沿海拿出更多力量来帮助内地发展,这也是个大局。[2]十一届三中全会以后,我国区域发展战略发生了历史性的转折,我国为实现"三步走"的现代化战略目标,重新构建顺应世界发展和符合本国国情的区域发展新战略,即由单纯式的均衡发展向非均衡发展转换,战略重点由内地转向东部沿海地区,以此带动各区域共同发展。[3]同时国家先后制定了建设经济特区、开发区、高新区等发展战略,这些特殊功能区的设立,在一定时期推动了我国东部地区经济的快速发展,带动了我国城市数量和规模的扩大,也对我国区域协调发展产生了深远影响。在此阶段,我国东部沿海地区借助改革开放的政策优势,得到了极大发展,但同时也产生了东中西发展差距的不断扩大,形成了区域发展的非均衡格局。

这一时期,我国区域发展战略从强调区域经济平衡发展转向重视经济发展速度和宏观经济效益的区域经济非均衡发展,按东中西三大地带梯度递减的办法实行重点倾斜,更加强调"效率优先",形成了国民经济的增长极,[4]取得了巨大成就。1978年开始实施沿海优先发展战略,即充分利用沿海地区工业基础和区位优势,面向国际市场,积

---

[1] 《中华人民共和国发展国民经济的第一个五年计划(1953—1957)》,人民出版社1955年版。
[2] 乌兰察夫:《邓小平"两个大局"思想的实践和发展——深圳与西部大开发》,《特区经济》2002年第4期,第7—10页。
[3] 尤泳:《改革开放以来我国区域发展战略研究》,硕士学位论文,西南大学,2009年。
[4] 夏德孝、张道宏:《区域协调发展理论的研究综述》,《生产力研究》2008年第1期,第144—147页。

极参与国际市场竞争,实施外向型发展战略,沿海地区经济增长率持续保持全国领先水平,使国民经济整体有很大提高,人民收入水平提高加快。但同时区域差距却逐渐拉大,区域间利益的矛盾和冲突、地区保护主义等问题相继而来,逐渐成为困扰中国经济发展的重大问题。

(三)世纪之交东中西区域协调发展战略阶段(1996—2011)

随着改革开放,我国区域发展战略也逐渐趋向合理,区域协调发展战略被提出,东中西三大区域协调发展格局逐步形成。"七五"计划(1986—1990)在地区布局和地区经济发展政策方面,首次提出要正确处理东部沿海、中部、西部三个经济地带的关系,要加速东部沿海地带的发展,同时把能源、原材料建设的重点放到中部,并积极做好进一步开发西部地带。"九五"计划提出促进区域经济协调发展,引导地区经济协调发展,形成若干各具特色的经济区域,促进全国经济布局合理化,逐步缩小地区发展差距,最终实现共同富裕。"十五"计划(2001—2005)首次提出实施西部大开发战略,加快中西部地区发展,合理调整地区经济布局,促进地区经济协调发展。"十一五"规划(2006—2010)提出实施区域发展总体战略,坚持实施推进西部大开发,振兴东北地区等老工业基地,促进中部地区崛起,鼓励东部地区率先发展的区域发展总体战略,健全区域协调互动机制,形成合理的区域发展格局。[1]

经历了平衡发展到非平衡发展,再到协调发展,我国区域发展战略逐步成熟,国家经济社会得到了极大发展,但发展的同时,仍存在区域发展质量和效率不高、区域协调机制不健全、生态环境问题突出、部分老少边穷地区发展仍十分落后等诸多问题,亟待提升解决。

(四)新时期全面协调发展战略阶段(2012至今)

党的十八大报告系统指出,实施区域发展总体战略,要充分发挥各地区比较优势,优先推进西部大开发,全面振兴东北地区等老工业基地,大力促进中部地区崛起,积极支持东部地区率先发展。至此,我国以东部沿海地区率先发展、西部大开发、东北振兴、中部崛起为抓手的东中西区域协调发展战略基本形成。党的十九大报告指出,中国特色社会主义进入新时代,我国社会主要矛盾已经转化为人民日益增长的美好生活需要和不平衡不充分的发展之间的矛盾,在全面建成小康社会决胜期,坚定实施区域协调发展战略。新时代对区域协调发展提出更高的要求,我国区域发展也步入全面协调发展阶段。全面实施区域协调发展战略,既是对原有区域发展战略的丰富完善,也是对长期以来坚持区域协调发展的全面提升。

新时期实施区域发展总体战略,充分发挥不同地区比较优势,促进生产要素合理流动,深化区域合作,推进区域良性互动发展,逐步缩小区域发展差距。[2]十九大报告明确

---

[1] 中华人民共和国"七五"至"十五"计划、"十一五"规划,人民网,http://dangshi.people.com.cn/GB/151935/204121/。

[2] 习近平:《决胜全面建成小康社会 夺取新时代中国特色社会主义伟大胜利——在中国共产党第十九次全国代表大会上的报告》,人民出版社2017年版。

提出,深入实施区域协调发展战略,要在持续推进"西部开发、东北振兴、中部崛起、东部率先"四大地区发展战略的基础上,推动京津冀协同发展,高起点规划、高标准建设雄安新区,以共抓大保护、不搞大开发为导向推动长江经济带发展,以"一带一路"建设为重点,形成陆海内外联动、东西双向互济的开放格局。2017年两会期间,粤港澳大湾区首次作为国家战略出现在政府工作报告中;2018年11月在进口博览会开幕式上,习近平总书记指出支持长三角区域一体化发展上升为国家战略;2019年9月习近平总书记在郑州主持召开黄河流域生态保护和高质量发展座谈会,指出"黄河流域生态保护和高质量发展,同京津冀协同发展、长江经济带发展、粤港澳大湾区建设、长三角一体化发展一样,是重大国家战略"。2020年5月新华社授权发布《中共中央、国务院关于新时代推进西部大开发形成新格局的指导意见》,总体要求显示,确保到2020年西部地区生态环境、营商环境、开放环境、创新环境明显改善,与全国一道全面建成小康社会;到2035年,西部地区基本实现社会主义现代化,基本公共服务、基础设施通达程度、人民生活水平与东部地区大体相当,努力实现不同类型地区互补发展、东西双向开放协同并进、民族边疆地区繁荣安全稳固、人与自然和谐共生。[①]

新时期我国区域协调发展更加重视城市群发展,强调城市群为主体的城镇格局;更加重视绿色发展,提出对环境的保护与资源型地区的转型发展;更加重视海洋发展,提出坚持陆海统筹,加快建设海洋强国;更加重视落后地区发展,支持革命老区、民族地区、边疆地区、贫困地区以及西部地区加快发展。

二、我国区域协调发展战略内涵

党的十九大将"区域协调发展战略"作为国家七大战略之一,是新时代推动中国区域发展的重大部署。"加大力度支持革命老区、民族地区、边疆地区、贫困地区加快发展,强化举措推进西部大开发形成新格局,深化改革加快东北等老工业基地振兴,发挥优势推动中部地区崛起,创新引领率先实现东部地区优化发展,建立更加有效的区域协调发展新机制。以城市群为主体构建大中小城市和小城镇协调发展的城镇格局,加快农业转移人口市民化。以疏解北京非首都功能为'牛鼻子'推动京津冀协调发展,高起点规划、高标准建设雄安新区。以共抓大保护、不搞大开发为导向推动长江经济带发展。加快边境发展,确保边境巩固、边境安全。坚持陆海统筹,加快建设海洋强国。"新时代区域协调发展战略内涵主要体现在以下几个方面:

将加大对弱势地区发展的扶持摆在首要位置。十九大报告明确提出加大力度支持革命老区、民族地区、边疆地区、贫困地区、资源型地区加快发展,这表明弱势地区和问题地区的发展成为影响区域协调发展的关键短板。坚定不移实施精准脱贫,确保全面建成小康社会之际实现区域性整体脱贫,不断增强落后地区的自我发展能力。老少边穷等短板区域的整体发展成为实现新时代2020全面建设小康社会的关键。我国将针

---

① 《中共中央、国务院关于新时代推进西部大开发形成新格局的指导意见》,2020年5月。

对边疆地区、民族地区、资源枯竭地区等的差异化特点,建立规范稳定的转移支付、扶持协作机制,健全以公共服务、生态环保等民生领域为重点的绩效考评体系,保障特殊类型区域的发展能力和信心。区域协调发展成为补短板的关键,以实现人口和区域全覆盖的小康水平。

对我国"四大板块"地区实行分类差别化发展战略。我国四大板块,即西部地区、东北地区、中部地区以及东部地区,是我国区域协调发展战略重点。新时代对四大板块发展的策略主要体现在两个方面:一是明确"四大板块"重点,采取分类指导、差别化发展战略。十九大报告对四大地区发展战略重点作出了明确论述,要求西部开发重在强化举措、东北振兴重在深化改革、中部崛起重在发挥优势、东部率先重在创新引领。二是提出建立更加有效的区域协调发展新机制,这也是新时代区域协调发展新内涵的重要体现之一。通过区域协调发展新机制建立,深化区域协调发展。例如对于我国东部地区京津冀城市群的雄安新区建设,既是建立区域协调发展的新空间,也是探索区域协调发展的新机制。十九大报告指出"要支持香港、澳门融入国家发展大局,以粤港澳大湾区建设、粤港澳合作、泛珠三角区域合作等为重点,全面推进内地同香港、澳门互利合作,制定完善便利香港、澳门居民在内地发展的政策措施"。粤港澳大湾区建设是探索在"一国两制"下区域协调发展的新机制。粤港澳大湾区具有"1234"特征,"1"是指一个国家,"2"是两种制度,"3"是三个海关关税区,"4"是四个核心城市,建立区域协调新机制,促进大湾区大发展。

强化城市群在推进新型城镇化中的主体地位。十九大报告进一步提出以城市群为主体构建大中小城市和小城镇协调发展的城镇格局,表明城市群不仅在形态上作为主体,而且在规划、建设、治理等各方面都将在推进新型城镇化进程中占有主体地位,明确了未来我国新型城镇化的模式、路径和重点。推动城市群发展主要可解决我国区域发展的"三大不平衡"问题。一是大力发展小城镇,解决我国区域发展中的"大小不平衡""城乡不平衡",在十九大报告中明确提出以城市群为主体构建大中小城市和小城镇协调发展的城镇格局。中小城市和小城镇发展成为重点,成为吸纳农民转化为市民的主要空间载体。我国的特色小镇建设,将进一步推动小城镇的发展,使农民就地城镇化,带动农民就业,这也将大大带动我国城乡统筹发展。同时,十九大报告对我国超大城市也提出了疏解核心功能要求,"以疏解北京非首都功能为'牛鼻子'推动京津冀协调发展。"进一步明确了北京、上海等超大城市要加快非核心功能疏解,缓解大城市病的同时,带动周边地区发展。二是以城市群为新型城镇化主体形态,解决我国城市群的"内外不平衡"问题。理性引导城市群的规划和建设,避免贪大贪多贪快,加强城市群治理机制的创新,建立城市群发展的监测、评估指标和方法,促进城市群分类、有序、健康发展。加快城市群内交通一体化建设,促进城市群同城化发展,以城市群为抓手促进大中小和小城镇协调发展。培育发展中西部城市群,促进集中集聚集约化发展,强化中心城市辐射带动功能,积极承接东部产业转移和吸纳返乡农民工,加快建设成为人口就地城镇化的主要载体,推动长江中游、中原、成渝、关中等特色城市群发挥示范带动作用。

突出"五大战略"引领区域协调发展。十八大以来,我国实施京津冀协同发展、长江经济带发展、粤港澳大湾区建设、长三角区域一体化发展、黄河流域生态保护和高质量发展等五大区域发展战略,是我国区域协调发展战略的实践落实。十九大报告提出,"以疏解北京非首都功能为'牛鼻子'推动京津冀协同发展,高起点规划、高标准建设雄安新区。以共抓大保护、不搞大开发为导向推动长江经济带发展。"这表明以京津冀协同发展、长江经济带发展等为主的国家重大区域发展战略对于推动我国区域协调发展意义重大。要以雄安新区的规划、开发和建设作为重大历史性机遇,带动北京首都非核心功能疏解,促进京津冀形成交通互联、生态共治、产业关联的分工协作格局,探索人口和经济密集区域优化发展的新模式,为全国其他跨省级区域协同发展提供示范。发挥长江经济带联通东中西部地区的独特优势,加快沿江基础设施建设和生态环境保护,优化沿江城镇、人口和产业空间布局,强化长三角、长江中游、成渝等重点城市群的集聚辐射功能,建设成为促进东中西区域协调发展的重要支撑带。

强调边境安全和海洋强国战略成为亮点。十九大报告提出,"加快边境发展,确保边境巩固、边境安全。坚持陆海统筹,加快建设海洋强国。"大力推进边防治理创新,巩固边境安全。海洋强国是中国特色社会主义事业的重要组成部分。要加快发展海洋经济,优化海洋产业结构,促进海洋产业成为支柱产业,为建设海洋强国奠定坚实基础。深入实施以海洋生态系统为基础的综合管理,加大对海岸带、沿海滩涂保护和开发管理力度。统筹运用各种手段维护和拓展国家海洋权益,维护好我国管辖海域的海上航行自由和海洋通道安全。积极落实《"一带一路"建设海上合作设想》,加强海洋领域参与21世纪海上丝绸之路建设,与21世纪海上丝绸之路沿线各国一道开展全方位、多领域的海上合作,共同打造开放、包容的合作平台,建立积极务实的蓝色伙伴关系,铸造可持续发展的"蓝色引擎"。

三、新时代区域协调发展战略新要求

(一)新目标下区域协调发展战略新要求

"十九大"报告中明确提出了新时代我国的"两个百年"目标,即到建党一百年时建成经济更加发展、民主更加健全、科教更加进步、文化更加繁荣、社会更加和谐、人民生活更加殷实的小康社会;到新中国成立一百年时,基本实现现代化,把我国建成社会主义现代化国家。从我国的"两个百年"目标中,可以看出不同阶段对区域协调发展提出了新的要求,而且是循序渐进、逐步升级的,即由托底线,到缩差距,再到强竞争。具体主要表现在以下几个方面:

全面建设小康社会要求托底线,解决贫困人口脱贫,实现人口和区域全覆盖的小康水平,区域协调发展成为补短板的关键。从决胜全面建成小康社会的任务看,要特别打好"三大攻坚战",即防范化解重大风险、精准扶贫、污染防治。其中精准扶贫成为全面建成小康社会的最突出短板。目前来看,我国农村还有几千万贫困人口,大多分布在自然条件差、经济基础弱、贫困程度深的地区。这些群众多为贫中之贫、困中之困、难中之

难、坚中之坚,脱贫攻坚难度大。这需要我国区域协调发展战略,采取差别化策略,要加大对贫困地区支持力度,深入推进脱贫攻坚,确保到2020年我国现行标准下农村贫困人口实现脱贫、贫困县全部摘帽、解决区域性整体贫困,让农村贫困人口同全国人民一道进入全面小康社会,这是全面建成小康社会的底线任务和标志性指标。

基本实现社会主义现代化要求缩差距。在我国第一个"百年"目标中,明确提出"城乡区域发展差距和居民生活水平差距显著缩小,基本公共服务均等化基本实现,全体人民共同富裕迈出坚实步伐"。缩小城乡区域发展差距是实现我国社会主义现代化的重要目标之一。我国城乡发展差距总体上呈缩小趋势,但中西部地区城乡差距仍很大。以城镇居民和农村居民可支配收入作为衡量城乡发展水平的指标,城乡发展差距从2008年的3.33∶1逐步下降到2016年的2.72∶1。特别是我国东部沿海地区城乡差距缩小明显,2016年东部浙江省的城乡差距为2.06∶1。但西部地区城乡差距还很大,其中2016年甘肃省的城乡差距为3.45∶1。到2035年要基本实现社会主义现代化,要大力推动区域协同发展战略,缩小城乡差距、地区间差距,提高人民生活水平。

社会主义现代化强国要求强竞争,提升区域国际影响力和竞争力,重点区域成为参与全球竞争的重要载体。具体对区域发展提出两方面要求:一是全体人民共同富裕基本实现,这势必要求我国东中西区域协调发展,区域内部差距缩小,才能实现全体人民共同富裕;二是我国成为综合国力和国际影响力领先的国家,中华民族以更加昂扬的姿态屹立于世界民族之林。随着全球化和区域一体化的深入发展,世界已不单单是城市之间的竞争,更多的是多个城市组合在一起的城市群竞争。21世纪是城市群的世纪,城市群之间的分工、合作和竞争,将决定21世纪世界经济、政治的格局。随着我国成为世界第二大经济体,我国城市群的国际竞争力也提高了。以长三角城市群为例,作为世界第六大城市群。根据各城市群现行增长速度进行预测,2035年,长三角城市群经济规模将达到第二大,仅次于美国东北部大西洋沿岸城市群;2050年长三角城市群经济规模居于首位,远远高于其他城市群。届时,长三角城市群经济效率不断提高,社会发展等方面不断推进。

由此,在新时代的"两个百年"目标的引领下,各阶段区域协调发展面临的阶段性任务也不同,有托底线、缩差距到强竞争等不同要求,这也要求在不同阶段的区域协调发展的目标、任务和措施也不同。但总而言之,区域协调发展战略成为实现我国"两个百年"目标的重要战略之一。

(二)新矛盾下区域发展不平衡的表现

在新时代,我国社会主要矛盾已经转化为人民日益增长的美好生活需要和不平衡不充分的发展之间的矛盾。新时代我国社会主要矛盾的转变将影响我国区域布局和区域发展重点的转变,区域发展不平衡呈现新的特征。

东西不平衡。改革开放以来,我国坚持效率优先的沿海发展战略,地区差距急剧扩大。自21世纪以来,相继实施西部开发、东北振兴、中部崛起战略,中西部地区的增长速度明显加快,地区差距在速度上扩大的势头得到控制,但是由于中西部地区人口基数较小、市场化水平和产业竞争力相对较低,地区差距在总量上仍然不断扩大。2012—2016年东部和西部的地区生产总值差距从21.8万亿元扩大到23.8万亿元。从省域层面分析,东部的江苏省和西部的甘肃省人均地区生产总值差距从2012年46 369元扩大到2016年的67 799元。① 再如,2006年全国人均GDP最高的上海市是最低的甘肃省的6.7倍,2016年全国人均GDP最高的天津市是最低的甘肃省的4.3倍,差距依然明显。

南北不平衡。在新常态下我国区域发展呈现新的不平衡态势,经济增长呈现"南快北慢",经济总量占比"南升北降"特征比较明显。2017年在31省市区GDP增速排名中,前10名主要为南方省市,贵州、西藏、云南、重庆、江西、安徽、福建、四川、陕西、湖南,增速都在8.0%以上,其中贵州、云南、重庆GDP增速分别达到10.2%、9.5%、9.3%。后七名的城市都为北方城市,主要为河北、黑龙江、吉林、辽宁、内蒙古、天津、甘肃,其中,黑龙江、吉林、辽宁的增速分别为6.4%、5.3%和4.2%。与2016年相比,黑吉辽东北三省的经济在逐渐复苏中,2016年辽宁省经济增速仅为−2.5%。从经济总量占比来看,北方省市占全国经济总量也呈下降趋势。2017年,辽吉黑三省市经济总量达到55 430亿元,占全国经济总量的6.76%,比2015年下降了1.83个百分点。

城乡不平衡。改革开放以来,我国经济在高速增长的同时,也带来城乡发展不平衡问题。一是城乡生活水平差距较大。2016年我国城镇居民和农村居民可支配收入比为2.72∶1,还有较大空间需要进一步缩小城乡发展差距。二是城乡公共服务水平不平衡,而且更多表现在质量的不平衡。乡村在义务教育、医疗卫生、社会保障方面的投入还远远低于城市。目前城乡已经实现了义务教育全部免费,但城乡之间在财政投入、师资水平、教学条件方面还存在较大差距。基本社会保障服务虽然初步建立了城乡全覆盖的社会保障体系,但城乡之间在保障的覆盖面、保障水平方面还存在较大差距。以养老保险为例,目前我国新型农村社会养老保险的养老金中位数为每年720元,而城镇及其他居民养老保险的养老金中位数为每年1 200元,前者仅及后者的60%。同时,城市靠离退休金的占2/3,而农村只有4.6%。②

大小不平衡。大小不平衡主要是我国城市发展中超大、特大、大城市发展迅速,而中小城市发育不足。长期以来我国大城市数量增长较快。数据显示:1998—2008年我国地级以上城市中,100万人以上的大城市由81座增长到122座,增长了50.6%;100万人以下的中小城市则由142座增长到165座,增幅仅为16.2%(王小鲁,2010)。近10年来,我国呈现高速城市化,我国城市数量不仅没有增加,反而持续减少。根据原有标准计算,当前我国大中小城市比例为1∶1.42∶0.77,中等城市比例较小,小城市严重

---

① 中国宏观经济研究院国家发改委宏观经济研究院:《坚定实施区域协调发展战略,加快缩小城乡区域发展差距——十九大报告关于区域发展论述解读》,http://www.cre.org.cn/qy/fazhan/11987.html,2017年11月2日。

② 《农村社会养老保险和城镇养老金的差距较大》,http://www.xyz.cn/study/shehuibaozhang-news-2156293.html,2015年6月29日。

不足。根据我国城市人口的变动,我国设置了新的城市人口规模划分,其中超大城市是指城区常住人口超过1 000万的城市,目前我国一共有13个超大城市。像北京、上海、广州、深圳等超大城市面临着人口过度膨胀、交通拥堵等"大城市病"。发展中小城市,有利于实现转移人口的就地城镇化,促进区域间协调发展。

内外不平衡。内外不平衡是指省域内中心与外围、城市群域内城市与周边地区的差距。城市群将是我国新型城镇化的主要形态,带动大、中、小城市协调。一方面,我国城市群之间发育不平衡,总体来看,我国东部沿海京津冀城市群、长三角城市群以及珠三角城市群发育比较成熟,而中部、西部城市群更多处于发育阶段,有的仅仅是概念上的城市群。群域内更多是核心城市的极化作用明显,核心城市与周边城市发展较大差距。另一方面,城市群内部城市与边缘城市发展还存在不平衡。以长三角城市群为例,目前长三角城市群由"一核五圈"26个城市组成,群域内城市联系紧密,同城效应明显,经济发达。而城市群外城市受到核心城市辐射带动作用有限,连云港、淮南、淮北、衢州、丽水等城市与群域内的苏州、无锡、常州、嘉兴等城市发展还有一定的发展差距。2017年苏州市、无锡市人均GDP分别达到了16万元,超过了北京、上海、广州,而连云港、衢州市人均GDP刚刚突破1万美元,2017年衢州市人均GDP为6.32万元。

四、新时代区域协调发展新方略

新时代要紧紧围绕我国"两个百年"目标,重点解决新矛盾,坚持新发展理念,要着眼于我国发展全局,以创新、协调、绿色、开放、共享引领区域协调发展,探索新时代区域协调发展新方略。主要体现在以下几个方面:

创新发展,区域协调发展与建立现代化经济体系结合,推动经济向高质量发展。我国经济已由高速增长阶段转向高质量发展阶段,正处在转变发展方式、优化经济结构、转换增长动力的攻关期,建设现代化经济体系是跨越关口的迫切要求和我国发展的战略目标。建设现代化经济体系是目标,区域协调发展是手段。建立现代化经济体系重在进一步优化资源配置,主要包括行业资源配置和空间资源配置,前者主要表现为产业结构调整,加快产业创新,促进战略新兴产业发展;后者主要为区域协调发展,优化配置空间资源,通过区域合作实现1+1>2的区域整体竞争力的提高。特别是随着全球化和区域一体化的不断深入发展,全球竞争单元不再是单个城市,而是以多个城市聚集在一起的城市群作为全球竞争的重要地理单元。区域协调发展要将行业和空间资源配置很好结合起来,加强区域协同创新,成为成群发展的根本动力。例如,长三角城市群要以创新引领,建设世界城市群,率先建立现代化经济体系,成为参与全球竞争的重要空间载体。

协调发展,"五大区域战略"与"四大板块"贯通发展,使我国区域发展格局由横向布局,向纵向联动,形成网络化布局。自21世纪以来,我国分别实施了西部大开发、振兴东北老工业基地和中部崛起战略,以块状经济发展推动我国东中西互动、优势互补、相互促进、协调发展,使我国呈现东、中、西"横向中国"布局。党的十八大以来,以习近平同志为核心的党中央作出经济发展进入新常态的重大判断,形成以新发展理念为指导,以供给侧结构改革为主线的政策框架,先后实施京津冀协同发展、长江经济带发展、粤港澳大湾区建设、长三角区域一体化发展、黄河流域生态保护和高质量发展等五大区域发展战略,五大区域战略引领"四大板块"发展,促进我国对内对外双向开放联动发展。"四大板块"是基础,从国家战略层面对全国区域协调发展进行统筹安排和总体部署;五大战略是引领、支撑和桥梁,从全球和国家治理的角度,聚焦国际国内合作和区域协同发展,致力于增强发展的内外联动性,形成网络化区域发展新格局。通过五大战略引领四大板块发展,以增长极、轴带发展带动区域协调发展,将产生更大的叠加效应、协同效应。

绿色发展,坚持生态保护优先,建立区域生态保护联动机制,促使区域成为可持续发展的践行区。十九大报告提出:"建设生态文明是中华民族永续发展的千年大计。必须树立和践行绿水青山就是金山银山的理念,坚持节约资源和保护环境的基本国策。"区域协调发展是通过区域内部以及区域之间的资源共享、分工协作和协同行动实现的,它不仅体现在产业分工合作和经济一体化方面,而且体现在社会协同发展和生态环境协同治理方面。在十九大的区域协调发展战略中提出:"以共抓大保护、不搞大开发为导向推动长江经济带发展。支持资源型地区经济转型发展。"坚持绿色发展是区域协调发展必须坚持的宗旨。长江经济带经建设首要问题是生态治理,长江经济带面临着大湖枯竭、库区生态灾害频发、调水无水、海水倒灌、沿江污染等问题。区域协调发展要处理保护与发展的关系。同时水、大气等污染具有流动性,更需要通过区域协同发展,共同治理和保护区域生态环境。2015年,中共中央、国务院印发的《生态文明体制改革总体方案》明确指出:"完善京津冀、长三角、珠三角等重点区域大气污染防治联防联控协作机制,其他地方要结合地理特征、污染程度、城市空间分布以及污染物输送规律,建立区域协作机制。"跨区域环境保护协作治理已经成为我国生态文明建设的重要组成部分,城市群将成为我国可持续发展的践行区。

开放发展,以"一带一路"建设为重点,推动陆海内外联动,东西双向开发新格局。"一带一路"建设是我国全方位对外开放的总体方略,是我国长期和顶层的国家战略。从区域布局来看,"一带一路"不是简单的"带"状结构,而是一个网络结构,是一个开放包容的国际区域经济合作网络。"一带一路"建设是我国的全方位对外开放战略,是全国各个地区都可以参与的国家战略,尤其在经贸、人文、金融等领域。"一带一路"建设总体上有助于我国实现比较均衡的区域发展格局。新亚欧大陆桥、中国-中亚-西亚及中巴经济走廊的建设,将改变我国西北地区长期以来在对外开放中的区位劣势,加快西北尤其是新疆的发展。中国-中南半岛和孟中印缅经济走廊的建设有利于加快西南地区的对外开放,将促进云南和广西加快发展。中蒙俄经济走廊建设通过提升东北地区的对外开放程度,将为东北再振兴注入新动力。此外,"一带一路"建设也将为沿海地区提供更广阔的市场腹地,推动陆海统筹发展,推动沿海城市参与21世纪海上丝绸之路建设,有助于推动其产业转型升级和提升在全球劳动分工中的位置,进一步提升沿海地区的国际竞争力。

共享发展,区域协调发展与乡村振兴战略相结合,促进城乡融合发展。十九大报告首次提出乡村振兴战略,即坚持农业农村优先发展,按照产业兴旺、生态宜居、乡风文明、治理有效、生活富裕的总要求,建立健全城乡融合发展体制机制和政策体系,加快推进农业农村现代化。在新时代我国经济社会发展主要矛盾也发生了新变化,即已经转换为人民日益增长的美好生活需要和不平衡不充分的发展之间的矛盾。其中城乡发展不平衡是不平衡的重要体现。区域协调发展与乡村振兴战略相结合主要体现在三个层面:一是美丽乡村和小城镇建设相结合。以新型城镇化为抓手,推动农民就地市民化,在附近的小城镇就业、居住,实现就地城镇化,让小城镇更有活力,也改善农民的居住环境。村和镇相对集中人口,村有村风,镇有镇貌,乡村和城镇融合发展。二是农业和工业、服务业融合发展。农业生产力的发展,促进农民增产、增收是解决三农问题的根本。各地要结合实际情况,发展家庭农场、规模生产、2.5 产业等提高农业附加值,而小城镇发展要为农业发展提供市场,大力发展农业现代服务、农业深加工等,促进农业与工业融合发展。三是农村人口转化市民人口,提高公共资源配置能力。加快推进新型城镇化进程,从社会保障、教育、医疗等公共资源配置能力上,让农民真正转化为市民,使小城镇吸纳更多农民转化为市民人口。

参考文献

樊杰、王亚飞:《40 年来中国经济地理格局变化及新时代区域协调发展》,《经济地理》2019 年第 1 期。

李文睿:《经济地理与区域经济增长》,博士学位论文,中央财经大学,2017 年。

刘卫东、马丽、刘毅:《经济全球化对我国区域发展空间格局的影响》,《地域研究与开发》2003 年第 6 期。

刘志彪:《均衡协调发展:新时代赶超战略的关键问题与政策取向》,《江苏行政学院学报》2018 年第 1 期。

陆大道:《论区域的最佳结构与最佳发展——提出"点-轴系统"和"T"型结构以来的回顾与再分析》,《地理学报》2001 年第 2 期。

路旭:《五大理念之协调发展理念研究》,硕士学位论文,东北财经大学,2017 年。

权衡:《中国区域经济发展战略理论研究评述》,《中国社会科学》1997 年第 6 期。

隋鹏飞:《中国区域发展空间格局演变及形成机制研究》,博士学位论文,山东师范大学,2017 年。

孙海燕:《区域协调发展机制构建》,《经济地理》2007 年第 3 期。

覃成林:《区域协调发展机制体系研究》,《经济学家》2011 年第 4 期。

覃成林、张华、毛超:《区域经济协调发展:概念辨析、判断标准与评价方法》,《经济体制改革》2011 年第 4 期。

田禾:《区域互动与我国区域经济协调发展研究》,博士学位论文,武汉理工大学,

2007年。

魏后凯:《改革开放30年中国区域经济的变迁——从不平衡发展到相对均衡发展》,《经济学动态》2008年第5期。

魏后凯:《区域经济发展的新格局》,云南人民出版社1995年版。

吴越:《城市区域协调发展研究》,博士学位论文,中山大学,2005年,第39页。

夏德孝、张道宏:《区域协调发展理论的研究综述》,《生产力研究》2008年第1期。

肖金成:《区域发展战略的演变与区域协调发展战略的确立——新中国区域发展70年回顾》,《企业经济》2019年第2期。

肖金成、安树伟:《从区域非均衡发展到区域协调发展》,《区域经济评论》2019年第1期。

杨竹莘:《非均衡协调发展的区域理论在中国的演变》,《商业研究》2010年第6期。

尹虹潘:《国家级战略平台布局视野的中国区域发展战略演变》,《改革》2018年第8期。

第六章 区域合作与发展

合作是随着劳动分工的不断深入而产生的,在区域发展中主要表现为区域合作。随着现代社会的不断发展,区域合作在促进区域要素流动、实现资源互补的同时,也成为经济全球化和区域一体化的主要发展途径。区域合作以区域分工理论和区域经济发展理论为基础,通过不同的组织形式,整合区域发展优势,促进要素自由流动,合理配置区域资源,提升劳动生产效率。本章从区域合作的产生与发展入手,重点分析区域合作的目标形式、体制机制以及区域合作中要素流动的基本规律。

第一节 区域合作的产生、效果与作用

一、区域合作的产生与发展

（一）合作的产生

合作,即在同一目的下,作共同的努力。随着人类社会的不断发展,合作产生。合作产生的最初原因为社会劳动,劳动促进了人类的产生,合作分工促进了原始社会的发展。原始社会生产力极其低下,社会发展缓慢,石器工具的产生大大提升了社会生产力,从而产生了合作的最初形态——简单协作,即按照性别、年龄实行的自然分工,这也成为原始社会劳动的主要结合方式。人类单体无力与自然界进行斗争,为谋取生活资源必须共同劳动,社会劳动必然伴随着社会劳动分工。

旧石器时代,人类活动主要为采摘果实、狩猎或捕捞获取食物。在旧石器时代早期和中期,依靠血缘关系形成的家族形式上已经成为一个社会集团和生产单位,合作按两性有分工,男性主要从事狩猎活动,女性从事采集活动和抚育小孩。新石器时代人类原始氏族进入繁荣时期,出现了磨制的石质工具,进一步产生了农业和畜牧业,合作分工进一步细化。

同时产生的原始氏族组织,由原始群逐步发展为母系氏族组织、父系氏族组织,产生一定固定的氏族习惯,为合作分工提供了外在自觉的行为模式和惯性,形成了渔猎、采集和原始农业生产等社会活动的分工与平均分配产品等原始社会规范。

(二)区域合作的产生与发展

随着现代社会的不断发展和生产力不断提升,人类社会的合作更多地体现在区域之间或跨区域国家间的合作,即区域合作。区域合作逐渐成为经济全球化和区域一体化的重要发展途径,其发展大致经历了雏形阶段、兴起阶段、停滞阶段和高速发展等四个阶段。

1. 区域合作产生阶段

国际上区域合作起步较早,在1921年,比利时、卢森堡、荷兰共同建立经济集团,并将总部设于布鲁塞尔,逐步发展为比荷卢经济同盟。1932年英国与英联邦成员国在渥太华帝国经济会议上制定帝国特惠制制度,成员国间相互减让关税,非英联邦成员国维持原有高关税,逐步形成了一种特惠关税区,早期的区域合作逐渐产生。

2. 区域合作初步兴起阶段

区域合作产生后一段时间发展较慢,直至20世纪50年代至60年代,第二次世界大战结束后,世界经济发展面临巨大变化,全球政治经济发展失去平衡,区域合作逐渐兴起。如1957年成立的欧洲经济共同体,其基础文件《罗马条约》规定其宗旨是:在欧洲各国人民之间建立不断的、愈益密切的、联合的基础,清除分裂欧洲的壁垒,保证各国经济和社会的进步,不断改善人民生活和就业的条件,并通过共同贸易政策促进国际交换。[1]欧洲经济共同体是一个有效的区域政体,具有很强的协调跨界行政主体的能力,它的效率超过了国际组织。[2]

3. 区域合作发展停滞阶段

20世纪七八十年代初期开始,受世界石油危机、布雷顿森林体系崩溃、日美贸易摩擦等因素影响,全球经济衰退,区域合作发展也进入停滞不前阶段。欧洲经济共同体各成员国采取贸易保护主义,导致关税同盟的效应几乎消失,发展中国家区域合作也未能出现成功经验。

4. 区域合作再次高速发展阶段

20世纪80年代中期开始,伴随全球经济的快速发展,区域合作取得了迅猛提升,区域经济一体化的趋势明显加强。1986年2月欧共体签订了《单一欧洲文件》,提出1992年年底以前建成欧洲统一市场,产生了通过立法建立区域合作的社会政策法规,世界其他国家和地区开始效仿欧洲区域合作的经验,开展各种形式的区域合作,取得了一定成功经验。

我国区域合作主要指跨省市之间的地区合作,改革开放前主要体现为计划经济下

---

[1] 《欧洲经济共同体》,https://baike.baidu.com/item/%E6%AC%A7%E6%B4%B2%E7%BB%8F%E6%B5%8E%E5%85%B1%E5%90%8C%E4%BD%93/249961?fr=aladdin。

[2] 蒋瑛、郭玉华:《区域合作的机制与政策选择》,《江汉论坛》2011年第2期,第25—28页。

的追求地区平衡的区域合作。改革开放后实施的非均衡发展战略实现了中国经济的高速增长,产生了政府和市场双重力量推动下的区域合作。

二、区域合作的理论基础

区域合作理论源于区域分工理论和区域经济发展理论,并不断丰富完善,主要涉及国际分工与贸易,具有代表性的理论是亚当·斯密的绝对成本学说、大卫·李嘉图的比较优势分工理论、赫克歇尔(Heckscher)和俄林(Ohlin)的要素禀赋理论、迪格里尼和布杜拉的竞合学说,以及区域间经济发展关系理论、区域经济一体化、区域协调发展理论等区域经济发展理论。

(一)区域分工理论

分工理论是国际贸易分工以及国际经济合作领域的基础理论,亚当·斯密、大卫·李嘉图、克鲁格曼等都提出过比较具有典型意义的区域分工理论。区域分工理论认为,通过分工可以较好提升劳动生产率,专业化分工不仅仅可以有效地提升本地区的生产效率以及改善生产效益,同时还可以提升整体效率。国际区域分工的客观基础在于技术、制度、规模经济等方面的不完全流动,国际分工同样适用于区域内的分工,区域内部要加强分工合作,从而集聚区域经济发展内生力量。通过地区之间合作,实现优势互补,从而最终带来整体生产效率的提升。[1]

亚当·斯密的绝对成本理论。绝对成本理论由英国经济学家亚当·斯密提出,是指一个国家在某种商品的生产上比另一个国家有优势,另一种商品处于劣势,如该国从事自己占优势的商品生产并进行交换,则双方都能获得利润,进而整个世界都可获得分工的好处。在区域合作方面,该理论认为分工可以提高劳动生产率,增加国民财富,分工的原则是成本的绝对优势或绝对利益,国际分工是各种形式分工中的最高阶段,而产生国际分工的基础是自然资源禀赋与后天有利条件。绝对成本说基本精神包含一定区域合作理念,即各国按照各自的有利条件进行分工和交换,将会使各国的资源、劳动和资本得到最有效的利用,将会大大提高劳动生产率和增加物质财富,并使各国从贸易中获益。

大卫·李嘉图的比较优势分工理论。比较优势分工理论由英国古典政治经济学家大卫·李嘉图提出,是在斯密"绝对优势"学说的基础上继承发展而来。该理论认为在自由放任的条件下,各国居民为了追求自身利益,各国不一定要生产各种商品,把资本和劳动投入最有利的行业,生产与其自然和人为的条件相适应的商品,用以与他国相交换。该学说在一定程度上反映了国际分工合作与生产力发展的客观联系,表明了国际分工的发展是社会经济发展的必然趋势。比较成本是自由贸易理论的核心,证明了世界各国参与国际分工和国际贸易的必要性,也是区域合作与发展的重要理论基础。

赫克歇尔和俄林的要素禀赋理论。要素禀赋理论由瑞典经济学家俄林在瑞典经济

---

[1] 马环宇:《协同理论下区域经济合作策略探讨》,《商》2015年第9期,第219—221页。

学家赫克歇尔的研究基础上形成,认为生产要素的丰缺源于国际贸易产生,各国间要素禀赋的相对差异以及生产各种商品时利用这些要素的强度的差异是国际贸易的基础。强调生产商品不仅仅需要劳动力,而且需要资本、土地等不同的生产要素,不同的商品生产需要不同的生产要素配置。一国应该出口由本国相对充裕的生产要素所生产的产品,进口由本国相对稀缺的生产要素所生产的产品。

迪格里尼和布杜拉的竞合学说。地区间发展既存在竞争,也存在合作,竞争中包含着合作,在合作的过程中也蕴含着竞争。竞合学说由意大利教授迪格里尼和布杜拉提出,认为区域间的利益与冲突并存,其合作不是简单的零和游戏,而是能产生更大价值的活动,即组织间共同创作价值的竞合优势概念。合作越好,产生价值越多,反之亦然。同时竞合中的利益分配会影响合作创作的价格量,合理的分配机制会为进一步合作奠定基础。

(二)区域经济发展理论

区域间经济发展关系理论。主要包括极化-涓滴效应学说、梯度推移学说、中心-外围理论等,主要探讨不同区域间发展的相互作用与影响,在其诸多理论观点中,多涉及区域间的资源、要素流动以及经济增长传递等探讨,导致区域差异化发展的相关理论也是区域合作与发展的重要理论基础。其中极化-涓滴效应学说主要阐述经济发达区域与欠发达区域之间的经济相互作用及影响,梯度推移学说主要研究产业结构优劣导致不同地区间经济产业的梯度推移现象,中心-外围理论认为中心与外围之间存在着不平等的发展关系,两者间的相互作用导致资金、人口和劳动力区域内的流动。

区域经济一体化理论。区域一体化多指区域经济一体化,国际经济学界普遍将美国经济学家雅各布·维纳于1950年发表的《关税同盟问题》作为区域经济一体化理论形成的主要标志,他研究了关税同盟建立带来的效应,创造性地提出了"贸易创造效应"和"贸易转移效应"等概念,为区域经济一体化理论以后的发展奠定了重要基础。之后专家学者对区域经济一体化现象进行了广泛深入的研究,20世纪50年代和60年代国外学者以欧洲国家的集团化发展实践为主要实证基础,提出区域一体化的一般概念,即伙伴国家之间逐步加强经济合作联系、结合成为范围更大的区域经济实体的过程,一体化过程也被分为自由贸易区、关税同盟、共同市场、经济联盟、货币联盟五个阶段。

区域协调发展理论。区域合作的重要方向就是区域协调发展,也是促进区域协调发展的重要形式。区域协调发展理论属于区域发展理论,由均衡发展理论和非均衡发展理论逐步发展而来。20世纪50年代起,国外学者在经济学、生产布局学、经济地理学等方面关注区域协调发展问题。国内研究起步较晚,于20世纪90年代之后才集中出现。区域协调发展理论注重实证探索,强调从具体区域发展实践出发。进入新时代,区域协调发展更强调以创新、协调、绿色、开放、共享引领,以合作促进区域协调发展,探索新时代区域协调发展新方略。

三、区域合作的效果与作用

合作伴随劳动分工产生,区域合作源于区域分工。分工可以较好提升劳动生产率,区域合作可实现优势互补,促进区域整体发展。在经济全球化和区域一体化的背景下,区域合作的作用与效果更加凸显。

整合区域发展优势,促进区域整体竞争力提升。人类社会最初合作的产生是人类由于单体无力与自然界进行斗争,通过合作增加生存机遇,改善生存条件。区域合作的最初目的和直接效果也是提升区域发展整体竞争力,促进区域发展水平的不断提升。区域资源禀赋是区域发展的基础,资源禀赋的差异导致了区域发展的差异,通过区域合作,可充分发挥利用区域资源禀赋优势,形成整体竞争力,促进区域经济社会的持续发展。

促进区域要素自由流动,突破区域发展中的障碍。区域合作最直接的表现就是要素的流动,通过区域合作,可大大促进要素的自由流动。作为区域经济的微观基础,要素流动与区域经济的非均衡发展有着密切的互为因果关系。在区域与区域之间,其要素禀赋差异导致了分工合作,因此形成了区际之间的贸易流和要素流。[①]通过科学的区域合作,可突破区域发展中的空间障碍与制度障碍,促进区域要素的有效配置。

提升区域劳动生产效率,优化区域产业结构。区域发展基础的差异,导致了区域间产业结构与产业发展阶段的不同。区域合作有利于区域间产业的交流,一方面促进区域产业的合理分工,合作发展促进区域内部的分化,加强了劳动的地域性分工,进而提高了区域劳动生产率,促进区域经济发展;另一方面促进区域产业梯度转移,通过区域合作调节经济发达地区与经济欠发达地区的产业构成,使区域整体的产业布局趋于合理,产业结构得到不断优化。

合理配置区域资源,促进区域协调发展。区域协调发展是区域经济结构优化、社会结构完善、人民生活质量和生活方式不断提高的重要保障,区域合作有利于充分利用区域各种经济资源,形成区域经济发展合力,促进区域协调发展。[②]一方面以双方的共同利益为基础,在合作中竞争,在竞争中合作,以形成共生共赢状态。另一方面通过区域合作调动各个方面共同发展的积极性,形成共同发展的信念,凝聚区域发展向心力,促进区域协调发展。

第二节 区域合作目标形式内容

一、区域合作的内涵与目标

(一)区域合作的内涵

区域合作概念较多,不同学者给出了不同的观点。孙海燕(2007)认为区域合作是

---

① 义旭东:《要素流动与区域非均衡发展》,《河北大学学报(哲学社会科学版)》2004 年第 5 期,第 94—96 页。
② 王力年:《区域经济系统协同发展理论研究》,博士学位论文,东北师范大学,2012 年,第 31 页。

指不同区域间形成相互依存、相互促进、取长补短、优势互补的社会经济发展合作关系,促使区域经济结构得以合理调整,各区域的比较优势得到最大程度发挥,促进各区域经济的共同繁荣。曹阳、王亮(2007)指出区域合作不仅仅是指经济主体的合作行为,还应该包括参与合作的各要素以及对合作行为构成支撑的载体和纽带所形成的支持网络系统。保建云(2008)认为国际区域合作是指不同主权国家或者地区之间的跨国界的区域经济合作,是两个或者两个以上的主权国家或者地区在跨国界的经济地域或者特定经济地域进行经济分工与经济交易活动的总称。

由此可见,区域合作是指在一定区域范围内、区域之间或跨区域的国家、地区、个人或群体等行为主体之间基于相似的认知,为达到彼此的目标,通过协调或配合等方式而采取的共同行动。区域合作由地区的资源禀赋、经济基础、基础设施、合作主体等要素构成,在区域合作中发挥着各自不同的作用,成为不可替代的基本因素,对区域合作的内容、模式产生很大影响。

①资源禀赋要素,主要包括自然资源蕴藏、地理区位条件、气象气候条件等,是区域经济发展的自然基础,也是区域产业结构与布局形成的重要因素。资源禀赋附着于区域空间内,流动性较差,是经济活动可利用的基础要素。资源禀赋的差异性成为各地区之间合作的基础,资源要素的互补有利于促进区域之间合理分工和区域合作。②经济基础要素,主要指地区经济的累积性成果,包括劳动力、资本、技术、管理等。经济基础要素空间流动性较大,并随社会经济活动的进行而不断改变其数量和分布格局。从总体上说,无论在发展速度还是在总量规模上,任意区域的经济发展都受制于其原有的经济基础,区域合作的范围、广度和深度都与其密切相关。①③基础设施要素,主要指地区经济借以发展的基本条件,主要包括交通设施、通信设施和能源供应等。可以说,区域合作的质量、水平以及要素和信息流动的速度等都离不开这些基本条件。④合作主体要素,主要指经济活动的行为主体。所有的经济活动都是由人来实施和完成的,而区域人力资源的数量和质量对区域经济发展起着决定性作用,也影响着区域合作的方向、内容和模式。

(二)区域合作的目标

区域合作目标是区域内的所有成员要达到的一系列目标的集合,是成员建立合作关系的动因和最终的结果。在我国经济发展中,区域合作的目标为合理配置经济资源、化解区域发展不平衡、解除行政区划障碍,提升区域整体竞争力,进而促进区域协调发展。归结起来,区域合作的目标主要体现在以下三方面:

合理配置经济资源。区域合作是现代区域经济发展的普遍现象,它的目标在于,区域之间通过优势互补、优势共享或优势叠加,把分散的经济活动有机地组织起来,把潜在的经济活力激发出来,通过合理的经济资源配置,形成一种合作生产力。

跨越现有行政区划的体制性障碍。合作为分工提供了保障,使区域经济专业化能

---

① 曹阳、王亮:《区域合作模式与类型的分析框架研究》,《经济问题探索》2007年第5期,第48—52页。

够存在和发展。通过区域合作可以冲破要素区际流动的种种障碍，促进要素向最优区位流动，加强区际经济联系，形成区内和区际复杂的经济网络，提高区域经济的整体性和协调能力。①

提高区域经济整体竞争力。迫于市场竞争的压力，相关区域通过合作，实现优势互补或扩大同种优势，形成竞争力的合力，追求各自经济发展更加稳定、规模更大。通过区域合作使产品、技术、服务等方面形成互补关系和相互依赖，因而需要通过相互合作才能满足各自的多方面需求，使经济发展获得一定的稳定性。②

二、区域合作的形式与内容

在实践中，各个地区探索了多种合作形式。基于合作范围、合作主体以及空间形态，呈现的区域合作形式不同，其区域合作内容也有侧重。

（一）按照区域范围分类的区域合作主要形式与内容

按照区域范围，区域合作可分为国际区域合作、国家内部的区域合作：

国际区域合作，指的是世界范围内的不同国家之间的区域经济合作，是多个主权国家或地区进行经济分工和交易行为的总称，强调的是在跨国界或特定的经济区域内进行的经济活动，包含多边合作、单边合作等形式。随着国际区域合作的发展，区域合作组织逐渐以实现区域一体化为最终目标。在区域一体化发展过程中欧盟和北美是最具代表性的两个区域。欧盟是当今世界一体化程度最高的政治、经济集团，欧洲一体化是由局部到整体的经济一体化，由经济统一到整体统一，规模由小到大。北美自由贸易区则是发展层次较低的区域一体化③，主要基于取消贸易壁垒，创造公平的条件，促进美、加、墨三边和多边合作。

国家内部区域合作，指一个国家内部在行政单元之间的合作。我国各省市间的合作多为国家内部区域合作，包括区域性合作、流域性合作、跨地区合作等形式。如长江三角洲地区的一体化发展、京津冀三地的协同发展、粤港澳大湾区的合作发展属于区域性合作发展，长江经济带、皖江经济带等属于流域性合作发展，我国一些城市的对口支援、对口合作、飞地型园区合作等属于跨地区合作发展。

（二）按照合作主体分类的区域合作主要形式与内容

政府主导合作，即多数合作行为都由政府作为行为主体，在行政权力的作用下实施完成区域合作。在我国计划经济体制时期和区域经济一体化初期，这种模式在区域合作中占主导地位，表现为通过政府行政和协调手段，建立经济协作区，形成经济协作区，区内各省、市之间的垂直领导的合作关系。④

企业主导合作，即多数合作行为是由企业作为行为主体，在市场机制力量的驱动下

---

① 李小建：《经济地理学》，高等教育出版社 2006 年版，第 164 页。
② 闫枫逸：《城市物流系统布局研究》，硕士学位论文，东南大学，2005 年，第 21 页。
③ 方红：《基于要素结构逆转的国际区域合作模式研究》，硕士学位论文，长春工业大学，2017 年，第 5 页。
④ 陈建军：《长三角区域经济合作模式的选择》，《南通大学学报（社会科学版）》2005 年第 6 期，第 42—45 页。

实施完成的区域合作,市场经济是企业主导模式产生和发展的土壤。企业在区域合作中占据主导地位的直接动因来自由市场力量驱动的对最大化利润的追求。如果企业的市场交易成本得以降低,那么企业就有可能实现更多的利润。因此企业往往寻求一种比普通市场交易相对稳定的交易方式,即建立合作关系。

(三)按照空间形态分类的区域合作主要形式与内容

辐射型区域合作,指在合作区域范围内,以超大城市、特大城市或辐射带动功能强的大城市为中心,发挥其辐射带动作用,与周边区域合作发展的模式。区域发展中,中心区域多大量集聚先进生产要素、科学技术和产业,通过区域合作向外辐射,形成较明确的产业梯度和产业关联,通过分工合作,实现区域的协同发展。

点轴型区域合作,多指在区域合作中,以铁路、公路、水路等为主轴,由便利交通的带动,沿主轴而产生密集的要素流动和交换,形成较为明确的经济带的合作。合作是以便利的交通为策动力,沿交通主轴发生主要以产品和劳动要素互通有无的高密度的流动和交换,如长江经济带区域合作。

飞地型区域合作,指在不毗邻的区域之间开展的区域合作,多为关系紧密但经济发展差距很大的区域之间,打破发达地区与欠发达地区行政区划限制,通过规划、建设、管理和税收分配等合作机制,从而实现互利共赢的持续或跨越发展的区域合作模式。

第三节 区域合作的体制机制

区域合作以社会劳动区域分工为客观基础,是多种因素共同作用的结果,因此需要具备一定的机制与体制保障其顺利进行。区域合作机制主要包括动力机制、协调机制和组织机制,动力机制通过外部动力、内部动力和耦合动力为区域合作提供发展动能,协调机制通过利益机制、链接机制保障区域间的沟通协作,组织机制利用制度化的体制机制保障区域合作的稳定推进。

一、区域合作的动力机制

区域作为在一定地域范围内由不同性质、类型和等级规模的若干成员组成的一个空间集合体,是由多因素综合作用的结果。这些因素相互作用,共同构成区域合作的动力机制。动力机制分为外部动力机制、内部动力机制和耦合动力机制,共同推进区域的发展。

(一)外部动力机制

区域合作的外部动力机制,即来源于区域或区域外部力量的总和,作用于区域成员或区域的存在和发展,并起着加速或延缓区域合作发展进程的作用。区域合作的外部动力主要来源于政府宏观调控、企业区位选择、区域交通发展等方面。

政府宏观调控。政府对区域发展的宏观调控可以采取引导和强化两种方式。一方面区域所有成员的政府通过协商配合共同制定相应的政策法规,引导协调区域之间产业布局、城市发展布局、城市交通运输、电力通信等线状网络组织的建设,从而促进区域合作发展。另一方面政府通过行政管理手段决定成员的设立及其区位,行政主管部门参与区域内部成员的组成与管理,通过区域内部同等的成员政府部门或官方性质的机构来组织和协调区域的内部事务等。[1]

企业区位选择。在市场经济条件下,企业是经济社会最基本的生产单元,成员之间的空间相互作用源于企业,企业的行为选择对区域空间布局具有重要作用。一般而言,企业区位选择主要是通过对诸如区域政策、劳动力、技术、生态环境等投资环境分析之后决定的。大量企业共同的区位指向直接影响到区域的兴起和发展,并会进一步影响成员之间的相互联系程度和区域的发展。[2]营造良好的区域企业发展环境,可提升地区产业能级,加强区域的对外竞争力,引导企业合理的发展集聚,驱使区域经济快速发展,最终形成区域合作发展。

区域交通发展。区域内部会发生人流、物流、信息流、资金流、技术流等生产要素的空间流动,区域综合交通运输网的通达性和便捷性是要素流动得以实现的基础和保证。良好的交通发展格局,一方面需要完善区域综合运输通道,强化区内外主要成员、产业带和交通设施之间的联系;另一方面需要加快综合交通枢纽建设,包括航运中心枢纽建设和航空枢纽与配套建设,突出港口和机场的重要作用;同时需要建立一体化综合交通衔接体系,实现多种运输方式的互相衔接、高效运转和整体协调,形成综合的客货运输场、站、港体系。[3]

(二) 内部动力机制

区域合作的内部动力机制,是相对于外部动力机制而言的,区域或区域成员内部发展的动力对区域合作发展是有规律可循的,并起着决定性作用。其内部动力主要有区域产业布局、人口迁移管理、城镇体系发展等。

区域产业布局。借助区域带动和辐射作用,产业布局与协调对区域合作发展促进作用明显,特别是以产业集群为代表的产业集聚布局。一方面通过区域内成员的产业规划的协调与衔接,形成的科学合理、富有竞争力的区域产业协作体系,对区域合作提供内部发展动力。另一方面,在重要产业和行业上创建的一体化协调发展机制,如跨地区的企业联合会、行业协会、产业联合会以及商会等产业和行业的自我协调组织,有效地推进产业经济与行业经济领域的横向协调、行业内的自律监督,协调区域合作内部动力布局。

人口迁移管理。人口是构筑区域合作的重要参数,也是调整产业布局,优化生态环境,实现人口与经济、社会、资源、环境协调发展的重要前提。通过推进区域社会服务体系的共建、共享,建立科学规范的区域劳动力流动制度,形成合理控制人口区域规模的

---

[1] 刘靖:《长江三角洲城市群一体化的机制和实现路径研究》,博士学位论文,上海社会科学院,2013年,第72页。
[2] 刘静玉、王发曾:《城市群形成发展的动力机制研究》,《开发研究》2004年第6期,第66—69页。
[3] 刘靖:《长江三角洲城市群一体化的机制和实现路径研究》,博士学位论文,上海社会科学院,2013年,第60、72页。

区域性综合人口管理制度,可大大提升劳动力要素在区域合作中的基础动力作用。

城市体系发展。城市是一个地区或区域的经济中心,城市体系的形成使不同城市保持各自的经济联系和影响范围,构成区域纵横交错、联系紧密的城市网络和经济网络。建立区域内科学的城市群体系,以市场经济的体制和方法构建合理的多级城市群,明确城市群区域内各城市的功能定位,将有助于打破行政区域的疆界,促进区域合作中的要素流动,进而促进区域合作的内部动力机制顺畅运行。

(三)耦合动力机制

耦合动力机制是两个区域或两个成员之间通过区域和空间等的横向作用建立紧密的配合并相互影响,达到区域之间互相渗透协作的目的,主要包括横向区域协作、共同市场建设和信息的共享合作。

横向区域协作机制,使区域成员总体发展规划、各类专项规划与区域总体区域规划相衔接。重点包括:需要统一规划布局的区域性基础设施、重要资源的区域利用开发、重点区域性调控目标、经济社会发展功能区划、政策措施与规章制度的一致性等方面。

共同市场机制,即建立以资本、产权、劳务等要素为核心的区域性共同市场机制。具体包括:建立健全诚信体系,建立区域统一的信用指标体系和评价标准,实行统一的市场准入制度,完善统一的商标保护制度,避免地方保护主义,取消各类产品准入的附加条件①等。

信息共享合作机制,即建立统一的区域合作综合信息交流平台,建立稳定通畅的信息沟通渠道,实现区域各领域信息互通共享、业务互动协作以及联合监管。

二、区域合作的协调机制

在区域合作范围内,各成员资源禀赋各异,经济水平与基础不同,区域发展差异不可避免,因此在合作过程中形成科学合理的协调机制就显得十分重要。总体来看,区域合作的协调机制主要包括利益机制和链接机制。

(一)区域合作的利益机制

利益关系是区域合作的本质关系。由于各成员受行政区等因素影响,其利益主体是多元的,利益诉求既有相同部分,又有相互差异甚至矛盾的部分。在各自的合作目标中大都以本地经济发展为重点,较少地从追求区域共同利益出发。客观上存在多头领导、各自为政,缺乏跨行政区的执行约束力等问题。因此,区域合作中的利益机制应以共同利益为基础,遵循"互惠互利"的方针,在行政主体地位对等的基础上,发挥自身的资源、劳动力、资金或技术优势,在制度化框架的区域合作协调中实现"共赢"。在区域合作中,突出区域利益平衡和补偿,建立高效的区域合作机制、多方利益诉求表达机制与区域利益分享和补偿机制,促进区域资源要素配置的合理化和利益获取的最大化,实

---

① 陈文喆:《中部省域城市首位度与经济增长的模型、机理及对策研究》,博士学位论文,南昌大学,2014年,第203页。

现区域深层次合作。

1. 利益分享机制

区域合作一直面临行政区划分割、城市产业同构、重复建设、恶性竞争和环境污染等问题。这些问题依靠行政命令难以解决,必须按照市场机制建立一种有效的利益分享机制,客观地协调好产业政策和区域政策的关系。

区域间磋商机制,即为了区域各成员充分表达其利益诉求,进行利益协调,形成持续的合作关系的体制机制平台。在政策协调过程中,遵循利益分享的原则,发挥磋商机制作用,促进区域要素的合理布局。如在产业合作方面,磋商机制可避免将过多的资源集中于某一产业上,通过发挥区域特点,逐渐形成有区域优势的产业结构,改变产业趋同的现象。

企业竞合机制,即发挥企业在市场竞争中的主体责任,通过企业间的竞争与合作发挥市场的资源配置功能,在企业间建立和健全的利益机制。在企业竞合机制中,鼓励和推动地区企业特别是上市公司在共同市场中进行跨地区的企业并购活动,在区域内形成具有领导地位的龙头企业,引领企业间竞合互动产生预期的结果,产生以市场为导向的自我联合效应,加速地区之间产业发展一体化机制的形成。[1]

2. 利益补偿机制

利益补偿机制是使损失的利益合理地实现补偿的重要方式,主要是通过规范的利益转移来实现。区域成员得到的利益补偿是由区域整体通过税收、财政及转移支付来进行的。一方面通过构建科学的利益补偿机制,可在承认效率差别的基础上,对地方利益进行合理的再分配,实现效率与公平的统一。另一方面建立区域共同发展基金制度,为了维持各区域的长久利益,实现各地区的协调、可持续发展,直接对需要补偿区域提供技术、人员和资金援助作为补偿的一种方式。

3. 多方利益诉求表达机制

多方利益诉求表达机制就是对各类利益进行协调与综合,在区域政策层面上达成各种利益间的高度整合,使分散的特殊利益整合为区域整体利益。

一是培育各类社会团体,特别是代表困难群众的社会团体,建立社会团体的支持性机构和监督性机构,赋予其利益表达和维护者的权利和义务。二是拓宽利益表达渠道,清除利益表达障碍,理顺不同渠道和不同环节的关系,让利益表达主体,特别是弱势群体,享有足够的利益表达空间。[2]利益表达渠道包括利益组织化表达和公开舆论表达两种途径:在利益组织化表达上,一方面要提高地方人民代表大会、政治协商会议以及信访机构等行政组织的有效性,完善制度建设;另一方面要提高社团组织的组织力和凝聚力,加强社团的利益表达力度。在公开舆论表达上,拓宽传播媒介范围,充分发挥电视、

---

[1] 李庆华、王文平:《长三角地区两层次行为主体利益分享机制——基于讨价还价模型的分析》,《技术经济》2007年第4期,第74—76页。

[2] 《利益表达机制》,https://baike.baidu.com/item/%E5%88%A9%E7%9B%8A%E8%A1%A8%E8%BE%BE%E6%9C%BA%E5%88%B6/8672413?fr=aladdin。

网络、报纸、电台等各种媒介的作用,及时全面准确地搜集分析意愿诉求。①

(二) 区域合作的链接机制

区域合作中的"链"的概念本质上表达具有某种特征的不同要素之间的相互联系。区域合作的链接机制主要包括价值链、产业链、空间链,通过理顺三种链在区域合作中的协调作用,促进成员之间的相互联系。

1. 价值链机制

价值链理论主要用于竞争力的研究,并把竞争力系统描绘成一个复杂的价值链模型,形成并提升区域发展竞争优势的是一个包括价值流或价值活动在内的复杂系统的合力。②一个区域的价值取向取决于它的价值流,价值流包括物流、人力流、资本流、信息流、技术流、服务流等。区域价值的实现关键在于合作来的资源要素的整合重组,具体包括:

一是提高区域核心竞争力。区域价值创造过程就是价值链的选择和价值实现的过程。区域价值链中的每个价值活动环节或系统都是竞争优势的一个潜在来源。在区域合作发展的价值链中,弃弱保优,做好做强,整合资源实现竞争优势,是推动区域价值实现和形态升级的核心内容。二是培育综合竞争力系统。区域核心竞争力要转化为竞争优势,还需要完善的支持系统为基础。这些支撑系统在支持核心竞争力转化为竞争优势的同时,也在维系和保护核心竞争力被复制和模仿。因此,区域在构筑和培育核心竞争力时,也必须把区域战略、区域经营、区域管理、区域文化、区域品牌、区域可持续发展等价值活动整合在一个目标下,通过区域合作发展,培育整个综合竞争力系统。

2. 产业链机制

区域发展离不开产业的支撑作用,而产业链的构建又是提高区域产业发展水平与质量的重要手段和产业发展的新生长点,同时也是塑造新的产业空间的必要条件。一是强化核心成员的综合服务功能和经济辐射力,发展现代服务业。利用核心成员的战略地位,依托交通网络、区位优势,构建全面协调的第三产业服务体系。强化其服务业集散中心功能,进一步拓展生产性服务业的服务渠道,加强各成员之间服务业互动扩散。二是提升制造业和装备工业发展,积极发展与主导产业配套的相关产业;引导区域内产业水平分工和产业内垂直分工的展开,加强产业融合,增强产业集群的根植性。

3. 空间链机制

在区域合作中,区域空间呈现多级构成状态。区域内可以分为若干个次一级的区域空间,这些区域空间由若干个更次一级的空间组成。区域合作空间布局首先要划分次一级区域空间布局,再由次一级区域空间进行合理布局整个区域。构建区域合作的空间链,一是确定区域内的二级空间构成,明确二级空间相互间的发展定位和错位发展的互补关系和合作关系。二是构筑合理的区域空间体系,可按等级规模结构划分层次,

---

① 刘靖:《长江三角洲城市群一体化的机制和实现路径研究》,博士学位论文,上海社会科学院,2013年,第71页。
② 甄延临:《长三角、珠三角、闽东南城市群演化比较研究》,硕士学位论文,兰州大学,2006年,第18页。

增加和发展不同层级空间。三是发挥核心区域的辐射带动作用,提升其综合服务功能。

三、区域合作的组织机制

区域合作的组织机制的本质是积极有效地按照区域发展的客观规律进行导顺制逆的整合,使合作机制符合规律地进行,防止和纠正偏离正确发展轨迹的趋势。区域合作组织机制的主体是政府,客体是区域成员,只有提高政府的有效性才能实现组织整合。

（一）共享的政府合作机制

共享的政府合作机制就是建立区域共管自治协调制度,消除区域封闭型管理体制中存在的弊端,协调跨行政区域矛盾,使各城市能够更充分形成整体优势,促进集约化发展,创造公平竞争环境。共享的政府合作机制主要包括建立区域共管自治常设协调机构,明晰区域共管自治协调的主要内容,规范发展中法律、法规和强制性标准的要求。

①建立区域共管自治常设协调机构。由区域综合管理部门授权,设立常设协调机构,负责成员跨地区边界的规划、建设、发展等重大问题的协调,包括规划确定的管治协调。②明确区域共管自治协调的主要内容。在区域的规划范围内成片开发的地区,必须先行编制控制性详细规划,规划中应包含协调规划,并征求相邻成员及其行政部门的意见。③规范发展中法律、法规和强制性标准的要求。特别是建设项目选址和规划用地、建设项目审批必须符合整个区域有关生态环境、历史文化保护等方面的法律、法规和强制性标准的要求。可能影响周边环境的重要项目,应遵守共同准则,在建设项目选址立项等阶段,应征询相邻行政单位意见。①

（二）制度化合作机制

区域合作的制度化是区域发展的基本保障,不同地区行政主体的政策和制度存在很大差异,如果分散的行政权力没有协调发展的制度机制作支撑,那么必然会发生各种冲突或矛盾,影响区域合作发展。

区域合作中的制度化合作机制不可或缺,包括日常沟通机制、部门衔接机制、专业委员会机制和监督约束机制等。一是区域联席会议制度。作为区域合作发展的最高决策机制,研究决定区域发展合作重大事宜,协调推进城市合作发展。二是日常工作机制。设立日常工作办公室,负责区域发展合作的日常工作。三是部门衔接落实机构。创设协调部门、监督部门和研究咨询部门等常设机构,加强相互间的协商与衔接落实,制定明确的规则制度,对具体合作项目及相关事宜提出工作措施。四是设立协调委员会。针对重大基础设施建设、产业发展、生态环保、城市规划、公共服务等领域相应设立联合协调委员会;针对突发和阶段性的事项设立临时协调机制。五是监督和约束机制。把区域内的各城市作为合作方,合作方有权对合作项目全过程中任何有地方利益倾向的行为进行监督、质疑并追究责任。将跨区域考核纳入各地区行政考核。

---

① 郁鸿胜:《统筹城乡一体化发展的城市群辐射与带动作用——以长江经济带三大城市群的共管自治为例》,《上海城市管理》2015年第4期,第26—29页。

第四节 区域合作中的要素流动

一、区域合作中的要素构成与作用

（一）区域合作中的要素构成

生产要素是指经济活动中的有形或无形的各种投入，一般包括以土地为代表的自然资源、资本、劳动力、技术、管理和信息等。[1]在区域发展进程中，经济发展水平差异产生了非均衡态势，导致要素在区域内和区域间不断流动。区域合作中的要素流动，即由于区域发展差异引起的生产要素的空间位置移动。区域合作中的要素主要包括自然资源、资本、人力、生产率要素等。

1. 自然资源，自然资源综合条件是区域经济发展的重要基础，是区域发展产生差异进而产生区域合作的根本原因，建立在自然资源上的农矿业是区域原始资本积累的源泉之一，直接影响和限制区域发展水平与经济生产格局。自然资源禀赋主要分为：不可流动要素如土地、矿藏等，限定流动性资源如水资源、海洋资源等。区位条件、气候条件等也是自然资源禀赋重要构成要素。

2. 资本要素，指用于投资得到利润的本金和财产，是人类创造物质和精神财富的各种社会经济资源的总称。[2]区域合作中的资本要素主要包括区域资本积累水平和资本调动能力，资本累计水平高、调动能力强的区域，多经济规模大，经济增长动力足；资本累积水平低、调动能力弱的区域，经济规模较小，经济增长动力不足。

3. 人力资源，主要包括人口、劳动力和人才等，其中，人口是区域发展的重要基础，是提供有效劳动力的重要保障，也是产生区域发展需求的因素之一。劳动力指具有一定劳动能力的人口，是全部人口中能够参与生产的人力资本要素，主要划分为生产部门的劳动者和非生产部门的劳动者，即体力与脑力劳动者。人才是指具有一定的专业知识或专门技能，进行创造性劳动并对社会作出贡献的人，是人力资源中能力和素质较高的劳动者，人才是我国经济社会发展的第一资源。[3]

4. 生产率要素，主要指能够提高生产效率的要素构成，包括技术、信息和制度等。科学技术在推动区域发展中作用越发重要，技术进步已经成为除资本和劳动力之外的区域经济增长的第三个源泉。信息要素是指可以创造价值并能进行交换的无形资源，是现代生产要素的组成部分，[4]也是区域合作的重要要素，占据信息意味着比较优势的改变，一定程度上可以促进区域发展格局的变化。制度，指人为设计的决定人际结构的

---

[1] 陈定洋：《论生产要素跨区域流动与区域协调互动》，《未来与发展》2008年第4期，第10—13页。
[2] 曾加刚：《浅议信息化资本》，《广义虚拟经济研究》2011年第2期，第41—46页。
[3] 中共中央、国务院：《国家中长期人才发展规划纲要（2010—2020年）》，2010年6月。
[4] 《信息要素理论》，https://baike.baidu.com/item/%E4%BF%A1%E6%81%AF%E8%A6%81%E7%B4%A0%E7%90%86%E8%AE%BA/5099465?fr=aladdin#reference-[1]-7327614-wrap。

约束,区域发展中的制度要素主要包括体制、政策和法规等,主要分为正式的制度安排和非正式的制度安排。

(二)要素流动对区域经济发展的作用

作为一个开放系统的区域,要素的不平衡布局引起区域内或者区际各经济要素的流动,要素流动通过极化和均衡两种效应对区域经济发展产生影响。极化效应促使要素积聚和产业积聚,产生了区域的非均衡发展;均衡效应借助流出区域与流入地区的要素价格差,平衡收益,促进区域的均衡发展。要素流动对区域经济发展的主要作用为:

有利于生产要素的合理配置。区域经济活动在空间上是分散的,要素流动使其在区域中形成一个整体,通过流动、迁移、交换等作用过程,形成资源的合理配置。如资本要素属性决定了其向高收益、高回报地区流动,劳动力通过工资信号引导流入较高生产率的行业、部门和地区。

有利于形成规模经济效应。生产要素的自由流动,可以加速资本积累、增加投资、扩大经济规模,而市场的扩大又促使企业分工,促进区域内部的分化,加强劳动的地域分工,提高劳动生产率,[1]促进区域经济形成规模效应。

有利于促进创新与技术扩散。区域发展中创新与技术主要通过人才流动、资本流动的溢出效应和空间的溢出效应等方式扩散。劳动力、人才的流动,扩大了人们对新知识的传播范围;跨区域投资会带来溢出效应,促进被投资地区的技术进步;空间知识溢出,受经济发展水平、生产环境等因素影响,存在于区域内部和区域之间。

促进区域和行业间的均衡。由于极化效应产生的区域发展增长极发展到一定程度后,均衡效应将逐渐显现,进而促进区域和行业的均衡发展。如劳动力受极化效应影响,一方面会由低工资的落后地区向高收入的地区转移,分享经济增长成果的同时,会将高效率生产技术带到落后地区,进而带动其加快发展;另一方面由于低廉的劳动力价格,资本会流入落后地区,为当地经济发展带来机遇。

二、要素流动与区域合作发展的关系

(一)要素流动与区域非均衡发展的关系

要素流动与区域非均衡发展相互影响。区域发展的源泉是要素的优化配置,而实现要素的优化配置离不开要素的合理流动。区域合作中的要素流动通常是向优势区位流动,加速了区域极化现象的产生和发展,导致优势区位的更优先发展。

要素流动促进区域的均衡发展态势的出现。非均衡增长现象在区域经济发展过程中是普遍存在的,当区域要素的聚集达到一定程度时,区域非均衡趋势才会有所减弱,出现部分要素的逆向流动趋势,区域发展逐渐趋向均衡发展。

要素流动引起的区域非均衡发展是动态相关的。在区域合作发展中,极化作用引起的非均衡发展与扩散作用引起的均衡发展是一个动态变化的过程。非均衡发展是一

---

[1] 义旭东:《要素流动与区域非均衡发展》,《河北大学学报(哲学社会科学版)》2004年第5期,第94—96页。

个绝对的过程,均衡发展是非均衡发展间隙中的一个相对过程。

(二) 要素流动与区域合作的关系

要素流动强化了区域间的合作与联系。区域合作不仅表现在区域分工基础上的商品贸易流动方面,而且还表现为复杂的区际要素流动,要素流动强化了区际间的联系与竞争。面对区域合作中存在诸多阻碍因素,要素流动加强了区域经济联系,降低了区域间发展障碍。

要素流动带来了区域合作中的竞争与冲突。区域合作中的要素流动的潜在影响是复杂的,反映的区域合作关系可能是合作共赢,也可能是竞争与冲突。从我国区域经济发展的历史进程来看,要素流动的结果更多的是竞争和冲突,在提出区域协调发展战略的基础上,合作和协调作用才刚刚开始体现。

要素的充分流动有利于区域合作与发展。在经济全球化进程中,区域性国际经济合作或区域经济一体化发展趋势明显加快,形成了世界经济全球化和区域一体化并存的局面。生产要素长期的、充分的流动,尤其是资本和劳动力的跨区域流动,密切了区域之间的贸易联系和经济合作关系,增强了各要素间的互补性,使要素得到最优配置,促进各区域的要素利用效率并提高实际收入水平,从而为区域合作的实现提供了条件。[1]

三、区域要素流动的基本过程与形式

(一) 区域要素流动的基本过程

依据区域分工理论和区域经济发展理论,在区域合作进程中,区域要素流动经历极化过程、扩散过程和注入过程。

区域要素的极化过程。区域合作中的极化过程是指要素集中向同一区域的流动,构成特定的区域或产业的规模经济效益或聚集经济效益,一般由区域腹地向区域中心、欠发达区域向发达区域集聚。极化过程也可形成于区域某一规模大、增长快速、居支配地位的产业部门,既能集聚本产业相关要素,又能促进其他部门的关联发展,即主导产业部门。要素流动的极化过程既是区域非均衡发展的过程现象,又反映产业部门的非均衡发展过程。

区域要素的扩散过程。区域合作中的扩散过程指区域生产要素有目的地向区域中心以外分化、转移。这种分化、转移以区域生产系统本体的扩张、更新为前提,而不是简单地将要素或其组合传递出去。相对区域发展初期极化过程占主导地位,随着区域经济的逐渐发展,扩散效应强度逐渐增加,最后在后城市化或后工业化时期超过极化效应,成为区域要素流动的主要路径。

区域要素的注入过程。区域合作中的注入过程指在较短时期内向区域一次性或多次性地输进、移植生产力要素或其组合。注入过程强调建立全新的生产体系或产业结

---

[1] 义旭东:《要素流动与区域非均衡发展》,《河北大学学报(哲学社会科学版)》2004年第5期,第94—96页。

构,或者形成新的经济生长点,也可能出于政府调控等非经济的原因。注入过程由于具有异质性、带动性强的优点,对区域合作发展的作用明显。①

(二)区域要素流动的组织形式

区域要素流动的组织形式是指区域之间通过一定的组织形式(或紧密或松散)完成区域间要素的流动,从而实现区域间的分工与协作,达到区域利益最大化的结果。区域发展要素流动是在普通商品流动和生产要素流动的共同进程中进行的。

区域间的贸易活动,指各区域利用自己有利条件生产和输出具有比较优势的产品,避开不利条件输入区域处于劣势的产品,从而完成了区域间的分工和区域要素流动组织形式,通过区际间商品的流动实现和组织了区域内在的要素流动。

区域间的经济协作,指不同的区域在商品、劳务、资金、技术和信息等开发过程中,彼此相互依赖的各经济单位或组织之间,为了获得较高的经济利益,在互利的基础上,通过一定的合同、协议或章程,建立起来的各种经济联系和组织起来的各种联合体,区域间经济协作可以遍及所有区域生产要素。

区域间的投资合作,指投资主体进行的跨区域投资活动。通过跨区域投资,会因此区域要素在一定空间内集聚,进而形成生产能力,促进生产协作,产生产物的输出、转移及销售、贸易活动。区际投资是区域要素流动组织中一个重要的形式,也是政府调控区域经济协调发展的重要形式。

参考文献

曹阳、王亮:《区域合作模式与类型的分析框架研究》,《经济问题探索》2007年第5期。

陈定洋:《论生产要素跨区域流动与区域协调互动》,《未来与发展》2008年第4期。

崔功豪:《长三角:从区域合作到一体化发展》,《上海城市规划》2018年第6期。

龚晓菊、王一楠、蒋艳霞:《我国区域合作的模式及路径研究》,《商业时代》2013年第23期。

蒋瑛、郭玉华:《区域合作的机制与政策选择》,《江汉论坛》2011年第2期。

李庆华、王文平:《长三角地区两层次行为主体利益分享机制——基于讨价还价模型的分析》,《技术经济》2007年第4期。

李小建:《经济地理学》,高等教育出版社2006年版。

刘靖:《长江三角洲城市群一体化的机制和实现路径研究》,博士学位论文,上海社会科学院,2013年。

满舰远、张可云:《演化博弈视角下的区域合作机制研究》,《区域经济评论》2019年第2期。

---

① 《区域要素流动》,https://wiki.mbalib.com/wiki/%E5%8C%BA%E5%9F%9F%E8%A6%81%E7%B4%A0%E6%B5%81%E5%8A%A8。

孙海燕:《区域合作国内研究综述》,《湖南文理学院学报(社会科学版)》2007年第1期。

肖金成、安树伟:《从区域非均衡发展到区域协调发展——中国区域发展40年》,《区域经济评论》2019年第1期。

闫枫逸:《城市物流系统布局研究》,硕士学位论文,东南大学,2005年。

义旭东:《要素流动与区域非均衡发展》,《河北大学学报(哲学社会科学版)》2004年第5期。

郁鸿胜:《统筹城乡一体化发展的城市群辐射与带动作用——以长江经济带三大城市群的共管自治为例》,《上海城市管理》2015年第4期。

卓凯、殷存毅:《区域合作的制度基础:跨界治理理论与欧盟经验》,《财经研究》2007年第1期。

第二编
区域发展类型（Ⅰ）

　　从1986年开始，我国城镇就是行政管理意义上的概念。不同规模的城市和小城镇所辖空间范围都是行政区概念，城区和郊区都是市辖行政区概念，县及县级市也是行政区概念，乡村和居住社区囊括于各类行政区范围内，因此本编将上述行政区域范围内的区域发展类型皆列入其中。具体由城镇体系、城市发展、小城镇发展、乡村发展、城区发展、郊区发展、县域发展、居住社区发展等八章组成。

第七章 城镇体系

本章从城市体系相关的城镇村体系构建,城镇村人口、建设用地、住房规模确定以及城镇村公共设施配置标准和城镇村市政设施配置标准等四个方面进行编写整理。城镇村体系构建是城镇体系研究的关键内容,包括城市地区、小城镇地区和乡村地区三个层次。在城镇村人口、建设用地、住房规模确定一节中,重点对用地标准、人均建设用地和人均单项建设用地等官方内容进行了论述。城镇村的公共设施配置标准和实质设施配套标准一节,主要从大中小城市的公共设施建设标准、居住区公共服务设施等内容进行介绍。

第一节 城镇村体系构建

一、城镇体系的内涵

城镇体系(urban system),也称为城市体系或城市系统。城镇体系作为科学概念,在国外出现于20世纪60年代初期,起源于城市地理学和一般系统论的有机结合。1960年,美国地理学者邓肯(Duncan)在《大都市与区域》一书中首次提出城镇体系的概念,他认为城镇体系是指在某一区域范围内,由众多形态和职能不同而又相互联系的城市组成的集合体,其中中心城市起主导作用。[1]

表7-1 城镇体系的不同定义

来源	时间	定义
顾朝林	1992	按其现代意义来说,它是一个国家或一个地区内由一系列规模不等、职能各异的城镇组成,并具有一定的时空地域结构,相互关联的城镇网络的有机整体。

---

[1] 蒲松林:《城镇体系构建与城乡经济一体化发展研究》,博士学位论文,西南财经大学,2010年,第21页。

(续表)

来源	时间	定义
叶禹赞	1994	按特定含义确定的整个区域中的城镇总况,城镇的职能与规模不同,在一定的空间布局中互相关联。
谢文蕙	1996	一定区域内的各种类型、不同等级、空间相互作用关系密切的城镇群体组织,它是经济区的基本"骨骼系统"。
许学强、周一星、宁越敏	1997	在一个相对完整的区域或国家中,由不同职能分工、不同等级规模、密切联系、互相依存的城镇的集合。
宋俊岭	2001	在一个相对完整的区域或国家内,因规模不同、职能各异、紧密联合、相互依存的城镇群构成的集合。

资料来源:蒲松林:《城镇体系构建与城乡经济一体化发展研究》,博士学位论文,西南财经大学,2010年,第21页。

因此,从这些研究来看,城镇体系是指在某一个特定的区域范围由一系列大小各异的城市或镇构成的城镇群。在不同尺度的空间区域范围内,城镇体系表现出不同的空间结构和规模分布格局。从规模角度讲,城镇体系是指大中小城市和小城镇的比例、分布及相互关联、相互作用状况。从空间角度讲,城镇体系是指连接区域地域空间的网络系统,由于存在空间相互作用而形成的有机整体。从功能角度讲,城镇体系是指具有不同产业特色和优势在区域内起不同作用、处于不同地位的城市的比例、分布及相互关联、相互作用状况。[①]

二、城镇体系的标准

（一）按人口规模划分的我国城市地区

2014年10月,由国务院发布的《关于调整城市规模划分标准的通知》（国发〔2014〕51号）,以城区常住人口为统计口径,将我国城市地区划分为五类七档。城区常住人口50万以下的城市为小城市,其中20万以上50万以下的城市为Ⅰ型小城市,20万以下的城市为Ⅱ型小城市;城区常住人口50万以上100万以下的城市为中等城市;城区常住人口100万以上500万以下的城市为大城市,其中300万以上500万以下的城市为Ⅰ型大城市,100万以上300万以下的城市为Ⅱ型大城市;城区常住人口500万以上1000万以下的城市为特大城市;城区常住人口1000万以上的城市为超大城市（以上包括本数,以下不包括本数）。[②]

1993年2月,由国务院发布的《国务院批转民政部关于调整设市标准的报告》（国发〔1993〕38号）,规定了县20万以下人口规模小城市地区划分标准。一是每平方公里人口密度400人以上,县政府驻地所在镇从事非农产业人口不低于12万,可设市撤县;

[①] 蒲松林:《城镇体系构建与城乡经济一体化发展研究》,博士学位论文,西南财经大学,2010年,第22页。
[②] 朱建江:《城镇化地区的划分与统计研究》,《统计与决策》2019年第7期。

二是每平方公里人口密度 100 人至 400 人,县政府驻地所在镇从事非农产业人口不低于 10 万,可设市撤县;三是每平方公里人口密度 100 人以上,县政府驻地所在镇从事非农产业人口不低于 8 万,可设市撤县;四是具备特别条件的,也可以设市,包括,自治州政府或地区(盟)行政公署所在地,重要港口,贸易口岸,国家重大骨干工程所在地,具有政治、军事、外交等特殊需要的地方,少数经济发达地区经济中心镇,从事非农产业人口最低不低于 4 万也可以划为城市地区。

1986 年 4 月,由国务院发布的《国务院批转民政部关于调整设市标准和市领导县条件报告的通知》(国发〔1986〕46 号)中明确,非农业人口 6 万以上,可以设置市的建制。

1963 年 12 月,由中共中央、国务院发布的《关于调整市镇建制,缩小城市郊区的指示》中明确,聚居人口 10 万以上,一般可以保留市的建制;聚居人口不足 10 万的,必须是省级国家机关所在地、重要工矿基地、规模较大的物资集散地,或者是边疆地区的重要城镇,确有必要,经批准可以保留市的建制。

1955 年 6 月,由国务院发布的《关于设置市、镇建制的决定》中也明确,聚居人口 10 万以上城镇,可以设置市的建制。聚居人口不足 10 万的城镇,必须是重要工矿基地、省级地方国家机关所在地,规模较大的物资集散地或者边远地区的重要城镇,确有必要时方可设置市的建制。

综上所述,综合我国历年的城市地区规定,可将 2014 年 10 月国务院发布的《关于调整城市规模划分标准的通知》中的城市城区常住人口 20 万以下的 Ⅱ 型小城市具体化为:城区常住人口 5 万以上 20 万以下为均可划为 Ⅱ 型小城市地区。这样,我国按人口规模划分的城市地区标准可表达为表 7-2 所示。

表 7-2　我国按人口规模划分的城市地区分类

城市地区分类	档次	城区常住人口规模(人)
超大城市地区	1	1 000 万以上
特大城市地区	2	500 万以上 1 000 万以下
大城市地区	3(Ⅰ型)	300 万以上 500 万以下
大城市地区	4(Ⅱ型)	100 万以上 300 万以下
中等城市地区	5	50 万以上 100 万以下
小城市地区	6(Ⅰ型)	20 万以上 50 万以下
小城市地区	7(Ⅱ型)	5 万以上 20 万以下

资料来源:朱建江(2019)。

(二)按人口规模划分的我国小城镇地区

1955 年 6 月,国务院发布的《关于设置市、镇建制的决定》中明确,县级或县级以上地方国家机关所在地,可以设置镇的建制。不是县级或者县级以上地方国家机关所在地,必须是聚居人口在2 000人以上,有相当的工商业居民,并确有必要时可以设置镇的建制。少数民族地区如有相当数量的工商业居民,聚居人口虽不及2 000人,确有必要时,亦可设置镇的建制。工矿基地,规模较小,聚居人口不多,由县领导的,可设置镇的建制。

1963年12月,由中共中央、国务院发布的《关于调整市镇建制、缩小城市郊区的指示》中明确,工商业和手工业相当集中,聚居人口在3 000人以上,其中非农业人口占70%以上,或者聚居人口在2 500人以上不足3 000人,其中非农业人口占85%以上,确有必要,由县级国家机关领导的地方,可以设置镇的建制。少数民族地区的工商业和手工业集中地,聚居人口虽然不足3 000人,或者非农业人口不足70%,但是确有必要,由县级国家机关领导的,可以设置镇的建制。

此后,我国就再也没有发布过关于小城镇地区划分的有关规定。但根据上述1955年和1963年我国两个涉及小城镇建制的设置规定,我国小城镇可设置镇建制的有三类:一是达不到设市标准,但属县级或县级以上地方国家所在地,可以设置镇的建制;二是工商业和手工业相当集中,聚居人口在3 000人以上的镇区可以设置镇的建制;三是聚居人口不足2 500人,但确有必要,可以设置镇的建制。在我国,从行政管理角度讲,与建制镇并行的还有乡建制。到2015年末,我国共有建制镇20 515个,乡11 315个,镇乡特殊地区643个。①而从集聚集约空间区域角度讲,建制镇镇区之外,还有农村集镇,农村集镇可能是乡政府所在地,也可能仅仅是乡村商品交易、工业生产、文化服务中心。这类不属镇乡所在地,具有乡村经济和服务功能,集中居住人口规模较多的农村集镇在我国约有5万个。②从我国城乡经济社会统筹发展角度,应当将其划入我国小城镇地区。③

综上所述,结合我国实际情况,可考虑按小城镇镇区聚居的常住人口规模,将我国小城镇地区划分为建制镇地区和集镇地区,如表7-3所示。

表7-3 我国小城镇人口规模分类

小城镇地区分类	等级	镇区常住人口规模(人)
建制镇地区	1(Ⅰ型)	2万以上5万以下
	2(Ⅱ型)	1万以上2万以下
集镇地区	3(Ⅰ型)	0.3万以上1万以下
	4(Ⅱ型)	0.1万以上0.3万以下

资料来源:朱建江(2019)。

(三)按人口规模划分的我国乡村地区

根据我国《镇规划标准》(GB50188-2007),按常住人口规模,我国村庄可分为:大于

---

① 顾朝林、盛明洁主编:《县辖镇级市研究》,清华大学出版社2017年版,第6页。
② 肖敦余、胡德瑞主编:《小城镇规划与景观构成》,天津科学技术出版社1992年版,第302页。
③ 朱建江:《城镇化地区的划分与统计研究》,《统计与决策》2019年第7期。

1 000 人,特大型村庄;601—1 000 人,大型村庄;201—600 人,中型村庄;小于等于 200 人,小型村庄。①需要说明的是,这里讲的村庄指的是乡村中的自然村落,不是指行政村或中心村。行政村是我国农村的自治机构,一个行政村往往包括和管理若干个自然村落。到 2015 年末,我国共有行政村 56.88 万个,自然村 264.46 万个。②中心村是功能概念,是指为若干自然村或行政村服务的乡村区域功能中心。③

根据我国《城市用地分类与规划建设用地标准》(GB50137-2011)中的城乡用地分类,村庄建设用地主要包括农村居住点建设用地,以及村庄范围内的二三产业、公共服务设施,农业生产中的生产配套设施和 6 米以下的村庄道路不作为村庄建设用地,而作为农用地。故城镇地区的建设用地与村庄的建设用地分布很大的区别在于,前者的建设用地属连片成块的,城区镇区规划区范围内的所有建设用地,包括道路用地、绿化用地等;后者的建设用地并不包括 6 米以下宽度的道路用地、农村林地,村庄的建设用地是镶嵌在农用地中,呈点状分布的。所以,从村庄土地利用和分布方式角度讲,要测度城区镇区以外的城镇化人口集中地区或人口密集地区,用每平方公里人口密度指标来划分是可行的。根据我国农村自然村落及户均宅基地的情况看,户均宅基地面积大都在 0.2—1 亩之间,户均宅基超过 1 亩以上地域是比较少的。故按自然村落互相邻接、道路相连接原则和二三产业占比、公共基础设施配套标准等,也可以将我国达到城镇化设置标准的村庄划为城镇化地区。

三、城镇体系的构建实践:上海市域城镇村体系案例

自 1958 年上海行政区划调整后,上海的城镇体系建设经历了多轮规划建设调整,基本形成了多等级、多中心的体系格局。④

1. 1958—20 世纪 80 年代初:以中心城区为主体、卫星城和近郊工业区组合发展的城市群

1958 年,国务院批准将江苏省的嘉定、松江等 10 个县划归上海市,为上海城市空间拓展提供了重要条件。1959 年《关于上海城市总体规划的初步意见》明确了大力发展卫星城的建设方针,至 20 世纪 70 年代,闵行、吴泾、嘉定、安亭、松江、金山、宝山等 7 个卫星城和一批近郊工业区相继发展。至 20 世纪 80 年代,上海的城市结构从单一中心的城市向以中心城区为主体、近郊工业区和远郊卫星城镇相对独立又有机联系的群体组合城市转变。

2. 21 世纪 10 年代初之前:城镇体系概念逐渐明晰,推动了多层级城镇体系的发展

1986 年的《上海市城市总体规划方案》提出上海构建"中心城—卫星城—郊县小城镇—农村集镇"4 级城镇体系;《上海城市总体规划(1999—2020 年)》提出建设"中心

---

① 李伟国:《村庄规划设计实务》,机械工业出版社 2013 年版,第 2 页。
② 顾朝林、盛明洁主编:《县辖镇级市研究》,清华大学出版社 2017 年版,第 6 页。
③ 周一星:《城市地理学》,商务印书馆 1995 年版,第 6 页。
④ 栾峰:《上海市域城镇体系和城市发展边界研究》,上海 2040 城市总体规划研究报告,2014 年。

城—新城—中心镇——一般镇"的4级城镇体系,明确了郊区新城建设的规划目标,使上海向多层级、多中心的城镇体系发展,同时市级工业园区的发展,为上海近郊工业城镇的发展奠定了基础。

3. 2003年至今:郊区城镇发展受到重视,城市发展重心进一步向郊区转移

2003年《上海市城市近期建设规划(2003—2007)》首次提出要把建设重点从中心城转向郊区,加快城乡一体化步伐。"十五"时期上海市政府正式启动了"一城九镇"试点城镇建设,探索郊区城镇规划建设的新路径。2006年的新一轮近期建设规划中提出构建"1966"城乡体系,"一城九镇"的试点概念推广到全市域,中心城、新城、新市镇和中心村的体系格局确立。新城在基础设施建设、社会发展、产业支撑及用地政策方面得到更多扶持。

第二节 城镇村人口、建设用地、住房规模确定

一、城镇村人口、建设用地、住房规模确定的理论探讨

美国地理学家沃尔特·艾萨德在其著作《区域科学导论》中指出,"区域是一个能动的机体和区域系统。它内部的各组成部分之间存在高度相关性。"[1]我国学者胡序威先生指出,"区域发展,包括区域之间的发展和区域内的发展两部分,区域之间的发展重点是解决不平衡或区域之间分工协作问题,区域内发展重点是解决发展和建设的内部协调。"朱建江(2019)在其上海长宁区的一线实践的基础上,提出区域发展存在较强的系统性,包括:区域发展内容的系统性,区域内的自然、经济、社会等存在相互联系、相互制约的关系,只有综合协调社会经济生态环境等各方面,才能获得最佳的整体性能;区域发展空间的系统性,任何一类空间范围较大的区域都可以分解成若干空间范围较小、等级较低的区域,每一个区域都是上一级区域的局部,每个区域都由若干个下一级区域组成,若干个下一级区域构成上一级区域时,不是简单的组合,而是发生质的变化,出现新的特征;区域发展时间的系统性,每个区域都是内部要素按照一定秩序、一定方式和一定比例组合成的有机整体,不是跟各要素的简单相加。[2]

二、城镇村人口、建设用地、住房规模确定的政策规定

(一)用地标准一般规定

用地应按平面投影面积计算。每块用地应只计算一次,不得重复计算。分片布局的城市(镇)应先分片计算用地,再进行汇总。

城市(镇)总体规划用地应采用1/10 000或1/5 000比例尺的图纸进行分类计算。

---

[1] 张中国主编:《区域研究理论与区域规划编制》,中国建筑工业出版社2017年版,第2页。
[2] 朱建江:《基于空间、时序与要素协同的区域平衡发展研究——以上海市长宁区为例》,《华东师范大学学报(哲学社会科学版)》2019年第5期。

现状和规划的用地计算范围应一致。

用地规模应根据图纸比例确定统计精度，1/10 000图纸应精确至个位，1/5 000图纸应精确至小数点后一位。

用地统计范围与人口统计范围必须一致，人口规模应按常住人口进行统计。

规划建设用地标准应包括规划人均城市建设用地标准、规划人均单项城市建设用地标准和规划城市建设用地结构三部分。

（二）规划人均城市建设用地标准

新建城市的规划人均城市建设用地指标应在85.1—105.0 m²/人内确定。

首都的规划人均城市建设用地指标应在105.1—115.0 m²/人内确定。

边远地区、少数民族地区以及部分山地城市、人口较少的工矿业城市、风景旅游城市等具有特殊情况的城市，应专门论证确定规划人均城市建设用地指标，且上限不得大于150.0 m²/人。

编制和修订城市（镇）总体规划应以本标准作为城市建设用地的远期规划控制标准。

（三）规划人均单项城市建设用地标准

规划人均居住用地指标应符合表7-4的规定。

表7-4 人均居住用地面积指标　　　　　　　　　　　　　　　单位：m²/人

建筑气候区划	Ⅰ、Ⅱ、Ⅵ、Ⅶ气候区	Ⅲ、Ⅳ、Ⅴ气候区
人均居住用地面积	28.0—38.0	23.0—36.0

资料来源：《城市用地分类与规划建设用地标准》（GB50137-2011）。

规划人均公共管理与公共服务用地面积不应小于5.5 m²/人。

规划人均交通设施用地面积不应小于12.0 m²/人。

规划人均绿地面积不应小于10.0 m²/人，其中人均公园绿地面积不应小于8.0 m²/人。

编制和修订城市（镇）总体规划应以本标准作为规划单项城市建设用地的远期规划控制标准。

（四）规划城市建设用地结构

居住用地、公共管理与公共服务用地、工业用地、交通设施用地和绿地五大类主要用地规划占城市建设用地的比例宜符合表7-5的规定。

表7-5 规划建设用地结构

类别名称	占城市建设用地的比例（%）	类别名称	占城市建设用地的比例（%）
居住用地	25.0—40.0	道路与交通设施用地	10.0—25.0
公共管理与公共服务设施用地	5.0—8.0	绿地与广场用地	10.0—15.0
工业用地	15.0—30.0		

资料来源：《城市用地分类与规划建设用地标准》（GB50137-2011）。

工矿城市、风景旅游城市以及其他具有特殊情况的城市,可根据实际情况具体确定。

三、城镇村人口、建设用地、住房规模确定的典型案例:上海长宁区

20世纪90年代初,长宁区是上海中心城区的城乡结合地区,上海市委市政府将长宁区视为上海中心城区黄浦、南市、静安、卢湾等核心区的旧区改造拆迁的人口迁移区。① 而此时的上海刚刚进入浦东开发开放的快车道,上海各区县尤其是中心城区的城乡结合地区,因有一定的农田面积,故都把房地产开发和人口导入看作地区经济社会发展的机遇和优势。在这种背景下,1993年初长宁区编制区域总体规划时,关于长宁人口规模的确定就特别艰难。区内大多数人认为长宁的规划人口应该越大越好,用于住房开发的土地越多越好,要求将区域人口规模扩大到百万以上的呼声很高。在这种情况下,长宁总体规划起草小组,根据长宁区土地资源承载能力、环境承载能力、经济社会协调发展要求,提出"到2020年长宁的人口密度必须控制在65—70万之间(最后确定为70万人),并以此来规划居民居住用地规模和建筑空间容量"②。

按照2020年长宁人口规模上限70万,根据规划时的长宁区区域面积,在区域面积假定不变情况下,此时长宁区人均规划用地面积为54.2平方米,规划起草小组将区域居住用地规划为占区域总用地的25.64%,这25.64%包括了商住混合用地中的60%可建住宅用地部分。居住用地这一占比,比当时上海其他中心城区降低近20个百分点(当时上海中心城区居住用地占总用地约46.3%,人均用地57.8平方米)③。

根据规划人口规模70万上限,规划起草小组在锁定居住用地比重基础上,根据居住用地规模和人口规模进一步锁定了住房建设总面积、总套数及住房结构。长宁总体规划明确,规划基期年(1992年)长宁区区域现有的810万平方米住宅保留600万平方米左右,加上新建住宅,区域内新旧住宅控制在23万套,其中较高标准的花园住宅1万套,中等标准高层住宅4万套,一般标准多层住宅18万套,并把这些保留和新建住房及人口规模分配到11个居住社区中(图7-1)。④

实践证明,人口规模按环境承载能力确定是科学的,确定的规划人口规模又通过居住用地比重和住房建设套数及结构来进一步落地也是科学的。通过环境人口容量—人口规模—居住用地规模—住房套数及结构这一人口规模确定和实现模型,20多年过去,长宁1993年确定的,到2020年区域人口规模控制在70万人这个目标终于得到有效实施,从而把蓝图变成了现实,保住了长宁良好的宜居环境。有了人口规模的有效控

---

① 朱建江:《基于空间、时序与要素协同的区域平衡发展研究——以上海市长宁区为例》,《华东师范大学学报(哲学社会科学版)》2019年第5期,第135—143页。
② 朱建江:《长宁区总体规划中的若干重大问题探讨》,《区域经济改革与发展论》,上海交通大学出版社1997年版,第256页。
③ 阮仪三:《城市建设与规划基础理论》,天津科学技术出版社1992年版,第94页。
④ 上海市长宁区人民政府:《上海市长宁区总体规划(1994年)》,第29页。

制机制，使长宁在推进区域内容平衡发展中，最大限度地增加了经济发展用地（包括商业金融业用地、商住混合用地中的商业金融业用地、工业用地、仓储用地），占总用地22.64%，和公共设施配套建设用地（包括对外交通用地、道路广场用地、市政公用设施用地、绿化用地、公共服务用地），占总用地50.57%；以至于后来可以从容地将原本计划开发住宅的用地调整为凯桥绿地、华山绿地、延安路天山路绿地、长宁路沿线绿带等绿地；从而实现了人口、资源、环境、经济、社会的多内容平衡发展。

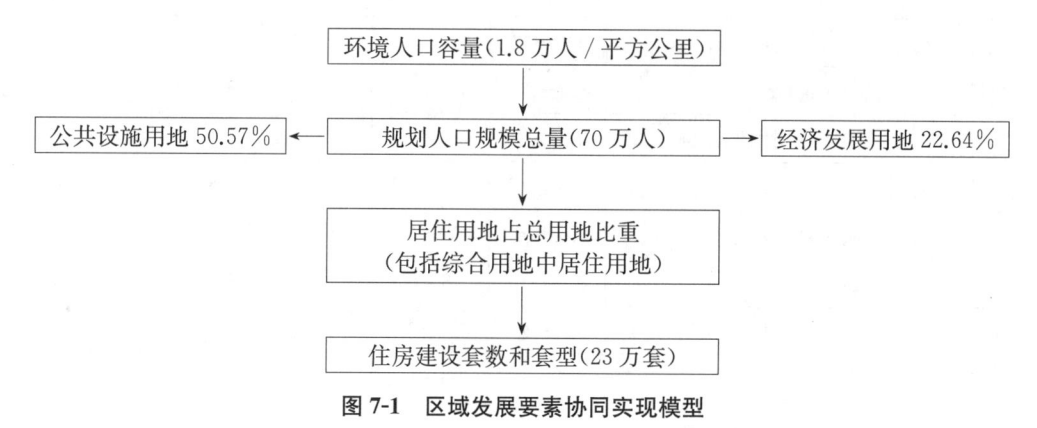

图 7-1 区域发展要素协同实现模型

资料来源：朱建江（2019）。

第三节　城镇村公共设施与市政设施配置标准

一、大中小城市公共设施建设标准

大中小城市公共设施建设标准以《城市公共设施规划规范》（GB50442-2008）为主，该规范适用于设市城市的城市总体规划及大中城市的城市分区规划编制中的公共设施规划，明确城市公共设施用地指标应依据规划城市规模确定。

该版规范从整体上对于大中小城市的公共设施规划用地综合总指标及分项指标进行了规定，可以作为重要参考，但目前应用面临三个问题：一是随着2014年《关于调整城市规模划分标准的通知》发布，目前的城市规模划分标准与该版规范制定时的标准出现了差异，该版规范中的中等城市（20万—50万人）在新标准中降低为小城市，Ⅰ型大城市（50万—100万人）在新标准中降低为中等城市。二是随着2012年《城市用地分类与规划建设用地标准》（GB50137-2011）实施，该版规范中的城市公共设施用地分类与现行的城市用地分类标准出现了一定的差异。三是该版规范仅规定了城市公共设施规划用地占规划用地的比例和人均指标，对于各类具体设施的类型、等级和规模规定较为粗放。

总体上，为推动城市公共服务设施相关规范的编制与修订，提高标准编制质量，住房城乡建设部城乡规划标委会在2014—2015年陆续组织了文、教、卫、体、福五个公共服务设施类规划规范的前期研究，目前对于《城市公共设施规划规范》（GB50442-2008）

的修订工作仍在进行中。

表 7-6 城市公共设施规划用地综合总指标及分项指标

城市规模 分项指标		小城市	中等城市	大城市		
				Ⅰ	Ⅱ	Ⅲ
行政办公	占中心城区规划用地比例(%)	0.8—1.2	0.8—1.3	0.9—1.3	1.0—1.4	1.0—1.5
	人均规划用地(m^2/人)	0.8—1.3	0.8—1.3	0.8—1.2	0.8—1.1	0.8—1.1
商业金融	占中心城区规划用地比例(%)	3.1—4.2	3.3—4.4	3.5—4.8	3.8—5.3	4.2—5.9
	人均规划用地(m^2/人)	3.3—4.4	3.3—4.3	3.2—4.2	3.2—4.0	3.2—4.0
文化娱乐	占中心城区规划用地比例(%)	0.8—1.0	0.8—1.1	0.9—1.2	1.1—1.3	1.1—1.5
	人均规划用地(m^2/人)	0.8—1.1	0.8—1.1	0.8—1.0	0.8—1.0	0.8—1.0
体育	占中心城区规划用地比例(%)	0.6—0.7	0.6—0.7	0.6—0.8	0.7—0.8	0.7—0.9
	人均规划用地(m^2/人)	0.6—0.7	0.6—0.7	0.6—0.7	0.6—0.7	0.6—0.8
医疗卫生	占中心城区规划用地比例(%)	0.7—0.8	0.7—0.8	0.7—1.0	0.9—1.1	1.0—1.2
	人均规划用地(m^2/人)	0.6—0.7	0.6—0.7	0.7—0.9	0.8—1.0	0.9—1.1
教育科研设计	占中心城区规划用地比例(%)	2.4—3.0	2.9—3.6	3.4—4.2	4.0—5.0	4.8—6.0
	人均规划用地(m^2/人)	2.5—3.2	2.9—3.8	3.0—4.0	3.2—4.5	3.6—4.8
社会福利	占中心城区规划用地比例(%)	0.2—0.3	0.3—0.4	0.3—0.5	0.3—0.5	0.3—0.5
	人均规划用地(m^2/人)	0.2—0.3	0.2—0.4	0.2—0.4	0.2—0.4	0.2—0.4
综合总指标	占中心城区规划用地比例(%)	8.6—11.4	9.2—12.3	10.3—13.8	11.6—15.4	13.0—17.5
	人均规划用地(m^2/人)	8.8—12.0	9.1—12.4	9.1—12.4	9.5—12.8	10.0—13.2

资料来源:《城市公共设施规划规范》(GB50442-2008)。

除《城市公共设施规划规范》(GB50442-2008)在整体上确定了各类城市公共设施用地指标外,还有大量针对各类具体设施的类型、等级和规模的相关标准和规范,如《文化馆建设标准》(建标 136-2010)、《公共图书馆建设标准》(建标 108-2008)等。

《文化馆建设标准》(建标 136-2010)明确了文化馆建筑面积规模依据服务人口数量确定,相应地,大中小城市应结合自身服务人口规模确定文化馆的建设用地规模和建筑面积指标。

表 7-7 文化馆建设用地控制指标

类型	建筑用地总面积(m^2)	室外活动场地面积(m^2)	建筑密度(%)	停车场地控制
大型馆	4 500—6 500	1 200—2 000	25—40	机动车:控制在建设用地总面积的8%以内; 自行车:按每百平方米建筑面积2个车位配置
中型馆	3 500—5 000	900—1 500	25—40	
小型馆	2 000—4 000	600—1 000	25—40	

表 7-8 文化馆建筑面积指标

类型	服务人口（万人）	建筑面积（m²）	适用范围
大型馆	≥250	≥8 000	大城市
大型馆	50—250	6 000—8 000	大城市
中型馆	20—50	4 000—6 000	中等城市
中型馆	≥30	4 000—6 000	市辖区
小型馆	5—20	2 000—4 000	小城市
小型馆	5—30	2 000—4 000	市辖区或独立组团
小型馆	<5	800—2 000	城关镇

资料来源：《文化馆建设标准》（建标 136-2010）。

《公共图书馆建设标准》（建标 108-2008）规定了公共图书馆分为大型馆、中型馆、小型馆，其建设规模应与服务人口数量相对应，总建筑面积以及相应的总藏书量、总阅览座席数量也有相应的控制指标。

表 7-9 公共图书馆建设规模与服务人口数量对应指标

规模	服务人口（万人）
大型	150 以上
中型	20—150
小型	20 及以下

资料来源：《公共图书馆建设标准》（建标 108-2008）。

表 7-10 公共图书馆总建筑面积以及相应的总藏书量、总阅览座席数量控制指标

规模	服务人口（万）	建筑面积		藏书量		阅览座席	
		千人面积指标（m²/千人）	建筑面积控制指标（m²）	人均藏书（册、件/人）	总藏量（万册、件）	千人阅览座席（座/千人）	总阅览座席（座）
大型	400—1 000	9.5—6	38 000—60 000	0.8—0.6	320—600	0.6—0.3	2 400—3 000
大型	150—400	13.3—9.5	20 000—38 000	0.9—0.8	135—320	0.8—0.6	1 200—2 400
中型	100—150	13.5—13.3	13 500—20 000	0.9	90—135	0.9—0.8	900—1 200
中型	50—100	15—13.5	7 500—13 500	0.9	45—90	0.9	450—900
中型	20—50	22.5—15	4 500—7 500	1.2—0.9	24—45	1.2—0.9	240—450
小型	10—20	23—22.5	2 300—4 500	1.2	12—24	1.3—1.2	130—240
小型	3—10	27—23	800—2 300	1.5—1.2	4.5—12	2.0—1.3	60—130

资料来源：《公共图书馆建设标准》（建标 108-2008）。

二、居住区公共服务设施的配置标准

相较于城市级公共服务设施配置标准在大中小城市之间存在差异,居住区公共服务设施的配置标准按照千人总指标和分类指标控制,跟城市整体规模关系不大。2018年新颁布的《城市居住区规划设计标准》(GB50180-2018)明确了该标准适用于城市规划的编制以及城市居住区的规划设计。其中,配套设施应遵循配套建设、方便使用、统筹开放、兼顾发展的原则进行配置,其布局应遵循集中和分散兼顾、独立和混合使用并重的原则,并应符合下列规定:

1. 十五分钟和十分钟生活圈居住区配套设施,应依照其服务半径相对居中布局。

2. 十五分钟生活圈居住区配套设施中,文化活动中心、社区服务中心(街道级)、街道办事处等服务设施宜联合建设并形成街道综合服务中心,其用地面积不宜小于 $1\ hm^2$。

3. 五分钟生活圈居住区配套设施中,社区服务站、文化活动站(含青少年、老年活动站)、老年人日间照料中心(托老所)、社区卫生服务站、社区商业网点等服务设施,宜集中布局、联合建设,并形成社区综合服务中心,其用地面积不宜小于 $0.3\ hm^2$。

4. 旧区改建项目应根据所在居住区各级配套设施的承载能力合理确定居住人口规模与住宅建筑容量;当不匹配时,应增补相应的配套设施或对应控制住宅建筑增量。

表 7-11 居住区配套设施控制指标   单位:m^2/千人

类别		十五分钟生活圈居住区		十分钟生活圈居住区		五分钟生活圈居住区		居住街坊	
		用地面积	建筑面积	用地面积	建筑面积	用地面积	建筑面积	用地面积	建筑面积
总指标		1 600—2 910	1 450—1 830	1 980—2 660	1 050—1 270	1 710—2 210	1 070—1 820	50—150	80—90
其中	公共管理与公共服务设施 A 类	1 250—2 360	1 130—1 380	1 890—2 340	730—810	—	—	—	—
	交通场站设施 S 类	—	—	70—80	—	—	—	—	—
	商业服务业设施 B 类	350—550	320—450	20—240	320—460	—	—	—	—
	社区服务设施 R12、R22、R32	—	—	—	—	1 710—2 210	1 070—1 820	—	—
	便民服务设施 R11、R21、R31	—	—	—	—	—	—	50—150	80—90

注:1. 十五分钟生活圈居住区指标不含十分钟生活圈居住区指标,十分钟生活圈指标不含五分钟生活圈居住区指标,五分钟生活圈居住区指标不含居住街坊指标。

2. 配套设施用地应含与居住区分级对应的居民室外活动场所用地;未含高中用地、市政公用设施用地,市政公用设施应根据专业规划确定。

资料来源:《城市居住区规划设计标准》(GB50180-2018)。

表 7-12　十五分钟生活圈居住区、十分钟生活圈居住区配套设施设置规定

类别	序号	项目	十五分钟生活圈居住区	十分钟生活圈居住区	备注
公共管理和公共服务设施	1	初中	▲	△	应独立占地
	2	小学	—	▲	应独立占地
	3	体育场（馆）或全民健身中心	△	—	可联合建设
	4	大型多功能运动场地	▲	—	宜独立占地
	5	中型多功能运动场地	—	▲	宜独立占地
	6	卫生服务中心（社区医院）	▲	—	宜独立占地
	7	门诊部	▲	—	可联合建设
	8	养老院	▲	—	宜独立占地
	9	老年养护院	▲	—	宜独立占地
	10	文化活动中心（含青少年、老年活动中心）	▲	—	可联合建设
	11	社区服务中心（街道级）	▲	—	可联合建设
	12	街道办事处	▲	—	可联合建设
	13	司法处	▲	—	可联合建设
	14	派出所	△	—	宜独立占地
	15	其他	△	△	可联合建设
商业服务业设施	16	商场	▲	▲	可联合建设
	17	菜市场或生鲜超市	—	▲	可联合建设
	18	健身房	△	△	可联合建设
	19	餐饮设施	▲	▲	可联合建设
	20	银行营业网点	▲	—	可联合建设
	21	电信营业网点	▲	▲	可联合建设
	22	邮政营业场所	▲	—	可联合建设
	23	其他	△	△	可联合建设
市政公用设施	24	开闭所	▲	△	可联合建设
	25	燃料供应站	△	—	宜独立占地
	26	燃气调压站	△	△	宜独立占地
	27	供热站或热交换站	△	△	宜独立占地
	28	通信机房	△	△	可联合建设
	29	有线电视基站	△	△	可联合建设
	30	垃圾转运站	△	△	应独立占地
	31	消防站	△	—	宜独立占地
	32	市政燃气服务网点和应急抢修站	△	△	可联合建设
	33	其他	△	△	可联合建设

(续表)

类别	序号	项 目	十五分钟生活圈居住区	十分钟生活圈居住区	备 注
交通场站	34	轨道交通站点	△	△	可联合建设
	35	公交首末站	△	△	可联合建设
	36	公交车站	▲	▲	宜独立设置
	37	非机动车停车场(库)	△	△	可联合建设
	38	机动车停车场(库)	△	△	可联合建设
	39	其他	△	△	可联合建设

注:1. ▲为应配建的项目;△为根据实际情况按需配建的项目。
2. 在国家确定的一、二类人防重点城市,应按人防有关规定配建防控地下室。
资料来源:《城市居住区规划设计标准》(GB50180-2018)。

表7-13 五分钟生活圈居住区配套设施设置规定

类别	序号	项 目	五分钟生活圈居住区	备 注
社区服务设施	1	社区服务站(含居委会、治安联防站、残疾人康复室)	▲	可联合建设
	2	社区食堂	△	可联合建设
	3	文化活动站(含青少年活动站、老年活动站)	▲	可联合建设
	4	小型多功能运动(球类)场地	▲	宜独立占地
	5	室外综合健身场地(含老年户外活动场地)	▲	宜独立占地
	6	幼儿园	▲	宜独立占地
	7	托儿所	△	可联合建设
	8	老年人日间照料中心(托老所)	▲	可联合建设
	9	社区卫生服务站	△	可联合建设
	10	社区商业网点(超市、药店、洗衣店、美发店等)	▲	可联合建设
	11	再生资源回收点	▲	可联合建设
	12	生活垃圾收集点	▲	宜独立占地
	13	公共厕所	▲	可联合建设
	14	公交车站	△	宜独立占地
	15	非机动车停车场(库)	△	可联合建设
	16	机动车停车场(库)	△	可联合建设
	17	其他	△	可联合建设

注:1. ▲为应配建的项目;△为根据实际情况按需配建的项目。
2. 在国家确定的一、二类人防重点城市,应按人防有关规定配建防控地下室。
资料来源:《城市居住区规划设计标准》(GB50180-2018)。

三、城镇村市政设施配套标准

（一）垃圾转运站

1. 服务半径

采用非机动车收运方式时,服务半径宜为 0.4—1 千米;采用小型机动车收运方式时,服务半径宜为 2—4 千米。(目前基本以小型机动车收运为主。)

2. 用地规模

转运量 50—150 吨/天,用地面积为 800—3 000 平方米;转运量 150—450 吨/天,用地面积为 2 500—10 000 平方米。(一般人均垃圾日产量在 1.4 千克左右,一万人垃圾日产量为 14 吨。)[①]

（二）城市公共停车场

1. 城市公共停车场应分为外来机动车公共停车场、市内机动车公共停车场和自行车公共停车场三类,其用地总面积可按规划城市人口每人 0.8—1.0 平方米计算。其中,机动车停车场的用地宜为 80%—90%,自行车停车场的用地宜为 10%—20%。市区宜建停车楼或地下停车库。

2. 外来机动车公共停车场应设在城市的外环路和城市出入口道路附近,主要停放货运车辆。

3. 机动车公共停车场服务半径在市中心地区不应大于 200 米,一般地区不应大于 300 米;自行车公共停车场服务半径宜为 50—100 米,并不得大于 200 米。

4. 停车场面积在 0.15—0.5 公顷左右,中心区停车场宜面积小、数量多。

（三）加油站

1. 城市公共加油站的服务半径宜为 0.9—1.2 千米。

2. 城市公共加油站应大、中、小相结合,以小型站为主,用地面积 0.12—0.3 公顷。

3. 城市公共加油站的进出口宜设在次干道上,并附设车辆等候加油的停车道。

（四）公交站场

首末站设置原则：

1. 公交首末站应该设置在全市各主要客流集散点附近较开阔的地方,如火车站、码头、汽车站、分区中心、大型商场、公园、体育馆等。在客流集散量特别大,多条公交线路相交的地方可以考虑设置成交通枢纽站。

2. 在大型住宅区内,公交首末站宜分散均匀布置,使一般乘客都在该站 350—500 米的半径范围内,方便居民的出行。

3. 超过万人的新建大型住宅区必须配备公交首末站,应根据小区的区位、用地和人口规模以及交通出行状况来配备,一般可按 1 200—1 300 平方米/万人的标准来设

[①] https://wenku.baidu.com/view/fce9cdefe009581b6bd9ebb1.html。

置,尚未配备的住宅区应选址增设场站。在城郊区的居住区,公交首末站的规模可以适当放宽。

4. 公交首末站应该设置在次干道或小区主要道路旁,以方便公交车辆的进出,但不宜设在城市主干道和平面交叉口旁。

表 7-14 公交场站设施分类

分 类		主 要 功 能
公交修理厂		主要为公交车辆的大修服务。
停车保养场		公交停车保养综合车场主要为公交车辆的停放、保养和维修服务,兼有管理指挥功能。
公交枢纽站	综合客运枢纽	综合客运枢纽是集多种交通工具和多种服务于一身的综合型、多功能客运站,是多种交通方式相互衔接所形成的大型客流集散换乘点,尤其是多种对外交通方式与市内公交衔接点。
	大中型公交换乘枢纽	轨道交通线路间换乘;城市中心区客流集散;截流外围城镇、郊区、远郊区进入中心城区的小汽车、城乡公交车。
	一般公交换乘枢纽站	地面公交之间、地面公交与轨道间的一般换乘。
	外围重点中心镇集散中心	主要是服务中心镇周围乡村地区,同时提供乡村公交与城乡公交的换乘功能,满足城乡居民日益频繁的交流需求。
	特色枢纽—旅游交通集散中心	旅游交通集散中心是主要为游客提供公交旅游专线的大型枢纽。
首末站、中途站		公交始发车站,为城市各主要客流集散点服务。
		为公共交通线路沿途所经过的各主要客流集散点服务。

资料来源:《市政设施配套标准》,https://wenku.baidu.com/view/fce9cdefe009581b6bd9ebb1.html。

表 7-15 枢纽站、首末站规模

分 类		建议规模(平方米)
公交枢纽站	综合客运枢纽	6 000—10 000
	大中型公交换乘枢纽	4 000—7 000
	一般公交换乘枢纽站	3 000—4 000
	外围重点中心镇集散中心	3 000—4 000
	特色枢纽—旅游交通集散中心	
首末站		1 500—3 000

资料来源:《市政设施配套标准》,https://wenku.baidu.com/view/fce9cdefe009581b6bd9ebb1.html。

（五）消防站

1. 城市规划建成区内应设置一级普通消防站。城市规划建成区内设置一级普通消防站确有困难的区域可设二级普通消防站。

2. 城市规划区内普通消防站的规划布局，一般情况下应以消防队接到出动指令后正常行车速度下 5 分钟内可以到达其辖区边缘为原则确定。

3. 普通消防站的辖区面积不应大于 7 平方千米。

4. 陆上消防站建设用地面积应符合下列规定：

一级普通消防站：3 300—4 800 平方米；二级普通消防站：2 300—3 400 平方米。

5. 消防站应设在辖区内适中位置和便于车辆迅速出动的主、次干道的临街地段。（辖区内有生产、贮存易燃易爆危险化学物品单位的，消防站应设置在常年主导风向的上风或侧风处，其边界距上述部位一般不应小于 200 米。）

四、上海的公共服务设施配置标准

除上述普适性的国家标准或部门规范外，国内主要的大城市分别制定了本市的公共服务设施配置标准，如深圳（2013 年）、重庆（2014 年）、北京（2015 年）、南京（2015 年）、杭州（2016 年）等，上海现行的标准依据主要是《上海市控制性详细规划技术准则》（2011 年）。

开发强度方面，《上海市控制性详细规划技术准则》（2011 年）依据各个区域的特定条件，形成中心城、郊区开发强度逐次递减的格局，对中心城及宝山新城、闵行新城、虹桥商务区等与其他城镇的开发强度进行分别控制。

公共服务设施方面，按照市级、区级、社区级三个等级分别控制。其中，市级公共服务设施包括市级行政办公设施、市专业部门管理或服务于全市的商业服务、文化、体育、医疗以及教育科研设施。区级公共服务设施包括区级行政办公设施，行政区专业部门管理的或服务人口规模在 20 万左右的商业服务、文化、体育、医疗、教育科研和福利设施，采用一般规模与千人指标共同控制。社区级公共服务设施包括街道（镇）行政部门管理的行政、文化、体育、医疗设施以及社区福利、商业等。

表 7-16　区级公共服务设施设置标准

分类	序号	项目	内容	一般规模（m²/处）		千人指标（m²/千人）		备注
				建筑面积	用地面积	建筑面积	用地面积	
文化	1	文化中心（馆）	图书阅览、电脑房、多功能厅等	10 000	6 000	50	30—40	
	2	图书馆（科技馆）	报纸、杂志、图书阅租等	4 000	4 000	20	20—25	
	3	青少年活动中心	科技、教育、文娱等	2 000	5 000	10—12	25—30	
		小计				80—82	75—95	

(续表)

分类	序号	项目	内容	一般规模(m²/处) 建筑面积	一般规模(m²/处) 用地面积	千人指标(m²/千人) 建筑面积	千人指标(m²/千人) 用地面积	备注
体育	4	体育场馆(中心)	足球场、篮球场、网球场、门球场、健身跑道、综合健身馆等	3 000	15 000	10—15	60—80	
		小计				10—15	60—80	
医疗	5	中心医院	疾病治疗	12 000—14 000	16 000	45—70	70—100	
	6	妇幼保健院	妇女儿童门诊和住院治疗	4 000	6 000	3	4	每个行政区设一所
	7	老年护理院	老人治病、护理等	3 000	4 000	15	20	
	8	精神卫生中心	精神病人门诊和住院治疗	15 000	12 500	22	18	每个行政区设一所
		小计				85—110	112—142	
教育	9	社会教育机构	学历、非学历教育、成人教育、职业教育等	15 000	25 000	30	50	每个行政区设一所
	10	特殊教育学校	弱智、盲、聋教育等	4 000	10 000	10—13	25—35	
		小计				40—43	75—85	
福利	11	福利院(养老院)	养老、护理	7 000	5 000	35	25	
		小计				35	25	
		合计				250—285	347—427	

资料来源:《上海市控制性详细规划技术准则》(2011年)。

执行上表中"用地面积"要求确有困难的中心城和郊区城镇建成区,应保证公共服务设施的建筑面积符合设置标准,用地面积可折减,折算系数见表 7-17。

表 7-17 区级公共服务设施用地面积折算系数

设施类型 \ 地区	内环内	内外环之间	外环外建成区
文化设施	≥0.6	≥0.8	≥0.8
体育设施	≥0.6	≥0.8	≥0.8
医疗设施	—	≥0.8	≥0.8
教育设施	—	≥0.8	≥0.8

注:"—"表示对用地面积不作强制性要求。
资料来源:《上海市控制性详细规划技术准则》(2011年)。

表 7-18 社区级公共服务设施设置标准

分类	序号	项目	内容	最小规模(m²/处) 建筑面积	最小规模(m²/处) 用地面积	千人指标(m²/千人) 建筑面积	千人指标(m²/千人) 用地面积	备注
行政管理	1	街道办事处	行政管理	1 400—2 000		14—20	18	10万人设一处
	2	派出所	户籍、治安管理	1 200—3 000	1 500—3 000	12—30	15—30	10万人设一处,需独立用地
	3	城市管理监督	城市市容管理	200		4	6	
	4	税务、工商等	专业管理	200		4	4	
	5	房管办	系统管理	100		2	2	
	6	社区事务受理服务中心	行政和社区事务服务	1 000		10	6	10万人设一处
	7	社区服务中心	中介、协调、指导、教育等	1 000		10	6	10万人设一处
	8	居民委员会	管理、协调等	200		50	33	
		小计				106—130	90—105	
体育	9	综合健身馆	乒乓球、棋牌、台球、跳操、健身房等	1 800		36	40	
	10	游泳池(馆)	游泳等	800		16	60	
	11	综合运动场	足球、篮球、网球、门球、健身苑、健身跑道等	600	7 000	12	140	需独立用地
		小计				64	240	
文化	12	社区文化活动中心、青少年活动中心	多功能厅、图书馆、信息苑、社区教育等	4 500		90	100	
		小计				90	100	
医疗	13	社区卫生服务中心	医疗、防疫、保健、康复、救护站等	3 000	4 000	60	80	需独立用地
	14	卫生服务点	预防、医疗、计划生育	150—200		6—8		1.5万人设一处
		小计				66—68	80	
福利	15	福利院(养老院)	养老、护理	4 200	4 000	84	80	120床/所,需独立用地
	16	工疗、康体服务中心	精神疾病工疗、残疾儿童寄托、康体服务等	800		16	32	120床/所
	17	托老所	养老、护理	1 000		40	40	
		小计				140	152	

(续表)

分类	序号	项目	内容	最小规模(m²/处) 建筑面积	最小规模(m²/处) 用地面积	千人指标(m²/千人) 建筑面积	千人指标(m²/千人) 用地面积	备注
商业	18	室内菜场	副食品、蔬菜等	1 500		120	148	
		小计				120	148	
其他	19	公共服务设施预留用地					150	需独立用地
		小计					150	
		合计				586—612	960—975	

资料来源:《上海市控制性详细规划技术准则》(2011年)。

同样,执行表 7-18 中"用地面积"要求确有困难的中心城和郊区城镇建成区,应保证社区级公共服务设施的建筑面积符合设置标准,用地面积可折减,折算系数见表 7-19。

表 7-19　社区级公共服务设施用地面积折算系数

设施类型 \ 地区	内环内	内外环之间	外环外建成区
派出所、综合运动场、社区卫生服务中心、设施发展备用地	≥0.6	≥0.8	≥0.8
福利院(养老院)	—	—	≥0.8

注:"—"表示对用地面积不作强制性要求。
资料来源:《上海市控制性详细规划技术准则》(2011年)。

参考文献

《城市公共设施规划规范》(GB50442-2008)。
《城市居住区规划设计标准》(GB50180-2018)。
《城市用地分类与规划建设用地标准》(GB50137-2011)。
顾朝林、盛明洁主编:《县辖镇级市研究》,清华大学出版社 2017 年版。
李伟国:《村庄规划设计实务》,机械工业出版社 2013 年版。
栾峰:《上海市域城镇体系和城市发展边界研究》,上海 2040 城市总体规划研究报告,2014 年。
蒲松林:《城镇体系构建与城乡经济一体化发展研究》,博士学位论文,西南财经大学,2010 年。
阮仪三主编:《城市建设与规划基础理论》,天津科学技术出版社 1992 年版,第 94 页。
上海市长宁区人民政府:《上海市长宁区总体规划》,1994 年 9 月。
《上海市控制性详细规划技术准则》(2011 年)。

《文化馆建设标准》(建标 136-2010)。

肖敦余、胡德瑞主编:《小城镇规划与景观构成》,天津科学技术出版社 1992 年版。

张中国主编:《区域研究理论与区域规划编制》,中国建筑工业出版社 2017 年版。

周一星:《城市地理学》,商务印书馆 1995 年版。

朱建江:《长宁区总体规划中的若干重大问题探讨》,《区域经济改革与发展论》,上海交通大学出版社 1997 年。

朱建江:《城镇化地区的划分与统计研究》,《统计与决策》2019 年第 7 期。

朱建江:《基于空间、时序与要素协同的区域平衡发展研究——以上海市长宁区为例》,《华东师范大学学报(哲学社会科学版)》2019 年第 5 期。

第八章 城市发展

第一节 城市发展定位

城市发展定位是城市发展的第一步,具有战略意义,它决定着城市今后的发展方向。城市定位包括区域定位、经济定位、政治定位、文化定位、形象定位、旅游定位、产业定位等内容,其实质就是为城市制定一套发展模式,同时确认自己的核心竞争力。本章的第四、六节,城市发展活力和城市运营,皆与城市定位直接有关。城市定位首先要找到属于这座城市的特色,特色是定位的依凭和基础,包括文化特色和资源特色,前者强调城市的文化品格,后者强调城市的运营功能。城市定位的指导思想就是扬长避短,确保城市的持久活力和持续发展。

一、城市定位的价值

城市定位是城市的性质、历史、功能、声誉、品牌的无形总和,同时也是目标受众对城市产生的清晰印象和美好联想,从而在目标受众心目中占据一个独特的位置。通过城市定位,一个城市可以明显区别于竞争对手,充分表现城市的个性,换言之,城市定位就是要营造差异化的城市形象,以形成区别于其他城市的特殊标识。差异化的目的就是塑造城市的竞争优势。

当前,城市像商品一样,也进入了品牌时代,城市品牌竞争已进入白热化阶段。城市品牌的成功主要来源于城市在目标消费者心目中的定位。而将这种定位传达给消费者的手段之一就是各种城市形象及其广告和电视里的城市形象宣传片,包括有当地著名歌手和歌唱家们参与其中的宣传片。重要的是,形象要准确,并能获得城市居民甚至国际社会的认可和赞同,否则,效果不大。不准确意味着和其他城市没多大不同,从而就不能通过城市营销对城市发展起到有效的推动作用。反之,定位一旦确立,不要轻易更改。

城市定位是城市运营的基础,是城市营销的灵魂。没有定位,城市运营缺乏方向和指导;没有定位,城市营销就不能有的放矢,就不能锁定目标群体,就不能有效地招商引资,就不能营造近悦远来的效应,就不能刺激旅游带动消费,促进经济循环,促进经济和城市发展。招来投资城市的第一大顾客群体是投资者,他们是各个城市争夺的主要对象。而城市消费者则包括定居人口、暂住人口、医院类社会组织和投资者、旅游会议参加者、旅游者和就业者、商店、高等院校、金融机构、研究机构等。

城市定位是城市活力的依托。合乎居民认同的定位必然会提振城市文化,弘扬城市精神,使居民相信、热爱和留恋自己的城市,工作踏实,情绪饱满,与他人关系和睦,维护社会和谐,积极向上,活力迸发。

二、城市定位的影响因素和类型选择

(一)城市定位的影响因素

1. 政治因素。相对于其他因素,政治因素属于特别因素,有决定性意义。首都、直辖市或省会城市显然不同于其他城市,基本定位自然形成,其他方面的定位多少受此影响或围绕政治内涵布局。

2. 历史因素。久远的历史是城市魅力的一部分,是城市珍贵的资源。若再加上神奇特质以及其对世界的影响,则这座城市自然而然就成为人们纷至沓来的对象。城市往往与现代、变化、新奇等联系在一起,多半是厚重的反义词,正是这座城市的历史让城市变得厚重,甚至真实,令人对城市的风土人情充满期待和向往。历史自有它的魅力。皇城北京,古都西安、洛阳,还有开封、商丘,谁人不知一二。

3. 区位因素。城市之魅在于空间——魅力空间。空间包括所在地及其周围的地形风貌特征,因而是城市形象的重要构成部分。上海的孤岛、码头形象——上海滩——东方巴黎举世闻名,大上海能有今天,与它的区位优势也分不开。

4. 环境因素。环境重要已成常识,宜居——适宜人类居住——成为人类普遍追求的目标,从而"宜居城市"成了每座城市所追求的目标。反之,污染严重的城市令人避之不及。环境包括环境资源和环境质量,以及久远的名声。一提到苏州,人们马上想起"上有天堂,下有苏杭"。

5. 人文因素。人文因素是真正属于一座城市自己的本质内涵,它是在一座城市的历史发展过程之中形成的,包括历史文化、民间风俗、民族传统、市民精神和价值观等内容,是广义的城市文化。结合独特的人文因素而给出的城市定位,往往令人无法否认,因而它是最好的也是最为持久的城市品牌。

6. 经济因素。如前所述,经济是城市发展的基础和城市品牌的重要支撑,其中产业结构是关键,它关乎城市的长期发展、优势产业和核心竞争力。另外,城市的知名企业和知名品牌也是城市品牌的一部分,对城市定位具有代表性意义。

(二)城市定位的类型选择

根据对以上因素的考量,结合城市的功能,我们可以将城市定位的类型分为六个大类,即政治型、文化型、交通型、宜居型、旅游型和经济型。但不少城市具有复合定位,这是因为城市拥有复合功能,这时我们就考虑所有影响因素中的主导因素。比如,上海、纽约就是经济型,但上海也可算是交通型;北京既是政治型也是文化型;威尼斯既是文化型也是旅游型;苏州为宜居型,同时也是旅游型和文化型;郑州是交通型和三亚是旅游型则比较明确。

三、从区域角度看城市定位

当代城市定位越来越多地考虑从区域角度出发,在区域中决定城市的功能定位,这个区域是指对该城市影响最大的空间单元,比如某个城市群,或更大一片区域,至于如何定位,取决于城市发展的目标,因为区域中城市与城市之间的关系,包括空间位置上的关联等因素,会影响城市发展。区域应当使定位更难抉择,因为区域要素处于不断变动之中,这个区域还会受到另外一个区域的影响,充满不确定性,因此准确分析区域要素,对城市在区域中应有的定位作出前瞻性的判断,非常重要。一方面专业要求更强了,挑战也更大;另一方面,准确定位也会给城市发展带来更大的机会,使城市发展迈上新的台阶,甚至实现腾飞的目标。

第二节　城市发展规模

据国家统计局资料,70年来,我国城市规模不断扩大。1948年末,我国城市共有58个,大批县城改设为城市。1949年末,全国城市共有132个,其中,地级以上城市65个,县级市67个,建制镇2 000个左右。2017年末,我国地级以上城市户籍人口达到48 356万,户籍人口超过500万的城市有14个,300万—500万人口的城市有16个,50万—300万人口的城市达到219个,50万人口以下的城市有49个。2018年末,城市个数达到672个,其中,地级以上城市297个,县级市375个,建制镇21 297个。随着中国城市化进程的加快,城市规模越来越成为有争议的话题,比如什么是最优城市规模、大中小城市的优劣及比例分配,以及中国应该有什么样的城市规模体系,以哪种城市为主,等等。本来中国是个大国,规模成为话题很正常,比如有智库从哲学层面讨论超大规模性对中国的影响问题。另外,城市规模争议与中国城市的特殊性质有关,行政区划特色明显,城市之间常存在上下级关系。再则,城市不像其他学术领域,它与大众、与现实生活,都太近了,而且越来越近,人人对它都有体会,都能也都在发表意见。从城市发展的角度看,对城市规模的讨论之所以如此热烈,是因为它的重要性:规模优势和集聚效应。一旦规模达不到理想状态,就无法形成规模经济效应,城市集聚效应的优势就会丧失,各种资源要素无法实现最优配置,也不利于降低城市公共服务成本。同样原理,也不利于基础设施发挥最大效率。

一、城市规模的定义

目前,关于城市规模的定义还没有统一的标准答案。一般来说,城市规模是一个反映城市大小的数量指标,主要包括城市人口规模和城市地域规模两个方面,这也是《人口科学大辞典》的定义。但是,若从城市发展的角度来看待规模问题,那这个定义就显得简单,因为它似乎除了统计意义就没有其他作用。发展的意义已内含于城市规模之中,而人口规模也是发展的结果之一,即使考虑行政区划作用或计划经济时期,也是这样,毕竟城市乃因发展而诞生。也只有这样,我们才能说城市规模表达的是要素的集中或聚集程度,即人口、经济、科学技术等方面的规模。它分自然规模和经济规模两大类。自然规模多以城市的人口规模和用地规模来表达。经济规模是城市经济实力的具体体现,可用单项指标如国民生产总值,或复合指标来表示。所以《现代经济词典》对城市规模的表述是,城市规模是指城市人口、用地和各种经济发展要素的集中或集聚程度。因此,若仅限于人口研究,则城市规模单指人口数量或人口与地域面积即可,但若从区域经济、从城市发展角度谈论城市规模,则人口、地域和经济三方面都不可或缺,这里的经济规模相当于经济总量,于是城市规模也就有了表示城市的实力的意思。

二、城市规模等级划分

(一)城市规模等级划分

1980年,中国首次对1955年国家建设委员会《关于当前城市建设工作的情况和几个问题的报告》中的城市划定标准作出改变,将城市划分为四个等级:市区常住非农业人口(中心城区和近郊区非农业人口)100万以上为特大城市,50万以上到100万为大城市,20万以上到50万为中等城市,20万和20万以下为小城市。2014年11月20日,国务院发布《关于调整城市规模划分标准的通知》(国发〔2014〕第51号文件),新标准按城区常住人口数量将城市划分为五类七档:

①超大城市:城区常住人口1 000万以上;②特大城市:城区常住人口500万至1 000万;③大城市:城区常住人口100万至500万,其中300万以上500万以下的城市为Ⅰ型大城市,100万以上300万以下的城市为Ⅱ型大城市;④中等城市:城区常住人口50万至100万;⑤小城市:城区常住人口50万以下,其中20万以上50万以下的城市为Ⅰ型小城市,20万以下的城市为Ⅱ型小城市。

1980年,中国首次参照联合国的标准规定城市人口(中心城区和近郊区非农业人口)达到100万以上的城市为特大城市。2014年11月20日,国务院印发《关于调整城市规模划分标准的通知》的城市规模划分标准是:其中城区常住人口500万以上1 000万以下的城市为特大城市。从人口类型看,1980版标准是指"市区非农业人口",2014版标准指的是"城区常住人口";从人口数量规模看,1980版标准是达到100万以上,2014版标准是500万以上1 000万以下。具体而言,2014版标准相比于1980版标准有四点重要调整:①城市类型由四类变为五类,增设了超大城市。②将小城市和大城市分别划分为两档,细分小城市主要为满足城市规划建设的需要,细分大城市主要是实施人口分类管理的需要。③划分城市级别的人口规模的上下限普遍提高。小城市人口上限由20万提高到50万,中等城市的上下限分别由20万、50万提高到50万、100万,大城市的上下限分别由50万、100万提高到100万、500万,特大城市下限由100万提高到500万。④将统计口径界定为城区常住人口。(中国互联网新闻中心,2019年8月15日)

(二) 城市规模等级划分中的关键问题

如上所述,中国城市具有特殊性,有严格的行政等级差别。我国建制市的行政级别可大致分为四个层次:直辖市—副省级市—地级市—县级市。城市有上下级之分意味着城市可以管理城市,如地级市管县级市、县级市管镇。中国的城市不但管理城市自身,还要管辖着乡镇和村。西方的城市就是城市,不包括农村。划分城市规模等级的关键有二:一是城市边界;二是城市人口。目前在统计中关于城市边界和城市人口的界定并非特别清晰,城市边界的不确定造成城市人口的不确定,这主要还是行政区划方面带来的困扰:行政辖区要远大于城市的实体范围。城市的实体范围到底有多大?关键是为什么似乎没人在意?还有一个问题与我们一开始讨论的城市规模的定义有关。城市规模不能只讲数量指标,即城市人口的多寡。城市是发展的产物,是要素聚集的所在,仅仅人口数量不能体现这一点。因此等级划分不能纯以人口作标准。换句话说,在人口一样多的情况下,有些城市比另一些城市更像城市或大城市。或许,我们仍未摆脱城乡二元的思维,往往仅仅以农村为参照来看待城市或城市规模,尽管有时需要这样,比如在强调城市的负面因素之时。当务之急,还是先厘清并统一一些概念。

三、影响城市规模的因素

(一) 城市规模的增长方式

说到影响城市规模的因素,首先要提到单中心城市模型(Alonso, 1964; Muth, 1969; Mills, 1972)。这个模型中的城市呈圆形,其中心是中央商务区,所有的居民都在中央商务区工作,并且住在外围。他们的通勤呈放射状,即从任何一点都可以由直线而到达中央商务区。该模型通过研究就业高度集中下的居住选址行为,得出居民愿意为每个区位支付的意愿租金,最终形成"竞租曲线",或"竞租函数"。这个模型的主要贡献在于提供了一个有效的理论框架,可以研究居民在通勤成本和住房成本之间的权衡行为,从而得到城市空间一般均衡状态。换言之,城市的扩张会在某一点达到平衡,形成边界。后来,学者们慢慢发现单中心模型有其与现实不相符合的地方。交通拥堵以及中心地租的上涨使得在中心之外,又形成了多个副中心。于是单中心模型就让位于多中心模型。但单中心模型仍是基础。中国也有学者运用此类模型研究中国城市的现状。在此中国的特殊性在于城乡二元结构,城市扩张受到乡村的限制。其他影响聚集效应的学理因素还有空间异质性和内部规模经济,以及外部经济,包括负外部性对城市规模的影响。

(二)城市的禀赋条件

城市的禀赋条件是城市规模增长的基础,优越的地理位置、丰富的资源、优美的环境往往是城市形成和增长的重要原因。禀赋条件的优劣影响城市人口的迁入和迁出,影响着城市发展的动力和机遇,是影响城市规模的重要因素。一个城市拥有的资源越多,就越有吸引力,越容易扩大规模。这些资源主要有矿产、工业、商贸、教育、旅游、政策、科研、医疗、交通、地形、地缘、政治、军事等。我国目前的一线大城市聚集了全国最好的资源,这些资源对外界尤其是年轻人有巨大的吸引力,所以我们才有所谓的"北漂""南漂"。城市环境对人的影响今天已毋庸置疑。一是环境容量,它是指在城市有限的地域空间内的大气、水体、土壤等这些环境要素自净能力的限度,当城市向环境排放的污染物超过了环境容量,生态就会被破坏。二是环境质量,在城市工业"三废"和环境噪声污染严重、环境质量低劣的情况下,城市的规模就不能太大。三是公共基础设施,完善的公共基础设施营造良好投资环境,吸引投资者慕名而来,加快和加深区域聚集。

(三)城市发展水平

城市发展水平包括几个方面。首先是经济效益,即投入产出比。投入既包括物质投入和环境投入,也包括随之而来的一切外部损失。产出应包括城市所创造的全部物质产品的价值量。其次是市场容量,它是城市发展水平的最直接的表现。市场容量是指在不考虑产品价格或供应商的前提下,市场在一定时期内能够吸纳某种产品或劳务的单位数目。从正面看,市场规模会引发本地市场效应和生活成本效应,导致城市规模增长。从负面看,市场规模扩大会带来竞争加剧、交通拥挤、环境恶化、生活成本提高等负面影响,产生拥挤效应,从而导致部分厂商、就业人员迁往其他城市,影响城市规模扩大。

另外,城乡收入差距以及城市间的人才竞争态势、政府为此采取的政策,也会影响城市规模。农村地区劳动力向城市迁移的最初动力就是城乡收入差距。

四、城市规模与效率

(一)最优规模与城市效率

城市的作用在于使人口、企业和各种经济活动空间聚集,使人们凭借集中的市场、良好的服务,以及完善的基础设施,还有各种技术人才、各种企业带来的资讯,形成溢出效应,这就是规模的作用,即规模效益、聚集效应。聚集效应是城市的魅力之一。由于城市的聚集效应,城市经济具有规模经济递增的特点。一方面,城市存在着一个内在增长的驱动力,即规模收益递增,使城市的规模不断扩大;另一方面,由于城市扮演着经济和商业中心的角色,追求效率是城市的首要目标,城市效率的高低直接影响着国家对于城市发展战略的决策和调整,也是衡量城市是否达到最优规模的重要指标。这里的城市效率是指广义的城市综合运行效率,它包含了狭义的仅指某个单一指标的效率,如劳动效率、经济效率、资源效率等,反映了投入和产出的比例关系。随着城市规模的不断扩大,城市的聚集效应也发挥着越来越重要的作用。但是,城市规模过于膨胀会带来外部成本的上升,一些负面影响也逐渐显露,人口密集导致城市交通、生产和生活成本增加,生产环境恶化,从而成为城市规模扩大的障碍。为了促进城市规模的理性增长,需要对城市效率的发展机制和影响因素进行分析。比如赵可等认为城市用地扩张通过产业结构升级、城市化、生态环境变化与规模经济路径影响区域经济增长质量水平。集聚经济效益是企业与人口在城市集中的原因,推动了城市用地的扩张,改变了城市规模经济状态与经济增长质量水平。若用地扩张未使城市突破最优规模,则集聚经济效益大于外部成本,净收益增加,城市处于规模经济状态,具有较高的规模效率;若城市扩张突破最优的城市规模,因基础设施建设成本、政府管理与服务成本、交通成本和环境成本等快速增加,城市净收益下降,城市处于规模不经济状态,具有较低的规模效率。因此,城市用地扩张与规模效率之间可能呈倒 U 型关系。[1]遗憾的是,目前讨论虽多,但大多是各侧重某一方面,或仅强调积极的一面,尚未找到一个精确的平衡点,换言之,城市最优规模的真正机制尚处在探索之中。

(二)城市规模的度量

最常用的城市规模的度量指标有人口数量和土地面积、首位度、基尼系数等指标。人口规模变动与土地规模变动最好保持同步,此时我们称之为人地协调的状态,反之要么意味着城市人口扩张过度,要么就是城市土地规模扩张过度,表明城市处于蔓延状态。福布斯中国自 2004 年开始推出"中国大陆最佳商业城市排行榜",旨在通过人才指数、城市规模指数、消费力指数、客运指数、货运指数、私营经济活力指数、经营成本指数、创新指数这八项指标,从各个不同维度进行全方位考量,寻找适合商业发展与人们高品质生活的城市,其中城市规模由各城市 GDP 总量、常住人口、户籍人口、城乡居民储蓄年末余额、年末金融机构各项贷款余额等指标加权计算而得。首位度在一定程度上代表了城镇体系中的城市发展要素在最大城市的集中程度。为了计算简化和易于理解的需要,杰斐逊提出了"两城市指数",即用首位城市与第二位城市的人口规模之比的计算方法:$S=P_1/P_2$。利用首位度来度量城市规模的缺陷是它无法反映整个区域城市规模的分布状况。而基尼系数恰好可以衡量区域城市规模的集中或分散程度。基尼系数 G 的取值范围在 0—1 之间。当所有的城市人口规模都一样大时,G=0,这时城市体系中城市人口的规模分布达到了最大的分散程度;当城市体系的总人口都集中于一个城市,而其他城市却无人居住时,G=1。一般来讲,基尼系数越接近1,城市规模分布越集中;基尼系数越小,则城市规模分布越分散。基尼系数更加着重于区域城市规模之间的差距比较,是城市规模分布度量的有效指标。

第三节 城市发展结构

城市是发展的产物,城市结构是在发展中形成的各种要素的结合形式,各种形式之

---

[1] 赵可、徐唐奇、张安录:《城市用地扩张、规模经济与经济增长质量》,《自然资源学报》2016 年第 31 卷第 3 期。

间相互作用形成相互关系,因而呈现出多种结构形态,其中主要包括经济结构、社会结构和空间结构三大类型。城市结构反过来会促进或阻碍城市发展,两者之间呈一种动态的相互作用关系,而城市的精彩和无奈也就在此过程中不断展现,既能透出城市活力,也会陷入僵化或停滞,看似暮气沉沉,令人困顿。此时,就需要创新,就需要解放思想。因为往往理念才是结构问题背后的深层次原因。

一、城市结构的复杂性

（一）城市结构的不同层面

可以从全国城市规模体系谈论城市结构,比如中国大中小城市各占多大比例所形成的城市结构;可以从我国城市的形状分布来谈论城市结构,比如有人提出中国现代城市有七大空间结构:连片放射状结构类城市,双城结构类城市(分两种),一城多镇结构类城市,带卫星城的大城市,连片带状结构类城市,以及分散型结构类城市(《我国现代城市七大空间结构来源》,建筑网,2017年10月10日)。这里有统计角度,有纯地理角度,本节不探讨以上内容及其合理性问题。从发展角度谈论空间意味着,空间是发展的结果和原因之一。空间既属地理范畴,也属经济学,更属美学范畴,但都离不开发展。有人指出经济结构最重要,但经济也表现在空间之中,尤其是城市这个特殊的空间,空间对于城市具有实质性意义,直插云霄的摩天大楼是经济实力的体现,也增添了城市的美景。

从功能角度看,在城市的发展过程中,不仅建筑物的增加,以及居民的聚集之间存在有机联系,而且城市内部会产生各具功能的区域,如商业区、住宅区、工业区,这几个功能区之间存在着有机的联系,从而构成城市的整体。这种城市内部各种区域性的形成以及它的分布与配置情形称为"空间结构"或"内部结构",简称"结构"。结构一方面受城市内部自然环境的约束,另一方面也受到历史发展、文化宗教和城市规划的影响。[①]

（二）当前城市结构研究的几种路径

既然是空间,则城市结构自然成为城市地理学研究的主要内容之一。在城市地理学研究者看来,城市结构就是经济、文化等各因素在城市地域上的空间反映。他们通常是通过考察城市土地利用类型,以及城市功能地域的组合情况,来概括该城市的结构特征,人称景观学派。该派遭人诟病的是他们忽视了城市地域中人类的活动,于是相应地出现了从社会角度研究城市发展规律的社会生态学派。之后又有研究主观行为的行为论、注重制约因素的结构主义方法和更富动态特征的时间地理学方法。还有人总结出城市空间结构概念框架的四个维度:空间和非空间,形式和过程,时间,以及文化、功能和物质三要素。结合以上叙述,这都不难理解,比如说城市文化、城市的功能和城市的物质结构表现在空间之中,显而易见。

---

① 王富臣:《论城市结构的复杂性》,《城市规划汇刊》2002年第4期。

二、城市空间结构的内涵

(一) 城市空间结构的内涵

如前所述,空间结构视角是本节的重点。城市空间结构具体包括城市空间密度、城市空间布局和城市空间形态三个部分,这三个部分与城市发展有密切的关系。城市密度是城市发展水平的体现,是经济实力的体现,是城市魅力的体现,它包括城市的人口密度、企业密度、建筑物密度、商业网、路网密度、教育机构密度等多个指标,这些指标的高低反映了这座城市集聚经济效应的大小。本章第二节城市发展规模中已经讨论过密度、聚集效应问题,指出人口密度是实力的体现。其实其他指标也是。只不过人口密度相对于其他密度有它的特殊性:对交通、对人的心理会有负面影响。城市布局指城市要素在空间上的位置分布,带有行政和规划色彩,如果这样的话,布局与密度的性质就不完全相同。密度是发展的结果,而布局多少带有政策或行政干预的味道,于是就增加了布局不合理的可能性。反之,合理的城市布局可获得外部效应。最后,城市形态是对城市空间结构的一种整体描绘,或对前两者的综合体现。城市空间形态早就存在,城市诞生之日就占据了一定的地表空间,并在各种自然、人为因素的制约和影响下,形成一定的用地轮廓。城市空间形态可以分为集中式和分散式两大类(参见上文我国现代城市七种空间结构),前者如平原地区,后者如山区或丘陵地带,前者有集中发展的条件,后者使得城市发展不能保持连续的块状形式。其中集中式又分团块状、带状和星状三种形式,分散式指城市由几片互不相连的土地组成。各种形态各有利弊,集中容易导致交通拥堵和环境恶化,分散会带来高建设成本。但一般来说,就城市发展而言,集中要好于分散。

(二) 西方解释城市发展的三种结构理论

一是同心圆理论。美国芝加哥大学教授伯吉斯(E.W. Burgess)于1923年提出同心圆地带理论。按照他的理论,大城市的地域空间结构会演变表现为城市区域的外延扩张,城市结构形式并非如一般人所相信的是三个圆形地带,即城市中心、城围及城外,而是由五个同心圆形所组成,第一层是中央商务区,第二层是过渡区,第三层是工人居住区,第四层为良好住宅区,第五层是通勤区。二是扇形地带理论。霍伊特(Homer Hoyt)根据有关方面对美国200多个城市结构的研究,结合自己对美国64个城市的实地调查,提出了城市扇形结构理论。该理论否认了伯吉斯城市由市中心向外均匀发展的观念,认为同心圆理论不能成立。反过来其认为城市居住区和城市内产业会沿主要交通干线自城中心向城外地区延伸;城市的发展也会沿着主要交通要道从城中心向外放射。三是多中心理论。1945年城市地理学家哈里斯(C.D. Harris)和乌曼(E.L. Unman)教授根据城市土地利用形态分析,认为城市地域结构大都不光是一个中心,而是围绕有若干距离的多个中心,这就是多中心理论。而且根据对美国50万人口以上城市结构的研究,发现这些中心区域或以车站为中心,或以桥梁为中心,或以工厂为中心,或以教堂为中心,从而成为中央商务区、批发商业及轻工业区、住宅区等。

三、城市结构与城市规划

前文讲过,中国的城市具有特殊性。相较于缺少规划的美国城市结构,中国的城市结构规划特色强,尤其强调功能分区,一般中国的城市从功能上可分为工业区、居住区、商业区、行政区、文化区、旅游区和绿化区。从结构看,尤其重视工业区、住宅区和商业区。结构是服从功能的结果。但结构一旦形成,就会发生反作用;而且,结构一旦形成,就很难轻易改变。所以,这就是结构的重要性;结构开始反过来制约发展。我们研究结构的意义正是在此。如何判断结构是否合理?这是个大问题。如前所述,结构依功能而定,那么在某个阶段哪种功能更重要?要服务多少人?什么样的人?对待这类人的价值观如何?比如是所谓外地人,是农民工?这就牵涉到道德立场问题。也就是说,规划背后的价值观是什么?哪怕是统治阶级、政府制定的规划,也要问一问,问题是谁来问,是否能问,以及问了有用没用。笔者写到这里的时候,似乎突然觉得,一切城市问题都是结构问题这个命题,不那么难懂了。接下来,如果结构不合理,怎么改?这又是一个大问题。从哪里入手?难在哪里?难在结构当中套结构。这里充分显示出城市研究的跨学科特点。城市问题需要各路精英群策群力,共同出力,才能找到最好的解决方案。其中关键一点是不唯上。西方相信模型,用模型来解决事后的结构问题,也就是说精准调整结构,应付发展带来的功能上的变动,我们能做到吗?中国也有很多学者在尝试运用模型来解决结构问题。笔者觉得,中国城市既然有特殊性,最好能建立属于我们自己的模型,而不是始终套用西方的模型。另外,做好开始的规划也很重要,既要站稳立场,置人民于心中,更要认真调查,精准规划。当代科学为我们提供了更好的发现和调查方法,理应让我们不断奉献更好的规划。

第四节 城市发展活力

活力指的是一种动感,一种积极的生命状态,是我们可以感受得到的东西。同样,城市活力是一种积极的城市生态,繁荣是它的根本,忙碌是它的表象,穿梭的人流、交错的车辆和深夜不灭的大街楼顶的灯光是它给人的直观感受,而城市上空飘动着的那种扑面而来的气息则是这座城市的独特气质,其中蕴含了其独特的城市文化和城市精神,亦可以称为文化活力,是它们让人们在精神和心理上留恋这个城市,而不必天天向往着远方。更准确地说,这种气息是经济活力和文化活力的混合体,有时确实很难区分开来。活力就是希望,就是吸引外来者的最好资源,以致让后者哪怕要冒点风险,也在所不惜。对外来者的吸引力成为城市保持不竭活力的法宝。深圳即是如此。城市活力首先在于经济活力,而经济活力主要取决于城市发展,同时,经济活力反过来也促进城市发展,两者相辅相成。

一、空间活力元素：设计、效率与人口

（一）美好的设计

城市发展离不开空间和利用空间。城市空间包括城市公共空间和城市空置空间。公共空间设计和利用合理及其效率就是活力的来源，它包括街道空间、公园、广场、海滩、河流绿地、公共场馆、居住区户外场地、废弃的旧建筑场所等，为城市居民的日常生活和社会生活提供休息、交往和娱乐的场所。城市是人为的空间，因而处处充满设计，于是城市之间的高下就此凸显：有的很美，很人性化，人们喜欢在此流连、嬉戏和交往，熏陶和塑造行为方式，从而提振了城市精神和城市活力，增进了社会和谐；有的设计刚好相反，不合理，不好看，非但没有起到点缀美化作用，反而是浪费了空间资源，大煞风景。总之，有活力的城市应当是拥有美好设计，拥有充满人性化的公共空间和公共生活的城市，应当是令人愉悦和提升人的超越层面的城市，应当是让人对它充满爱和热情的城市。

（二）高效率的利用

城市的高效率利用指城市空间综合利用率高、土地利用率高、城市居民出行和生活效率高。城市空间综合利用率高是城市魅力和城市活力最直接和最好的展示，办公休闲生活集中在一起，合乎当代城市的理想形象——紧凑城市。高效率的城市还表现为交通的日益方便，可移动速度加快，极大地方便了居民生活，增加了人们的交往，增添了城市活力。

（三）人口密度

城中有人，人在城中。人是空间的主体，是空间的占据者和空间活动的参与者。人口是城市活力的明显和重要标志，拥有高密度的人口是城市活力的一大体现；密度一定是结果，而不是原因。有人认为高密度也是全球城市的特征之一，高密度是产生活力的源泉，提供多样性和差异化的可能。但高密度不等于拥挤，后者意味着城市空间设计失败，意味着混乱、环境失衡，会带来心理的压抑和厌恶，增加了城市消极的一面，增加了人们远离这个区域的可能。但是，过于简单看待人口密度、拥挤与活力之间的关系也没有意义。有活力并不等于不能拥挤，关键还在于，拥挤有没有影响到活力，根据是什么？我们不能想当然，也不能过于理想化。毕竟，没有十全十美、让所有人永远满意的城市。

二、城市活力的经济表现

城市活力的经济表现即所谓经济活力。经济是一个城市的基础，是城市发展的首要依赖，经济活力是城市发展活力的重要表征。而经济活力的基本表征包括经济活动的多寡和频率，城市的物质丰富性和空间的利用效率，包括物流的畅通、商业的兴旺，当代则还包括网购、网红经济、夜经济等业态。马路上、居民小区快递员随时随处可见。一段时间以来，"夜经济"成为热词，也成为衡量城市活力的重要指标。各地陆续出台鼓

励支持夜经济发展的政策举措,推动相关业态与模式不断创新。①

不同的城市会有不同的性质与功能,加上区位的不同,以及全球化的影响,经济以及经济活力表现形式会不尽相同,影响因素会很复杂。但一般认为,合理地利用区位优势,对基础设施建设和经济发展能起到很大作用,会带来经济的良性循环。比如中国的长三角、京津冀、大湾区等,这里已超出城市活力的范围,但城市群确实也在蓬勃兴起,经济开放趋势、区域化趋势正如火如荼,这自然也是源源不断的城市活力的一部分。

问渠哪得清如许,为有源头活水来。创新永远是城市活力的不竭之源。当今信息技术日新月异的变化则为经济领域的创新带来了无限可能。但也要善于利用、主动出击,而非坐等活力、坐等新的业态到来。创新并成功起码有三个条件:胆、识和势,势即环境,体制。因此,关键是要思想解放,这一点说易行难。想起 1991 年 2 月,邓小平同志在上海听取浦东开发规划汇报时说:"希望上海人民思想更解放一点,胆子更大一点,步子更快一点。"总之,僵化是活力的大敌。

三、城市精神:文化活力

文化活力体现的是一个城市的文化特质及其精神内涵。每个城市都有不同的生活习惯、审美趣味和价值观,这种城市文化的形成一般与该城市的历史,也许还包括地理位置,密切相关。这种城市文化的根在该城市的博物馆里。所以凡是我们见到当地博物馆得到高度利用,比如举行各种展览,而参观的人群络绎不绝等情形之时,就是这座城市体现其活力之时,因为这是城市的精华,这是这座城市的魂,是将这座城市凝聚在一起的核心力量。这就是这座城市的精神,富有特色的城市精神。因此这座城市的文化活力必须建立在充分挖掘、依托、利用、发扬和宣传这种精神,进而围绕它举办各种文化活动的基础之上,比如设立当地名人长廊。还有一种城市文化是新生的、短期内形成的,有着鲜明的地区风格,它与传统的文化概念不一样,更多的是一种风格,一种精神,它来自经济生活,比如改革前沿城市深圳。朝气蓬勃、你追我赶和积极上进是它的活力特点。从后者我们推理出,若新增的经济内容会带来新的文化,那么若在历史久远的城市中增添新的经济内容,也会带来新的文化,因此城市文化也处在变动之中,而未必是一成不变的根植于博物馆的文化,尽管它是根,它是魂。每座城市都应当有自己的文化特色,如果一个城市在文化层面缺乏特色,就会失去成为一个独特个体的必要条件。虽然文化活力需要历史的沉淀作基础,但政府的主动介入和有效安排会促进地区文化建设的进度,引导它的走向。

四、百姓娱乐:活力保障

人们除了工作,还要休闲、娱乐,尤其是在城市这样一个到处是陌生人、非自然的人

---

① 桂从路:《夜经济让城市更有活力》,人民网,《人民日报》,2019 年 8 月 28 日。

为环境。人为的环境，人更需要精神层面的追求，以超越平凡，释放和超越自身。所以不能小看娱乐活动、游戏活动，况且对青壮年来说，它是恢复身心因而也是劳动力生产的一部分；对退休的老年人来说，它是老有所乐，颐养天年的一部分；更重要地，它因此而解除了青壮年对子女的后顾之忧，激发了工作干劲。若家里老小整天没着没落，势必影响家庭生力军的工作干劲和热情。音乐、舞蹈、绘画、竞技、游戏，都是城市生活必不可少的一部分，对城市活力、城市精神大有影响。关键是如何利用节日、利用公园、大型演出场所多举行一些或雅或俗、雅俗共赏的文化活动，如演唱会等，激发人们心中对城市的热情和爱意，对生命的热情，体验到生活的快乐和感受到城市的魅力。不可小看城市公园的作用，它是城市人放松压力的出口，是老年人休憩欢乐之地，况且，公园里此起彼伏的合唱，群众乐队的交响，不但愉悦了自己，还感动和愉悦了到此一游的人，快乐的传染作用在城市里十分重要。城市是人为的反自然的空间，因此创造快乐、传递欢乐怎么强调也不过分。反过来，没有什么比冷漠更能损害城市的活力。

五、城市营销：保持城市活力的最好手段

（一）合作取代竞争

首先，城市营销不能孤立进行，尤其在全球化时代，竞争应让位于合作。比如，城市和区域之间的合作，城市和城市之间的合作，还有城市与国家之间的合作。而且它也符合国家战略的需要。换言之，城市营销可以承担起国家营销的责任。反过来，如果一个城市在营销自己的时候能够获取更多的合作、更多的资源，考虑国家战略，或许还能得到国家政策的特殊支持。营销自己，也是营销区域，甚至营销国家。合作取代竞争能够节省资源，提高效率。

（二）提升城市文化

城市文化是指城市的社会意识形态以及与之相适应的制度和组织机构的总和，同时也是城市居民在城市的长期历史发展过程中形成共同的思想、价值观念、城市精神、行为规范等精神财富的总和。城市的制度文化、城市精神具有不易模仿性和特殊性，能更有力地吸引顾客，城市文化决定城市形象，决定城市品牌，从而决定城市营销。提升城市文化，就是提升我们的城市现代性，更多地从人的真正需要出发，包括精神与灵魂的需要，而不仅是娱乐、享乐、追赶西方而已。中国的城市应当具有自己的文化特色、文化品牌、建筑品牌、设计品牌、城市品牌。城市营销应立足长远，站在更高的角度看待城市营销问题。整个城市的管理文化、环境、能力有无改善？是否符合国际先进潮流？等等。

（三）培育乌托邦精神

谁都知道打造城市品牌、城市地标，提高品牌设计能力，追求毕尔巴鄂效应，但这些背后需要的是自由的氛围。自由氛围带来思想的解放，然后才有想象力的驰骋，才能使城市具有魔力，给城市带来近悦远来的效果。政治僵化是思想僵化的原因之一，一旦思想僵化，何谈伟大的时代应有伟大的作品？城市营销本是自上而下之事，"鸟儿自由了，

于是便有了歌声。"

政治的进一步解放，文化的改造和提升，才能孕育出乌托邦精神，而任何积极、有魅力的东西都会促进城市的营销。一个空洞乏味的民族，比之一个政治色彩淡化、人性化、有趣味的民族，哪个更有利于城市营销？答案显而易见。五千年文明并不能确保我们具有想象力、具有魅力、具有趣味，反而有些早已泛滥的东西应该淡化，我们的艺术品位影响到城市设计的格局，如何找到真正代表中国而又能具有普适性的艺术文化风格——比如书法就不是，李白的那种夸张文学也不是，名人（主持人）散文更不是——亦即找到适合我们的现代性，才是最重要的。

第五节　城市公共服务

城市发展需要活力，城市公共服务则是城市活力的保障和后盾，甚至也可以说是活力的一部分。从发展的角度说，发展意味着向前，意味着进步，但发展不是凭空发展，发展需要以稳定为支撑，这个稳定就是发展的环境条件，包括生活环境、生存环境、安全保障等因素，发展与稳定相伴同行才能带来可持续发展。再者，发展往往是区域发展，而区域发展难免带来不平衡，从而影响经济发展总体规划或格局，又反过来制约城市发展。为了城市的持续发展，我们需要一种平衡机制，城市公共服务系统就是这样一种平衡协调机制。而能够提供这种机制的角色首先并主要是掌握资源的政府，因为其他城市主体很难具备全面满足公共需要，同时又兼顾公平的能力。政府的重大职能之一就是提供公共服务，既为生活和人民幸福服务，同时，也为发展服务，为发展提供这样一个环境，解决发展的后顾之忧。公共服务的资源来自发展，然后服务于发展和为发展作出贡献的主体，因此，政府的立场、价值观是第一位的；第二，当然是政府的能力，包括判断能力、分析能力；第三，是政府的责任心。总之，政府如何决策、如何表现，直接影响公共服务水平和效果，弹性很大。还有一点在当今也很重要，那就是政府之外的供应主体问题，政府如何借用市场和社会的力量，更好地为各种人群提供好的服务。市场意味着利益，意味着差异化，公共服务的"公共"二字正受到越来越多的挑战。这是否也应成为城市运营内容中的一部分？

一、公共服务是一种伦理活动

城市公共服务系统是在城市发展的过程中逐步形成、变化和完善的，在城市发展的不同的阶段，公共服务会呈现出不同的特点。例如，最早的公共服务是防御外敌入侵，即国防建设。另外还有统治阶级为抵御自然灾害而提供的公共服务。随着国家城市化进程的加快，城市不断完善，公共服务的种类也不断增多和完善。同时，伴随着城市发展，以及人民生活水平和对幸福水平的要求的提高，城市公共服务的地位和角色日益重要。换言之，它本身成了一个独立的值得研究和重视的领域。这可以分两点来说，一个是它自身需要平衡，即内部结构要合理，兼顾社会各方；第二，它要兼顾城市当前的生存水平和未来的发展潜力,即两者之间也需要一个平衡,当前提供的公共服务水平不能以损失可持续发展和未来的服务水平为代价。

"全体付出,全体受益",即全体人作贡献,服务于全体人,凡对城市作出贡献的人都应当享受同样同等质量的服务,这是能让城市公共服务保持公平公正的基础。没有得到应有的服务,或分配差异现象,总是会引起社会矛盾,造成公众心理失衡,仇恨加深,甚至造成报复社会,犯罪率上升,让无辜者受害。人与人之间的关系受损,城市肌体受损,精神活力都会下降。伦理也是公共服务能够得以执行的前提:人是伦理动物,依托伦理,公共服务才能强制推出和被贯彻,从而保护弱者,维护公平。目前,在某种程度上,我国城市的公共服务供给已经基本满足了城市居民在基础设施、社区绿化、社区保洁、贫困家庭救助、计划生育辅导、便利店、便民店、基础教育、家政服务等多方面的需要,但是出现了供需双方不平衡的现象,具体表现为供给不足和过剩并存,过剩的是与政府政绩有关的工程、达标项目,不足的如养老、低保、就业培训、特殊教育。这种不平衡是由我国城市公共服务的政府主导和行政化倾向造成的,造成公共服务未能准确反映居民的需求偏好,未能保证最低保障。

二、城市公共服务的主体

为保障所有人享受到公共服务,必须回答"为谁服务""谁提供服务""谁来运作服务""服务质量如何"的问题。与之相对应的主体是需求主体、执行主体、供给主体和监督主体。需求主体是全体市民,包括长期在城市生活居住、工作的人。城市中的每一个人不分性别、民族、贫富、行业、健康水平,都有享受基本公共服务的权利。供给服务的主体也是全体市民,但最重要的供给主体始终是政府,这是公共服务对于公平性、全覆盖性和非产业化的特殊要求造成的。随着市民对基本公共服务需求的增加,过去那种单纯依靠政府提供服务的形式已难以满足居民不断上升的对公共服务水平的要求,由一些非政府组织、市场组织甚至市民加政府组成的多元供给格局正在形成,它们共同成为城市公共服务的供给主体。这里既要防止政府行政包揽、垄断一切,造成公共服务效率低下,缺乏创新又成本过高,又要防止在供给主体选择过程中的随意性,官员过多干扰,防止政府以外其他组织或个人一味利用提供服务机会牟取私利,不受监督,使公共利益受到损害,让公共服务进行改革的成本转嫁到了百姓身上。另外,如何最大程度地发挥非营利组织乃至志愿者的补缺作用——政府容易顾及不到产生漏洞而私人组织又不愿意干的领域——也是一个值得高度重视的课题。总之,问题还是:谁来干,谁来关注,谁来监督,也即意味着谁来为个体需求有效代言,替个体说话。公共服务的监督主体包括政府、非政府组织以及其他社会组织。不同的监督主体所持角度不同,却共同为保障某一需求主体的利益作出了贡献。

执行主体的重点在于,对他们的道德底线必须是高要求严标准。他们一般由公共服务组织、公共服务组织的内部人员和相关政府管理人员等担任。

三、城市公共服务内涵与分类

在城市当中,城市管理的对象是城市公共事务,而公共事务具有公益性质,可以直接满足社会公共需要,其收益可以为社会公众共享,它的意义在于为社会运行和发展提供基础条件。公共事务指的是生产公共物品的活动。公共物品源于经济学的视角,是私人物品的对称,亦称公共产品,是指具有共同受益或联合消费特征的物品行货服务。公共产品是指具有消费或使用上的非排他性的产品,亦即每个人对这种产品的消费不会导致他人对该产品消费的减少,比如国防、森林公园等,人们在享受它们时互不影响。概括而言,公共物品或服务有两个突出的特征:一是公共物品或服务的消费是非竞争性的,一个人的消费不会影响或减损其他个人从同样的物品或服务中同时获得好处;二是公共物品或服务的使用是非排他性的,即几乎不可能将特定的个人排除在公用物品或服务的消费或使用之外。公共服务与公共物品能否交替使用,取决于研究视角的选择。

公共服务可分为狭义的公共服务和广义的公共服务。狭义的公共服务指满足公民的某种具体的直接需求的服务,这类需求包括衣食住行、生存、生产、生活、发展和娱乐的需求等。广义的公共服务一般指的是政府的行政管理行为,包括国家所从事的经济调节、市场监督、社会监管、社会管理等一些职能活动,维护市场秩序和社会秩序的监管行为,以及影响宏观经济和社会整体的操作性行为。

根据其内容和形式,公共服务可以分为基础公共服务、经济公共服务、社会公共服务、公共安全服务。基础公共服务是指那些通过国家权力介入或公共资源投入,为公民及其组织提供从事生产、生活、发展和娱乐等活动都需要的基础性服务,如提供水、电、气、交通与通信基础设施、邮电与气象服务等。经济公共服务指通过国家权力介入或公共资源投入为公民及其组织即企业从事经济发展活动所提供的各种服务,如科技推广、咨询服务以及政策性信贷等。社会公共服务是为满足公民的社会发展活动的直接需要提供的服务,包括教育、科学普及、医疗卫生、社会保障以及环境保护等领域。公共安全服务是指军队、警察和消防等方面的服务。

按照大的专业属性,公共服务可以分如下几类:国防建设、国内与国际公共救助与灾害援助、法律法规政策规范、文化经济产业开发建设、精神文明和物质文明建设、信息化建设、标准化建设、工业化建设、城镇化建设、特色产业建设、金融保险与消费建设、职业化和专业化建设发展等。按照工程专业属性公共服务还可以分为:国防工程、公用设施工程、民生工程、安居工程、法治工程等。

第六节 城市运营

随着工业化和城镇化进程的快速推进,城市管理、公共服务和城市建设等城市发展相关问题日益凸显,为政府、社会和学术界所关注。如何在提高城镇化水平、推动经济社会快速发展的同时,规避城市病,解决城市建设资金不足、政府提供的社会公共服务不能满足城市居民的需求等问题,已经成为横亘在我国城市发展面前的一道难题。如何通过城市运营而取得城市资源的增值和城市发展最大化是我们面临的重大课题。《"十二五"规划纲要》提出,要按照统筹规划、合理布局、完善功能、以大带小的原则,遵循城市发展客观规律,以大城市为依托,以中小城市为重点,逐步形成辐射作用大的城市群,促进大中小城市和小城镇协调发展。城市增多的一个直接后果就是城市或城市群之间的竞争日益激烈,中国现有的城市格局将重新洗牌,无论是重量级的大城市,还是数以百计的中小城市,都面临着调整自身定位、自谋发展的"经营"问题。而真正的城市化,是对城市的各类资源进行优化整合和市场运营,最终实现资源的合理配置和高效利用。

一、城市运营诞生的背景

城市运营脱胎于城市经营,是我国学者在城市发展实践中对"城市经营"理念的升华,具有鲜明的中国特色。20 世纪 80 年代后期有经济学家提出"城市基础设施的经营与管理"的思想,差不多就是城市经营的观念。而城市经营概念的首次提出是在 1998 年 9 月上海召开的纪念十一届三中全会的研讨会上。2002 年前后,我国城市策划学者最早提出"城市运营"的概念。理论上,我国的城市经营与城市运营都是起源于 20 世纪 50 年代欧美国家的城市管理(urban management)或城市经营理论。该理论的根据是城市的资源具有越来越强的商品属性,而政府其实与一般的公司并无本质区别,从而使最早出现企业中的竞争力的概念开始被引用到城市甚至区域的层面。英国社会学家帕尔(Ray Pahl)结合城市竞争理论和欧洲 20 世纪 60 年代的改革运动,首次提出城市管理(城市经营)理论。帕尔在他的著作《谁的城市》中认为,城市管理就是将城市的各种匮乏资源进行分配的过程。之后,受以政府再造为核心的新公共管理理论的影响,城市管理的中心从治理转向经营。

实践中,大约在 2010 年前后,部分城市政府开始尝试与拥有融资能力的房地产开发商合作开发新城或新区,城市运营实践就此开始。2013 年 12 月中央召开的城镇化工作会议明确提出新型城镇化的国家战略,2014 年 3 月出台了《国家新型城镇化规划(2014—2020)》,明确了"市场主导、政府引导"的城市发展方向。城市运营概念就是在这一现实背景下诞生的。

必须提到的是,在之前的以政府为主导的城镇化模式下,城市经营是城市建设中的主流模式,实践中,它产生了很多问题。1994 年施行分税制改革,地方政府的权力、动力与空间都加大了,同时压力也加大了。城市间竞争加剧。城市建设的资金几乎完全依赖地方政府的财政收入,而财政收入的很大一部分又来自土地出让。后果是地方政府的利益最大化取代了社会公共福利的最大化,城市经营变成纯粹房地产开发,土地浪费严重,社会矛盾突出。尽管现实中尝试了吸收社会资本的融资模式,但没有市场的参与,因而谈不上是真正的城市经营。城市经营的元理论强调广泛的社会参与和市场调配在城市建设和城市发展中的作用。以此为基础,城市运营的总体目标是通过产业、文化、交通、生态和人居环境提升来实现城市五位一体的综合发展。

二、城市运营的含义

城市运营包括两层含义，就是指政府和企业在充分认识城市资源的基础上，运用政策、市场和法律的手段对城市资源进行整合、优化、创新而取得城市资源的增值和城市发展最大化的过程。对于城市来说，城市资源不仅包括如土地、山水、植被、矿藏、物产、道路、建筑物等自然资源，还包含涉及历史文化遗产、社会文化习俗、城市主流时尚、居民文化素质、精神面貌等的人文资源。增强一个城市的综合竞争能力，就是既有效增加城市的物质财富，又增加城市的精神内涵；通过城市运营，把城市的自然资源和精神资源有效地推向市场，使城市的综合竞争力得到提高。城市的财富增加，城市居民生活质量和幸福感得到提升，这是城市运营问题的关键，也是城市运营的终极目的。城市运营目标的实现需要政府和城市运营商的共同合作。

什么是城市运营商？城市运营商是指那些自觉围绕城市的总体发展目标和发展规划，充分运用市场化的机制和手段，通过发挥企业产业优势和资源优势，结合城市发展的特殊机遇，在满足城市居民需求的同时，使自己的开发项目能够成为城市发展建设的有机组成部分的经营开发商。他们的出现，解决了政府和市场两方面的问题，既以经济利益为导向，又注意兼顾长远的社会效益，以此带动城市和区域经济的发展，顺应了中国城市发展的必然。

城市运营商可以分为多种类型，例如基础设施型的城市运营商（如公建设施开发商）；居住建设型的城市运营商（郊区化开发商）；资源整合型的城市运营商（如新城市、城镇开发商，提前进入规划，参与规划，帮助政府搞好规划）；城市营销型的城市运营商（如参与经营奥运会的开发商）。和一般的房地产开发商相比，其在内涵和外延上都有很大的突破和超越。从某种意义上可以说，正是因为"城市运营商"的崛起，才标志着中国的城市发展进入了一个崭新的时代。

当然，在城市运营政企合作中，政府对城市运营起着主导作用。这主要体现在政府全权负责城市的规划、建设和管理，并提供城市运营的政策支持；城市运营商作为市场主体，是城市运营战略资源的提供者和目标的落实者，他们同样也是运营主体；政府和企业通过城市资产的优化配置，使这些资产获得增值，城市的竞争力得到提升。当然，居住在城市中的终端消费者市民在城市运营中也是不可或缺的。因此可以说，城市运营是个系统工程，任何群体和任何个人都无法单独实现城市的运营工作，它是政府主导、企业负责、公众参与的一项重大事业。政府、企业和市民等各个阶层都能均衡地获得城市发展的最大效益并享受城市优质的生活，这是城市运营追求的目标，也是中国城镇化科学发展追求的目标。

三、城市营销的概念

从城市发展的角度来看，仅有城市运营还不够。城市运营主要强调的是运营商的作用,强调操作手段、操作过程,包括计划、组织、实施和控制等环节,城市营销强调城市政府、全体居民、文化、环境的能动作用以及城市整体氛围的营造,目的是提升和推广城市形象,打造城市品牌,创造出一种近悦远来的效果,从而以一种良性循环、活力不断增加的方式推动城市发展。

(一)城市营销的内涵

城市营销这个概念是从西方的国家营销理念衍生而来,包括一个城市内的文化氛围、城市形象、环境、品牌、企业、产品、贸易、人居环境、投资环境等方面。过去有个概念叫城市经营,强调土地增值,但城市营销的功能远超土地增值的范围,它实际上意味着城市发展战略和城市治理理念的转型。这就是要充分发挥城市的整体功能和提升城市核心竞争能力,树立城市的独特形象,提升城市知名度美誉度,从而满足政府、企业和公众等方面需求的社会管理活动。一般认为城市营销有三层含义:①城市营销的主体首先是政府,其次是企业社会公共机构,最后才是个人。②城市营销的内容包括招商引资、市政建设、产业调整和引进人才、盘活资源、城市无形资产的盘活、城市品牌的建立与提升、城市文化特色建设推广与城市整体形象的设计塑造等内容。③城市的第一大顾客群体是投资者,他们是各个城市争夺的主要对象。而城市消费者则包括定居人口、暂住人口、医院类社会组织和投资者、旅游会议参加者、旅游者和就业者、商店、高等院校、金融机构、研究机构等。

(二)城市营销的要点

1. SWOT 分析:机遇和优势

第一,分析外部环境,如国家战略与政策背景,判断是否能够获得国家政策支持。第二,分析内部环境,判断我们已经具有什么样的优势,以及我们现有的硬件和软件是否能够有效地与外部市场对接。第三,分析市场环境,看看有哪些市场机遇,以及根据市场机遇判断我们在当前阶段应当采取何种战略,是走国际化路线,还是立足国内,提高城市营销效率。

2. 分析城市特色

笔者在城市文化和城市精神的部分,提到了城市特色,那是根植于城市的历史文化资源而确定的。这里讲的城市特色除了文化之外,尚包括产业特色,即城市经济方面的特点。文化特色,城市精神特色,产业特色或特色产业,都是城市营销的内容。从某种程度上说,城市营销就是特色营销,简言之,没有特色,凭什么吸引人,竞争力何来?特色是城市生存的前提,特色就是品牌或品牌的基础,因此城市营销应当从自身的特色产业寻找突破口,努力挖掘其他城市不可模仿和不可替代的属于自身特色的产业和优势产业,然后带动相关产业的协调发展。特色产业往往也是主导产业,因此它是城市核心竞争能力的保证,是重塑品牌的依据和手段。

3. 进行城市定位

定位与特色相关,特色是定位的基础,而定位是城市营销的灵魂,定位就是确立或试图确立城市品牌,确立城市存在的价值及其不可替代的个性。定位就是确认和坚持自己的核心竞争力,从而确保城市持续的发展和活力。定位说来容易,做起来难。定位比确认特色更难,因为它意味着今后的发展方向,意味着未来,定位具有战略意义。定位之前要求先进行深入的 SWOT 分析,包括对城市的历史、地理位置进行分析研究,作出判断,同时邀请多方参与论证,确保城市定位的方向准确。

参考文献

范红忠:《适宜城市规模与我国城镇化》,中国社会科学出版社 2017 年版。
高健:《中国城市规模、效率与经济增长》,中国政法大学出版社 2017 年版。
林竹:《城市运营:面向未来的城市供给侧变革》,中信出版社 2016 年版。
刘春成、侯汉坡:《城市的崛起》,中央文献出版社 2012 年版。
陆铭:《空间的力量》,格致出版社 2013 年版。
[美]萨林加罗斯:《城市结构原理》,阳建强等译,中国建筑工业出版社 2011 年版。
谭仲池:《城市发展新论》,中国经济出版社 2006 年版。
唐亚林、陈水生:《城市公共服务创新研究》,上海人民出版社 2017 年版。
于今:《城市更新:城市发展的新旅程》,国家行政学院出版社 2011 年版。
张冠增:《城市发展概论》,中国铁道出版社 1998 年版。
张海良:《城市活力》,武汉理工大学出版社 2015 年版。
张鸿雁、张登国:《城市定位论》,东南大学出版社 2008 年版。
张文尝、马清裕等:《城市交通与城市发展》,商务印书馆 2010 年版。
赵庆海:《城市发展研究》,吉林大学出版社 2014 年版。
中国国务院发展研究中心与新加坡国家发展部:《城市发展的挑战与改革》,中国发展出版社 2017 年版。
朱铁臻:《城市发展学》,河北教育出版社 2010 年版。

第九章 小城镇发展

发展中小城镇是城镇化的重点,是乡村建设的主要载体,是城乡一体化的路径选择,它对城乡统筹起承接和桥梁的重要作用。发展中小城镇始于20世纪80年代,那时我国政府已经认识到城镇化建设的重要性,强调小城镇、大战略。至党的十六大开始提出"走中国特色的城镇化道路"之后,各地政府又进行新一轮小城镇建设,推动城镇化向纵深方向发展。本章具体介绍我国小城镇的发展历程、综合改革举措、特色小镇建设和强镇改革之路四方面内容。

第一节 小城镇发展概述

一、如何界定小城镇

中华人民共和国成立初期因没有设镇标准,镇的设置比较混乱,镇的人口规模悬殊。1955年设镇标准颁布后,撤销了一批人口规模过小的镇,对一城多镇进行合并,镇的人口规模明显增大。

1978年以后,随着农村商品经济的发展,特别是乡镇企业的兴起,小城镇日益繁荣,原有的镇发展迅速,规模增大。1984年颁布的设镇标准,确立了"以乡建镇"新模式,不仅新设镇的人口比原有"切块"设立的大为增加,而且原有"切块"设的镇陆续与所在的乡合并,结果镇的规模大幅度扩大。[1] 按照赵晖的说法,我国小城镇人口差异极大,最大的镇建成区人口超40万人,最小的镇建成区人口只有一百多人,但整体上看,绝大部分小城镇人口规模较小,建成区人口不足1万人的建制镇占2%,2万人以

---

[1] 浦善新:《中国建制镇的形成发展与展望(二)》,《小城镇建设》1998年第1期,第33—36页。

下的约占90％,3万人以下的仅占5％。①朱建江在《城市学概论》一书中结合我国实际情况和便于小城镇科学研究的需要,建议可按小城镇镇区聚居的人口规模将我国镇区常住人口规模划分为四类,包括建制镇两个等级和集镇两个等级,囊括的镇区常住人口规模分别为2万人以上5万人以下、1万人以上2万人以下、0.3万人以上1万人以下、0.1万人以上0.3万人以下。②这一提法突破了长期以来对小城镇规模界定不够清晰的困扰,首次从常住人口规模角度明确了小城镇的大小。

二、小城镇发展三阶段

小城镇的全面发展始于新中国的成立,主要分为三个时期:即1949—1978年波动发展时期,小城镇建设处于摸索之中,发展滞缓;1979—1999年迅速恢复、发展时期,改革开放后,小城镇数量快速增长;2000年后小城镇质量全面提升时期,小城镇发展重点由重数量转向重质量。③

第一阶段——1949—1978年,主要体现在几个文件上。1955年国务院发布了《关于设置市、镇建制的决定》,明确提出镇是属于县、自治县领导的行政单位,是工商业和手工业的集中地,并规定了设置镇的两条主要标准:县级或县级以上地方国家机关驻地可以设置镇;凡是聚居人口在2 000以上,有相当数量的工商业居民可以设置镇。1958年8月中共中央发布了《关于在农村建立人民公社问题的决议》,宣布实行"政社合一"体制,在建立人民公社过程中,有的乡合并为镇,有的乡改为镇,这时候镇的数量又有所回升,1961年年底达到4 429个,比1958年增长了22.3％。④1963年12月,国务院发布了《关于调整市镇建制、缩小城市郊区的指示》,出台调整市镇建制的新规定:常住居民在3 000人以上,非农业人口超过70％;常住居民在500—3 000人之间,非农业人口在85％以上。接下来的"文化大革命"时期,由于政局动乱,小城镇发展凋落。这一时期镇的数量基本上维持不变,但保留的建制镇的规模却因种种原因日趋衰落。至1978年年底,全国仅有2 173个镇,建制镇发展处于低谷时期。⑤

第二个阶段——1979—1999年。改革开放之后,随着家庭联产承包责任制的推出,乡镇企业的迅速发展,我国掀起了新一轮小城镇建设的热点。1980年全国城市规划会议明确提出了"控制大城市规模,合理发展中等城市,大力发展小城镇"的城市发展方针。全国各地随即制订小城镇发展规划,中国小城镇发展由此进入了一个快速发展的新时期。特别是1992年邓小平视察南方谈话后,各地经济重新高涨,国家鼓励发展第三产业、非农产业发展,中国农村剩余劳动力大规模转移至城镇,建制镇的发展速度明显加快。1998年十五届三中全会通过的《中共中央关于农业和农村工

---

① 赵晖:《说清小城镇》,中国建筑工业出版社2018年版,第7页。
② 朱建江:《城市学概论》,上海社会科学院出版社2018年版,第6页。
③ 王志宪、吕霄飞:《中国小城镇发展概述》,《青岛科技大学学报(社会科学版)》2010年第2期,第7—10页。
④ 浦善新:《中国建制镇的形成发展与展望(二)》,《小城镇建设》1998年第1期,第33—36页。
⑤ 蒋永清:《中国小城镇发展研究》,硕士学位论文,华中师范大学,2001年。

作若干重大问题的决定》中指出,"发展小城镇,是带动农村经济和社会发展的一个大战略,有利于乡镇企业相对集中,更大规模地转移农业富余劳动力,避免向大城市盲目流动,有利于提高农民素质,改善生活质量,也有利于扩大内需,推动国民经济更快增长。"到1999年,我国城镇化率提高到30.9%。①在这20年的发展历程中,小城镇的数量平均每年增长800个,由1979年的2854个迅速增长到了2000年的19566个。

第三个阶段——21世纪初至今。2000年秋国务院下发了《关于促进小城镇健康发展的若干意见》,就我国发展小城镇必须坚持的指导原则等十个方面的重大问题提出指导性意见,为小城镇健康发展指明了道路。2002年党的十六大提出"逐步提高城镇化水平,坚持大中小城市和小城镇协调发展"的方针。在2000—2010年的十年间,小城镇的人口总量占全国城镇总人口的比例也是不断提升的,由原来的36.21%提高到了39.73%,小城镇在我国城镇化建设中所占的地位越来越重要。2012年,党的十八大提出"走中国特色新型城镇化道路",我国城镇化进入新阶段,体现以人为本,规模和质量并重。2013年党中央、国务院召开了第一次中央城镇化工作会议。习近平在会议上指出,"解决好人的问题是推进新型城镇化的关键,城镇化最基本的趋向是农村富余劳动力和农村人口向城镇转移。"2014年中共中央国务院印发了《国家新型城镇化规划(2014—2020年)》,明确提出:有重点地发展小城镇,按照控制数量、提高质量、节约用地、体现特色的要求,推动小城镇发展与疏解大城市中心城区功能相结合、与特色产业发展相结合、与服务"三农"相结合。具有特色资源、区位优势的小城镇,要通过规划引导、市场运作,培育成为文化旅游、商贸物流、资源加工、交通枢纽等专业特色镇。对吸纳人口多、经济实力强的镇,可赋予同人口和经济规模相适应的管理权。2015年召开了中央城市工作会议,进一步推动新型城镇化建设,在户籍、土地、财政、教育、就业、医保和住房等领域相继出台配套改革,中小城市和特色小城镇加速发展,城乡统筹分布更加均衡。截至2018年末,我国常住人口城镇化率达到59.58%,比1949年末提高47.94个百分点,年均提高0.69个百分点。

第二节 小城镇综合改革

城镇化是由城市和小城镇两者的发展来支撑和体现的。20世纪80年代我国就提出了"小城镇、大战略",后又提出大中小城市和小城镇协调发展的目标。但是从实际结果看,我国小城镇发展明显滞后,大中小城市和小城镇发展并不十分协调,"小城镇、大战略"并没有成为现实。②有学者指出,改革开放30多年,中国经历了20世纪后20年以小城镇为主内生型城镇化阶段和21世纪前10多年以大中城市为主的政府主导型城

---

① 顾朝林:《论中国建制镇发展、地域差异及空间演化》,《地理科学》1995年第3期,第208—216页。
② 赵晖:《说清小城镇》,中国建筑工业出版社2018年版,第3页。

镇化阶段，而现阶段进入以城市群为主的新型城镇化阶段，表现为大中城市与小城镇之间不是厚此薄彼关系，而是协调发展关系。①基于小城镇的重要性和发展并不好的事实，地方政府在推进城镇化进程中，边学边干，重新认识到小城镇建设的重要性，进行了一轮小城镇的综合改革。

一、费孝通对小城镇的探讨

最早提及小城镇发展的重要性并对小城镇进行实地调查的要数费孝通先生。费孝通在调查浙江省吴江县的基础上，于1983年提出了"小城镇、大问题"的看法。在《小城镇大问题》一文中，他阐述了建设小城镇的时代背景和意义，小城镇的概念、分类、划分标准、评估、如何发展等诸多问题。第一，费孝通指出，早在1980年胡耀邦同志到云南视察时，看到保山县板桥公社的小集镇破烂不堪，凄凄凉凉，于是就在同年年底的一次会议上讲到要发展商品经济，小城镇不恢复是不行的。要使农村里的知识分子不到大城市来，不解决小城镇问题就难以做到。如果我们的国家只有大城市、中等城市，没有小城镇，农村里的政治中心、经济中心、文化中心就没有腿。所以，小城镇建设和发展具有举足轻重的作用，"要把小城镇建设成为农村的政治、经济和文化中心，小城镇建设是发展农村经济、解决人口出路的一个大问题。"第二，费孝通从社会学角度给小城镇下的定义是，一种正在从乡村性社区变成多种产业并存的向着现代化城市转变中的过渡性社区。第三，他对不同小城镇进行分类，将其划分为五类。第一种类型是震泽镇，起商品流通中转站的作用。第二种类型是盛泽镇，是丝织手工业集散中心。第三种类型是松陵镇，是吴江县的政治中心。第四种类型是同里镇，典型的消费和享乐型小城镇。第五种类型是平望镇，由于具有便利的交通条件，具有了大城市工业扩散点的地位。当然，小城镇的共同性质是农村的政治、经济和文化中心，上述的某种特点，只是小城镇所共有的许多职能中表现突出的方面。第四，他指出，小城镇商业作用的层次分析单以人口为指标是不够的，因为人口大体上相同的城镇，在商品流通环节中所处的地位却可以不同。在目前我国商品流通的过程中，行政的因素特别重要。第五，他指出工业、商业在小城镇发展中的作用，评估小城镇对满足人们生活需要的作用，并指出了小城镇也应该成为农村的服务中心、文化中心和教育中心的做法。②

二、小城镇发展模式

至20世纪末期，在苏南模式基础上，我国出现了苏南模式创新，温州模式，大连模式，山东模式，资源、产业、人口协同发展模式的研究。③浙江省和江苏省作为全国

---

① 刘奇洪：《"镇改市"：中国新型城镇化主要方向》，《中国经济报告》2014年第11期，第45—48页。
② 费孝通：《论小城镇建设》，群言出版社2000年版，第79—121页。
③ 耿宏兵、刘剑：《转变路径依赖——对新时期大连市小城镇发展模式的思考》，《城市规划》2009年第5期，第79—83页。

经济大省,在小城镇建设方面一直走在前头。因此,苏南模式和温州模式具有一定代表性。

（一）苏南模式创新

1983年,费孝通先生首次提出"苏南模式"的概念,并将其解释为"以发展工业为主,集体经济为主,参与市场调节为主,由县、乡政府直接领导为主的农村经济发展道路"。自1990年之后,随着经济体制改革目标的确定和市场经济的完善,苏南模式的优势渐渐弱化,乡镇企业的经济效益出现下滑。1992年和1997年前后,苏南乡镇企业经历了两次改制,大多转为私有制和混合所有制,渐渐走出困境。苏南模式在发展小城镇中,借助上海浦东大开发的势头,各地建立了开发区,诸多改制后的乡镇企业以生产"配套"方式纷纷参与到上海大开发中,受到了外资企业的青睐。从国有经济向集体经济转变,成为苏南模式;而从苏南模式向新苏南模式衍变,则是集体经济的私有化、民营化。这种转变在进入21世纪后,则由经济学家吴敬琏先生首次提出了"新苏南模式"。①宋林飞提出"苏南现代化模式"的主张。他指出,跨入21世纪后苏南城镇化进入新的阶段,小城镇作为产业发展的载体,已经受到局限。《苏南现代化建设示范区规划》提出的目标是,到2020年,在全面建成小康社会的基础上,基本实现区域现代化,成为全国现代化建设示范区;到2030年全面实现区域现代化、经济发展和社会事业达到主要发达国家水平的目标等。这就需要将小城镇发展融入现代化建设中,加强产业集群的联系,融入上海大都市圈辐射范围内。②

（二）温州模式

"温州模式"是我国小城镇发展的典范。③以邓小平同志1992年年初重要谈话和党的十四大为标志,温州城市建设出现了阶段性高潮。1992年温州出台了《关于赋予重点工业卫星镇某些县级经济管理权限的决定》,根据"中心突破,两翼拓展,三沿并进"的战略布局,先后确定龙港、柳市两镇为温州市城乡一体化试验区。1994年市政府又下发了《关于加强新镇建设的决定》,出台了深化小城镇经济体制改革、鼓励强镇发展的政策措施。1995年8月,国家11个部委又将龙港确定为全国小城镇综合改革试点镇。之后,温州持续推进小城镇向城市化、现代化方向发展。政府在推进小城镇建设方面的创新点如下:一是发展有地方特色、有产业支撑的中心镇。温州市政府针对布局不合理的小城镇进行调整,推动小城镇发展由重数量向重质量转变,推出强镇起引领作用。二是以发展民营经济为依托。以个体、私营经济为主体的民营经济是温州小城镇的实际内容和有力支撑,温州小城镇建设的成功经验在于发展了民营经济。三是积极开展各项综合改革。比如,土地使用制度改革、投资体制改革、金

---

① 《从苏南模式到新苏南模式》,https://www.guancha.cn/society/2012_03_09_67098.shtml。
② 宋林飞:《苏南区域率先发展实践与理论的探索——从"苏南模式""新苏南模式"到"苏南现代化模式"》,《南京社会科学》2019年第1期,第1—10页。
③ 陈前虎、寿建伟、潘聪林:《浙江省小城镇发展历程、态势及转型策略研究》,《规划师》2012年第12期,第86—90页。

融体制改革、财政体制改革、户籍制度改革、城镇管理体制改革、政府机构改革、城镇社会保障体系建设等。①

三、小城镇发展存在的问题

从区域层面看,我国小城镇总体发展水平东部地区最高,东北其次,中部地区再次,西部地区最低。东部地区小城镇面临着产业转型升级和管理体制不畅等问题,管理体制不畅严重制约着东部小城镇的发展。中西部地区小城镇发展水平较为落后,主要存在人口集聚能力不强的问题。小城镇人口集聚能力的强弱与经济发展水平密切相关,江苏、浙江、福建、广东、山东等沿海省份小城镇人口集聚能力最强,而黑龙江、吉林、青海等人口集聚能力最弱。②

现有的研究表明,影响小城镇发展的主要因素包括条件与机遇、政府政策引导、城镇体系自组织发展及其耦合效应等,其中乡镇体制改革以及国家对产业、金融、土地等政策的调整已成为根本性因素。③何兴华指出,小城镇建设存在的主要问题表现为三个不足:一是并没有起到引导农业生产、加快农村发展、促进农民增收的作用。二是也没有足够的吸引力,促进人口和产业向小城镇集中。三是城镇的功能不强,人们宁可"双栖",也不愿在小城镇上定居落户,劳动力采取了跨地区流动的方式就业。这就是说无法形成良性的循环,城镇功能不全,吸引力不够,吸引产业和人口不足,无法筹措到足够资金,难以改善城镇功能。④总的来讲,可以归纳为以下几个方面:一是小城镇数量多,规模小,动力不足,建设质量不高,示范效应不强;小城镇空间地域较为分散,小城镇间的联系强度较低,无法发挥小城镇的集群优势。二是经济水平不高,产业支撑力度不够,工业结构与农业联系较少,第三产业发展滞后。三是枢纽功能弱小,缺乏应有的吸引辐射能力。四是小城镇空间分布格局不合理,土地集约程度低。五是千城一面,没有形成自身特色。六是管理体制及政策无法适应现实需要。七是基础设施严重不足或重复建设。⑤

四、推进小城镇建设的对策

就"苏南模式"与"温州模式"比较而言,其中最大的一个不同点是,苏南模式中地区政府所起的作用更强更直接,温州模式更多是依靠民营个体经济的崛起。但是,不管是哪种模式的小城镇建设和发展,都离不开事先的科学规划、全局统筹以及实践中的各个突破。

---

① 易千枫、徐强、项志远:《改革开放 30 年温州城镇化发展回顾与思考》,《农村经济》2002 年第 8 期,第 242—248 页。
② 成德宁、李燕:《中国小城镇发展研究最新进展综述》,《中共成都市委党校学报》2016 年第 1 期,第 60—65 页。
③ 曹阳、田文霞:《沿边开发开放民族地区小城镇发展:耦合力、模式与对策——基于延边州朝阳川镇的调查》,《学术交流》2011 年第 2 期,第 95—97 页。
④ 何兴华:《小城镇发展战略的由来及实际效果》,《小城镇建设》2017 年第 4 期,第 100—103 页。
⑤ 赵莹、李宝轩:《新型城镇化进程中小城镇建设存在的问题及对策》,《经济纵横》2014 年第 3 期,第 8—11 页。

（一）加强顶层设计，科学规划小城镇建设

小城镇在发展过程中存在盲目开发、乱建乱造的情况，建议加强规划的统筹性和全局观，对土地利用、人口发展、产业结构、居住区安排、交通设施、生态保护制定具体要求，形成小城镇发展的总体规划。所以，应该尽快颁布实施《城镇规划工作条例》等规章制度，使得城镇规划有法可依、有据可循，并建立健全公众参与、专家评审、领导决策"三位一体"的规划评审制度，建立城乡规划专家决策咨询机制。只有将小城镇发展纳入中心城市的规划中，通过优化地区资源配置与产业集中规划，才能使小城镇健康、持续地发展起来。

（二）优化产业结构，为小城镇发展提供动力

小城镇要发展起来，经济为第一要务，应根据当地的地源、业源及资源优势，优化产业结构，从而带动城镇经济的发展。第一，积极推进特色农业的发展。我国小城镇地理、环境、人文等资源异常丰富，因地制宜发展具有地域特色的城镇产业，是第一产业调整的重点。通过以第一产业带动第二、第三产业的发展，发展特色农产品来发展农产品加工制造业，由特色农业打造农家乐等旅游项目，逐步形成产业结构一体化。[1]第二，积极调整第二产业的发展，要特别关注污染严重的中小企业，其集中分布在城镇地区对环境进行污染和对百姓健康造成严重后果。第二产业的发展绝不能以牺牲环境和当地百姓的健康为代价。第三，合理规划第三产业的布局，大力发展城镇基础服务业，如餐饮、运输、商业等，充分满足小城镇居民衣食住行等基本生活需求。

（三）优化公共服务供给

按照"城乡一体、品质提升、优化整合、服务均等"的原则，加快城乡基本公共服务均等化覆盖，加快发展城乡公共事业，统筹布局公共服务设施体系，提升综合服务水平。整合公共设施资源，合理规划建设教育科研设施、医疗卫生设施、文化娱乐设施、体育设施、社会福利设施、村庄生产服务设施。

（四）强化企业走绿色生产之路

2014年5月，国务院办公厅发布的《关于改善农村人居环境的指导意见》指出，要利用小城镇基础设施以及商业服务网络，整体带动提升农村人居环境质量。[2]因此，小城镇在发展过程中，要采取可持续发展的生产方式，采纳先进环保的科学技术，建设绿色环保的经济发展模式，将降低排污量、节能减排作为企业发展的宗旨，创建绿色节能的新型工业模式。此外，政府必须加大对企业环保技术的支持和加强企业监管的力度，对重视环保的企业进行表扬，对随意排放污染企业进行教育，提高企业生态环境保护的意识。

（五）加强城乡融合，推进城乡一体化进程

马克思在《德意志意识形态》中指出："物质劳动和精神劳动的最大一次分工，就是

---

[1] 吴芍炎、刘烨：《小城镇发展的现实困境及路径》，《长春师范大学学报》2017年第7期，第76—78页。
[2] 国务院办公厅印发《关于改善农村人居环境指导意见》，http://news.xin-huanet.com/legal/2014-05/29/c_l110913428.htm，2014年5月29日。

城市和乡村的分离。……它贯穿着文明的全部历史直至现在。"①同时指出,"城市已经表明了人口、生产工具、资本、享受和集中这个事实;而在乡村里则是完全相反的情况:隔绝孤立和分散。"②费孝通在考察苏北小城镇发展时就已指出,小城镇的发展应该依托大中城市,打破行政区划的限制,通过各种渠道加强与大中城市的联系,充分发挥经济辐射的作用,从而带动地区经济发展。③

第三节　特色小镇建设

特色小城镇的培育发展,能推动经济转型升级和发展动能转换,是深入推动新型城镇化的重要抓手,不仅有利于促进大中小城市和小城镇协调发展,也有利于充分发挥城镇化对新农村建设的辐射带动作用,对于城乡统筹发展具有重要价值。我国在"十三五"规划纲要中强调"因地制宜发展特色鲜明、产城融合、充满魅力的小城镇"。2016年7月住房和城乡建设部、国家发展改革委员会、财政部联合下发《关于开展特色小镇培育工作的通知》,提出2020年前,将培育1 000个各具特色、富有活力的特色小镇。同年10月住建部公布第一批中国特色小镇名单。

一、特色小镇的特点

1. 强调特色。特色小镇重在"特"字,即围绕"特色"下功夫、做文章,重点是突出产业特色,彰显人文特色、旅游特色、生态特色、环境特色、社区特色、建筑特色等,从而形成"一镇一品""一镇一风格"。

2. 强调小巧。第一,占地规模小。特色小镇是指在几平方公里土地上集聚特色产业、生产生活生态空间相融合、不同于行政建制镇和产业园区的创新创业平台。同时,特色小镇与特色小城镇是不同的,在规模上比特色小城镇要小得多。特色小城镇是指拥有几十平方公里以上土地和一定人口经济规模、特色产业鲜明的行政建制镇。第二,投资规模不宜过大。一个特色小镇的投资规模一般为30亿—50亿。有些地方特色小镇投资规模远超50亿,变成盲目做大、强行发展。

3. 具备镇的多方面功能。特色小镇不是只具有某一项功能,而是兼具产业、人文、旅游和社区功能"四位一体"和生产、生活、生态"三生融合"。

二、特色小镇的类型

特色小镇的分类主要是按行业进行分类,可以划分为工业发展型、历史文化型、旅游发展型、农业服务型和商贸流通型。按照小镇的鲜明特点,陈青松等人对特色小镇进

---

① 《马克思恩格斯选集》第1卷,人民出版社1995年版,第104页。
② 《马克思恩格斯选集》第1卷,人民出版社1972年版,第301页。
③ 费孝通:《论小城镇建设》,群言出版社2000年版,第169页。

行了全面归类,如表 9-1 所示。

表 9-1 国内特色小镇的主要类型

序号	主要类型	代表性案例
1	特色产业型	浙江诸暨大唐袜艺小镇、浙江嘉善巧克力甜蜜小镇、浙江桐乡毛衫时尚小镇、浙江玉环生态互联网家居小镇、浙江平阳宠物小镇、广东东莞石龙小镇
2	新兴产业型	余杭梦想小镇、西湖云栖小镇、临安云制造小镇、江干东方电商小镇、上虞 e 游小镇、德清地理信息小镇、余杭传感小镇、秀洲智慧物流小镇、天子岭静脉小镇、枫泾科创小镇、新塘电商小镇、太和电商小镇、黄埔知识小镇、朱村科教小镇、福山互联网农业小镇、菁蓉创客小镇
3	历史文化主题型	贵州凯里西江苗寨、四川汶川羌族水磨镇、云南楚雄彝人古镇、北京密云古北水镇、浙江桐乡乌镇、龙泉青瓷小镇、浙江湖州丝绸小镇、浙江上虞围棋小镇、山西平遥古城、茅台酿酒小镇、河北永年太极小镇、新兴禅意小镇
4	高端制造型	浙江萧山机器人小镇、浙江宁海智能汽车小镇、浙江长兴新能源小镇、浙江宁波江北动力小镇、浙江秀洲光伏小镇、浙江海盐核电小镇、浙江江山光谷小镇、浙江新昌智能装备小镇、浙江南浔智能电梯小镇、山东城阳动车小镇、浙江台州沃尔沃汽车小镇
5	创意农业依托型	河北邢台牡丹小镇、浙江丽水茶香小镇、河北邯郸馆陶粮画小镇
6	金融创新型	杭州上城玉皇山南基金小镇、宁波梅山海洋金融小镇、浙江义乌丝路金融小镇、杭州西溪谷互联网金融小镇、杭州拱墅运河财富小镇、浙江桐乡乌镇互联网小镇、北京房山基金小镇、广州万博基金小镇、广州新塘基金小镇
7	生态旅游型	浙江仙居神仙氧吧小镇、浙江武义温泉小镇、浙江宁海森林温泉小镇、浙江乐清雁荡山月光小镇、浙江临安红叶小镇、浙江青田欧洲小镇、浙江景宁畲乡小镇、杭州湾花田小镇、海南万宁水乡小镇、琼海龙江碧野小镇、广州莲麻乡情小镇、广州锦洞桃花小镇、云南丽江玫瑰小镇
8	城郊休闲型	浙江安吉天使小镇、浙江丽水长寿小镇、浙江太湖健康蜜月小镇、浙江临安颐养小镇、浙江瓯海生命健康小镇、海南琼海博鳌小镇、贵州安顺旧州美食小镇、北京小汤山温泉小镇、海南大路农耕文明小镇、吉林通化龙溪谷健康小镇、广州钟落潭健康小镇
9	景区依托型	北京房山区十渡镇、湖北省秭归县九畹溪镇、四川九寨沟漳扎镇
10	互联网创业型	浙江杭州梦想小镇
11	休闲运动型	长白山万达国际滑雪小镇
12	艺术主题型	河北衡水周窝音乐小镇、云南丽江古城区九色玫瑰彩色小镇
13	康体疗养型	河北隆化热河温泉小镇、浙江桐庐健康小镇
14	特色风情主题型	浙江嘉善欧陆风情巧克力甜蜜小镇
15	时尚创意型	杭州余杭艺尚小镇、杭州滨江创意小镇、杭州西湖艺创小镇、杭州江干丁兰智慧小镇、浙江安吉影视小镇、浙江兰亭书法文化创意小镇、浙江乐清蝴蝶文创小镇、北京杨宋中影基地小镇、北京宋庄艺术小镇、山东张家楼油画镇、广州狮岭时尚产业小镇、广州增江街1978文化创意小镇

(续表)

序号	主要类型	代表性案例
16	边境风情型	中俄边境·内蒙古满洲里风情小镇、中老边境·云南磨憨风情特色小镇、中蒙边境·内蒙古满都拉边境风情小镇
17	购物型	北京中粮祥云小镇、天津佛罗伦萨小镇
18	影视IP主题型	浙江东阳横店影视主题小镇、华谊兄弟长沙电影小镇
19	民宿依托型	浙江临安河桥民宿小镇、深圳大鹏半岛较场尾民宿小镇
20	主题娱乐型	青岛灵山湾旅游度假区冰雪童话小镇、上海迪士尼小镇、深圳欢乐谷金矿小镇
21	交通区域型	福建建德航空小镇、浙江萧山空港小镇、浙江宁海滨海航空小镇

资料来源：陈青松：《特色小镇实操指南》，中国市场出版社2018年版，第13—16页。

三、特色小镇建设应把握的关键点

我国各地特色小镇建设正在如火如荼地进行，但不少特色小镇建成后因缺乏特色而最终名存实亡。特色小镇的建设和选取需要具备诸多条件，比如经济水平较高、交通条件便利、具备某些人文或旅游优势，等等。其中，最重要的是具备当地特色和可操作性，当地政府在开发前应先作好统筹规划、布局和可行性分析。

（一）体现当地特色

2015年以来浙江省创新性地提出"在全省规划建设一批产业特色鲜明、人文气息浓厚、生态环境优美、兼具旅游与社区功能的特色小镇"。一时间，"特色小镇"建设热潮席卷整个浙江。浙江特色小镇的如火如荼引起了其他地方的高度关注，吸引了全国各地方的政府纷纷前来学习取经，在全国也兴起借鉴浙江特色小镇的热潮，因此也出现一些地方照抄浙江经验的现象。中国特色小镇建设过程中，存在开发利用资源的短视性和急功近利性，导致特色小城镇发展很难达到最初的目标。比如，特色资源挖掘太过雷同，主要表现为资源挖掘的同质化；特色资源开发过于单一，主要表现为特色小城镇的定位大多集中于旅游特色资源的挖掘；特色资源利用的短视性，主要表现为产业发展模式的不可持续性。

2017年12月4日，国家发展改革委等四部委联合发文，明确要求规范推进特色小镇建设，要求坚持因地制宜，从各地区实际出发，遵循客观规律，面对特色小镇建设面临的挑战，实事求是、量力而行、控制数量、提高质量，体现区域差异性，提倡形态多样性，不搞区域平衡、产业平衡、数量要求和政绩考核，防止盲目发展、一哄而上。因此，特色小镇在今后的发展中，需要按照当地的地域特点进行各种资源的合理开发和应用，充分发挥小镇在自然资源、人文优势上的天然优势，让小城镇获得更好的演化。

（二）防止房地产化

前瞻产业研究院发布的《2017—2022年中国特色小镇建设战略规划与典型案例分

析报告》显示,不同房地产企业都有向特色小镇开发业务转型,主要有四种类型:第一种是以碧桂园和时代地产为代表的科技型服务小镇;第二种是以"双城"——绿城和蓝城为代表的农业小镇;第三种是以华侨城为代表的文旅小镇;第四种是以华夏幸福为代表的产业小镇。[1]

房地产进军特色小镇,引起了国家的重视和行业主管部门的警惕。在2017年《关于规范推进特色小镇和特色小城镇建设的若干意见》中,提出"严控房地产化倾向,各地区要综合考虑特色小镇和小城镇吸纳就业和常住人口规模,从严控制房地产开发,合理确定住宅用地比例,并结合所在市县商品住房库存消化周期确定供应时序。适度提高产业及商业用地比例,鼓励优先发展产业。科学论证企业创建特色小镇规划,对产业内容、盈利模式和后期运营方案进行重点把关,防范'假小镇真地产'项目"。我们应该辩证看待房地产进军特色小镇的做法,引导房地产做好角色转换,做好运营与管理,与特色小镇的发展融合在一起。

(三)打造特色小镇品牌

对特色小镇而言,其品牌的重要性某种程度上不亚于特色小镇的特色产业本身。无论是对战略新兴产业类特色小镇,还是对历史经典类特色小镇,在运营过程中都需要重打造小镇品牌,其直接好处体现在三个方面:一是聚拢人气,提高小镇的知名度,增加小镇的消费,提高小镇的收入,加快投资回收速度;二是带动项目所在地相关产业尤其是旅游业(吃、住、行、游、购、娱)的发展;三是提高本地基础设施(道路、网络等)的建设水平和第三产业水平。[2]

(四)坚守生态底线,确保绿色宜居

特色小镇建设一定是在保护生态的基础上谈发展,而不能为了发展去破坏城镇原有的生态系统,再进行修复,陷入不可持续的恶性循环中。同时,特色小镇还应以生活宜居为目的。现在许多特色小镇是参照旅游景区的标准进行建设,3A和4A级景区建设的标准是针对旅游景区的质量等级划分的,评价的是旅游资源、景区接待能力等方面的质量。小城镇建设的目的应当是宜居,要按照"经济生态化、生态经济化"要求,建议以《宜居城市科学评价标准》来建设特色小城镇更为适宜。

第四节 强镇改革之路

强镇改革的路径分为强镇扩权、扩权强镇、特大镇改市三步走的步伐。强镇扩权与扩权强镇虽然只是两个词语顺序对调,但是意义和内容存在很大不同。"强镇扩权"的强是指强大的,是形容词,强镇指向中心镇;"扩权强镇"的强是动词,指让其强大起来,镇指向一般镇。"强镇扩权"的作用类似于星星之火,通过对中心镇、特大镇等强镇的权

---

[1] 陈青松:《特色小镇实操指南》,中国市场出版社2018年版,第57页。
[2] 陈青松:《特色小镇实操指南》,中国市场出版社2018年版,第92页。

力下放,最后按建设成中小城市的目标来要求。"扩权强镇"的作用类似于燎原之势,通过对更多一般镇的放权,让这些非中心镇也强大起来,形成更多的中心镇和特大镇,从而带动地方乡镇经济的全面开花。

一、强镇的历史沿革

所谓"强镇扩权",一般是指县级政府通过将事权财权人事权适当下放到经济比较发达的中心镇,使镇级政府享有较大的管理经济与社会权限的一种改革措施,它是"强县扩权"改革的一个延伸和发展。强镇扩权的重点是经济实力雄厚的中心镇被赋予经济、社会管理的扩展权限甚至是县级经济、社会管理权限,以解决经济强镇财权事权不对等和权限束缚,释放基层政府活力,促进城乡统筹发展和推进城市化进程的政府管理体制改革模式。①

强镇扩权改革最早萌芽于广东省,在多个政策文件中明确将更多的县级权力下放到镇一级。早在2000年《中共广东省委、广东省人民政府关于推进小城镇健康发展的意见》中,广东省确定300个左右中心镇,要求按照责、权、利统一的原则,逐步完善镇政府的经济和社会管理职能,下放部分审批权限给中心镇。2003年又出台了《广东省人民政府关于加快中心镇发展的意见》,更是在全国率先进一步明确提出中心镇经济和社会权限改革的具体措施。2005年,广东省又对县与镇之间的财权和事权进行适当调整,建议赋予中心镇部分县级行政管理权限。②

影响最大的强镇扩权改革要数浙江省绍兴市。浙江省自1992年开始进行强县扩权试点,实行"省直管县"的模式,扩大经济强县在财政、经济、社会管理等方面的权限。2005年,浙江省决定在强县扩权的基础上,决定再推行强镇扩权试点,即把中心镇培育成产业的集聚区、体制机制的创新区、社会主义新农村建设的示范区。2006年,绍兴县出台了《关于加快钱清等五镇建设发展工作的意见》,将原本属于县政府管理的30项职权放至杨汛桥、钱清、福全、兰亭、平水等五个镇的镇政府,这些权力中既包括审批管理权,也包括财权和人事权,由此拉开了全国范围内强镇扩权改革的序幕。③绍兴市率先实行的强镇扩权试点改革,是与浙江省经济结构特性相关联,与当地小而散、分而活的民营经济特点相适应的产物,它既是适应经济发展的产物,也是基层政府进行社会管理的需要。

强镇扩权改革的目的,是推动一批有条件的经济发达镇、中心镇、特大镇逐步发展成为人口集聚、产业集群、结构合理、体制创新、环境友好、社会和谐的现代新型小城市。扩权强镇是强镇扩权的发展和提升,通过不断扩权,强大非中心镇、非特大镇,达到以点到面的铺开,适应经济社会人口发展的需要,调动乡镇的积极性和主动性,建设社会主

---

①② 张新辉:《广东省中心镇强镇扩权改革研究——以白土镇为例》,硕士学位论文,暨南大学,2008年。
③ 胡税根、余潇枫、许法根:《扩权强镇与权力规制创新研究——以绍兴市为例》,浙江大学出版社2011年版,第118页。

义新农村,对城乡协调发展起到桥梁作用。

浙江省在强镇扩权的基础上,提出了扩权强镇的思路,随着其改革所产生的示范效应,其他省份也相继进行了扩权强镇改革。自 2009 年以来,主要有吉林、安徽、广东、山东等地陆续启动扩权强镇的试点工作,通过赋予乡镇县级管理权,加强小城镇的管辖和建设权力。2009 年,吉林省提出实施"百镇建设工程",制定了《吉林省百镇建设工程实施方案》,启动建设 100 个有特色、有基础、有潜力的城镇,赋予其县级管理权限。安徽省委、省政府于 2009 年 6 月发布《关于实施扩权强镇的若干意见》,在全省确定了 150 个乡镇进行扩权强镇的试点,目标是力争经过 5 年或更长一段时间的努力,在全省形成一批规划布局合理、产业特色鲜明、经济实力雄厚、基础设施完善、生态环境优美、社会和谐发展的小城市。①广东省的扩权强镇试点是在考察绍兴经验后开展的。2009 年 11 月,东莞、佛山分别发布了《关于扩权强镇试点工作的实施意见》《佛山市简政强镇事权改革试点指导意见》,通过下放事权、扩大财权、改革人事权的途径,开始强镇扩权改革。2009 年 5 月初,山东潍坊市 10 个县市区启动扩权强镇改革。其中,诸城市将辖区内的 13 处乡镇(街道)和 1 处开发区全部列入扩权强镇的范围,将原来由市审批或管理的事项下放到乡镇、街道和开发区。

2010 年 4 月 28 日,全国层面的扩权强镇试点开始启动。中央编办等部联合下发通知,在河北、山西、吉林、江苏、浙江等 13 个省的 25 个经济发达镇进行新一轮行政管理体制改革试点。改革的主要内容就是将县级政府权力下放到镇级政府,扩大镇级政府权力,完善政府职能,推动经济和社会的迅速发展。②

二、强镇改革的诱因和做法

强镇改革的主要诱因在于推进城镇化过程中,乡镇这一级存在权小责大的矛盾。在我国的行政执法中,存在五级关系,县镇一级执法权是以县作为主体,乡镇层面权力几乎是空白的。乡镇的权力通过两个层面的关系得以完成。一是与县、市政府的纵向关系。强镇扩权是通过对中心镇设定新的制度规则,将县(市)的权力下放,明确以制度和规则来保障乡镇的权力内容与权力运行方式。二是与市场和社会的横向关系。由于县级政权力配置的不合理,乡镇承担太多公共服务责任,由于管理权限过小,财权与人员编制远远不够,使其无法承担乡镇经济社会全面发展的社会管理职责,影响了公众的信任度和满意度。随着社会经济发展,人口流动加剧,人们对公共服务的需求日益提升。因此,中心镇强镇改革符合当下民众对服务型政府、责任政府、法治政府的基本要求,有利于镇政府在社会服务和市场服务中提供有效服务。

为了解决地方政府权小责大的问题,地方政府在推进城镇化进程中通过扩权进行了强镇改革,做法和思路非常清晰,先做好点(强镇扩权)的突破再进行面(扩权强镇)的

---

① 《中共安徽省委、安徽省人民政府关于实施扩权强镇的若干意见》(皖发〔2009〕15 号),2009 年 6 月 1 日。
② 《全国 13 省强镇扩权"脚大鞋小"状况改变后如何用权?》,《人民日报(海外版)》2010 年 9 月 18 日。

铺开。

(一)发挥中心镇的引导作用

中心镇,包括县城镇和部分发展程度较高的建制镇,在村镇体系中处于中心地位,比一般建制镇和乡集镇的聚集功能相对较强,在集聚功能、集散功能、接纳功能、辐射功能和吸引功能方面较强,因此,对于统筹城乡发展具有重要地位。由于中心镇特殊的地位和作用,它的建设将直接关系到当地经济社会发展,有利于加快社会事业发展和提供公共服务。所以,强镇的第一步就是强镇扩权,通过扩大"强镇"的权力,建立示范区。强镇扩权最关键的是放权,加强中心镇的公共服务和社会事业服务能力。基层镇级政府是管理服务社会建设的基础,是搞好社会管理建设的排头兵。当前群众反映最强烈的教育、就业、收入分配、社保医疗、住房等民生问题,要求对基层镇政府进行放权以更好地管理和解决,从而加快发展各项社会事业和提升公共服务能力,使社会发展成果更好惠及全体人民。

(二)做强非中心镇

扩权强镇是对强镇扩权的超越。它是从中心镇放权向一般乡镇放权的过程,把尽可能多的经济社会管理权限下放给一般乡镇。扩权强镇是要让一般镇逐渐强大起来,最关键的是加快基础设施建设,最基本的保障是建设和完善一路(高标准的进镇道路)、二厂(自来水厂和污水处理厂)、三网(自来水供水网、垃圾收集与处理转运网、通村公交网)等设施,加快基础设施向各镇和农村延伸。将非中心镇做强,不断向中心镇靠拢,甚至按中小城市的标准进行改革,是今后扩权强镇的重心。

三、推动特大镇改市

强镇改革之路通过点(扩权)和面(强镇)结合,提升强镇的效果和级别,以中小城市的规格指引强镇改革,最终促成特大镇改市的做法,成为新型城镇化的主要载体,是我国新型城镇化的主要方向,这样一来,一方面可以杜绝让房地产商主导的各种没有产业依托的"新城""空城"成为新型城镇化载体的困境,一方面可以延缓大中城市继续无休止向四周蔓延的城市病。

浙江省绍兴市在强镇扩权和扩权强镇的基础上,进一步推动城镇化向纵深方向发展,具有借鉴作用。2010年绍兴市创新中心镇发展方式,启动中小城市培育工作,使中心镇发展又上了一个新台阶。在28个省市级中心镇中,选择了人口数量多、产业基础好、发展潜力大、带动能力强的17个镇作为中小城市培育试点镇。目前,绍兴市已形成2个省级小城市、17个市级中小城市培育试点体系;20个省级、8个市级中心镇培育体系,逐步形成了"中心城市—县域城市—中小城市—中心镇—一般乡镇"五级城镇框架体系。[①]

[①] 胡税根、余潇枫、许法根:《扩权强镇与权力规制创新研究——以绍兴市为例》,浙江大学出版社2011年版,第71页。

因此，中心镇、特大镇发展的未来目标就是要跳出传统的乡镇束缚，按照新型城市化的目标，促进中心镇经济、要素、公共服务的多元化集聚。探索中心镇的城市化发展道路，积极引导具备条件的中心镇向现代化的城市乃至中心城市方向发展，是强镇改革的必然之路。这要求加强对中心镇的规划和设计；进行政管理体制改革，逐步放权扩权；深化户籍管理制度改革，让有条件的农民有序转化为市民；理顺三块地的关系，引导农民对集体资产所有权、土地承包权和宅基地所有权的身份置换；推进基本公共服务向普适化和重质量发展；促进当地经济社会与生态和谐发展，从而推进城乡一体化进程。

参考文献

曹阳、田文霞：《沿边开发开放民族地区小城镇发展：耦合力、模式与对策：基于延边州朝阳川镇的调查》，《学术交流》2011 年第 2 期。

陈前虎、寿建伟、潘聪林：《浙江省小城镇发展历程、态势及转型策略研究》，《规划师》2012 年第 12 期。

陈青松：《特色小镇实操指南》，中国市场出版社 2018 年版。

成德宁、李燕：《中国小城镇发展研究最新进展综述》，《中共成都市委党校学报》2016 年第 1 期。

《从苏南模式到新苏南模式》，https://www.guancha.cn/society/2012_03_09_67098.shtml。

费孝通：《论小城镇建设》，群言出版社 2000 年版。

耿宏兵、刘剑：《转变路径依赖——对新时期大连市小城镇发展模式的思考》，《城市规划》2009 年第 5 期。

顾朝林：《论中国建制镇发展、地域差异及空间演化》，《地理科学》1995 年第 3 期。

国务院办公厅印发《关于改善农村人居环境指导意见》，http://news.xinhuanet.com/legal/2014-05/29/c_1110913428.htm，2014 年 5 月 29 日。

何兴华：《小城镇发展战略的由来及实际效果》，《小城镇建设》2017 年第 4 期。

胡税根、余潇枫、许法根：《扩权强镇与权力规制创新研究——以绍兴市为例》，浙江大学出版社 2011 年版。

蒋永清：《中国小城镇发展研究》，硕士学位论文，华中师范大学，2001 年。

刘奇洪：《"镇改市"：中国新型城镇化主要方向》，《中国经济报告》2014 年第 11 期。

《马克思恩格斯选集》第 1 卷，人民出版社 1972 年版。

《马克思恩格斯选集》第 1 卷，人民出版社 1995 年版。

浦善新：《中国建制镇的形成发展与展望（二）》，《小城镇建设》1998 年第 1 期。

《全国 13 省强镇扩权"脚大鞋小"状况改变后如何用权？》，《人民日报（海外版）》2010 年 9 月 18 日。

宋林飞：《苏南区域率先发展实践与理论的探索——从"苏南模式""新苏南模式"到"苏南现代化模式"》，《南京社会科学》2019 年第 1 期。

王志宪、吕霄飞:《中国小城镇发展概述》,《青岛科技大学学报(社会科学版)》2010年第2期。

吴芍炎、刘烨:《小城镇发展的现实困境及路径》,《长春师范大学学报》2017年第7期。

易千枫、徐强、项志远:《改革开放30年温州城镇化发展回顾与思考》,《农村经济》2002年第8期。

张新辉:《广东省中心镇强镇扩权改革研究——以白土镇为例》,硕士学位论文,暨南大学,2008年。

赵晖:《说清小城镇》,中国建筑工业出版社2018年版。

赵莹、李宝轩:《新型城镇化进程中小城镇建设存在的问题及对策》,《经济纵横》2014年第3期。

《中共安徽省委、安徽省人民政府关于实施扩权强镇的若干意见》(皖发〔2009〕15号),2009年6月1日。

朱建江:《城市学概论》,上海社会科学院出版社2018年版。

第十章　乡村发展

乡村是与城市相对的一种地域空间。从发展史来看，乡村是人类文明的发祥地，其出现早于城市，在人类社会发展进程中曾长期占据基础性和主导性地位，作出了不可磨灭的贡献。虽然随着世界工业化、城镇化进程的加快，国土和区域空间开始出现"城进乡退"的演变格局，但是发展到一定阶段后将趋于稳定，即使在已经实现高度城市化的欧美发达国家，乡村的整体区域范围仍明显大于城市，乡村仍是构成国土区域空间的主体。从存在和发展的意义来看，乡村与城市各具特色与优势，发挥着不同的功能作用，二者相辅相成、不可或缺。其中，乡村承载着城市不可替代的食品安全保障、生态安全保障、精神文化家园等多种功能。因此，无论时代如何演进，乡村始终是人类社会赖以生存和发展的基础，乡村发展在各个历史时期均具有重要的现实意义。

第一节　乡村概述

在农业社会及工业社会早期阶段，乡村特征鲜明、类型简单、边界清晰。随着工业化、城镇化水平的不断提升，乡村地域系统开始发生变革，一些传统特征逐渐减弱甚至消失，乡村与城市在经济、社会、文化乃至区域空间上呈现趋同及融合发展态势，乡村的内涵、特征及种类等开始向复杂化、多样化演变分化。

一、乡村的概念

乡村是与城市相对而言的概念，但相较于城市，乡村的概念更加宽泛模糊。在不同的历史时期及不同的国家和地区，从研究、管理和统计等不同角度，人们对乡村概念的认识理解及界定标准并不相同。

我国古代"乡"与"村"各自独立成词，均具有多种词义。从地域空间含义角度,《辞源》对"乡"的解释是"行政区域单位""城市以外的地方";对"村"的解释是"村庄",而"村庄"的词义为"乡民聚居之地"。①《辞海》的解释与之相近,"乡"为"我国农村的基层行政区域""泛指城市以外的地区";"村"解释为"村庄","村庄"的词义为"农民聚居的地方"。②根据《辞源》和《辞海》,我国的乡制约始于周代,所辖范围,历代不同。在较长一段历史时期内,我国的"乡"是行政区域概念,涵盖后来的"乡村";"村"则是聚落概念,特指村庄,相近词语有村落、村坞、村寨、村墟等;空间范围上,"乡"大于"村","村"是"乡"的组成部分。"乡""村"连用为"乡村"一词,最早出现于南朝谢灵运的诗中,后逐渐演化为具有地域含义的固定词语。③《现代汉语词典》对乡村的解释是"主要从事农业、人口分布较城镇分散的地方"。④

当前,乡村仍是我国最基层的区域管理单元,一个村的村域范围通常是指村民委员会所管辖的区域,具有相对明确的区域空间边界。而村民委员会是依据《中华人民共和国村民委员会组织法》设立的基层群众性自治组织。从统计标准来看,我国《统计上划分城乡的规定》未直接规定乡村范围,而是规定城镇包括城区和镇区,明确了城区和镇区的范围划定标准,⑤提出"乡村是本规划划定的城镇以外的区域";而全国农业普查则对"村"的范围进行直接界定,根据第三次全国农业普查主要指标解释,"村"是"指村民委员会和涉农居民委员会所辖地域"。

国外的乡村一般没有明确的地理空间界线,甚至在一些国家乡村并不是广泛使用的概念。相关研究中一般基于自然、景观、经济、社会、文化等某一特征或综合特征对乡村进行阐述;而区域管理中一般基于人口规模、人口密度等进行城乡统计区域划分。常见的英语词汇有"countryside""rural area""rural region""country""village"等。其中,前几个词一般译为"乡村",泛指城镇以外的区域,具体词义存在一定差别;最后一词多译为"村庄",一般指比城镇小的定居点。

从世界范围来看,随着区域发展阶段及城镇化水平的提升,乡村经济、社会乃至空间系统开始重构,一些传统特征逐渐发生变化。例如,乡村中的产业已不仅仅是农业,一些乡村非农产业已占主导地位;乡村居住的人口已不仅仅是农民,一些乡村的非农业人口、外来人口已成为常住人口的主体;乡村不再是封闭、落后的区域,日益呈现出开放性特征,现代化水平不断提升,一些乡村的生活设施条件和生活方式与城镇已基本无异,等等。乡村与城市的差异缩小,形成了一些城乡过渡区域或城乡连续体,区域的诸

---

① 何九盈、王宁、董琨主编,商务印书馆编辑部编:《辞源》(第 3 版),商务印书馆 2015 年版,第 4099、1995、1996 页。
② 夏征农、徐至立主编:《辞海》(第 6 版),上海辞书出版社 2009 年版,第 2493、350 页。
③ 宁志中主编:《中国乡村地理》,中国建筑工业出版社 2019 年版,第 28 页。
④ 中国社会科学院语言研究所词典编辑室编:《现代汉语词典》(第 7 版),商务印书馆 2018 年版,第 1426 页。
⑤ 《统计上划分城乡的规定》(国函〔2008〕60 号批复)提出:"城区是指在市辖区和不设区的市、区、市政府驻地的实际建设连接到的居民委员会和其他区域。镇区是指在城区以外的县人民政府驻地和其他镇,政府驻地的实际建设连接到的居民委员会和其他区域。与政府驻地的实际建设不连接,且常住人口在 3 000 人以上的独立的工矿区、开发区、科研单位、大专院校等特殊区域及农场、林场的场部驻地视为镇区。"

多特征介于乡村和城市之间,乡村与城市不再是泾渭分明的地域空间。因此,20世纪70年代,英国学者保罗·克洛克(Paul Cloke)提出用"乡村性"(rurality)来判断一个地区是城市还是乡村[①];20世纪90年代,我国学者张小林教授提出在世界城市化的大背景下,每个地区都可以看作是城市性与乡村性的统一体,以乡村性来定义乡村更为合理[②]。此后,国内外专家学者既有主张以"乡村性"来界定乡村,并开展乡村性指数等测度标准研究,也有对"乡村性"的质疑与否定。

总之,由于乡村具有相对性、动态性、复杂性和地域性等特征,在不同历史阶段、不同制度文化背景及应用领域,乡村的内涵及外延界定存在较大差异,很难形成一个简洁、准确、通用的定义。然而乡村的几个根本属性特征仍具有历史延续性和地域相通性,主要可以归纳为以下几个方面:一,乡村是与城镇相对应的概念,泛指城镇以外的区域;二,乡村是涵盖村庄(乡村居民点)及山水林田湖草等自然空间的综合型区域;三,乡村区域空间结构中农田及其他自然空间所占比重较高,分散性、开敞性及自然性是乡村区域空间及景观风貌的主要特征;四,乡村产业以农业为主,或者虽然以非农产业为主,但这些产业紧密依托于农业农村资源环境或其他自然资源要素;五,与城镇比较,乡村居民点规模小、人口密度低、社会文化均质度高、生活节奏较慢等特征较明显。如果上述属性特征已不复存在,尤其是不再具有农业生产用地(耕地、园地、林地、牧草地、养殖水域等中的一种或多种)、农业生产活动及从事农业生产活动的农民,即使仍冠之以"村"的称谓,也已不是真正的乡村。

二、相关概念辨析

在我国,常见一些与"乡村"既存在紧密联系,也存在一定差别的相近或相关概念,但在使用中并无明确的区分界定,多种词语通用混用的现象比较普遍,一定程度上造成乡村研究及乡村政策制定执行中认识理解的困扰、片面甚至误区。本文仅就涉及区域空间的几个相关概念比较如下:

(一)农村

"农村"一词的来源尚无考证,《辞源》中尚未收录,但是从相关资料来看,至20世纪二三十年代,"农村"一词在我国已十分常见,与"乡村"概念通用。例如,当时乡村建设运动中社会组织和实践基地的名称,既有"乡村建设研究院""乡村建设试验区",也有"乡农学校""农村改进实验区"等。在著名乡村建设家晏阳初先生的著述及讲话中,既用"农村"一词,如《农村运动的使命》《农村建设要义》等,也使用"乡村"一词,如《十年来的中国乡村建设》《乡村改造运动十大信条》等。[③]中华人民共和国成立后,我国相关政策文件及职能管理部门命名采用"农村"称谓,"乡村"概念随之淡出,直至20世纪80年代开始再现于相关研究领域,90年代后在国家相关政策文件中出现,但总体应用很少。

---

① 郭紫薇、洪亮平等:《英国乡村分类研究及对我国的启示》,《城市规划》2019年第3期,第75—81页。
② 张小林:《乡村概念辨析》,《地理学报》1998年第4期,第365—370页。
③ 晏阳初:《平民教育与乡村建设运动》,商务印书馆2014年版,第86、240、214、502页。

党的十九大提出实施"乡村振兴战略"后,"乡村"一词开始广泛见诸政策文件、新闻报道和研究文献中,各领域再次呈现"农村""乡村"两词并用的现象,甚至在同一文章或政策文件中同时出现。

可见,从实际应用来看,"农村""乡村"两词在我国长期通用,并无严格区分。然而就词义及区域范围比较,"农村"与"乡村"存在一定差别。《辞海》中对"农村"的解释是"农业生产者的居住地"①;《现代汉语词典》中解释为"以从事农业生产为主的人聚居的地方"②;两种解释均侧重于居住地的概念。而"乡村"是区域概念,是涵盖村庄、农田、水域、林地、草地及其他自然空间的地域综合体。从概念提出的视角来看,"农村"是与农业、农民相对的概念,而"乡村"是与城市相对的概念,后者涵盖更广。随着区域城镇化水平的提升及村域经济社会结构的改变,"乡村"概念更为贴切,具有更广泛的适用性。

(二)行政村和建制村

"行政村"与"建制村"均是基于村域管理单元而言的概念。其中,"行政村"是在新中国成立初期行政区划和行政建制的设立及调整中产生的。当时,全国县以下的行政区划及政权体制并不统一,一些县以下的行政区设置包括村一级,并相应建立了村级政权,称为"行政村"。1950年,中央人民政府政务院公布《乡(行政村)人民代表会议组织通则》《乡(行政村)人民政府组织通则》,"行政村"一词已正式出现于国家规范性文件中。1954年1月,中央人民政府内务部作出《关于健全乡镇政权建设的指示》,提出在地域辽阔、居住分散的乡,乡以下可由若干自然村分别组成行政村。1954年9月,第一届全国人民代表大会第一次会议通过了新中国第一部《宪法》,其中明确规定我国县、自治县的行政区域划分为乡、民族乡、镇。至此,村一级行政建制取消。20世纪50年代后期至80年代初期,我国农村实行人民公社制,组织架构上分为公社、生产大队和生产队三级,行政村不复存在。③ 1982年,中华人民共和国第四部《宪法》颁布,其中提出在农村设立村民委员会,自此我国乡镇以下开始实行村民自治的新制度。归纳起来,新中国成立以来,我国县级以下的行政区划和行政建制历经多次调整,在此过程中,"村"一度是我国最基层的一级行政区域,设有村人民代表会议和村人民政府等一级政权机构,形成具有法律和制度基础的"行政村"。但是,自首部《宪法》颁布之日起,"村"已不再属于我国行政区划和行政机构体系,"行政村"的概念已不适用。然而由于历史习惯等原因,自80年代初"政社分开"④至今,一些政府文件、研究文献、新闻报道中有时仍会使用"行政村"一词。

"建制村"是参照"建制镇"提出的概念。"建制"原为军队管理用语,《辞海》中的解

---

① 夏征农、徐至立主编:《辞海》(第6版),上海辞书出版社2009年版,第1676页。
② 中国社会科学院语言研究所词典编辑室编:《现代汉语词典》(第7版),商务印书馆2018年版,第960页。
③ 陈锡文、赵阳等:《中国农村制度变迁60年》,人民出版社2009年版,第332—334页。
④ "政社分开"指20世纪80年代初,我国改革政社合一的农村人民公社体制,重建乡镇政府,乡镇以下设立村民委员会,实行村民自治。

释是"按编制编成的军队各种组织及其隶属关系"①，后被引用至行政区划管理领域；《现代汉语词典》中对"建制"的解释是"机关、军队的组织编制和行政区划等制度的总称"②。1984年，国务院转批民政部《关于调整建制镇标准的报告》，"建制镇"一词开始成为正式用语；至90年代，我国部分地区已开始使用"建制村"概念。2001年，民政部、农业部等七部委联合下发《关于乡镇行政区划调整工作的指导意见》，其中提出村委会的调整撤并一般应以村委会为单位整建制撤并，该文件已将村委会的管辖区域视作建制单位，③此后"建制村"概念逐渐得到较广泛的应用。

"行政村"和"建制村"两词均是对我国村民委员会所辖区域的称谓，目前两词在政府管理、学术研究及新闻媒体中均有使用。从对国务院及国家相关部委公开发布的政策文件梳理来看，存在一些约定俗成的用法。例如，乡村环境、交通等领域一般使用"建制村"概念，而乡村公共服务、金融服务等领域使用"行政村"较多。也有一些领域两个词均有使用，如乡村治理、农业农村信息化等方面；一些涉及多个领域的综合性政策文件，同一文本中两个词均有出现。在各地方性政策文件中，用法更为多样。因此，对于我国村民委员会所辖区域，全国层面亟待确定一个规范、统一的通名用语。根据《中华人民共和国宪法》，村民委员会是基层群众性自治组织，村一级并不属于我国行政建制体系，因此严格意义上讲，村民委员会所辖区域，无论是"行政村"或"建制村"概念均不相符。但比较而言，根据《中华人民共和国村民委员会组织法》，"村民委员会的设立、撤销、范围调整，由乡、民族乡、镇的人民政府提出，经村民会议讨论同意，报县级人民政府批准"，村民委员会及所辖区域的设定有法律依据和法定程序要求，村民委员会虽为基层群众性自治组织，但有依法设立的独立完整的组织体系，"建制村"的概念相对更为可取。

（三）自然村和农民集中居住区

"自然村"和"农民集中居住区"都是乡村聚落概念，是乡村地区人口聚居的场所，但二者的形成机制历程、布局结构形态等存在差别。其中，"自然村"是指在乡村区域由人口自然聚居而形成的村落。《现代汉语词典》中对"自然村"的解释是"自然形成的村落"④；第三次全国农业普查主要指标解释中，"自然村"是"指在农村地域内由居民自然聚居而形成的村落，自然村一般都应该有自己的名称"。自然村是聚落空间概念，等同于村庄、村落等。自然村由村民自发选址聚居而形成，一般依河流、道路、农田等呈条带状或团块状分布，边界形态及内部布局结构呈现较明显的自然肌理特征，规模大小不一。自然村是构成乡村区域最基本的单元。

"农民集中居住区"是指在乡村地区，为了改善村民的居住和生活环境条件等多种原因，通过统一选址和规划设计、集中建设的居住生活区。农民集中居住区的布局形态

---

① 夏征农、徐至立主编：《辞海》（第6版），上海辞书出版社2009年版，第1072页。
② 中国社会科学院语言研究所词典编辑室编：《现代汉语词典》（第7版），商务印书馆2018年版，第641页。
③ 尹佩庄：《"建制村"称谓是最好的选择》，《乡镇论坛》2003年第7期，第10—11页。
④ 中国社会科学院语言研究所词典编辑室编：《现代汉语词典》（第7版），商务印书馆2018年版，第1738页。

较紧凑规整、风貌比较统一,规模一般较大。

自然村与农民集中居住区共同构成了乡村居民点。乡村居民点是乡村人口居住和生活的主要场所,是乡村区域的重要组成部分。

三、乡村的分类

在农业社会及工业社会早期阶段,乡村类型比较单一。随着工业化、城镇化进程的加快,乡村地域系统在内外力的综合作用下逐渐变革分化,形成诸多细分类型。但乡村类型的划分标准不是唯一的,基于不同的角度和原则,可以将乡村划分为不同的类型;在相关研究和实践领域,往往根据需要采用单一因素或综合因素作为分类依据。

例如,按照自然地理区位和地形地貌特征,可以划分为山村、丘陵村、平原村、滨水村等;按照经济地理区位可以划分为城中村、城郊村、农区村等;按照产业经济特色可以划分为农业村(以种植业为主)、牧业村、渔业村、林业村、工业主导型乡村、旅游及其他服务业主导型乡村等[1];按照人口规模可以划分为小型村、中型村、大型村和特大型村等[2];按照综合发展水平可以划分为现代化乡村(发达乡村)、中等发达乡村、欠发达乡村等;按照形成历史可以划分为传统村落、新村等。也有一些村呈现出过渡型、多样化特征,较难严格地归于某一类。在关于区域或乡村发展规划的规范性政策文件中,一般综合多种因素,基于中长期发展方向进行乡村分类。例如,上海市 2015 年发布的《关于进一步加强本市郊区镇村规划编制工作的指导意见》中提出按照"保护村""保留村"和"撤并村"三种类型进行分类引导。我国《乡村振兴战略规划(2018—2022 年)》中提出分类推进乡村发展,将全国村庄划分为四大类,主要包括:一是集聚提升类村庄,对象界定为"现有规模较大的中心村和其他仍将存续的一般村庄";二是城郊融合类村庄,对象界定为"城市近郊区以及县城城关镇所在地的村庄";三是特色保护类村庄,对象界定为"历史文化名村、传统村落、少数民族特色村寨、特色景观旅游名村等自然历史文化特色资源丰富的村庄";四是搬迁撤并类村庄,对象界定是"位于生存条件恶劣、生态环境脆弱、自然灾害频发等地区的村庄,因重大项目建设需要搬迁的村庄,以及人口流失特别严重的村庄",这些村庄"可通过易地扶贫搬迁、生态宜居搬迁、农村集聚发展搬迁等方式,实施村庄搬迁撤并"。

第二节 乡村发展

乡村发展是一个长期的、动态的过程,是乡村研究和实践领域的永恒主题。乡村发展的主要目标与任务一般随着区域发展阶段的变化而改变;在同一历史时期,由于区域发展阶段水平、资源环境条件等的不同,乡村发展的重点也存在地域差异。

---

[1] 宁志中主编:《中国乡村地理》,中国建筑工业出版社 2019 年版,第 39—42 页。
[2] 赵先超、鲁婵主编:《生态乡村规划》,中国建材工业出版社 2018 年版,第 2—3 页。

一、乡村发展的概念

"发展"是一个动态过程概念,事物发展一般会呈现一些基本的趋势特征,主要包括:一是由小变大,即数量规模增长;二是由弱变强,即质量、水平、影响力等提升;三是由简至繁,即结构、种类、功能等由均质化、单一化向复杂化、多样化演进。就区域而言,城市发展一般兼具上述特征,总体趋势特征为城市数量增多、面积扩大、人口增长,发展质量水平提升等。但是,乡村发展则比较复杂,总体呈现乡村数量、面积、人口等先增后减,质量水平升级演进的趋势特征,但不同乡村之间呈现差异化发展轨迹。例如,一些乡村发展的结果是区域性质发生根本性转变,整体或部分从乡村区域嬗变为城镇区域;一些乡村发展中虽然经济、社会、文化甚至空间系统重构,但乡村区域的根本属性特征并未改变,总体演进趋势特征是乡村经济社会及制度文化水平提升、环境条件改善等;也有一些乡村演进的趋势特征介于两种情况之间。因此,乡村发展是一个动态、复杂、涵盖广泛的概念,总体表现为乡村由量变到质变的演进过程。其量变一般表现为乡村数量、面积、人口等规模先增后减再到基本稳定。其质变既包括乡村区域内涵式的发展升级,如生产生活方式改进、经济社会水平提升、空间布局优化、功能作用拓展、环境条件改善等;也包括乡村工业化、城镇化发展后出现的根本性转变,如乡村土地非农化、人口非农化、产业非农化等。

二、乡村发展的意义

乡村与城市是承载人类生产和生活活动的两大类地域空间,二者各具优势与特色,在人类社会发展进程中发挥着不同的功能作用,两种区域相辅相成、不可或缺。其中,乡村是人类文明的发祥地,为人类文明的发生和发展演进作出了不可磨灭的贡献。乡村具有城市不可替代的食品安全保障、生态安全保障、精神文化家园等多种功能,无论时代如何演进,乡村始终是人类社会赖以生存和发展的基础,促进乡村发展在各个历史时期均具有重要的战略意义和现实意义。

乡村是我国文化、经济、社会、制度、环境和国土空间等不可分割的基础组成部分。从历史来看,我国有着悠久的农耕文明,在中华文明发展史上,农业农村是国家和地区经济、社会、文化等发展的重要基础。从现状来看,至2016年,我国尚有55.6万多个村委会、4万多个涉农居委会、317万个自然村、15万个2006年以后新建的农村居民定居点、2.3亿农户;[1]至2018年末,我国乡村常住人口达5.6亿人以上,约占全国总人口的40.4%,全国第一产业就业人员超过2.0亿人,占三次产业总就业人员的26.1%,全国第一产业增加值约6.5万亿元,约占国内生产总值的7.2%;[2]我国农业农村农民数量规模大,在全国经济社会和区域发展格局中占有重要地位。同时,我国乡村地区以占世界不

---

[1] 数据来源:《第三次全国农业普查数据公报》。
[2] 数据来源:《中国统计年鉴(2019)》。

足 1/10 的耕地，产出了世界约 1/4 的粮食，我国谷物自给率超过 95%，为保障国家粮食安全，实现经济社会稳定发展奠定了坚实基础。[①] 从未来展望来看，乡村是我国国土区域空间及经济社会文化系统等不可或缺的组成部分，承载着食品生产、生态保障、社会文化服务等多种功能。其中，食品生产功能是乡村最核心、最基础的战略功能。无论经济全球化及世界科技如何发展，食品尤其是粮食始终是人类生存的刚性必需品，粮食安全问题已被列为全球性重要挑战之一。我国作为世界第一人口大国，人口总量逾 14 亿人，占世界总人口的近 1/5，粮食安全是关系我国乃至世界稳定发展的重大问题。我国政府高度重视"三农"发展及粮食安全问题，尤其是党的十八大以来，先后提出新粮食安全观和实施乡村振兴战略。乡村是承载农业生产和农民生活的重要功能区，乡村发展涵盖农业发展、农民发展、粮食安全及区域发展的诸多方面，是事关我国全局、全面和长远发展格局的战略基础。

二是防止乡村过度衰退，全面提升乡村发展水平。从世界范围来看，随着工业化起飞和城镇化提速，乡村衰退成为普遍性的趋势与挑战，但当区域经济和城镇化水平达到较高阶段，关注乡村问题，防止乡村过度衰退，促进乡村发展也成为共性趋势特征。近几十年来，随着工业化、城镇化的快速发展，我国乡村的衰退特征也逐渐显现，如乡村数量规模不断缩减，乡村人口空心化、老龄化问题加剧，农业用地不断非农转化，乡村地区发展动力及可持续发展能力不足等。由于乡村的战略基础地位及不可或缺性，需要及早采取积极的政策干预措施，防止乡村过度衰退。但不是对所有乡村都进行保护发展，而是在遵循区域发展演进规律的情况下，分类有序引导，根据各村的地理区位、农田及其他资源禀赋条件、发展现状、发展趋向，以及其在更大区域格局中的功能地位等多种因素，进行乡村类型划分。研究确定针对不同类型乡村的发展导向及实施策略，对长期保留发展的乡村予以重点保护支持。通过产业政策、人口政策、住房政策、社会保障制度、土地制度、基础设施和公共服务设施建设、人居环境整治等多种举措，破解乡村发展中存在的主要问题与短板，释放乡村发展潜力，满足乡村发展需求，全面提升乡村经济社会发展水平，改善乡村生活环境质量，缩小城乡差距，增强乡村对人口及其他优质资源要素的吸引力，增强乡村内生经济社会发展活力、发展动力及可持续发展能力。

三是实现区域高质量和可持续发展。从世界范围来看，当城市化水平和区域经济发展水平达到较高阶段后，人们对乡村宁静自然的田园环境、舒缓轻松的慢生活、亲手播种收获的农耕乐趣等的精神文化需求上升，乡村有别于城市的特色、优势和功能价值逐渐凸显，乡村功能从生产和经济功能向生产、经济、生态、生活、文化等多样化拓展，乡村与城市形成相互依存、互为补充、融合发展的区域整体。我国现阶段要积极探索建立城乡融合发展、资源要素合理流动的体制机制和政策体系，促进城乡资源整合、功能和优势互补，以城市人口、资金、技术等要素参与，以及市场拉动等，为乡村经济社会发展及人居环境建设注入新动力；以乡村田园限制城市无序蔓延，改善城市生态环境和景观

[①] 资料来源：《中国的粮食安全》白皮书，中华人民共和国国务院新闻办公室 2019 年 10 月 14 日发布。

品质,满足城市居民对田园文化和优质农产品的需求,疏解城市人口和产业压力等,最终实现乡村—城市区域全面、协调、高质量和可持续发展。

三、乡村发展的主要内容

乡村是由自然地理要素、社会人文要素等相互联系、相互作用形成的复杂地域系统,乡村发展涵盖乡村经济、社会、政治、文化、生态等各个方面,涉及内容广泛,主要可归结为以下几个方面:

(一)乡村经济发展

在乡村发展的早期阶段,经济发展主要是指农业的发展,包括农业生产方式的改进,农业劳动生产率和土地产出率的提升等。随着工业化、城镇化的发展,乡村经济发展的内涵不断拓展,既包括农业现代化,也包括传统手工业、农产品加工业、乡村旅游业及其他服务业、新兴产业等的发展。乡村经济发展旨在破解乡村生产力水平低、传统产业衰退、经济基础薄弱等问题,通过合理有效地开发利用乡村资源,引进新技术、新模式、新要素等多种措施,改造传统农业,培育新产业,促进乡村生产发展、经济繁荣,增强乡村内生发展动力,带动农民就业和增收,夯实乡村发展的物质文明基础,建设产业兴旺、生活富裕的乡村。

(二)乡村社会发展

乡村社会发展主要包括乡村人口数量、人口结构、人口空间分布及迁移等的发展变化,乡村教育、医疗、养老、就业等的制度建设及设施资源配置等。乡村社会发展旨在破解乡村空心化和老龄化、社会事业和公共服务落后等问题,通过一系列政策措施,促进乡村人口素质提升、结构优化、分布合理,乡村社会事业和公共服务水平升级,保障乡村社会稳定,增强乡村发展活力,促进乡村社会进步,缩小城乡差别,建设公平公正、可持续发展的乡村。

(三)乡村制度文化发展

乡村制度文化发展主要包括乡村文化发展,如保护传承乡村优秀传统文化,屏弃不良风气和陈规陋习,弘扬时代新风,丰富公共文化活动等;乡村制度建设,如健全乡村治理体系和基层组织,完善政策法规和村规民约等。乡村制度文化发展旨在破解工业化、城镇化、全球化快速发展冲击下,乡村优秀传统文化消失、不良风气兴起、传统制度不适应新的治理需求等问题,通过完善相关规章制度,建设功能设施和平台载体,开展精神文化活动等多种举措,促进乡村制度文化优化重构,形成积极向上、文明和谐、规范有序的精神风貌、社会风气及制度环境,建设乡风文明、治理有效的新时代乡村。

(四)乡村环境建设

乡村环境建设主要包括乡村人工环境设施的建设与更新,如乡村道路桥梁、饮用水、供电、通信、排水、燃气、公共交通和停车场等基础设施,以及农业生产设施的建设和更新;乡村自然生态环境的保护和建设,如乡村污染防治、生态修复、景观建设等。乡村环境建设旨在解决乡村基础设施建设滞后、生产生活条件落后、环境污染破坏等问题,通过工程设施建设等举措,推动乡村生产和生活环境条件现代化,改善乡村人居环境,重塑人与自然和谐共生的乡村生态格局,提升乡村生态环境质量和景观品质,建设生态宜居的美好乡村。

(五)乡村土地利用和空间布局结构优化

乡村土地利用和空间布局优化主要包括乡村土地利用方式、土地利用结构和土地制度等的调整;乡村生产空间、生活空间和生态空间布局调整;农用地整理,使农田在空间上集中连片;农村居民点整理,把位于环境不适宜居住、生态保护区、偏远零散不便于进行设施资源配置等区域,以及空心化程度严重的自然村落进行归并。乡村土地利用和空间布局结构优化调整,旨在解决乡村资源利用及空间布局不合理等问题,促进乡村土地资源节约、集约和高效利用,优化乡村主要功能区的空间布局及组合关系,改善乡村人口居住和生活、生产和就业等的空间区位条件。

在实际应用中,基于不同的目标需求,乡村发展的侧重点不同。在相关研究中,乡村发展关注的重点一般因学科领域或研究目的而异,如经济学主要关注农村经济史、农村生产力、农村经济结构、农村经济管理等与乡村经济发展的相关问题;农村社会学主要研究农村社会结构、农村社会关系、农村社会保障等社会发展变迁问题;乡村地理学研究领域比较广泛,如乡村地域系统的类型结构、乡村资源评价与开发利用、乡村聚落、乡村人口与文化、乡村经济、乡村土地利用、乡村治理、乡村生态环境与景观、乡村发展与规划,等等。在实践领域,乡村发展的重点受内外部环境条件、发展阶段和基础、要解决的主要问题、乡村在大区域格局中的功能定位等多种因素影响,存在历史阶段性和地域差异性。

第三节 乡村发展战略与规划

乡村发展战略与规划是对乡村发展全局、长远及重大问题的筹划与指导,明确了一个国家或地区一定历史时期内乡村发展的总体方向要求、目标任务等,是指导乡村发展的纲领性文件。乡村发展战略与规划一般通过地方规划、专项规划、行动计划、实施方案、政策机制、工程项目等予以实施,引导推动中小空间尺度的乡村发展,解决局部地区、近期的乡村发展问题,逐步实现整体的、长远的目标。

一、乡村发展战略概述

"战略"一词,原为军事用语,后引申至其他领域。《辞海》中对"战略"军事以外的词义解释为:"泛指对社会政治、经济、文化、科技和外交等领域长远、全局、高层次重大问题的筹划与指导","指政党、国家作出的一定历史时期内具有全局性的谋划"。[①]乡村发展战略即是对乡村发展全局、长远和重大问题的筹划与指导。根据应用区域或目的等

---

① 夏征农、徐至立主编:《辞海》(第6版),上海辞书出版社2009年版,第2871、2872页。

的差异,会形成不同类型的乡村发展战略。例如,从覆盖领域来看,既有综合型的乡村发展战略,也有专项的乡村发展战略,前者涵盖乡村经济、社会、政治、文化、生态等各个方面,后者一般聚焦某一重点领域;从空间维度来看,包括国家级、省市级、县域等不同行政区域层级或不同区域尺度的乡村发展战略。

在不同的国家和地区、不同的历史阶段,一般根据环境条件、发展基础、问题困境、发展定位等,制定实施不同的乡村发展战略。从发达国家的先行规律来看,在城市化初级阶段及以前,乡村发展战略主要是指农业发展战略;步入城市化中期阶段,乡村发展战略关注点逐渐转向解决工业化、城镇化快速增长带来的乡村绝对衰退(如乡村空心化、经济衰退、环境污染破坏等)与相对衰退(城乡差距拉大)问题;达到城市化后期阶段,乡村发展战略着眼点在区域空间及重点领域等多方面开始发生重要转变与突破,基于城乡一体化的大区域空间格局,面向全球性、区域性的食品安全、气候环境、公平正义等长远性、深层次的问题挑战,以实现乡村与区域高质量、可持续发展为目标,确定乡村发展战略框架,采取行动策略。总体来看,发达国家的乡村发展战略经历了从物质环境改造到促进经济社会发展、从关注农业现代化到促进乡村经济多样化、从关注物的发展到关注人的发展、从关注近期效益向关注可持续发展、从外部力量驱动向内生动力培育、从就乡村论乡村向城乡联动融合发展等的演进历程。

从我国来看,自新中国成立以来,我国乡村发展战略经历了较明显的调整转变过程。当前和未来较长一段时期内,乡村振兴战略是指导我国乡村发展的总战略。2017年10月,党的十九大报告提出实施乡村振兴战略,2018年1月,中共中央、国务院发布《中共中央、国务院关于实施乡村振兴战略的意见》,2018年9月,中共中央、国务院印发《乡村振兴战略规划(2018—2022年)》,按照"产业兴旺、生态宜居、乡风文明、治理有效、生活富裕"的总要求,提出了我国乡村振兴的阶段性目标、重点任务和保障措施,为全国各地区、各相关部门开展"三农"工作、推进乡村振兴提出了战略框架与依据。

二、乡村发展规划概述

乡村发展规划是对一定历史时期内乡村资源开发、土地利用、经济社会发展、环境设施建设、生态环境保护等进行的总体部署,包括发展的方向目标、空间布局、重点任务、实施步骤与措施等内容,是引导乡村科学建设和发展的重要依据。在实践中,基于不同的地域空间尺度、行政层级和分类体系,形成了不同类型的乡村发展规划。其中,既有直接以乡村地区、特定村域或村庄为对象的规划,如乡村振兴战略规划、村庄整治规划、村庄规划、村庄建设规划等;也有直接明确了乡村总体及分类引导方向、村庄布局等内容的上位规划,如乡村所在大区域的总体规划、县(市)域乡村建设规划、乡村布点规划、乡(镇)域规划等;还有关于乡村某一领域的专项规划,如乡村产业发展规划、乡村基础设施规划、乡村公共服务设施规划、村庄整治规划、历史文化名村保护规划等。狭义的乡村规划,一般仅指直接以乡村地区、特定村域或村庄为对象的规划;根据《中华人民共和国城乡规划法》,我国的乡村规划包括乡规划和村庄规划。不同类型乡村规划的编制范围、对象与目的、编制要求、规划的主要内容、编制成果要求等并不相同。

从世界范围来看,乡村规划本身也经历了发展和重构的过程。发达国家的乡村规划起步较早,以英国为例,经历了从土地利用规划向综合型的战略规划,从用地控制为主向应对经济、社会、环境等多重挑战和发展需求,从关注乡村空间向关注更大空间尺度的乡村—城市区域,从关注乡村地区的挑战与需求向关注更大尺度区域发展面临的挑战与需求,考虑乡村在区域发展中的多功能性,乡村与城市的平衡、整合、联动发展等的转变过程。[①]

新中国成立以来,我国乡村规划也经历了较明显的阶段性演变历程。20世纪50年代起,各地开始编制乡村生产规划和人民公社建设规划;70年代,各地主要编制农业发展规划;80—90年代,一些地区开始编制村镇规划,国家有关部门制定了相关政策规章和标准,如1982年,原国家建设委员会和农业委员会发布《村镇规划原则(试行)》,1993年,建设部会同有有关部门编制了《村镇规划标准》,自1994年开始施行;2008年1月1日,首部《中华人民共和国城乡规划法》开始实施,乡村规划正式纳入我国法定规划体系。[②]2011年,国务院学位委员会将城市规划专业改为城乡规划专业,设为一级学科。[③]自此,我国乡村规划具有了法律、制度和学科基础,乡村规划的研究和实践逐渐引起广泛关注,相关政策法规体系、理论方法体系、人才队伍体系等正在逐步健全完善。

三、乡村规划的编制

(一)乡村规划编制的依据和要求

乡村规划的编制依据主要包括国家和地方现行的有关法律、法规、标准、政策及上位规划等。从我国来看,《中华人民共和国城乡规划法》是全国各地区乡规划、村庄规划的总依据;《镇(乡)域规划导则(试行)》《村庄规划用地分类指南》《城乡用地分类与规划建设用地标准》《住房城乡建设部关于进一步加强村庄建设规划工作的通知》等一系列专项规章、标准和政策文件提出了乡村规划的具体依据与要求,《中共中央国务院关于实施乡村振兴战略的意见》《乡村振兴战略规划(2018—2022年)》《农村人居环境整治三年行动方案》等各类相关政策文件提出了乡村规划的指导意见与要求。

不同国家和地区对乡村规划的编制审批主体及程序等有不同的要求。我国乡村规划的编制和审批要求因规划类型而定。根据《中华人民共和国城乡规划法》(2019修正),乡规划和村庄规划由乡、镇人民政府组织编制,委托具有相应资质等级的单位承担编制工作,规划成果报上一级人民政府审批。其中,村庄规划送审前,应经村民会议或村民代表会议讨论同意。对于村庄建设规划,2018年住房和城乡建设部发布《住房城乡建设部关于进一步加强村庄建设规划工作的通知》(建村〔2018〕89号),其中提出:

[①] [英]尼克·盖伦特、梅丽·云蒂等:《乡村规划导论》,闫琳译,中国建筑工业出版社2015年版,第13—29页。
[②] 宁志中主编:《中国乡村地理》,中国建筑工业出版社2019年版,第270—275页。
[③] 同济大学城市规划系乡村规划教学研究课题组:《乡村规划——乡村规划特征及其教学方法与2014年度同济大学教学实践》,中国建筑工业出版社2015年版,第27页。

"鼓励有条件的地区将村委会、村民自行组织编制的村庄建设规划委托乡(镇)人民政府审批",以及"仅用文字规定且不涉及新建项目的村庄建设规划经村民会议或者村民代表会议讨论通过后即可实施"。

乡村规划的编制应因地制宜,注重实用性和可操作性,避免沿用城市规划的思路与方法,应充分了解且高度重视乡村发展的历史、自然、经济、社会、文化等特征,保护和培育乡村特色,遵循乡村发展规律,并从区域全局和长远发展的视角,全面思考乡村的功能定位及发展问题,对乡村发展作出科学、合理的规划引导。乡村规划的文字和图件成果表达应简明易懂,使所在乡(镇)政府、村基层组织和村民等主体等能够理解、看懂,便于实施。

(二)乡村规划的编制方法

虽然乡村规划编制的具体程序和方法因规划类型不同而存在一定差异,但主要程序和方法一般包括以下几个方面:

乡村规划的主要程序一般包括:前期调查分析→发展现状分析与评估→确定建设发展的主要目标与规模→空间及重点领域规划→相关法规标准等要求的其他强制性规划内容→因地制宜列入的扩展性规划内容→形成规划成果→规划审批→规划实施。

前期调查研究是决定乡村规划质量的重要基础,其主要内容与方法一般包括:一是基础资料搜集。全面搜集与规划对象相关的各类基础性文字资料和图件资料。既包括所规划乡村对象的发展历史、资源环境条件、建设发展现状及规划资料的搜集,如年鉴、方志、基本情况介绍、工作总结、相关研究资料、已有相关规划等;也包括上位规划资料,如区域总体规划、土地利用规划、城镇体系规划、村庄布点规划、交通基础设施规划等;还包括区域环境资料和宏观政策文件资料,如区域近年统计年鉴、国民经济和社会发展五年规划、重点领域发展政策和规划、国家重要相关政策文件等;以及国内外先行地区的案例资料等。通过基础资料搜集整理,初步了解规划乡村的基本情况、发展背景及可借鉴的经验等。二是入村田野调查。这是开展乡村规划至关重要的一环。通过对村民委员等基层组织调研、乡村居民家庭的入户调研、重要区域现场踏勘等方式,深入全面地实地了解乡村发展现状、问题及村民主体的愿望诉求等。包括对前期文字和图件资料中不全面、不清楚或与现场调研情况相矛盾等内容的了解、核实、分析比较等。三是座谈访谈。通过召开专题座谈会、个别访谈等多种方式,对县级相关职能部门负责人、乡镇分管领导、村干部、村民代表、驻村各类市场主体和社会组织等开展专题调研,从多种维度全方位了解乡村建设发展的实际情况、问题不足,不同主体的观点和建议等。四是问卷调查。根据规划需要,开展问卷调查,问卷内容涵盖基本情况信息及因规划目的和乡村实际而设定的专项问题,调研对象主要是在乡村工作和生活的主体,如村干部、本村村民、外来常住人口、驻村企业人员、驻村社会组织人员,休闲旅游类乡村调研对象还包括游客等。调研对象较多、相互之间问题明显不同的,可针对不同调研对象分别设计调查问卷;调研对象及问题相同或差异度较小时,可设计综合类问卷。

其中,关于乡村基本情况调查的主要内容一般包括:一是乡村自然环境条件,主要包括规划乡村对象的自然地理区位、地质地貌条件、气象条件、水文条件、土壤条件、生物资源条件、自然灾害等。二是乡村空间结构及土地利用情况,主要包括规划区域总面积及构成,土地利用结构,如农用地、建设用地、未利用地等大类及各类的细分情况,包括主要地类的数量、比重、地理位置、区域范围及空间形态等,乡村土地制度改革试点情况等。三是乡村经济发展情况,主要包括村域经济总量及人均水平、村集体经济情况、乡村经济结构,农业经济总量、农业产业结构、总体发展水平、特色资源和产品等,非农产业结构、发展水平、特色与优势等,农村居民家庭人均可支配收入及来源结构,乡村主要资源的开发利用情况等。四是乡村人口情况,主要包括乡村人口数量,如户籍人口、常住人口等的数量及增长率;乡村人口结构,包括年龄结构、性别结构、文化结构、就业结构等;乡村人口分布,如人口分布密度、人口在村域各居民点的分布、最远居民点与村民委员会或中心村的距离、乡村人口居住生活区和生产地、就业地区的空间距离等;乡村人口流动,流入人口数量、主要来源地及流入原因,流出人口数量及主要去向、原因等。五是乡村聚落情况,如农民住房情况、乡村居民点数量、规模结构、类别结构、空间分布特征等。六是环境设施建设情况,主要包括农业生产设施建设情况,道路交通、供水、排水、供电、通信、燃气、环卫、防灾等基础设施和市政设施建设情况,教育、医疗、文化、体育等公共服务设施建设情况。七是乡村环境和风貌情况,主要包括乡村环境问题、环境保护、修复和治理情况,乡村景观风貌情况等。八是乡村制度和文化情况,主要包括乡村发展历史、物质文化和非物质文化遗产,当地风俗习惯、社会风气、公共文化等,乡村治理体系架构及主要规章制度建设情况等。

(三)乡村规划的主要内容

乡村规划的主要内容因规划类型而定。以我国乡村规划中最基础的两类规划为例,《中华人民共和国城乡规划法》规定:"乡规划、村庄规划的内容应当包括:规划区范围,住宅、道路、供水、排水、供电、垃圾收集、畜禽养殖场所等农村生产、生活服务设施、公益事业等各项建设的用地布局、建设要求,以及对耕地等自然资源和历史文化遗产保护、防灾减灾等的具体安排。乡规划还应当包括本行政区域内的村庄发展布局。"在实际应用中,除相关法规标准等规定的基础性规划内容外,可根据乡村实际和发展需要,相应增加一些扩展性内容。主要规划内容一般包括:

乡(镇)域规划中需要基于乡(镇域)全局和长远发展的视角,明确乡村发展的分类引导、空间引导、规模控制、设施资源配置等内容。有关乡村的主要内容包括:确定村镇体系,划分中心村、一般村、自然村等,明确各村在乡(镇)域村镇体系中的地位功能;乡村布点规划,确定保护发展、保留发展、搬迁撤并等不同类型乡村的数量、布局、发展方向等;村庄规模,明确村庄建设用地规模和人口规模等;乡村土地利用规划、乡村基础设施和公共设施规划、乡村环境保护与防灾减灾规划、近期建设规划、规划实施的保障措施等。

村庄规划以特定乡村区域为对象,实质上涵盖了村域和乡村居民点两个空间层次,是指导乡村区域发展最直接、最重要的依据。村庄规划的主要内容一般包括:一是规划范围,明确规划区域的具体空间范围;二是规划期限,村庄规划的期限一般为10—20年,近期规划一般为3—5年;三是村域规划,主要包括乡村发展现状及环境条件等的分析,乡村整体的发展目标与规模,村域土地利用和空间管制规划,乡村产业、文化、生态等重点领域的发展规划,村域总体布局,村域基础设施和公共服务设施建设规划,村域环境保护和防灾减灾等;四是乡村居民点规划,主要包括村庄建设用地布局、基础设施规划、公共服务设施规划、安全与防灾减灾规划等,有需要的村庄编制旧村整治规划、景观风貌规划、历史文化保护规划等;五是近期建设规划;六是规划实施的保障措施。[①]

参考文献

陈前虎主编:《乡村规划与设计》,中国建筑工业出版社2018年版。

陈锡文、赵阳等:《中国农村制度变迁60年》,人民出版社2009年版。

郭紫薇、洪亮平等:《英国乡村分类研究及对我国的启示》,《城市规划》2019年第3期。

[英]尼克·盖伦特、梅丽·云蒂等:《乡村规划导论》,闫琳译,中国建筑工业出版社2015年版。

宁志中主编:《中国乡村地理》,中国建筑工业出版社2019年版。

同济大学城市规划系乡村规划教学研究课题组:《乡村规划——乡村规划特征及其教学方法与2014年度同济大学教学实践》,中国建筑工业出版社2015年版。

晏阳初:《平民教育与乡村建设运动》,商务印书馆2014年版。

尹佩庄:《"建制村"称谓是最好的选择》,《乡镇论坛》2003年第7期。

张小林:《乡村概念辨析》,《地理学报》1998年第4期。

赵先超、鲁婵主编:《生态乡村规划》,中国建材工业出版社2018年版。

---

① 陈前虎主编:《乡村规划与设计》,中国建筑工业出版社2018年版,第56—60页。

第十一章 城区发展

城区是城市发展的核心地区,在城市经济社会发展过程中扮演愈加重要的角色,具有行政主导、经济引领、文化示范、信息链接和品质提升等功能。伴随城市能级提升,城区的发展轨迹也相应发生变化,具有动态性和延续性。本章首先界定城区基本范畴,在此基础上讨论城区功能定位、人口规模和空间布局,最后基于城市有机更新相关实践,探讨城区旧区改造的模式以及发展变化。

第一节 城区基本范畴

一、城区的概念

城区是指一个城市内部人口密集、经济活动和文化活动高度集中的区域,与郊区概念相对。在国家统计局相应的解释文件《国家统计局关于统计上划分城乡的暂行规定的说明》(2006)中,城区具体包含主城区和城乡结合区,其中主城区是指市辖区和不设区市的街道办事处所辖的居民委员会区域,以及与城市的公共设施、居住设施等完全连接的其他村级区域;城乡结合区是指与城市的公共设施、居住设施等部分连接的村级区域。根据习惯用法,在国内城市规划文件中亦出现"中心城区"或"主城片区"概念,①国外亦出现"中央商务区"(central business district, CBD)的概念,一般为限定人口规模或人口密度条件或者经济集聚类型的城区的组成部分,以高度密集的服务经济和商务活动为主要特征。

---

① 如重庆市为管理方便逐渐形成重庆主城区、老重庆地区和大重庆地区的概念;《上海2035》规划第31条提出上海"主城区包括中心城、主城片区,以及高桥镇和高东镇紧邻中心城的地区"。

二、城区的特点

根据城区的定义,城区主要有三个特征。一是高度密集性。即城区单位面积人口密度和经济密度较高,交通网络密集,公共设施和建筑物承载性强,土地利用效率高、开发强度大。二是时空演变性。即城区面积和边界处于不断变动过程中,在人口净流入地区,城区面积随着人类活动范围和交通技术的变化有逐渐扩张的趋势。三是经济服务性。即城区经济一般以服务经济为主或服务经济占 GDP 的比重逐年增加。在一、二线城市城区中,主要发展现代服务业,滋生楼宇经济和总部经济,在其他城市城区中,服务业则以传统服务业为主。

三、城区的范围

根据 2008 年国务院 60 号批复文件《统计上划分城乡的规定》,"城区是指在市辖区和不设区的市[①]、区、市政府驻地的实际建设连接到的居民委员会和其他区域",具体地说,城区是指在市辖区和不设区的市,街道办事处所辖的居民委员会地域,以及城市公共设施、居住设施等连接到的其他居民委员会地域和村民委员会地域。[②] 截至 2019 年 7 月,中国三级行政区(县级行政区)共包含 963 个市辖区,以及 5 个不设区的地级市和若干不设区的县级市,可笼统推断中国城区的数量和范围。根据《中国城乡建设统计年鉴(2018)》,截至 2017 年年底,全国城区面积为 198 357.2 平方公里,城区人口为 40 975.7 万人(图 11-1)。

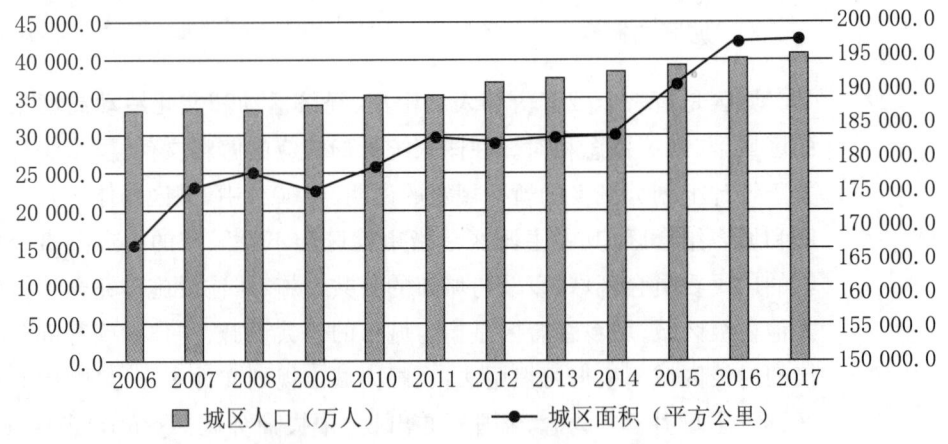

图 11-1 2006 年以来中国城区人口和面积

资料来源:《中国城乡建设统计年鉴(2018)》。

[①] 包含不设区的地级市和县级市。
[②] 2006 年国家统计局发布《关于统计上划分城乡的暂行规定》文件第五条。

第二节 城区功能定位

一、城区主要功能

城区是地方行政区经济社会发展的核心空间,与城市的一般功能相区别,城区在地方经济发展过程中发挥引领性和决定性的功能。

(一)行政主导功能

城区为街道办事处所辖区域或公共设施连接区域,因此城区包含了全国三级及以上行政机关驻地,是名副其实的行政主管空间。城区的行政主导功能主要体现在:国家公共政策或法律文件制定、签发和传播的中心区域,公共财政收缴和散播的中心区域,以及公共产品供给和配置的中心区域。

(二)经济引领功能

城区为人口和经济高度密集的城市化区域,具有一定的人口规模和经济规模,生产活力和消费活力较高,是城市经济发展的风向标。城区的经济引领功能主要体现在:一是产业高度集聚,形成规模效应,劳动力市场规模较大、知识溢出效果强;二是产业结构高级化,服务业比重较大,同时是新兴产业和未来产业的孵化中心,企业研发和创新行为较为普遍;三是产业要素高度流动,经济管理更为直接有效,营商环境优越,要素市场发达,信息传播速度快。

(三)文化示范功能

城区是城市进行精神文明建设的主阵地,是城市的文化名片和城市文明的领跑者。城区一般汇聚了如高校、图书馆、广播电视、出版社、博物馆、卫生体育等多元的文化载体,以及文化展览等多种平台,文化内容更易推陈出新,文化形式更易喜闻乐见,是文化产品的生产工厂和传播源。城区文化示范功能主要体现在:知识分子的集聚地,思想成果的转化基地,以及文化产品的展示基地。

(四)信息链接功能

城区是城区和郊区之间、不同城市之间进行信息互换的中心。城区在开放的环境中,与外界发生信息互换和资源整合的频率较高,具有信息链接的功能,主要体现在:拥有较高水平的信息化管理平台,是储存信息的基础条件;具有生产生活经验的汇集、复制与推广机制,是传播信息的基本通道;行政、经济和社会活动密集,实现了信息及时反馈和评价。

(五)品质提升功能

城区不仅是地方经济建设的名片,也是城市品质生活的代表,城区生活品质的提升是城区功能的重要组成部分。随着城镇化进程不断推进,城区人口将进一步集聚,应通过良好的法制建设、道德宣传、社保制度、平安建设等实现高效优质的社区治理;通过合理的空间安排、局部改造和生态保护,倡导城区绿色生活;同时通过场所布点、活动推广等文化建设提升居民文化福利。

另外,在一些特殊地域,城区还存在宗教功能、旅游功能等,如拉萨城区大小不一的寺庙,成为信徒朝拜的重要场所。

二、城区功能演变

尽管不同城市城区功能演变的具体轨迹不一,但从城区功能定位实践看,城区功能的演变有章可循。

(一)由单一功能向复合功能演变

一般来讲,城市形成于工商业的集中,早期城区以行政管理中心和工商业枢纽的形式存在。随着人流、物流、信息流等要素集聚,城区功能进一步增强,经济上开始由单纯的工商业中心转变为金融中心、贸易中心、航运中心等复合中心,并随着经济社会发展阶段的进步,逐渐重视科技创新功能、文化引领功能和生态修复功能。

(二)更加强调板块间分工与合作

通常情况下,城区包含多个功能组团,分别承接不同的城市功能。如苏州相城区形成"一核三副一生态"发展框架,"一核"为阳澄生态新区,主要建设目标为:科技研发创新中心、先导产业集群中心、国际品质服务中心,打造全球先导产业创新高地。"三副"分别为国家级经济技术开发区,重点发展高端研发和制造业优质大项目,发挥在相城区经济发展中的主阵地作用;省级相城高新区则主要集聚高端创新要素,探索工业经济转型创新之路;元和高新区建设目标为:大力发展人工智能、文化创意等新兴产业,加快科技创新平台载体建设。"一生态"为省级阳澄湖生态旅游度假区,主要承接相城区的旅游功能和生态维持功能。

(三)更加强调城区服务能级提升

随着城市能级提升,城区从以商品为中心到以知识和信息为中心转变,城区对新兴产业和人口人才服务能级的增强也愈加重要。城区服务功能主要包括城区精细化管理、营商环境的优化,以及对产业、文化和生活的支撑等,其中城区精细化管理主要是指城区治理能力的提升,要求做到"全覆盖、法治化、智能化和标准化";营商环境的改善主要是指城区行政体制改革,减少行政制度对经济效率的损害;城区生产性服务业如金融、中介、信用、保险、法律、咨询等,强调对全域新兴经济的支撑;城区生活性服务业如大型综合商业中心以及文化场馆建设,强调对高品质生活的引领。

(四)关注生产生活生态和谐统一

城市是具有适应性、应激性、生长发育和遗传变异的生命体,能够与外界物质进行能量转换、物质循环和废物排泄,具有在时间和空间上的生长、消亡及自我更新的自然演化的能力,①表现为成长、发展、成熟、衰落、再生的周而复始的生命周期。因此,在新

---

① 黄国和、陈冰、秦肖生:《现代城市"病"诊断、防治与生态调控的初步构想》,《厦门理工学院学报》2006 年第 3 期。

的城区建设和功能发展过程中,更加强调城区生产—生活—生态功能的统一。具体而言,实现物质空间与人文社会空间和谐发展,同时拥有高质量发展的产业区和具有优良品质的生活区,与城市自然环境和资源禀赋组成可持续的生态系统。

第三节 城区人口规模

中国城市大小不一、规模各异,城区人口数量差别较大。根据《中国城市统计年鉴(2018)》,中国共包含662个城市,其中4个直辖市、15个副省级市、279个地级市和364个县级市。基于国务院2014年10月发布的《关于调整城市规模划分标准的通知》(国发〔2014〕51号),可根据城区常住人口[①]口径,将城市划分为五类七档(表11-1)。

表11-1 根据城区常住人口规模划分的城市类型

城市类型		城区常住人口规模（万人）	城市个数（个）
小城市	Ⅰ型小城市	[20, 50)	246
	Ⅱ型小城市	<20	239
中等城市		[50, 100)	99
大城市	Ⅰ型大城市	[300, 500)	10
	Ⅱ型大城市	[100, 300)	59
特大城市		[500, 1 000)	5
超大城市		≥1 000	4

资料来源:作者整理。

一、超大城市和特大城市

根据划分标准,城区人口规模为1 000万以上的城市为超大城市。中国超大城市共计4个,按城区人口规模由高向低排序,分别是上海、北京、深圳和重庆。以城区人口规模除以市区人口规模测算城区人口比重,上海约为80%,深圳为100%,北京为81.82%,重庆为45.05%(表11-2)。基于全球化与世界级城市研究小组与网络(Globalization and World Cities Study Group and Network, GaWC)发布的《2018世界城市名册》(*GaWC City Classification for 2018*)[②],中国4个超大城市中,北京、上海和深圳均属一线城市,重庆属二线城市,说明4个超大城市在全球活动中具有较强的主导作用和带动能力。

[①] 常住人口包括:居住在本乡镇街道,且户口在本乡镇街道或户口待定的人;居住在本乡镇街道,且离开户口登记地所在的乡镇街道半年以上的人;户口在本乡镇街道,且外出不满半年或在境外工作学习的人。
[②] 数据来源:GaWC官网,https://www.lboro.ac.uk/gawc/world2018link.html。

表 11-2 中国超大城市城区人口及其比重

城市名称	城区面积(平方公里)	城区人口(万人)	城区人口比重(%)	城市名称	城区面积(平方公里)	城区人口(万人)	城区人口比重(%)
上海	6 340.50	1 934.66	80	深圳	1 997.47	1 252.83	100
北京	16 410.00	1 876.60	81.82	重庆	7 440.00	1 121.62	45.05

注:上海城区人口原统计数据有误,此处为预估值。
资料来源:根据《中国城乡建设统计年鉴(2018)》计算。表 11-3、表 11-4、表 11-5、表 11-6、图 11-2、图 11-3 同此。

城区人口规模为[500,1 000)万的城市为特大城市。中国特大城市共计 5 个,按城区人口规模由高向低依次为天津、成都、广州、南京和武汉,城区人口占市区人口规模比重分别为 65.22%、81.91%、71.82%、89.15% 和 67.59%(表 11-3)。基于全球化与世界级城市研究小组与网络的《2018 世界城市名册》,中国特大城市中,广州属一线城市,天津、成都、南京和武汉位属二线城市,城市等级较高,意味着特大城市具有较高的全球化程度。

表 11-3 中国特大城市城区人口及其比重

城市名称	城区面积(平方公里)	城区人口(万人)	城区人口比重(%)	城市名称	城区面积(平方公里)	城区人口(万人)	城区人口比重(%)
天津	2 585.18	684.80	65.22	南京	4 226.41	608.62	89.15
成都	1 277.19	664.78	81.91	武汉	1 452.00	576.96	67.59
广州	2 099.20	644.89	71.82				

资料来源:作者整理。

二、大城市

根据国家标准,中国大城市城区人口规模处于[100,500)万区间,其中城区人口规模为[300,500)万的大城市为Ⅰ型大城市,共计 10 个(表 11-4);城区人口规模为[100,300)万的大城市为Ⅱ型大城市,共计 59 个。Ⅰ型大城市以省会城市、副省级城市或计划单列市为主,在区域发展中具有中心地位。基于全球化与世界级城市研究小组与网络的《2018 世界城市名册》,中国 10 个Ⅰ型大城市中,杭州、大连、沈阳、青岛和济南位属二线城市,西安、郑州和昆明位属三线城市。

表 11-4 中国Ⅰ型大城市城区人口及其比重

城市名称	城区面积(平方公里)	城区人口(万人)	城区人口比重(%)	城市名称	城区面积(平方公里)	城区人口(万人)	城区人口比重(%)
西安	808.66	493.12	67.21	杭州	572.56	373.58	73.82
沈阳	1 610.00	432.46	73.23	济南	1 726.96	370.91	61.79

(续表)

城市名称	城区面积(平方公里)	城区人口(万人)	城区人口比重(%)	城市名称	城区面积(平方公里)	城区人口(万人)	城区人口比重(%)
哈尔滨	463.74	425.64	77.28	青岛	1 665.87	336.32	69.52
昆明	1 782.60	391.48	88.37	大连	2 295.39	336.10	86.76
郑州	572.56	373.58	73.82	长春	1 523.00	328.80	85.90

资料来源：作者整理。

Ⅱ型大城市共计 59 个（表 11-5），其中江苏 8 个，山东 5 个，河北和广东各 4 个，浙江、四川、湖南、福建和安徽各 3 个，山西、江西、内蒙古、辽宁、黑龙江、河南、广西和贵州各 2 个，新疆、青海、宁夏、吉林、湖北、海南和甘肃各 1 个。根据全球化与世界级城市研究小组与网络排名，苏州、厦门和长沙位属二线城市，合肥和福州位属三线城市。

表 11-5　中国Ⅱ型大城市城区人口及其比重

城市名称	城区面积(平方公里)	城区人口(万人)	城区人口比重(%)	城市名称	城区面积(平方公里)	城区人口(万人)	城区人口比重(%)
太原	1 000.00	288.09	78.04	鞍山	625.60	131.20	88.23
长沙	1 199.84	282.66	100.00	淮安	309.69	130.35	39.23
苏州	1 523.88	269.78	75.72	抚顺	605.50	129.12	91.93
石家庄	518.81	264.14	64.50	潍坊	1 194.99	126.90	66.20
南昌	358.90	246.19	80.52	吉林	498.75	125.45	69.76
汕头	277.22	237.40	42.56	柳州	501.78	125.16	69.68
南宁	865.08	229.90	51.44	南阳	640.77	124.57	58.67
福州	1 219.37	223.10	79.77	西宁	380.00	124.27	89.56
无锡	1 261.26	221.97	85.60	赣州	328.24	122.63	52.02
合肥	1 126.61	219.93	81.42	盐城	608.76	121.97	49.91
乌鲁木齐	1 528.80	216.55	100.00	大同	130.20	121.03	76.17
东莞	2 465.00	211.30	100.00	泸州	411.38	118.01	77.66
贵阳	1 230.00	207.00	84.49	南通	398.00	116.26	54.05
洛阳	331.42	203.33	93.95	衡阳	189.00	115.67	94.73
徐州	604.78	197.41	57.44	大庆	322.01	114.93	83.98
厦门	348.23	197.37	85.43	株洲	862.69	114.51	88.27
唐山	1 361.33	193.98	63.58	银川	1 773.50	112.66	100.00
宁波	1 097.00	192.49	66.46	襄阳	374.30	109.51	48.35
邯郸	556.00	190.12	49.86	惠州	1 181.65	109.21	70.59

(续表)

城市名称	城区面积（平方公里）	城区人口（万人）	城区人口比重(%)	城市名称	城区面积（平方公里）	城区人口（万人）	城区人口比重(%)
兰州	345.45	189.58	91.70	齐齐哈尔	140.81	109.00	80.83
临沂	1 277.63	180.44	61.24	海口	562.40	108.28	63.30
淄博	705.10	165.32	57.38	扬州	415.34	105.85	46.05
常州	772.51	159.70	53.29	淮南	469.02	105.80	58.55
温州	849.26	152.28	89.35	芜湖	721.70	105.21	75.09
烟台	914.00	150.78	79.59	遵义	531.51	105.00	47.86
保定	344.93	144.00	50.59	自贡	778.32	104.55	70.29
济宁	883.87	140.76	75.33	泉州	539.00	103.10	41.48
包头	885.00	137.80	61.19	绍兴	497.04	102.91	46.47
呼和浩特	265.05	134.71	100.00	南充	420.00	102.00	52.50
佛山	734.72	133.48	32.90				

资料来源：作者整理。

三、中等城市和小城市

中国中等城市城区人口规模为[50，100)万，共计99个。其中山东包含较多的中等城市，共计12个，河南、广东和辽宁分别包含9个中等城市(图11-2)。中国小城市城区人口规模小于50万，其中城区人口规模处于[20，50)万的城市为Ⅰ型小城市，共计246个；城区人口规模小于20万的城市为Ⅱ型小城市，共计239个，各省份小城市数量见图11-3。

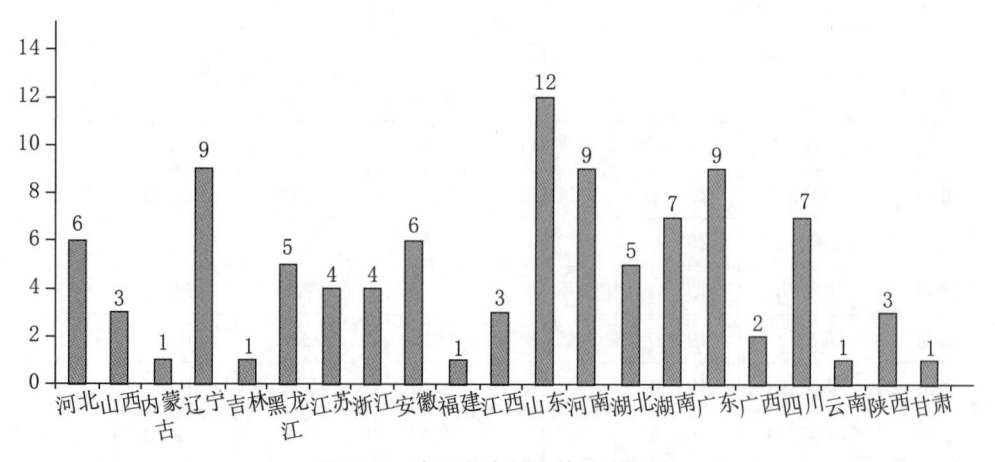

图 11-2 中国各省份中等城市数量

资料来源：作者绘制。

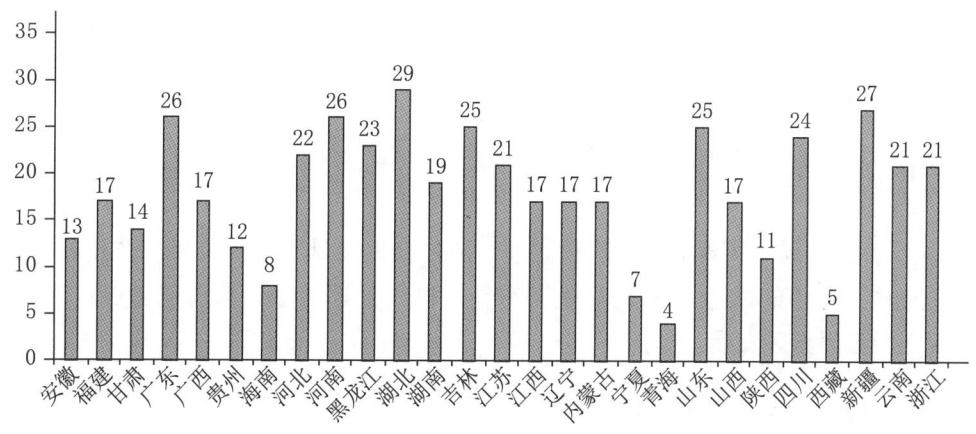

图 11-3 中国各省份小城市数量

资料来源：作者绘制。

四、各类型城市的空间分布特征

各类型的城市在东中西三大板块的分布并不是匀质的。根据《中国城市统计年鉴(2018)》，我国东部地区共包含243个城市，中部地区共包含228个城市，西部地区共包含191个城市。[①]其中小城市（包含Ⅰ型小城市和Ⅱ型小城市）较均匀地分布于三大地区，中部地区略多，包含169个小城市，东部和西部地区分别包含157个小城市和159个小城市。中等城市、大城市、特大城市和超大城市均较为集中地分布于东部地区，东部地区分别囊括了全国45.45%的中等城市、50.72%的大城市、60%的特大城市和75%的超大城市（表11-6）。

表11-6 各类型城市在三大板块的分布

地区	小城市		中等城市	大城市		特大城市	超大城市
	Ⅰ型小城市	Ⅱ型小城市		Ⅰ型大城市	Ⅱ型大城市		
东部地区	94	63	45	5	30	3	3
中部地区	82	87	39	3	16	1	0
西部地区	70	89	15	2	13	1	1
合计	246	239	99	10	59	5	4

资料来源：作者绘制。

城区人口是城市基础设施建设、公共服务供给的重要参考指标。另外，在实际城市管理和统计工作中，除关注城区常住人口外，还需关注城区暂住人口。暂住人口为离开常住户口所在地的市区或者乡、镇，在其他地区居住的人员，俗称"人户分离"的人口，对

---

① 东部地区包含北京、天津、河北、辽宁、上海、江苏、浙江、福建、山东、广东和海南11个省、市；中部地区包含山西、吉林、黑龙江、安徽、江西、河南、湖北和湖南8个省份；西部地区包含内蒙古、广西、重庆、四川、贵州、云南、西藏、陕西、甘肃、青海、宁夏和新疆12个省、市、自治区。

暂住人口的管理和服务有利于引导和规范人口流动,提升人口素质水平,以适应城市经济社会发展。

第四节　城区发展布局

城区发展布局对实现城区功能和促进经济社会发展具有至关重要的作用,包括基础设施布局、生产布局、生活布局和生态布局。科学合理的城区布局能够促进城区发展,否则会阻碍城区发展。

一、城区发展布局的影响因素

从宏观角度看,城区发展布局主要受到六个方面因素的影响,分别为自然因素、区位因素、交通因素、经济因素、社会因素和政策因素。

（一）自然因素

自然因素是影响城区发展布局的最基本的要素。一般来讲,城区布局和空间拓展应优先选择地势平坦、土地适宜、用地规整且较为广阔的地域。

（二）区位因素

城区发展区位包含两个层面的含义,第一个层面即未来城区发展的位置,第二个层面是指未来城区拓展空间与其他空间的联系。城区发展的地理区位优势往往和自然资源的禀赋、与劳动力市场的远近、是否为产业集聚区,或与交通枢纽的距离等密切相关。通常情况下,自然资源禀赋丰富、劳动力密集、产业集聚度高以及处于交通枢纽辐射范围的区位,容易成为城区拓展的空间。

（三）交通因素

道路是城区发展和对外拓展的经脉,交通线两侧及周围用地往往是城区开发和拓展的优先空间,因此城区发展往往呈现沿放射状交通线布局的带状结构或沿环线交通干线布局的圈层式拓展结构。另外,城区交通模式对城区发展布局也存在重要影响,如以公共交通为主导的交通模式将缓解中心城区交通压力,促进城区集约发展,强化中心城区的地位,代表地区为新加坡和香港;以小汽车为主导的交通模式则倾向于拓展城区发展范围向郊区延伸,降低中心城区密度,代表地区为华盛顿和纽约。

（四）经济因素

经济发展水平的提升是推进城区发展的根本因素,一是经济规模增长导致城区土地开发量增加、城区空间外扩,二是产业结构升级使城区用地结构和空间布局相应发生改变。

（五）社会因素

影响城区发展布局的社会因素主要是指为维持职居平衡、促进社会事业发展以及考虑到城区承载能力等而作出的空间安排。为维持职居平衡,需要根据经济发展空间布局居住空间、生活配套和休闲场所等;为促进城区社会事业发展,需要布局高校、中小学和幼儿园、医院和养老院等；考虑到城区承载能力和生态需要，则须安排公共交通、城区公园等基础设施。另外，城区发展布局还受到历史风貌保留保护等文化因素的限制。

（六）政策因素

与经济发展阶段相适应，城区发展政策和城区功能定位会发生变化。与此同时，城区发展布局将受到"退二进三""亩均产出"等政策的影响，同时开发区政策、城区功能布局调整政策也会导致城区空间重组。

二、城区发展布局的内容

基于城区功能设计，一般来讲城区发展布局需要综合考虑行政、设施、生产、生活和生态五个层面的空间问题。行政空间布局具有较大的外生性且相对稳定，因此本节主要探讨城区发展过程中的设施布局、生产布局、生活布局和生态布局。

（一）城区设施布局

城区设施包括城区基础设施和公共设施，因此城区设施布局主要是对城区交通基础设施、水电煤及防灾等公共设施的空间安排。

1. 交通基础设施布局

城区交通基础设施是由航空、航运、铁路、公路等对外交通基础设施，以及道路、地铁、高架、桥梁、轮渡等对内基础设施构成的交运网络。城区交通基础设施布局即对内外交运网络的空间布置，城区交通基础设施的布局极大地影响城镇布局和人口流动，对城区经济发展格局存在重要影响。

根据交通基础设施布局与当地经济社会发展的契合程度，可将城区交通基础设施发展模式分为超前型、同步型和滞后型三类。其中超前型模式和同步型模式是指交通基础设施的布局和发展快于或同步于生产消费活动，对城区经济发展具有正向促进作用。滞后型交通基础设施布局则不能满足日常生产生活的出行需求，导致出现城区拥堵等城市病，损害城区生产效率。

2. 水利和动力设施布局

城区水利设施布局主要是对城区给排水设施的空间安排，以保证城区居民生活用水便利、充足、洁净，同时保证城区工业废水、生活污水和雨水等顺畅排出。城区水利设施布局必须超前统筹安排，在规划布局起步阶段需要结合城区人口规模和城区空间变化，充分考虑城区未来发展的给排水需求及演变趋势。城区动力供应设施包括三个部分，分别为供电、供气和供热。三大动力供应设施的布局均需要充分考虑现在及未来城区产业发展、交通运输、生活及公共事业对能源系统的需求总量和结构。

3. 其他公用设施布局

除给排水、供电、供气和供热系统外，城区市政公用设施还包括通信、环卫、防灾和殡葬等。对各类公用设施的布局均需要考虑三个基本要素，一是城区公用设施的消耗、使用网络、结构和使用特点的现状及评价，二是对规划期内维持城区正常生产、生活运转所需不同种类公用设施规模的预测，三是作出维持城区公用设施供求平衡的空间安排。

（二）城区生产布局

城区生产布局是对城区生产性部门和生产性服务业部门进行的一种空间安排。城区生产力发展具有无限性、动态性和不确定性，而城区空间具有有限性、稳定性和确定性，因此在城区生产力发展过程中始终存在对城区生产布局的适应和被适应的变革过程。为减少这一过程中对城区经济效率的损失和资源浪费，城区生产布局应遵循以下原则：

第一，城区生产布局应着眼于区域资源禀赋。不同类型的产业对原材料采集、劳动力市场、资本流动性和创新孵化过程等的敏感性不同，应根据产业发展特征以及城区不同区块的资源比较优势，合理安排产业发展空间。如物流类行业对交通便利性的要求较高，研发类企业则对高校和高技能人才更为敏感。

第二，城区生产布局应有利于实现城区功能。城区生产力水平和发展阶段决定了特定时期城区功能定位，而城区功能定位决定了城区生产布局的框架。以天津市2009年对中心城区功能的定位和产业安排为例进行说明（表11-7）。根据天津市发展框架，6个中心城区的定位各有不同，相应地，不同中心城区的重点产业安排也各有分工，如对和平区"金融中心"的定位，决定了和平区重点发展产业为金融业和商务服务业；对南开区"科技南开"的定位，决定了南开区重点发展产业为高新技术产业。

表11-7　天津市中心城区功能定位及产业发展安排

区域	功能定位	产业安排
和平区	"金融和平"：金融中心、现代商务中心和高端商业中心的核心区	重点发展银行期货证券类金融业、高端零售业、信息中介等现代商务服务业和以历史风貌建筑为主的文化旅游业
河西区	"商务河西"：市级教育科研和高新技术产业中心，科技服务及科贸机构的聚集地	重点发展金融保险业、商务服务业、文化会展业和以服务外包为主的科技服务业
南开区	"科技南开"：市级教育科研和高新技术产业中心，科技服务及科贸机构的聚集地	重点发展以科技与信息服务为主的高新技术产业，以五金、汽配和数码产品为主的商贸业，以健身娱乐为主的体育休闲业，以民俗文化为主的旅游业
河东区	"金贸河东"：市级商务中心的重要组成部分和交通枢纽，面向北京和滨海新区的金融、商务聚集地	重点发展以银行、保险类业务为主的金融服务业，以商贸流通、现代物流为主的商务服务业，以广告、音乐创作和新媒体为主的创意产业，以电子信息、新能源和环保为主的都市型工业
河北区	"创意河北"：创意产业聚集区、文化休闲旅游基地和市区北部商务商贸聚集地	重点发展以产品、工程动漫设计和会展策划为主的创意产业，以电子商务、现代物流和商业特色街为主的商贸服务业，以机电研发、电子通讯、精密仪器制造为主的新型都市工业，以历史文化、风貌建筑为依托的旅游业
红桥区	"商贸红桥"：连通沿海地区、面向西部腹地的现代商务商贸集聚区，中心城区促进中小企业创新创业的基地	重点发展以商品批发和展示为主的商贸流通业，以科技和中介为主的商务服务业，以工业和城市设计为主的创意产业，以近代文化和生态资源为依托的休闲旅游业

资料来源：天津市人民政府：《关于中心城区功能及产业定位发展繁荣都市型经济的实施意见》（津政发〔2009〕10号），2009年2月。

第三,城区生产布局应预留未来发展空间。城区生产力的发展具有无限性,城区生产布局应结合当前和长远安排,为未来产业发展、变化和调整留下充足空间。如在2018年发布的《河北雄安新区规划纲要》中设定了雄安新区的规划范围,并分别设定了起步区(包括启动区)和发展区,还划定远期控制区为未来发展预留空间。

第四,城区生产布局应有利于区块产业整合。一是区块内部产业整合。区块产业安排应充分考虑未来产业发展导向,合理安排先导产业、支柱产业和配套产业等,注意重点产业的培育和产业链之间的搭配关系。二是区块之间的产业整合。各区块产业分工应清晰、合理,各区块产业发展应存在互补性、组合性,减少城区各区块之间的重复建设、同质竞争。

(三)城区生活布局

城区生活布局是根据城区产业发展结构和区位,对城区居民住宅、生活服务行业及社会服务设施设备等进行的空间安排,以促进一定程度上的城区职居平衡、便利城区居民生活,并营造安全、卫生、方便、舒适、美丽、和谐及多样化的居住生活环境。

城区生活布局的内容主要包括居民住宅区、居住区配套设施、区域性道路交通和绿地等公共空间。

第一,居民住宅区。居民住宅区或居住区是城区住宅建筑相对集中的地区,住宅区的选定应秉持"以人为本"的基本原则,"促进生产空间集约高效、生活空间宜居适度、生态空间山清水秀",并有利于形成"生产、生活、生态空间的合理结构"。具体而言,居民住宅区的选定应根据《城市居住区规划设计标准》(GB50180-2018)中的规定,符合下列要求(表11-8):

表11-8 居民住宅区的选定要求

控制性要求	符合城市总体规划及控制性详细规划
	符合所在地气候特点与环境条件、经济社会发展水平和文化习俗
	遵循统一规划、合理布局,节约土地、因地制宜、配套建设、综合开发的原则
	为老年人、儿童、残疾人的生活和社会活动提供便利的条件和场所
	延续城市的历史文脉、保护历史文化遗产并与传统风貌协调
	采用低影响开发的建设方式,并应采取有效措施促进雨水的自然积存、自然渗透与自然净化
	符合城市设计对公共空间、建筑群体、园林景观、市政等环境设施的有关控制要求
安全性要求	不得在有滑坡、泥石流、山洪等自然灾害威胁的地段进行建设
	与危险化学品及易燃易爆品等危险源的距离,必须满足有关安全规定
	存在噪声污染、光污染的地段,应采取相应的降低噪声和光污染的防护措施
	土壤存在污染的地段,必须采取有效措施进行无害化处理,并应达到居住用地土壤环境质量的要求
	满足居民应急避难和就近疏散的安全管控要求

资料来源:根据《城市居住区规划设计标准》(GB50180-2018)相关规定整理。

第二，居住区配套设施。居民区配套服务或设施即直接或间接为居民提供物质和精神生活休闲消费产品及服务的产业或场所。按配套设施类型，可分为公共管理和公共服务设施、商业服务业设施、市政公用设施与公交场站四种类型（表11-9）。按服务行业划分，可分为居民服务和其他服务业，教育，卫生、社会保障和社会福利业，文化、体育和娱乐业，公共管理和社会组织等五大行业。

表 11-9 居民区配套设施设备清单

公共管理和公共服务设施	教育	初中、小学；幼儿园、托儿所
	文体	体育馆（场）或全民健身中心、大中小型多功能运动场地；文化活动中心/站（含青少年、老年活动中心）；室外综合健身场地（含老年户外活动场地）
	医卫	卫生服务中心/站（社区医院）、门诊部
	养老	养老院、老年养护院；老年人日间照料中心（托老所）
	公管	社区服务中心、街道办事处、司法所、派出所
商业服务业设施	商业	商场、菜市场或生鲜超市；便利店（菜店、日杂等）
	健身	健身房
	餐饮	餐饮设施、社区食堂
	网点	银行营业网点、电信营业网点、邮政营业场所；社区商业网点（药店、洗衣店、美发店等）
区域性市政公用设施	动力	燃料供应站、燃气调压站、供热站或热交换站
	通讯	通信机房、有线电视基站
	消防	消防站
	维修	市政燃气服务网点和应急抢修站
	其他	垃圾转运站；再生资源回收点、生活垃圾收集站
公交场站	轨道	轨道交通站点
	公交	公交首末站、公交车站
	停车	非机动车停车场（库）、机动车停车场（库）
	其他	公共厕所

资料来源：根据《城市居住区规划设计标准》(GB50180-2018)整理。

第三，区域性道路交通。居住区道路空间安排是城区生活布局的重要内容。一般来讲，居住区内道路系统包括区域性城市干路、支路及用地边界线，应突出居住使用功能的特征与要求，遵循安全便捷、尺度适宜、公交优先和步行友好的基本原则，采取"小街区、密路网"的交通组织方式。另外，居住区内道路规划设计还应符合现行国家标准《城市综合交通体系规划标准》(GB/T51328-2018)中的相关规定。

第四，绿地等公共空间。绿地等公共空间是指与居民住宅区相适应的公园绿地及街头小广场，不包括市级大型绿地及广场。目前正在执行的居住区公共绿地控制指标

如下(表11-10):

表11-10 居住区公共绿地控制指标

类　　别	人均公共绿地面积（m²/人）	居住区公园	
		最小规模(hm²)	最小宽度(m)
十五分钟生活圈居住区	2	5	80
十分钟生活圈居住区	1	1	50
五分钟生活圈居住区	1	0.4	30

注:居住区公园中应设置10%—15%的体育活动场地。
资料来源:根据《城市居住区规划设计标准》(GB50180-2018)整理。

（四）城区生态布局

城区生态空间包含两个层面的含义,一是自然生态空间,二是复合生态空间。自然生态空间包括森林、草原、湿地、河流、湖泊、滩涂、岸线、海洋、荒地、荒漠、戈壁、冰川、高山冻原、无居民海岛等,[①]具有稳定性和持续性。复合生态空间包括自然生态空间、城区农业空间和城区中的绿地。城区生态布局的对象主要为复合生态空间。进行城区生态布局的基本原则:一是有利于保护城区自然生态本底;二是有利于促进城区"生产—生活—生态"空间结构的优化;三是有利于保障城区生态空间的生态服务功能。

从当前国内外城市生态空间发展策略看,城区生态布局一是关注生态空间总量的提升,二是关注生态空间的结构优化,以满足城区居民对生态休闲的需求,并提升城区综合生态承载能力(表11-11)。

表11-11 伦敦、纽约和东京生态空间发展目标和策略

城市	生态空间发展目标	生态空间发展策略
伦敦	寻求多方合作,保护、促进、扩大和管理伦敦绿色基础设施网络的范围、质量以及可达性	提升绿色基础设施的综合性;加强公园建设;将绿色基础设施纳入更广阔的空间网络
纽约	所有纽约人都将受益于高效利用、使用便利、美观开阔的空间,到2030年将居住区步行即可到达公园设施的居民数量从79.5%提升到85%	加强社区公园和公共空间设施的建设;提高社区公园的普及率和连通性;扩展街道作为娱乐、集会和聚会场所的功能;绿化街道、公园和公共空间
东京	创造和保护丰富的自然环境,形成被水绿环绕的、能感知大自然的城市	推进滨水绿化建设;城市内农地的保护与活用、森林的保护与再生,保护珍贵绿地资源;保护生物多样性

资料来源:郭淳彬:《"上海2035"生态空间规划探索》,《上海城市规划》2018年第5期,第128—134页。

在具体生态空间安排上,可形成以生态走廊、生态保育区、生态间隔带、楔形绿地、

---

① 国土资源部:《自然生态空间用途管制办法(试行)》,2017年3月。

近郊绿环和外环绿带为形态的生态空间系统。其中,生态走廊为放射状、畅通性的生态廊道;生态保育区即保护生物物种与其栖息地,针对濒危生物进行育种、繁殖,以及对退化生态系统进行恢复、改良和重建的地块;生态隔离带一般为以吸收空中的有害气体、隔离噪声为目的的绿化带;楔形绿地为外围地区嵌入城区内部的绿地;外环绿带和近郊绿环分别为环内城及环城区绿带或片状绿地。

(五)小结:"生产—生活—生态"理念下的城区发展布局

从目前国内发展动态看,除基础设施外,城区发展布局不仅关系到"生产""生活""生态"三者之间的分配,更多涉及"生产—生活—生态"三者的有机融合,表现为"绿色生态城区"的建设。

根据《绿色生态城区评价标准》(GB/T51255-2017),绿色生态城区(green-eco-district)为在空间布局、基础设施、建筑、交通、生态和绿地、产业等方面,按照资源节约环境友好的要求进行规划、建设、运营的城市建设区。绿色生态城区对土地利用、生态环境、绿色建筑、资源与碳排放、绿色交通、信息化管理、产业与经济、人文均有"控制项"规定,对技术创新有"加分项"规定。其中,在土地利用方面强调土地功能的复合性;在生态环境方面强调对自然生态环境和生态空间的管理,对城区大气、水、噪声、土壤等环境质量的控制,以及对城区生活污水和垃圾的无害化处理;在建筑方面突出星级绿色建筑的面积比例;在资源与碳排放方面,要求城区制定减排目标和实施方案;在交通方面倡导步行、自行车、公共交通、智能交通等绿色交通方式;在信息化管理方面,要求建立城区能源与碳排放信息系统、绿色建筑管理系统以及智慧公交信息平台;在产业与经济方面突出产业低碳发展目标;在人文方面则强调公众参与、绿色生活与消费,以及对历史文化街区的保护;在技术创新方面强调绿色科技的应用、专项基金的使用以及对立体空间的合理开发。

第五节　城区旧区改造

在城区经济社会发展过程中,由于经济发展的持续性和经济发展空间的滞后性,将持续存在旧城区改造与更新的问题。旧区是指滞后于城区功能和经济社会发展阶段的老旧建筑、道路、街坊或居民居住区等。为适应城区高质量发展需要和民众高品质生活需求,城区旧区改造势在必行。

一、城区旧区改造的对象

城区旧区改造对象可分为以老旧住宅为主的棚户区和以老旧厂房设备等为主的旧城,二者有所区别。其中,棚户区改造是针对老旧危房推出的一项民生工程,以政府和国有企业为主导,旨在改善城区居民的家庭居住条件,兼顾完善城区功能。一般情况下,棚户区改造需在90%业主同意的情况下才可实施改造工程。旧城改造则是对某区块范围内的建筑、交通、设施条件进行系统更新,以政府引导和市场主导的方式开展,目的是改善和优化城区环境、完善城区功能。由于旧城改造是企业行为，必须在100%业主同意的情况才可实施。

二、城区旧区改造的作用

从国内发展实践看，城区改造是城市有机更新的组成部分，强调对城区空间形态和功能的转变，关系到城区生活品质和高质量发展的可持续性。[①]

（一）优化城区产业结构

伴随经济发展和人均收入水平提升，城区产业结构将进行结构和空间上的迭代。结构上的迭代表现为"第二产业比重下降、第三产业比重提升"的发展趋势，空间上的迭代表现为产业向园区集聚，以及中心城区服务经济比重不断提升的倾向。城区旧区改造特别是旧城改造有利于通过空间置换优化城区产业结构，适应城区经济发展阶段和城区功能定位。

（二）整合城区土地资源

产业结构的迭代和升级，将最终导致城区用地结构和形态的变化。通常情况下，中心城区传统工业外迁，工业、仓储和居住用地比重将出现下降，而同时商业内移，商业、绿地、基础设施和公共服务设施的用地规模逐渐提升。棚户区改造可通过合理规划居住区区位缓解中心城区交通压力，促进职居平衡；旧城改造则可以为服务经济和创新经济腾挪空间，提升土地利用效率。

（三）改善城区居住环境

由于旧城区的经济、文化和社会网络映射了不同历史阶段的发展轨迹，在新的发展阶段，往往存在房屋破旧、布局混乱、交通拥堵、配套不全等遗留问题。因此，需要根据城区发展实际情况和现实需求，对城区旧区进行综合改造和更新，改造内容包括对城区旧区的再开发、修复和保护，以推动经济增长、加快城市建设，最终改善居民居住条件和提高城市生活质量。

（四）保护城区历史风貌

城市具有文化记忆，而老城区往往体现了历史时期的建筑风貌、风土人情和人文气息。我国部分城市为追求增长型的城市发展效果，在旧区改造过程中采取了"大拆大建"的改造方式，不利于城区历史风貌的保护。近期国家和地方出台的旧改政策文件开始重视对老城区的文化保护，如上海《关于坚持留改拆并举深化城市有机更新进一步改善市民群众居住条件的若干意见》（沪府发〔2017〕86号）中指出，"坚持'留改拆'并举、以保留保护为主，做好发展新阶段的旧区改造工作"，通过旧改传承城市的历史、文化和内涵。

（五）发挥城区社会功能

旧改有利于解决城区发展过程中出现的一些社会问题，如促进居家养老、提高文娱

[①] 肖达：《上海旧区改造政策变化对城市居住构成的影响》，《城市规划》2005年第5期。

生活质量以及完善邻里结构等。如随着人口老龄化、高龄化的快速发展,居家养老成为我国主要的养老模式,老人生活居住环境的适老化改造成为城区改造和城市有机更新建设中最重要的议题之一。可通过旧改项目创建老年友好型城区,改善老年人的居住环境和生活品质,缓解老年人身体机能衰退导致的生活自理能力差等问题,提升老年人自我照护能力,帮助大多数老年人实现居家养老的愿望。

三、城区旧区改造的模式

根据旧区改造的方法方式不同,可将旧区改造分为三种模式:拆建式改造、保持式改造和有机式更新。

(一)拆建式改造

拆建式改造即在旧区改造过程中实施"大拆大建",是我国改革开放以来城区扩张和更新的重要手段。这种以经济增长为导向、以物质建设为主的改造模式被部分学者称为"经济型旧区改造",[①]这种改造方式见效快、规模大,对拉动城区房产经济、促进商业发展具有重要作用。但随着中国进入高质量发展阶段,人民对精神文化生活的需求日益提升,在社会公平、文化传承和历史保护方面的声音日益增强,拆建式改造模式的社会弊端逐渐显现——"重经济、轻社会""重物质、轻精神""重拆建、轻保留、轻保护",对文化脉络和社会网络造成了巨大破坏。

(二)保持式改造

保持式改造主要针对老旧居住区而言,这种改造方式以保留保护为宗旨,对城区旧区文化、街道肌理、色彩特点、社会网络、空间环境等进行保留保护,旧区居住区建筑风格、邻里关系保持不变,只在居住不便或公共空间地域进行局部调整。如2017年上海城市公共空间促进中心发起并主导"行走上海"微更新行动;贵州西鸿兴里微更新项目划拨专项经费,包含13个小项目,更新改造对象包括出入口、厕所、垃圾房、活动室、花架和树池等12处,对大格局大框架则保持原有形态不变。

(三)有机式更新

有机式更新主要针对老旧工业区或老旧公共空间而言,即对某区块范围内的建筑、交通、设施条件进行系统更新。一般遵循保护、发展和效益相结合的三大原则,其中保护原则是指保护具有代表性的、具有历史文化名城特色的重要历史街区,包括空间格局、街巷尺度、文物古迹和历史建筑等历史文化构成要素,延续城区历史文化环境;发展原则是指贯彻历史城区和花园住宅区可持续发展战略,发挥传统历史文化脉络在当今时代的现实积极意义,同时重视改善居民的生活质量和环境品质;效益原则是指充分利用和挖掘旧城历史和人文资源,发展文化与旅游事业,兼顾经济收益,实现社会、环境、经济和文化效益的统一可持续发展。在三大原则的引领下,有机式更新目标由单纯的

---

① 陶希东:《中国城市旧区改造模式转型策略研究——从"经济型旧区改造"走向"社会型城市更新"》,《城市发展研究》2015年第4期。

历史留存转变为历史风貌与价值重现并重,实现"公益性保护与商业性保护相结合、积极保护与合理利用相结合"。

四、城区旧区改造的发展

根据国内外城区旧区改造的实践,城区旧区改造的理念正逐步发生变化,更加强调有机性、多元性、社会性和持续性。

(一)强调城区有机更新

从宏观角度来看,城区旧区改造是城市有机更新的一部分,强调从城市到建筑,从整体到局部,如同生物体一样有机联系、和谐共生。[1]城区改造主张城区建设应该按照城市内在的秩序和规律,采用适当的规模、合理的尺度,使改造区的环境与城区整体环境相一致,达到城区建筑、生态、生活、产业等互相融洽,和谐共生,实现可持续发展的目标。

(二)强调多元主体参与

城区旧区改造,特别是针对某一街坊或居住小区的改造工程,需要将公众权益作为核心要素充分考虑,强调多元主体参与。从美国、英国、中国香港等国家和地区旧区改造和更新的实践看,在旧区改造项目规划中,强调公众特别是利益相关群体的利益诉求,反复论证改造模式;在旧区改造项目实施过程中,就改造效果与公众加强互动,及时反馈公众诉求;在改造项目结束后,通过项目改造后评估,保障公众权益。[2]

(三)强调社会资本引入

城区旧区改造是政府、企业、社会团体与民众共同参与、紧密合作的结果,在具体改造过程中,应以公益性、公开性和透明性为基本准则,鼓励社会资本参与,实现经济效益与社会效益的统一。具体来说,政府在旧区改造过程中发挥引领作用,把握旧区改造方向,进行阶段评估,制定准入标准。同时,引入多方参与,充分调动第三方及市场力量,以自愿为前提,鼓励企业、社会团体、志愿者、公众个人积极参与,使旧区改造更灵活、更协调。

(四)强调改造后的持续性

从城区管理者的角度而言,旧区改造并非一蹴而就,在改造工程实施过程中,需要变刚性指标体系为弹性指引,注重社会效益,调控城区开发强度。为实现后期发展可持续,需要在改造过程中根据城区功能定位,配套生活设施和公共空间,合理引导房地产企业在城区更新中的作用,不单纯地以盈利为目的。尤其是生态化的基础设施建设,需要避免采取低水平的、不注重保护和持续性的、修修补补"拉链式"的改造模式。在部分旧城改造后运营过程中,强调"以人为本",增加人文关怀,避免社会矛盾,也将历史街区的保护与发展作为系统工程进一步发展。

---

[1] 吴良镛:《旧城整治的"有机更新"》,《北京规划建设》1995年第3期,第16—19页。
[2] 王晓:《从城市"有机更新"到"有机规划"——基于城市从"增量开发"到"存量开发"的分析》,《浙江学刊》2019年第2期,第204—209页。

参考文献

冯俊新:《经济发展与空间布局:城市化、经济集聚和地区差距》,中国人民大学出版社2012年版。

郭淳彬:《"上海2035"生态空间规划探索》,《上海城市规划》2018年第5期。

国土资源部:《自然生态空间用途管制办法(试行)》,2017年3月。

黄国和、陈冰、秦肖生:《现代城市"病"诊断、防治与生态调控的初步构想》,《厦门理工学院学报》2006年第3期。

蒋丽:《大都市产业空间布局和多中心城市研究——以广州市为例》,经济科学出版社2014年版。

李立、叶焕民、韩立民等:《土地资源约束下的新城区发展——关于青岛市崂山区的案例研究》,经济科学出版社2007年版。

陶希东:《中国城市旧区改造模式转型策略研究——从"经济型旧区改造"走向"社会型城市更新"》,《城市发展研究》2015年第4期。

王晓:《从城市"有机更新"到"有机规划"——基于城市从"增量开发"到"存量开发"的分析》,《浙江学刊》2019年第2期。

王智勇、林小如、黄亚平:《大城市空间布局框架研究——以武汉市为例》,中国建筑工业出版社2019年版。

吴良镛:《旧城整治的"有机更新"》,《北京规划建设》1995年第3期。

肖达:《上海旧区改造政策变化对城市居住构成的影响》,《城市规划》2005年第5期。

第十二章 郊区发展

郊区是个相对城市而言的空间,是联结城市地区和农村地区的区域,在功能上和发展上与城市和农村的发展联系紧密。本章着重从郊区的内涵、郊区发展和郊区城乡一体化三个章节展开。

第一节 郊区的内涵

了解郊区的内涵及其边界,是研究郊区发展的基础。

一、郊区的概念

郊区是一个相对的、动态变化的区域,其内涵是多层次的。

(一) 郊区的传统定义

郊区是与城市相对应的空间概念。[①]如在中国古代,郊区是相对城池来定义的。"距国百里为郊"(《说文解字》第284页),"邑外谓之郊"(《尔雅·释地》),"五十里为近郊,百里为远郊"(《周礼·地官·载师》),[②]郊区就是城市周围的地区,[③]距离城池五十里内为近郊,距离城池五十里到一百里之间为远郊。另如在法国的中世纪时期,郊区是指一座城市周围宽度约4公里的环形地带,是宗主附庸的聚居地,郊区也因此受到城市的管制。巴黎曾以19世纪40年代的蒂埃尔城墙为城市边界,城市化地区蔓延后,称城墙界线内的城市化地区为"城墙内的巴黎",界线以外的城市化地区为"巴黎郊区"。城墙界线外即使已经城市化,仍被称为郊区。[④]

[①] 刘健:《基于区域整体的郊区发展——巴黎的区域实践对北京的启示》,东南大学出版社2004年版,第9页。
[②] (清)张玉书等编:《康熙字典》,第1419页。
[③] 李格非编:《汉语大字典简编本》,湖北辞书出版社、四川辞书出版社1996年版,第1702页。
[④] 刘健:《基于区域整体的郊区发展——巴黎的区域实践对北京的启示》,东南大学出版社2004年版,第86页。

（二）空间意义上的郊区

传统意义上的郊区与特定中心城市（central city）相匹配。从城市规划修编的视角来看，郊区应该是指城市规划过程中城市发展区域外围需要控制的地域，是城市周围在政治、经济、文化和娱乐设施以及城市文明等方面与城市中心有密切联系的区域。在西方，郊区与中心城市（即行政上的中心市）相对应，指中心市以外的建成区或都市区。在中国，不是每个城市都有界限清晰的郊区。有些大城市有"圈层式"的地域划分，有比较明确的、与行政区界一致的中心区的概念，如北京；而有些城市的地域划分是"瓜分式"的，没有现成的中心区地域概念，如沈阳、大连。[1]

（三）功能意义上的郊区

法瓦（S. F. Fava，1956）在其研究中指出：郊区是指那些在市区范围外，且在通勤范围内的领域，并且在就业、商业、娱乐等方面依靠城市中心的居住地区。[2]强调了郊区与城市中心的关系。郊区通常是商业区较少，以住宅为主，可能还有相当程度的农业活动，但属于都市行政辖区的地区。在都市圈和先进国家，有许多人口居住在郊区，但就业和日常活动空间主要在城市里。

（四）行政意义上的郊区

郊区还被看作城市行政范围内属于非中心城区的若干区域的集合。如周一星和孟延春（2000）认为，郊区是一个城市的行政区内，城市中心区以外的地域，包括围绕着中心区的城市建成区。[3]在一个城市行政区范围内的有些次级行政区，尽管其内部有部分区域已经完全城市化，呈现与中心城区类似的城市风貌，但由于其仍有非城市化区域，该行政区域整体上仍被看作郊区，与中心城区内部的次级行政区相区别。如上海市的闵行区、宝山区和嘉定区，土地的城市化程度较高，但仍在整体上被统计为郊区范围。

（五）统计意义上的郊区

依据法国的相关定义，假如一组城镇组合中，有某一城镇人口数量达到该组合总数的百分之五十，或者某一城镇中的就业岗位达到五千及以上，则该城镇称为该城镇组合的市中心，剩下的其他城镇统称为郊区。而通常所称的城市区域，即由该城镇中心和附属郊区共同组成。[4]

二、郊区的特征

（一）郊区的静态特征

传统的郊区是单中心城市的郊区，具有两个本质特征：一是功能上的附属，二是空间上的边缘。[5]郊区在功能上依附于城市的中心城，在空间位置上处于城市中心城的周

---

[1] 周一星、孟延春：《中国大城市的郊区化趋势》，《城市规划汇刊》1998年第3期，第22页。
[2] 转引自孙群郎：《试析美国城市郊区化的起源》，《史学理论研究》2004年第3期，第48页。
[3] 周一星、孟延春：《北京的郊区化及其对策》，科学出版社2000年版，第33页。
[4] 余欧：《北京副中心建设对城市蔓延的作用研究》，硕士学位论文，首都经济贸易大学，2017年，第24页。
[5] 杨漾：《爱丁堡的城市郊区化问题研究（1767—1890）》，硕士学位论文，吉林大学，2006年，前言。

围。在各个单中心城市中,特定郊区与特定中心城一一对应。

随着中心城市的扩张和新的中心城市的建立,中心城市、郊区与农村地区三个圈层的空间格局发生改变。与郊区之间的农村地带不复存在,形成了连绵城市带,原来的郊区与中心城区的一一对应关系被打破,郊区成为除了若干中心城区及若干农村地区之外的区域,单中心城市演变为多中心城市或城市带、城市群。尽管三类区域的空间关系发生了改变,但从郊区与中心城的关系来看,郊区仍然具有如上两个特征。

(二)郊区的动态特征

郊区相对城区来定义,随着城市的扩张,郊区的范围是相对的、动态变化的,郊区与中心城之间、郊区与郊区之间的边界变得模糊。

郊区随着城市的变动而变动,相应地,郊区的边界也随着城市边界的变化而变化。随着工业化和城市化的发展,城市化地区快速蔓延,甚至在农村地区形成新的城市空间。城市不再以城墙为边界,郊区和城区的边界开始变得模糊。在高度城市化区域,郊区与郊区之间失去了农村地区这个天然的边界,郊区开始以中心城区外的连续的建成空间来定义。城市既可以是一个市镇,也可能是若干个市镇的集合体。[①]城市郊区作为一种中间地带,其过渡性和变化性使它一直是一个很难确定的动态地带,学者们根据各自的理解衍生出了一系列不同的术语。这些术语包括"城乡边缘区""城市边缘区""城乡接合部""城市交错带""灰色区域""都市经济圈""都市连绵带""城市圈"等。

三、郊区的划分

(一)郊区范围的划定

在如何确定郊区的统计范围方面,中西方存在明显差异。中国城市与西方国家城市有不同的组织形态,相应地,对郊区范围的确定差异较大。主要表现为:在中国,城市的行政地域大于其实体地域;在西方,城市的行政地域却小于其实体地域。

以全球知名的郊区化国度——美国为例,美国城市实体地域相当于"城市化地区",由中心区和外围居住区组成,合起来包括若干个城市与城镇,在空间上远大于城市的行政范围,比城市化地区范围更大的便是都市区,因此在西方学者的视角下,郊区指的即是中心区以外、都市区以内的绵延居住区。可见,西方的郊区与城市的关系突破了城市的行政边界。按照这种城市化地区或都市区的界定,昆山可被看作上海的郊区,昆山与上海中心区有地铁相连,城市化地区连续绵延。

而在中国,郊区一般在城市辖区内定义。由于城市区域、建成区以及郊区三者之间的有机结合与嵌套,加之大城市实行市带县体制,同时近年来直辖市有撤县设区的情况,因此需要根据不同城市的发展历程与实际情况,对中心区和郊区的范围进行界定,从本质上决定了我国城市不能简单地采取西方国家统一化的郊区划定方法。[②]

---

① 刘健:《基于区域整体的郊区发展——巴黎的区域实践对北京的启示》,东南大学出版社 2004 年版,第 86 页。
② 成一川:《大都市远郊郊区化现象与动力研究》,硕士学位论文,华东师范大学,2014 年,第 8 页。

(二) 郊区的分类

1. 按与城市中心的距离远近划分

近郊区与远郊区是根据郊区与城区的相对位置关系而划定的。近郊区是城区周围的一部分,是一个直接与该城市区域的城镇人口、居民住宅和工业产业联结、承载的区域。远郊区则是近郊区的外围部分,接近城市的生活方式,承接城市产业转移,并在城市景观建设上起到重要作用的区域,对于绝大多数仍然有农业产业的城市,远郊区还是城市的农业生产基地。[①]

若以郊区距都市核心区的远近为划分标准,86%的郊区居住人口又以23%、43%和20%的比例分布在距都市核心区步行可达的近郊区、里程约为10至30公里的远郊区和远在30公里以外的城乡接合部区域。[②]

2. 按郊区发展潜力强弱划分

弗里德曼认为,城市汇聚了区域的大部分经济活动,是区域的中心。他把在中心之外形成的外围区域分为三类不同的区位:距离中心区较近,呈围绕状,受中心区辐射和带动作用明显,经济发展水平呈现上升趋势的"上过渡区",受城市辐射影响小,面临经济的转型升级的"区域中心区或者老工业区",以及拥有区域发展所必需资源、承载区域未来发展的"资源前沿区"。[③]

综上,郊区是城市辖区范围内,受城区经济辐射、社会意识形态渗透和城市生态效应的影响,与城区经济发展、生活方式和生态系统密切联系的城市建成区以外一定范围内的区域。

第二节 郊区的发展

郊区与城市相对,功能上处于从属地位,为城市发展服务。郊区发展是城市发展和乡村发展共同影响的结果,与城市的发展阶段、城市的功能特点密切相关。

一、郊区发展相关理论

郊区是与城市相对应的概念,一定意义上,城市发展理论也是郊区发展理论。相关的理论主要包括城市发展理论、区域增长相关理论、区域空间布局相关理论、区域空间调控相关理论四类。

(一) 城市发展理论

城市生命周期理论认为,城市与生命体一样,有出生、发育、发展和衰落的过程。城市在工业化时期得到快速发展,工业是城市发展的主导要素,通过把工业产品周期理论应用到空间上,用来解释城市发展的阶段性。判断城市发展演化所处阶段需要考虑几

[①] 成一川:《大都市远郊郊区化现象与动力研究》,硕士学位论文,华东师范大学,2014年,第8页。
[②] 余欧:《北京副中心建设对城市蔓延的作用研究》,硕士学位论文,首都经济贸易大学,2017年,第24页。
[③] 余欧:《北京副中心建设对城市蔓延的作用研究》,硕士学位论文,首都经济贸易大学,2017年,第15—16页。

个标志性因素,包括城市经济发展和人口发展趋势、城市工业状况等。①从人口在城区、郊区的分布变化的角度,英国地理学家彼得·霍尔将城市发展分为四个阶段:城市化、郊区化、逆城市化和再城市化。

工业化发展不同阶段,城市的空间结构呈现不同的特点。弗里德曼根据经济发展的不同阶段,总结出区域空间结构的特征:①前工业化阶段:这个阶段区域的空间结构较为稳定,要素流动较少,区域内的中心间联系较少,每个中心区相对独立发展,经济发展水平较低。②工业化初级阶段:在这个阶段,稳定的空间形态开始发生变化,要素开始在区域内流动,并向区域的中心区聚集,中心迅速发展,并开始形成区域的增长极,主导区域的经济发展。同时,外围大量的原材料和资源被中心区吸纳,外围发展受到阻碍。③工业化成熟阶段:中心区的要素逐步向外围扩散,空间结构开始由单中心发展为多中心,外围开始形成次级中心,区域整体经济发展水平得到提升,但外围的发展水平仍然落后于中心。④空间经济一体化阶段:要素在区域内充分流动,外围开始充分融入城市发展体系,区域形成了不同等级的多个中心,区域经济形成了一个相互联系的统一整体,基本实现了经济一体化,区域经济效率得到了最大化。②

在前工业化阶段,城镇发展速度慢,各自呈独立的中心状态,城镇间的经济联系不紧密;工业化初期阶段,资源要素从郊区被吸引到城市地区,城郊发展速度差异拉大;工业化成熟阶段,城市地区的资源要素回流到郊区,郊区的工业产业群开始集聚;后工业化阶段,资源要素向郊区的流动加强,整个区域形成功能上联系紧密的城镇体系,形成大规模城市化区域。③

(二)区域发展理论

1. 倒 U 型理论。威廉姆森通过分析 24 个国家的经济增长资料,于 1965 年提出区域是由不平衡向相对均衡发展的。该理论认为,随着国家经济的不断发展,地区间的经济差异变化形似倒 U 字。一个国家在发展的初期阶段,区域增长是不平衡的。随着经济发展速度的加快,区域间经济差异逐步扩大;当国家的经济增长达到一个相对高的水平,区域间经济差异扩大的趋势逐渐减缓。随着国家经济的进一步发展,区域之间的差异呈现缩小趋势。长期来看区域经济增长趋向均衡。

2. 增长极理论。这是解释区域经济不均衡发展的依据之一。最早由法国经济学家弗朗索瓦·佩鲁(Fransosis Perroux)提出,后经赫希曼(A. O. Hirschman)、布代维尔(J. R. Boudville)、汉森(N. Hausen)等人发展后逐渐成熟,直接促进增长极开发战略的产生。该理论借喻了磁场内部运动在磁极最强这一现象,称经济发展的这种区域为增长极。该理论认为,经济增长并非出现在所有地方,主要依靠发展条件较好的少数地区或少数产业推动,以不同强度首先出现在一些增长点或增长极上,在发展到一定程度

---

① 吴元波:《上海城市郊区化现状、问题与发展模式研究》,立信会计出版社 2011 年版,第 39—40 页。
② 余欧:《北京副中心建设对城市蔓延的作用研究》,硕士学位论文,首都经济贸易大学,2017 年,第 16—17 页。
③ 吴元波:《上海城市郊区化现状、问题与发展模式研究》,立信会计出版社 2011 年版,第 61 页。

后,这些增长点或增长极通过不同的渠道向外扩散,促进整个区域经济发展。判断是否是增长极要看是否拥有推动型产业。推动型产业的存在不仅直接增加总产出,还通过产业关联,以乘数效应推动相关产业增长。在增长极形成初期及很长一段时期内,极化效应(吸引周边资源向极化中心转移)大于扩散效应(促进资源向周边地区流动),在规模不经济以及政府干预等作用下,增长极发展到一定程度,扩散效应逐步加强,促进区域整体发展。

增长极理论为城市建设规划提供了指导思想。一般来说,打造增长极需要为其提供形成极化效应的良好条件,如良好的区位、有吸引力的基础设施和公共服务等外部环境,促进形成推动型产业创造持续不断的就业机会等。同时也要适当干预增长极的发展,鼓励其通过技术组织、市场流通、信息交流、人员流动、生产要素配置等渠道向周围地区扩散,带动受其影响的周边地区发展,否则可能加剧区域间发展的不平等。①

在此理论基础上进一步发展出了点-轴渐进扩散理论。该理论认为,极化和扩散是事物相互作用的主要方式,在生产力发展过程中,社会经济客体大都先在点上集聚,然后通过线状基础设施向外渐进扩散,逐步实现动态平衡,形成以"点-轴"为标志的区域空间结构体系。其中的"点"是具有较强吸引力和凝聚力的中心城镇,轴是在一定方向依托交通通信、能源供应等工程性线路,联结若干城镇而形成的相对密集的人口和产业带。②

3. 核心-边缘理论。弗里德曼(John Friedman)于1966年在其《区域发展政策》中正式提出,用于解释区域之间或城乡之间的非均衡发展过程。该理论认为,任何空间经济系统均可分解为不同属性的核心区和外围区,核心区是具有较高创新变革能力的地域社会子系统,外围区是根据与核心区所处的依附关系,而由核心区决定的地域社会子系统。空间系统可以是全球级、洲级、国家级、大区级和省级水平。一个特定的空间系统可能具有不止一个核心区,特定核心区的地域范围随相关空间系统的自然规律或范围的变化而变化。核心区和外围区之间的相互作用表现为:核心区通过供给系统、市场系统、行政系统等途径组织外围依附区;核心区向其支配的外围区传播创新成果;创新辐射范围不断扩大,核心区不断扩展,外围力量逐渐增强,在外围区出现新的核心区。

该理论提供了一个城市和郊区之间作用关系的普遍适用的框架,不仅适用于工业化初期原子式的各自独立的城镇,也适用于后工业化阶段农村地区特征消失、郊区连绵相接的城市群中的城郊关系。

(三)城市空间布局理论

1. 中心地理论(Central Place Theory)。这是关于城市布局的理论,探索了城市等级体系的形成和作用机理。该理论是由德国城市地理学家克里斯塔勒(W. Christäller)和德国经济学家廖士(A. Lösch)分别于1933年和1940年提出,贝里(B. J.

---

① 刘健:《基于区域整体的郊区发展——巴黎的区域实践对北京的启示》,东南大学出版社2004年版,第70—71页。
② 刘健:《基于区域整体的郊区发展——巴黎的区域实践对北京的启示》,东南大学出版社2004年版,第71页。

L. Berry)、加里森（W. L. Garrison）、斯梅尔斯（A. Smailes）等人做了进一步的研究。其中，"中心地"（central place）被表述为向居住在它周围地域（尤指农村地域）的居民提供各种货物和服务的地方。"中心货物与服务"（central good and service）分别指在中心地内生产的货物与提供的服务，它们是分等级的，即分为较高（低）级别的中心地生产的较高（低）级别的中心货物或提供较高（低）级别的服务。有三个条件或原则支配中心地体系的形成：市场原则、交通原则和行政原则，它们共同导致了城市等级体系（urban hierachy）的形成。克里斯塔勒认为，在开放、便于通行的地区，市场经济的原则可能是主要的；客观上与外界隔绝的地方，行政管理更为重要；年轻的国家与新开发的地区，交通原则占优势。

1962年，贝里及其六位研究生对美国衣阿华州西南部的中心地系统用因子分析和行为分析进行了验证。他们认为，随着中心地等级的提高，职能单位数目的增加比中心地职能数目的增加要快。1967年，贝里又指出人口密度越高，地区潜在的消费也越高，因此，中心地等级体系中的层次的潜在数目就越多。而在发达的社会中，中心地体系具有相反的特征。落后的交通条件将增加距离的摩擦作用，从而促进各个级别中心地的发展。便利、快速、低成本的交通将减少低级中心地的重要性，有利于较高级别中心地的发展。英国学者斯梅尔斯以英格兰和威尔士的900多个聚落为例对中心地学说进行了验证。按照能够提供的产品和服务类型划分等级，把900多个聚落划分成主要城市、城市、较小城市或主要城镇、城镇、次级城镇、城镇型村庄等城市等级系统。①

传统的中心地理论强调城镇之间纵向的、静态的规模等级关系，忽略了相互之间横向、动态的功能协作关系，包括不同层次以及同一层次的城镇之间的功能关联，建立在单一纵向联系基础上的传统城镇体系与基于知识经济发展要求的网络化体系相去甚远。②

2. 圈层结构理论。该理论认为，社会分工和商品经济的发展促使城市和区域日渐成为相互依存、互补互利的有机整体，区域是城市赖以生存和发展的腹地，城市作为经济中心辐射带动区域发展。由于城市受"距离衰减率"法则的制约，整个区域以城市为核心形成圈层状的空间分布结构，城市空间发展也呈现圈层扩展特征，但在各个方向上并不均等，在交通干道沿线的扩展速度尤其快。③

在该理论的基础上，高汝熹、罗明义（1998）提出了城市圈域经济发展理论，城市圈域经济被界定为"以经济比较发达并具有较强城市功能的中心城市为核心，同其具有经济内在联系和地域相邻的若干周边城镇所覆盖的区域相组成的，其经济吸引和经济辐射能力能够达到并能促进相应地区经济发展的最大地域范围"。该理论认为，随着工业化的推进，从空间形态上，城市经历了分散孤立的城市、单中心城市圈域、多中心城市圈域和大城市经济带四个发展阶段，在这个过程中，城市圈域范围越来越大，各层级城市

---

① 许学强、周一星、宁越敏：《城市地理学》，高等教育出版社2009年版，第135—145页。
② 刘健：《基于区域整体的郊区发展——巴黎的区域实践对北京的启示》，东南大学出版社2004年版，第51页。
③ 刘健：《基于区域整体的郊区发展——巴黎的区域实践对北京的启示》，东南大学出版社2004年版，第72页。

之间的联系越来越紧密。在蔓延扩散、轴向扩散和点状融合等规律作用下,经过城市的吸引和辐射,以及各类要素流的相互作用,形成不同的空间形态,如圈层、扇形、海星、蛛网、带状、星系、多中心网等形状。

3. 新经济环境下区域空间组织。英国学者霍尔(Peter Hall,2000)对新经济环境下区域和城市空间发展的研究认为,无形的知识和信息成为生产要素重要组成部分,经济增长更加依赖对知识和信息的生产与创新、积累与应用。城市的经济职能由产品生产中心和物流中心转变为高新技术产业中心和知识创新中心、经济管理和生产服务中心、现代信息交流中心。城市空间结构的演变仍然受到分散和极化两种效应的共同作用,在技术进步离心力和集聚效应向心力作用下,城市功能空间出现了大范围扩散、小范围集中的趋势。总体上看,所有的大都市地区在形态上都开始趋向于多中心。

(四) 城市空间调控理论

现代工业的迅速发展引发了一系列城市病,远程交通工具的大规模应用等因素促进了城市蔓延,导致了土地的低效率利用。在此背景下,涌现出了一些新的城市建设规划理念,如花园城市、有机疏散、智慧增长(精明增长)、新城市主义等。

1. 花园城市。19世纪末,霍华德在《明日——一条通向真正改革的和平道路》中提出了一种全新的城市建设理念。根据他的"社会城市"设想,人们应该居住在兼有乡村和城市优势的生活环境中,人民生活在既可享受中心城市文化优势,又能享受乡村地区的优美环境的各个"花园城市"中,花园城市之间通过绿带相分隔,通过快速交通相互联系,在开阔的乡村背景中形成多中心的城市集聚区。在此启发下,形成了卫星城和新城建设理论。卫星城多为以居住为主的卧城,与母城保持一定距离,有便捷的交通联系,但在行政管理、经济、文化以及生活等方面与母城联系密切。新城的独立性更强,到20世纪60年代以后的新城已经发展为具有新引力的新城市,如伦敦的米尔顿·凯恩斯新城。在这种思想的指导下,郊区发展在城市蔓延之外,增加了跳跃式发展模式。

2. 城市与区域整体发展。英国人类生态学家盖迪斯(P. Geddes)在1915年出版的《演进中的城市》中提出郊区扩散将导致城市发展在更大范围内集聚和连绵,最终形成巨大的城市集聚区,城市规划不能限于单一城市,应关注区域整体发展,城市规划范围应覆盖城市影响所及的众多城市及其周围地区。1938年美国城市学家芒福德进一步发展了这一思想,认为大城市要在区域基础上建立起区域整体化模式,其中的"区域"是一种与基础设施网络相匹配的区域性框架,包括大城市在内的众多不同规模的城市单元相互依赖形成的开放体系。在此框架下,小城市可通过相互交往与协作充分利用大城市的资源,每个城市单元都可获得整体优势。这种思想与霍华德的社会城市思想有相似之处,但不排斥大城市的发展,而是通过限制、分割和重新组合的方法,使城市功能在更广阔的地域内得到发挥,将无限制的中心集聚和低密度扩散转化为多中心的区域均衡发展。[①]

---

① 刘健:《基于区域整体的郊区发展——巴黎的区域实践对北京的启示》,东南大学出版社2004年版,第77—79页。

3. 有机疏散。这是芬兰建筑师 E.沙里宁 1934 年在《城市，它的生长、衰退和将来》中提出的关于城市发展与布局结构的理念。"有机疏散"就是要把扩大的城市范围划分为不同的集中点所使用的区域，这种区域又可分为不同活动所需要的地段。他认为，为挽救城市趋于衰败，应按照机体的功能要求，把城市人口和就业岗位分散到可供合理发展的离开中心的地域。疏散的原则有两个：把"日常活动"的区域作集中的布置，如生活和工作区域，尽量压缩交通量，以步行为主，"偶然活动"的场所作分散的布置，借助高速交通。该理论促进了大城市向城郊疏散扩展。①

4. 智慧增长。该理念的提出是针对城市中心区的衰退，土地低效利用、生态环境破坏的问题，其目的是提高土地利用效率，对"郊区蔓延"进行矫正。美国罗得岛州"智慧增长"委员会(GS-BDRI)将其定义为一种"精心规划了的发展，它保护开放空间和农地，复兴市镇和乡村中心，控制房价，提供多种交通方式的选择"。通常，该理念具有如下特点：通过更好的土地利用和交通规划控制城市蔓延，并满足增长的居住需求，重塑城市和郊区增长，是"集约使用的、可步行的、公交可到的"。②

二、郊区发展的主要影响因素

（一）发展阶段

一个特定郊区发展受到所处城市的功能定位，所在区域甚至全国的城市化和工业化所处发展阶段、经济发展水平，信息化、全球化发展等因素等的影响。

在前工业化阶段，城镇发展速度慢，城市化进程缓慢，各城镇呈独立的中心状态，城镇间的经济联系不紧密，郊区也发展缓慢；工业化初期阶段，极化效应明显，资源要素从郊区被吸引到城市地区，城市化进程快速，城郊发展速度差异拉大，郊区发展落后；工业化成熟阶段，城市地区的资源要素逐步回流到郊区，郊区的工业产业群开始集聚；后工业化阶段，资源要素向郊区的流动加强，整个区域形成功能上联系紧密的城镇体系，形成大规模城市化区域，有些郊区成为城市群或城市带中的一部分。

信息化和全球化的发展、知识经济的兴起为郊区实现跳跃式发展带来了新机遇。技术进步消除了经济活动布局在地理和距离上的障碍，城市的扩散效应得到加强。这种扩散包括两个层面，一是从大城市到小城市疏解和扩散，二是在大城市地域内从城市中心向城市近郊乃至远郊疏解和扩散。城市不再是一个高度集聚的点状空间，逐步成为一个具有不同层次的面状空间，城市中心、郊区甚至周围的农村地区都成为城市经济体系的空间载体，在功能上相互关联，共同组成城市网络体系。③郊区作为网络体系中的一环，将会逐步摆脱所在城市的附属地位。此外，知识经济背景下的经济增长不再主要依赖物质财富的积累和生产过程的集聚，郊区在产业发展方面有了更多的选择。通过分析未来发展趋势，充分考虑全球化和信息化为区域发展带来的挑战和机遇，郊区有

---

① 吴元波：《上海城市郊区化现状、问题与发展模式研究》，立信会计出版社 2011 年版，第 55—56 页。
② 吴元波：《上海城市郊区化现状、问题与发展模式研究》，立信会计出版社 2011 年版，第 57—58 页。
③ 刘健：《基于区域整体的郊区发展——巴黎的区域实践对北京的启示》，东南大学出版社 2004 年版，第 80 页。

望改变其从属性,提高在全球的经济地位。

此外,郊区发展还与所在城市所处的状况有关。城市发展快速,土地供应不足的城市,郊区发展前景更好;城市土地利用低效率,城市地方政府可能会把发展重点放回到城市中心区域。

(二)制度因素

1. 土地制度。土地有偿使用制度、土地所有权制度、土地出让金的分配制度、土地供应限制等都对郊区的发展产生影响。如在土地有偿使用制度下,郊区的低土地成本优势显化,土地产出率较低的工业和部分住宅逐步退出城市中心区,选址郊区;当地政府土地出让金收益中获取较高比例的制度也激励了郊区土地的非农建设利用,促进了郊区的发展;在"城市土地属于国家所有"和征地制度下,地方政府更有动力把集体土地通过征收郊区的土地扩大城市范围,以控制更多的土地,表现为中国大陆地区的城市"摊大饼"式增长。另外,严格的土地供应制度限制了郊区的发展。郊区大部分土地为集体所有,而集体所有的土地禁止进入土地一级供应市场,郊区的土地只有被征为国有之后才能进入供应市场进行交易,郊区在土地使用上处于被动地位。

2. 规划制度。如我国对建设用地实行宏观调控,每年下发土地利用年度计划,包括新增建设用地计划指标、土地开发整理计划指标、耕地保有量计划指标等,各地拿到指标后,在各中心城区和各郊区进行分配。建设用地指标是否分给郊区,分多少,很大程度上取决于当地政府的偏好。如根据余欧的研究,北京市每年的建设用地指标集中在城市中心区,造成了城市外围缺乏相应的城市建设用地指标,进一步拉大了城市中心区和外围的公共服务设施的差距,进一步导致人口向城市中心区集中,加剧了城市中心区的功能拥挤和城市外围的无序蔓延。①

(三)发展理念

郊区作为接受城市辐射的区域,其发展前景与所在城市或区域的发展理念紧密相关。

1. 单中心还是多中心。一个城市发展到一定规模,将面临选择扩张蔓延,继续单中心发展,还是选择规划新的城市以满足增长需求。选择单中心的城市,其周围近郊将获得更多发展机会,逐步与城市中心连为一体。选择多中心发展的地方政府,远郊地区的某些地块将有机会发展成新的城市中心。目前,多中心发展是很多大城市的选择,新城建设被很多国家付诸实践。根据新城建设相关理论,在实践中应注意四个方面:一是新城不应与大城市过近,避免与大城市发展相连接而加剧大城市膨胀。二是重视引导工业企业入驻新城,带动新城发展。三是新城建设必须有优于大城市的方面,创造比大城市更优良的生活环境,吸引居民迁入。四是新城建设应担负起地方经济成长中心的作用,形成反磁力中心,能把大城市人口吸引过来。②

---

① 余欧:《北京副中心建设对城市蔓延的作用研究》,硕士学位论文,首都经济贸易大学,2017年,第19页。
② 吴元波:《上海城市郊区化现状、问题与发展模式研究》,立信会计出版社2011年版,第49—50页。

2. 抑制还是放开城市扩张。在城市化和工业化快速发展过程中,城市发展空间不足,集聚过度产生种种问题,在此背景下,地方政府多秉承大力发展郊区的理念,临近大城市的郊区率先得益,与大城市拉开一定距离的郊区通过建设新城得到快速发展。在郊区化过度的区域,中心城出现空心化等问题的地方政府,多秉承增长边界理念或紧缩城市等重点发展中心城的发展理念,为城市增长设定明显的界限,围绕城市的居住、就业、娱乐休闲以及商业活动这几个核心的城市功能,科学布局,发挥城市聚集效应,促进土地高效利用,郊区发展客观上受到一定程度的抑制。

(四)发展战略与引导政策

郊区发展还受到城市或区域发展战略及引导政策的影响。如巴黎在规划控制发展战略思想指导下制定了"巴黎区域指导性规划",按照"保护旧市区、重建副中心、发展新城镇、爱护自然村"的构想,形成了巴黎市、近郊副中心、远郊新城和郊县城镇组成的巴黎大区的城市体系。在这种战略影响下,巴黎近郊和远郊的不同地区获得了不同的发展机遇。东京1960年提出"以城市轴为骨干"的城市结构的"东京规划",将东京的城市功能在城市轴上展开,城市轴沿线的区域获得更多发展机会。1984年又提出《首都改造基本设想》,变城市单极结构为多极多核的圈层结构。①城市轴沿线建设的新城逐步发展为功能齐全的城市。又如上海2003年提出"市区体现繁荣繁华,郊区体现实力和水平"的构想,现代制造业加快在郊区布局。

三、郊区发展动力

与城市一样,郊区的发展也受到向心力和离心力的推动,这两种力的互相消长,使其发展不是线性的,也呈现出阶段性特征。城市发展的离心力是郊区发展的向心力,表现为城市对郊区的辐射。郊区作为一个区域,同样受到内在利益驱动及工业化、城市化、信息化等外部环境因素的推动。

(一)城市发展的辐射

受此力量推动,产生了城市郊区化、城市蔓延等现象。

1. 城市郊区化

随着汽车的普及,郊区高速公路和其他快速交通的发展,20世纪50年代以来,美国和西欧一些国家有大量市区人口迁移到郊区。一些大城市出现了市中心区衰落,郊区城市化的现象。

城市郊区化(uburbanization)就是城市在经历了中心区绝对集中、相对集中以后的一种离心分散阶段,它表现为人口、工业、商业先后从城市中心区向郊区的外迁。国内有些学者以人口是否自发外迁或城市中心是否衰落为标志来判断郊区化过程是否开始。②城市郊区化的前兆是城市中心区的人口增长速度趋缓,在城市总人口中的相对比

---

① 吴元波:《上海城市郊区化现状、问题与发展模式研究》,立信会计出版社2011年版,第74页。
② 周一星、孟延春:《中国大城市的郊区化趋势》,《城市规划汇刊》1998年第3期,第26页。

重下降,即所谓的相对分散。郊区化的典型标志是城市中心区人口出现绝对数量的下降,即绝对分散。①

一般来说,促进郊区化的主要因素包括城市更高的生活和生产成本、城市生活环境的恶化等促进居民和企业逃离城市病的因素,以及居民收入提高产生的购房等提高生活质量的现实需求,能大幅降低工业企业落户郊区的成本的交通和通信等技术的发展,小汽车的普及、快速交通设施的建设等。汽车的广泛应用、高速公路的建设、更便宜的土地租金和税率促进了制造业的郊区化;对更好的居住和生活环境的追求,以及随着制造业郊区化带来的就业人口的集聚,进一步促进了人口的郊区化;人口的集聚带来了商机,吸引了零售业的郊区化,同时随着通信技术的进步,交换资料、声音和图像的成本大大降低,电子邮件和电话会议的出现和使用降低了城市中心CBD的吸引力,郊区成为办公业的选址目的地。

由于各地的制度、建设理念、政策选择的不同,不同地区的郊区化动力机制呈现出不同的特点。如从美国来看,其城市郊区化是企业和居民在市场推动下的自发选择的结果,在此过程中美国政府作了一些引导,如州际高速公路的建设计划的实施、吸引居民在郊区购房的住房贷款政策、低价汽车政策等。

从我国的情况来看,城市郊区化的进程与其他地区类似,但由于制度的不同和后发优势等,有些独特之处。如我国在城市郊区化中未出现明显的中心城空心化现象,在发展动力方面特别增加了要素市场化驱动、旧城改造动拆迁推动、产业园区和新城在郊区布局等几个方面的推动力。

(1) 土地使用市场化。20世纪80年代开始土地有偿使用制度逐步取代土地无偿使用的土地行政划拨制度,一方面显化了中心城区和郊区的土地价差,郊区吸引了用地较大、难以支付中心城市地价的工业和与之相关的人口;另一方面土地出让金收入成为郊区基础设施建设重要的资金来源,同样促进了郊区发展。

(2) 住房商品化。20世纪90年代后期进行住房制度改革,取消了福利分房。房价成为居民选择居住地的重要因素,郊区的低房价吸引了居民,促进了人口郊区化。20世纪80年代中期以来,我国许多大都市新建的居住区六成以上分布在近郊区(曹广忠、柴彦威,1998)。

(3) 人口自由流动。我国在1984年开始放宽了户籍管理制度对人口流动的控制,人口逐步实现自由流动,低生活成本的郊区成为很多流动人口的目的地,郊区人口增长快速,成为郊区建设的主要力量。

(4) 在郊区安置的旧城改造拆迁。在中心城区旧城改造中,政府往往采取各种优惠政策促进原住居民选择郊区的安置房,一定程度上促进了人口的郊区化。②

(5) 产业转移。20世纪90年代以来,大城市如北京、上海等地实施"退二进三"的

---

① 周一星、孟延春:《中国大城市的郊区化趋势》,《城市规划汇刊》1998年第3期,第22页。
② 吴元波:《上海城市郊区化现状、问题与发展模式研究》,立信会计出版社2011年版,第81—88页。

产业结构调整政策,郊区承接来自中心城的产业转移,大城市通过各类开发区、各级工业园区、各级产业基地、各级出口及工区等飞地在郊区布局,同时改善郊区交通等基础设施,直接促进了人口和就业向郊区集聚,还带动了郊区本地区级和镇级园区企业的发展。如上海在20世纪80年代末以来,通过存量调整与增量合理布局等手段,对城市工业布局进行了调整,对总数三分之一的企业(污染型企业)实行"关、停、并、转",对三分之一企业(都市型企业)予以保留,对其他三分之一的工业企业进行改造,同时在工业增量投资的过程中有意识地向中心城区外围地带倾斜。在这一政策的指导下,上海的传统制造业加快向外迁移,郊区逐步形成三个层面的工业布局:一是以新技术和支柱产业为支撑的核心工业,主要包括四大产业基地和三个试点园区以及四个出口加工区;二是以"一业特强,多业发展为标志的重点工业园区",主要是一些市级工业园区和配套工业区;三是以郊区中心镇等为支撑的特色工业园区。[1]

(6) 规划引导及新城建设。近几十年来,我国处于快速发展期,为了获得更大的经济发展空间,各地借助土地利用规划扩展城市范围,一方面扩大城市边界,另一方面在郊区布局产业点、新城,不仅促进和带动了郊区发展,同时也直接影响了郊区发展布局。[2]

2. 城市蔓延

城市蔓延是美国城市郊区化初期的一种现象,本是个中性词,由于这种郊区化缺乏规范,表现为无序、土地低效率利用、环境污染等问题,逐渐被一些学者按其表现和问题定义。

怀特(William H. Whyte)1958 年首次提出了"城市蔓延"这一术语,并将城市蔓延描述为"城市郊区采用飞地式开发方式产生的扩展现象"。[3]戈特曼(Gottmann, 1961)认为,城市蔓延是"大城市边缘地带持续向外扩张,城市向农村转移的过程"。[4]唐斯(Anthony Downs, 1994)认为,城市蔓延是"郊区化的特别形式,它包括以极低的人口密度向现有城市化地区的边缘扩展,占用过去从未开发过的土地"。[5]后来对城市蔓延的定义不再是中性的。如有学者认为,城市蔓延是"城市空间'摊大饼'式的快速扩展,在此过程中城市化用地迅速扩张,并伴生交通拥堵、绿带被侵蚀、基本农田被侵蚀等城市问题",是"指非农建设用地以高速、低效、无序的形式向周边地区进行扩张"。[6]从这些定义中描述的问题可以发现,城市蔓延产生的问题是市场化驱动的结果,完全市场驱动下存在市场失灵,可以通过有意识的规范进行调控。如可通过设置规划红线保护城市生态绿带和农田,通过规划引导和增加土地开发成本等措施避免土地低效率利用,引

---

[1] 袁以星:《"三个集中"的提出和沪郊城市化进程》,《上海农村经济》2016 年第 3 期,第 34 页。
[2] 吴元波:《上海城市郊区化现状、问题与发展模式研究》,立信会计出版社 2011 年版,第 81—88 页。
[3] W. H. Whyte, *Urban Sprawl: The Exploding Metropolis*, New York: Doubleday, 1958, pp.133—156.
[4] J. Gottmann, Robert A. Harper, *Metropolis on the Move: Geographers Look at Urban Sprawl*, New York: Twentieth Century Fund, 1961, pp.247—248.
[5] A. Downs, *New Visions for Metropolitan America*, Washington, D. C.: The Brookings Institution and Lincoln Institution of Land Policy, 1994.
[6] 蒋芳、刘盛和、袁弘:《北京城市蔓延的测度与分析》,《地理学报》2007 年第 6 期,第 649—658 页。

导郊区有序开发。

（二）工业化城市化的推动

郊区不仅是城市的边缘地带，还是一个区域，在工业化城市化的驱动下，郊区自身的乡村地域也会步入城镇化进程。

1. 郊区城镇化

郊区城镇化（suburban urbanization）泛指城市郊区的乡村地域向城镇地域转化的过程。与城市郊区化的内涵不完全相同，郊区城镇化是立足于郊区，考察各种力量在郊区集聚所导致的发展，这里各种力量包括来自向心的、离心的以及本乡本土的力量。而城市郊区化则是立足于城市中心，考察人口与经济等要素由城市中心向郊区的离心扩散力量，[1]这种力量仅是郊区发展动力的一部分。

2. 郊区再城镇化

伴随着城镇建设的发展，城市结构由单中心向多中心演变，越来越多的郊区成为新的城市中心，从而带动了城镇用地的不断增加。据统计，在 1990 年至 1999 年间，法国城镇区域的公社数由 10 687 个增加到 13 908 个，城镇土地面积由 132 000 平方公里增加到 176 000 平方公里，同时还有 222 个公社演变为城镇中心，4 916 个乡村演变成郊区，带动人口数量达 320 万，该过程也称为郊区的再城镇化。一般来说，与美国式的城市蔓延不同，郊区的再城镇化这种模式是建立在科学进行区域规划的基础上，并与市场发展规律相结合而演化出的郊区中心城镇化，是合理有序的城乡发展体系的一部分，完全不同于美国放任郊区发展而演变成的无边的城市。[2]

（三）对经济的积极干预

经济增长非均衡发展是常态，而经济增长依靠资本积累来驱动，资本包括物质资本、人力资本和知识资本。特定郊区发展的过程就是与其他地区争夺各种资本的过程。郊区不是接受所在城市辐射的唯一选择，还受到来自其他城市郊区甚至农村地区的竞争。推动郊区发展的力量除了接受城市辐射、城市化工业化推进等外在的以市场为导向的推力之外，还有来自各级政府通过积极干预，引导各类资本在本地积累实现增长的行政导向的拉力。

1. 郊区政府的推动

促进发展是每一个地方政府存在的目标之一。在政治激励或地方领导者自我价值实现需要的激励下，地方政府一般会通过利用所在城市和区域，甚至所在国家的各类资源和品牌价值，设立各类开发实施扶持优惠政策、改善营商环境等各种手段吸引资本和产业在本区域集聚，争取成为"增长极"而非"塌陷区"。[3]如江苏省昆山市充分利用上海浦东新区开发的机遇，距离上海虹桥机场的近距离优势，积极争取申报国家级开发

---

[1] 周一星、孟延春：《中国大城市的郊区化趋势》，《城市规划汇刊》1998 年第 3 期，第 26 页。
[2] 余欧：《北京副中心建设对城市蔓延的作用研究》，硕士学位论文，首都经济贸易大学，2017 年，第 24 页。
[3] 资本和产业集聚的区域快速发展，市区资本和产业的区域进一步萎缩，前者称为增长极，后者谓塌陷区。参见安虎森：《新区域经济学》，东北财经大学出版社 2008 年版，第 150 页。

区,吸引资本在本地区集聚,取得了经济发展的先发优势,逐步发展成为人口近百万的中型城市,连续多年都是全国最牛县级市。

2. 上级政府部门的布局

郊区所在城市政府、省级政府,甚至国家通过重大战略或重大项目等形式对本地区的布局也是促进郊区发展的重要动力之一。如深圳的大开发、浦东开发开放,首钢搬迁到唐山曹妃甸,迪士尼项目在川沙的落地等对当地发展无疑影响深远。

四、郊区产业发展

特定郊区的产业类型、产业结构和产业布局是动态变化的。一般来说,郊区产业为所在城市服务,与其产业相配套或互为补充。一般包含提供农副产品的农业、提供生活必需品的工业、提供生活性服务的商业和服务业。郊区其他产业特征受其所处发展阶段的影响,与其所在城市的功能定位相关。

随着工业化城市化的发展,郊区产业发展变化符合产业扩散理论,根据该理论,产业从核心区向外扩散转移主要源于核心区工资成本的持续上升。产业扩散不是均匀的,首先向因外生因素获得初始工业化优势的区域扩散。对工资成本较敏感且关联度较弱的产业(如劳动密集型产业、消费指向的产业、中间投入较少的产业)对集聚体的依赖较弱,最先扩散出去。外部资本进入某一区域具有一定的规律,劳动密集型产业先进入,在流入地滞留 20 年左右,随着该区域经济较快发展,人均工资水平逐步提高,提高到一定水平时,这些劳动密集型产业向外寻找低工资区域转移。[①]

一般来说,郊区产业发展具有如下几个特点:

(一) 产业类型逐步高级化

1. 传统农业向现代都市农业演化。一方面,随着城市化快速发展,郊区农业从业人员比重不断降低,农业逐渐实现专业化、规模化,传统农业向现代农业转变。另一方面,随着人民生活水平的提高,对农产品品质要求和体验性要求不断提高,绿色有机农业、休闲观光农业的市场需求不断扩大,郊区农业逐步向以都市需求为导向,融生产性、生活性和生态性于一体,高质高效和可持续发展相结合的都市农业转变。

2. 由劳动密集型产业向资本和知识密集型产业演化。郊区具有天然的低成本和靠近市场的优势,在工业化前期,郊区工业以手工业为主,如农具编造、编筐织席、烧砖烧灰、雕刻刺绣等。工业化初期,拥有大量廉价劳动力和土地的郊区吸引了纺织、家具等劳动密集型产业,机械、电子、钢铁、化工等资本密集型产业也逐渐在低成本的郊区布局。随着工业化城市化的深入,土地和人力资源成本逐步提高,劳动密集型产业逐步被替代,转移到要素成本更低的地区。一些新兴产业如 IT、生物技术、信息、机器人、新材料等知识密集型产业开始在郊区布局。

3. 由污染型产业向清洁产业演化。工业化和城市化初期,环保不如经济增长受重

---

① 安虎森等:《新区域经济学》,东北财经大学出版社 2008 年版,第 168—175 页。

视,郊区接受有污染排放的企业转移或直接落户。随着城市化的深入,以及环保意识的增强,为吸引发展高端产业所需人才而提高生活环境质量成为郊区政府的目标,政府对企业的环保要求不断升级,企业在采取环保措施和转移到其他环保要求不高的地区之间选择。

4. 由一般批发零售业向类型多元的现代服务业演化。服务业是为居民和企业服务的产业,随着城市化工业化的不断深入,郊区的居民结构和企业类型更加多元化,郊区服务业类型不断丰富。农民、产业工人、公司白领和高收入群体等各类服务对象需求不同,服务业类型由传统的批发零售、餐饮、租赁、理发、洗澡等传统生活服务向超市、购物中心、商业综合体等转变;随着工业化进程的深入,现代工业企业在郊区集聚,与之相配套的生产性服务业也在郊区出现。

(二)第二产业主导的产业结构逐步让位第三产业

前工业化时期,郊区的产业结构以农业为主。如20世纪80年代初的中国城市郊区的经济增长主要得益于第一产业的贡献。在工业化时期,对工业发展没有限制的郊区的产业结构一般是第二产业占较大比重,郊区发展呈现明显的制造业驱动特征。随着向后工业化时期过渡,郊区产业结构的特征是第三产业贡献逐步增大并逐步超过第二产业。如上海2018年仍以工业为主导的郊区只有三个区,分别为嘉定区、金山区和奉贤区,两者的GDP贡献已经比较接近,相差在6个百分点以内。①

(三)产业布局更加集聚化

1. 农业向远郊区集中。随着城市化的深入,城市边界不断延伸,近郊区农业用地份额不断减少,郊区农业主要布局在远郊。如北京20世纪90年代后远郊区就取代近郊区成为市区的主要蔬菜供应基地。

2. 工业布局逐渐园区化。工业化初期,工业企业主要集中在城市地区,随着工业化城市化的深入,在土地成本上升和环境保护等因素的共同作用下,工业企业逐步搬迁至郊区,通过规划开发区等各类园区,新工业企业向园区集中,原来分散在郊区的点状工业点也有向园区集中的趋势。

3. 现代服务业在各级城市网络节点集中。服务业布局与人口分布紧密相关。满足生活基本需求的一般服务业在远郊和近郊的布局一般比较均匀。与远郊相比,生产性服务业主要布局在近郊区的大城市边缘地带,从市中心迁出的日常办公服务设施在交通便利区域集聚。此外,现代服务业在发展出的新城市中心集聚。如在交通便利的高速公路沿线、联系城市中心与机场的主要轴线上或轴线周围、新城和各类主题活动(体育、竞技、会展、主题公园等)集聚地等。

第三节 郊区城乡一体化

郊区作为一个区域含有城市化区域和乡村区域,同样面临如何实现城乡一体化发

---

① 参见三区2018年国民经济和社会发展统计公报。

展问题。

一、城乡一体化内涵

(一)城乡分割的原因

1. 不平衡发展的必然。从区域整体发展视角来看,郊区这一区域同样遵循不平衡发展规律。区域不平衡发展必然导致经济活动强度在空间上的差异,这种强度的差异将导致核心—边缘的二元结构,这对具体区域而言就是城乡二元结构。

2. 交易效率差异导致。新古典经济学从城乡交易效率差异来解释城乡二元结构的形成,城市是经济活动的集聚空间,交易成本低,交易效率高于散居的农村地区,城市的分工水平也大大高于农村地区,导致城乡之间在生产力发展水平和商业化程度等方面出现差距,认为是经济发展中的必然过程,用生产力水平和商业化水平来评价二元结构。只要能实现迁居自由、择业自由、价格自由和财产私有制度,即可以消除这种二元结构。

3. 城市偏向政策导致。利普顿(Lipton,1977)认为,政府偏袒城市的政策导致了城乡差距。一是扭曲的价格政策,二是城市偏向的支出政策。

4. 人为制造的城乡差异。如一些人为制定出的造成城乡不平等或限制城乡要素流动的制度,如城乡二元户籍和社保制度、二元土地市场供应制度等。

(二)城乡一体化的含义

城乡一体化不是城乡一样化。什么样的城乡关系可称得上是消除了城乡二元结构,达到了城乡一体化? 理论上,城乡一体化是指在生产力发展到一定高度的情况下,通过生产要素在城乡之间的合理流动和重新组合,实现城乡经济、社会的统一规划,分工合作,互为依托,协调发展和共同繁荣;是随着工业化、城市化、现代化过程的推进,在城乡之间最终要达到的一种未来理想状态。与其相对应的是城乡二元结构,指城市先进的现代化工业和现代生活方式与乡村落后的传统农业和传统生活方式并存的经济结构和社会结构。[①]一般表现为如下几个主要特征:

1. 市场一体化。城乡商业化和生产力水平趋于均衡,城乡要素市场如土地、劳动力、金融、商品等市场不存在分割现象,要素在城乡间双向流动。

2. 经济一体化。表现为农业部门和非农业部门的劳动生产率差距、城市居民和农村居民收入差距的逐步消除。根据刘易斯(W. A. Lewis,1954)、拉尼斯(Gustav Ranis)和费景汉(John H. Fei)(1961)、哈里斯(Harris)和托达罗(Todaro)(1970)等的两部门劳动力转移模型,城乡二元结构表现为传统农业部门和现代工业部门之间的差距。前者的劳动力的边际生产率非常低,甚至为零,后者主要集中在城市,具有较高的劳动生产率。根据该理论,农业劳动力的转移分为三个阶段,在前两个阶段,农业中边际劳动生产率为零的农村剩余劳动力、边际劳动生产率大于零且小于"不变制度工资"

---

① 曹萍:《城郊经济发展研究》,博士学位论文,四川大学,2005年,第14—15页。

的那部分劳动力先后转移出来,在第三个阶段农民的工资才由市场供求决定,任何工资上升趋势和由此产生的工农部门间的非正常工资差别都会导致农业劳动者向工业部门的流动。农村劳动力向城市迁移的决策依赖于迁移期内预期城市收入的净现值与预期农村收入净现值的比较。当城市的预期收入与乡村收入相等时,乡村劳动力停止向城市迁移;当城市预期收入低于乡村时,就会出现逆城市化。①最终农业部门和非农业部门的劳动生产率差距和城乡收入差距大幅缩小。

3. 制度一体化。"城乡社会二元结构"②得以消除,城市地区和农村地区的居民遵循一样的制度,城乡居民在基础设施、公共服务、社会保障等方面享有同样的权利。

4. 城乡居民生活条件一体化。斯大林把"城市和乡村有同等的生活条件"作为实现城乡一体化的一个标志。③

5. 战略一体化。不把城市地区和乡村地区割裂开来,把整个区域作为一个整体进行规划,实行区域战略一体化。

可见,城乡一体化是以体制一体化、基础设施一体化、城乡公共服务一体化等为基础,使要素自由流动,进而实现城乡之间互为资源、互为市场、互相促进的理想状态,④并使得城乡经济产出效益及城乡居民生活质量趋于一致。⑤

在我国的实践中,城乡发展一体化一般被认为是"加快完善城乡一体化体制机制,着力在城乡规划、基础设施、公共服务等方面推进一体化,促进城乡要素平等交换和公共资源均衡配置,形成以工促农、以城带乡、工农互惠、城乡一体的新型工农、城乡关系"⑥。

(三) 城乡一体化的实现途径

1. 城乡统筹协调发展。一是建立城乡区域综合体。这种理念最早可追溯到霍华德(Ebenezer Howard)的提倡城市和农村结合发展的田园城市理论,其所提出的社会城市把城市和乡村的要素统一到区域综合体中,并作为一个整体运行,尽管它是多中心的。二是建立分散的多城市中心。强调城乡中各要素自由流动基础上的整体协调发展。芒福德(Lewis Mumford)、亨利·赖特(Henry Wright)等学者主张,通过分散权力建立很多新的城市中心,使全部居民在任一地方都享受到真正的城市生活的好处,同时避免特大城市的困扰。三是发展城乡联系紧密的小城镇。包括弗里德曼等人提出的农业城镇发展模式和费孝通的小城镇发展模式。前者强调在县一级(5万—10万人口)集中发展农业城镇,为农村居民创造有利于他们自身发展的经济环境。后者认为乡镇企

---

① 安虎森:《新区域经济学》,东北财经大学出版社2008年版,第255—259、347页。
② 一般指我国城乡之间的户籍壁垒、城乡两种不同资源配置制度,以及在城乡户籍壁垒基础上的其他问题。
③ 陕西师范大学政治教育系政治经济学教研室编:《〈苏联社会主义经济问题〉学习参考资料》,陕西人民出版社1978年版,第48页。
④ 陈雯:《"城乡一体化"内涵的讨论》,《现代经济探讨》2003年第5期,第16—18页。
⑤ 赵群毅:《城乡关系的战略转型与新时期城乡一体化规划探讨》,《城市规划学刊》2009年第6期,第47—52页。
⑥ 胡锦涛:《坚定不移沿着中国特色社会主义道路前进,为全面建成小康社会而奋斗——在中国共产党第十八次全国代表大会上的报告》,人民出版社2012年版,第23—24页。

业的发展有利于要素在城乡之间相互流动和重新组合,随乡镇企业发展起来的小城镇成为城乡交流的众多"节点",形成以大城市为中心,以中小城镇为节点的资源要素双向流动的网络体系,最终实现城乡一体化。四是建立城乡融合空间。如麦基(T. G. McGee)提出的"desakota"(在印尼语中,desa 和 kota 分别是农村和城市),为一种区域综合发展基础上的城市化形态,其特征是高强度、高频率的城乡之间的相互作用,混合农业和非农业活动,淡化了城乡差别。又如日本学者岸根卓朗试图通过建立超越城乡界限的"人类经营空间",产生一个城乡融合的社会,吸取城市发展与乡村建设分裂开来的教训,强调要建设"农工一体符合复合系统"。[1]

2. 统筹城乡规划。如德国是国际上公认的成功运用城乡结合的地域政策的国家。其规划原则是多中心分散式布局城市和乡镇,推行农业经营规模化,实行工业地方化。德国鼓励居民离土不离乡,有一半以上的人口居住在 10 万人口以下的小镇,在城市化过程中避免了城市病问题。再如日本在"二战"后把城乡统筹规划纳入《第一次全国综合开发规划》,在东京、大阪、名古屋三大都市中心及其周围以外的地区选择若干个点发展工业和城市,这些城市周围的农村与城市有机结合形成地方经济圈。法国用城市总体规划和土地利用规划防止城市无限制地占有土地,高度重视交通网络建设,巴黎大区的交通系统包括市区地铁、区域快速地铁、区域快速铁路网、郊区铁路网、环城快速公路、高速公路、国道、省道、市镇辖道和乡村公路组成,其中,郊区铁路系统共有 28 条辐射性线路,构成密集的铁路网。[2]

3. 要素自由流动。只要资源要素自由流动,随着扩散效应,城市地区的资金等要素会流向农村地区。根据刘易斯(1954)、拉尼斯和费景汉(1961)、哈里斯与托达罗(1970)等的两部门劳动力转移模型,城乡二元结构可通过农村剩余劳动力的转移逐步实现城乡一体化。

4. 消除人为障碍,干预市场失灵。一方面,要消除人为造成的城乡不平等;另一方面,要纠正市场失灵,对城乡发展进行干预。城乡发展不平衡曾被认为是市场力量可以自动消除的暂时现象。现实实践和迈达尔(Gunnar Myrdal,又译缪尔达尔)的"累积因果论"给出了不同的答案。累积因果论认为市场的作用倾向于扩大而不是缩小城乡差距,因为极化效应(回流效应)总是先于并大于扩散效应。一般政府会通过投资基础设施、提供各种优惠政策或直接在农村地区投资企业等措施进行干预。[3]为了促进要素在城乡间自由流动,还会采取提供政策性农业保险和农村信贷等政策。

二、城乡一体化衡量

大多文献是基于城乡一体化的内涵,主要从城乡差距的缩小、二元结构的破解、促进城乡一体化发展机制等目的出发,围绕工农差距、城乡居民生活差距、城乡公共投入

---

[1] 吴元波:《上海城市郊区化现状、问题与发展模式研究》,立信会计出版社 2011 年版,第 126—127 页
[2] 吴元波:《上海城市郊区化现状、问题与发展模式研究》,立信会计出版社 2011 年版,第 131—132、134 页。
[3] 吴元波:《上海城市郊区化现状、问题与发展模式研究》,立信会计出版社 2011 年版,第 41、132 页。

差距、区域发展与规划等几个维度,从三农发展、城乡关系、政策要求等视角,兼顾结果性和过程性指标,来设计衡量城乡一体化发展程度的指标体系,对一个区域的城乡一体化现实状况或推进情况进行评价。

（一）基于城乡一体化内涵的标志性因素

从破解二元经济结构的视角来看,评价城乡一体化水平的指标可以包括城乡专业化差距、生产率水平差距、商业化水平差距等。从破解二元社会结构的视角来看,评价指标包括城乡基础设施、公共服务和社会保障等方面的一体化程度;从以人为本的视角来看,还应考虑城乡居民在生活质量差距、生活条件等因素。

一般来说,一个区域某个时期的城乡一体化状况由多个标志性因素综合反映,反映为结果性指标,主要包括城乡产业发展、居民生活、基础设施、公共服务等方面的一体化水平(如张国平,2015;李谨等,2017),有些学者还考虑了城乡生态环境(如董晓峰,2011)、城乡社会经济联系(曹萍,2005)、城乡居民基本权益等一体化因素。促进城乡一体化的过程性指标主要考虑城乡协调能力,包括规划布局一体化、固定资产投入一体化、制度安排一体化(顾益康等,2004)等指标。

（二）基于城乡一体化的作用机制

为便于对结果进行分析,有些学者在城乡一体化指标体系中,兼顾结果性、过程性指标,甚至还加入了条件性指标。如顾益康等(2004)把一个区域的现代化、城市化、市场化和经济实力等因素作为城乡一体化发展度指标纳入评价指标体系,用于分析一个区域城乡一体化发展的条件与发展的结果之间的关系。再如赵民等(2018)认为,城乡发展一体化的基础是城市的带动作用和服务辐射功能,并且城乡一体化的境界不应是消灭农村,乡村地域的主体功能应仍能得以保留和延续,基于此,除了缩小城乡差距类指标外,还增加了提升城市经济和城市功能类指标和发挥乡村地域功能类指标。[1]

（三）基于政策文件要求

还有部分学者参考了中央对小康社会、城乡一体化发展、"五大发展理念"等的要求,搭建城乡一体化发展指标体系框架。如参考我国《全面建设小康社会目标与指标选择》和《农村全面小康评价指标体系》中的一些指标。[2]再如参考2008年中共十七届三中全会《关于推进农村改革发展若干重大问题的决定》提出的"六个一体化"[3]来构建指标体系,有学者在此基础上增加了生活方式的一体化。[4]还有学者从创新、协调、绿色、

---

[1] 赵民、方辰昊、陈晨:《"城乡发展一体化"的内涵与评价指标体系建构——暨若干特大城市实证研究》,《城市规划学刊》2018年第2期,第11—18页。
[2] 焦必方、林娣、彭婧妮:《城乡一体化评价体系的全新构建及其应用——长三角地区城乡一体化评价》,《复旦学报(社会科学版)》2011年第4期,第76页。
[3] 通过统筹城乡规划、产业布局、基础设施建设、公共服务、劳动就业和社会管理六个方面,来建立促进城乡经济社会发展一体化制度。
[4] 王振:《上海城乡发展一体化的战略目标瓶颈制约与对策建议》,《上海经济研究》2015年第2期,第4页。

开放和共享 5 个理念的视角构建了城乡一体化评价体系。[①]

此外,在指标选择上,有些学者注重城乡差距的缩小或消除,只选取城乡比等相对指标,有些学者则兼顾了条件性指标或过程性,同时纳入了一些绝对指标。本章认为,"条条大路通罗马",与背景条件和过程相比,一个区域的城乡一体化状况是表征一体化程度的关键指标,反映城乡一体化背景条件或一体化过程的指标可以作为分析解释的依据,若纳入城乡一体化评价体系容易使之缺乏针对性。

三、我国郊区城乡一体化发展

(一)郊区城乡一体化发展特点

1. 相比整个区域一体化水平较高

与包括城市地区、郊区和乡村地区的大区域相比,郊区城市化区域和农村区域的城乡一体化程度更高。一方面,与大城市相比,郊区的非农产业劳动生产率和居民收入相对较低,二元经济特征和收入差距相对较小。另一方面,郊区最早受到城市地区的辐射,郊区农村区域的发展明显比乡村地区快、早,郊区农村区域的居民很多为非农就业人员,这些居民的平均收入水平明显高于农村地区居民的平均收入水平。

2. 一体化水平存在明显地区差异

无论是从城乡经济二元结构还是从城乡社会二元结构来看,隶属不同市的郊区具有不同的城乡一体化发展轨迹。

从城乡经济二元结构来看,一体化的关键是提高农业劳动生产率,需要在减少农业就业人员的同时提高每户的农业经营规模。但由于隶属不同行政区的各郊区政府发展理念和工作目标不同,各地做法不一,农业劳动生产率差异较大,因此各个郊区存在明显的二元系数差异。如广为推广家庭农场的上海松江区的农业劳动生产率远高于上海市其他郊区,上海的农业劳动生产率比同处长三角地区的苏州低近三倍。

从城乡社会二元结构来看,多数制度的统筹层次在市(地区)级,导致了隶属不同市的郊区的城乡一体化水平的差异。除了已经在全国范围内实现城乡一体化的制度,如城乡居民基本医疗保险制度、大病保险制度、基本养老保险制度等,在居民最低生活保障、就业保障、住房保障等方面,隶属不同城市的郊区差别明显。

3. 一体化模式具有多样性

由于特定郊区所处的经济发展阶段、发展理念、所在行政市的实力和政策引导方向等的影响,不同郊区会选择不同的城乡一体化发展道路。从实践来看,目前我国已经涌现出了多种模式。如珠江三角洲"以城带乡"模式、上海"城乡统筹规划"模式、北京"工农协作、城乡结合"模式,发展乡镇企业的城乡互动发展模式等。

[①] 汤放华、朱俊杰:《湖南省城乡一体化评价及影响因素研究》,《湖南城市学院学报》2019 年第 6 期,第 25—26 页。

(二) 郊区城乡一体化发展瓶颈与建议

从目前来看,郊区的城乡一体化发展尚未引起应有的重视,郊区推动城乡一体化发展的主动性、迫切性不足,大多数郊区尚未视之为常态性工作;城乡一体化的目标管理制度有待进一步明确,尤其是作为城乡一体化的标志性指标农业劳动生产率普遍偏低,与消除城乡二元经济结构的目标还有很大差距;郊区作为城市的区县,在很多方面受到市一级的管制和限制,发展活力不足。为此,应加快完善郊区推动城乡一体化发展的体制机制。

1. 明晰目标,完善协调机制

促进城乡一体化发展的目标有待进一步细化,应更加关注农户经营规模是否达到规模经济条件,把提高农业劳动生产率作为郊区工作的重点来抓。应制定城乡一体化主要领导负责制度,加强配套考核,将城乡发展一体化工作绩效作为相关领导和政府部门重要考核指标。

2. 激发郊区发展活力

一方面,应放松对郊区的各种不合理的限制,加大开放。按照"权责一致、应放尽放"的主要原则,赋予郊区、街镇基层政府和村居民自治组织更多独立自主发展权限,激发郊区政府和村集体经济组织在城乡一体化发展中的能动性,充分释放郊区内生发展活力。另一方面,应鼓励社会力量投资农村。鼓励引导社会资本参与城乡一体化建设,构建企业、社会资本、社会捐助等共同参与的多元化投融资机制,促进郊区城乡一体化发展。

3. 建立推进和反馈机制

一是要构建城乡发展一体化发展的倒逼机制。首先形成可操作的城乡发展一体化评价指标体系,并向社会发布中长期计划和年度计划,定期发布评价结果,接受政府审计部门和社会公众的监督。二是要建立城乡发展一体化发展的评估机制。实现重点政策评估常态化,由审计部门或社会第三方定期对政策落实情况进行评估分析,作为政策调整和完善的依据。三是要建立城乡发展一体化发展动态反馈及完善机制。应重视评估中发现的问题和城乡发展一体化的瓶颈和薄弱环节,结合新情况新问题对相关政策措施进行调整,提高政策的精准性与弹性适应能力。

参考文献

A. Downs, *New Visions for Metropolitan America*, Washington, D. C.: The Brookings Institution and Lincoln Institution of Land Policy, 1994.

J. Gottmann, Robert A. Harper, *Metropolis on the Move: Geographers Look at Urban Sprawl*, New York: Twentieth Century Fund, 1961, pp.247—248.

Peter Hall, *Cities of Tomorrow: An Intellectual History of Urban Planning And Design in The Twentieth Century*, updated edition, London: Blackwell Publishers, 1996.

Peter Hall, Ulrich Pfeiffer, *Urban Future 21: A Global Agenda for Twenty-First Century Cities*, London: E & FN Spon., 2000.

W. H. Whyte, *Urban Sprawl: The Exploding Metropolis*, New York: Doubleday, 1958.

安虎森等:《新区域经济学》,东北财经大学出版社2008年版。

曹萍:《城郊经济发展研究》,博士学位论文,四川大学,2005年。

柴彦威:《郊区化及其研究》,《经济地理》1995年第2期。

陈雯:《"城乡一体化"内涵的讨论》,《现代经济探讨》2003年第5期。

成一川:《大都市远郊郊区化现象与动力研究》,硕士学位论文,华东师范大学,2014年。

董晓峰:《欠发达地区城乡一体化发展评价研究——以甘肃省为例》,《城市发展研究》2011年第8期。

胡锦涛:《坚定不移沿着中国特色社会主义道路前进,为全面建成小康社会而奋斗——在中国共产党第十八次全国代表大会上的报告》,人民出版社2012年版。

蒋芳、刘盛和、袁弘:《北京城市蔓延的测度与分析》,《地理学报》2007年第6期。

焦必方、林娣、彭婧妮:《城乡一体化评价体系的全新构建及其应用——长三角地区城乡一体化评价》,《复旦学报(社会科学版)》2011年第4期。

李格非编:《汉语大字典简编本》,湖北辞书出版社、四川辞书出版社1996年版。

李瑾、冯献、郭美荣:《城乡一体化发展的时空演变特征与省区差异性分析》,《中国农业资源与区划》2017年第11期。

李强、杨开忠:《城市蔓延》,机械工业出版社2007年版。

刘健:《基于区域整体的郊区发展——巴黎的区域实践对北京的启示》,东南大学出版社2004年版。

陕西师范大学政治教育系政治经济学教研室编:《〈苏联社会主义经济问题〉学习参考资料》,陕西人民出版社1978年版。

汤放华、朱俊杰:《湖南省城乡一体化评价及影响因素研究》,《湖南城市学院学报》2019年第6期。

王振:《上海城乡发展一体化的战略目标瓶颈制约与对策建议》,《上海经济研究》2015年第2期。

吴元波:《上海城市郊区化现状、问题与发展模式研究》,立信会计出版社2011年版。

许学强、周一星、宁越敏:《城市地理学》,高等教育出版社2009年版。

余欧:《北京副中心建设对城市蔓延的作用研究》,硕士学位论文,首都经济贸易大学,2017年。

袁以星:《"三个集中"的提出和沪郊城市化进程》,《上海农村经济》2016年第3期。

张国平、籍艳丽、马军伟:《城乡一体化水平测度与进程比较——京津冀与长三角地区城乡一体化评价》,《经济问题》2015年第8期。

(清)张玉书等编:《康熙字典》。

赵民、方辰吴、陈晨:《"城乡发展一体化"的内涵与评价指标体系建构——暨若干特大城市实证研究》,《城市规划学刊》2018年第2期。

赵群毅:《城乡关系的战略转型与新时期城乡一体化规划探讨》,《城市规划学刊》2009年第6期。

周一星、孟延春:《北京的郊区化及其对策》,科学出版社2000年版。

周一星、孟延春:《中国大城市的郊区化趋势》,《城市规划汇刊》1998年第3期。

第十三章 县域发展

在我国,县域是个独特的空间,内含较大比重的乡(镇)村和农用地。县域发展涉及经济、社会、政治、文化、生态等多方面内容。根据经国家批准的浙江省嘉善县"县域科学发展示范点"的"产业转型、城乡统筹、生态文明、改革开放、民生幸福"五方面内容,本章着重从县域发展内涵、县域产业、县域城乡统筹、县域生态文明四节展开。

第一节 县域发展内涵

一、县域的研究范围

"县"在《辞海》中的解释为:"地方行政区划名。始于春秋时期。最初设置在诸侯国边地,秦、晋、楚等大国往往把新兼并得到的土地置县。到春秋后期,各国才把县制逐渐推行到内地,而在新的边远地区置郡。郡的面积虽比县大,但因地广人稀,地位要比县低,所以晋国赵简子说:'克敌者,上大夫受县,下大夫受郡。'(《左传》襄公二年[公元前493年])战国时期,边地逐渐繁荣,才在郡下设县,产生郡、县两级制。秦统一六国后,乃确立郡县制,县隶属于郡。隋唐以后隶于府或州(郡)或军或监或路或厅,辛亥革命后直隶于省、特别区,今直隶于省、自治区、直辖市,或隶属于自治州、省辖市。"[①]秦国的郡县制"郡下设县(设置于少数民族聚居地的称为'道'),万户以上设县令,万户以下为县长,同时设县尉主管军事。郡县长官由朝廷任免,不能世袭。县下设乡,乡下设里。乡为最低一级行政机构,里为国家控制的基层组织。郡县制是现代省县制的最早起源"[②]。

---

① 《辞海》,上海辞书出版社2009年版,第2487页。
② 卜宪梓总撰稿:《中国通史(贰)》,华夏出版社2016年版,第32页。

"县"是我国最早的行政区域名,也是最稳定的行政区域名,几千年来,不管上属区域名如何改变,但"县"行政区域名一直留存;且"县"自秦代以来一直都有下属区划,大都称乡和里,只是到了宋代"里"称为"保";今天,我国县下区划为乡(镇)和村(组),村(组)是自治组织。然而,县的行政机构名称和行政等级却有一些改变,如有市、区、县等,还有厅级、副厅级、处级县等。可见,县的概念可以从行政区划、行政建制、行政机构和行政等级多个维度去考察,并且随着时代发展,县的概念和内涵也在变化。但从上面所述看,县的下属区域一直没有太大变化,其特征是县包括了乡(镇)和村。因此,本章研究的县域,可简要地概括为具有一定比例的乡(镇)、村组织和农用地面积的区域范围。那些虽还有乡(镇)和村组织,但其区域范围内的农用地面积已低于国家撤村撤队规定的应计入城区范围,不计入县域范围。根据这个概念,到 2017 年年底,我国非建制市的县级区域为 1 526 个,建制市的县级区域为 363 个。到 2017 年末,全国共有市辖区 962 个,其中含乡镇的市辖区为 753 个,这 753 个含乡镇的市辖区也有一小部分是城区,还有个别镇未撤销,未撤销的原因不是还有农用地,而是还有一些集体资产等历史遗留问题,如已是上海中心地区的普陀区和长宁区所管辖的镇,这部分市辖区已不具有县域的特征;但这 753 个含乡镇的市辖区极大部分位于大中城市的郊区,这些大中城市郊区不但含乡(镇),而且根据土地利用规划还要求保留一定量的农用地,按照我国撤村撤组和撤乡撤镇有关规定,这些乡镇、村还需长期保留,这部分市辖区具有县域特征,可列入县域范围。到 2017 年末,我国还有 294 个地级建制市和 40 个非建制市地级行政区域,这些地级机构在我国是县级区域的上级行政建制,其空间范围与县域空间范围重叠,故不宜作为县域发展研究范围。因此,县域发展研究范围有广义和狭义之分,广义的包括县级建制市、非建制市县级区域与具有乡(镇)和农用地的市辖区,狭义的包括县级建制市区域与非建制市县级区域。由于本书同时也研究城区、郊区发展类型,故本章着重研究狭义的县域发展。

需要说明的是,县域、城区、郊区三个区域发展类型主要区别在于:县域具有较大比例的乡(镇)村和农用地。城区大都没有镇和农用地,极小数城区可能有个别未处理完毕的镇,但一般均已在集建区,已没有农用地或规划上不需保留农用地。郊区,县有一定比例乡(镇)村和农用地。县域和郊区的乡(镇)村和农用地占比界线国家并无规定,但县域的乡(镇)村和农用地的占比一定比郊区高。在城乡公共服务均等化、工业化中后期以及户籍制度改革条件下,很难用户籍人口比例、二三产的比重、公共设施配套标准来界定县域和郊区的区域差异。

二、县域发展的主要内容

浙江省嘉善县是经国家批准的"县域科学发展示范点"。从 2012 年到 2016 年,嘉善县主要从"产业转型""城乡统筹""生态文明""改革开放"和"民生幸福"五个方面展开其县域发展主要内容。从全国绝大多数县域角度而言,由于资源禀赋、发展基础和条件不同,每个县发展的特色和侧重点也不同,但从县域特征角度来讲,"一二三产融会""城乡统筹""生态文明"是各个县域发展中都具有的,并且都是重点发展内容,因为没有上述三大内容的发展,民生幸福就无从而来。至于改革开放,是县域发展各项工作中必须具有的措施。这是因为,站在区域发展角度讲,县域也是更大区域的一个局部,县域必须融入更大区域中才能谋求发展,无论是生态文明,还是产业转型、城乡统筹、民生幸福,都需要更大区域的要素配署和市场配署才能获得更好更快的发展,因此,开放是县域发展的重要条件和基础。同样,县域发展中,无论是产业转型,还是城乡统筹,乃至生态文明和民生幸福,都需要进一步解放思想,实事求是,求真务实,真抓实干,才能取得更好突破,更好成绩,这每一项成绩和突破的背后没有改革都是不可能的。因此本章的县域发展,重点研究县域产业、县域城乡统筹、生态文明三项主要内容。

三、县城发展的重要意义

根据第一次全国农业普查公报,到 1996 年末,全国平均每个乡镇区占地面积 2.42 万平方公里。当然 20 多年过去,乡镇区占地面积已大大超过这个数据,但由于近 20 年来我国主要发展的城镇地域是大城市,除小部分临近大中城市的小城镇扩张较快外,全国大部分小城镇区域变化不是很大。可见,由小城镇统筹城乡,进行一二三产融合,推进生态文明的空间范围也许太小。根据第二次全国农业普查主要数据公报,2006 年末我国能在一小时内到达县政府的乡镇占 78.1%,可见,在我国大部分县域可在一小时内覆盖到乡镇。也许这也是我国自古就有的"群县治、天下安",以及 2000 多年来,县制一直比较稳定的原因。以县域为空间单位,进行"城乡统筹""一二三产融合"和"生态文明"建设,也许是一个比较合适的空间尺度,是一个无可替代的管理层级。2018 年中央一号文件提出五级书记抓乡村振兴,但县委书记要下大气力抓好"三农"工作,当好乡村振兴"一线总指挥"。在"省市县镇村"五个书记中,县委市记位于承上启下的中间层级。我国的县是连接大中城市和统筹镇(乡)村的平台。从传统意义角度讲,我国农村包括乡镇和村两个空间尺度和管理层级,县正好处于城乡连接的合理层级,是我国协调城乡关系的管理平台,是我国镇村发展的统筹平台,在我国,县在推进镇村发展、协调城乡关系中具有举足轻重且不可替代的作用。

第二节 县域产业

一、县域产业发展的优劣势

根据县域区位、资源禀赋、发展基础和条件,一般而言,县域产业门类主要有两大方面。一是依托自身资源禀赋和市场需求发展的产业,可包括农业、工业、服务业。其中农业又有农林牧渔等,工业又有农村手工业、农产品加工业、农业装备业(包括农药化肥和农业机械)等,服务业又有农产品交易、农村手工业品交易、农村工业品交易、乡镇旅游及其他服务业等。二是依托自身区位和市场需求为城市配套的产业,包括为城市产业配套的零部件产业、来料加工产业等。由于为城市产业配套具有一定区位要求和发展基础要求，不是每个县域都具备的，因此，本节重点讨论县域依托自身资源禀赋可发展的产业。

在当前我国经济社会发展水平下，我国县域仍承担着县域范围内的基本公共服务和基础设施投入，促进县域劳动就业和居民收入提高的任务。而县域内可发展的诸多产业中，农业是负税的，旅游业和商业是个富民产业，税收也不会很多，但农业、旅游业、商业可以吸收一些就业和增加一些居民收入。而要增加县域的财政收入和更充足的就业，没有工业是不可能的。当下，我国有些生态县或偏远县，也有一些农业、旅游业，少量商业，但因缺少一定量的工业支撑，尽管有一些上级的财政转移，但县域内的非农就业往往比较少，居民收入往往比较低，以及基础设施和公共服务水平也相对比较低。县域发展工业也有一些区位、资源禀赋和市场需求的优势。例如，从资源角度讲，县域土地资源相对丰富，工业发展用地价格一般比较低；县域工业发展所需要的劳动力资源相对丰富，就业人员在县域内就业离家比较近，可以照顾家庭老人、孩子，并且县域内生活成本一般较低，故县域工业的劳动力成本相对低，且稳定性较好；县域一般还具有农林牧渔原材料乃至矿产资源优势等。从市场需求角度讲，县域因农业生产需要农药化肥和农业机械，因居民生活需要衣食住行等消费品等。然而，县域工业发展也有一定不利条件，例如，大多县域离大中城市距离较远，故增加了为城市居民生产的消费品和为城市产业配套的产品运输成本；大多县域都是主干交通网络的末梢，交通相对不便，不过随着我国经济社会发展，县县通高速，有些县还有高铁、机场，交通条件也在改善；另外，大多县都具有广大的乡村地区，故对生态环境的保护都有一定要求，有些县还有较多的历史文化保护要求。

二、现代农业产业体系

现代农业是相对传统农业而言的，是指用现代科学技术武装，用现代工业装备，用现代组织管理方法经营的现代产业。其主要内容包括机械化、水利化、电气化、生物化、化学化、规模化、专业化、商品化、社会化、信息化、区域化、企业化等。传统农业是指用人力、畜力、手工工具等为主的手工劳动方式，靠世代积累的传统经验发展，以自给自足自然经济为主导的农业。其主要内容包括手工农具（铁犁、铁锄、铁耙、风车、水车、石磨等）、畜力牵引、经验技术（育种选种、轮作套种、精耕细作、用地养地、兴修水利、病虫害防治、积肥施肥、土壤改良、能源利用、种养结合等）、自给自足等。我国传统农业形成于夏商、西周、春秋时。此前中国古代农业是刀耕火种的原始农业。

现代农业是工业革命后的产物，是现代工业、现代科学技术和现代管理基础上发展起来的，形成于20世纪中叶第二次世界大战后。其主要特征，一是广泛应用现代科学技术，由顺应自然变为利用自然和改造自然，由凭借传统经验发展转变为依靠植物学、动物学、遗传学、化学、物理学、信息科学、经济学、管理学等科学发展，使农业成为科学化的产业。二是将工业部门生产的大量农业机械、物联网技术、农药、化肥等投入农业生产中,使农业成为工业化现代产业。三是将现代区域经济、商品经济和管理技术运用到农业领域,使农业成为细化分工、关注集聚、强化营销、严格核算、一二三产融合的现代产业。

现代农业和传统农业的主要区别,一是农业生产理念、思想技术策源不同。传统农业发展思想主要来自世世代代农业生产实践中积累下来的农耕经验,这些经验大都可以直接从农业生产实践中感知,而现代农业生产理念、思想和技术除了来源于农业生产实践,还可以通过一系列的科学实验中获得,并用于指导农业生产实践。二是农业生产工具和动力不同。传统农业用于农业生产的工具主要是手工制作犁、锄、耙等,其动力主要是人力、畜力,而现代农业用于农业生产的工具主要是拖拉机、播种机、收割机、农用货车、农用飞机等,其生产动力是机械,使用的能源是石油。三是与自然关系不同。传统农业主要是靠天吃饭,农业生产受气候、日照、物种、降水、土壤等自然因素制约较多,现代农业已经可以在科学技术指导下,通过各种工业设施,改变局部地区或地块的农业生产自然条件,实现跨季节生产和跨地区生产。四是生产组织方式不同。传统农业一般以小农户为经营单位,家庭成员参与农业生产,生产经营规模较小;现代农业可以由小农户为单位,也可以由农民合作社或企业为单位,生产经营规模较大。五是生产目的不同。传统农业比较偏重于生计,因此其农业生产是在满足生产者自己生计需要条件下,剩余产品才用于商品交易;现代农业比较偏重于职业或事业,因此其农业生产是为了盈利,为了生产出更多的产品用于商品交易,农业生产的商品化程度较高。

现代农业构成。综前所述,从产业角度讲,现代农业由三部分产业组成,一是现代农业的种养殖业,在我国包括农林牧副渔,这部分在我国国民经济行业分类中属第一产业,我国现行经济社会中的农业统计主要是这个口径。二是现代农业的装备业和加工业,包括农业机械、化肥、农药行业,粮食加工业、饲料加工业、棉纺织业、酒业、肉类食品业、木材加工业等,这部分在我国国民经济行业分类中属第二产业。随着我国工业化和城镇化水平提高、人民生活水平提高和农村劳动力减少,这部分行业会得到较快发展。三是现代农业的服务业,随着现代农业中种养殖领域和现代农业的装备业、加工业发展,以及城乡人民生活水平提高,现代农业中的服务业将得到长足发展,包括现代农业的基础教育、职业教育、高等教育,政府、企业、大学、科研院所的现代农业科研,休闲农业、农家乐、乡村民宿、田园综合体等乡村旅游,农产品检测、食品卫生管理、农产品市场监督、农产品运输、物流、交易等。这部分,在我国国民经济行业分类中属第三产业。现代农业上述三个部分,其基础是现代农业中的种养殖业,现代农业中的装备业、加工业、服务业都是基于种养殖业延伸的,为种养殖业服务和提高种养殖业附加值的。因此,在我国现代农业发展中,要将上述三部分统筹起来考虑,融合起来发展,由国家牵头制定"三位一体"现代农业发展战略,这样才有可能使我国现代农业发展后来居上,使我国农业现代化与我国工业化、城镇化、信息化"四化同步,协调发展"(图13-1)。

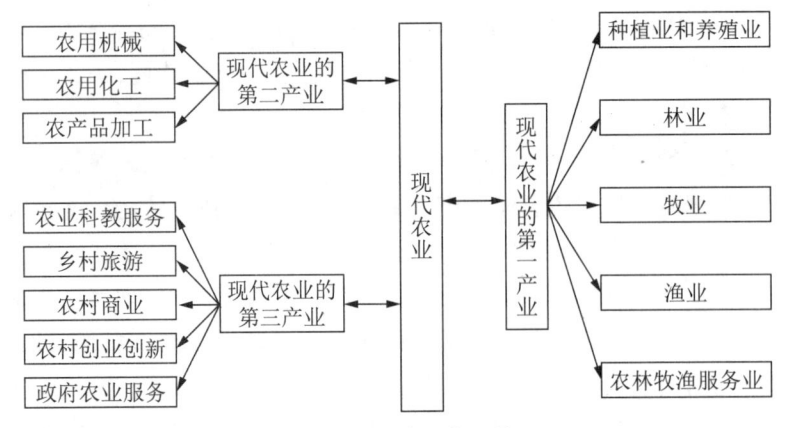

```
农用机械 ─┐
农用化工 ─┼─ 现代农业的第二产业 ⟷ ┐                    ┌─ 种植业和养殖业
农产品加工 ┘                        │                    │
                                    现代农业 ⟷ 现代农业的第一产业 ─┼─ 林业
农业科教服务 ┐                      │                    │
乡村旅游   ─┤                      │                    ├─ 牧业
农村商业   ─┼─ 现代农业的第三产业 ⟷ ┘                    │
农村创业创新┤                                             ├─ 渔业
政府农业服务┘                                             │
                                                          └─ 农林牧渔服务业
```

图 13-1 现代农业产业体系

资料来源：作者绘制。

美国的现代农业包括三部分内容，即农业作物种植和牲畜饲养，农场服务供应行业和农产品加工—销售行业，农业公共服务部门。农场服务供应行业是指将矿物及其原料转变为农业机械、化肥农药等农化产品，提供多种多样的用于作物栽培和牲畜饲养的服务项目。在不发达国家中，这个行业一般规模较小而且不够发达，然而，随着国家发达程度的提高，这个行业也会发达起来。在20世纪80年代末，美国农场服务供应行业的从业人员相当于农场种养殖劳动力的2—3倍多。农产品加工—销售行业，是指从事食用农产品加工或销售的所有企业或行业，包括面粉厂、肉类包装厂、纺纱厂、水果和蔬菜处理和加工厂、食品批发厂商及零售食品超级市场、乳品厂、食物冷冻厂、食品干燥和制罐厂、脂肪和油品加工厂、木材加工厂、粮食运输队、卡车运输厂商以及铁路服务部门。到20世纪80年代末，美国农产品加工—销售行业的从业人员是农场从业人员的4—5倍。农业公共服务部门，包括政府的农业服务和管理部门、科技和教育部门、实验站和教育推广服务部门、市场新闻和经济分析部门等。[①]根据我国第三次农业普查主要数据公报，到2016年，全国共有31 422万农业生产经营人员，[②]占2016年末全国77 603万就业人员的40%。这里的农业生产经营人员，应该与上述所讲的现代农业产业体系口径是基本一致的。

三、县域工业

根据浙江"块状经济"发展方式，县域工业涉及的行业门类很广，这里从上述现代农业产业体系角度以及县域所处的区位、资源禀赋、发展基础和优势，着重讨论农用机械、

---

① [美]H.G.哈尔克劳：《美国农业经济学》，周诚等译，农业出版社1987年版，第4—9页。
② 农业生产经营人员指在农业经营户或农业生产经营单位中从事农业生产经营活动累计30天以上的人员数（包括兼业人员）。其中，农业经营户指居住在中华人民共和国国内（含港澳台），从事农林牧渔业及农林牧渔服务中的农业经营户。农业生产经营单位指中华人民共和国境内（未普查港澳台），从事农业生产活动为主的法人单位和未注册单位，以及不以农业生产经营活动为主的法人单位或未注册单位中的农业产业活动单位；既包括主营农业的农场、林场、养殖场、农林牧渔场、农林牧渔服务业单位，具有实际农业经营活动的农民合作社，也包括国家机关、学校、科研单位、工矿企业、村民委员会、居民委员会、基金会等单位附属的农业生产经营活动单位。

农用化工和农产品加工。

（一）化肥行业

1. 化肥行业发展现状

化肥是指用化学方法合成或开采矿石加工而成的肥料。化肥是农业生产中必不可少的生产资料，是粮食的"粮食"。因此，自新中国成立以来，为解决粮食产量问题，让人民吃饱饭，我国积极推进化肥产业的发展，通过引入国外肥料生产企业和学习其先进生产技术，造就了一批具有先进生产技术和管理能力的国有、公私合营、私营化肥企业，对我国肥料产业的发展起到巨大的推动作用。

我国化肥从单质肥起家，到目前形成氮肥、钾肥、磷肥、微量元素肥、复合肥等品种丰富、用途多样的产业格局。随着设施农业的发展，水溶肥、叶面肥等成为肥料新的品类增长点，并且随着水肥一体化的推广和农业部"两减一控"的实施，单质肥带来的土壤板结、污染等问题也促使厂家开始转型发展复合肥、控释肥、生物肥、水溶肥、叶面肥等新型高效肥料。

80年代末开始至90年代，随着改革开放的推动和加快，为解决国内资金不足的问题，利用国际金融组织贷款和政府贷款建设了一大批中型氮肥装置，并对中小型氮肥进行大规模技术改造。随后的"九五"计划时期，也是化肥工业由计划经济向市场经济过渡的时期。通过自主创新与引进消化吸收相结合，逐步建立起化肥工业体系。

截至目前，据不完全统计，我国有化肥生产企业3 000多家，国有和民营企业并存，其中上市公司有45家（部分上市企业业务以农药为主，涉及化肥板块），总市值近3 000亿人民币。①

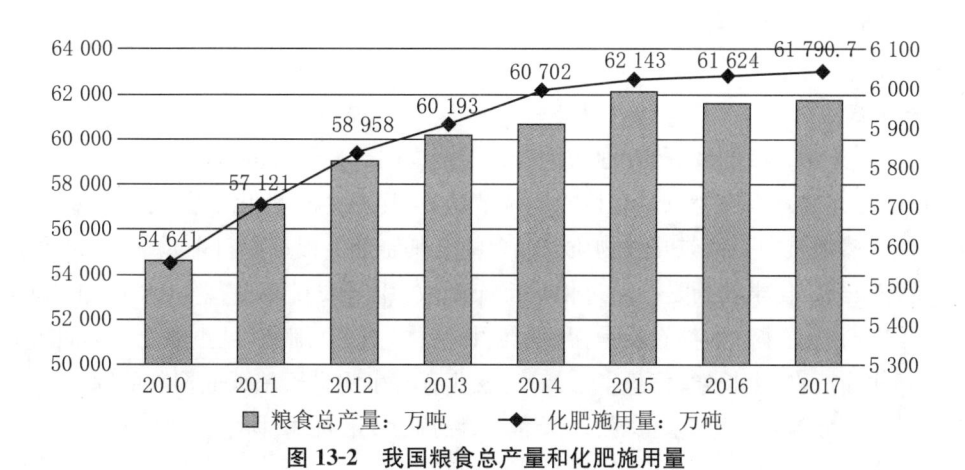

图13-2 我国粮食总产量和化肥施用量

资料来源：http//www.chy.com/indaustry/201807/657567.html。

2. 化肥行业发展趋势

(1) 产品转型升级。随着国家对粮食生产提出新要求、化肥行业优惠政策支持力

---

① 《2018年中国肥料行业发展现状及行业发展趋势》，http://www.diyxx.com/industry/201807/657567.html。

度在减弱、环保政策陆续出台,生产成本高、技术落后、污染严重的企业会被淘汰。随着国人对蔬菜水果需求的增长以及食品安全的重视,新型、安全适用于蔬菜、水果生产的肥料需求逐年增加,对传统化肥企业提出转型升级的要求,缓控释肥、水溶肥、叶面肥、微生物复合肥、有机复合肥、腐殖酸肥料、复混肥料等占比未来会逐年提升,目前,从事新型肥料生产的企业已超过 2 000 家。

(2) 开展电商营销。随着我国互联网技术的发展和移动互联网的普及,化肥产业也通过自建电商或者加入其他电商平台,把化肥商品名称、生产厂家、质量、价格等信息在网上显示,让农户清清楚楚、明明白白交易,解决化肥传统销售模式造成的层层加价、价格虚高等痛点。从目前来看,除了传统的互联网电商企业,如阿里巴巴、京东开始开设农资销售频道,绝大多数排名靠前的化肥企业都已经开发自己的电商平台,有的不仅销售自产化肥,也销售他厂家生产的化肥。还有一些农资电商通过农业服务获取客户,通过农技问答等方式增加用户黏性,拓展农资销售、农机销售、农业金融、农业保险等业务。

(3) 拓展技术服务。传统凭借经验式的施肥方式已经无法满足农业提质增效的要求,科学施肥如测土配方施肥可能会成为未来主要的施肥方式。很多企业认识到这点,通过帮助种植户实施测土配方施肥、土壤有机质提升等综合服务项目,大力推广深耕深松、化肥深施、秸秆还田、水肥一体化等科学施肥技术,不仅推动了自身化肥的销售,也帮助农户提高了肥料利用率,节约了施肥成本。

(4) 适应国家政策。在我国"农业供给侧结构性改革"的大背景下,"一控两减三基本"和粮食提质增效的要求下,国内化肥生产方面的优惠政策近年来不断减少,而相应在流通方面、出口方面有较大优惠。因此企业要学会利用利好政策,提高肥料出口和国际市场竞争力。

(二) 农药行业

根据国务院颁布的《农药管理条例》,农药是指用于预防、控制危害农业、林业的病、虫、草、鼠和其他有害生物以及有目的地调节植物、昆虫生长的化学合成或者来源于生物、其他天然物质的一种或几种物质的混合物及其制剂。根据原料来源,可分为化学农药和生物农药。化学农药是指通过化学反应制成,用于农村病虫害生物防治的化学合成物,是农药的主体。生物农药是指利用生物活体(真菌、细菌、昆虫病毒、转基因生物等)或其代谢产物(生长素、信息素等)针对农业有害生物进行杀灭或抑制的制剂。根据防治对象,可分为除草剂、杀虫剂、杀菌剂、杀鼠剂、脱叶剂、植物生长调节剂等,目前除草剂、杀虫剂、杀菌剂占农药市场中的主要份额。

1. 农药行业现状

(1) 农药生产规模大幅增长。近年来我国农药工业产业规模不断扩大,技术不断升级,农药开发向高效、低毒、低残留、高生物活性和高选择性方向发展,已经形成了较为完整的农药工业体系。在整体技术水平不断提升的同时,我国农药行业销售规模不断扩大,保持良好的发展态势。2001 年至 2016 年,我国化学农药原药产量由 78.72 万吨增长至377.80万吨,年复合增长率为11.02%。

(2)农药产品竞争力不断增强。目前我国农药行业在产量稳步增长的基础上,产品竞争力不断增强,行业效益平稳提升。在不断加快产业结构调整、产品结构升级和换代的同时,一些企业积极参与国际竞争,与外国农药企业合作,成为跨国农药企业的原药供应商。2016年,我国共进口农药8.48万吨,同比减少5.76%,进口金额同比减少9.82%,达到6.75亿美元;共出口农药139.99万吨,同比增长19.14%,出口金额达到37.08亿美元,增幅达到4.63%。①

(3)行业区域性明显。目前我国已成为全球最大的农药生产国,但行业集中度较低,国内农药行业企业超过2 000家,其中年销售量在2 000吨以下的企业占据行业内的85%,整体呈现"大行业、小企业"的格局。我国农药生产具有明显的区域性,主要集中在东部沿海的江苏、浙江、山东三省。该区域内化工产业较为发达,产业聚集效应明显,为我国农药行业的规模扩张、产业整合与升级提供了有力的保障。

2. 农药行业发展趋势

(1)市场前景广阔。为了进一步加快农村经济的发展,提高复种效率,确保农业增产、农民增收,促进群众的"菜篮子"多样化,丰富人民食物结构,各级政府部门采取了一系列措施鼓励农业生产者种植蔬菜、水果等经济作物,平均每亩经济作物的农药用药水平比粮食作物高约5—6倍。随着工业化和城市化的快速发展,农业人口向第二、第三产业转移,我国农业的耕作方式会逐步改变,农田承包给种粮大户集中耕作,小农户精耕细作的种植模式在很多地方逐渐让位于规模化的种植,这种规模化的耕作方式更注重整体作物产出的质量和稳定性,因此会显著增加农药需求使用量。

(2)行业整合加速。目前,我国农药企业众多,市场分散,产品同质化和低端化严重,企业竞争秩序较为混乱。2010年颁布的《农药产业政策》中提出,要大力推进企业兼并重组,提高产业集中度;优化产业分工与协作,推动以原药企业为龙头,建立完善的产业链合作关系,促使农药工业朝着集约化、规模化、专业化、特色化的方向转变。2016年颁布的《农药工业"十三五"发展规划》也提出,推动农药原药生产进一步集中。随着行业竞争的加剧以及环保压力加大,我国农药行业正进入新一轮整合期。

(3)环保要求提高。随着全社会环境保护和食品安全意识的不断增强,农药生产和使用对环境的负面影响日益引起关注。《农药工业"十三五"发展规划》中明确提出强化环保和产品质量检查,对于没有有效处理污染物,以及产品质量监督检查不合格经整改仍不达标的企业取消其农药生产资格。此外,新修订的《环境保护法》加大对环境违法行为的处罚力度,将大大提高企业环境污染成本。技术含量低、生产工艺落后、环境污染严重的企业将逐渐失去生存空间,这将有利于环保达标、工艺先进的农药企业的发展。

(4)农药禁限用政策为环保、高效、低毒农药推广提供广阔空间。《中华人民共和

---

① 《2018年中国农药行业发展现状及发展趋势分析》,http://www.chyxx.com/industry/201806/653014html。

国食品安全法》(2015年修订)第十一条规定:"国家对农药的使用实行严格的管理制度,加快淘汰剧毒、高(剧)毒、高残留农药,推动替代产品的研发和应用,鼓励使用高效低毒低残留农药。"通过政策规定禁用和限用部分农药,进一步提高了我国农药应用水平,促进农药产业结构调整,保障农药产业健康持续发展。同时,高毒农药的退出为高效、低毒农药让出市场,有利于高效、低毒农药的推广。

(5)专利农药集中到期带来巨大机遇。目前使用的多个农药品种是在20世纪80—90年代研发的,今后10年专利农药将集中到期,到2023年全球将有166个农药专利到期,届时新增加的农药产品市场达110亿美元,市场空间巨大。随着农药专利到期密集期的到来,国内业内技术优势以及渠道优势较为明显的企业,将会率先涉足专利到期产品,并参与国外农药龙头企业的市场、研发等合作中,不断享受市场发展带来的机遇。

(三)农机行业

根据国家统计局数据,截至2016年,我国农机制造行业规模以上企业数量为1 599家;2011年为1 104家,2012年为1 261家,2013年为1 354家,2014年为1 464家,2015年为1 533家。2016年总产值3 227.44亿元;2011年为2 014.90亿元,2012年为2 331.79亿元,2013年为2 695.48亿元,2014年为3 010.90亿元,2015年为3 446.38亿元。2016年资产总值为2 266.40亿元;2011年为1 057.69亿元,2012年为1 278.02亿元,2013年为1 539.23亿元,2014年为1 811.04亿元,2015年为2 051.39亿元。2015年农业机械总动力为11.17亿千瓦;2014年为10.80亿千瓦。

"目前,我国小麦、水稻、玉米三大粮食作物综合机械化水平超过80%,但全程机械化水平并不平衡。此外,马铃薯、棉花、油茶等作物的机械化率只有30%左右,甘蔗的机械化率仅有3%。目前,一些先进适用的农机装备有效供给不足,缺门断档和中低端产品过剩的问题并存,机具的可靠性和适用性有待提升,特别是农机与农艺的融合度不够。""在农机与农艺的融合中,品种选育、栽培、技术、种养方式、产后加工与机械化生产的适应性有待加强。同时,适宜机械化的基础条件建设滞后,存在农机'下田难''作业难'和'存放难'问题。""我国人多地少,丘陵山区耕地面积占比超50%。然而,丘陵地区农业机械化发展缓慢,已成为我国农业机械化发展的薄弱区域,制约了我国农机化发展的总体进程。"[1]农业机械,不仅替代牛马耕作,将农民从面朝黄土背朝天的繁重体力劳动中解放出来,而且大幅提升农业劳动生产率,美国早在16年前就开始在拖拉机上安装全球定位系统,避免重复播种,减少耕地和燃料浪费。[2]我国已在农药、化肥喷洒无人机上装上智能控制系统,使"这些飞机可以通过计算,精准定位哪里喷洒过、哪里没有,自动智能飞机,即使回去加油或者充电,也能再从上个结束喷洒的地方继续作业"。"据介绍,无人机作业可以比人工作业减少20%农药的使用量,还大大节省了作业时

---

[1] 李慧:《如何补齐农业机械化短板》,《光明日报》2018年12月20日,第10版。
[2] 皮特·科特奇:《机器人重塑农业》,王晓雄译,《环球日报》2018年8月10日,第6版。

间,减少了种植户的成本,喷洒精准度也提高了。"①我国 2018 年 12 月 29 日颁布的《国务院关于加快推进农业机械化和农机装备产业转型升级的指导意见》(国发〔2018〕42号)指出,到 2025 年"全国农作物耕种收综合机械化率达到 75%,粮棉油糖主产县(市、区)基本实现农业机械化,丘陵山区县(市、区)农作物耕种收综合机械化率达到 55%。薄弱环节机械化全面突破,其中马铃薯种植、收获机械化率均达到 45%,棉花收获机械化率达到 60%,花生种植、收获机械化率分别达到 65% 和 55%,油茶种植收获机械化率分别达到 50% 和 65%,甘蔗收获机械化率达到 30%,设施农业、畜牧养殖、水产养殖和农产品初加工机械化率总体达到 50% 左右"。

(四)农产品加工

农产品加工是用物理、化学和生物等方法,将农业的主、副产品制成各种食品或其他用品的一种生产活动,是农产品由生产领域进入消费领域的一个重要环节。主要包括粮食加工、饲料加工,榨油、制糖、制茶、烤烟、纤维加工以及果品、蔬菜、畜产品、水产品加工。国际上通常将农产品加工业划分为五类,即:食品、饮料和烟草加工;纺织服装和皮革工业;木材和木板产品包括家具制造;纸张和纸产品加工、印刷和出版;橡胶产品加工。我国在统计上将农产品加工分为 12 个行业,包括食品加工业、食品制造业、饮料制造业、烟草加工业、纺织业、服装及其他纤维制品制造业、皮鞋毛皮羽绒及其制品业、木材加工及竹藤棕草制品业、家具制造业、造纸及纸制品业、印刷业记录媒介的复制和橡胶制品业。

根据农业部《全国农产品加工与农村一二三产业融合发展规划(2016—2020 年)》,到 2015 年年底,全国规模以上的农产品加工企业达 7.8 万家,完成主营业务收入 19.4 万亿元,"十二五"期间年均增长超过 10%。农产品加工业与农业总产值之比由 2010 年的 1.7∶1,提高到 2015 年的约 2.2∶1,农产品加工转化率达到 65%。到 2020 年,力争规模以上的农产品加工业主营业务收入达到 26 万亿元,年均增长 6% 左右,农产品加工业与农业总产值比达到 2.4∶1。主要农产品加工转化率达到 68% 左右,其中,粮食、水果、蔬菜、肉类、水产品分别达到 88%、23%、13%、17%、38%;规模以上食用农产品加工企业自建基地拥有率达到 50%,专用原料生产水平明显提高。到 2017 年,农产品加工企业主营业务收入超过 22 万亿元,与农业总产值之比由 2012 年的 1.9∶1 提高到 2.3∶1。②2019 年中央一号文件指出,"大力发展现代农产品加工业。以'粮头食尾''农头工尾'为抓手,支持主产区依托县域形成农产品加工产业集群,尽可能把产业链留在县域,改变农村卖原料,城市搞加工的格局。"在县城内精深加工,使农民靠近加工企业,减少运输成本,有利于增加农民收入;同时县域内的深加工企业又参与农业产业的资源配置,能够反向促进农业生产集约化、促进农村土地流转,推动农业技术

---

① 王君宝、王建威:《黑土地飞出"摩登农业"》,《新华每日电讯》2019 年 2 月 12 日,第 6 版。
② 李慧:《农村一、二、三产业融合如何让"1+1+1>3"》,《光明日报》2018 年 8 月 16 日,第 10 版。

"革新"。①

依托县域资源禀赋,县域工业还可以考虑发展生物产业,"即以生物中的有效化学成分、官能团等的提纯、加工,形成特定功能的生物医药、生物材料、生物保健品等。县域,特别是山区和丘陵是绿色生物的天堂,许多植物都含有对人类能做出贡献的物质或能量,开发得好,一种植物就能支撑一个产业,带动一定区域的农业产业化。"②县域工业行业门类选择,情况比较复杂。除了距离大中城市较近的县域可借势发展城市配套产业外,我国大部分县域都需要依托自身的资源禀赋和农村市场,选择对自身具有比较优势的工业行业。综观我国现有的涉农工业,包括前面所讲的化肥工业、农药工业、农用机械工业、农产品加工工业,乃至与之有关的涉农商业和涉农服务业,其绝大部分这类企业都设置于县域范围。也就是说上述涉农工业对我国绝大部分县是具有区位、资源禀赋和市场优势的。由于涉农工业门类有许多,具体选择还要从县域的实际情况出发。

四、县域创业创新

"湖南省安乡县地处洞庭湖平原,受交通不便、远离市场等要素制约,工业基础薄弱。现在都展现出了崭新的发展面貌,工业集中区规模渐起,一座座工厂拔地而起。为返乡创业和返乡务工搭建双向选择桥梁;在税收、用地等方面加大对返乡企业的扶持力度;建设农民返乡创业园等引导返乡创业项目规模化发展……在安乡这幅画卷上,越来越多的企业尽情挥洒自己的创业激情和梦想。""据统计,2018年这里总计60家规模以上企业完成工业增加值15.6亿元,这对工业基础薄弱的家乡来说意义不一般。"③四川省从2016年2月起,每年都召开乡商返乡发展大会,仅2017年乡商返乡发展大会签约项目就达370个,投资总额超过1 900亿元。截至2018年9月底,四川省农村劳动力输出总量为2 533.56万人,其中省内转移1 425.49万人,同比增加12.7%;省外输出1 108.07万人,同比减少3.98%。④重庆市开州区位于三峡库区腹地,不少人常年在外务工、经商,到2019年6月,全区返乡创业人员已达8万余人,带动劳动力就近就业25万余人,占区域经济贡献率一半以上。⑤广西"全区38个创业园入驻企业722家,提供就业岗位4.4万人,吸纳贫困人口3 915人"⑥。吉林"2019年将新建30个返乡创业基地和5个以上省级示范县"⑦。

吸纳返乡下乡创业创新是县域产业发展的重要机遇。"当前,农村创业创新涌现出特征明显的三大群体,即返乡、下乡、本乡人员,既有具有农村户籍的农民工、中高等院

---

① 王健、杨喆:《从跨地卖粮到县域深加工》,《新华每日电讯》2019年2月22日,第6版。
② 陈国阶:《县域发展若干问题探讨》,《当代县域经济》2018年第6期。
③ 李刚:《返乡创业有干头》,《人民日报》2019年2月19日,第8版。
④ 李晓东、周洪双:《回乡:返乡创业渐成热潮》,《光明日报》2018年10月26日,第10版。
⑤ 刘创吉:《返乡创业雁归来》,《人民日报》2019年7月9日,第7版。
⑥ 庞慧敏:《广西农民工创业园刮起"返乡创业风"》,《工人日报》2019年4月25日,第6版。
⑦ 柳姗姗:《吉林:选树典型再掀农民工返乡创业创高潮》,《工人日报》2019年3月21日,第6版。

校毕业生和退役士兵等返乡人员,也有具有城镇户籍的科技人员、中高等院校毕业生、有意愿有能力的城镇居民等下乡人员,还有农村能人和农村青年等本乡人员。"农业农村部根据各地上报数据和农村固定监测统计,2018年返乡下乡创业创新人员已达780万人,其中农民工540万人,占70%;其他返乡下乡人员240万人,占30%。平均年龄45岁左右,高中和大中专以上学历占40%。这些返乡下乡创业创新人员基本上都是技能型、经验型和知识型人才。这些人员中54%利用信息技术创业创新,8%—9%联合创业,82%都是农产品加工流通、休闲旅游、电子商务和新产业新业态,广泛涵盖农村一二三产业融合领域。①

返乡下乡创业创新已引起中央政府和各级地方政府的高度重视,2018年11月18日,国务院办公厅发布了《关于支持返乡下乡人员创业创新促进农村一二三产业融合发展的意见》,并明确返乡创业的重点发展领域,包括规模种养业、特色农业、设施农业、林下经济、庭院经济等农业生产经营模式,烘干、贮藏、保鲜、净化、分等分级、包装等农产品加工,农资配送、耕地修复治理、病虫害防治、农机作业服务、农产品流通、农业废弃物处理、农业信息咨询等生产生活服务业,休闲农业和乡村旅游、民族风情旅游、传统手工艺、文化创意、养生养老、中央厨房、农村绿化美化、农林物业管理等生活性服务业等。同时明确了落实现代农业、农产品加工业、休闲农业和乡村旅游业的用地政策,鼓励返乡下乡人员依法入股、合作、租赁集体农用地发展农业产业地,增减挂钩腾退的城乡建设用地和农业配套辅助设施用地支持近年下乡项目建设,鼓励利用四荒地、厂矿废弃地、砖瓦窑废弃地、道路改线废弃地、闲置校舍、村庄空闲地,农林牧渔业产品初加工土地出让价按当地工业用地价70%执行;支持近乡下乡人员使用自有和闲置农房院落发展农家乐,允许返乡下乡人员和当地农民合作改建自住房等农村宅基地及住房;返乡下乡人员发展农林牧渔生产、农业排灌、农产品初加工,包括对各种农产品脱水、凝固、去籽、净化、分类、晒干、剥皮、初烤、沤软或大批包装均执行农业生产电价等。各地政府也发布了许多返乡创业创新的政策。例如,2017年,吉林省发布了《关于启动农民工返乡创业工程促进农民增收的实施意见》中明确"到2020年,吉林返乡下乡创业的农民工等人员将达到10万人以上,创建省级农民工返乡创业基地、孵化基地等各类基地(园区)200个以上,每个县(市)至少创建一个省级农民工返乡创业基地","依托'园区+基地+企业(合作社)+农户'模式,对省级农民工返乡创业基地给予补助,主要用于基础设施建设、项目开发、租金补贴等,并首次提出推进大学生创业园区建设与农民工返乡创业相融合,建设一批综合性创业园区,更有效地吸纳农民工入园创业。"到2017年年底,吉林省已设立省级返乡创业基地116个,扶持创业2.19万户,带动就业16.36万人;吉林全省省市县三级农民工返乡创业基地311个,各类创业实体9.53万个,带动农村常住人口就地就近转移就业42万人。②2018年11月,吉林省人社厅和财政厅联合印发了

---

① 孙喜保:《返乡下乡创业创新为乡村注入新动能》,《工人日报》2019年1月17日,第5版。
② 柳姗姗、穆永文:《吉林返乡创业者"零成本"入住优建基地》,《工人日报》2018年4月12日,第6版。

《吉林省省级农民工等人员返乡创业项目补助资金管理实施细则》,明确返乡创业农民工在乡镇地域内注册创办小微企业,自领取工商营业执照正常经营1年以上,可申领初创企业补贴,补贴资金按照带动创业和就业的数量分为20万元、40万元、60万元和80万元4个档次,经年度绩效评价后确定。创业补贴主要用于办公设备购置费、网络建设费、燃料费等,其中用于场所租赁费、维护修缮费、水电物业费、采暖费的比例不得高于补助资金总额的40%。严禁用于补充人员经费,以及楼堂馆所等国家明令禁止的项目建设支出。保险费补贴,带动2名农村劳动力就业并缴纳社会保险费的,一次性给予5 000元补贴,带动2名以上就业并缴纳社会保险费的60%,给予最长不超过3年的补贴,补贴全额最高不超过5万元。①目前,四川省创办农民工返乡创业园区376个,入驻企业8 518个。该省2018年就安排了3 600万元重点用于农民工返乡创业培训,着力提升农民返乡创业能力和市场抗风险水平。②广西壮族自治区《关于开展农民工创业就业补贴工作通知》中明确,农民工创业就业补贴分为农民工创业奖补、创业带动就业奖补、企业及其他社会组织吸纳符合条件的农民工社会保险补贴三类。③2017年7月,内蒙古自治区人民政府办公厅印发《关于支持返乡下乡人员创业创新促进农村牧区一二三产业融合发展的意见》,重点在金融方面给予创业创新支持,提出创新贷款抵押方式,稳妥推进农村牧区"两权"抵押贷款试点,探索农牧业设施、农机具在内的动产和不动产抵押贷款业务,探索无抵押无担保的创业信用贷款,开展小额借款保证保险试点等。④

第三节 县域城乡统筹

一、县域城乡统筹含义

在工业化、城镇化和农业现代化进程中,县域是一个变动比较大的区域,其原因是县域内具有广大的农村,基于现代化要求和我国农村的耕地规模,县域范围内的广阔农村聚落还将进一步减少常住人口,减少居住空间,同时需要增加县域内城镇的居住人口和居住空间。由此将要求县域内城镇进一步发展二三产业、创造就业岗位,同时要求农田布局进行调整以适应农业劳动力减少而需要机械化的要求。县域内城乡聚落规模和产业结构调整,又涉及城乡基础设施和公共服务,乃至用地结构调整等。因此,面对以上变动因素,县域发展首要任务就是将县域视作一个整体,根据县域发展历史,以及现状和未来各方面可能产生的变动,通过编制县域总体规划方式,尽可能使变动在规划之中,使县域发展有序和符合各类需求以及前进中的时势。从某种角度讲,县域总体规划

---

① 柳姗姗:《吉林:农民工返乡创业最高补贴80万元》,《工人日报》2018年11月8日,第5版。
② 孙喜保:《返乡下乡创业创新为乡村注入新动能》,《工人日报》2019年1月17日,第5版。
③ 庞慧敏:《广西给予农民工三类创业就业补贴》,《工人日报》2018年8月16日,第5版。
④ 李玉波:《内蒙古农牧工创业贷款享受城镇人员同等待遇》,《工人日报》2018年5月10日,第6版。

是城乡统筹的工作抓手,也是县域发展从无序变成有序,从盲目变成理性的工作抓手。因此,县域城乡统筹就是将未来县域一切需要发展的内容放入县域总体规划中去统筹和推进。

二、县域城乡统筹规划

(一) 提出县域发展战略定位和建设目标

要在详细梳理分析县域资源禀赋、经济社会发展基础、发展有利条件和不利条件,以及县域上位规划中的分工和县域在更大区域中的分工基础上,明确县域自身的发展优势和劣势,提出县域在上位规划和更大区域中的发展战略定位,在此基础上提出县域发展的建设目标,具体程序见图13-3。

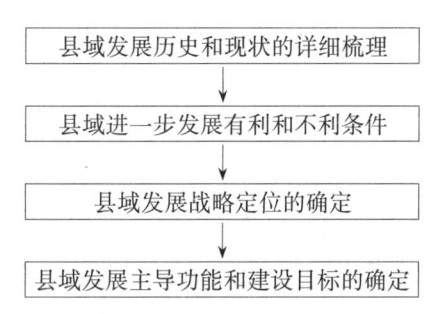

图 13-3　县域发展战略定位和建设目标确定模型

资料来源:作者绘制。

(二) 提出县域人口规模和土地利用结构

分析县域人口流向,预测县城、镇(乡)、村的人口规模,明确城乡聚落(居民点)布局及范围,依据县域人口规模测算县域人口、经济、社会、环境、资源的构建关系和土地利用结构(图13-4)。

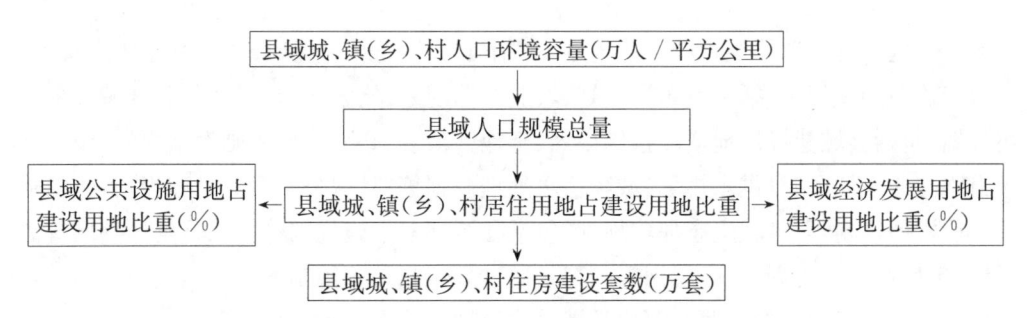

图 13-4　县域城、镇(乡)、村人口规模确定和土地利用结构模型

资料来源:作者绘制。

(三) 提出县域城、镇(乡)、村的人口聚落布局

在人口规模确定条件下,进一步明确县域范围内城、镇(乡)、村居民点人口规模和

空间范围。构建县城、镇(乡政府驻地)、中心村和基层村三级人口聚落体系,预测县城、镇(乡)、建制村人口规模、建设用地规模及住房套数。规定县城、镇(乡)、建制村建设用地范围。在县城、镇(乡)集建区规划范围,基础设施和公共服务项目选址范围,饮用水源地保护范围和存在严重自然灾害、安全隐患难以治理范围,可列入撤并村庄范围。中心村和基层村布局,中心村遴选应考虑村庄规模、经济基础、基础设施和公共服务,与周边服务村庄的历史传统。

(四)提出县域产业布局

统筹县域三次产业的空间布局,根据"工业向园区集中、农业向规模集中、农民向城镇集中"的要求和可实施性,在明确县域耕地保有量、永久基本农田情况下,提出县、镇(乡)的工业园区、创业园区、商业区、物流市场区、农业生产区、农副产品加工区、旅游发展区等产业发展区的选址和用地规模。

(五)提出县域基础设施和公共服务设施布局

按照"点、线、面"连通要求,围绕县域人口聚落体系和产业布局体系,构成县城、镇(乡)、村对外交通和对内交通的道路体系,以及市政基础设施体系。县、镇(乡)、村基础设施和环卫设施配置标准,明确县、镇(乡)、村基础设施建设主体和资金来源。明确县、镇(乡)、中心村、基层村公共设施配置标准、项目布局、用地指标和资金来源。

(六)提出县域生态空间布局

根据生态环境资源利用、公共安全等基础条件划定县域范围内的生态空间,确定相关生态环境、土地、水资源、能源、自然与文化遗产等方面的保护和利用目标和要求,综合分析用地条件,划定县域内的禁建区、限建区和适建区范围,并提出生态空间管制的原则和措施。县域禁建区是指各类建设开发活动禁止进入或应严格避让的地区,主要包括自然保护地、基本农田保护区、水源地保护区、生态公益林、水土涵养区等;限建区是指附有限制准入条件可以建设开发的地区;适建区是指适宜进行建设开发的地区。

(七)提出县域总体规划的实施措施

1. 形成县域规划体系

一是延伸县域总体规划的专项规划,包括县域人口聚落规划;县域村庄布点规划;县域产业布局规划,包括工业布局规划、农业布局规划、旅游业布局规划等;县域土地利用规划,包括县域建设用地增减挂钩规划、土地整治规划等;县域基础设施规划,包括县域道路交通规划、城乡供水规划、城乡污水处理规划等;县域公共服务设施规划,包括社会事业发展规划等;县域生态环境规划,包括县域环卫设施规划等。二是延伸县域规划层级,包括镇(乡)规划、村庄规划等。三是通过五年制和一年制的县域国民经济与社会发展规划,重点区域详细规划,深化县域总体规划。

2. 形成县域实施项目

将县域总体规划及其相应的专项规划、镇村规划、国民经济与社会发展规划、重点区域详细规划,按照五年以内可以实施原则,编制县域经济社会发展项目,并形成年度实施项目,与科研项目、储备项目进行分类滚动实施,通过项目逐步落实县域各类规划。

3. 推进县域引商引智

县域总体规划及其相关规划的实施除了编制实施项目予以推进以外,还需要围绕县域各项规划和各类项目加强招商引资和招才引智。近年来,一些原先集中于北上广深的大企业出现了在地域上重新布局趋势。大量东南沿海生产型企业纷纷"内迁",一方面寻找更加便宜的土地和厂房,另一方面也寻找更加充裕的劳动力供给。①改革开放以来,农民进城务工释放了农村剩余劳动力,更加合理化了家庭分工,一定程度上为改变广大农村普通家庭提供了可能和条件。打工潮一直持续到新千年初,而在近几年以来,返乡务工的潮流也在兴起。②县域应该抓住"生产性企业内迁潮"和"农民工返乡务工潮",制定政策,加大招商引资和招才引智力度,促进县域城乡统筹。

4. 制定县域发展政策

按照前面提到的抓住"生产型企业内迁潮机遇",县域就需要制定内迁企业职业经理人和技术骨干的养老、医疗、住房公积金、买房置业等政策;吸引普通蓝领工人的职业培训、社会保障、人才中介政策等。抓住"农民工返乡务工潮",各地都在出台建立返乡创业园,给予创业者贷款贴息、社会保险金奖励等政策。"长期以来,户籍制度限制着农民进城,土地制度限制着市民下乡。""长沙县以'敢为天下先'的勇气,通过释放少量农村户籍指标解除市民下乡的身份制约,进而为每户下乡市民安排一块宅基地,政府统筹建好基础设施,下乡市民自行设计施工建房,最终在长沙县出现了一群'乡居市民'。"③当然,县域发展政策范围可以更广,主要应围绕县域经济社会发展需解决的问题展开。

三、浙江县域城乡统筹运作

到 2016 年,浙江城镇常住居民和农村常住居民人均可支配收入分别为 47 237 元和 22 866 元,城乡收入比为 2.07,远低于全国 2.72 的平均水平,成为全国城乡均衡发展最好和城乡一体化水平较高(包括农村居民的住房条件、公共服务水平、生态环境和治理水平等)的省份之一。这是浙江近几十年来持续不断推进城乡统筹发展的结果。具体表现在:

(一) 扩权强县和扩权强镇

1992 年 6 月,浙江省人民政府下发《关于扩大十三个县市部分经济管理权限的通知》(浙政发〔1992〕169 号),拉开了浙江扩权强县的序幕;1997 年浙江省人民政府下发《关于在萧山和余杭两市试行享受市地一级部分经济管理权限的批复》(浙政发〔1997〕53 号),以批复的形式展开了第二轮扩权强县;2002 年 8 月,中共浙江省委办公厅、浙江省人民政府办公厅下发《关于扩大部分县市经济管理权限的通知》(浙委办〔2002〕40 号),第三轮扩权强县展开;2006 年 11 月,浙江省委办公厅、省政府办公厅下发《关于开

---

① 许维鸿:《抓住生产型企业"内迁潮"机遇》,《环球时报》2018 年 7 月 5 日,第 15 版。
② 朱云:《以"打工潮"到"返乡潮"》,《社会科学报》2019 年 3 月 14 日,第 6 版。
③ 综合开发研究院(中国深圳)、中国国防城市化发展战略研究委员会编著:《改革就是创造》,中国城市出版社 2016 年版,第 61 页。

展扩大义乌市经济社会管理权限改革试点工作的若干意见》(浙委办〔2006〕114号),浙江启动了第四轮扩权强县;2008年12月,浙江省委办公厅、省政府办公厅下发《关于扩大县市部分经济社会管理权限的通知》,进一步全面扩大县级政府管理权限。2010年年底,浙江省发展改革委员会、浙江省编制管理委员会、浙江省法制办出台了《浙江省强镇扩权改革指导意见》(发改城体〔2010〕1178号),2009年6月,中共温州市委、温州市人民政府发布了《关于推进强镇扩权改革的意见》(温委发〔2009〕57号)。

(二)推进中心镇和小城市培育

1995年,浙江有6镇参加了全国小城镇改革综合试点;1998年浙江省自行确定了112个(其中28个是全国小城镇改革试点)小城镇进行综合改革试点;2000年,浙江省政府公布了136个省中心镇作为全省重点镇发展;2005年,浙江有11个小城镇参加了全国小城镇发展改革试点;2005年11月,浙江选择了5个省中心镇开展了中心镇培育试点。2007年4月,浙江省人民政府出台了《关于加快推进中心镇培育工程的若干意见》(浙政发〔2007〕13号),全面启动了中心镇的培育工程,第一批确定了141个中心镇,第二批确定了14个中心镇;2010年10月,浙江省出台了《关于进一步加快中心镇发展和改革的若干意见》(浙委办〔2010〕115号)。2010年年底,浙江省办公厅下发了《关于开展小城市培育试点的通知》(浙政办〔2010〕162号),2010年12月底,确定了第一批27个中心镇列入小城市培育;2014年3月,确定了第二批9个中心镇和省级重点生态功能区范围内的7个县城列入小城市培育;2016年4月,确定了第三批24个中心镇和生省级重点生态功能区范围内的2个县城列入小城市培育。

(三)推进特色小镇建设

2015年4月,浙江省人民政府发布了《关于加快特色小镇规划建设的指导意见》(浙政办〔2015〕8号);2015年9月,发布了《关于加快推进特色小镇建设规划编制工作的指导意见》;2015年10月,发布了《浙江省特色小镇创建导则》;2015年10月,发布了《关于金融支持浙江省特色小镇建设的指导意见》;2016年3月,发布了《关于高质量加快特色小镇建设的通知》;2016年6月,浙江省文化厅发布了《关于加快推进特色小镇文化建设的若干意见》;2016年11月,浙江省人民政府办公厅发布了《关于旅游风情小镇创建工作的指导意见》;2018年1月,浙江省质量技术监督局发布了《特色小镇评定规范》(DB33/2089-2017)等文件、规范、标准。从而形成了"培育一批,创建一批,验收一批"的特色小镇推进格局,发布的三批114个省级创建小镇,经验收6个省级创建特色小镇予以降格处理。

(四)推进美丽乡村建设

浙江省的美丽乡村建设,始于2003年习近平亲自部署、亲自推动的"千村示范万村整治",此后逐步深入到农村的"五水共治""三改一拆""四边三化"等。浙江省的美丽乡村建设经历过两个阶段。一是农村人居环境整治阶段(2003—2010年),7年里共有1181个建制村完成了全面小康示范村整治,27586个自然村完成了村庄环境综合整治。从2011年开始,浙江省委省政府先后出台了《浙江省美丽乡村建设行动计划(2011—2015年)》《浙江省深化美丽乡村建设行动计划(2016—2020年)》。2011—2016年,全省培育美丽乡村创建先进县58个、示范县6个,打造美丽乡村风景线300多条,培育美丽乡村精品村(特色村)2 500多个。

浙江的"块状经济"和"民营经济"与上述所讲的县域内城乡统筹平台紧密融合,并持续不断地运作,对促进浙江城乡均衡发展和城乡一体化发展水平的提高至关重要。

第四节 县域生态文明

一、县域生态文明建设的重要性

我国《辞海》对文明一词的解释是社会进步、有文化的状态,与野蛮相对。生态文明是相对于农业文明、工业文明等人类社会文明而言的,是人类社会对不同时代文明形态的一种分类或划分。例如,美国民族学家摩尔根在其《古代社会》一书中,将古代社会分为蒙昧时代、野蛮时代和文明时代。文明时代以文字的发明使用为其始立,恩格斯在《家庭私有制和国家的起源》中援用此语,并增其含义,指随着劳动分工与生产领域的扩大,出现了手工业和艺术时期,人类跨入文明时代,大体上已进入了阶级社会。[1]文明形态划分标准国内外学界认识不一,西方学者往往将文字、青铜器和城市的出现作为衡量文明时代的"三要素"。[2]我国学者提出以手工艺品、阶级、城市、国家出现作为衡量文明时代的"四要素"。[3]如果将学会周期性可收获植物的人工种植和野生动物人工驯化求生存起算,我国农业文明在我国产生于距今约15 000年的中石器时期,也有说产生于距今约7 000—8 000年的新石器时期。[4]工业文明,如果按人类社会采用机械动力,特别是蒸汽力的利用和机器应用进行生产,应从18世纪中叶英国工业革命产生时间起算。生态文明,也称环境文明,我国《辞海》将其定义为"人与自然和谐共处、全面协调、持续发展的社会和自然状态"[5],是指人类向自然界获取水、土、气、生物、阳光等物质要素进行物质再生产时,要控制在自然界能够自我调节恢复功能限度内,做到自然力和人类社会生产力的平衡和循环。

农业文明时代,人类利用简易的手工劳动工具向自然界获取物质要素有限,经济发展比较慢,与此相关的人类社会物质增长也有限,自然物质要素自我调节功能恢复比较容易。工业文明时代,人类利用机械劳动工具向自然界获取物质要素数量大、质量高,此时人类社会经济发展比较快,物质财富增长比较多,对自然界损害比较大,乃至超出自然界能够持续向人类提供自然物质要素的限度,自然界就像一个疲倦的老人,功能恢

---

[1] 《辞海》,上海辞书出版社2009年版,第2382页。
[2] 叶文虎、甘晖:《文明的演化》,科学出版社2015年版。
[3] 李韵:《中华文明探源工程填补世界空白》,《光明日报》2018年5月30日,第5版。
[4] 李伟国主编:《村庄规划设计实务》,机械工业出版社2013年版,第1页。
[5] 《辞海》,上海辞书出版社2009年版,第2022页。

复比较慢,以致难以恢复。目前,自然界出现的气候变暖、海平面升高、水土污染、自然灾害频发、生物多样性丧失等危及人类生存的自然环境问题,都是人类社会物质生产时向自然界获取的物质要素太多,超越自然界持续提供的限度,自然界难以修复功能的表现。

县域是我国生态文明的主要区域空间,"绿水青山就是金山银山"是时任浙江省委书记习近平在2005年8月15日考察浙江湖州市安吉县提出来的。我国已建立的各级各类1.18万个,覆盖我国陆地面积18%、海洋面积4.6%的自然保护地几乎都在县域,以及山水田林河湖草等绝大多数生态空间也位于县域范围,因此在县域发展中重视生态文明建设非常关键。

二、县域生态环境保护

(一)生活垃圾治理

县域生活垃圾治理主要任务在县域乡村。据全国第三次农业普查,到2016年末,我国农村生活垃圾集中处理或部分集中处理的仅为73%。而"根据住房和城乡建设部统计,我国农村生活垃圾年产生量为1.5亿吨左右,仅有50%得到处理"[1]。世界上许多发达国家对农村生活垃圾的收运处理与城市一样十分重视。美国乡村卫生环境与城市相比毫不逊色。在美国,无论是城市还是农村,家庭中通常备有一种规模类似、带有轮子、写有编号的可移动垃圾桶和一种容量较大、质地结实且能方便收口的垃圾袋。每个家庭习惯于将垃圾分类,按照能否回收打包或装入不同颜色的垃圾桶和垃圾袋。居民在固定的时间将垃圾桶和垃圾袋堆到家门的公路边等待垃圾车把垃圾收走。美国农户居住较为分散,但垃圾处理的服务却深入农村,覆盖每户家庭,美国农村垃圾收运相当完善,城乡一样。

在日本,无论是城市还是农村,对垃圾处理都十分细致,甚至某些乡村对垃圾处理的细致化程度比城市还要高。现在日本将垃圾分成八大类。第一种是可燃垃圾,如多余垃圾、衣服、革制品等;第二种是不可燃垃圾,比如餐具、厨具、玻璃制品等;第三种是粗大垃圾,如自行车、桌椅、微波炉等;第四种是不可回收垃圾,如水泥、农具、废轮胎等;第五种是塑料类,如饮料、酒、酱油等塑料瓶;第六种是可回收塑料,如塑料包装袋、牙膏管、洗发水瓶等;第七种是有害垃圾,如干电池、水银式体温度计等;第八种是资源垃圾,如报纸杂志、硬纸箱等。日本对垃圾收集日和投放时间有严格的规定,一般在年底给每一家住户送上第二年的垃圾投放年历,年历上标明垃圾收集日信息。日本家庭按照垃圾分类,准备了相应的垃圾桶或垃圾袋,在垃圾收集日时将垃圾扔掉。[2]

在法国,农村及小城镇的垃圾分类回收及处理标准与大型城市一样。目前,法国80%的生活垃圾得到可循环处理,其中63%的废弃包装类垃圾经过再处理被制成纸

---

[1] 王昌海:《为美丽乡村建设补"短板"》,《光明日报》2018年6月28日,第11版。
[2] 张思楠:《日本乡村垃圾处理与城市一致》,《光明日报》2018年4月4日,第7版。

板、金属、玻璃瓶和塑料等初级材料，17%的垃圾被转化为石油和热力等能源，垃圾资源化利用已成为法国能源的重要来源之一。根据相关企业数据，每回收1吨铝制易拉罐，可避免消耗2吨金晶土矿，而回收1吨塑料相当于节约0.65吨原油。仅2013年，法国就回收了近320万吨包装垃圾，回收率约67%，相当于减少210万吨二氧化碳排放。①

城乡居民是共住一个地球，共享一片蓝天，垃圾处理不存在城乡分野、标准不一，均应实现分类减量、集中无害化处理和资源化利用。

（二）水环境保护

1. 生活污水治理

根据第三次全国农业普查，到2016年末，我国生活污水集中处理或部分集中处理的村占17.4%。"根据国家统计，我国农村每年产生生活污水80万吨左右，处理率不足5%。我国乡村生活污水主要为厨房污水、人畜便、衣服洗涤废水等，大部分污水采取直接在院子里、化粪池或者周边挥发、渗透、最后形成沉积的办法进行处理，污水中的有机物质会产生有害气味，直接影响村民的生存环境；而没有经过处理的污水会直接流入河流、池塘，破坏水体环境。"②农村生活污水处理已引起各级政府重视，尤其是我国东部地区。浙江这几年在推进美丽乡村建设中，每个乡镇建一个污水处理厂，将全部自然村中的农村住户的厨房、厕所和洗衣池分别接入三根管道，其流出污水送入住户"三格化粪池"，再从住户的"三格化粪池"接管送入市政管网或分布式农村生活污水处理站。

2. 生产污水治理

总体来看，县域生产污水大概有农药化肥利用率不足而形成的水体污染、农村畜禽粪便形成的水体污染、区域企业排放的污水等。2018年6月16日，中共中央、国务院发布了《关于全面加强生态环境保护 坚决打好污染防治攻坚战的意见》，提出，"减少化肥农药使用量，修订并严格执行化肥农药等农业投入品质量标准，严格控制高毒高风险农药使用，推进有机肥替代化肥、病虫害绿色防控替代化学防治，完善废旧地膜和包装废弃物等回收处理制度。到2020年，化肥农药使用量实现零增长。坚持种植与养殖相结合，就近就地消纳利用畜禽养殖废弃物。合理布局水产养殖空间，深入推进水产健康养殖，开展重点江河湖库及重点近岸海域破坏生态环境的养殖方式综合整治。到2020年，全国畜禽粪污综合利用率达到75%以上，规模养殖养殖场粪污处理设施装备率达到95%以上。"2017年农业部在全国范围启动实施畜禽粪污资源化利用、果茶有机肥替代化肥、东北地区秸秆处理、农膜回收和以长江为重的水生生物保护等五大行动。力争到2020年基本解决大规模畜禽养殖场粪污处理和资源利用化问题，东北地区秸秆综合利用率达到80%以上。

治理黑臭水和劣质水体，除了截污，还需疏浚河床，挖走沉积河底的污泥和打通断

---

① 黄昊：《法国农村垃圾处理变废为宝》，《光明日报》2018年5月15日，第7版。
② 王昌海：《为美丽乡村建设"补短板"》，《光明日报》2018年6月28日，第11版。

头浜,沟通水系,加放活水,增加河流水动力,这样河内水质才能变好。同时加强水环境管理。2016年12月11日,中共中央办公厅和国务院办公厅发布了《关于全面推行河长制的意见》,意见要求在全国建立省、市、县、乡四级河长,相应各级的党委或政府主要领导担任相应的河湖长。

(三)大气环境保护

站在县域角度,大气环境保护重点有配合自然保护地建设,植树造林和严禁乡村的柴草、秸秆、垃圾焚烧及厕所、畜禽粪便等恶臭气味外溢等任务。

1. 配合自然保护地[①]建设

2009年6月,中共中央办公厅、国务院办公厅印发了《关于建立以国家公园为主体的自然保护地体系的指导意见》。到2018年,我国已经建立了3 548个森林公园,650个地质公园,898个国家级湿地公园,2 751个自然保护地,1 051个风景名胜区,10个国家公园试点区。在国家公园试点过程中,浙江针对钱江源集体林地占比高问题,采取置换等方式逐步降低集体土地占比。福建深入开展茶山整治,累计清除违规开垦茶山5.8万亩,完成造林面积3.4万亩。青海省结合三江源国家公园建设,新设7 400多个生态管护公益岗位,确保建档立卡贫困户有1名生态管护员。四川、陕西、甘肃、吉林、黑龙江在各自国家公园试点范围内进行居民转移安置,分散的居民点实行相对集中居住等。

2. 林木保护

据第三次全国农业普查,到2016年,我国耕地面积为134 921千公顷(合20.24亿亩),全国基本农田面积达到15.50亿亩,[②]列入生态公益林补偿的生态林防护林面积203 046千公顷(合30.53亿亩)。"5年来,深入实施重点生态工程,全国完成造林5.08亿亩,森林抚育6.22亿亩,治理沙化土地1.5亿亩,森林面积达到31.2亿亩,森林覆盖率达到21.66%,森林累积量达到151.37亿立方米,成为全球森林资源增长最多的国家。"[③]浙江在其2014年颁布的《美丽乡村建设规范》中就明确了美丽乡村建设中,不同类型村庄林木覆盖要求和路边、河岸边、农田中的绿化建设要求。国家林业局也于2019年3月31日发布了《全国乡村绿化规划(2018—2025年)》《乡村绿化美化工程实施方案》,提出乡村绿化覆盖率2020年达到30%,2035年达到38%,本世纪中叶达到43%。并且要求,到2025年,乡村人居环境接近或达到城市水平;到2035年,乡村人居环境达到或优于城市水平。

(四)物种保护

2018年10月30日,世界野生动物基金会(WWF)发布的《地环生命力报告2018》

---

① 世界自然保护联盟(IUCN)对自然保护地的定义:自然保护地是一个明确界定的地理空间,通过法律或其他有效方式获得认可、得到承诺和进行管理,以实现对自然及其所拥有的生态系统服务和文化价值的长期保护。IUCN根据自然保护地保护管理实践,将自然保护分为六类,国家公园为其中的第二类。国家公园是大面积自然和近自然区域,用以保护大尺度生态空间及这一空间内的物种等生态系统,并提供与其环境和文化相容的科学、教育、游憩机会。

② 叶乐峰:《奋力书写生态国土的"中国名卷"》,《光明日报》2017年9月29日,第14版。

③ 张建龙:《为美好生活提供更多优质生态产品》,《光明日报》2018年1月9日,第14版。

指出,1970—2014 年,人类活动消灭了六成的哺乳动物、鸟类、鱼类和爬行动物。全球 59 名科学家与该报告的编辑,追踪了 1.67 万只动物,发现 4 000 多种哺乳动物、鸟类、鱼类、爬行动物和两栖动物的数量均大幅下降。报告还发现,动物寿命也不断缩短,其中拉丁美洲和加勒比热带地区的动物寿命减幅最大,自 1970 年以来减少 89%;青蛙和河鱼等淡水物种的寿命减少 83%。我国长江多年来受拦河筑坝、水域污染、过度捕捞、航道整治、岸坡硬化、挖砂筑石等人类活动影响,生物多样性持续下降,水域生态系统的恢复艰巨。据统计,长江流域分布的水生生物达 4 300 多种,其中鱼类 400 多种,长江特有的鱼类 70 多种,拥有中华鲟、长江鲟等国家重点保护水生生物 11 种。当前,长江流域水生生物中列入《中国濒危动物红皮书》的濒危鱼类物种达 92 种,列入《濒临野生动植物国际贸易公约》附录的物种近 300 种;国家一级保护动物"长江女神"白鳍豚已功能性灭绝;"淡水鱼之王"白鲟连续 15 年不见足迹;国宝中华鲟野生群体的数量急剧减少,难以稳定繁殖。长江水生生物资源持续衰退,生物多样性指数持续下降,珍稀水生动物面临濒危、灭绝。①2018 年 10 月,国务院办公厅印发了《关于加强长江水生生物保护工作的意见》,以长江为重点的水生生物保护随之被列入国家农业农村部农业绿色发展的五大行动之一。

"生物多样性是人类社会经济发展离不开的物质基础,人类包括衣食住行在内最基础生存,每一样都离不开生物多样性。如果希望生活丰富多彩,那就更加离不开生物多样性了,因为正是大自然的多样性才给人类生活提供了多样的选择。"近几年来,我国实施了一系列环境保护措施,包括耕地、生态林和防护林、草原、自然保护地、退耕还林还草还湿、长江经济带保护、沿海湿地、建立国家级生物基因库等重大生态环境保护措施,县域是这些重大生态环境保护措施的主要承载空间,县域的物种保护具有举足轻重的作用。我国县域,是实现我国生物多样性,抵御气候变化威胁,促进国家生态安全的重要基础屏障。

参考文献

《2018 年中国肥料行业发展现状及行业发展趋势》,http://www.diyxx.com/industry/201807/657567.html。

《2018 年中国农药行业发展现状及发展趋势分析》,http://www.chyxx.com/industry/201806/653014html。

卜宪梓总撰稿:《中国通史(贰)》,华夏出版社 2016 年版。

陈晨:《为长江留住更多水生生物》,《光明日报》2018 年 10 月 18 日。

陈国阶:《县域发展若干问题探讨》,《当代县域经济》2018 年第 6 期。

《辞海》,上海辞书出版社 2009 年版。

黄昊:《法国农村垃圾处理变废为宝》,《光明日报》2018 年 5 月 15 日。

---

① 陈晨:《为长江留住更多水生生物》,《光明日报》2018 年 10 月 18 日,第 9 版。

李刚:《返乡创业有干头》,《人民日报》2019年2月19日。

李慧:《农村一、二、三产业融合如何让"1+1+1>3"》,《光明日报》2018年8月16日。

李慧:《如何补齐农业机械化短板》,《光明日报》2018年12月20日。

李伟国主编:《村庄规划设计实务》,机械工业出版社2013年版。

李晓东、周浜双:《回乡:返乡创业渐成热潮》,《光明日报》2018年10月26日。

李玉波:《内蒙古农牧工创业贷款享受城镇人员同等待遇》,《工人日报》2018年5月10日。

李韵:《中华文明探源工程填补世界空白》,《光明日报》2018年5月30日。

刘创吉:《返乡创业雁归来》,《人民日报》2019年7月9日。

柳姗姗:《吉林:农民工返乡创业最高补贴80万元》,《工人日报》2018年11月8日。

柳姗姗:《吉林:选树典型再掀农民工返乡创业创高潮》,《工人日报》2019年3月21日。

柳姗姗、穆永文:《吉林返乡创业者"零成本"入住优建基地》,《工人日报》2018年4月12日。

庞慧敏:《广西给予农民工三类创业就业补贴》,《工人日报》2018年8月16日。

庞慧敏:《广西农民工创业园刮起"返乡创业风"》,《工人日报》2019年4月25日。

皮特·科特奇:《机器人重塑农业》,王晓雄译,《环球日报》2018年8月10日。

孙喜保:《返乡下乡创业创新为乡村注入新动能》,《工人日报》2019年1月17日。

王昌海:《为美丽乡村建设"补短板"》,《光明日报》2018年6月28日。

王昌海:《为美丽乡村建设补"短板"》,《光明日报》2018年6月28日。

王健、杨喆:《众跨地卖粮到县域深加工》,《新华每日电讯》2019年2月22日。

王君宝、王建威:《黑土地飞出"摩登农业"》,《新华每日电讯》2019年2月12日。

许维鸿:《抓住生产型企业"内迁潮"机遇》,《环球时报》2018年7月5日。

叶乐峰:《奋力书写生态国土的"中国名卷"》,《光明日报》2017年9月29日。

叶文虎、甘晖:《文明的演化》,科学出版社2015年版。

张建龙:《为美好生活提供更多优质生态产品》,《光明日报》2018年1月9日。

张思楠:《日本乡村垃圾处理与城市一致》,《光明日报》2018年4月4日。

朱云:《以"打工潮"到"返乡潮"》,《社会科学报》2019年3月14日。

综合开发研究院(中国深圳)、中国国防城市化发展战略研究委员会编著:《改革就是创造》,中国城市出版社2016年版。

第十四章 居住社区发展

区别于经济区域、生态区域等其他区域,居住区是一种聚落型区域,具有自身的特点,与其他类型的区域相辅相成,紧密联系。

第一节 居住区发展概述

居住区可大可小。从小尺度上来看,居住区可小至一个小区,一个农村自然村落;从大尺度上来看,居住区可大至一个城市。随着历史的演变,居住区的形态和功能不断发生着变化。传统上,商业和手工业区域嵌入居住区中,为居民生活服务;随着大工业的兴起,工业区从居住区中剥离开来;随着人们环保意识的觉醒,生态区域嵌入居住区中,公园等独立的生态区域逐步出现。

一、居住(社)区概念与类型

居住(社)区与其他类型的区域不同。因为是人集中居住的空间,居住社区更加强调区域内居民的需要,体现了社会性;而人从事生活和生产活动,居住空间客观上需要与生产空间、消费空间和休闲空间有机联系,体现了居住社区与其他类型的功能区域之间的空间联系性。居住区同时具有社会因素、空间因素、经济因素等。在不同语境下,居住社区具有不同的内涵。

(一) 居住区与社区

居住区是人集中居住的空间,社区概念反映了居住区的社会意义。

1. 内涵

"社区"是一个从国外引入的概念。最早提出此概念的是 1887 年德国的社会学家滕尼斯(Ferdinand Tönnies),他在《共同体与社会》(*Gmeinschaft Und Gesellschaft*)中给了社区一个社会学意义上的定义,认为社区是基于邻里联结之上,与乡村社会紧密联系的社会关系。以此为基础,美国芝加哥学派发展了社区的概念。1979年出版的《新社会学辞典》给出的定义是:社区是人们的集体,这些人占有一个地理区域,共同从事经济活动和政治活动,基本上形成一个具有某些共同价值标准和相互从属的、感情的、自治的社会单位,城市、集镇、乡村或教区就是例子。费孝通(2000)认为,社区是以地区为范围,人们在地缘基础上结成的互助合作的群体,用以区别于血缘基础上形成的互助合作的亲属群体。其基本关系是邻里关系,邻里在农业区发展为村和乡,在城市则发展为胡同、弄堂等。《辞海》对社区一词的解释是"以一定地域为基础的社会群体"。

2. 演变

社区最初指的是农村社区。在滕尼斯1887年的《共同体与社会》中,社区和共同体内涵相同,都等同于农村社区。传统的农村村庄是共同体的代表,新兴的商业化城市则是社会的代表。共同体与社会体现了两种不同的社会人际关系。农村社区共同体中的人际关系是以自然意志为基础,亲密无间、相互信任、守望相助、默认一致、服从权威并基于共同信仰和共同风俗之上的人际关系,而社会是一种以个人的思想、意志、理性契约和法律为基础的人际关系,人人都处于同一切其他人的紧张状况之中。"在共同体里,尽管有种种分离,仍然保持着结合;在社会里,尽管有种种的结合,仍然保持着分离。"①共同体与社会是人类社会组织及人际关系的两种理想类型,真正的社会生活运动于这两种类型之间。

随着工业化和城市化的发展,人们纷纷涌进城市,城市人口的高流动性和异质性,使得人际关系淡化、人与人感情冷漠。城市居民越来越远离滕尼斯原意的社区。而城市内部逐步形成了一些个性鲜明的人口居住区和功能性区域,如城市中心的商业区、贫民居住区、富人区、黑人区、白人区、少数民族集聚区等。对社区的变迁,少数批评者以城市住宅的相对封闭性、工作地与居住地的分离、居住区凝聚力的弱化为由说明社区消失了,而主导观点则认为社区类型更加趋向于多元化和丰富化。②

3. 分类

综上所述,社区是一个连片的区域,在该区域内有聚集的人口,并且这些人口具有一定的社会经济联系。具有共同价值标准的自治单位都可以被看成一个社区。社区的类型主要有两种区分角度。一是地域型社区分类法,划分为农村社区、集镇社区和城市社区,还可进一步细分,如农村社区可进一步细分为山村社区、平原农村社区、高原农村社区、江南农村社区等。二是功能型社区分类法,如农业型社区、林业型社区、牧业型社区、工业型社区、旅游型社区等。此外,还有其他划分方式,如文化区分法,分为民族型社区、富人区、黑人区、棚户区、浙江村等。③

(二)居住区与社区规划(空间意义)

居住区作为一个空间区域,体现在空间规划上,具有特定的内涵。

---

① [德]斐迪南·滕尼斯:《共同体与社会》,林荣远译,商务印书馆1999年版,第95页。
② 徐永祥:《社区发展论》,华东理工大学出版社2000年版,第30页。
③ 徐永祥:《社区发展论》,华东理工大学出版社2000年版,第40页。

1. 内涵

从规划上来看,居住区指住宅建筑相对集中布局的地区。如根据《城市居住区规划设计标准》(GB50180-2018),城市居住区指城市中住宅建筑相对集中布局的地区。而农村居住区本来就是相对集中的,一般若干联系紧密的自然村被划为一个行政村。

从空间上来看,广义的居住用地是居民点用地。如在《城市用地分类与规划建设用地标准》(GBJ137-1990)中,居住用地为居住小区、居住街坊、居住组团和单位生活区等各种类型的成片或零星的用地,包括住宅用地、公共服务设施用地、道路用地、绿地。在《城市用地分类与规划建设用地标准》(GB50137-2011)中,居住用地被界定为住宅和相应服务设施的用地。

表 14-1 居住用地及其类型

类别代码			类别名称	范　围
大类	中类	小类		
R			居住用地	住宅和相应服务设施的用地
	R1		一类居住用地	公用设施、交通设施和公共服务设施齐全,布局完整,环境良好的低层住区用地
		R11	住宅用地	住宅建筑用地、住区内城市支路以下的道路、停车场及其社区附属绿地
		R12	服务设施用地	住区主要公共设施和服务设施用地,包括幼托、文化体育设施、商业金融、社区卫生服务站、公用设施等用地,不包括中小学用地
	R2		二类居住用地	公用设施、交通设施和公共服务设施较齐全、布局较完整、环境良好的多、中、高层住区用地
		R20	保障性住宅用地	住宅建筑用地、住区内城市支路以下的道路、停车场及其社区附属绿地
		R21	住宅用地	
		R22	服务设施用地	住区主要公共设施和服务设施用地,包括幼托、文化体育设施、商业金融、社区卫生服务站、公用设施等用地,不包括中小学用地
	R3		三类居住用地	公用设施、交通设施不齐全,公共服务设施较欠缺,环境较差,需要加以改造的简陋住区用地,包括危房、棚户区、临时住宅等用地
		R31	住宅用地	住宅建筑用地、住区内城市支路以下的道路、停车场及其社区附属绿地
		R32	服务设施用地	住区主要公共设施和服务设施用地,包括幼托、文化体育设施、商业金融、社区卫生服务站、公用设施等用地,不包括中小学用地

资料来源:《城市用地分类与规划建设用地标准》(GB50137-2011)。

2. 演变

在城市出现之后，居住区演变为城市居住区和乡村居住区，随着城市的扩张，尤其是工业化以后，城市化进程加速，人口逐渐向城市集聚。在空间布局上，居住区向城市集中。另一方面，居住用地与其他用地的相对布局也在发生变化，从居住用地与手工业和农业用地紧密联系，到居住用地与纯商业用地、纯工业用地相互穿插，再到环保意识觉醒之后居住用地与其他产业用地的分离，产城融合理念背景下居住用地与非污染产业的空间融合。居住用地在区域布局中的相对区位受到经济发展程度、交通条件、土地利用制度、健康意识等因素的影响。

此外，农村居民区空间分布与土地制度密切相关。如在我国目前的宅基地管理制度下，由于缺乏宅基地退出机制等原因，随着城市化进程的深入，大量农村人口进入城市，但在城市区域扩大的同时，农村居民地用地不减反增，农村居民点用地增加和房屋空置并存；在土地非农使用的巨大利益驱动下，部分邻近城市区域的农村居民区出现"小产权房"；在征地的利益驱动下，城市不断蚕食农村区域，出现"城中村"现象。

3. 分类

从空间布局来看，居住区分为农村社区、城镇社区和城市社区。农村社区是居民以农业生产活动为主要生活来源的地域性共同体或区域性社会。城镇社区（集镇社区）是兼具农村社区和城市社区某些成分与特征的社区类型，是农村和城市相互影响的一个中介，是并不从事农业生产劳动的人口为主体组成的社区。无论从地域、人口、经济、环境等哪个因素看，都既具有与农村社区相异的特点，又都与周边的农村保持着不可缺少的联系。[①]城市社区是高密度人口和非农产业活动在一定地域空间的集聚形式。[②]

从规划分类来看，根据《城市居住区规划设计标准》(GB50180-2018)，居住区按照居民在合理的步行距离内满足基本生活需求的原则，可分为十五分钟生活圈居住区、十分钟生活圈居住区、五分钟生活圈居住区及居住街坊四级。此标准是按照居民步行分钟数对应的可满足其物质与文化生活需求的范围来划分的。这与之前《城市居住区规划设计规范》(GB50180-93)(2016年版)划分的居住区、小区和组团的标准不同，之前的标准是按照人口规模和相关配套能级来划分的。按照步行活动范围来划分更便于完善居住区的配套设施规划。

表 14-2　社区规划意义上的居住区界定

	范　围	人口规模	住宅套数	配套设施
居住街坊	由支路等城市道路或用地边界线所围合	1 000—3 000 人	300—1 000 套	配建便民服务设施
五分钟生活圈居住区	由支路及以上级城市道路或用地边界线所围合	5 000—12 000 人	1 500—4 000 套	配建社区服务设施

---

① 费孝通：《小城镇，大问题》，《费孝通文集》第九卷，群言出版社1999年版，第199页。
② 徐永祥：《社区发展论》，华东理工大学出版社2000年版，第47页。

(续表)

	范　　围	人口规模	住宅套数	配套设施
十分钟生活圈居住区	由城市干路、支路或用地边界线所围合	15 000—25 000人	5 000—8 000套	配套设施齐全
十五分钟生活圈居住区	由城市干路或用地边界线所围合	50 000—100 000人	17 000—32 000套	配套设施完善

资料来源：《城市居住区规划设计标准》(GB50180-2018)。

其中，居住街坊是住宅建筑组合形成的居住基本单元。据此，城市居住区可被界定为"若干居住街坊与相关配套设施组成的区域"。在规划意义上，居住区用地是一个综合概念。如城市的居住区用地是城市居住区的住宅用地、配套设施用地、公共绿地以及城市道路用地的总称。[1]在中国的农村地区，一个自然村构成一个基本社区单位，其地理边界和关系丛的边界基本重合。[2]

从上海的情况来看，根据《城市居住镇地区和居住区公共服务设施设置标准》(DGJ08-55-2006)，居住社区按照规模大小一般分为居住区(5万人左右)、居住小区(2.5万人左右)和街坊(0.4万人左右)三级。其居住区一般对应街道行政辖区。

（三）居住区与经济发展

居住区以居住为主要功能。静态地看，居住区内经济发展因素与配套的商业设施有关。根据《城市居住区规划设计标准》(GB50180-2018)，居住区十五分钟生活圈内可配置商场、菜市场或生鲜超市、健身房、银行电信邮政等营业网点。动态地看，居住区内部及周围配套的产业布局和品质直接影响居住区内居民的生活质量。从农村居住区来看，由于部分地区在20世纪80年代大力发展乡镇企业，农村居住区的风貌，以及与其他类型区域的相对区位关系已经与传统农村居住区很不相同。

从居住区与周围产业区的关系来看，居住区又可以分为商务居住区、工业居住区、农业居住区、矿业居住区、纯居住区等。如城市中心的居住区被商业用地环绕；专为工业区配套的居住区内居民主要在工业区就业；农业居住区被农业用地环绕，居民主要从事农业；矿业居住区地处矿产资源附近，居民大多在矿上就业；大型居住社区属于纯居住区，大多不在该区域就业。

二、居住社区发展的内涵

与居住社区同时具有多种属性一样，居住社区发展具有丰富的内涵。社区发展可以从居住社区的相对区位变化、社区内居民社会进步、社区形态和配套设施的变化等多个方面来阐述。如在空间意义上，居住社区与产业区、生态区等区域内各类型的功能区之间的相对关系在发生改变，体现的是居民的生活和生产方式的变化；在社会意义上，

---

[1] 参见《城市居住区规划设计标准》(GB50180-2018)。
[2] 黎熙元、黄晓星编著：《现代社区概论》，中山大学出版社2017年版，第96页。

社区居民的自治、互助和民主参与等意识的觉醒推动和促进了社区发展。

（一）空间意义上的社区发展

研究社区的发展需要把社区放到一个区域的背景下来考虑。社区发展意味着交通可达性的提升、与自然联系更加紧密、设施配套更加完善。没有多样化的区域交通网络，我们的街区很容易变成拥挤交通中的孤岛。没有区域的绿化带、自然保护区和农田就会失去与自然的联系。①

（二）社会意义上的社区发展

社会学意义上的社区发展是静态的、问题导向的。对一个已然存在的社区，针对其存在的问题，社会活动家通过动员、培养社区居民的自治、互助精神，鼓励其积极找出社区存在的问题，利用社区自身及政府和社会力量解决问题，从而促进居住社区发展。

1. 背景

社会学家眼中的社区发展（community development）源于20世纪初期英国、法国和美国等国出现的"睦邻运动"，宗旨是充分利用社区的人力、物力资源，培养社区居民的自治精神和互助精神，动员社区居民参与改造社区生活条件的活动。

工业革命以后，欧洲工业国家为了应付当时工业发展带来的一系列社会问题，在社区内开展了一系列社会工作。对原有的社会福利制度和社会救济制度进行了改革，越来越多地注重调动社区居民的积极性，增进社区居民参与社区福利的主动精神。

第二次世界大战以后，世界各国，尤其是非洲、亚洲、中南美洲的发展中国家，面临着贫穷、疾病、失业、经济发展缓慢等一系列问题。要解决这些问题，仅仅依赖政府力量是远远不够的。于是，一种运用社区组织方法、合理利用民间资源、发挥社区自助力量的构想应运而生。1951年联合国经济社会理事会通过了390D号议案，计划建立社区福利中心，推动全球经济、社会的发展；不久又将"社区福利中心计划"改为"社区发展计划"。1954年，联合国改组社区组织与发展小组，建立联合国社会事务局社区发展组，在世界许多国家和地区积极推动社区发展运动，并得到了一些国家和地区政府部门的重视。例如，印度政府较早地接纳了联合国的社区发展计划，在全国数十万个村庄推广社区发展运动。社区发展已在许多国家实施，并已由乡村扩展到城市。

2. 内涵

这个概念在不同的历史时期、不同国家和地区，含义不尽相同。

美国社会学家F.法林顿于1915年在《社区发展——将小城镇建成更加适宜生活和经营的地方》中首次提出社区发展这一概念。1939年，美国社会学家I. T. 桑德斯和波尔斯在其合著的《农村社区组织》一书中，对社区发展的基本理论和方法作了较为详细的论述。

联合国1955年的《通过社会发展促进社会进步》（*Social Progress Trough Com-*

---

① ［美］彼得·卡尔索普、威廉·富尔顿：《区域城市——终结蔓延的规划》，叶齐茂、倪晓晖译，江苏凤凰科学技术出版社2018年版，第20页。

munity)专题报告,提出"社区发展的目的是动员和教育社区内居民积极参与社区和国家建设,充分发挥创造性,与政府一起大力改变贫穷落后状况,以促进经济增长和社会全面进步",其社区援助项目主要限定在发展中国家。1960年联合国发表《社区与有关服务》,认为社区发展指人民自己与政府机关协同改善社区的经济、社会及文化情况,把社区与整个国家的生活合为一体,使它们能够对国家的进步有充分贡献的一种程序。[1] 英国社会学界多数人视社区发展为第三世界的发展工作及发展中国家的自助计划;美国的社会学家和社会工作者则将社区发展理解为"社区组织的工作模式之一";香港地区的许多学者认为社区发展等同于"社区工作"。[2]新加坡和香港等地区对社会发展的解释不再是扶强扶弱,更注重居民积极参与,推动社区经济、生活环境与生活质量、社会正义与社会民主的全面发展。[3]如香港社会服务联合社区发展部在1986年发表的《社区发展立场书》中提出,"社区发展是一个提升社会意识的过程,以集体参与鼓励居民识别和表达本身需要,并因而采取适当行动。这种社区导向性的社会工作方法,内容包括一系列经过计划的行动,最终目标是谋取社会正义和改良社区生活的素质。"

结合我国近年来社区建设的实践,徐永祥(2000)给出的表述是:社区发展概指居民、政府和有关的社会组织整合社区资源、发现和解决社区问题、改善社区环境、提高社区生活质量的过程,是塑造居民社区归属感(社区认同感)和共同体意识、加强社区参与、培育互助与自治精神的过程,是增强社区成员凝聚力、确立新型和谐人际关系的过程,也是推动社会全面进步的过程。[4]

三、本章的研究对象

与一般意义上的社区相比,本章所研究的居住社区是以地域和邻里关系来定义的社区,其成员身份由居住区的范围内外来识别。[5]

本章所指的社区发展指社区居民在政府机构的指导和支持下,依靠本社区的力量,改善社区经济、社会、文化状况,解决社区共同问题,提高居民生活水平和促进社会协调发展的过程。表现为社区组织化程度的提高、居民对社区规划等事务参与度的提高和社区配套的完善等。

第二节 居住社区发展内容

居住社区发展的基本原则应是"以人为本",无论是居住社区的规划建设、组织管理,还是设施及服务的配套,都应以居民的实际需求出发。

---

[1] 谢守红:《城市社区发展与社区规划》,中国物资出版社2008年版,第3页。
[2] 甘炳光等:《社区工作理论与实践》,香港中文大学出版社1994年版,第7页。
[3] 徐永祥:《社区发展论》,华东理工大学出版社2000年版,第3页。
[4] 徐永祥:《社区发展论》,华东理工大学出版社2000年版,第5页。
[5] 黎熙元、黄晓星编著:《现代社区概论》,中山大学出版社2017年版,第96页。

一、居住社区的规划建设

需要说明的是,从已出台的有关居住区的规范性制度和文件来看,我国居住社区建设的规范对象主要局限于城市社区,农村农民自建住房不适用。

居住区规划源于西方邻里单位的"小区规划",是通常用于住宅建设的基本空间单元。它以排斥城市道路交通干扰,以街区功能内向平衡为理论原旨。如早年曾有城市提出以人均居住面积 4 m^2 为规划目标,以 10 hm^2 用地,建 10 万 m^2,住 1 万人,并内置中小学等基本设施的小区规划模式。但实践中随着人均居住面积的增长、居住人口的减少,部分公共设施功能外溢,需在多个街区中再加以平衡布局,从而出现对"小区"原意的重新解读。随后由于住区私家车的快速增长,以及公共设施的增减等动因,曾有如"小区规划导则"和"住宅性能评价体系"等规则和标准推出,以及对既有居住区规划国标的修订等应变性、弥补性措施。20世纪90年代初,出于对以人为本理念的重视和对聚居地域社会属性的再认识,而超越住区规划的物质性,转向更多地关注对社会性的需求与支持。居住区规划是强调自下而上的居民自主参与,紧贴邻里生活实际,并结合社区管理及相关部门协作的规划工作方式。①

居住社区不是一个孤岛,其规划应是整个区域规划的一部分,居住社区的规模、形态和结构等需要放在整个区域范围内加以综合考虑。

(一)居住社区建设与人口规模

居住社区需要建设为多大规模,需要多少用地面积、容积率、套数等的确定需要考虑诸多因素,主要与规划人口有关。居住社区的规模由规划人口数量、人口结构等因素来决定,而人口规模和特征又由该区域的环境人口容量、产业布局和公共服务设施配套等因素决定。不同的产业吸引不同规模和类型的人口,需要与之相配的居住面积、住房套数,以及与其需求相匹配的公共设施数量、等级等,高标准的公共服务配套即使对非就业人口也具有较大的吸引力。

(二)居住社区建设与区域协同

一方面,居住社区建设要综合考虑不同类型的产业人口和非就业人口的需求,社区品质、容积率、设施配套,甚至房型都要多样化,以适应不同类型居民的需求。另一方面,要综合考虑居民基本需求和共同需求,在不同步行时间区域内配置必要的配套设施,提升配套服务可及性。如在基本服务设施配置方面,设计每个居住社区 5—10 分钟可达菜场和卫生院;若干面积的区域需要设计与之匹配的产业区域等。此外,要建立居住社区与产业配套区域、公共服务设施等不同功能区域之间的有机联系。如应建立健全居住社区和产业区域之间方便的公共交通网络,提高居住社区可达性等。

(三)居住社区规划与居民参与

居住社区的建设服务于居民,在规划过程中,居民应作为利益相关方参与规划的

---

① 朱锡金:《居住区规划发展略记》,《上海城市规划》2018年第6期,第10页。

决策。

从目前中国居住社区规划实际来看，规划组织主体的政府部门不同，农村居民和城市居民的对规划的参与程度及渠道也略有不同。根据现行《城市居住区规划设计标准》(GB50180-2018)，居住区规划组织主体由所在的行政级别确定。如农村居住区的规划包含在村庄规划中，由乡镇政府组织，村庄规划在报送审批前，应当经村民会议或者村民代表会议讨论同意；城市居住区规划由所在镇政府、县政府或者所在城市政府组织，在报上一级人民政府审批前，应当先经本级人民代表大会审议。

（四）居住社区规划的缺陷

从目前来看，我国社区规划制度存在一定的缺陷，需要在社区发展中尽量避免或弥补。如在规划实践中为了契合土地出让的合法性要求，普遍用控制性详细规划替代居住区规划，这在一定层面上造成了各小区规划之间缺乏统一协调、人文关怀不足等问题。①

实践中的"住区规划"通常包括小区修建性详细规划及建筑设计，审批通过后即可进入建设实施阶段。对上，住区规划遵从所属地块控制详细规划提出的一系列"法"定要求，即土地出让的规划设计条件；对下，需要满足开发利益最大化的诉求。这种规划模式下由于控规要求"过粗"，局限性明显。①此类控规没有扎实深入的调研作依据，不能反映城市区位环境特征，也不能回应使用者的切实需求，其编制法定性的基础较为薄弱。②应土地出让要求编制的控规是"批量化生产"的产物，批量化生产和相对固定的模式，简单套用经验化数据和指标使得控规成果大同小异。③住区规划设计师往往立足于本小区，一般难以兼顾区域综合性问题。④规划设计师受雇于委托方的角色也使其必须满足开发利益要求，往往要以牺牲社会公共利益为代价。

此外，现行规范实施后，社会发展出现了一系列新的变化，如汽车保有量的持续上升、电子商务的发展、人口老龄化等，对社区养老设施、顺应电子商务发展所需要的社区设施、停车设施等产生了新的需求，这些都是居住社区规划进一步完善的方向。

二、居住社区的组织管理

（一）居住社区的空间组织

按照新城市主义社区规划理念②，社区是通过对街道、街区和建筑的组织实现的。邻里、分区和走廊是其基本组织元素，其理想模式有三个特征，一是紧凑的、功能混合的、适宜步行的邻里；二是位置和特征适宜的分区；三是能将自然环境和人造社区结合成一个可持续的、整体的和艺术化的走廊。按照其设计原则，每个邻里空间被公共空间所界定，并由地方性市政和商业设施来带动。最优规模是由中心到边界的距离为1/4

---

① 徐晓燕：《以城市设计指导住区规划的思考》，《建筑学报》2015年第11期，第94—95页。
② 新城市主义是美国20世纪90年代兴起的促进邻里和地区健康发展、提高生活质量的运动，承认城市化和现代化对传统社区的破坏，同时认为可以通过一种技术手段——社区空间的规划设计来增强社区的凝聚力与认同感。

英里(约0.4公里)。各种功能活动达到均衡的混合——居住、购物、工作、就学、宗教活动和娱乐,建筑和交通建构在一个相互联系的街道组成的精密网络上,并拥有有形的公共空间。分区是功能专门化的地区,但严格的功能分区思想已经不再是唯一的选择。分区以高度专业化的高效的观念为基础,有清晰的边界与尺度,有特征明显的公共空间,有相互联系的环形道路服务于行人,并通过公共交通系统与更大的区域发生联系。走廊是邻里与分区的连接体和隔离体,是连续的具有视觉特征的城市元素,由与之相邻的分区和邻里所确定,并为它们提供进出路径。①

从社区与区域的关系来看,区域是一个经济、社会和生态的整体,在整个区域的任何地方,都应该以邻里设计的类似原则进行设计,公共交通系统应支持整个区域内人们的出行;公共空间与私人空间应成为互补的系统,区域中人口和功能应具有多样性,并且要建立有机联系而不是相互隔离。②

（二）居住社区的自治

在中国,城市的居民委员会和农村的村民委员会是居住社区的自治组织。两者都是自我管理、自我教育、自我服务的基层群众性自治组织,两者具有共同点,但差异也很明显。具体参见表14-3。

表14-3 城市居民委员会和村民委员会自治力比较

	城市居民委员会	村民委员会
任务	宣传宪法、法律、法规和国家的政策,维护居民的合法权益;教育居民履行依法应尽的义务,爱护公共财产;开展多种形式的社会主义精神文明建设活动;办理本居住地区居民的公共事务和公益事业;调解民间纠纷;协助维护社会治安;协助人民政府或者它的派出机关做好与居民利益有关的公共卫生、计划生育、优抚救济、青少年教育等项工作;向人民政府或者它的派出机关反映居民的意见、要求和提出建议	宣传宪法、法律、法规和国家的政策,维护村民的合法权益;教育和推动村民履行法律规定的义务,爱护公共财产;开展多种形式的社会主义精神文明建设活动;发展文化教育,普及科技知识;办理本村的公共事务和公益事业;调解民间纠纷,协助维护社会治安,协助乡、民族乡、镇的人民政府开展工作;向人民政府反映村民的意见、要求和提出建议;支持服务性、公益性、互助性社会组织依法开展活动,推动农村社区建设
设立范围	按便于自治原则,一般在一百户至七百户的范围内设立	根据村民居住状况、人口多少,按照便利原则设立
设立、撤销、规模调整	由不设区的市、市辖区的人民政府决定	由乡、民族乡、镇的人民政府提出,经村民会议讨论同意,报县级人民政府批准
报告对象	向居民会议负责并报告工作	向村民会议、村民代表会议负责并报告工作

---

① 黄忠怀:《空间重构与社会再造——特大城市郊区社区发展研究》,华东理工大学出版社2012年版,第77—79页。

② [加]麦克·布鲁姆菲尔德、麦克·里斯高、马克·罗斯兰:《绿色城市:可持续社区发展指南》,张明顺译,企业管理出版社2007年版,第1—40页。

(续表)

	城市居民委员会	村民委员会
委员会主任、副主任和委员的产生	由本居住地区全体有选举权的居民或者由每户派代表选举产生	由村民直接选举产生
居民会议组成	由十八周岁以上的居民组成	由本村十八周岁以上的村民组成
居(村)民会议召集	由居民委员会召集和主持五分之一以上的十八周岁以上的居民、五分之一以上的户或者三分之一以上的居民小组提议,应当召集居民会议	由村民委员会召集十分之一以上的村民或者三分之一以上的村民代表提议,应当召集村民会议
委员会成员罢免程序	无	本村五分之一以上有选举权的村民或者三分之一以上的村民代表联名,可以提出罢免要求。罢免村民委员会成员,须有登记参加选举的村民过半数投票,并须经投票的村民过半数通过
下设委员会	根据需要设人民调解、治安保卫、公共卫生等委员会	根据需要设人民调解、治安保卫、公共卫生与计划生育等委员会
办理本居住地区公益事业所需的费用	向居民、本居住地区的受益单位筹集	支持和组织村民依法发展各种形式的合作经济和其他经济,承担本村生产的服务和协调工作,促进农村生产建设和经济发展。村民委员会依照法律规定,管理本村属于村农民集体所有的土地和其他财产,引导村民合理利用自然资源,保护和改善生态环境
工作经费和来源,居委会成员的生活补贴费的范围、标准和来源	由不设区的市、市辖区的人民政府或者上级人民政府规定并拨付,部分来自居民委员会的经济收入	

资料来源:《中华人民共和国城市居民委员会组织法》(2018年修正)和《中华人民共和国村民委员会组织法》(2018年修正)。

(三)居住社区的治理

居住社区治理的基础是居(村)委会。一个住区的住户达到一定规模,需要成立社区居民委员会。如按照《关于加强和改进城市社区居民委员会建设工作的意见》(冀办发〔2011〕20号)规定,"对尚未建立社区居委会的新建住宅区和城中村改造的地方,要先由相邻的社区居委会代管。居民入住率达到50%后,要尽快按照省制定的标准,合理地划分社区,及时成立社区居委会和社区党组织。"要坚持做到城市发展到哪里,社区居委会就建到哪里,使城区地域与社区建设同步。"新设置社区规模按1 500—3 000户左右居民确定。"

除了居(村)委会外,居住社区的发展离不开其他治理主体。

1. 街道办事处/乡镇政府。街道办事处是市辖区、不设区的市的人民政府设立的派出机关。居民委员会有义务协助不设区的市、市辖区的人民政府或者它的派出机关开展工作。村民委员会有义务协助乡、民族乡、镇的人民政府开展工作。依法属于村民自治范围内的事项不受干预。

2. 政府职能部门。与居民生活密切相关的部门包括民政、劳动保障、公共卫生、公共安全、司法、人口计生、环保、物价、城管、文化体育等。

3. 业主委员会/业主大会。是20世纪90年代商品房改革之后出现的社区组织。根据2018年修订的《物业管理条例》，同一个物业管理区域内的业主，应当在物业所在地的区、县人民政府房地产行政主管部门或者街道办事处、乡镇人民政府的指导下成立业主大会，并选举产生业主委员会。业主委员会主要职能是物业管理，包括选聘、解聘物业服务企业，监督和协助物业服务企业履行物业服务合同等。有义务支持居民委员会开展工作，并接受其指导和监督。

4. 社会组织。包括正式组织和非正式组织，如社会工作机构、各种社区基金等。

5. 企事业单位。这类组织可为社区治理提供人力物力等方面的支持。

三、居住社区的配套建设

不断完善居住社区的配套是社区发展的主要内容之一。居民对社区配套设施的诉求与经济发展阶段和相关制度密切相关。

新中国成立前的上海，没有大型的独立居住区。公共服务设施大都与住宅相间，或楼上住家、楼下开店。一些稍大的或是高档的独立住宅区，多在临街布设商业铺面，方便居民日常生活。而位于市区边缘或靠近工厂、桥边、河畔的棚户简屋，配套设施很少，无水无电，就近难以购物、就医，交通也十分不便。[①]计划经济时期，居住社区的配套由政府或所在单位提供，受制于当时的经济条件，配套服务设施主要是解决居民的基本生活需要。随着住房供应的市场化改革，住房配套公共服务设施由房地产企业与房产建设同步配建。

研究居住社区的发展，首先需要了解目前我国对居住社区配套建设的背景和控制标准。以此为基础，社区居民和社会组织可以根据标准完善居住社区的配套，并找出潜在的问题，向政府相关部门表达诉求。

（一）社区配套强制性建设

1. 建设主体

目前我国对新建住宅施行"谁开发、谁配套"的原则，要求新建住宅按照规划设计要求和住宅建设投资、施工、竣工配套计划，配建满足入住居民基本生活条件的市政、公用和公共建筑设施。如根据《广州市居住小区配套设施建设的暂行规定》，"市属、区成片开发建设的居住小区或住宅组团，必须在住宅建设的同时，配套建设文化教育、医疗卫生、商业服务、行政管理以及市政公用等配套设施"，"具体建设项目和规模由市规划部门在审定小区规划时予以确定，并与住宅建设同步进行"。再如《上海市新建住宅交付

---

① 《上海住宅建设志》，http://www.shtong.gov.cn/node2/node2245/node75091/index.html。

使用许可规定实施细则》（沪房建管〔2018〕102号）规定，"本市国有土地上开发建设的新建住宅应当与规划要求配建的教育、医疗、邮政、菜场、社区服务、养老等公益性服务设施和市政公用基础设施（以下简称配套设施）同步交付使用。""配套设施尚未与住宅同步建设时，建设单位应当落实可供过渡使用的相应配套设施。""申请住宅交付数量达到该地块住宅总量的60%时，该地块应当配建的公益性配套设施须同步竣工。该地块含两块以上宗地的，其中一块宗地申请住宅交付数量达到该块宗地住宅总量的60%时，该块宗地上的公益性配套设施须同步竣工。""申请住宅全部交付使用时，该地块配建的配套设施应当全部竣工。因土地、拆迁等因素导致公共服务设施尚不具备开工条件的项目申请住宅分期交付使用时，建设单位必须落实可供过渡使用的相应公共服务设施。"

2. 产权权属

根据2019年修订的《城市房地产开发经营管理条例》，基础设施建成后的产权界定在所开发土地的使用权出让或者划拨前已经由县级以上地方人民政府城市规划行政主管部门和房地产开发主管部门提出书面意见，并作为土地使用权出让或者划拨的依据之一。一般来说，居住区配套设施的产权权属随着设施的性质差异而不同。符合划拨用地条件的公益性配套公共服务设施由建设单位统一建成后无偿移交给市、区住房和城乡建设行政主管部门；专业性较强的如变电站、邮政所等设施按成本价移交给委托单位；商业性服务设施由建设单位组织经营管理；属于直接为小区服务的共有设施，由物业公司接管。①

如根据《广州市居住区配套公共服务设施管理暂行规定》（2016年广州市人民政府令第138号），"配套公共服务设施中的幼儿园、小学、中学、社区卫生服务中心、社区卫生服务站、残疾人康复服务中心、社区管理公共中心、星光老年之家、文化站、文化室、居委管理中心、社区服务站、派出所、公共厕所、垃圾收集站、垃圾压缩站、再生资源回收点、消防站、公交首末站等符合划拨用地条件的公益性配套公共服务设施，不计入房地产开发项目用地的土地出让金，由建设单位统一代建，建成后无偿移交给市、区住房和城乡建设行政主管部门。""群众性体育运动场地、居民健身场所、社区少年宫、家庭综合服务中心、社区日间照料中心、托儿所、农贸（肉菜）市场、再生资源回收站、老年人福利院、社会停车场和其他商业服务设施等，由建设单位建成后按照规划确定的使用功能进行使用和组织经营管理；社区公园、小区游园、物业管理用房（含业主委员会）等，由建设单位建成后按照规划确定的使用功能和《广东省物业管理条例》的规定使用。""配套公共服务设施中的变电站、邮政所，由电力、邮政企业按照建设成本出资委托建设单位代建。建设单位应当在领取建筑工程施工许可证之前与电力、邮政企业签订委托建设协议，约定委托建设内容、开工及竣工期限、结算方式、分期交付使用的批数及期限、违约责任等内容；独立用地的变电站，可以由建设单位代征用地后

---

① 费彦、林毅：《城市居住区公共服务设施供应研究——以广州为例》，清华大学出版社2014年版，第33页。

移交给电力企业自行组织建设。符合划拨用地条件的,不计入房地产开发项目用地的土地出让金。"

3. 资金来源

居住社区配套设施建设、维护和运作的资金来源有多个渠道。

(1) 财政支出。各级财政支出用于民生和公共服务的支出中,与居住社区配套的相关支出包括教育支出、医疗卫生支出、文化体育传媒支出、公共安全支出等。

(2) 开发商交(缴)付。一部分是开发商在居住开放项目中按照规划设计要点配建的无偿交付的设施面积,另一部分是开发商缴纳的配套设施建设费,是为其开发地块享受的城市公共产品所支付的费用。这部分费用定向用于城市基础设施和居住配套设施建设。①

(3) 企事业单位自筹。由单位自筹经费用于服务本单位职工的教育、医疗、餐饮等设施,这种情况在计划经济时期为居住社区配套设施的主要资金来源。

(4) 其他来源。如彩票公益基金和社会捐助等。老年人、儿童社会福利事业、群众体育、全民健身活动等都是彩票公益金的扶持重点,社会捐助也越来越成为促进居住区福利和公益事业发展的重要资金来源渠道。

(二) 配套设施的规划标准

1. 配套设施的面积和能级由居住区人口规模决定

按照我国现行的《城市居住区规划设计标准》(GB50180-2018),居住区需要配套的设施类型也取决于居住区人口规模。配套设施被分为几个级别。例如在一个小区域,如1 000—3 000人居住的街坊内,规定的基本配置是便民服务设施;在更大的居住区域内,居住人口数量达到5 000—12 000人,还需要配置社区服务设施;随着居住社区人口规模的增加,需要配置的基础设施更加齐全、更加完善。

配套设施的配置面积的数量和布局取决于人口规模和人口分布。不同的人口规模、不同类型的住宅建筑平均层数的社区,其配套设施的用地面积比例不同。

表14-4 居住区配套设施用地面积比例控制标准   单位:%

住宅建筑平均层数	十五分钟生活圈	十分钟生活圈	五分钟生活圈
低层(1—3)		5—8	3—4
多层Ⅰ类(4—6)	12—16	8—9	4—5
多层Ⅱ类(7—9)	13—20	9—12	5—6
高层Ⅰ类(10—18)	16—23	12—14	6—8

资料来源:《城市居住区规划设计标准》(GB50180-2018)。

在总量控制方面,则是按照每千人面积来控制配套设施规模。

---

① 费彦、林毅:《城市居住区公共服务设施供应研究——以广州为例》,清华大学出版社2014年版,第37页。

表 14-5　配套设施控制指标　　　　　　　　　单位：m²/千人

类别		十五分钟生活圈居住区		十分钟生活圈居住区		五分钟生活圈居住区		居住街坊	
		用地面积	建筑面积	用地面积	建筑面积	用地面积	建筑面积	用地面积	建筑面积
总指标		1600—2910	1450—1830	1980—2660	1050—1270	1710—2210	1070—1820	50—150	80—90
其中	公共管理与公共服务设施A类	1250—2360	1130—1380	1890—2340	730—810	—	—	—	—
	交通场站设施S类	—	—	70—80	—	—	—	—	—
	商业服务业设施B类	350—550	320—450	20—240	320—460	—	—	—	—
	社区服务设施 R12、R22、R32	—	—	—	—	1710—2210	1070—1820	—	—
	便民服务设施 R11、R21、R31	—	—	—	—	—	—	50—150	80—90

资料来源：《城市居住区规划设计标准》(GB50180-2018)。

2. 配套设施的布局规定

根据 2018 年出台的《城市居住区规划设计标准》，各级配套设施配置在不同的步行时间半径内。如便民服务设施被配置在最基本的居住单元——居住街坊内，社区服务设施配置在距离居住街坊步行五分钟的半径区域内，在十分钟生活圈居住区和十五分钟生活圈居住区的设施配置依次更加完善，这种配置方式与配套设施服务半径相匹配。

3. 配套设施的内容标准

对新建住宅，其配套主要包括三类，分别是基础设施配套、社区商业服务设施配套和社区公共服务设施配套。其中，基础设施配套和部分基本社区商业服务设施配套在居住街坊级别的居住区，如供水、供电、排污、燃气、电信网络、道路和公交站点等基础设施配套，以及便利店、餐饮店等社区服务设施；部分服务半径较大的社区商业服务设施和公共服务设施配置在更大规模的居住社区。其中，公共服务设施中的行政管理、教育、文化、体育、医疗卫生、社会福利、市政、绿地等设施属于公益性设施，公共服务设施中的商业、银行等设施属于经营性设施。

（三）配套设施的主要内容

1. 社区基础设施配套（市政公用）

基础设施配套主要是供排水、供电、燃气、通信线路、道路、绿化等基础性配套。如《上海市新建住宅交付使用许可规定》(2016 年修正)对新建住宅配套基础设施作了详细规定。新建住宅要交付使用之前，需要：①住宅生活用水纳入城乡自来水管网。②住宅用电按照电力部门的供电方案,纳入城市供电网络,不使用临时施工用电。③住宅的雨水、污水排放纳入永久性城乡雨水、污水排放系统;确因客观条件所限需采取临时性排放措施的,应当经水务、环保部门审核同意,并确定临时排放的期限。④住宅小区附近有燃气管网的,完成住宅室内、室外燃气管道的敷设并与燃气管网镶接;住宅小区附近没有燃气管网的,完成住宅室内燃气管道的敷设,并负责落实燃气供应渠道。⑤住宅小区内电话通信线、有线电视线和宽带数据传输信息端口敷设到户。⑥住宅小区与城市道路或者公路之间有直达的道路相连。⑦完成住宅小区内的绿化建设。

2. 社区商业服务设施配套

根据现行规定,住宅所在区域必须按照规划要求配建商业服务等公共建筑设施。

在居住街坊这一级别的居住区,需要配置菜店、日用杂货店等的便民类商业设施,在五分钟生活圈还需要配置超市、药店、洗衣店、美发店等社区商业设施,在十分钟生活圈还需要配置商场、银行、电信、餐饮、菜市场、小学等服务半径比较大的商业设施,在十五分钟生活圈还需要配置邮政营业设施。商业服务设施属于经营性设施,一般会按照商品房价格出售。

表 14-6 居住街坊配套设施设置规定

类别	序号	项目	居住街坊	备注
便民服务设施	1	物业管理与服务	▲	可联合建设
	2	儿童、老年人活动场地	▲	宜独立占地
	3	室外健身器械	▲	可联合设置
	4	便利店(菜店、日杂等)	▲	可联合建设
	5	邮件和快递送达设施	▲	可联合设置
	6	生活垃圾收集点	▲	宜独立设置
	7	居民非机动车停车场(库)	▲	可联合建设
	8	居民机动车停车场(库)	▲	可联合建设
	9	其他	△	可联合建设

资料来源:《城市居住区规划设计标准》(GB50180-2018)。

3. 社区公共服务设施配套

根据《广州市居住区配套公共服务设施管理暂行规定》,居住区配套公共服务设施,是指与居住人口规模相对应配建的、能满足居住区居民物质与文化生活需要、提供公共服务的设施总称,包括教育、医疗卫生、文化、体育设施和行政管理设施、服务设施、福利设施、公园及市政公用设施等。《上海市新建住宅交付使用许可规定》也要求开发商按照规划要求完成教育、医疗保健、环卫、邮政、社区服务和管理等公共服务设施的配建。对因住宅建设工程分期建设导致上述设施尚未建成的,规定要有可供过渡使用的相应公共服务设施。此外,上海还规定,如住宅小区按照规划要求配建的公共交通站点暂未开通公共交通线路,且住宅小区与已开通的公共汽车和电车、轨道交通站点距离均超过2公里的,住宅建设单位应当配备短途交通车辆通达公共汽车、电车或者轨道交通站点。

(1) 教育设施。社区相关的教育设施主要包括幼儿园、初中和小学。幼儿园、小学和初中分别是五分钟生活圈居住区、十分钟生活圈居住区和十五分钟生活圈居住区需要配置的教育设施。

表14-7 十五分钟生活圈居住区、十分钟生活圈居住区配套设施设置规定

类别	序号	项目	十五分钟生活圈居住区	五分钟生活圈居住区	备注
公共管理和公共服务设施	1	初中	▲	△	应独立占地
	2	小学	—	▲	应独立占地
	3	体育馆(场)或全民健身中心	△	—	可联合建设
	4	大型多功能运动场地	▲	—	宜独立占地
	5	中型多功能运动场地	—	▲	宜独立占地
	6	卫生服务中心(社区医院)	▲	—	宜独立占地
	7	门诊部	▲	—	可联合建设
	8	养老院	▲	—	宜独立占地
	9	老年养护院	▲	—	宜独立占地
	10	文化活动中心(含青少年、老年活动中心)	▲	—	可联合建设
	11	社区服务中心(街道级)	▲	—	可联合建设
	12	街道办事处	▲	—	可联合建设
	13	司法所	▲	—	可联合建设
	14	派出所	△	—	宜独立占地
	15	其他	△	△	可联合建设
商业服务业设施	16	商场	▲	▲	可联合建设
	17	菜市场或生鲜超市	—	▲	可联合建设
	18	健身房	△	△	可联合建设
	19	餐饮设施	▲	▲	可联合建设
	20	银行营业网点	▲	▲	可联合建设
	21	电信营业网点	▲	▲	可联合建设
	22	邮政营业场所	▲	—	可联合建设
	23	其他	△	△	可联合建设

（续表）

类别	序号	项目	十五分钟生活圈居住区	五分钟生活圈居住区	备注
市政公用设施	24	开闭所	▲	△	可联合建设
	25	燃料供应站	△	△	宜独立占地
	26	燃气调压站	△	△	宜独立占地
	27	供热站或热交换站	△	△	宜独立占地
	28	通信机房	△	△	可联合建设
	29	有线电视基站	△	△	可联合建设
	30	垃圾转运站	△	△	应独立占地
	31	消防站	△	△	宜独立占地
	32	市政燃气服务网点和应急抢修站	△	△	可联合建设
	33	其他	△	△	可联合建设
公交场站	34	轨道交通站点	△	△	可联合建设
	35	公交首末站	△	△	可联合建设
	36	公交车站	▲	▲	宜独立设置
	37	非机动车停车场(库)	△	△	可联合建设
	38	机动车停车场(库)	△	△	可联合建设
	39	其他	△	△	可联合建设

资料来源：《城市居住区规划设计标准》(GB50180-2018)。

（2）医疗设施。居住社区配套的医疗设施包括社区卫生服务站、卫生服务中心和门诊部，前者属于布局在五分钟生活圈中的社区服务设施，后两者属于布局在十五分钟生活圈中的公共服务设施。

（3）便民设施。便民公共设施包括儿童、老年人活动场地、居民停车场、邮件快递送达设施、公共厕所、公交车站等。其中，公共厕所在五分钟生活圈布局，公交车站是十分钟生活圈和十五分钟生活圈必列项目，其他便民性公共设施基本都在街坊级居住区布局，方便居民生活。

表 14-8 五分钟生活圈居住区配套设施设置规定

类别	序号	项目	五分钟生活圈居住区	备注
社区服务设施	1	社区服务站(含居委会、治安联防站、残疾人康复室)	▲	可联合建设
	2	社区食堂	△	可联合建设
	3	文化活动站(含青少年活动站、老年活动站)	▲	可联合建设
	4	小型多功能运动(球类)场地	▲	宜独立占地

(续表)

类别	序号	项　　目	五分钟生活圈居住区	备　注
社区服务设施	5	室外综合健身场地(含老年户外活动场地)	▲	宜独立占地
	6	幼儿园	▲	宜独立占地
	7	托儿所	△	可联合建设
	8	老年人日间照料中心(托老所)	▲	可联合建设
	9	社区卫生服务站	△	可联合建设
	10	社区商业网点(超市、药店、洗衣店、美发店等)	▲	可联合建设
	11	再生资源回收点	▲	可联合设置
	12	生活垃圾收集站	▲	宜独立设置
	13	公共厕所	▲	可联合建设
	14	公交车站	△	宜独立设置
	15	非机动车停车场(库)	△	可联合建设
	16	机动车停车场(库)	△	可联合建设
	17	其他	△	可联合建设

资料来源：《城市居住区规划设计标准》(GB50180-2018)。

（4）文化体育设施。居住区文化体育设施包括室外健身器械、室外综合健身场地、小型多功能运动场地、中型多功能运动场地、大型多功能运动场地、体育场馆、文化活动站、文化活动中心等。其中，体育场馆为非必列项目，一般布局在十五分钟生活圈。室外健身器械布局在街坊级居住区，室外综合健身场地、小型多功能运动场地布局在五分钟生活圈，中型多功能运动场地和大型多功能运动场地分别布局在十分钟和十五分钟生活圈。文化活动站和文化活动中心分别在五分钟和十五分钟生活圈布局。根据规划标准，在五分钟生活圈内，居住区文化和体育设施都有布局。

（5）福利设施。居住社区配套的社会保障设施包括托儿所、老年人日间照料中心、残疾人康复室、养老院、老年养护院等，其中托儿所不是必列项目。托儿所、老年人日间照料中心和残疾人康复室布局在五分钟生活圈，养老院和老年养护院布局在十五分钟生活圈。

（6）环保设施。居住社区配套的环境保护设施包括生活垃圾收集点、再生资源回收点、生活垃圾收集站和垃圾转运站。其中，生活垃圾收集点在居住街坊布局，再生资源回收点和生活垃圾收集站在五分钟生活圈布局，垃圾转运站不是必列项目，布局在十分钟生活圈或十五分钟生活圈。

（7）管理设施。公共管理设施包括物业管理与服务、社区服务站、社区服务中心、街道办、司法所、派出所等。根据规划标准，派出所为非必列项目。街坊级居住区布局物业管理与服务，五分钟生活圈布局社区服务站，在十五分钟生活圈布局社区服务中心、街道办和司法所。

第三节 居住社区发展模式

社区发展模式是指通过调动社区居民的参与、互助合作，再加上上级政府和外界机构组织的协助和支持，动员社区内外资源，解决社区问题，满足居民需求的一种工作模式。强调居民的参与和合作沟通，不仅注重社区物质环境的建设，还注重居民在参与社区发展过程的个人能力、公共意识和社区归属感的培养。

一、社区发展的理论模式

理论上，社区发展模式有多种。从社区发展工作主导方来看，有政府主导社区发展模式、居民主导社区发展模式、第三方社会工作者主导模式；从社区发展的切入点来看，有规划完善模式、问题导向模式和主题发展模式；根据社区发展目标的不同又可分为动态平衡发展模式和冲突解决模式。

（一）按主导者分类

1. 政府主导（授权）模式

（1）内涵。此模式是西方发达国家广泛采用的较为典型的社区发展模式。该模式下社区发展是自上而下的社区政策执行过程。政府用社区发展理念和方法指导基层社区发展主体，用优惠政策吸引各部门和非政府组织参与社区建设，用财政资金扶持社区发展。政府提供的包括资金和社会组织等方面的支持一方面促进了社区发展取得实效，另一方面政府在社区发展中获得了领导资格。

（2）优劣势。此模式的优点很明显，避免了解决集体行动困境的难题，可以有力推动社区发展；缺点也显而易见，对政府的经济实力和工作动力有一定要求。我国的城市社区目前普遍是此类模式。

2. 社区能人主导模式

（1）内涵。这种模式同样需要政府的支持，但社区发展工作由社区内的居民主导。我国的农村社区以此种模式为主。村委会作为农村居住社区的自治组织，在自治组织根据法律代农村集体经济组织行使所有权的背景下，具有一定的经济实力和组织能力，往往根据村委会带头人的能力不同而具有不同的发展潜力。具有企业家精神的带头人带领本社区居民实现了很大的经济成就，同时也带动了社区的社会发展。如南街村、华西村等。此外，我国部分城市社区发展也属于这种模式。

（2）优劣势。这种模式的优点是容易整合社区资源，社区发展是全方位的；缺点是难以大范围推广，毕竟具有企业家精神的能人和带头人都属于稀缺资源。

3. 第三方机构主导模式

（1）内涵。此模式由作为第三方的机构主导，通过培育社区居民的自主性、自助性，鼓励居民民主决策，全面调动社区政治资本、经济资本和社会资本，激活社区居民自治能力。如各种非政府组织的社区扶贫就属于这种模式。再如安徽省临泉县艾博社区发展中心，从2010年5月开始致力于新公民培育，以"教育、分享、参与"三种方法，培养"信任意识、规则意识、权利意识"，开展全免费的13项服务，改善父老乡亲们的生活环境。在台湾地区，有着出色表现的农村社区背后几乎都有非营利组织的支持，如阿里山乡茶山村社区和嘉义市基督教社会福利慈善事业基金会、南投县埔里乡桃米社区的新故乡文教基金会等。

（2）优劣势。此模式优点是为缺乏能人和带头人的社区提供了社区发展的带头人和引导者，能直接促进和推动社区发展进程；缺点是第三方社会工作者数量有限，难以大范围推广。

（二）按发展的切入点分类

1. 规划完善模式

在这种模式下，社区发展是一个自觉的社会变迁过程。一个规划良好的社区具有更好的发展潜力和完善的发展路径。要想社区发展得好，需要先制定好社区发展规划，未来社区是现在社区发展理念的延伸和实现。霍华德的"田园城市"理念、盖迪斯的"综合规划"思想、亨纳德的"城市改建"思想等理念都直接影响了居住社区发展路径。

2. 问题导向模式

在这种模式下，社区发展选择以问题为导向，按照发现问题—分析问题—组织居民决策—解决问题的流程，发现当前出现的需要迫切解决的问题，利用社区内各类资源，分析并给出解决方案，并组织居民进行决策。这是通过问题的不断解决实现社区发展的一种模式。

3. 主题发展模式

在这种模式下，不同社区选择不同的发展主题。如有些社区选择了环境保护主题，通过实施垃圾分类和再利用整合社区资源，培育社区居民凝聚力；有些社区选择通过引入文化创新资源，与当地产业相结合培育社区品牌，据此组织社区居民形成社区共识；有些社区通过强化旅游或其他产业的联系，创建民宿社区、互联网小镇、机器人小镇等高标识度主题。这种模式通过提升社区辨识度，打造社区品牌，从而实现社区经济、社会、文化等全方面发展。

（三）根据社区发展目标分类

1. 动态平衡发展模式

此模式认为社区是一个持续的社会体系，具有相互依赖、共生共荣和均衡发展的特点，坚持系统联动、功能互补、互动沟通和整体发展的取向。社区是一个变迁的体系，社区发展需要做好"动态平衡"，处理好持续与间断、历史与现实、老人与新人、分工与合作、稳定与发展、内部与外部、局部与全局等的辩证关系，使社区在基本稳定的基础上保持常新的面貌。

2. 冲突解决模式

这种模式把社区发展看作社会冲突以及由此引起的社会变迁。据此引导社区发展，需要认清社区内基本矛盾及其在不同时空中的主要表现，解决好诸如利益分配、权力追求、资源占有、文化冲突、压力适应和认知失调等问题。这种模式需要社区发展领导者充分认识冲突所产生的社区动力学，整合社区所有力量实现社区发展目标。

二、联合国"社区发展运动"模式

这种模式的特点是社区外部力量推动，这种力量可能是政府，也可能是第三方机构。早在1951年，联合国经济社会理事会为回应西方许多发达国家普遍面临的城市失业、贫困、社会秩序恶化、经济发展缓慢等一系列问题，倡导开展"社区发展运动"，动员和教育社区居民积极参与社区和国家建设，充分发挥其创造力，一起大力改变贫苦落后状况，以促进经济的增长和社会的全面进步，社区发展成为世界范围内的区域社会发展策略和模式。①

（一）社区发展目标

这种模式下的社区发展目标分为直接目标和终极目标两种。其中，直接目标包括四个方面：①协助社区认识其成员的共同需要；②协助社区运用各种援助；③协助社区开发和利用社区的资源；④协助社区改善物质、文化生活条件。终极目标也包括四个方面：①经济发展。提高社区的经济发展水平和经济收入水平。②社会发展。建立良好的社区内部人际关系和合理的社区结构。③政治发展。即发展社区居民的民间团体和组织，培养居民的民主意识和自治、互助能力。④文化发展。提倡有利于社会进步的伦理、道德，发展科学、教育、文化事业。

（二）社区发展原则

1. 社区发展的基本原则

1955年联合国在《通过社区发展促进社会进步》的文件中，提出的十条基本原则是：①社区各种活动必须符合社区基本需要，并以居民的愿望为根据制订首要的工作方案；②社区各个方面的活动可局部地改进社区，全面的社区发展则需建立多目标的行动计划和各方面的协调行动；③推行社区发展之初，改变居民的态度与改善物质环境同等重要；④社区发展要促使居民积极参与社区事务，提高地方行政的效能；⑤选拔、鼓励和训练地方领导人才，是社区发展中的主要工作；⑥社区发展工作特别要重视妇女和青年的参与，扩大参与基础，求得社区的长期发展；⑦社区自助计划的有效发展，有赖于政府积极的、广泛的协助；⑧实施全国性的社区发展计划，须有完整的政策，建立专门行政机构，选拔与训练工作人员，运用地方和国家资源，并进行研究、实验和评估；⑨在社区发展计划中应注意充分运用地方、全国和国际民间组织的资源；⑩地方的社会经济进步，须与国家全面的进步相互配合。

---

① 姜晓萍、郭金云：《全面践行新发展理念 开创社区发展治理新境界》，《先锋》2017年第9期，第26页。

2. 社区发展的工作原则

社区发展的工作原则是指具体工作时遵循的技术和行动原则。美国社会学家罗斯（E. A. Ross）认为社区发展的工作原则应当包括八个方面：①从发现社区问题入手；②将不满情绪导入行动；③社区发展工作要符合社区多数人的利益；④工作组织应具有社区各方面的代表；⑤利用社区感情推动社区发展工作；⑥了解各团体和阶层的文化背景；⑦加强社区内部的沟通；⑧注重长期规划的制订。

（三）社区发展内容

主要包括六方面的内容：①社区调查；②社区发展计划的制订；③社区内部力量的动员与协调；④社区发展基金的筹集；⑤社区服务；⑥社区发展方案评价。

（四）社区发展组织模式

社区发展的组织模式因各国、各地区的情况不同而有所差异。大体可划分为三种：

1. 整体模式

由中央政府设立专门机构，主管制订社区发展的基本政策，研究社区发展的长远规划。再分设地方相应机构和组织，推行社区发展计划。印度和菲律宾等国采用了这种模式。

2. 代办模式

政府将社区发展工作交一个或几个部门负责，将社区发展工作同部门的工作结合起来进行。缅甸和牙买加等国采用这种模式。

3. 分散模式

国家或地区中推行社区发展的组织是分散的，由各有关部门、团体分别制订计划并执行。美国和英国等采用这种模式。

三、街道社区共建模式

此模式是中国城市社区发展的主流模式。中国城市社区发展主要体现为街道社区主导下的社区共建。城市社区建设经历了政权重建时期、"单位—街居"制时期、社区服务时期、实验探索时期、示范推进时期、深化提升时期等阶段。[1]中国城市社区建设强调中国城市社区建设的运行机制是党委、政府主导，社会广泛参与。[2]而社区治理是城市社区建设的方向，其中，社会服务、居民自治和社区协商是中国城市社区治理的重点。[3]中国政府在社区建设中不断推动社区治理方式由政府管理向协商共治转变、社区服务内容由政务向居务转变、社区参与由被动向主动转变、社区联结由松散向紧密转变。[4]

---

[1] 张勇:《我国六十年城市社区建设历程、脉络与启示》，《深圳大学学报（人文社会科学版）》2012年第3期，第146页。

[2] 唐忠新:《中国城市社区建设的兴起和主要特征》，《天津社会科学》2001年第6期，第48页。

[3] 黄晓星、蔡禾:《治理单元调整与社区治理体系重塑——兼论中国城市社区建设的方向和重点》，《广东社会科学》2018年第5期，第196页。

[4] 向德平、华汛子:《中国社区建设的历程、演进与展望》，《中共中央党校（国家行政学院）学报》2019年第3期，第109页。

从社区居民主体性发展来看,中国社区建设经过了政府包办型服务、给予型服务和增能型服务三个阶段,社区居民主体性逐渐生成并不断增强。①

(一)党组织领导,多主体参与

2012年11月,党的十八大报告指出:"要健全基层党组织领导的充满活力的基层群众自治机制。"2015年7月,中共中央办公厅、国务院办公厅印发《关于加强城乡社区协商的意见》,明确要"开展形式多样的基层协商,推进城乡社区协商制度化、规范化和程序化"。2017年10月,党的十九大报告提出,"加强社区治理体系建设,推动社会治理重心向基层下移,发挥社会组织作用,实现政府治理和社会调节、居民自治良性互动。"

社区建设的中心在街道层面。一般谈及街道,人们通常将其视为社区。街道社区是政府管辖的城市行政区域,其行政中心是街道办事处,作为政府的派出机关,是城市社区的一级行政组织。街道办事处职能涉及民政福利、失业与就业、人民调解、青少年保护、妇女儿童权益保护、老龄工作、社会治安、两劳人员教育、外来人口管理、计划生育、爱国卫生、市政管理、环境保护、绿化养护、社区科普、居民文体活动、防空、防灾、防汛、防震,管理街道经济,指导居民委员会工作,处理居民来信来访等。

街道社区是中国特色的城市社区的代名词,居民委员会是目前社区中最有影响力的自治组织。在街道社区内,还有一些服务性、经营性组织,如学校医院、企业、商店及其他社会团体等。我国的社区建设提倡辖区内各类企业、事业法人单位参与社区共建。2017年6月,中共中央、国务院《关于加强和完善城乡社区治理的意见》指出,"完善城乡社区治理体制,努力把城乡社区建设成为和谐有序、绿色文明、创新包容、共建共享的幸福家园。"

(二)以社区治理、社区服务和精神建设为主要内容

1949年后我国的社区发展更多关注城市社区,并与民政部倡导的社区服务事业紧密相关。1986年民政部首次把"社区"概念引入城市管理,提出要在城市中开展社区服务工作。②1987年,民政部在"全国城市社区服务工作座谈会"上提出城市社区服务应从老人服务、残疾人服务、优抚对象服务、困难户服务、儿童服务、家庭服务以及其他便民服务做起。③到90年代中期,人们已开始从社区规划、社区建设、社区服务、社区参与、社区工作、社区管理、社区体制等全过程和全方位来认识与理解社区发展。④2000年11月,中共中央办公厅、国务院办公厅转发《关于在全国推进城市社区建设的意见》,明确"社区建设是指在党和政府的领导下,依靠社区力量,利用社区资源,强化社区功能,解决社区问题,促进社区政治、经济、文化、环境协调和健康发展,不断提高社区成员生活

---

① 张必春、张彩云:《我国社区建设历程中居民主体性变迁分析》,《社会主义研究》2017年第4期,第96—104页。
② 基层政权和社区建设司:《科学发展整体推进全面加强和谐社区建设——城市社区居委会建设的现状、存在的问题及对策研究》,http://mzzt.mca.gov.cn/article/hxsqyth/zxlw/200810/20081000020704.shtml,2008年10月13日。
③ 白云:《全国城市社区服务工作座谈会要求以居委会为基层单位开展社区服务》,《人民日报》电子版,https://new.zlck.com/rmrb/news/8M0IUJ5V.html,1987年9月22日。
④ 徐永祥:《社区发展论》,华东理工大学出版社2000年版,第4页。

水平和生活质量的过程",2001年,社区建设被列入国家"十五"计划发展纲要。

总体来看,社区建设主要包括三个方面的内容:其一是完善社区治理结构,加强社区组织建设,凝聚社区内部各方力量,推动社区多元主体共同解决社区问题;其二是建立社区服务体系,提升社区社会服务能力,使社区能够承担企业剥离的社会职能和政府转移出来的服务职能,满足社区居民的社区服务需求;其三是培育社区"共同体"精神,改变现代社区中居民之间冷漠的情感状态,提升居民参与社区事务的意识与能力,增强居民对社区的认同感和归属感,打造和谐温情的社区氛围。[1]

(三) 社区服务以社区居民需求为导向

从社区服务内容及服务对象来看,中国城市社区建设的实践实现了从"行政化""慈善化"向居民需求导向的转变。社区服务的内容不再仅是落实政府的任务,社区服务的对象不再仅包括民政帮扶对象,社区居委会工作人员逐渐开始建立服务意识。

政策上,2006年,国务院发布《关于加强和改进社区服务工作的意见》,强调"大力推进社区公共服务体系建设,充分发挥社区居委会在社区服务中的作用,鼓励和支持各类组织、企业和个人开展社区服务"。2009年,民政部《关于进一步推进和谐社区建设工作的意见》提出,"进一步完善以民生需求为导向的新型社区服务体系。"2017年6月,中共中央、国务院《关于加强和完善城乡社区治理的意见》指出,"提高社区服务供给能力。"

实践中,部分社区居委会以社区居民需求为导向,不断提高社区服务的针对性和专业性。如针对老旧无物管小区,社区居委会重点解决居民关心的车位划分、电梯加装、治安维护、垃圾清理、邻里纠纷等问题;针对新建商品房小区,重点开展党建、志愿服务、文化宣传等活动,增强社区的凝聚力;针对"村改居"的社区,重点做好心理建设和生产生活技能培训,推进"村民"向"居民"的身份转变;针对新农村社区,重点考虑农户生计问题,降低农户的生计风险。同时,为了满足社区不同群体的需求,社区居委会不断丰富服务内容。如针对社区儿童群体,开展阅读、绘画等益智类亲子活动;针对社区老年人群体,提供志愿服务及各种文娱活动;针对社区特殊群体,提供日常照护、心理疏导、能力建设等服务。[2]

(四) 居民自治能力有待提升

2000年后,中国的社区建设重点在于社区治理体系的构建,一系列相关政策文件出台。如2012年11月党的十八大报告提出"要健全基层党组织领导的充满活力的基层群众自治机制"。2015年7月中共中央办公厅、国务院办公厅印发了《关于加强城乡社区协商的意见》,2017年6月中共中央、国务院出台了《关于加强和完善城乡社区治理的意见》。但从目前的情况来看,社区居民自治能力有待提升。

---

[1] 向德平、华汛子:《中国社区建设的历程、演进与展望》,《中共中央党校(国家行政学院)学报》2019年第3期,第107页。

[2] 向德平、华汛子:《中国社区建设的历程、演进与展望》,《中共中央党校(国家行政学院)学报》2019年第3期,第109页。

从资金供给来看,共建模式下的居住社区建设缺乏稳定的资金来源。政府投入主要是通过财政专项拨款或者提供场地和设施或减免税收等形式提供,有奖募捐基金主要是民政局通过福利彩票筹集资金投入社会福利设施,来源于社会各类捐助的资金难以满足需求。社区服务资金来源不稳定,容易使社区组织重经济效益而忽视社区服务的社会效益。

从人力资源供给与动员来看,目前我国已经逐渐建立一支以专职人员为骨干、兼职人员为主体、志愿者为基础的社区服务队伍,目前其服务项目内涵、质量及专业化技能等尚处于较低水平。社会各界对社区工作职业认识不一致,从事职业化社区社会工作的积极性较低。根据"中国城市居民职业声望量表"的统计显示,社区服务人员的声望排在厨师、出租车司机、邮递员、公交车司机等后面,位于第53位,略高于殡仪馆工人、售货员、保姆和建筑业民工等。[1]

从社区组织的生态环境来看,我国许多地方的慈善基金会、希望工程办公室、社会福利院、社区服务中心、老年人服务中心以及其他一系列服务机构,就其目标任务、组织架构等方面的情况来说是在从事社会工作,但其运作不是职业化和专业化的社会工作方法,只是一些经验性的做法或政府行政行为的延伸。[2]

从共识达成情况来看,社会学家、政府和社会团体以及居民对社区发展的主体性成员的认识不一致。社会学家中,有的强调政府的作用,有的强调居民和社会组织的作用;许多居民往往将社区发展视为政府的事情。[3]政府定位不清,往往忽视居民和社会组织应有角色与作用,在实践中甚至"以政代社"。

四、新农村建设模式

2006年,党的十六届六中全会第一次提出了"农村社区"概念,开始在全国范围内推进农村社区建设。2009年,民政部发布《关于进一步推进和谐社区建设工作的意见》,确定"建设管理有序、服务完善、文明祥和的社会生活共同体"的目标,统筹推进城乡社区建设。2005年中央政府提出要建设"社会主义新农村",2007年10月党的十七大会议提出"要统筹城乡发展,推进社会主义新农村建设"。其建设方针是"生产发展、生活宽裕、乡风文明、村容整洁、管理民主",其主要内容是公共设施建设和公共服务供给,其建设目标是加快改善农村居民人居环境,提高农民素质,推动"物的新农村"和"人的新农村"建设齐头并进。

继2008年浙江省安吉县正式提出"中国美丽乡村"计划后,美丽乡村建设逐步成为全国社会主义新农村建设的代名词。涌现出了产业发展型、生态保护型、城郊集约型、社会综治型、文化传承型、渔业开发型、草原牧场型、环境整治型、休闲旅游型、高效农业型等诸多发展模式。总体来看,农村社区选择的发展模式均基于自身的禀赋基础。如

---

[1] 许欣欣:《从职业评价与择业取向看中国社会结构变迁》,《社会学研究》2000年第3期,第69页。
[2] 徐永祥:《社区发展论》,华东理工大学出版社2000年版,第23页。
[3] 徐永祥:《社区发展论》,华东理工大学出版社2000年版,第6页。

本社区的产业优势和特色明显的，形成"一村一品""一乡一业"，实现产业聚集，产业链条不断延伸，通过产业带动实现整个社区的综合发展；如本社区生态环境优美、环境污染少，则充分发挥自然条件优越的特点，以传统的田园风光、乡村特色为着力点，转变生态环境优势为经济优势，通过发展生态旅游实现社区发展；如本社区地处大中城市郊区，则充分利用其经济基础好、公共设施和基础设施较完善、交通便捷等特点，发展为大中城市配套的经济型农业和非农产业，从而实现社区发展。

此外，规划型社区建设和老旧社区的更新改造是社区发展处于某一阶段时出现的新模式。其中，规划型社区在城市表现为大型居住社区，在农村表现为农民集中居住社区，均为通过规划形成的集中居住区。城市改造和更新是老旧居住社区顺应周边区域发展变化的路径选择。

参考文献

白云：《全国城市社区服务工作座谈会要求以居委会为基层单位开展社区服务》，《人民日报》电子版，https://new.zlck.com/rmrb/news/8M0IUJ5V.html，1987年9月22日。

[美]彼得·卡尔索普、威廉·富尔顿：《区域城市——终结蔓延的规划》，叶齐茂、倪晓晖译，江苏凤凰科学技术出版社2018年版。

[德]斐迪南·滕尼斯：《共同体与社会》，林荣远译，商务印书馆1999年版。

费孝通：《小城镇，大问题》，《费孝通文集》第九卷，群言出版社1999年版。

费彦、林毅：《城市居住区公共服务设施供应研究——以广州为例》，清华大学出版社2014年版。

甘炳光等：《社区工作理论与实践》，香港中文大学出版社1994年版。

胡晓青：《中国宜居密度研究》，中国建筑工业出版社2018年版。

黄晓星、蔡禾：《治理单元调整与社区治理体系重塑——兼论中国城市社区建设的方向和重点》，《广东社会科学》2018年第5期。

黄忠怀：《空间重构与社会再造——特大城市郊区社区发展研究》，华东理工大学出版社2012年版。

基层政权和社区建设司：《科学发展整体推进全面加强和谐社区建设——城市社区居委会建设的现状、存在的问题及对策研究》，http://mzzt.mca.gov.cn/article/hxsqyth/zxlw/200810/20081000020704.shtml，2008年10月13日。

姜晓萍、郭金云：《全面践行新发展理念开创社区发展治理新境界》，《先锋》2017年第9期。

黎熙元、黄晓星编著：《现代社区概论》，中山大学出版社2017年版。

[加]麦克·布鲁姆菲尔德、麦克·里斯高、马克·罗斯兰：《绿色城市：可持续社区发展指南》，张明顺译，企业管理出版社2007年版。

《上海住宅建设志》编纂委员会：《上海住宅建设志》，http://www.shtong.gov.cn/

node2/node2245/node75091/index.html。

唐忠新:《中国城市社区建设的兴起和主要特征》,《天津社会科学》2001 年第 6 期。

向德平、华汛子:《中国社区建设的历程、演进与展望》,《中共中央党校(国家行政学院)学报》2019 年第 3 期。

谢守红:《城市社区发展与社区规划》,中国物资出版社 2008 年版。

徐晓燕:《以城市设计指导住区规划的思考》,《建筑学报》2015 年版。

徐永祥:《社区发展论》,华东理工大学出版社 2000 年版。

许欣欣:《从职业评价与择业取向看中国社会结构变迁》,《社会学研究》2000 年第 3 期。

张必春、张彩云:《我国社区建设历程中居民主体性变迁分析》,《社会主义研究》2017 年第 4 期。

张勇:《我国六十年城市社区建设历程、脉络与启示》,《深圳大学学报(人文社会科学版)》2012 年第 3 期。

朱锡金:《居住区规划发展略记》,《上海城市规划》2018 年第 6 期。

住房和城乡建设部:《城市居住区规划设计标准》(GB50180-2018),2018 年 7 月。

# 第三编
区域发展类型(II)

实践中有一些具体的区域发展类型是跨越行政区的,其区域发展空间范围不以各个等级的行政区域为边界,而是以按某类特定指标划分的"均质"功能区为边界,这种跨行政区的"均质"功能区,不但存在于经济发展区域类型中,也存在于社会和生态等区域发展类型中。本编将上述跨行政区空间范围内的区域发展类型归入其中。具体由农业园区发展、第二产业经济园区发展、第三产业经济园区发展、经济特区和国家新区发展、欠发达地区发展、国家主体功能区发展、城市群发展、经济带发展、国家生态功能区发展等九章组成。

第十五章　农业园区发展

农业园区是专门规划建设的以发展现代农业为主的特定区域,是率先探索现代农业发展路径模式,创新农业政策机制和发展方式,构建现代农业产业体系,优化农业布局结构,促进农业资源要素科学高效开发利用,推动农业科技创新,加快农业现代化进程,延长农业产业链,提升农业产业竞争力及经济、社会和环境效益等的重要载体。农业园区的发展是一个地区甚至国家农业现代化的重要引擎与标志,发展质量较高的农业园区是区域经济、社会和生态格局中的重要功能区。

第一节　农业园区概述

发达国家的农业园区伴随着农业现代化而发展,具有起步早、发展快、功能和类型多样等特征。[①] 我国农业园区主要兴起于20世纪90年代,虽然起步较晚,但自21世纪初以来发展速度逐渐加快,农业园区化发展的趋势特征不断增强。目前,全国各地已形成了层级数量众多、覆盖领域广泛、类型名目多样、规模水平及功能特色各异的农业园区。

一、农业园区的概念内涵

农业园区是基于一定的发展目标和建设要求,专门划出的用于集中发展现代农业产业的区域,一般都具有明确的空间边界和独立的管理主体。农业园区所发展的农业产业为广义农业概念,涵盖农、林、牧、渔业各产业领域,以及现代农业产业链延伸覆盖的多种相关产业和新业态,既包括农业种植业、养殖业,也包括农产品加工业,以及农业科研、文化旅游、

---

① 孙宁、李存军等:《国内外现代农业园区发展进程及经验借鉴》,《中国农业信息》2019年第31卷第3期,第27—38页。

商业会展、贸易物流等相关服务业。农业园区的主要生产方式呈现多样化特征,既包括设施农业,也包括露地农业,区域范围较大的农业园区,往往以露地农业生产方式为主,农业园区的景观形态与普通农业区域一般并无显著差别。农业园区一般选址在具有发展相关产业的主要资源、特色产业、交通区位等优势的农业农村区域内,具有一定的建设规模和明确的四至地理边界范围。农业园区的建设发展以统一的园区规划、方案以及所在国家和地区的相关政策法规等为依据,基于区域整体和长远发展视角确立方向目标,进行产业组织、空间布局引导,有专门的组织领导机构、园区管理委员会、专家委员会等进行指导、管理和服务,享有土地、资金、项目等多方面的倾斜支持政策,按照现代农业产业的发展要求进行设施资源配置,有现代化的设施、装备和技术等为支撑。因此,农业园区的战略基点与发展动力、优质资源要素空间集聚度、土地生产率、劳动生产率、科技贡献率,以及规模化、现代化、产业化和市场化水平,经济、社会和生态效益等一般高于普通农业区域,代表了区域现代农业发展的前沿方向,是发展现代农业产业的重要载体。

二、农业园区的功能作用

农业园区不仅具有生产和经济功能,而且具有文化休闲、教育科研、生态保护等多元化功能,但不同类型的农业园区因建设发展目标、发展重点等的差异,主要功能作用并不相同。总体来看,农业园区的主要功能作用可归结为以下几个方面:

一是加快农业现代化进程,提升农业功能效益。农业园区一般具有较大的地域规模,同类农业用地在空间上集中连片,实现同一业态或产品规模化、集约化生产经营,应用先进的农业机械装备与新技术;园区规划建设现代化的农业生产设施和配套基础设施,国家级农业园区尤其是核心区一般实现"七通一平"建设,现代农业发展的环境设施条件较好;有专项规划、方案等为引导,有健全高效的机构和组织进行统一的管理与服务,有涉农企业、农村合作经济组织等引领带动,组织化、市场化水平较高,在土地、资金、人员、环境设施、技术、政策等多方面拥有比较优势。因此,农业园区有条件率先探索传统农业向现代农业转型升级的机制、路径和模式,是加快农业现代化进程,增强农产品市场竞争力,提升农业经济、社会和生态效益,拓展农业功能,延长农业产业链,拓宽农民就业及增收渠道,支撑带动乡村经济发展等的重要增长极。

二是推动农业科技创新,增强科技创新对农业发展的驱动引领作用。农业园区是农业科技研究试验、成果应用转化和示范推广的重点区域。园区通过将农业科研院所、农业科技人才、农业科技项目及基金等农业科技创新资源要素的集聚、集成、整合,更好地推动农业产、学、研有效联动,把握国际国内农业科技的前沿动态,结合地区资源禀赋条件、园区特色及发展需要,建立科研基地,开展农业新科技研发、新技术新品种引进、农业科技成果转化及推广应用、农业科技企业孵化、农业科技人才培养等,是推进农业科技创新探索实践,提升农业科技创新能力,将农业科技成果转化为现实生产力等的重要功能区。

三是增强辐射示范作用，扩大农业对外交流合作。发展水平领先的农业园区一定程度上代表了一个地区甚至国家现代农业发展的前沿方向与实力水平，是区域现代农业发展的缩影与标志，是现代农业对外示范展示、交流合作等的重要窗口与平台。园区内龙头企业、合作经济组织等的发展，也会对周边地区农业和相关产业的发展、农民的就业等起到积极的辐射带动作用。园区主体及区内生产经营主体与国内外其他农业园区、行业领军企业、科研院所、农业农村发展机构组织等开展多种形式的交流与合作，是引领带动区域农业开放式发展，拓展服务半径，开拓新市场，提升产业发展水平、竞争力和影响力等的重要力量。

三、农业园区的主要类型

随着农业产业内涵、结构、水平等的发展变化，以及区域经济社会发展阶段、主要问题和需求结构等的变化，农业园区也在不断发展衍化，形成诸多细分类型。基于不同的角度，可以划分出不同类型，如：

按照批准建设的行政机构等级，我国的农业园区可划分为国家级、省级、地市级、县级及以下等不同级别。目前我国重点推动建设的国家级综合农业园区主要包括国家农业科技园区、国家农业高新技术产业示范区、国家现代农业示范区、国家现代农业产业园等。

按照建设和运营的主体，我国农业园区可划分为政府主导型、企业主导型、政府与企业联办型、科研单位主导型等多种类型。政府主办型农业园区主要由中央或地方政府及相关职能部门直接投资建设和管理，在我国农业园区发展初期，大部分园区由地方政府投资建设，随着发展，一些政府逐渐退出，转为企业化运作。企业主办型农业园区由企业自筹资金投资建设，完全市场化经营运作，企业投资主体又可划分为国有企业、集体企业、民营企业、外资企业、合资企业等多种类型。政府与企业联办型农业园区，早期主要是由政府承担土地、基础设施等前期筹划和建设任务，企业承担园区其他建设任务和运营管理，随着发展，政府与企业以多种方式合作共建农业园区。科研单位主导型农业园区是指高校或科研院所为园区建设管理主体。

按照土地利用状况，农业园区可划分为种植业类农业园区，如蔬菜产业园、花卉苗木产业园等；养殖业类农业园区，如畜禽养殖场、水产养殖区等；加工业类农业园区，如农产品加工产业园；旅游休闲等服务业类农业园区，如休闲农业园区、观光农园、主题庄园等。

根据主要产业构成，农业园区既包括涵盖多个农业行业的综合型农业园区，如现代农业示范区、农业开放发展综合实验区等，也包括聚焦单一产业甚至单一产品的专业型农业园区，如生态渔业产业园、蔬菜标准园、马铃薯示范区、葡萄园等。

按照建设发展的主要功能目的，农业园区可划分为农业科技园区、现代农业产业园区、粮食生产功能区、重要农产品生产保护区、特色农产品优势区、农业可持续发展试验示范区、国际农产品加工产业园等。

按照发展运行的时间,农业园区既包括长期的、固定的农业园区,也包括短期的、临时的农业园区。大部分农业园区属于前一种类型;而农业博览会、农业嘉年华①及其他重大农业节庆中,仅限于活动举办期产品展示展览的农业园区属于后一种类型。

此外,按照分布的国家和地区,农业园区还可划分为国内农业园区和境外农业园区。按照园区规模,既有100平方公里以上的大型农业园区,也有1平方公里以下的小型农业园区。

不同类型的农业园区在地域空间上可能存在交叉、重合或包含等关系。例如,上海市被批准整建制创建国家现代农业示范区,市域内也包括上海浦东国家农业科技园、上海崇明国家农业科技园、上海金山国家农业科技园等国家级农业科技园区,还包括十几家市级现代农业园区,以及休闲农业园、蔬菜标准园等类型多样的其他农业园区。

第二节 农业科技园区

农业科技创新是提高农业生产率,增强农业产业竞争力,促进农业提质增效发展的重要驱动力,农业科技园区是开展农业科技创新探索实践的前沿阵地与重要功能区,农业科技园区的发展水平是一个国家和地区农业科技发展水平的重要标志。农业技术园是国外现代农业园区中最常见的模式②,引导推动农业科技园区建设发展是一个国家和地区推动农业科技创新、提升农业科技创新能力和水平的重要路径。

一、农业科技园区概述

农业科技园区是根据农业科技发展的方向和目标,集中规划建设的以农业科技研发、成果转化、应用推广、示范辐射等为发展重点,有明确区域边界的农业产业区域。农业科技园区着眼于世界农业科技的前沿领域,立足国家和地区农业产业及农业科技发展的实际情况,以体制创新和科技创新为动力,以技术密集为主要特征,优先配置、集聚整合农业科研单位、人才、项目等科技创新资源要素,有优质的发展环境和设施条件,有专门的组织领导机构和管理服务团队,有政府的倾向性支持引导,有条件率先开展农业科技研发、引进、试验,加速农业科技成果转化、推广应用和示范辐射,推动农业科技教育与培训,是增强科技创新对农业发展的驱动引领作用,增强农业产业竞争力,保障农业高效、可持续发展等的重要载体。在我国,建设国家农业科技园区是党中央、国务院提出的一项重要任务。

我国的农业科技园区按照批准建设的机关部门,可划分为国家级、省级、地市级、县级、乡镇级等多个层级。从空间格局来看,国家级农业科技园区规划范围一般较大,区域空间又进一步划分为核心区、示范区和辐射区;此外,各类农业科技园区中也存在"一

---

① 张天柱主编:《农业嘉年华规划、建设与案例分析》,中国轻工业出版社2017年版,第20—27页。
② 俞美莲、马莹等:《国外现代农业园区发展对上海的启示》,《上海农业学报》2014年第30卷第6期,第7—12页。

区多园"和"一园多区"等多种布局结构。按照产业构成,既包括综合型的农业科技园区,也包括专业型的农业科技园区。从园区建设的主要目标定位来看,形成了农业科技推广示范园区、农业科技园区、农业高新技术产业示范区等多种类型。按照建设和运营的主体,包括政府主导型、企业主导型和科研单位主导型等不同类型。

二、我国农业科技园区的发展

美国、日本、以色列等发达国家的农业科技园区约起步于20世纪70年代,目前已进入比较成熟的发展阶段。[①]我国的农业科技园是20世纪90年代开始出现的一种新型农业发展模式[②],主要发展历程大致可划分为试点探索、全面推进、升级发展三个阶段,几个阶段在时间上存在一定的重合过渡期。

(一)试点建设阶段

约从20世纪90年代至21世纪初,我国农业科技园区建设经历了从地方探索到国家试点,从盲目无序建设到政策制度引导规范的发展过程。20世纪90年代,为了推进农业现代化,我国一些地方政府开始探索推动现代农业园区发展,农业科技推广示范园区是其中一种主要形式。例如,1991年,福建省人民政府批准创建厦门闽台农业高新技术园区,至1995年共建省级农业科技园区4个;1995年,山东省建立了济南、潍坊等10个农业高新技术开发示范区。[③]1998年,中华人民共和国财政部出台了《关于财政支持建立农业科技推广示范园区的若干意见》,决定在部分省(区、市)开展财政支持农业科技推广示范园区建设。随着各地农业科技园区数量规模的较快增长,也呈现出重复建设、盲目引进、科技含量不高、市场竞争力不强等普遍性问题,亟待引导和规范。2000年1月,《中共中央、国务院关于做好2000年农业和农村工作的意见》提出:"要抓紧建设科学园区,并制定扶植政策";同年2月,国务院办公厅《关于落实中共中央、国务院做好2000年农业和农村工作意见有关政策问题的通知》进一步明确指出:"农业科技园区由科技部牵头,会同有关部门制定建设规划和政策措施。"2001年,科技部会同原农业部、水利部等六部门成立了园区部际协调指导小组和联合办公室。2001年1月,全国农业科学技术大会召开,将建设国家农业科技园区列为一项重大科技行动;4月,国务院印发《农业科技发展纲要(2001—2010年)》,提出了国家级农业科技园区的建设目标;7月,科技部印发《农业科技园区指南》和《农业科技园区管理办法(试行)》,明确了农业科技园区建设的方向、目标、重点和要求等关键内容。至此,我国在国家层面引导推动农业科技园区建设发展的政策和制度框架体系初步建立。2001年9月,科技部会同原农业部等有关部门,批准山东寿光、浙江嘉兴等21个农业科技园为第一批"国家农业科技园(试点)";为了引导各试点园区正确把握建设方向和重点,2001年10月,科技

---

① 李春杰、张卫华、于战平:《国外现代农业园区发展的经验借鉴——以天津现代农业园区发展为例》,《世界农业》2017年第12期,第230—235页。
② 张宝文:《推进农业科技园区建设加快农业现代化进程》,《科技园区》2002年第7期,第7—8页。
③ 胡永年:《我国现代农业园区发展动态》,《安徽农学通报》1998年第4卷第4期,第12—14页。

部联合有关部门印发《关于加强"国家农业科技园区"工作的补充通知》；2002年5月，再次批准宁波慈溪、青岛即墨等15个农业科技园为第二批国家农业科技园区(试点)。两批试点共包括36个农业科技园区，在我国大陆31个省级行政区均有分布。

（二）全面推进阶段

约从我国"十一五"规划开始十余年左右的时间内，国家农业科技园区建设经历了从研究部署到实质性启动，从少数试点到规模扩张、全面推进的发展过程。2006年1月，国务院发布《国家中长期科学和技术发展规划纲要(2006—2020年)》，其中提出必须把科技进步作为解决我国"三农"问题的一项根本措施，大力提高农业科技水平，经过15年的努力，我国农业科技整体实力进入世界前列。2006年10月，科技部印发《国家"十一五"科学技术发展规划》，提出要加快农业科技园区建设。2007年5月，科技部会同有关部门印发了《"十一五"国家农业科技园区发展纲要》，其中进一步明确"十一五"期间在全国发展建设80—100个国家农业科技园区试点，认定30—50个区域代表性和引导、示范与带动作用强的国家农业科技园区的总体目标。2010年，科技部批准北京顺义、天津滨海等27个农业科技园区为国家农业科技园区，第三批国家农业科技园区建设正式启动。2011年，《中共中央、国务院关于加快推进农业科技创新持续增强农产品供给保障能力的若干意见》提出要把农业科技摆上更加突出的位置，推进国家农业科技园区建设；2012年，《"十二五"农业与农村科技发展规划》提出全面推进"一城两区百园"建设工程，其中国家农业科技园区建设目标是园区总数达到120个左右。为贯彻落实相关文件精神和任务要求，"十二五"期间，科技部先后启动了四个批次共182个国家农业科技园区建设，至"十二五"期末已累计批准建设七批245个国家农业科技园区，基本覆盖我国大陆所有省级行政区、计划单列市和新疆生产建设兵团。这一时期，除国家级农业科技园区外，地方层面各级各类的农业科技园区也呈现快速发展势头。

（三）升级发展阶段

约从"十二五"规划初期开始至今，我国农业科技园区建设经历了从提出更高的战略目标和发展要求，出台国家层面的指导意见到实质性启动重点园区建设的发展过程。主要表现为农业科技园区建设的战略布局扩大、发展定位提高、路径模式拓展、园区载体升级。国家级农业高新技术产业示范区是国家级农业科技园区的升级版。1997年，经国务院批准，杨凌农科城成立了我国第一个国家级农业高新技术产业示范区，但此后十余年的时间中，我国国家层面推动农业科技创新的主要载体是国家农业科技园区，直至2011年，中共中央、国务院《关于加快推进农业科技创新持续增强农产品供给保障能力的若干意见》明确提出，推进国家农业高新技术产业示范区和国家农业科技园区建设，首次将建设国家级农业高新技术产业示范区作为加快推进农业科技创新的任务要求之一。2012年，《"十二五"农业与农村科技发展规划》作出全面推进"一城两区百园"建设工程的战略部署，其中"一城两区"是北京国家现代农业科技城、杨凌国家农业高新技术示范区和山东黄河三角洲国家现代农业科技示范区，农业科技创新载体建设的战略布局实现扩围升级。2015年,国务院批复同意成立黄河三角洲农业高新技术产业示范区,成为我国第二个国家级农业高新技术产业示范区。2018年1月,国务院办公厅印发了《关于推进农业高新技术产业示范区建设发展的指导意见》,这是国家层面首次出台的指导农业高新技术产业示范区建设发展的政策文件,提出了国家农业高新技术产业示范区建设的总体要求、重点任务、政策措施和保障机制;同年10月,国务院发布《国务院关于进一步支持杨凌农业高新技术产业示范区发展若干政策的批复》,同意科技部、陕西省人民政府《关于进一步支持杨凌农业高新技术产业示范区发展若干政策建议的请示》;10月,科技部印发《国家农业高新技术产业示范区建设工作指引》,明确了国家农业高新技术产业示范区的申报条件和建设流程。2019年11月,国务院分别批复同意将山西太谷农业高新技术产业示范区和南京白马国家农业科技园区升级为国家级农业高新技术产业示范区,分别建设为山西晋中国家农业高新技术产业示范区和江苏南京国家农业高新技术产业示范区。至此,我国的国家级农业高新技术产业示范区建设进入实质性提速扩围和高质量发展的新阶段。

自2001年首批国家农业科技园区试点启动至2018年,科技部已先后批准了八批共277个国家级农业科技园区建设,覆盖我国大陆31个省级行政区200多个市、县、区(表15-1、表15-2);2019年10月,第九批国家农业科技园区申报已启动。自1997年至2019年,国务院共批复成立了4个国家级农业高新技术产业示范区。目前,我国共有省级、地市级农业科技园区5 000多家。[①]我国《"十三五"农业农村科技创新专项规划》提出了到2020年建设30个国家农业高新技术产业示范区、300个国家农业科技园区和3 000个省级农业科技园区的任务目标。

表15-1 我国第一至八批国家农业科技园区批准时间和数量情况

批次	批准建设时间	数量(个)
第一批	2001年9月	21
第二批	2002年5月	15
第三批	2010年12月	27
第四批	2012年4月	8
第五批	2013年10月	46
第六批	2015年2月	46
第七批	2015年12月	82
第八批	2018年12月	32
合计		277

资料来源:根据科技部相关批准建设或验收结果通知等相关文件整理。

---

① 谢玲红、吕开宇、夏英:《乡村振兴视角下农业科技园区绩效评价及提升方向——以106个国家农业科技园区为例》,《中国科技论坛》2019年第9期,第162—172页。

表 15-2 我国第一至八批国家农业科技园区的地区分布情况

地区	数量(个)	园区名称
北京	7	北京昌平、顺义、通州、延庆、房山、密云、平谷国家农业科技园区
天津	2	天津津南、滨海国家农业科技园区
河北	15	河北三河、唐山、邯郸、石家庄藁城、定州、沧州、大厂、固安、涿州、滦平、丰宁、白洋淀、辛集、威县、衡水国家农业科技园区
山西	4	山西太原、晋中、运城、吕梁国家农业科技园区
内蒙古	8	内蒙古赤峰、和林格尔、乌兰察布、锡盟、巴彦淖尔、通辽、鄂尔多斯、包头国家农业科技园区
辽宁	8	辽宁阜新、海城、铁岭、锦州、朝阳、台安、大连金州、大连旅顺国家农业科技园区
吉林	6	吉林公主岭、松原、延边、通化、白山、辽源国家农业科技园区
黑龙江	6	黑龙江哈尔滨、建三江、黑河、大庆、佳木斯、绥化国家农业科技园区
上海	3	上海浦东、崇明、金山国家农业科技园区
江苏	12	江苏常熟、南京、盐城、淮安、徐州、泰州、南通、无锡、连云港、镇江、扬州、宿迁国家农业科技园区
浙江	8	浙江嘉兴、杭州、湖州、金华、安吉、温州、宁波慈溪、宁波象山国家农业科技园区
安徽	16	安徽宿州、芜湖、铜陵、合肥、蚌埠、安庆、阜阳、马鞍山、滁州、池州、淮北、亳州、宣城、六安、淮南、小岗国家农业科技园区
福建	7	福建漳州、宁德、泉州、龙岩、邵武、三明、厦门国家农业科技园区
江西	8	江西南昌、新余、上饶、丰城、赣州、萍乡、宜春、九江国家农业科技园区
山东	20	山东寿光、滨州、东营、烟台、济宁、泰安、临沂、德州、威海、菏泽、济南、枣庄、潍坊、聊城、栖霞、邹城、滨城、莒南、青岛即墨国家农业科技园区
河南	14	河南许昌、南阳、濮阳、鹤壁、郑州、新乡、兰考、商丘、漯河、焦作、安阳、驻马店、周口、信阳国家农业科技园区
湖北	10	湖北武汉、仙桃、荆州、潜江、荆门、十堰、宜昌、黄石、襄阳、孝感国家农业科技园区
湖南	12	湖南望城、永州、衡阳、岳阳、湘潭、湘西、怀化、常德、宁乡、郴州、邵阳、张家界国家农业科技园区
广东	9	广东广州、湛江、珠海、河源、韶关、江门、茂名、深圳宝安、深圳国家农业科技园区
广西	7	广西百色、北海、桂林、钦州、贺州、来宾、玉林国家农业科技园区
海南	3	海南儋州、三亚、陵水国家农业科技园区
重庆	11	重庆渝北、忠县、璧山、丰都、潼南、长寿、江津、永川、涪陵、铜梁、酉阳国家农业科技园区
四川	9	四川乐山、雅安、宜宾、内江、南充、巴中、绵阳、遂宁、德阳国家农业科技园区
贵州	10	贵州贵阳、湄潭、毕节、黔西南、安顺、黔南、黔东南、铜仁、六盘水、赤水国家农业科技园区

(续表)

地区	数量(个)	园区名称
云南	13	云南红河、昆明石林、楚雄、玉溪、滇中、宣威、大理、保山、曲靖、易门、弥勒、普洱、文山国家农业科技园区
西藏	4	西藏拉萨、日喀则、那曲、林芝国家农业科技园区
陕西	9	陕西渭南、杨凌、榆林、汉中、咸阳、宝鸡、铜川、西咸、商洛国家农业科技园区
甘肃	9	甘肃定西、天水、武威、酒泉、张掖、白银、甘南、临夏、庆阳国家农业科技园区
青海	5	青海西宁、海东、海西、海南、海北国家农业科技园区
宁夏	5	宁夏吴忠、银川、石嘴山、固原、中卫国家农业科技园区
新疆	17	新疆生产建设兵团、昌吉、伊犁、生产建设兵团阿拉尔、生产建设兵团五家渠、和田、乌鲁木齐、哈密、塔城、克拉玛依、生产建设兵团五一农场、沙湾、温宿、生产建设兵团胡杨河、农垦科学院、博尔塔拉、生产建设兵团铁门关国家农业科技园区
合计	277	

资料来源:同表 15-1。

表 15-3　我国四大国家级农业高新技术产业示范区基本概况

批准时间	园区名称	园区概况
1997 年 7 月	陕西杨凌农业高新技术产业示范区	总面积 135 平方公里,总人口 24 万,下辖县级单位杨凌区,杨凌区三个街道办、两镇、55 个行政村、23 个社区。 我国第一个国家级农业高新技术产业示范区,中国自由贸易试验区中唯一以农业为显著特色的片区。现代农业是立区之本,规划建了 100 平方公里的现代农业示范园区,在全国 18 个省(市、自治区)建成农业科技示范推广基地 318 个。与"一带一路"60 多个国家和地区建立农业科技合作关系。2018 年,示范区实现生产总值 150.5 亿元,地方财政收入 8.49 亿元。
2015 年 10 月	山东黄河三角洲农业高新技术产业示范区	规划面积 350 平方公里,其中核心区 120 平方公里,拓展区 230 平方公里。辖原东营农高区、广饶县丁庄街道、滨海新区、盐业公司 4 个板块和 49 个行政村,常住人口 5.3 万人。 着力建设以盐碱地农业为特色的具有国际影响力的全国农业创新高地,以现代种业、农业智能制造、大健康功能食品、农业科技服务与展示交易为重点产业。2018 年,全区实现生产总值 63.1 亿元,一般公共预算收入 3.7 亿元。
2019 年 11 月	山西晋中国家农业高新技术产业示范区	示范区总面积 106.49 平方公里,前身为山西太谷农业高新技术产业示范区。 以有机旱作农业为主题,以农副食品加工为主导产业,努力建设全国健康食品和功能农业综合示范区、科技产业孵化示范区、特色农产品优势区、农产品加工物流集散区。
2019 年 11 月	江苏南京国家农业高新技术产业示范区	示范区总面积 145.86 平方公里,前身为南京白马国家农业科技园区。 以绿色智慧农业为主题,以生物农业为主导产业,努力建设国际农业科技合作示范区、长三角农业科技创新策源地、科技振兴乡村样板区,协同推进农产品特色加工、农业智能装备制造、农业科技服务业发展。

资料来源:根据相关园区官网信息或国务院批复文件整理。

三、我国农业科技园区的建设管理

（一）领导管理机构

我国国家级农业科技园区的组织领导和管理机构包括多个层级和主体。在国家层面包括园区协调指导小组、园区协调指导小组管理办公室和园区专家工作组。其中，园区协调指导小组由科技部、农业部、水利部、国家林业局、中国科学院、中国农业银行等六部门组成，科技部为组长单位；园区管理办公室设在科技部农村科技司。指导小组和办公室负责对农业科技园区工作进行宏观指导，组织政策规划编制和发布，统筹协调和日常管理等。园区专家工作组由相关领域的知名专家组成，负责相关战略和政策研究、决策咨询和技术指导等，参与相关论证、评审、监管、验收、评估等。园区所在的省级行政区、计划单列市和新疆生产建设兵团相应成立园区工作领导小组，落实国家相关政策，对本辖区内园区建设发展进行指导和管理。园区申报单位成立园区建设领导小组和园区管理委员会，负责园区组织领导、协调推进和具体建设运行管理等。我国的国家级农业高新技术产业示范区由国务院统一部署，科技部等有关部门建立沟通协调机制，由科技部委托专门管理机构进行管理，原则上地级市（地区、自治州、盟）或副省级城市人民政府为建设主体，具体的组织领导机制和管理模式还在探索完善之中。其中，陕西杨凌农业高新技术产业示范区实行省部共建的领导管理体制，由国家科技部等二十几个部委和陕西省人民政府共同建设，示范区管委会具有地市级行政管理权和省级经济管理权。

（二）相关政策文件

21世纪初以来，我国在国家层面引导推动农业科技园区建设发展的政策文件和制度机制逐步建立健全和优化完善。从规范性政策文件来看，主要包括专项指导意见、管理办法、建设指南、发展规划等。随着时间推移，一些政策文件因适用期已满或不再适应新的形势要求，已经失效或废止，但这些政策文件在其实施期所处的特定发展阶段中，对引导、推动和规范我国农业科技园区健康、有序、较快发展发挥了积极作用。

表15-4 21世纪以来关于我国农业科技园区建设发展的主要政策文件

序号	文件名	备注
1	《农业科技发展纲要（2001—2010年）》（国发〔2001〕12号）	已失效（适用期已过）
2	《农业科技园区管理办法（试行）》（国科发农社字〔2001〕229号）	已废止（已不适应新的发展形势）
3	《农业科技园区指南》（国科发农社字〔2001〕229号）	
4	《关于加强"国家农业科技园区"工作的补充通知》（国科发农社字〔2001〕395号）	
5	《"十一五"国家农业科技园区发展纲要》（国科发农字〔2007〕284号）	已废止（适用期已满）
6	《国家农业科技园区综合评价指标体系》	2007年印发

(续表)

序号	文件名	备注
7	《"十二五"国家农业科技园区发展规划》(国科发农〔2011〕268号)	已废止(适用期已满)
8	《"十二五"农业与农村科技发展规划》(国科发农〔2012〕98号)	已废止(适用期已满)
9	《"十二五"国家农业科技园区管理办法》(国科发农〔2012〕760号)	已废止(适用期已满)
10	《"十三五"农业农村科技创新专项规划》(国科发农〔2017〕170号)	现行
11	《国家农业科技园区发展规划(2018—2025年)》(国科发农〔2018〕30号)	现行
12	《国家农业科技园区管理办法》(国科发农〔2018〕31号)	现行
13	《国务院办公厅关于推进农业高新技术产业示范区建设发展的指导意见》(国办发〔2018〕4号)	现行
14	《国家农业高新技术产业示范区建设工作指引》(国科发农〔2018〕150号)	现行

资料来源:根据国务院和科技部发布的相关文件整理。

(三)建设申报与管理

我国的国家级农业科技园区原则上以园区所在的地市级及以上人民政府为申报单位。主要申报流程为:申报单位通过所在地人民政府向省级科技主管部门提出申请→省级科技主管部门组织专家进行评审,并经省级人民政府审定后报送国家园区协调指导小组管理办公室→园区管理办公室组织专家对申报园区进行实地考察,对申报园区进行论证和评审,将考察报告及专家评审结果报请协调指导小组审定→通过后由科技部发文正式批准。主要申报材料包括国家农业科技园区建设申报书、园区总体规划、园区建设实施方案及其他有关附件材料等。其中,国家农业科技园区总体规划编写的主要内容一般包括:园区概况,园区建设的必要性,园区建设发展的总体思路与目标,功能布局和建设定位,主要建设任务和考核指标,组织管理与运行机制,投资估算、资金筹措与效益分析,配套政策与保障措施,建设年度任务与进度安排及有关附件等。国家级农业高新技术产业示范区的主要申报流程为:由示范区所在省(自治区、直辖市)人民政府制定示范区建设发展规划和实施方案,向科技部提出建设意向,科技部组织相关专家进行现场考察→根据考察意见修改完善建设发展规划和实施方案,向国务院提出申请→科技部组织专家进行实地考察论证,会同有关部门报国务院审批→通过后由国务院发文批准成立。

我国的农业科技园区实行动态管理评估和相应的奖励与退出机制。其中,国家级农业科技园区建设期为三年,建设期满由园区建设单位提出申请,园区管理办公室组织验收,结果向社会公布。不能按期参加验收的园区应提前半年提出延期验收申请,由园区管理办公室批准。验收的主要依据是《国家农业科技园区管理办法》、参加验收园区的总体规划和建设实施方案。对通过验收的园区,由园区管理办公室进行动态管理和综合评估，一个评估阶段一般为三年，评估结果分为优秀、达标和不达标三种。对于优秀园区将加大支持力度，并支持符合条件的园区申请建设国家农业高新技术产业示范区；对于不达标的园区一般限期整改，期限为一年，若整改后再次评估结果仍为不达标则取消园区资格。根据《国家农业高新技术产业示范区建设工作指引》，我国的国家级农业高新技术产业示范区要建立年度报告制度和年度统计制度，并由科技部委托第三方机构每三年进行一次评估，对建设质量不高的园区建立约谈机制，有进有退动态管理。

第三节 现代农业园区

现代农业园区是率先探索区域现代农业发展的有效机制模式和路径措施，推动传统农业向现代农业转变，促进一二三产业融合发展等的重要载体。现代农业园区是一个地区甚至国家农业现代化的重要窗口与缩影，引导支持现代农业园区的建设发展是一个国家和地区加快农业现代化进程的重要决策部署与实现路径。

一、现代农业园区概述

现代农业园区是根据现代农业产业发展的方向和目标，集中规划建设的以发展现代农业为主的产业区域。现代农业园区通过农业发展体制机制改革创新，激活区域农业发展的潜力与优势，促进相关资源要素科学高效开发利用，推动农业产业结构和布局结构优化调整，建设现代化的生产设施和基础设施，转变农业生产经营方式，提高农业规模化、机械化、组织化、市场化、品牌化水平，培育新产业、新业态，延长农业产业链，是加快农业现代化进程，提升农业产业化水平和经济效益，拓展农业的社会、文化、生态等多种功能，促进农民增收，保障农业农村繁荣、可持续发展等的重要载体。建设国家级现代农业园区是我国中央一号文件作出的决策部署，是加快我国农业现代化进程的重大举措。

我国的现代农业园区根据批准建设的机关部门，可分为国家级、省级、地市级、县级等多个层级。其中，国家级现代农业园区主要包括国家现代农业示范区和国家现代农业产业园。从用地规模来看，不同现代农业园区之间差异显著，其中国家现代农业示范区规模一般较大，北京、上海、天津等部分地区整建制创建，部分地区型和专业型的现代农业园区规模较小。从建设和运营的主体来看，主要包括政府主办型、企业主办型和政企联办型等。

二、我国现代农业园区的发展

我国的现代农业园区建设发展主要起步于 20 世纪 90 年代，经历了地方探索到国家推动，数量规模和建设发展水平不断提升，制度和政策体系逐步健全完善的发展演变历程。

（一）地方园区起步发展阶段

约从 20 世纪 90 年代至 21 世纪初，我国现代农业园区建设发展以地方政府推动下的自主探索实践为主。20世纪90年代初,我国东部沿海经济发达地区率先开启了农业现代化进程,一些地方政府积极探索加快转变农业发展方式的路径模式,现代农业园区建设随之起步。1994年,上海市成立了我国第一个综合型的现代农业开发区——上海浦东孙桥现代农业园区,至2000年已先后启动了12个市级现代农业园区建设;① 浙江省在20世纪90年代作出了通过建设现代农业园区加快全省农业现代化进程的战略决策,成立了浙江省现代农业示范园区建设领导小组,并于1996年批准了首批4个省级现代农业示范园区建设试点;江苏省人民政府批准在徐州、连云港等8市建立省级外向型农业综合开发区等。② 此后,全国各地先后建立了数批省级及以下数量众多的各类现代农业园区。

(二)国家级示范区起步发展阶段

约从"十一五"期末至"十二五"期末,我国现代农业园区建设进入新的阶段,国家层面作出创建国家级现代农业示范区的战略部署,相关政策机制逐步建立健全,国家现代农业示范区建设实质性启动,并呈现数量多、速度快的发展特征。2009年11月,原农业部发布《关于创建国家现代农业产业示范区的意见》,提出从2010年开始,用五年时间在全国创建一批国家现代农业示范区;2010年中央一号文件《中共中央、国务院关于加大统筹城乡发展力度进一步夯实农业农村发展基础的若干意见》明确提出创建国家现代农业示范区。2010年8月,农业部发布通知,认定北京顺义、天津西青等50个县(区、市、垦区)为第一批国家现代农业示范区,我国的国家级现代农业示范区建设正式启动。2012年和2015年,农业部先后认定了第二批和第三批国家现代农业示范区。2015年第三批国家现代农业示范区认定后,合并前两批认定的重合县市,我国的国家现代农业示范区总数达到283个,已超过国家农业科技园区数量。283个国家现代农业示范区总面积达127万平方公里,约占我国国土面积的13%。③

表15-5 我国的国家现代农业示范区认定时间和数量概况

批 次	批准时间	示范区数量(个)	备 注
第一批	2010年8月	50	50个县(区、市、垦区)
第二批	2012年2月	101	101个市(地)、县(区)、镇
第三批	2015年1月	157	157个直辖市、地(市、州)、县(区、旗、场)
合 计		283	

注:第三批认定为市级示范区(含直辖市、副省级市和地级市)的有关市,其所辖原有县级示范区自动并入新的示范区,因此,第三批认定后合并前二批示范区已认定的重合县市,我国的国家现代农业示范区总数为283个。

资料来源:根据农业部关于认定第一、二、三批国家现代农业示范区的通知整理。

---

① 赵义平:《上海市现代农业园区建设管窥》,《农业经济》2001年第8期,第12—14页。
② 沈悦林、徐四海等:《各地现代农业园区建设的进展和动态》,《杭州科技月刊》1997年第5期,第15—16页。
③ 资料来源:《全国超十分之一国土面积纳入国家现代农业示范区》,http://www.gov.cn/xinwen/2015-02/11/content_2818025.htm。

表 15-6 我国的国家现代农业示范区地区分布情况

地区	数量(个)	示范区名称
北京	1	北京市国家现代农业示范区
天津	1	天津市国家现代农业示范区
河北	12	河北省昌黎县、定州市、石家庄市、肃宁县、唐山市曹妃甸区、威县、围场满族蒙古族自治县、武安市、武强县、永清县、玉田县、张家口市塞北管理区国家现代农业示范区
山西	7	山西省大同市南郊区、定襄县、高平市、晋中市、曲沃县、运城市、长治市国家现代农业示范区
内蒙古	10	内蒙古自治区阿荣旗、巴彦淖尔市临河区、包头市九原区、赤峰市松山区、达拉特旗、鄂温克旗、开鲁县、土默特左旗、西乌珠穆沁旗、扎赉特旗国家现代农业示范区
辽宁	14	辽宁省北镇市、昌图县、大连市、东港市、海城市、开原市、辽阳市、辽中县、凌源市、盘山县、沈阳市于洪区、绥中县、台安县、铁岭县国家现代农业示范区
吉林	11	吉林省东辽县、敦化市、抚松县、公主岭市、梨树县、梅河口市、农安县、前郭县、洮南市、永吉县、榆树市国家现代农业示范区
黑龙江	13	黑龙江省宝清县、大庆市、富锦市、桦川县、克山县、萝北县、密山市、宁安市、双城市、绥化市、铁力县、五常市、逊克县国家现代农业示范区
上海	1	上海市国家现代农业示范区
江苏	17	江苏省常州市、东台市、洪泽县、建湖县、句容市、昆山市、连云港市赣榆区、南京市、南通市、沛县、苏州市吴江区、苏州市相城区、太仓市、泰州市、铜山县、无锡市、扬州市江都区国家现代农业示范区
浙江	12	浙江省杭州市萧山区、湖州市、嘉兴市秀洲区、金华市婺城区、乐清市、宁波市、平湖市、衢州市衢江区、三门县、遂昌县、温岭市、诸暨市国家现代农业示范区
安徽	13	安徽省当涂县、黄山市黄山区、郎溪县、六安市金安区、庐江县、南陵县、全椒县、太和县、桐城市、铜陵市、涡阳县、颍上县、埇桥区国家现代农业示范区
福建	9	福建省安溪县、福安市、福清市、建瓯市、上杭县、仙游县、永安市、尤溪县、漳州市国家现代农业示范区
江西	11	江西省分宜县、抚州市临川区、赣县、贵溪市、吉安市、乐平市、泸溪县、南昌县、万年县、万载县、信丰县国家现代农业示范区
山东	18	山东省滨州市滨城区、博兴县、德州市、东营市、金乡县、莒县、巨野县、莱州市、聊城市、青岛市、泰安市岱岳区、威海市、潍坊市、沂水县、枣庄市、章丘市、招远市、淄博市临淄区国家现代农业示范区
河南	15	河南省安阳县、固始县、鹤壁市、济源市、漯河市、泌阳县、渑池县、温县、新乡县、新野县、新郑市、许昌县、叶县、永城市、中牟县国家现代农业示范区
湖北	12	湖北省鄂州市梁子湖区、监利县、荆门市、潜江市、随县、天门市、武汉市、仙桃市、襄阳市、孝感市孝南区、宜昌市夷陵区、枣阳市国家现代农业示范区

(续表)

地区	数量(个)	示范区名称
湖南	14	湖南省常德市西湖西洞庭管理区、洞口县、衡南县、华容县、靖州苗族侗族自治县、涟源市、临武县、屈原管理区、桃源县、湘潭市、益阳市、永州市冷水滩区、长沙县、株洲县国家现代农业示范区
广东	11	广东省佛山市顺德区、河源市灯塔盆地、惠州市惠城区、开平市、廉江市、梅州市梅县区、农垦湛江垦区、仁化县、汕头市澄海区、徐闻县、阳东县国家现代农业示范区
广西	7	广西壮族自治区贵港市港北区、合浦县、横县、全州县、田东县、武鸣县、兴业县国家现代农业示范区
海南	6	海南省澄迈县、海口市、乐东黎族自治县、南田农场、琼海市、屯昌县国家现代农业示范区
重庆	5	重庆市江津区、南川区、荣昌县、潼南县、忠县国家现代农业示范区
四川	13	四川省安岳县、苍溪县、成都市、大竹县、广安区、红原县、犍为县、江油市、泸州市、眉山市东坡区、南充市、攀枝花市、蓬溪县国家现代农业示范区
贵州	6	贵州省金沙县、龙里县、湄潭县、清镇市、松桃县、兴义市国家现代农业示范区
云南	7	云南省保山市隆阳区、红河州、石林县、嵩明县、新平县、宣威市、砚山县国家现代农业示范区
西藏	3	西藏自治区白朗县嘎东镇、乃东县、曲水县才纳乡国家现代农业示范区
陕西	6	陕西省安康市汉滨区、宝鸡市陈仓区、富平县、平利县、西咸新区泾河新城(泾阳)、长安区国家现代农业示范区
甘肃	5	甘肃省定西市安定区、敦煌市、甘州区、酒泉市肃州区、武威市凉州区国家现代农业示范区
青海	4	青海省大通回族土族自治县、海晏县、互助县、门源县国家现代农业示范区
宁夏	5	宁夏回族自治区贺兰县、农垦、吴忠市利通区、永宁县、中卫市国家现代农业示范区
新疆	12	新疆生产建设兵团第八师石河子垦区、第六师、第三师图木舒克市、农六师五家渠垦区、农一师阿拉尔垦区、博乐市、呼图壁县、克拉玛依市克拉玛依区、玛纳斯县、沙湾县、沙雅县、泽普县国家现代农业示范区
沈阳军区	2	沈阳军区讷嫩片区农副业基地、绥北片区农副业基地国家现代农业示范区
合计	283	

注:北京市、天津市和上海市为整建制创建国家现代农业示范区。
资料来源:同表15-5。

(三) 国家级园区扩围发展阶段

约从"十三五"规划初期至今,我国的国家级现代农业园区建设进入扩围和升级发展的新阶段,实施国家现代农业示范区十大主题示范行动,启动国家级现代农业产业园建设。2016年,农业部决定在283个国家现代农业示范区实施粮食绿色高产、畜牧业绿色发展等十大主题示范行动,每个主题通过典型样板打造及可复制可推广的经验模式探索,示范引领中国特色农业现代化建设。2017年中央一号文件《中共中央、国务院关于深入推进农业供给侧结构性改革加快培育农业农村发展新动能的若干意见》明确提出建设现代农业产业园。2017年3月,农业部、财政部联合发布关于开展国家现代农业产业园创建工作的通知,明确国家现代农业产业园的创建条件和建设任务等重点内容;2017年6月和9月,农业部、财政部先后批准了两个批次41个现代农业园区创建国家现代农业产业园,我国的国家级现代农业产业园创建工作正式启动。至2019年,农业农村部、财政部共批准了四批共107个现代农业产业园创建国家现代农业产业园,同时,2019年有7个省级现代农业产业园纳入国家现代农业产业园创建管理体系,创建总量达114个。农业农村部、财政部强化了对国家现代农业产业园的动态评估考核和管理机制,于2018年和2019年开展了两批次国家现代农业产业园创建绩效评价和认定工作,共49个现代农业产业园被认定为国家现代农业产业园。

表 15-7 我国的国家现代农业产业园创建和认定概况

批准创建			通过认定			备 注
批 次	时 间	数量(个)	批 次	时 间	数量(个)	
第一批	2017年6月	11	第一批认定	2018年12月	20	2017年批准创建
第二批	2017年9月	30				
第三批	2018年7月	21	第二批认定	2019年12月	29	21个为2017年批准创建;8个为2018年批准创建
第四批	2019年6月	45				
第四批其他	2019年6月	7				
合计		114			49	

注:第四批其他为纳入国家现代农业产业园创建管理体系的省级现代农业产业园。
资料来源:根据农业农村部、财政部关于创建和认定国家现代农业产业园的相关通知整理。

表 15-8 我国已通过认定的国家现代农业产业园地区分布情况

地区	数量(个)	产业园名称
北京	1	北京市房山区现代农业产业园
河北	1	河北省邯郸市滏东现代农业产业园
山西	1	山西省太谷县现代农业产业园
内蒙古	1	内蒙古自治区扎赉特旗现代农业产业园
吉林	1	吉林省集安市现代农业产业园
黑龙江	3	黑龙江省宁安市、庆安县、五常市现代农业产业园
江苏	2	江苏省泗阳县、无锡市锡山区现代农业产业园
浙江	2	浙江省慈溪市、诸暨市现代农业产业园

(续表)

地区	数量（个）	产业园名称
安徽	3	安徽省和县、金寨县、宿州市埇桥区现代农业产业园
福建	1	福建省安溪县现代农业产业园
江西	1	江西省信丰县现代农业产业园
山东	4	山东省金乡县、栖霞市、泰安市泰山区、潍坊市寒亭区现代农业产业园
河南	1	河南省正阳县现代农业产业园
湖北	1	湖北省潜江市现代农业产业园
湖南	3	湖南省安化县、靖州县、宁乡市现代农业产业园
广东	3	广东农垦湛江垦区、江门市新会区、徐闻县现代农业产业园
广西	3	广西壮族自治区横县、来宾市、柳州市柳南区现代农业产业园
海南	1	海南省陵水县现代农业产业园
重庆	2	重庆市涪陵区、潼南区现代农业产业园
四川	3	四川省峨眉山市、眉山市东坡区、浦江县现代农业产业园
贵州	2	贵州省湄潭县、永城县现代农业产业园
云南	1	云南省普洱市思茅区现代农业产业园
陕西	3	陕西省洛川县、眉县、杨凌示范区现代农业产业园
甘肃	2	甘肃省定西市安定区、临洮县现代农业产业园
青海	1	青海省都兰县现代农业产业园
宁夏	1	宁夏回族自治区贺兰县现代农业产业园
新疆	1	新疆生产建设兵团阿拉尔市现代农业产业园
合计	49	

资料来源：同表15-7。

三、我国现代农业产业园的建设管理

（一）领导管理机构

我国国家级现代农业示范区的最高组织领导机构是农业农村部，主要负责国家现代农业示范区建设的宏观指导，相关政策文件制定发布，示范区创建认定、评估考核等；下设现代农业示范区建设管理办公室组织开展具体工作；管理办公室下成立现代农业示范区专家委员会，开展咨询论证、评估和技术指导等。示范区所在的省级农业主管部门负责建立本地区国家现代农业示范区创建的政策机制，指导国家现代农业示范区创建申报和运行监管等。示范区须有明确的建设和管理主体。国家现代农业产业园的宏观指导、政策文件制定发布、园区创建认定、创建绩效评价和认定等工作主要由农业农村部和财政部负责，自2019年起，国家现代农业产业园的创建批准工作改由省级农业

农村和财政部门组织实施,农业农村部、财政部进行审查备案。产业园所在的省级农业农村和财政部门负责本地区国家现代农业产业园建设指导和支持推动,进行创建评审和运行监管;产业园所在的县(市、区),建立国家现代农业产业园建设领导小组,由党委或政府主要领导牵头,统筹协调推动产业园建设发展。产业园成立专门的园区管理机构,负责园区建设和管理工作。

(二)相关政策文件

自2009年以来,农业农村部(原农业部)、财政部等相关主管部委相继出台了一系列有关国家级现代农业园区建设发展的配套政策文件,主要包括专项指导意见、支持政策、认定管理办法、建设指南、考核评价政策等。政策体系的逐步健全完善,是引导推动国家级农业园区规范、较快发展的重要保障与依据。

表15-9 我国现代农业园区建设发展的主要政策文件

序号	政策文件名称
1	《农业部关于创建国家现代农业示范区的意见》(农计发〔2009〕33号)
2	《国家现代农业示范区认定管理办法》,农计发〔2009〕33号文附件
3	《农业部关于进一步推进国家现代农业示范区建设的通知》(农计发〔2010〕39号)
4	《国家现代农业示范区项目指南》(农计发〔2010〕39号文附件)
5	《国家现代农业示范区建设水平监测评价办法(试行)》(农办计〔2013〕79号)
6	《农业部、发展改革委、财政部、银监会关于扎实推进国家现代农业示范区改革与建设率先实现农业现代化的指导意见》(农计发〔2015〕151号)
7	《农业部办公厅、财政部办公厅关于选择部分国家现代农业示范区实施以奖代补政策的通知》(农办财〔2015〕25号)
8	《农业部办公厅关于实施国家现代农业示范区十大主题示范行动的通知》(农办计〔2016〕40号)
9	《农业农村部办公厅关于开展2018年国家现代农业示范区建设水平监测评价工作的通知》(农办计〔2018〕30号)
10	《农业部、财政部关于开展国家现代农业产业园创建工作的通知》(农计发〔2017〕40号)
11	《农业农村部办公厅、财政部办公厅关于开展国家现代农业产业园创建绩效评价和认定工作的通知》(农办规〔2018〕15号)

资料来源:根据农业农村部发布的相关文件整理。

(三)建设申报与管理

我国国家现代农业示范区创建申报的主要程序为:示范区创建单位提出申请,所在县或市人民政府审核→同意后报送至省级农业主管部门,初审通过后推荐至农业部→农业部现代农业示范区建设管理办公室组织评审,通过后经农业部常务会议审定并公示后授予"国家现代农业示范区"称号。国家现代农业产业园创建认定的主要程序为:申请创建的产业园所在县级人民政府申请→省级农业农村和财政部门进行择优遴选、创建评审→报农业农村部和财政部备案审查,通过后两部委联合发文公布。

我国国家级现代农业示范区实施"目标考核、动态管理、能进能退"的考核管理机制。主要评价程序为:示范区人民政府开展自评,自评价报告和评价指标数据报省级农业农村主管部门→主管部门对报告和数据进行审核认定,通过的示范区自评报告和评价指标数据报送农业农村部现代农业示范区管理办公室→管理办公室组织评审,按程序审定发布年度监测评价结果。依据《国家现代农业示范区建设水平监测评价办法(试行)》,评价内容涵盖示范区物质装备水平、科技推广水平、经营管理水平、支持水平、产出水平和可持续发展水平等六个方面,包括24项具体指标。对考核不合格的示范区撤销"国家现代农业示范区"称号。国家现代农业产业园主要实施"能进能退、动态管理"的考核管理机制。国家现代农业产业园创建期原则上为2年,第二年年底由农业农村部和财政部组织开展评价认定工作,未通过认定的,第三年年底再次进行评价考核。对通过评价认定考核成绩突出的加大奖补力度,考核不合格的不再奖补,两次均未通过认定的取消创建资格。

参考文献

胡永年:《我国现代农业园区发展动态》,《安徽农学通报》1998年第4卷第4期。

李春杰、张卫华、于战平:《国外现代农业园区发展的经验借鉴——以天津现代农业园区发展为例》,《世界农业》2017年第12期。

沈悦林、徐四海等:《各地现代农业园区建设的进展和动态》,《杭州科技月刊》1997年第5期。

孙宁、李存军等:《国内外现代农业园区发展进程及经验借鉴》,《中国农业信息》2019年第31卷第3期。

谢玲红、吕开宇、夏英:《乡村振兴视角下农业科技园区绩效评价及提升方向——以106个国家农业科技园区为例》,《中国科技论坛》2019年第9期。

俞美莲、马莹等:《国外现代农业园区发展对上海的启示》,《上海农业学报》2014年第30卷第6期。

张宝文:《推进农业科技园区建设加快农业现代化进程》,《科技园区》2002年第7期。

张天柱主编:《农业嘉年华规划、建设与案例分析》,中国轻工业出版社2017年版。

赵义平:《上海市现代农业园区建设管窥》,《农业经济》2001年第8期。

第十六章 第二产业经济园区发展

经济园区是指以促进经济发展为目标而创立的特殊区位环境,是区域经济发展、产业调整升级的重要空间聚集形式,担负着聚集创新资源、培育新兴产业、推动城市化建设等一系列的重要使命。经济园区能够有效地创造聚集力,通过共享资源、克服外部负效应,带动关联产业的发展,从而有效地推动产业集群的形成。严格地说,第二产业经济园区没有标准的定义,通常划定一定的第二产业经济内容和一定空间范围,发展工业、物流、保税、科技等内容。

第一节 工业区发展

"工业园区是一个国家或区域的政府根据自身经济发展的内在要求,通过行政手段划出一块区域,聚集各种生产要素,在一定空间范围内进行科学整合,提高工业化的集约强度,突出产业特色,优化功能布局,使之成为适应市场竞争和产业升级的现代化产业分工协作生产区。"[1]中工招商网资料里显示我国的工业园区包括各种类型的开发区,如国家级经济技术开发区、高新技术产业开发区、保税区、出口加工区以及省级各类工业园区等。截至2019年,我国共有219个国家级经济技术开发区、156个国家级高新技术产业开发区和63个出口加工区。

一、国家级经济技术开发区

国家级经济技术开发区是中国大陆为实行改革开放政策而设立的现代化工业、产业园区,由国务院批准成立,在我国现存经济技术开发区中居于最高地位。

---

[1] 陈飞、陆伟、蔡军:《临海工业区集约开发研究进展与思考》,《现代城市研究》2016年第8期。

作为中国对外开放地区经济载体的重要组成部分,国家级经济技术开发区大都位于各省、自治区的省会和直辖市等中心城市,在沿海开放城市和其他开放城市划定小块的区域,集中力量建设完善的基础设施,创建符合国际水准的投资环境,通过吸收利用外资,形成以高新技术产业为主的现代工业结构,成为所在城市及周围地区发展对外经济贸易的重点区域。其设立目标、发展成效和当前存在的问题如表 16-1 所示:

表 16-1　中国国家级经济技术开发区基本情况

设立目标	主要是引进外资的需要:通过引进外资,同步引进国外先进生产技术,提高出口额 推广、放大经济特区设立的成功经验:首先在沿海地区设立经济开发区,将其作为对外开放战略的重要组成部分。 发挥沿海城市区位优势:尝试将对外开放与国内工业基础建设结合发展。
发展成效	吸引了大量跨国公司投资中国; 优化了外商投资企业的产业结构; 高新技术产业集聚发展,产业集群的空间组织形式开始出现; 吸引了大量海外研发机构进驻; 园区企业科技含量明显提高; 产生了国外先进技术在本地的扩散; 进一步促进了招商引资,形成良性循环。
当前存在的问题	土地资源瓶颈已成为最大的发展制约因素之一; 优惠政策的刺激作用已经开始减弱; 未形成科学、灵活的管理模式。

资料来源:作者整理。

具体来看,国家级经济技术开发区主要分布在经济发达的东部地区,并形成明显的东、中、西部规模总量、发展水平和经济外向度差异(表 16-2)。在 2017 年 GDP 总量排名位于前 15 位的国家级经济技术开发区中,除成都位于西部地区以外,其余均在东中部地区。其中,广州、苏州、天津、昆山的开发区具有较高的经济外向度(表 16-3)。从集聚情况看,长三角城市群的国家级经济技术开发区密度要远远高于京津冀和珠三角地区,各项指标均比其余两个区域的总和还要多(表 16-4)。

表 16-2　2018 年中国经济技术开发区分地区概况

指　　标	全国	东部地区	中部地区	西部地区
经济技术开发区数量(家)	219	107	63	49
GDP(亿元)	102 024	67 333	21 389	13 302
GDP 同比增长(%)	13.9	14.6	14	10.2
占全国 GDP 比重(%)	11.3	7.46	2.37	1.47
财政收入(亿元)	19 388	13 524	3 783	2 081
税收收入(亿元)	17 379	12 151	3 183	2 045

(续表)

指标	全国	东部地区	中部地区	西部地区
占全国财政收入的比重(%)	10.6	7.41	1.94	1.25
实际使用外资和外商投资企业再投资金额(亿美元)	513	306	154	53

注：东部地区包括河北、北京、天津、山东、江苏、上海、浙江、福建、广东、海南、黑龙江、吉林、辽宁13个省市；中部地区包括山西、河南、安徽、湖北、江西、湖南6个省；西部地区包括重庆、陕西、四川、云南、贵州、广西、甘肃、青海、宁夏、西藏、新疆、内蒙古12个省区市。

数据来源：根据商务部2018年国家级经济技术开发区主要经济指标情况整理计算。

表16-3　2017年中国GDP排名前15位国家级经济技术开发区主要经济指标　单位：亿元

经济技术开发区	GDP	进口总额	出口总额	第二产业增加值	第三产业增加值	实际利用外资	税收收入
广州经济技术开发区	2 639.45	1 240.74	1 170.74	1 711.88	923.71	149.24	571.12
苏州工业园区	2 388.11	2 982.84	2 822.43	1 336.08	1 050.77	62.5	569.65
天津经济技术开发区	2 358.99	1 254.86	1 182.2	1 512.29	846.7	249.66	504.83
青岛经济技术开发区	2 154.55	669.34	628.97	1 029.91	1 110.63	78.86	347.87
昆山经济技术开发区	1 600.5	1 413.09	2 878.12	1 107.52	490.48	19.47	225.2
烟台经济技术开发区	1 404.81	796.41	899.64	946.72	440.51	42.24	278.97
广州南沙经济技术开发区	1 391.89	803.27	1 148.48	855.87	483.53	70.37	286.99
北京经济技术开发区	1 365.18	770.1	346.58	898.61	466.57	27.33	535.39
江宁经济技术开发区	1 319.58	275.09	547.43	808.78	374.2	45.8	286.54
武汉经济技术开发区	1 300.21	101.49	80.02	954.33	345.88	98.83	321.34
上海金桥经济技术开发区	1 275.97	414.28	291.97	538.88	737.09	28.74	338.87
嘉兴经济技术开发区	1 260.13	299.68	541.29	633.29	596.66	74.28	191.93
合肥经济技术开发区	1 220.68	187.91	319.94	969.58	249.15	36.1	179.4
大连经济技术开发区	1 205.72	887.17	545.68	726.5	434.62	32.05	224.67
成都经济技术开发区	1 200.9	101.33	35.01	926.8	246.1	52.13	253.89

数据来源：《中国开发区年鉴2018》。

表16-4　2017年中国三大城市群国家级经济技术开发区概况　单位：亿元

指标	京津冀地区	长三角地区	珠三角地区
GDP	6 945.95	31 460.38	5 578.88
进口总额	2 575.71	11 512.5	2 438.84
出口总额	2 243.02	17 076.11	2 701.98
第二产业增加值	4 773.04	19 882.76	3 718.61
第三产业增加值	2 107.6	11 035.6	1 763.61
实际利用外资	443.26	1 085.89	284.27
税收收入	1 574.83	5 946.54	1 227.51

数据来源：根据《中国开发区年鉴2018》整理计算。

二、国家级高新技术产业开发区

中国的高新技术产业开发区简称"国家高新区""国家级高新区",属于国务院批准成立的国家级科技工业园区。高新技术产业开发区一般设立在一些知识与技术密集的大中城市和沿海地区,以智力密集和开放环境条件为依托,依靠当地和周边区域的科技、经济实力,充分吸收和借鉴国外先进科技资源、资金和管理手段,并辅以实施高新技术产业的优惠政策和各项改革措施,实现软硬环境的局部优化,最大限度地将科技成果转化为现实生产力。

第一个国家级高新技术产业开发区是 1988 年设立的北京市新技术产业开发试验区;同年,武汉东湖新技术开发区等 26 个开发区成为中国第一批国家级高新技术产业的试验田。自此,国家高新技术产业化发展计划——"火炬计划"也开始实施。自 1995 年开始,科技部开始依托国家高新区组建国家"火炬计划"软件产业基地;自 1997 年开始,部分高新区被允许向 APEC 成员特别开放;自 1998 年开始,"火炬计划"开始实施,计划的主要内容就是创办高新技术产业开发区和高新技术创业服务中心;2002 年,科技部和外经贸部联合认定了 16 家国家高新区为"国家高新技术产品出口基地";至 2018 年,国务院批复同意乌鲁木齐、昌吉、石河子 3 个高新技术产业开发区建设享受国家自主创新示范区相关政策,这成为偏远西部地区融入国家高新技术产业发展的重要里程碑。国家级高新技术产业开发区的设立目标、发展成效和当前存在的问题如表 16-5 所示。

表 16-5 中国国家级高新技术产业开发区基本情况

设立目标	大力发展高新技术产业; 开展体制改革和体制创新试验; 进行科技成果转化和创新创业示范; 展示科技兴贸和对外开放成果; 带动传统产业转型升级; 彰显社会主义现代文明; 培养企业家和企业家精神。

发展成果	维持了经济总量持续稳定增长;
	在一定程度上促进了区域生态环境保护;
	已经成为我国科技自主创新的重要载体:
	    聚集大量科研人员,
	    研发投入不断扩大,在技术创新中发挥重要作用,
	    发明专利数量增多,高技术含量产品不断丰富,
	    技术性收入持续增长;
	涌现出一大批新业态,逐渐形成了高端产业布局;
	辅助支撑了区域经济发展。

当前存在的问题	长期追求高速、规模化发展; 产业结构趋同,缺乏特色产业; 支持技术创新的软环境建设较为滞后。

资料来源:作者整理。

国家级经济技术开发区主要分布在中国东部地区,占全国总数 1/3 以上。从园均发展水平来看,东部地区的注册企业数、高技术企业数、从业人员数、科技投入与产出都远远高于全国平均水平(表 16-6)。值得注意的是,东北地区高新技术产业的发展显著低于全国平均水平,甚至低于西部地区,这反映出东北振兴之路仍然很漫长。

表 16-6 2017 年中国国家级高新技术产业开发区分地区概况

指标	东部地区	中部地区	西部地区	东北地区	全国
国家高新区数(个)	67	37	36	16	156
园均工商注册企业数(个)	16 973	6 864	10 076	6 175	11 876
园均高新技术企业数(个)	511	208	154	90	314
园均年末从业人员(人)	171 071	99 627	88 732	66 571	124 407
园均工业总产值(万元)	16 001 699.28	12 175 306.46	10 384 327.52	8 239 362.81	1 300 170.38
园均科技活动人员(人)	68 512	28 192	20 345	13 810	42 223
园均 R&D 人员(人)	42 148	19 427	12 589	8 629	26 500
园均 R&D 人员全时当量(人年)	27 718	11 862	7 062	5 200	16 881
园均科技活动经费内部支出(千元)	16 565 343.34	6 300 883.95	4 482 918.92	2 732 498.19	9 923 818.99
园均 R&D 经费内部支出(千元)	9 802 404.82	4 094 010.62	2 626 182.92	1 572 942.94	5 948 392.22

注:东部地区包括北京、天津、河北、上海、江苏、浙江、福建、山东、广东和海南 10 个省市;中部地区包括山西、安徽、江西、河南、湖北和湖南 6 个省市;西部地区包括内蒙古、广西、重庆、四川、贵州、云南、西藏、陕西、甘肃、青海、宁夏和新疆 12 个省区市;东北地区包括辽宁、吉林和黑龙江等 3 个省。
数据来源:根据《2018 中国火炬统计年鉴》计算得出。

从行业结构来看,电子及通信设备制造业与医药制造业是国家级高新技术产业开发区重点发展的产业门类;产出强度最高的是电子及通信设备制造业;企业规模最大的是装备和设备类制造业(表 16-7)。

表 16-7 2017 年中国分行业国家级高新技术产业开发区发展情况

指标	医药制造业	航空、航天器及设备制造业	电子及通信设备制造业	计算机及办公设备制造业	医疗仪器设备及仪器仪表制造业	信息化学品制造业	合计
入统企业数(个)	2 333	346	5 725	782	4 354	74	13 614
各行业高新区内高新技术企业数占比(%)	59.79	71.97	57.73	50.13	62.24	58.11	59.45
入统企业平均年末从业人员数(人)	299	596	398	542	109	383	302

(续表)

指标	医药制造业	航空、航天器及设备制造业	电子及通信设备制造业	计算机及办公设备制造业	医疗仪器设备及仪器仪表制造业	信息化学品制造业	合计
入统企业主营业务收入均值(千元)	35 668.21	35 668.21	481 911.77	48 191.18	57 145.31	107 915.28	9 588.38
入统企业工业总产值均值(千元)	36 413.98	36 413.98	48 0631.87	48 063.19	57 540.71	107 507.10	9 663.08
入统企业平均净利润(千元)	5 018.12	5 018.12	42 341.28	4 234.13	3 456.76	4 266.48	1 071.46
入统企业平均上缴税费(千元)	3 650.76	3 650.76	13 251.86	1 325.19	2 091.61	2 984.91	653.66
入统企业出口额均值(千元)	1 686.74	1 686.74	26 402.92	2 640.29	20 988.94	51 345.89	1 512.89
入统企业年末资产均值(千元)	56 728.01	56 728.01	1 056 315.59	105 631.56	63 888.09	87 736.79	13 941.01
入统企业年末负债均值(千元)	22 963.66	22 963.66	582 991.09	58 299.11	33 555.64	53 366.77	5 975.10

数据来源：根据《2018 中国火炬统计年鉴》计算得出。

三、出口加工区

出口加工区是国家划定或开辟的专门制造、加工、装配出口商品的特殊工业区，常年享受减免各种地方征税的优惠。"出口加工区一般选在经济相对发达、交通运输和对外贸易方便、劳动力资源充足、城市发展基础较好地区，多位于沿海港口城市或国家边境城市。"[1]

狭义的出口加工区是专为制造、加工、装配出口商品而开辟的特殊区域，主要目的是利用外资，通过发展出口导向工业来扩大对外贸易，实现开拓国际市场、发展外向型经济的目标。广义的出口加工区还包括自由贸易区、工业自由区、投资促成区和对外开放区等。

世界上第一个出口加工区是 1956 年建于爱尔兰的香农国际机场，中国台湾高雄也早在 20 世纪 60 年代就建立了出口加工区。中国大陆则是在实行改革开放政策后，于1979 年决定在蛇口创办大陆第一个出口加工区——蛇口工业区，以此作为"特区中的特区"和中国改革开放的"试验场"。因此，出口加工区的本质属性，是一种特殊的工业区。在这个特殊的工业区内，发展加工生产和自由贸易，鼓励外商投资，给予具有竞争

---

[1] 叶修群、郭晓合：《保税区、出口加工区与加工贸易发展——基于中国省级面板数据的实证研究》，《重庆大学学报(社会科学版)》2018 年第 5 期。

力的企业多种方便和关税优惠。如企业可免税或减税进口加工制造所需的设备、原料辅料、元件、半制品和零配件;生产的产品可免税或减税全部出口;对企业可以施行较低的国内税,并规定投产后在一定年限内完全免征或减征;所获利润可自由汇出国外;向企业提供完善的基础设施,以及收费低廉的水、电及仓库设施等。出口加工区的设立特点与作用如表 16-8 所示。

表 16-8 出口加工区的特点和作用

特点	境外与出口加工区之间往来货物一般不实行进出口配额、许可证件管理; 国家禁止进出口的商品不得进出出口加工区; 禁止在出口加工区外进行的加工贸易业务也不得在出口加工区内进行; 不得开展拆解、翻新业务。
作用	吸引外资,为提高产品质量、加快产品升级和技术引进创造条件; 扩大出口创汇; 提供大量就业岗位,缓解国内就业压力; 培育大量技术型人才和管理型人才; 通过与内陆人才技术的联系,带动内陆地区经济发展。

资料来源:作者整理。

表 16-9 显示,由于东部地区经济体量大、出口加工区往往位于区位优势突出的港口城市(如上海、大连、宁波、杭州),因而有着较大的进出口贸易总额;中西部地区进出口贸易总额则较小。从年度数据看,出口加工区由于受国际局势与贸易形势的影响较大,进出口额与总额的波动是很大的(表 16-10)。要避免这种风险,就应该更加重视出口加工区的加工生产功能。

表 16-9 2019 年中国部分出口加工区进出口情况　　　　　　　单位:万美元

出口加工区	进口额	出口额	进出口总额	进出口差额
全国	3 503 829	5 363 668	8 867 497	1 859 839
江西九江	771	6 959	7 730	6 188
江苏连云港	17 441.7	26 932.4	44 374.1	9 490.7
吉林珲春出口加工区	15 176.6	15 557.9	30 734.5	381.3
湖北武汉出口加工区	612.8	2 469.6	3 082.4	1 856.8
河南郑州出口加工区	21 374.5	4 337	25 711.5	−17 037.5
河北秦皇岛出口加工区	10 762	47 260.5	58 022.5	36 498.5
河北廊坊出口加工区	108.3	1 807.2	1 915.5	1 698.9
辽宁大连出口加工区	73 600.8	562 668.5	636 269.3	489 067.7
上海松江出口加工区	640 588.8	1 940 998	2 581 587	1 300 409
上海青浦出口加工区	70 628.4	46 627.5	117 255.9	−24 000.9
上海闵行出口加工区	11 518.5	58 521.7	70 040.2	47 003.2

(续表)

出口加工区	进口额	出口额	进出口总额	进出口差额
上海嘉定出口加工区	76 622.5	21 031.8	97 654.3	−55 590.7
上海漕河泾出口加工区	111 001.5	162 822.3	273 823.8	51 820.8
陕西西安出口加工区	972 955.9	1 034 476	2 007 432	61 520.5
山东青岛西海岸出口加工区	59 554.4	15 400.5	74 954.9	−44 153.9
山东青岛出口加工区	46 208.4	56 331.9	102 540.3	10 123.5
浙江宁波出口加工区	146 071.7	89 608.6	235 680.3	−56 463.1
天津出口加工区	5 913.1	8 306.5	14 219.6	2 393.4
杭州出口加工区	192 508.3	124 179.7	316 688	−68 328.6
浙江慈溪出口加工区	41 080	2 064.5	43 144.5	−39 015.5
内蒙古呼和浩特出口加工区	408.1	1 585.4	1 993.5	1 177.3
四川绵阳出口加工区	684.6	9 732.6	10 417.2	9 048
广东广州出口加工区	12 533.9	50 373.8	62 907.7	37 839.9
福建福州出口加工区	1 093.5	5 878.2	6 971.7	4 784.7
广西北海出口加工区	27 894.3	32 530.1	60 424.4	4 635.8
广东深圳出口加工区	606 479.4	509 820.4	1 116 300	−96 659
安徽合肥出口加工区	210 369.9	503 798.9	714 168.8	293 429

数据来源：https://www.huaon.com。

表 16-10　2015—2019 年中国出口加工区进出口情况

年份	进口额（万美元）	出口额（万美元）	进出口总额（万美元）	进出口总额增长率（%）	进出口差额（万美元）
2015	4 819 419	7 369 898	12 189 317	—	2 550 479
2016	3 943 164	5 885 580	9 828 744	−19.37	1 942 416
2017	3 765 055	6 253 792	10 018 847	1.93	2 488 737
2018	3 682 494	5 833 557	9 516 051	−5.02	2 151 063
2019	3 503 829	5 363 668	8 867 497	−6.82	1 859 839

数据来源：https://www.huaon.com。

四、工业区高质量发展思考

"高质量发展"是 2017 年第十九次全国代表大会首次提出的新表述，是中央意在深度推进供给侧结构性改革、促成中国经济由高速增长阶段转向高质量发展阶段转变的战略性部署。其中，工业区的高质量发展是重要考核对象。

对于高质量发展评价,国内权威机构和专家学者从不同角度出发,构建了多个维度的评价体系。国家统计局近几年陆续发布了多个指标体系,如 2013 年以来定期发布的《中国创新指数研究报告》,构建了包括创新环境、创新投入、创新产出、创新成效四个领域 20 个指标的评价体系。国家统计局还定期发布《中国绿色发展指数报告》,包括经济增长绿化度、资源环境承载潜力、政府支持力度三方面的一级指标,省际层面下设 9 个二级指标和 62 个三级指标,城市层面下设 9 个二级指标和 45 个三级指标。2017 年,国家统计局还构建了新动能指数,涵盖知识能力、创新驱动、经济活力、数字经济、转型升级、发展成效六大方面。此外,浙江省为考核企业亩均产出,构建了"亩均论英雄"指标体系,包括亩均产出、亩均税收、单位能耗、单位排放、研发经费、全员劳动生产率等指标。

近年来,国内专家学者对高质量发展的评价也进行了热烈讨论(表 16-11)。国家统计局中国经济景气监测中心副主任潘建成在 2017 年底的《经济参考报》上提出,要从创新及经济增长新动能(如新兴经济增加值占 GDP 比重)、效率(如全要素生产率)、产品质量(如中高端产品占比)、社会资源的充分利用(如单位 GDP 能耗、产能利用率)四个维度来评判经济发展质量。他还提出要构建发展平衡充分指数,动态监测区域发展、产业发展、投资、消费等方面不平衡不充分发展问题的改善进程。上海交通大学高级金融学院教授朱启贵在 2018 年初于《文汇报》上提出,高质量发展的指标体系可由动力变革(如 R&D 人员、R&D 经费、科技成果转化率)、产业升级(如信息化指数、战略性新兴产业占比)、结构优化(如新经济增加值占比、新产品产值占比)、质量变革(如中高端产品占比、中国品牌国际市场占有率)、效率变革(如产能利用率、全要素生产率)、民生发展(如城镇化率)六个方面组成。复旦大学经济学院教授殷醒民也在同期《文汇报》上提出,高质量发展的评价可扩展为全要素生产率、科技创新能力、人力资源质量、金融体系效率、市场配置资源机制五个维度。

表 16-11 国内关于高质量发展指标体系的相关研究

提出者	时间	指标体系名称	指标体系内容
国家统计局	2013—2017	中国创新指数研究报告	创新环境、创新投入、创新产出、创新成效四个领域 20 个指标
国家统计局	2010—2017	中国绿色发展指数报告	增长绿化度、资源环境承载潜力、政府支持力度三个领域 45 个指标
国家统计局	2017	新动能指数	知识能力、创新驱动、经济活力、数字经济、转型升级、发展成效六个领域
国家科技部	2013	国家高新区评价指标体系	知识创造和技术创新能力、产业升级和结构优化能力、国际化和参与全球竞争能力、高新区可持续发展能力四大领域 40 个指标
浙江省政府	2018	"亩均论英雄"指标体系	亩均增加值、亩均税收、单位能耗、单位排放、研发经费、全员劳动生产率等 6 项指标为主

(续表)

提出者	时间	指标体系名称	指标体系内容
潘建成	2017	高质量发展指标体系	经济增长新动能、效率、产品质量、社会资源充分利用四个维度
朱启贵	2018	高质量发展指标体系	动力变革、产业升级、结构优化、质量变革、效率变革、民生发展六个方面
殷醒民	2018	高质量发展指标体系	全要素生产率、科技创新能力、人力资源质量、金融体系效率、市场配置资源机制五个维度

资料来源：作者整理。

国家统计局在创新、绿色、新动能等方面均发布了较完善的指标体系，国内专家学者也从创新、效率、效益、质量、结构等方面提出众多评价指标。但已有研究主要是针对整个经济社会的高质量发展，只有部分指标是聚焦于产业和园区。

第二节 老工业基地

一、老工业基地的概念

由于殖民统治、战争、战后备战等历史发展原因，中国的老工业基地大多集中在中西部地区。从中国的工业发展史来看，老工业基地是指计划经济时期依靠国家投资建设而形成的门类比较齐全、相对集中的工业区域。考察全国地级以上城市工业固定资产原值、工业总产值、重化工业比重、国有工业企业职工人数与就业比重、非农业人口规模等6项指标，截至20世纪80年代中期，全国共有老工业城市120个，分布在27个省（区、市）；其中地级城市95个，直辖市、计划单列市、省会城市25个。

严格地说，老工业基地并不是落后、衰败的代名词。自80年代中期以来，随着国内产业升级和转型速度加快，有一批老工业基地实现了成功转身，主要表现在：经济增速加快、体制机制取得突破、外向型经济比重提高、工业结构实现优化、新基础设施逐步完善、生态和环境得到改善、社会民生取得进步。至今，转型较为成功的老工业城市有上海、南京、重庆、成都、常州、西安、合肥等。从空间尺度看，老工业基地的地域范围可大可小，大至城市与城市带（如中国的辽中南工业区、德国的鲁尔区、美国的五大湖区），小至城中区（如上海市的杨浦区、伦敦的道克兰码头区）。

二、老工业基地的衰落

世界上许多老工业基地都经历了由盛到衰的发展过程。以德国鲁尔工业区为例，作为与中国东北老工业基地相似的以采掘、冶炼起家的老工矿区，鲁尔因煤铁而生，也因煤铁而衰。鲁尔工业区兴盛于19世纪中叶，在此后的100多年中，煤炭产量始终占全国80%以上，钢产量占全国70%以上。进入20世纪50年代后，由于廉价石油的竞争，百年不衰的鲁尔工业区爆发了历时10年之久的煤业危机，继而又发生了持久的钢铁危机，使鲁尔区的经济受到很大的影响，矿区以采煤、钢铁、煤化工、重型机械为主的单一重型工业结构日益显露弊端，逐步陷入结构性的危机之中。此外，美国的匹兹堡工业区、俄罗斯的圣彼得堡-莫斯科工业区等也都经历了痛苦的衰落与转型。

从我国老工业基地衰落的原因来看，主要有以下四点：

（一）长期的产业结构锁定

老工业区往往是典型的资源密集型产业区，长期以来形成了单一的煤钢、煤港主导型产业结构，在煤炭工业和钢铁工业发生危机时，就会带来整个地区的经济衰退。"从行业内部结构来看，老工业区以传统工业部门生产为主，采掘工业、原材料工业占绝对比重，产业结构具有强烈的资源依赖性、初级性和低层次特点。"[①]同时，这种单一垄断性的产业结构主要以大型企业为主，形成了生产的高度集中化，当主导产业进入衰退时，企业结构也会加速工业基地的衰退。

（二）产品缺乏弹性，区位优势丧失

与新兴工业区相比，老工业区单一的产业结构和传统的技术结构呈现出显著的"刚性"，而缺乏市场弹性和市场竞争力，当主导产品受到市场冲击时，整个产业基地就很快陷入困境，区域也沦为衰退区。同时，以资源型产业为主的老工业区，其经济格局随着交通工具的不断改进也发生了巨大变化，依赖煤铁而生存的相关制造业开始脱离原材料产地，向新兴的工业基地聚集，原有老工业区则逐渐丧失区位优势，从而加速了整个地区经济的衰落。

（三）制度和企业文化落后

长期以来，老工业区形成了以大企业为主导的自我封闭系统和以此为主要特征的企业制度与文化。这种以大企业为主导的经济秩序一度成为老工业区工业化模式的典范，但这样一个自我约束和封闭的系统，排斥外部环境，阻止了系统外的信息进入大企业为主导的网络内，大企业主导下的经济秩序也逐渐丧失了正常的在不同效率水平发挥作用的选择机制，导致整个系统无法随着外部环境的变化及时自我调整。大企业对中小企业和外来企业的排斥也使新的企业主体难以在区域内生存和发展，从而阻碍了老工业区的自我更新和改造。

（四）生存环境破坏

老工业区在经济快速增长时期由于缺乏对土地利用、城镇布局、环境保护等方面的全面规划和整治，导致区域环境污染严重。随着资源密集型工业的高速发展，地区环境质量持续恶化，区域形象受到了严重损害。最为严重的是地表下沉，不仅造成地面基础设施减少，还直接影响污水排放；重工业区大量排放的污水、工业粉尘、生活垃圾及其他有害物质也严重污染了河道和空气。

---

① 刘威：《东亚老工业区经济结构重组问题比较研究》，《长春工程学院学报（社会科学版）》2018年第4期。

三、老工业基地的振兴

(一)老工业基地振兴的一般路径

"自20世纪60年代以来,发达国家的老工业基地普遍开启了经济转型进程,逐步培育新的替代产业以改变原来单一的产业结构,使经济朝着多样化发展。"① 至20世纪80年代,已取得明显成效,为发展中国家老工业区改造和转型树立了典范。

发达国家老工业基地的振兴是一个非常漫长的过程,以德国鲁尔工业区为例,其区域转型始于20世纪60年代。"从1968年北威州政府制定的第一个产业结构调整方案——'鲁尔发展纲要',到1989年由KVR组织并实施的长达10年之久的区域性综合整治与复兴计划——'IBA：International Building Exhibition',再到2007年制定的鲁尔工业区的未来恢复计划——'Das Ruhrtal. Regionale 2013—2016'"②,鲁尔区的振兴经历了拯救原有工业→去除工业→建立新工业→建立新社会形态的深刻转变。这一路径转变,也是世界上绝大多数老工业基地振兴遵循的发展规律。

(二)中国老工业基地的振兴

老工业基地为我国形成独立完整的工业体系和国民经济体系作出了历史性的重大贡献。做好老工业基地调整改造工作,对于加快转变经济发展方式、推进新型工业化和新型城镇化、加快形成新的增长极、构建社会主义和谐社会具有重大意义。中国老工业基地的振兴比发达国家晚20—50年,始于20世纪80年代,也走得步履蹒跚。"老工业基地振兴最初是以'去工业化'的方式进行的"③,在振兴之初,出现了大量的经济衰退、人口减少、失业增加现象。进入21世纪以来,随着第三产业兴起、高科技产业发展、城市快速扩张、社会民生进步,老工业区面临着主动或被动更新的选择,旧工业区的产业、生态与社会更新已迫在眉睫。"对'去工业化'取而代之的,是'再工业化'振兴之路。"④

东北老工业基地振兴步伐的加快始于2003年,国务院常务会议决定,研究实施东北地区等老工业基地振兴战略问题,确定了振兴东北地区等老工业基地的指导思想和原则、主要任务及政策措施。2013年,国家又提出了《全国老工业基地调整改造规划(2013—2022年)》计划。之所以作出这一规划,是在认真总结前十年东北老工业基地振兴实践经验的基础上,对我国老工业基地形成了发展条件的5个评判,即:资产存量特别大、产业规模特别大、产业地位非常重要、科技创新潜力大、自然资源仍旧特别丰富。

因此,2013年之后的东北振兴计划是一个全面的生态、经济和社会发展计划,涵盖

---

① 王军:《发达国家老工业区衰退机制剖析及更新模式探讨》,"多元与包容——2012中国城市规划年会"论文,昆明,2012年10月。
② 责任者:Das Ruhrtal. Regionale 2013—2016：Wissens und Erlebnisraum Ruhrtal Impulsgeber der Metropole, Herdecke：Ruhrtal-Initiative, 2007。
③ 任保平:《衰退工业区的产业重建与政策选择:德国鲁尔区的案例》,中国经济出版社2007年版。
④ 赵儒煜、阎国来、关越佳:《去工业化与再工业化:欧洲主要国家的经验与教训》,《当代经济研究》2015年第4期。

了污染治理、生态恢复与重建、景观优化、产业转型、文化发掘与重塑、旅游业开发、就业安置与培训以及办公、居住、商业服务设施、科技园区的开发建设等多个层面的目标和措施,是综合性的用地更新改造策略。经过几年的发展,老工业区的经济发展增速明显加快;体制机制虽有不足,也取得了较大创新;对外开放度大大提高,外向型经济比重加大;工业内部结构优化明显,新兴产业加速发展;基础设施与生态环境建设同步进行;社会保障覆盖面扩大。

第三节　科技园区

一、科技园区的概念

随着高新技术爆炸式的发展,以新材料、新能源、信息技术等为主的高科技成果日渐被产业化和市场化,巨大的利益驱动与激烈的竞争使得高技术产业迅速集聚。20世纪50年代,在斯坦福研究园(Stanford Research Park)的基础上,世界第一家科技工业园"硅谷"建成并取得巨大的成就,引起了全球的关注和学习。以此为起点,世界很多国家纷纷建设起类似的园区。现今,科技园区运动(Science Park Movement)已成为世界现象。

"尽管国内外学者对科技园区的称谓各有不同,如 Science Park、Research Park、Hi-tech Park、Research & Technology Park、科技园、科技城、技术城、高新科技园区等"①,但他们研究的主体都有以下共同特征:与知名大学或科学研究机构有重要的正式和非正式联系;有一批注重产、学、官、研一体化的高技术企业,生产高附加值和高科技含量的产品;有高效的中介组织和咨询服务机构;不论管理机构是政府或行业协会,其管理高效,能够为园区各主体搭建良好的发展平台。在本节中,基于应用的广泛性和国际的惯用称呼,将符合上述特征的这一类型发展区域统称为科技园区。

2002年国际科学园区协会对科技园区进行了统一定义:科技园区是专人管理的专业组织,通过促进创新、企业竞争力、大学和研究机构的发展来使当地的财富得以增长。"科技园区的功能主要包括以下几个方面:通过孵化与扩散过程,为创新型企业的设立、成立和发展提供便利;激励、管理各类显性和隐性知识与技术在大学、研发机构、企业及市场之间流动和交流;提供良好的基础设施、服务设施及其他增值服务。"②③

自20世纪中叶到当前,科技园区发展态势良好,为所在区域带来了巨大的经济、科技和社会收益,促进了区域竞争优势的培育,使得区域形成自我生长、良性循环的动力,是政策制定者、经济学者和企业经营者关注的焦点。

众多学者分析了科技园区的发展历程,认为科技园区大的发展趋势已经从第一代、

---

① 滕堂伟、曾刚等:《集群创新与高新区转型》,科学出版社2009年版。
② 胡钢:《国外科技园区的研究综述》,《科技管理研究》2012年第17期。
③ 滕堂伟:《创业生态系统研究的知识基础与前沿重点》,《管理世界》2017年第9期。

第二代发展到了新的阶段。第一代科技园区是在大学、科研院所附近自发形成,通过加快研究人员的科研成果技术转移,实现技术推动经济的目的。第二代科技园区是经过专业规划,突出园区在创新孵化过程中的作用,强调技术与经济的紧密结合。现在,随着自身的发展,科技园区逐渐向第三代演进,即知识驱动、网络式发展的新科技园区,并成为各国、各地区园区建设的新模式和进行知识竞争、创新能力比拼的新焦点。

世界科技园区与大学有着密切联系。从图16-1可以看出,世界科技园区45%位于大学园区内或毗邻园区,距离大学20公里以上的科技园区仅占4%。从园区面积上看,中、小型科技园区相对较多,全球科学园区大致可分成大型、中大型、中小型和小型园区。其中小型科技园区占有较大比重,约占科技园区总数的51%,说明世界科技园区主要以小型规模为主(图16-2)。

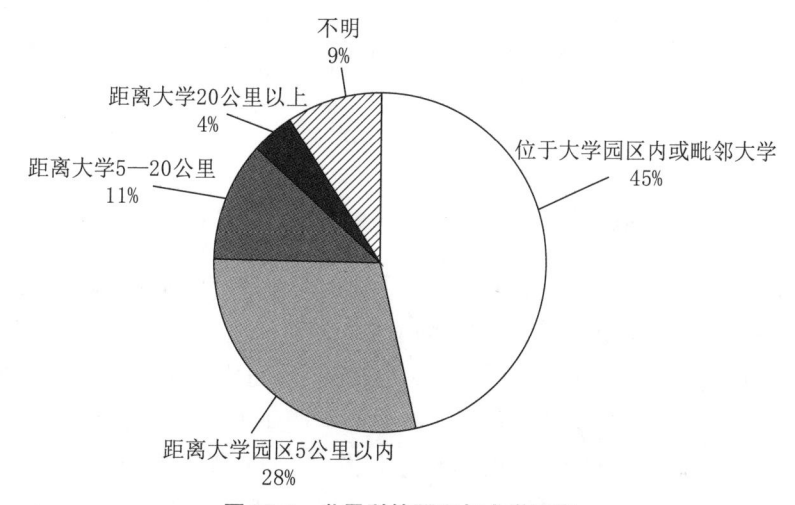

图 16-1 世界科技园区与大学距离

资料来源:国际科学园区协会统计数据。

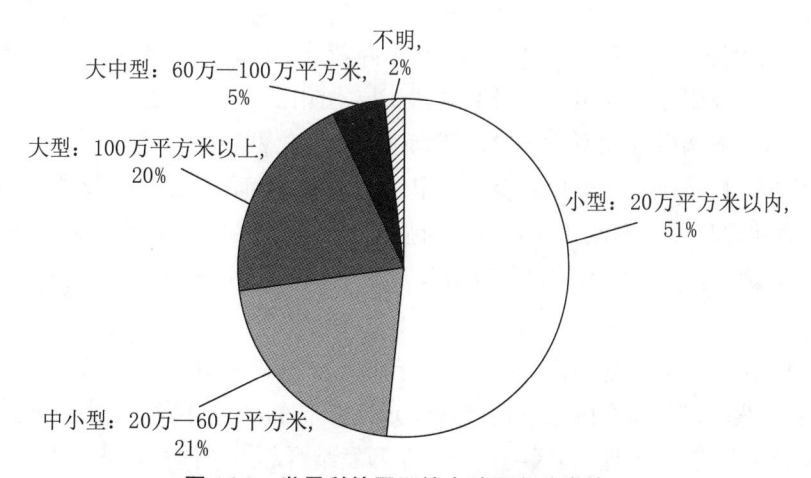

图 16-2 世界科技园区按占地面积分类情况

资料来源:国际科学园区协会统计数据。

按管理体制分，科技园区主要有五种模式：自然发展模式、政府管理模式、大学管理模式、公司管理模式、基金会管理模式（表16-12）。

表16-12 世界科技园区按管理体制分类情况

模 式	管理体制	举 例
自然发展模式	自然发展，完全由市场推动而成，没有专门的管理机构	美国硅谷、128公路
政府管理模式	由政府设立专门的园区管理机构进行全权管理	日本筑波、韩国大德科学城
大学管理模式	由大学设立专门机构对大学校园内的科学园或孵化器进行管理	美国斯坦福研究园、剑桥科学园
公司管理模式	由各方组成的董事会领导、经理负责的企业管理	印度软件科技园、英国的科技园
基金会管理模式	由政府、企业、银行、大学和其他机构分担义务，共同承担管理职能	法国安蒂波利斯科学园、美国北卡罗来纳三角研究园

资料来源：作者整理。

二、科技园区的发展趋势

综合来看，科技园区的主导产业由传统产业向高新技术产业不断转型，也必然使园区的发展内容和特征存在以下几个明显的趋势：

趋势一：从注重优惠政策向发展产业集群转变。从世界高新技术产业发展来看，其基本经历了"单个企业→同类企业集群→产业链→产业集群"的发展路径演变，高新技术产业只有集群化发展，才会激发出更大的能量。从未来高新技术园区政策走向看，优惠政策将可能逐步从区域倾斜转向技术倾斜和产业倾斜（这是国外通行的做法）。

趋势二：由加工型高新区向研发型高新区转型。高新技术园区功能的特殊性，决定了高新技术园区适合打造前端性产业链（研发、设计、中试等）。未来高新技术园区的发展在于比技术创新能力和技术转化效率，我国高新技术园区也将逐步走向以研发中心、研发型产业、科技服务业为主体的研发型高新技术园区。

趋势三：从强调引进大型公司向科技型中小企业集群转变。随着高新产业系统化、交叉性的增大，科技研发与转化的复杂性也日益加大，从而使大规模研发的系统风险大大增加。而随着科技预测性和可控性的加强，在总体方向下，将研发课题市场化、模块化、专业化，采用小规模研究，充分利用其灵活性，可有效分散风险和加快科技研发速度。

趋势四：由单纯的土地运营向综合的"产业开发"和"氛围培育"转变。产业园区的发展，未来必然应该从孤立的工业地产开发走向综合的产业开发，通过土地、地产项目的产业入股等方式，将土地、园区物业与产业开发结合起来；"同样也从片面的环境建设走向全方位的氛围培育，在打造一流的硬环境的同时，加强区域文化氛围、创新机制、管理服务等软环境的建设。"①

趋势五：由功能单一的产业区向现代化综合功能区转型。现代的产业发展不同于传统工业发展模式的特性——智力资源密集、规模较小、信息网络化，决定了新的产业区功能的综合性，不是单纯的工业加工、科技产品制造区，还包括配套服务的各种商业服务、金融信息服务、管理服务、医疗服务、娱乐休憩服务等综合功能。

三、第三代科技园区的兴起

所谓第三代科技园区，"是以知识生态系统为理念，以激发人才的创造力为核心，强调社区和城市一体化，以全球化和本地化结合为特征，突出网络创新的新科技园区发展模式。"②③其中，社区是指"集学习、工作、娱乐于一体的知识型社区"。有研究学者指出，第三代科技园区不再是简单的以各种科技成果转化为主要任务的产业孵化基地，不再是单纯的由科技与经济两大主题相互作用形成的工业园区，而是一个促进人的知识创造，并由知识所驱动的综合科技经济体，是集科技、经济、社会、文化、资源、环境等和谐发展的知识创新社区。

与第三代科技园区有关的城市创新空间大致可分为三大基本类型：一是承担城市功能区的中心城区，以教育、研发和企业为核心要素的创新集聚空间，如波士顿的坎布里奇；二是以开展基础研究为主的科学城，如日本筑波科学城；三是以发展高技术及其产业为主的科技园，如美国硅谷和128公路地区、中国台湾新竹等；后两者的进阶形态是以创新、研发和孵化为主要功能的城市创新型综合体。灵活的创新空间组合对第三代科技园区产生以下作用：

（一）维持创新空间的经济理性

充分考虑创新生产的空间分布规律和经济理性，实现商务与智力的高度重叠，形成基于满足市场需求的创新格局。

（二）探索灵活的创新空间形态

为了增强创新活力，必须持续拓展创新空间载体新内容。第三代科技园区坚持创新空间载体多元化内容和多样化形式原则，鼓励创新区位分散化和面积小型化。创新空间的形式和大小应可灵活调整，即能够顺应新技术、新产业革命发展的现实要求，配合城市创新要素、环境、组织机制变化进行创新空间布局调整。

（三）加强创新空间的联动发展

为了增强活力，第三代科技园区需要创新空间各单元间的联动发展更加紧密，需要与非园区类空间载体（如中心城区的创意街区）加强合作。即使第三代科技园区的空间尺度有限，也可以实现创新空间从单中心到多中心、从孤岛创意到协同发展的转变。

---

① 沙德春、王文亮、肖美丹：《科技园区转型升级的内在动力研究》，《中国软科学》2016年第1期。
② 程郁：《高新区与未来知识经济的社会形态》，《中国科学院院刊》2010年第5期。
③ 陈杰：《创新型产业园区的构建与发展——系统复杂性视角》，《华南师范大学学报（社会科学版）》2014年第2期。

四、国内科技园区发展概况

在国外科技园区发展进入稳定期后,中国内地在兴办"经济开发区"成功的经验基础上,开始兴办科技园区(高新区或新技术产业园区)。我国内地科技园区发展大致可分成两个较模糊的时代,分别是完全政府主导时期和政府主导社会资本进入时期。

(一)完全政府主导时期

自20世纪80年代后期至20世纪末,全国的国家级和地方性科技园区几乎完全是在政府主导下进行的,政府规划、政府投资、政府开发、政府招商、政府运营、产业扶植,最后通过政府税收完成资金的循环。即使到了今天,这一模式仍然在沿用。

(二)政府主导社会资本进入时期

自20世纪90年代末特别是21世纪初以来,社会资本在政府直接资本的挤压下,开始谨慎进入科技园开发领域。民营资本、国有资本(非政府各级管委会直接投资)、国外资本纷纷开始进入,在各级高新区内兴建"二级园区"。其中,民营资本科技园大多以各类大型科技研发企业自建自营为主,间或有地产开发商介入,知名的有华为科技园、大连软件园(亿达投资)、深圳天安民营科技园等。国有资本科技园大多以高校投资和大型国有企业投资兴建为主,其中,高校科技园较著名的有清华科技园、复旦科技园;其他国有资本开发的科技园中,较著名的有北京中关村软件园、上海浦东软件园、西安软件园等;此外,还有北京中关村生命科学园等其他专业化园区。国际资本开发的科技园区往往受到一定的政策限制,新加坡腾飞集团先后在苏州、大连、杭州等地开发有各类产业的科技园区;新加坡凯德置地、丰树投资等则不同程度地在境内一线城市以地产基金形式收购部分优质科技地产,形成更小的"园中园"。

从空间分布看,中国科技园区的规模与发展水平都呈现出显著的空间差异:东部地区的大学科技园数量最多;中部地区在资产和孵化规模上领先;东部地区的集约化程度更高(表16-13)。科技园区的重要功能之一是孵化。2004—2017年,国内大学科技园的数量由42个增长到115个,园均累积毕业企业个数也由27个增加到86个,在孵场地实现了利用集约化(表16-14)。

表16-13 2017年分地区中国科技园区发展情况

指　标	东部地区	中部地区	西部地区	东北地区	全国
入统大学科技园数量(个)	64	12	24	14	114
园均管理机构从业人员数(人)	25	31	21	23	24
园均孵化基金总额(千元)	26 798.66	18 714	6 417.708	10 928	19 707.89
园均年末固定资产净值(千元)	47 561.36	99 110.42	9 853.042	6 418.929	39 996.41
园均场地面积(平方米)	74 862.63	155 552.4	33 610.42	33 847.64	69 634.68

(续表)

指标	东部地区	中部地区	西部地区	东北地区	全国
园均在孵企业数(个)	98	107	81	66	92
园均累计毕业企业(个)	100	96	60	63	87
园均毕业企业从业人员数(人)	1 330	1 832	785	834	1 207
园均毕业企业总收入(千元)	1 753 342	1 370 723	727 268.5	1 698 134	1 490 271
园均毕业企业工业总产值(千元)	1 035 643	1 138 450	420 551.4	1 460 790	969 182.7

注:东部地区包括北京、天津、河北、上海、江苏、浙江、福建、山东、广东和海南等10个省市;中部地区包括山西、安徽、江西、河南、湖北和湖南等6个省市;西部地区包括内蒙古、广西、重庆、四川、贵州、云南、西藏、陕西、甘肃、青海、宁夏和新疆等12个省区市;东北地区包括辽宁、吉林和黑龙江等3个省。

数据来源:根据《2018中国火炬统计年鉴》计算得出。

表16-14 2004—2017年中国科技园区园均孵化情况

年份	大学科技园(个)	园均场地面积(万平方米)	园均在孵企业(个)	园均当年新孵企业(个)	园均在孵企业总收入(亿元)	园均在孵企业人数(万人)	园均累计毕业企业数(个)
2004	42	11.39	118.52	26.67	5.39	1 548	27.07
2005	49	10.21	123.98	24.76	5.55	2 245	26.94
2006	62	8.34	108.39	21.74	4.76	2 194	28.94
2007	62	8.52	106.03	21.92	4.76	2 081	31.58
2008	68	10.27	90.78	19.03	3.64	1 838	43.81
2009	76	10.71	86.07	18.37	6.56	1 829	48.33
2010	86	9.47	76.94	21.60	2.58	1 488	50.73
2011	85	9.02	81.45	19.68	2.01	1 541	60.44
2012	94	9.78	78.39	19.01	2.20	1 404	60.80
2013	94	8.25	87.28	21.57	2.79	1 564	69.31
2014	115	6.97	86.71	24.59	3.14	1 417	62.54
2015	115	6.49	87.98	24.67	2.41	1 270	71.47
2016	115	6.42	85.75	22.37	2.52	1 148	79.90
2017	115	6.90	90.85	23.44	2.96	1 191	85.79

数据来源:根据《2018中国火炬统计年鉴》整理计算。

对比北京中关村与上海张江:中关村由于规模较大,在企业、经费、人员投入上远远领先于张江;但在产值和利润增长方面,张江则显著高于中关村(表16-15)。上海张江高科技园区以高投入产出比实现了较高质量的发展。

表 16-15　2017 年北京中关村科技园区、上海张江高科技园区对比　　单位：%

指标	北京中关村科技园区	上海张江高科技园区
工商企业注册数增长率	15.16	5.56
年末从业人员数增长率	5.55	16.38
工业总产值增长率	8.64	11.53
净利润增长率	16.43	17.04
科技人员增长率	11.37	15.55
R&D 人员增长率	23.33	8.28
R&D 人员全时当量增长率	22.46	3.21
R&D 经费增长率	33.57	0.36

数据来源：《2018 中国火炬统计年鉴》。

第四节　临空经济园区

临空经济园区拥有"空港＋口岸＋航权＋跨境＋保税＋自贸"等叠加优势，是推动进口和出口、货物贸易和服务贸易、双边贸易和双向投资、贸易和产业协调发展的创新示范区，与中国构建开放型经济新体制的基本思路具有高度的契合性。

临空经济园区是以临空经济为基础，以机场及周边地区为发展空间，以临空产业为核心的一种特殊经济园区。作为以国际枢纽机场为基础动力的经济区域，临空经济园区的资源要素流动具有天然的开放性、国际性、创新性特征。机场和航空运输的网络型组织形态构成了临空经济区经济活动空间联系的基础，以网络化、全方位的航线强化了地区和国际市场的航空联系。作为机场所在区域资源空间价值的集中表现，临空经济园区独特的产业集群成为全球产业链配置的重要一环。临空经济区依托航空运输全球易达性和快捷高效的绝对优势在国际产业分工中聚集了一批具有明显技术偏好、时间偏好和空间偏好的产业，具备科技含量高、附加值高、生产效率高、时效性强等特点。作为"临空＋自贸"的叠加区域，临空经济区是地区探索开放型经济发展模式的先行区。国家级临空经济示范区都把创新对外开放体制机制、优化全球资源配置能力、打造开放型经济新体制作为临空经济区建设的重要着力点。临空经济园区的发展内涵如图 16-3 所示。

当前，中国国家级临空经济园区一共有 14 家。其规划面积与发展定位如表 16-16 所示。

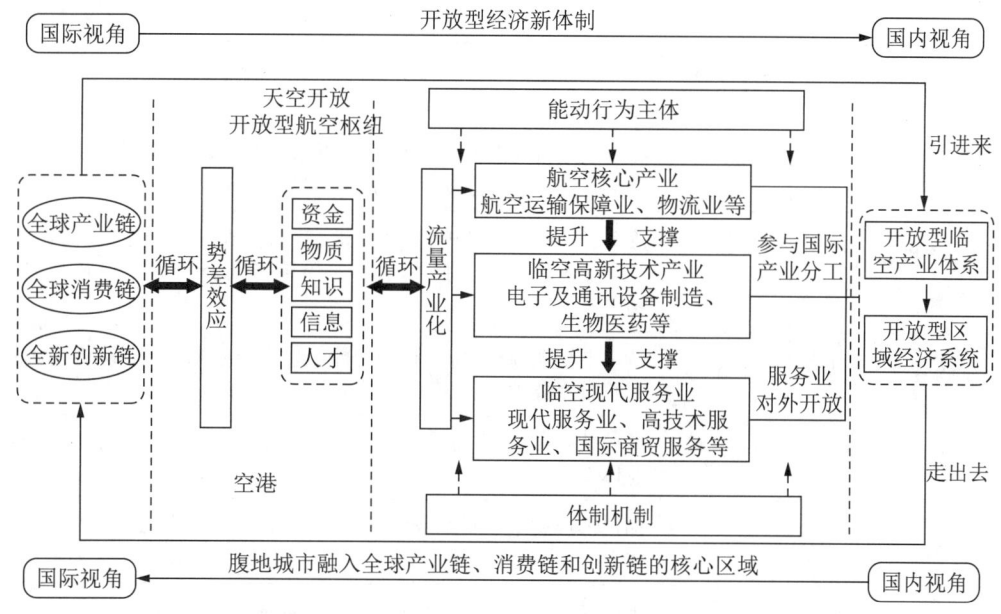

图 16-3　临空经济园区发展内涵①

表 16-16　国家级临空经济示范区规划面积

国家级临空经济示范区	规划面积（平方公里）	发展定位
郑州航空港经济综合实验区	415.88	国际航空物流中心、以航空经济为引领的现代产业基地、中国内陆地区对外开放重要门户、现代航空都市、中国中原经济区核心增长极
北京大兴国际机场临空经济示范区	150	空铁联运的通达之城、中国韵味的文化之城、拥抱世界的交往之城、临空经济的创新之城、形象鲜明的印象之城、生态智慧的宜居之城
贵阳临空经济区	148	空港运营服务核心；发展临空制造及高新技术板块、临空物流板块、临空总部及综合服务
重庆临空经济示范区	147.48	临空经济集聚展示窗口；临空制造、临空商务、临空物流、临空会展、临空保税五大功能
西安临空经济示范区	144.1	国际航空枢纽、临空特色产业聚集区、内陆改革开放新高地、生态宜居空港城市
杭州临空经济示范区	142.7	面向全球的跨境电商标杆、亚太国际航空枢纽、全国临空产业高地、生态智慧航空都市
长沙临空经济示范区	140	形成"空铁联动发展轴"；推进立体交通和综合枢纽建设
广州临空经济示范区	135.5	扩展白云机场全球航空枢纽的国际竞争力；带动珠三角地区在更高层次和更宽领域参与全球产业分工

---

① 曹允春、刘芳、冰罗、雨赵冰：《临空经济区开放发展的路径研究》，《区域经济评论》2020 年第 1 期。

(续表)

国家级临空经济示范区	规划面积（平方公里）	发展定位
青岛临空经济示范区	129	建设航空公司运营总部和现代国际空港运营中枢；发展通航产业、航空制造、临空现代服务、航空特色服务
首都机场临空经济示范区	115.7	服务于首都核心功能；首都空港、航空物流与口岸贸易功能、临空产业与城市综合服务功能、临空商务与新兴产业动能、生态功能
成都临空经济示范区	100.4	航空港功能、临空高端制造功能、航空物流与口岸贸易功能、临空综合服务功能、生态防护功能
宁波临空经济示范区	82.5	港城融合；以航空贸易物流、临空智能制造为主导的现代临空产业体系
南京临空经济示范区	81.8	加快形成航空业全产业链和价值链，构建现代化临空经济产业体系
上海虹桥临空经济示范区	13.89	国际航空枢纽、全球航空企业总部基地；高端服务业集聚区、全国公务机运营基地、低碳绿色发展区

数据来源：根据各国家级临空经济区总体规划整理。

参考文献

Das Ruhrtal. Regionale 2013—2016：Wissens und Erlebnisraum Ruhrtal Impulsgeber der Metropole，Herdecke：Ruhrtal-Initiative，2007.

曹允春、刘芳、冰罗、雨赵冰：《临空经济区开放发展的路径研究》，《区域经济评论》2020年第1期。

陈飞、陆伟、蔡军：《临海工业区集约开发研究进展与思考》，《现代城市研究》2016年第8期。

陈杰：《创新型产业园区的构建与发展——系统复杂性视角》，《华南师范大学学报（社会科学版）》2014年第2期。

程郁：《高新区与未来知识经济的社会形态》，《中国科学院院刊》2010年第5期。

胡钢：《国外科技园区的研究综述》，《科技管理研究》2012年第17期。

刘威：《东亚老工业区经济结构重组问题比较研究》，《长春工程学院学报（社会科学版）》2018年第4期。

任保平：《衰退工业区的产业重建与政策选择：德国鲁尔区的案例》，中国经济出版社2007年版。

沙德春、王文亮、肖美丹：《科技园区转型升级的内在动力研究》，《中国软科学》2016年第1期。

滕堂伟：《创业生态系统研究的知识基础与前沿重点》，《管理世界》2017年第9期。

滕堂伟、曾刚等：《集群创新与高新区转型》，科学出版社2009年版。

王军:《发达国家老工业区衰退机制剖析及更新模式探讨》,"多元与包容——2012中国城市规划年会"论文,昆明,2012年10月。

叶修群、郭晓合:《保税区、出口加工区与加工贸易发展——基于中国省级面板数据的实证研究》,《重庆大学学报(社会科学版)》2018年第5期。

赵儒煜、阎国来、关越佳:《去工业化与再工业化:欧洲主要国家的经验与教训》,《当代经济研究》2015年第4期。

第十七章 第三产业经济园区发展

第三产业园区是经济园区的一种重要类型。在后工业化发展阶段，随着城市产业结构由"二三一"向"三二一"演变，以服务业为主导产业的集聚区大量出现。与第二产业经济园区相比，第三产业经济园区的生产协作形式更加多样化、选址更加灵活、社会属性更加突出、开放度更高。由于专有化的第三产业园区（如金融服务区、自贸区、综改区等）在很大程度上服务于第二产业园区，第三产业园区的战略定位和发展水平对第二产业的发展有着不可忽视的影响。

第一节 第三产业经济园区解析

一、第三产业经济园区的形成原因

（一）二产园区三产化

三产经济园区的形成方式之一是二产园区三产化。随着二产园区的发展，由于存在缺乏规划、配套服务滞后，产业链与创新链不完整等问题，逐步在发展中专注于科技研发与转化，并更加注重融合人的生活、居住等因素，使得二产园区与社区之间的融合趋势不断加深。举例来说，自2016年以来，上海市启动了"创新园区计划"，在强调园区经济功能的同时，还强调创新型人才全方位的工作与生活需求，也包容小微众创空间的发展。随着张江科学城的建立，"科创社区"也逐步兴起，由封闭花园向共享公共空间转变，从单一产业园区向综合城市社区转变，强调产城融合和用地空间多元复合，促进科技、产业、人口、空间的有机融合。三产经济园区普遍建立起了园区、校区、社区的联动，"以园区为技术生产空间，以校区作为知识生产空间，以社区作为生活配套空间，园区与校区间建立起知识、技术传输与成果转化的通道，园区与社区间建立起就业支持与生活配套互动合作,校区与社区间建立起教育培训与创新空间孵化的有机交流。"①

(二) 产业园区的功能迭代

二产园区三产化主要体现在二产园区服务化上,即生产功能的服务化延伸。具体而言,三产经济园区的功能迭代主要体现在以下两个方面:

一是全球(区域)品牌功能。三产经济园区在一定程度上承担了定义、推广其所在城市或区域的形象和品牌的重要的作用,如 CBD、自贸区、综合改革配套区的设立都体现了这一立意。三产经济园区的空间范围往往较大,开放度较高。

二是产城融合发展功能。三产经济园区更关注当地人与环境的发展,其生产功能逐步削弱,混合居住功能和经营功能的比重大大提高,园区与社区逐步融合。产城融合是为了进行高效的商业活动与互动交流,这对于以文创产业为主体的创意型三产经济园区和以贸易、金融业务为主体的自贸区与金融服务区来说,至关重要。

三代园区的发展脉络如表 17-1 所示。

表 17-1　三代园区的发展脉络

园区演化	第一代园区	第二代园区	第三代园区
时间	20 世纪 60—80 年代	1980 年以后	2000 年以后
主要学派	新古典学派 新熊彼特学派	创新系统理论学派	社会资本学派 创新系统理论学派等
政策重点	重视科技对经济的促进作用	关注科技经济结合,并考虑环境的因素	通过社区环境打造,提供交流平台
产业主体	传统工业	信息产业	知识型产业
园区形态	集聚的传统园区	开放性空间	产城一体的"服务社区"
管理模式	科技产业化管理	创新系统化管理	意外发现管理②

资料来源:作者整理。

(三) 城市空间重组的需要

随着全球发达地区经济发展由工业化向后工业化阶段演进,同时伴随城市化进程的加快,城市在更大的地域范围内蔓延,城市内部空间重组的需求日趋明显。三产经济园区与二产经济园区相比,有着明显的空间布局差异,在选址与空间组织形式上都有较大差别。

1. 城市中心的生产性功能回归

"城市中心作为城市的政治、经济、文化中心以及交通运输中心、信息与科技中心和

---

① 卢为民:《从产业园区向产业社区转型——上海"创新园区计划"透视》,《中国国土资源报》2017 年 4 月 14 日,第 5 版。

② 所谓意外发现管理,是指"通过在复杂而又多样化的环境中提供便利和信任管理,吸引大量天才形成突发的、不可预见的、隐性的竞争力"(Glotova,2005)。

人才密集之地,城市中心的生产组织具有多职能综合性的特点,在城市第三产业发展中发挥着重要作用。"[1]从国外经验看,纽约、伦敦、东京等城市在经历了较长时间的都市空心化、产生了一些负面效果后,都实施了生产空间的战略性调整,突出表现为城市中心生产性功能的回归。一个表现是在城市中心发展以现代商贸为引领的创意设计、金融服务、软件信息等服务业园区,如创意园区、软件园等;另一个表现是设立高端服务业的专门功能区域,如商务区、金融贸易区、旅游度假区等。由于城市中心在要素集聚、成果产出、组织架构、功能实现上都与城市郊区有着很大差别,因而,也成为三产经济园区主要分布的区域。

2. 核心优势的空间差异

从城市空间看,城市中心是城市发展的核心地区,包括规划建设用地和近郊地区,一般通过研究城市空间增长边界来划定中心区域;从城市功能看,"城市中心是城市集聚、整合、扩散功能的核心所在,是城市资金流、信息流、物资流、人才流的汇集中心,通过占据产业价值链的高端环节形成竞争优势,并在促进结构调整和推动产业升级上发挥引领作用。"[2]

相比城市的其他区域,城市中心具有第三产业发展的独特优势条件:经济集聚度高,实力相对较强,其经济密度可达所在城市经济密度的 2—4 倍;基础设施完善,社会事业发达,设施配套齐全,规划建设水平高;居民分布密度大,市场消费能力强,多样的商业模式共存;人才资源集聚且种类丰富,文化教育、科技设施条件良好,综合科技实力雄厚;高开发强度要求高土地产出率,客观上需要城市中心占据产业价值链分工体系中附加值较高的创新环节。同时,城市中心经济是一个完全开放的系统,社会化生产程度高、分工细致、专业化协作强。此外,由于空间的有限性,其产业集聚会形成产业之间的相互竞争,从而促使其产业不断优化以及产业离心扩散,一些劳动生产率低、比较收益低和缺乏竞争优势的产业从中心城区淘汰出去,形成优先向优质行业和现代服务业发展的格局。因此,城市中心有利于组织高效率生产、高效率流通、高效率消费和高效率管理的第三产业生产、经营活动,也是三产经济园区集中分布的区域。

二、第三产业经济园区的维度解析

与以制造业为主的第二产业经济园区相比,以服务业为主的第三产业经济园区参与行为主体较多,除了生产性企业外,还要更多考虑消费、投资群体和各种服务、中介机构;与国家/地方的公共政策机构的联系也更紧密。三产经济园区与二产经济园区在经营目标、经营和参与主体、产业载体、空间载体、要素投入方式、创新内容方面的差别如表 17-2 所示。

---

[1] R.Owen, P.Macnaghten, J.Stilgoe, "Responsible Research and Innovation: From Science in Society to Science for Society, with Society", *Science & Public Policy*, Vol.39, No.2, December 2012, pp.751—760.
[2] 丘勇才、罗乐勤:《论中心城区的经济优势与特色经济发展》,《统计与决策》2006 年第 11 期。

表 17-2 第三产业经济园区与第二产业经济园区功能比较

	第三产业经济园区	第二产业经济园区
经营目标	实现生产服务高效化;满足市场需求多样化;对现有市场细分化	侧重技术、产品、知识的生产和运输活动
经营和参与主体	服务型企业、社区	侧重企业、科研机构、高校
产业载体	侧重生产性服务业、创意产业	侧重高技术制造业
空间载体	以社区、商贸功能区为主	以产业园区、开发区等生产基地为主
要素投入方式	侧重知识投入、管理投入	侧重 R&D 和基础物料投入
创新内容	侧重知识创新、服务创新、商业模式创新、管理创新	侧重产品创新和技术进步

资料来源:作者整理。

第三产业经济园区的维度主要包含以下四方面:

(一)在战略维度上:体现国家和区域政策框架

与二产经济园区相比,三产经济园区的发展包括了更多的国家和区域政策关注,不论是传统的金融区、商务区和保税区,还是时代气息浓厚的自贸区和综改区,通常是将其定位成为经济发展的领头者。"这些园区通过专业的管理、增加与外部的联通、吸引大量的投资,是经济系统的重要组成和成功关键。"[1]三产经济园区也是树立城市品牌和形象、实践高质量发展、适应国际规则的全球行动者。因此,也普遍都积极融入国民经济、城市、土地利用、环境保护、交通等各类发展规划中。

(二)在管理维度上:注重意外发现管理能力的培育

成功的三产经济园区通常具有良好的商业模式与优秀的日常管理,具有清晰而又长期的发展策略、持续的商业盈利模式。"管理成熟的三产经济园区旨在通过意外发现管理,在复杂多变的环境中实现便利和培养信任,从而形成突发的、不可预见的、隐性的竞争力"[2],对于实现园区的持续运转和进一步发展意义重大。

(三)在组织维度上:基于产城融合的多元组织

"三产经济园区比二产经济园区的经营环境建设更重要,对于非商务区的三产经济园区来说,区位因素的作用大大降低,软环境的作用大大提升,物理环境和文化环境共建、生产和生活融合变得十分重要。"[3]在物理环境方面,侧重于营造开敞的空间、设计良好的绿化、便利的生活居住条件,例如商店、运动设施等,有助于品牌、形象和身份的组成;

---

[1] Henn Sebastian, Bathelt Harald, "Cross-local Knowledge Fertilization, Cluster Emergence, and the Generation of Buzz", *Industrial and Corporate Change*, Vol.27, No.3, June 2018, pp.449—466.

[2] T.Glotova, T.Kakko, E.Marjomaa, "New Approach to Innovative Milieus: How to Create Competence by Co-discovering Taict Knowledge", paper delivered to eBRF Conference, sponsored by Tampere, Finland, September 26—28, 2005.

[3] A.Petsche, A.Luger, "Innovation in Einem Franchisesystem-eine Rechtliche Betrachtung", *Wissens-und Innovationsmanagement in der Franchisepraxis*, Springer Fachmedien Wiesbaden, 2016, pp.99—104.

应用良好的自然光、灵活的规模和使用单元等。文化环境方面,建立多元的文化机构和组织,吸收、聚集引领意义的国际学校和研究机构,进行常规的、松散的、自由的交流会议。

(四)在网络维度上:形成全球尺度的关系网络

对高能级的三产经济园区而言,网络的链接必不可少,因为从园区、本地、区域、国家和全球等不同尺度,网络都是必需的;同时,网络链接能够帮助基准的形成、最佳做法的对比和高附加值产品的商业化。因此,许多园区的年度报告及账目记录都会评估其网络的价值。许多新建的、正在上升的企业也多受益于多重的网络和联系,结网是一个成熟三产经济园区的标志之一。网络并不是只局限在区域附近,最成功的网络是建立有效的国家和国际网络和联盟,加强区内其他主体与世界先进国家和地区的交流。"一方面能随时向外界最前沿、最高水平的地区学习和交流,另一方面又能迅速把创新理念、产品供应信息、售后服务等传递到全球范围,从而实现园区自身竞争力和影响力的提升。"①从第三代科技园区的内涵出发,它是各方主体共同合作的区域知识生态系统,是在多层面相互结网的。园区的创新活动不是单独的行动,不孤立于外界而存在,而是与其他园区、集群甚至地区有效链接起来。

第二节 商业区和商务区

一、商业区

商业区是指一类办公区域,主要从事零售商业和交易、贸易。"商业区一般在大城市的中心、交通区位优势明显的地方,通常由繁华的街道和大型商业公共设施组成。"②在大城市和特大城市,商业区可划分为市级、区级、街道不同的等级和规模。市级商务区往往都是中央商务区,其核心为规模较大的银行、保险公司和财务公司组成的金融"核"或金融中心;周边为规模较大的工业、商业企业的总部或机构;边缘是为这些核心公司及其办公机构提供会计、律师、咨询、广告、经纪、市场顾问等的服务型公司。

一般情况下,商业区可以分为三大类:中心商业区,特点是以若干百货商场为核心,环绕着星罗棋布的中小型商店,一般位于城市的心脏地带;二是非中心商业区,分布于城市某个非中心地点的商业街区,常以一个大型商店为核心,拥有几十到上百家商店,其规模、繁华程度、商店数量逊色于中心商业区;三是住宅商业区,即居民区附近的商业街,以供应附近居民所需商品为主。

二、商务区

"商务区的概念最早由美国城市社会学家 Burgess 提出。在其同心圆城市空间结

---

① 刘志春、陈向东:《基于时滞效应的我国科技园区创新效率评价》,《管理学报》2015年第12卷第5期。
② 王艳东、豆明宣、刘森保等:《基于社交媒体的商业区选址研究》,《地理空间信息》2018年第6期。

构理论中,他指出,城市是以中心圈层模式由内向外发展的。其中,城市中心为中央商务区(Central Business District,简称 CBD)。"[1]"理想的 CBD 是一个集零售、办公、金融、宾馆、俱乐部、剧院等为一体的高度集中区域,也是商业活动、社会活动、市民活动和交通活动的核心。"[2]

从国际大都市商务区的发展历程来看,商务区的功能经历了单一商品交易→贸易服务→金融服务→资源配置的转变,服务能级不断提升。现今,商务区职能已转变为以商务办公为主,兼有会议展览、商住服务、文化娱乐等功能。对中央商务区而言,其规模的大小取决于国家/区域经济实力、城市人口规模、社会发展水平与地理区位优势等,但归根结底,是取决于城市在世界城市体系中的地位。能成为全球和区域性经济控制中心的城市,才有可能形成高能级的中央商务区,如纽约曼哈顿、伦敦金融城、巴黎拉德方斯、东京新宿、香港中环等。

由于中央商务区形成的条件各异,其功能定位、发展战略、产业载体和空间分区都可能产生较大差异。以纽约马哈顿、伦敦道克兰码头区和东京新宿中央商务区为例,其差别如表 17-3 所示。

表 17-3 纽约、伦敦、东京中心城区科技创新比较

	纽约曼哈顿	伦敦道克兰码头区	东京新宿
地理区位	纽约市中心	距伦敦金融城东 8 千米的新区	东京市区中心偏西
发展战略	新技术解决市场需求:以大都市文化为创新平台,解决市场需求的实用主义导向的大都市创新模式	管理创新推动功能再造:对衰落的城市中心准确定位,改变了伦敦市金融和商业中心的格局,成为英国及欧洲最繁忙、最重要的商业区	结构性商业模式(商务—业务—服务结合)创新:以顶级宜居为目标,通过定位人本化、设施交往化和品牌名胜化,为城市创新吸聚资源
侧重领域	金融、文化和商业	金融、管理	商业模式
产业载体	金融商务服务业、专业服务业、时尚创意产业	金融业、构成隐性创新源的知识密集型服务业	信贷和保险为主体的金融业、商贸服务业、文化创意产业、研发型工业
功能分区	曼哈顿 CBD:金融商务服务、专业服务/特色服务 林肯中心/第五大道/下东区/百老汇大道:时尚设计发布、顶级奢侈品聚集、时尚艺术展示	南华克区:特色商贸、英伦文化展示、商务服务 陶尔哈姆莱茨区:伦敦第二大金融中心、商务区 纽汉区:商业、展览、艺术、多元文化开发	新宿西口:金融集聚区、商务办公(律师、专利、税务) 新宿东口/西口:集中商业区、歌舞伎文化区 新宿南口:新兴商业区、商业娱乐文化 新宿 CBD:文化创意、信息服务、传媒动画

资料来源:作者整理。

表 17-4 显示了 2018 年中国主要中央商务区的发展情况。世界级的中央商务区只

---

[1] 陈伟新:《国内大中城市中央商务区近今发展实证研究》,《城市规划》2003 年第 12 期。
[2] 张杰:《中央商务区(CBD)高质量协调发展研究》,《北京财贸职业学院学报》2019 年第 2 期。

表17-4 2018年中国主要中央商务区发展情况

级别	辐射带动能力	名称	发展现状	核心区面积（平方公里）	GDP（亿元）	占全市比重（%）	总部企业数量（个）	纳税额（亿元）
世界级	亚洲乃至全球	香港中环CBD	稳居国际CBD之列	1.54	—	—	—	—
国家级	中国	北京CBD	在国内CBD发展中居领先地位，发展成熟	7.29	1 664.00	5.94	428	430.00
		上海陆家嘴CBD		6.89	(10 461.59)	(32.01)	107	150.53
		广州天河CBD		20.00	3 182.54	13.92	109	685.83
		上海静安CBD		7.6	732.00***	2.95***	—	261***
大区级	本省及周边省市组成的大区	深圳福田CBD	发展相对成熟，经济稳健增长	2.33	2 400.00	10.67	413	1 800.00
		重庆解放碑CBD		1.61	717.00	3.68	145	(29.71)
		长沙芙蓉CBD	已具规模并不断扩大，经济持续增长	11.8	(1 301.59)*	(12.74)*	73*	47.61*
		天津河西CBD		17.16	1 041.98	5.62	35	200.00
地区级	本市及周边地区	大连人民路CBD		8.40	581.00	10.78	—	95.00
		杭州武林CBD		2.02	928.91	7.99	—	23.5*
		上海虹桥CBD	前期投建	4.7	—	—	153	185.10
		珠海十字门CBD		5.77	(1 902.05)	(65.27)	—	(38.29)
		宁波南部CBD		1	(1 820.11)	(16.93)	20	18.54
		杭州钱江CBD	在建招商	4.02	(675.5)	(5.00)	—	(24.84)
地区级	本市及周边地区	天津滨海新区CBD		46*	(6 654.0)**	(37.38)**	—	(529.00)*
		宁夏银川CBD		2.88	274.00	24.82	50	23.20
		武汉江汉CBD		33.43	1 304.18	9.73	—	165.19

注：*为2017年数据，**为2016年数据，***为2015年数据；括号内的符号为CBD所在区数据；广州天河CBD、长沙芙蓉区CBD、天津滨海新区CBD、武汉江汉CBD面积为区域总面积；—表示数据缺失。

资料来源：根据《中国商务中心区发展报告——2018年中国CBD发展评价》《天津市统计年鉴2017》《天津市统计年鉴2018》《上海市统计年鉴2019》《珠海市统计年鉴2019》《宁波市统计年鉴2019》《杭州市统计年鉴2019》长沙市统计年鉴2019》整理得出。

有一个,即香港中环;国家级的中央商务区有三个,分别为北京 CBD、上海陆家嘴 CBD、广州天河 CBD。此外,还有大区级 CBD4 个、地区级 CBD10 个。

第三节 自贸区和保税区

一、自由贸易区

自由贸易区是指这样一块区域:签订自由贸易协定的成员国相互彻底取消商品贸易中的关税和数量限制,使商品在各成员国之间可以自由流动;同时,各成员国仍保持自己对来自非成员国进口商品的限制政策。

自由贸易区对商品实行部分或全部的自由贸易政策。对部分商品实行自由贸易的如欧洲自由贸易联盟,其本质是"工业自由贸易区",自由贸易商品只限于工业品,不包括农产品。对全部商品实行自由贸易的如拉丁美洲自由贸易协会和北美自由贸易区,对区内所有的工农业产品的贸易往来都免除关税和数量限制。

"自由贸易区作为一种特殊经济区域,在发展脉络上,是自由港的延伸。"[①]世界各国对自由贸易区的管理有做法上的差异,但有三个共同点:一是出入自由贸易区的货物无需缴纳关税并免除海关手续。二是凡是允许出口的商品都可进入自由贸易区,并且可以拆散、存储、简单加工、再制造;可与其他国内商品混合出口,且对进出区的活动没有限制。三是区内的金融自由化程度很高,采取放宽银行支付存款利息、允许新的金融市场建立等金融管理宽松政策。

"从中国发展实践看,自由贸易区作为进一步改革开放的重要战略安排,发端于 2013 年 9 月上海自由贸易试验区挂牌成立。2015 年 4 月,广东、天津、福建自贸区挂牌运行;2017 年 4 月,辽宁、河南、陕西、四川、重庆、湖北、浙江自贸区也相继获批成立。"[②]近年来,中国自由贸易区在税收制度、政府职能转变、金融开放、贸易监管和投融资管理等方面与国际高度开放的贸易准则逐步对接,形成了改革引领作用,带动了区域经济的协调发展。中国自由贸易区发展基本情况如表 17-5 所示。

表 17-5 中国自由贸易区发展基本情况

自由贸易试验区	实施面积(平方公里)	覆盖保税区域	发展定位
中国(上海)自由贸易试验区	120.72	上海外高桥保税区、上海外高桥保税物流园区、洋山保税港区、上海浦东机场综合保税区	中国大陆境内第一个自由贸易区,是中国经济新的试验田;建设具有国际水准的投资贸易便利、货币兑换自由、监管高效便捷、法制环境规范的自由贸易试验区;政策与经验强调复制性和推广性

---

① 曾静:《自贸区建设对我国国际贸易的影响研究》,《现代商业》2015 年第 34 期。
② 朱孟楠、陈冲、朱慧君:《从自贸区迈向自由贸易港:国际比较与中国的选择——兼析厦门自由贸易港建设》,《金融论坛》2018 年第 5 期。

(续表)

自由贸易试验区	实施面积（平方公里）	覆盖保税区域	发展定位
中国(广东)自由贸易试验区	116.20	广州南沙保税港区、深圳前海湾保税港区	依托港澳、服务内地；21世纪海上丝绸之路重要枢纽；通过粤港澳经济深度合作,形成国际经合竞争新优势
中国(天津)自由贸易试验区	119.90	东疆保税港区、天津港保税区空港部分、滨海新区综合保税区、天津港保税区海港部分和保税物流园区	背靠京冀,辐射东北、西北、华北；作为"一带一路"重要节点,服务亚欧运输通道高效连接；聚集国际贸易和投融资业务
中国(福建)自由贸易试验区	118.04	象屿保税区、象屿保税物流园区、厦门海沧保税港区、福州保税区、福州出口加工区、福州保税港区	立足综改、对接台湾；以"对台湾开放"和"全面合作"为方向,在投资准入政策、货物贸易便利化措施、扩大服务业开放等方面先行先试
中国(辽宁)自由贸易试验区	119.89	大连保税区、大连出口加工区、大连大窑湾保税港区	引领东北地区转变经济发展方式,提升东北老工业基地发展整体竞争力和对外开放水平；实现高端产业集聚、投资贸易便利、金融服务完善、监管高效便捷、法治环境规范
中国(浙江)自由贸易试验区	119.95	舟山港综合保税区区块二、舟山港综合保税区区块一	重点开展以油品为核心的大宗商品中转、加工贸易、保税燃料油供应、装备制造、航空制造、国际海事服务、国际贸易和保税加工等业务；建立一系列流动性、便利性制度平台,打造一批具有国际影响力的标杆性功能平台(如跨境电子商务平台、融资租赁资产交易平台等)
中国(河南)自由贸易试验区	119.77	河南郑州出口加工区A区、河南保税物流中心	贯通南北、连接东西,发展现代立体交通体系和现代物流体系；服务于"一带一路"建设的现代综合交通枢纽；内陆开放型经济示范区
中国(湖北)自由贸易试验区	119.96	武汉东湖综合保税区、襄阳保税物流中心	立足中部、辐射全国；成为中部有序承接产业转移示范区、战略性新兴产业和高技术产业集聚区、全面改革开放试验田和内陆对外开放新高地
中国(重庆)自由贸易试验区	119.98	重庆两路寸滩保税港区、重庆西永综合保税区、重庆铁路保税物流中心	服务于"一带一路"建设和长江经济带发展的国际物流枢纽和口岸高地；西部大开发战略重要支点

(续表)

自由贸易试验区	实施面积（平方公里）	覆盖保税区域	发展定位
中国（四川）自由贸易试验区	119.99	成都高新综合保税区区块四（双流园区）、成都空港保税物流中心、成都铁路保税物流中心、泸州港保税物流中心	立足内陆、承东启西，服务全国；建设内陆开放战略支撑带的要求，打造内陆开放型经济高地，实现内陆与沿海沿边沿江协同开放
中国（陕西）自由贸易试验区	119.95	陕西西安出口加工区A区、陕西西安出口加工区B区、西安高新综合保税区、陕西西咸保税物流中心、西安综合保税区	更好发挥"一带一路"建设对西部大开发带动作用、加大西部地区门户城市开放力度的要求；探索内陆与"一带一路"沿线国家经济合作和人文交流新模式
中国（海南）自由贸易试验区	35 400	海南全岛	围绕建设全面深化改革开放试验区、国家生态文明试验区、国际旅游消费中心和国家重大战略服务保障区，实行更加积极主动的开放战略

资料来源：根据国务院印发各自贸区实施方案整理而得。

二、保税区

"继经济特区、开发区和高新区之后，从1990年开始的第一批保税区建设，到2000加入WTO后，为了引导加工贸易的发展，在中心城市设立了出口加工区。"[1]"然而，'区港分离'的管理体制很大程度上制约了保税区和出口加工区的发展"[2]，为此，国务院于2003年批复了"区港联动"政策，保税物流园区、保税港区和综合保税区应运而生，"这不仅极大地丰富了海关特殊监管区的内涵，也为深化改革、扩大开放提供了有效的制度供给。"[3]

"综合保税区是海关特殊监管区域转型整合下，中国目前开放层次最高、政策最优惠、功能最全、手续最简化的特殊区域，是区域经济发展和外贸发展的重要载体。"[4] 综合保税区设立的意义主要体现在：

扩大保税范围。通过区港联动，利用机场和港口的国际交通枢纽资源，将口岸功能延伸到综合保税区实现境外货物进出口自由（除法律禁止外）及入区保税；在综合保税区内，取消货物交易、仓储的限制，保障其自由流动和长期储存，以便降低企业生产、经营成本，形成稳定的国际物流和建立保税加工市场，提升吸引投资优势。

放开税收政策。由于突破了退税限制，境内货物进入综合保税区视同出口，按照现

---

[1] 张汉林、盖新哲：《自由贸易区来龙去脉、功能定位与或然战略》，《改革》2013年第9期。
[2] 赵榄：《对外开放与我国特殊经济区的发展——以保税区为例》，《国际贸易问题》2008年第6期。
[3] 孟广文：《建立中国自由贸易区的政治地理学理论基础及模式选择》，《地理科学》2015年第1期。
[4] 赵晓慧：《我国综合保税区发展的制度困境及对策研究》，《产业与科技论坛》2016年第19期。

行政策规定的出口货物适用出口退税率实行退税；区内货物交易不征收增值税、消费税，区内生产性企业直接出口的货物也免征增值税和消费税；保税区与海关特殊监管区域或者保税监管场所之间的流转货物，也不征收进口环节的有关税收。税收政策的放开减少了现金交易的环节，减少了企业资金占用，提高了资金运作效率。

创新监管模式。国内的一些保税区都借鉴了新加坡和香港"一线放开、二线管住、区内自由"的模式做法。综合保税区的海关监管，通常满足所有进出口货物在综合保税区即可办理完原先需到口岸办理的申报、查验、放行等手续；对综合保税区与境外进出货物实行通关备案制管理，便捷程度大大提高；综合保税区与境内区以外进出的货物要进行报关，按进出口管理；区内货物则采取备案制，可自由流通、交易及仓储。

2015—2019年中国保税区进出口情况如表17-6所示。

表17-6　2015—2019年中国综合保税区进出口情况

年份	进口总额（万元）	出口总额（万元）	进出口总额（万元）	进出口总额增长率（%）	进出口差额（万元）	进出口差额增长率（%）
2015	9 752 018	142 21 352	23 973 370	—	4 469 334	—
2016	9 061 629	13 354 506	22 416 135	−6.50	4 292 877	−3.948 17
2017	11 005 421	18 303 903	29 309 324	30.75	7 298 482	70.013 77
2018	13 183 773	21 354 450	34 538 223	17.84	8 170 677	11.950 36
2019	15 691 910	21 819 033	37 510 943	8.61	6 127 123	−25.010 8

数据来源：https://www.huaon.com。

第四节　国家级金融改革综合试验区

国家综合配套改革试验区是中国改革开放后继深圳等第一批经济特区后建立的第二批经济"新特区"。截至2019年，国家已先后批准了12个国家综合配套改革试验区。从试验主题看，可分为开发开放目的，如上海浦东新区、天津滨海新区，以及深圳、厦门、义乌综合试验区；统筹城乡目的，如重庆、成都综合试验区；"两型"社会建设目的，如武汉城市圈、长株潭城市群综合实验区；新型工业化道路探索目的，如沈阳经济区；现代农业建设目的，如黑龙江两江平原综合试验区；资源型经济转型目的，如山西综合试验区。

在此基础上，国务院另设立了多种区别于"综合配套改革试验区"的"专项试验区"，如金融试验区。国家级金融综合改革试验区是一个极具中国特色的区域，其设立目的的主要有：规范、发展投融资，建立健全融资监测体系；加快发展新型金融组织，发展专业资产管理机构；探索建立规范便捷的境外直接投资渠道；深化地方金融机构改革，创新金融产品与服务，探索建立多层次金融服务体系；培育发展地方资本市场；探索发展各类债券、保险服务产品，建立健全再担保体系；服务专业市场和社会保障体系建设，服务社会信用体系建设；完善地方金融管理体制，加强监测预警；建立金融综合改革风险防范机制。截至目前,中国国家级金融综合改革试验区基本情况如表17-7所示。

表17-7 中国国家级金融综合改革试验区基本情况

指 标	云南省广西壮族自治区沿边金融综合改革试验区	珠三角金融改革创新综合试验区	泉州市金融服务实体经济综合改革试验区	温州市金融综合改革试验区	青岛市财富管理金融综合改革试验区
GDP(万元)	104 187 877	610 107 203	17 587 544	21 810 810	84 991 300
第一产业占GDP的比重(%)	6.438 838 38	1.010 751 3	0.81	0.8	1.81
第二产业占GDP的比重(%)	42.766 513 9	40.484 879 6	56.14	40.44	40.03
第三产业占GDP的比重(%)	50.791 081	58.504 574 9	43.04	58.76	58.16
年末金融机构人民币各项存款余额(万元)	300 197 245	1 626 233 522	67 776 873	108 754 933	143 877 550
年末金融机构住户存款余额(万元)	118 194 539	473 801 419	35 115 614	56 175 736	53 941 843
年末金融机构人民币各项贷款余额(万元)	304 378 744	1 068 568 850	60 419 107	86 041 101	132 647 913
行政区域土地面积(平方公里)	206 996	54 956	11 015	12 083	11 282
规模以上工业企业数(个)	3 784	36 503	4 635	4 582	3 569
R&D人员(人)	49 461	732 051	31 614	55 534	79 895
R&D内部经费支出(万元)	1080 095	36 959 073	814 179	1 055 100	3 070 935
专利申请数(件)	25 920	567 318	47 179	46 000	54 331
专利授权数(件)	11 172	299 025	25 525	29 511	23 870
发明专利授权数(件)	2 879	44 359	2 483	2 758	5 939

注:云南省广西壮族自治区沿边金融综合改革试验区未包括红河州、文山州、西双版纳州、德宏州、怒江州;珠三角金融改革创新综合试验区未包括东莞和中山。

数据来源:《中国城市统计年鉴2018》。

第五节 国家级旅游度假区

国家级旅游度假区是为了适应国民居民休闲度假旅游需求快速发展需要,而规划建设的休闲度假空间,以提供多样化、高质量的休闲度假旅游产品为主要建设目标,同时打造综合性旅游载体品牌。"自国家标准《中华人民共和国国家标准:旅游度假区等级划分》(GB/T26358-2010)发布实施以来,于2015年、2017年、2019年共推出30家国家级旅游度假区,使之成为继5A级景区之后地方旅游度假的又一金字招牌。"[1]

国家级旅游度假区设立的意义主要是为了适应中国城乡居民消费升级、提升生活品质、创建美好休闲度假生活的客观需要,通过促进和引领旅游行业由自然资源主导型向规划设计型转变,由观光型向休闲度假型转变,从而实现旅游产品体系建设的完善。尽管旅游景区与旅游度假区都是依托于旅游资源来建设的,但与单纯旅游景区不同的是,旅游度假区重在度假产品的建设和度假功能的完善。其产品需要在更大的范围内系统配置资源,并满足"商、养、学、闲、情、奇"的使用要求。

国家级旅游度假区的分布呈现出以下特征:

一是东多西少、南多北少。国家级旅游度假区分布与经济发展水平相关较大,呈现东多西少、南多北少的特征。这主要是由于国家级旅游度假区已不完全依赖于区域的自然资源禀赋发展,对区域经济发展水平、交通基础设施、社会组织能力都有着较高的要求。这一现象在省级旅游度假区中同样存在:全国范围内的357家省级旅游度假区,同样主要集中分布在东部和南部。山东、江苏、浙江三个东部沿海省份省级度假区数目最多,超过三分之一。新疆、西藏地区极少甚至没有,当地虽然有优越的资源条件,但可进入性、环境保护等客观条件限制了开发力度。

二是自然、人文类型各半。从国家级旅游度假区的类型看,自然景观与人文景观各半。自然景观以常见的河湖、温泉、山地森林、海滨海岛为主;人文景观则根据市场需求的发展,以小镇、庄园等新类型为主。从统计数据看,"河湖型"度假区为国家级旅游度假区中的主要类型,有11家;温泉型与山地型各占5家。今后,随着政策变动和市场变化,人文景观的国家级旅游度假区数量将会不断增加,还将涌现更新、更多的度假区类型。

三是建设标准发生转变。目的转变:随着国民物质生活和精神文化生活水平的提高,国家级旅游度假区的建设已由进一步加大对外开放、鼓励外资的引入、加快中国旅游事业发展为目的向注重功能性建设过渡。开发模式转变:由开发区建设模式转变为度假旅游目的地建设。以往度假区建设采用行政审批制度下的开发区建设模式,大都存在市场定位模糊、配套设施不完善、功能单一等问题。现今的度假旅游目的地建设则是建立在对度假旅游市场充分研究的基础上,准确定位、科学规划、注重软开发、适度硬开发。市场定位转变:由小众度假向大众度假转变、由国外市场向国内市场转变。在这种指导思想下,原有的1992年规定的"度假区内构成至少有三个要素,即:'一个中心酒店、一个高尔夫球场、一个别墅区'"的条件已被逐步放宽,新的标准不再局限于硬件设施是否完备,而是更多考虑度假区环境、度假产品、度假综合配套设施的协调度,在规划布局和运营管理方面都提高了要求。向生态型度假转变:所谓生态,更强调环境质量,对诸如空气质量、负氧离子、水环境质量、自然植被覆盖率、气候舒适度等要求都大大提

---

[1] 徐慧、徐伟:《国家级旅游度假区品牌建设任重道远》,《宁波经济》2018年第2期。

高;即使是自然景观,也对节水、节能、环保措施、环保制度等提出了明确要求,体现出对新技术、新能源的重视;对人文景观,则需要满足休憩、康体、运动、益智、娱乐的休闲需求。

四是注重发展特色。在国家级旅游度假区的建设过程中,特色和差异化发展越来越受到重视。首先是对度假资源的独特性要求提高:不论是自然资源如海洋沙滩、河湖、山地、滑雪地、森林、温泉、草原等,还是人文资源如乡村田园、传统聚落、主题娱乐、人文活动,都要极具特色。其次是对休闲度假产品进行了明确的细分,分为运动健身类、休闲娱乐类、康体疗养类、常态化节庆演艺活动四大类产品体系。

截至2019年年底,中国国家级旅游度假区共有30个。其发展概况如表17-8所示。

表17-8 中国国家级旅游度假区发展基本情况

省份	国家旅游度假区	规划面积(平方公里)	区位	经营内容
江苏	南京汤山温泉旅游度假区	29.74	位于南京市江宁区汤山街道,距南京主城20多公里,距离上海240公里,杭州200公里。	温泉康养、商业娱乐、会议会展、休闲不动产
	阳澄湖半岛旅游度假区	24.39	位于苏州工业园北部、阳澄湖南岸,东距上海市70公里,西离苏州古城20公里。	养生养老、主题娱乐、特色商业、特色文化、生态居住、生态农业
	天目湖旅游度假区	10.67	位于溧阳市区南部,距溧阳市区8公里。	生态观光、休闲旅游、休闲度假、会议会展
	无锡市宜兴阳羡生态旅游度假区	96	位于宜兴市湖㳇镇,南距宜兴市区18公里,东距太湖5公里。	休闲度假、康体娱乐、科普教育、美食休闲、养生休闲、生态观光
浙江	东钱湖旅游度假区	230	位于浙江省宁波市鄞州区东钱湖镇,到达宁波市区和栎社机场分别为10分钟车程。	文旅产业、康养产业、会议会展、总部经济
	湘湖旅游度假区	35	位于杭州市萧山区城西,距杭州市中心约20公里,隔钱塘江与西湖风景名胜区相对,与西湖、钱塘江构成杭州旅游风景的金三角。	休闲旅游、现代服务、高新技术
	湖州市太湖旅游度假区	55.3	位于湖州市区北部,太湖南岸,弁山东麓,大钱港以西。与无锡、苏州隔湖相望,距离杭州70公里、上海150多公里、南京220公里,是长三角一小时交通旅游圈的中心。	旅游度假、购物休闲、健康居住、体育竞技
	湖州市安吉灵峰旅游度假区	84	位于安吉县城与古镇孝丰的连接地,东与城区隔浒溪相望,北靠306省道,西、南与安吉黄浦源景区和天荒坪景区相连。距杭州半小时车程,距上海两个半小时车程。	乡村休闲、高端度假、文化体验、宗教旅游、山地运动、健康养生、商务会议

(续表)

省份	国家旅游度假区	规划面积（平方公里）	区位	经营内容
吉林	长白山旅游度假区	18.34	位于白山市抚松县松江河镇，距长白山机场约14公里。	休闲购物、会议会展、温泉养生、休闲体育、冰雪运动、国际狩猎
山东	凤凰岛旅游度假区	28	位于青岛经济技术开发区东南部，三面环海，西北侧与陆地相连，东与青岛老市区隔海相望，海上最近距离仅2.6海里。	滨海度假、影视文化、体育休闲、海上运动、康体养生、生态旅游
山东	海阳旅游度假区	77.14	位于山东半岛中南部，青岛、烟台、日照、威海四大旅游城市黄金节点。	体育休闲、文化旅游、会议会展
山东	烟台市蓬莱旅游度假区	10	位于胶东半岛最北端，北濒临渤海、黄海，东临烟台，南接青岛，北与天津、大连等城市及朝鲜半岛隔海相望。	生态养生、文化旅游、滨海运动
河南	尧山温泉旅游度假区	—	位于平顶山市鲁山县西部，伏牛山东麓，距平顶山市区100公里。	温泉养生、特色餐饮、康体保健
湖北	武当太极湖旅游度假区	57	位于湖北省西北部的武当山北麓下。	旅游观光、休闲娱乐、养生度假
湖南	灰汤温泉旅游度假区	44.1	位于湖南省宁乡市南部灰汤镇，距长沙火车站90公里，黄花国际机场110公里。	休闲旅游、会议会展、疗养体检
广东	东部华侨城旅游度假区	9	位于深圳东部盐田区大梅沙，距宝安国际机场60公里。	休闲度假、观光旅游、户外运动、科普教育、生态探险、影视拍摄
广东	河源巴伐利亚庄园	10	位于河源市源城区，万绿湖水脉与大桂山脉交会处，距河源市主城区13公里，距东莞直线120公里，深圳140公里，广州150公里。	金融保险、医疗教育、生物科技、农场体验、国药温泉、三养度假
广西	桂林阳朔遇龙河旅游度假区	32	位于广西壮族自治区桂林市阳朔县西南面，东起阳朔镇矮山村委燕村，西至白沙镇旧县，北起阳朔镇凤鸣社区，南到高田镇月亮山大门。	运动健身、休闲娱乐、康体疗养、夜游、常态化节庆演艺
重庆	仙女山旅游度假区	—	位于长江上游地区、重庆武隆县中北部，距县城20公里。	休闲度假、绿色运动、康疗保健、会议会展、餐饮娱乐

(续表)

省份	国家旅游度假区	规划面积（平方公里）	区位	经营内容
云南	阳宗海旅游度假区	546	位于昆明至石林高等级公路35公里处，地处宜良县、呈贡县、澄江三县之间。	温泉旅游、康体运动
云南	西双版纳旅游度假区	61.1	位于西双版纳州府景洪市南郊，北至景洪城市建成区，南抵绕城公路214线，东到澜沧江边、西接嘎洒镇。	旅游度假、休闲养生、康体娱乐、购物观光、文化体验
云南	玉溪抚仙湖旅游度假区	—	位于云南省玉溪市澄江县。	休闲度假、文化旅游、运动康养、会务演出
四川	邛海旅游度假区	—	位于四川省西昌东侧喜德县。	阳光花海、婚庆基地、生态庄园、山地露营、主题酒店、高山马场、彝族风情园、航天主题园
四川	成都天府青城康养休闲旅游度假区	33	位于都江堰市西南部，东以成都经济区环线高速公路为界，南以彭青路为边，西以都江堰青城山风景名胜区为侧，北以中兴、玉堂镇界为端。	主题娱乐、运动健身、生态科普、乡村度假、文化遗址、旅游商品、节庆赛事
海南	三亚市亚龙湾旅游度假区	18.6	位于三亚市东南28公里处，海南最南端的一个半月形海湾，全长约7.5公里。	休闲旅游、会议会展、体育竞技、
福建	福州市鼓岭旅游度假区	88.6	位于福州市东郊的双鼓横断山脉，距福州市中心约12公里。	休闲度假、旅游观光、绿色运动
江西	宜春市明月山温汤旅游度假区	13.6	位于江西省宜春市袁州区城西南方位，距宜春市区15公里。	养生度假、文化体验、总部经济、温泉休闲
安徽	合肥市巢湖半汤温泉养生度假区	0.076	位于巢湖市东北部汤山脚下，距巢湖市区6公里，距合肥60公里。	洗浴休闲、会议度假、养生理疗、文化休闲、水上运动
贵州	遵义市赤水河谷旅游度假区	—	位于遵义市西北部，距离遵义市区250公里。	红色教育、康养旅游、休闲运动、
西藏	林芝市鲁朗小镇旅游度假区	—	位于西藏自治区林芝鲁朗镇，距离林芝市区70公里。	旅游度假、运动休闲、创客基地、影视拍摄、爱国教育

资料来源：作者整理。

参考文献

Henn Sebastian, Bathelt Harald, "Cross-local Knowledge Fertilization, Cluster

Emergence, and the Generation of Buzz", *Industrial and Corporate Change*, Vol.27, No.3, June 2018, pp.449—466.

Petsche A, Luger A, "Innovation in Einem Franchisesystem-eine Rechtliche Betrachtung", *Wissens-und Innovationsmanagement in der Franchisepraxis*, Springer Fachmedien Wiesbaden, 2016, pp.99—104.

R. Owen, P. Macnaghten, J. Stilgoe, "Responsible Research and Innovation: From Science in Society to Science for Society, with Society", *Science & Public Policy*, Vol.39, No.2, December 2012, pp.751—760.

T.Glotova, T.Kakko, E.Marjomaa, "New Approach to Innovative Milieus: How to Create Competence by Co-discovering Taict Knowledge", paper delivered to eBRF Conference, sponsored by Tampere, Finland, September 26—28, 2005.

陈伟新:《国内大中城市中央商务区近今发展实证研究》,《城市规划》2003年第12期。

刘志春、陈向东:《基于时滞效应的我国科技园区创新效率评价》,《管理学报》2015年第5期。

卢为民:《从产业园区向产业社区转型——上海"创新园区计划"透视》,《中国国土资源报》2017年4月14日,第5版。

孟广文:《建立中国自由贸易区的政治地理学理论基础及模式选择》,《地理科学》2015年第1期。

丘勇才、罗乐勤:《论中心城区的经济优势与特色经济发展》,《统计与决策》2006年第11期。

王艳东、豆明宣、刘森保等:《基于社交媒体的商业区选址研究》,《地理空间信息》2018年第6期。

徐慧、徐伟:《国家级旅游度假区品牌建设任重道远》,《宁波经济》2018年第2期。

曾静:《自贸区建设对我国国际贸易的影响研究》,《现代商业》2015年第34期。

张汉林、盖新哲:《自由贸易区来龙去脉、功能定位与或然战略》,《改革》2013年第9期。

张杰:《中央商务区(CBD)高质量协调发展研究》,《北京财贸职业学院学报》2019年第2期。

赵榄:《对外开放与我国特殊经济区的发展——以保税区为例》,《国际贸易问题》2008年第6期。

赵晓慧:《我国综合保税区发展的制度困境及对策研究》,《产业与科技论坛》2016年第19期。

朱孟楠、陈冲、朱慧君:《从自贸区迈向自由贸易港:国际比较与中国的选择——兼析厦门自由贸易港建设》,《金融论坛》2018年第5期。

第十八章 经济特区和国家级新区发展

中共十一届三中全会确立了改革开放基本方针,中国创办经济特区是新的历史背景下,由中央和国务院依据邓小平同志的倡导,顺应世界政治经济发展的潮流,在总结国内外经验教训的基础上,为加速我国现代化建设作出的一项重大决策。经济特区是中国改革开放的显著标志。1992年中国加快改革开放后经济特区模式移到国家级新区,上海浦东新区等国家级新区发展起来,成为中国新一轮改革开放重要标志。经济特区和国家级新区在我国改革开放发展进程中扮演着至关重要的角色。

第一节 经济特区和国家级新区概述

一、经济特区

经济特区是指国家为刺激经济发展而在国内划定一定的范围,在对外经济活动中采取较国内其他地区更加开放和灵活的特殊经济管理体制和特殊政策的特定地区。[1]在我国,经济特区是政府允许外国企业或个人以及华侨、港澳同胞进行投资活动并实行特殊政策的地区,经济特区内对国外及港澳台投资者在企业设备及原材料等的进口和产品出口、公司所得税税率和减免、外汇结算和利润的汇出、土地使用、外商及其家属随员的居留和出入境手续等方面提供优惠和便利条件。

从特征上讲,经济特区是我国采取特殊政策和灵活措施吸引外部资金,特别是外国资金进行开发建设的特殊经济区域;从功能上讲,经济特区是我国改革开放和现代化建设的窗口、排头兵和试验场。这既是对经

---

[1] 徐文涛:《建设喀什经济特区对当地经济带来的影响及研究对策》,《科技创新导报》2011年第5期,第175—177页。

济特区特殊政策、特殊体制、特殊发展道路的概括和总结,也是对经济特区承担的历史使命和实际作用的概括和总结。

中国经济特区诞生于70年代末、80年代初,成长于90年代。20世纪80年代初,中国从亚洲"四小龙"的成功经验中得到启发,决定实施对外开放,逐步发展外向型经济,并于1980、1981年先后在东南沿海地区的广东省和福建省设立了深圳、珠海、汕头和厦门四个经济特区。1988年4月,第七届全国人民代表大会第一次会议通过以举手表决方式撤销广东省海南行政区,设立海南省,建立海南经济特区。2010年5月中央政府召开新疆工作座谈会,提出"充分利用欧亚大陆桥交通枢纽的独特区位优势,在喀什和霍尔果斯各设立一个经济开发区,实行特殊经济政策,将其建设成为我国向西开放窗口和新疆经济增长点",将喀什、霍尔果斯两座西北边陲小城定为经济特区(表18-1)。截至目前,中国大陆地区共有7个经济特区,分别分布于广东、福建、海南和新疆四省区,总面积为15.51万平方公里。

表 18-1　我国经济特区建设情况

序号	名　称	获批时间	所在省	初期面积（平方公里）	目前面积（平方公里）
1	深圳经济特区	1980年8月	广东	327.5	1 997
2	珠海经济特区	1980年8月	广东	6.8	1 711
3	厦门经济特区	1980年10月	福建	2.5	1 699
4	汕头经济特区	1981年10月	广东	1.7	2 064
5	海南经济特区	1988年4月	海南	33 920	33 920
6	喀什经济特区	2010年5月	新疆	50	111 794
7	霍尔果斯经济特区	2010年5月	新疆	100	1 908
	合计			34 408.5	155 093

资料来源:作者整理。

经过近40年的发展,中国的经济特区取得了举世瞩目的成就。特区充分利用国家出台的政策优势及其自身的区位优势,紧抓产业结构调整的机遇,加强基础设施建设,改善投资环境,大力引进国外先进技术,发展外向型经济,特区功能和地位不断提高。2018年我国七大经济特区总面积15.51万平方公里、人口3 869.5万、GDP达40 215.62亿元,以占全国1.62%的土地,集聚了2.77%人口,贡献了4.47%的经济发展总量;七大经济特区人均GDP高达10.39万元/人,高出全国人均GDP60%(表18-2)。

表 18-2　我国经济特区发展成就

	面积（万平方公里）	人口（万人）	2018年GDP（亿元）	2018年人均GDP（万元）
经济特区	15.51	3 869.5	40 215.62	10.39
经济特区在全国占比	1.62%	2.77%	4.47%	160.88%

资料来源:国家统计局、各地政府统计公报。

二、国家级新区

国家级新区是国家根据经济和社会发展的需要,于20世纪90年代初期开始在特定地区设立的承担改革开放和国家重大发展战略任务的综合功能区。国家级新区的设立本身既是我国改革开放事业进展到一定历史阶段的产物,又是中央政府进一步推进改革开放事业的重要举措。[1]

国家级新区是政府通过试验各类经济社会改革措施、政策干预经济社会发展最为显著的综合改革试验区域,它通过制度创新设计,将正常市场经济条件下尚不具备开发建设条件的地区变成了近期可以开发建设的热土,更加突出强调新区对于区域发展的带动能力。

国家级新区作为我国改革开放深入的试验区,承担着探索国家产城融合发展的重大战略任务,不仅为我国经济发展作出重要贡献,而且为后续新型城镇化建设打下坚实基础,其长期作用不容忽视。我国国家级新区的发展先后经历了1992年至2010年近18年的探索发展期,以及2010年至2017年的快速扩容期。从1992年我国第一个国家级新区即上海浦东新区诞生,到2017年雄安新区批复,截至目前我国共设立了19个国家级新区(表18-3)。从地理分布情况看,国家级新区主要分布在我国东部及中部地区,涉及19个省区,陆域总面积为2.41万平方千米。

表18-3 中国国家级新区

序号	新区名称	获批时间	主体城市	面积(平方千米)
1	浦东新区	1992年10月	上海	1 210.41
2	滨海新区	2006年5月	天津	2 270
3	两江新区	2010年5月	重庆	1 200
4	舟山群岛新区	2011年6月	浙江舟山	陆地1 440 海域20 800
5	兰州新区	2012年8月	甘肃兰州	1 700
6	南沙新区	2012年9月	广东广州	803
7	西咸新区	2014年1月	陕西西安、咸阳	882
8	贵安新区	2014年1月	贵州贵阳、安顺	1 795
9	西海岸新区	2014年6月	山东青岛	陆地2 096 海域5 000
10	金普新区	2014年6月	辽宁大连	2 299
11	天府新区	2014年10月	四川成都、眉山	1 578
12	湘江新区	2015年4月	湖南长沙	490
13	江北新区	2015年6月	江苏南京	2 451
14	福州新区	2015年8月	福建福州	1 892

---

[1] 林立勇:《功能区块论——国家级新区空间发展研究》,博士学位论文,重庆大学,2017年。

(续表)

序号	新区名称	获批时间	主体城市	面积(平方千米)
15	滇中新区	2015年9月	云南昆明	482
16	哈尔滨新区	2015年12月	黑龙江哈尔滨	493
17	长春新区	2016年2月	吉林长春	499
18	赣江新区	2016年6月	江西南昌、九江	465
19	雄安新区	2017年4月	河北保定	起步约100 远期2 000

资料来源:作者整理。

国家级新区作为我国区位导向性政策的核心内容,是中央和地方政府在不同空间尺度进行资源整合和功能培育的重要途径,是城市和区域发展中的核心引擎。19个国家级新区占国土面积的0.25%,贡献了全国4.43%的国内生产总值(表18-4)。

表18-4 中国19个国家级新区发展情况及其GDP在全国的占比

	面积(平方公里)	GDP(亿元)
国家级新区	24 146	39 613
国家级新区在全国的占比	0.25%	4.40%

注:表中GDP的统计不包括雄安新区。
资料来源:作者整理。

国家级新区的发展是所在城市发展的重要支撑。依据2017年各国家级新区经济发展统计数据,19个国家级新区中有6个占所在城市GDP的比重超过20%,其中有3个国家级新区占比超过30%,分别为:天津滨海新区GDP占比最大,其值高达37.9%,其次上海浦东新区占比为32.0%,再次大连金普新区占比为31.82%;两江新区、天府新区、江北新区等大多数新区在所在城市GDP中的占比均在10%—20%之间(图18-1)。

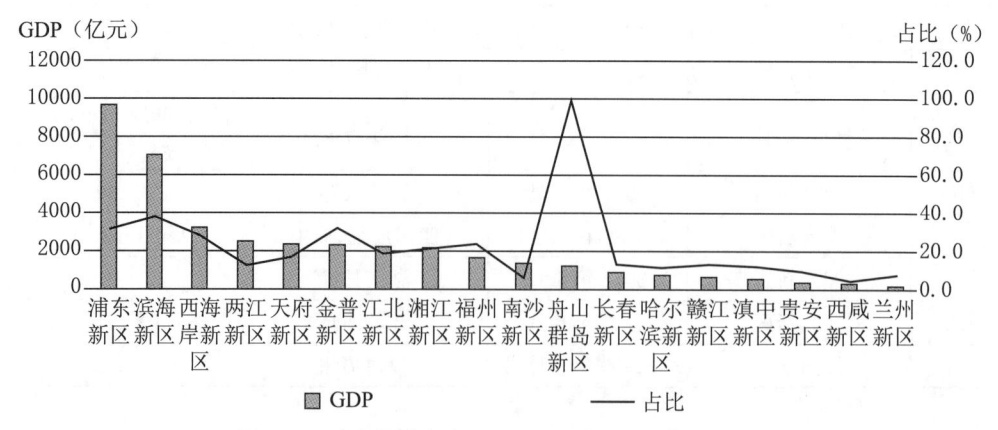

图18-1 中国国家级新区GDP及其占所属城市比重

资料来源:作者绘制。

第二节 经济特区发展

一、经济特区的设立背景和目的

经济特区的设立,是在我国计划经济体制下党和国家为推进改革开放和社会主义现代化建设事业作出的重大决策。自20世纪70年代,国际政治经济形势出现重大变化,和平与发展逐渐成为时代主题。1978年年底召开了党的十一届三中全会,决定要把党的工作重心转移到经济建设上来,提出"对外实行开放,对内搞活经济"的方针,中国的经济体制从理论上由计划经济时代向市场经济时代转变,并要求充分利用国内国外两种资源,开拓国内国外两个市场,加快解决社会主义现代化建设的资金不足和技术落后问题。当时中国经济发展缓慢,国家急需要实现突破,但是对于市场经济体制的实行又毫无经验,正是在这种历史背景下,中央与邓小平提出创办"出口特区",后改名为"经济特区"。经济特区是为了实现从计划经济体制向市场经济体制转变,打开一个对外开放的窗口,引进外资、引进技术为加快社会主义现代化建设步伐而设立的。

经济特区的设立与发展,离不开当时我国最高领导人的高瞻远瞩和党中央的鼎力支持。1981年7月19日,中共中央和国务院批转了《广东、福建两省和经济特区工作会议纪要》。中央在批转文件的通知中指出,两省和经济特区创造经验,"不仅对两省经济的繁荣,而且对全国经济的发展,都具有重要的意义。"同时授权两省和经济特区:"凡是符合党的路线、方针、政策,对两省和全国的经济调整和发展有利的事,就要大胆放手去干。"1984年,有关经济特区的质疑声扑面而来:"经济特区该不该办""经济特区成走私通道""特区不是社会主义"等。同年1月24日至2月17日,邓小平同志特地视察了深圳、珠海、厦门三个经济特区,经过考察,他对特区成就表示满意。看到"三天一层楼"的"深圳速度",在参观了珠海九洲港、香洲毛纺厂等地时题词:"珠海经济特区好"。在厦门,他又要求"把经济特区办得更快些、更好些"。邓小平同志对经济特区发展的肯定,为继续发展好经济特区奠定了良好基础。

经济特区实质是一块试验田,是计划经济向市场经济转型的关键时期国家在经济体制上做的一次实验。深圳、珠海、厦门、汕头因以下特征而被选为最初的经济特区:一是这四个城市都是沿海城市,有对外开放的基础和条件;二是这四个城市远离内陆且经济规模小,如果实验失败,不会对内陆经济造成较大影响;三是深圳、珠海、厦门与经济发达的香港、澳门和台湾毗邻,有地缘优势。于是1980—1981年广东省深圳、珠海、汕头与福建省厦门四个经济特区设立。这是历史的选择,最初的四个城市承担起了探索中国经济发展模式的历史使命。它们"摸着石头"试探前行,道路艰难曲折,机遇与挑战并存,最终取得了举世瞩目的成绩。

经济特区实行特殊的经济政策、灵活的经济措施和特殊的经济管理体制,并坚持以外向型经济为发展目标。设立经济特区的目的是以减免关税等优惠措施为手段,通过创造良好的投资环境,鼓励外商投资,引进先进技术和科学管理方法,促进特区所在国经济技术加速发展。经济特区主要作为改革开放以后中国对外贸易的"新开端",在投资环境、经营条件、政策优惠等方面取得了国家的开放支持政策,全面探求建立能快速适应市场规律的经济运行方式,例如,货币的外汇管制和关税减免的政策就是为了能更好地对外接轨,同时也是为了吸引外资来华进行投资。

二、经济特区的主要特征

(一)资金以利用外资为主

经济特区以"三资"政策为核心,聚焦外资、侨资、港澳资企业,通过改善和提升自身的经济条件,以各种优惠政策吸引三资来大陆建厂,发展当地经济的同时引进国外的先进科学技术和管理经验。经济特区在发展的同时,还改变了经营方式,从国有化更多地改编成了合资经营、合作企业的形式,这在现在的国产汽车中最为明显,"一汽本田""上海大众""华晨宝马"等,这就是经济特区在中国社会主义道路上走出的"特色化"路径。

(二)政策优惠是核心手段

国家在开放和引进外资、税收、财政、金融、立法等方面给予经济特区政策优惠,并允许经济特区在一些领域先行先试,根据自身情况采取灵活发展措施创造优越的政策环境。开放和引进外资方面,简化出入境手续,优惠土地使用费,实行特殊劳动用工制度;税收财政方面,减免关税、企业所得税、营业税、房产税等多个税种,并享有宽松的财政政策;金融方面,国家支持率先开放银行业,鼓励探索资本市场改革,并试行相对宽松的金融业务管理体制;立法方面,经济特区被赋予一定程度的立法权。

(三)发展方向以"正面清单"为主

设立经济特区时,中国的开放程度很低,市场不知道应该如何进行对外开放,所以只能"摸着石头过河",选择沿海几个城市先行先试。在此情况下,几乎所有的特殊政策与灵活措施都是政府动用自身力量一手操办,并由政府主导进行招商引资,建立"正面清单",有意图地鼓励对某些领域进行开放。

(四)贸易以出口为主

经济特区主要针对当时中国经济发展水平不高,对外开放程度较低,建设资金不足等情况,所以特区初期贸易的主要功能着眼于产品出口,利用产品外销创造外汇收入。

三、经济特区的发展现状

利用领先一步的发展机遇,中国经济特区在人文素质、经济环境、贸易开放等多个方面先行先试,率先发展;同时,在形成自身特点实现自身发展基础上,也支撑了区域及全国经济社会发展。以五个经济特区的发展情况为例,1980年深圳、珠海、汕头、厦门、海南五个经济特区GDP合计41.09亿元,占当时全国GDP比重仅为0.91%,到2008年合计12 792.63亿元,占全国比重已上升到4.22%(表18-5)。

表 18-5　中国五大经济特区 GDP 变动情况　　　　　　　　　单位:亿元

年份	1980	1984	1988	1990	1994	1998	2000	2004	2008
深圳	1.96	23.42	86.98	171.67	615.19	1 289.02	1 665.47	3 422.80	7 806.54
珠海	2.61	6.79	25.07	41.43	157.20	263.50	330.26	546.30	992.06
汕头	10.79	6.79	57.14	72.45	197.19	423.18	476.98	603.80	974.78
厦门	6.40	12.29	35.89	57.09	187.04	418.06	501.89	883.20	1 560.02
海南	19.33	37.18	77.13	102.49	330.95	438.92	518.48	790.10	1 459.23
特区合计	41.09	86.47	282.21	445.13	1 487.57	2 832.68	3 493.08	6 246.20	12 792.63
全国总计	4 517.80	7 171.00	14 928.30	18 547.90	46 622.30	78 345.20	89 403.60	136 584.30	302 853.40
特区占全国比重(%)	0.91	1.21	1.89	2.40	3.19	3.62	3.91	4.57	4.22

资料来源:五大经济特区统计年鉴、中国统计年鉴。

特别是不到 40 年时间,深圳经济特区从名不见经传的小渔村成长为一个现代化国际大都市。1978 年,深圳的前身宝安县全县工业总产值仅有 6 000 万元。深圳经济特区成立之初,放眼看去,一片荒凉。人们住房破旧,每当刮台风,那些房子随时都有被吹走的危险。40 年来,深圳发生了翻天覆地的变化。如今,深圳已经成为与北京、上海、广州并列的一线城市,经济总量长期位列中国大陆城市第三位。深圳将创新作为发展的第一动力,经济总量从 1979 年的 1.97 亿元上升到 2017 年的 22 438.39 亿元,增长约 11 390 倍。据统计,2018 年深圳特区的 GDP 总量为 24 221.98 亿元,首次超过香港,成为粤港澳大湾区排名第一的城市。深圳全社会研发投入占 GDP 比重超过 4%,接近全球领先水平,平均每天产生 50 余件发明专利,正向全球创新之都的阶段目标迈进。

其他几个经济特区也取得了巨大发展成就。例如,被称为幸福之城的珠海经济特区,位于广东省珠江口的西南部,东与香港隔海相望,南与澳门相连,西邻新会、台山市,北与中山市接壤。20 世纪 70 年代末,珠海是一个普通的小县城,城郊一片农田菜地。40 年来,珠海从一个落后的边陲小镇发展成为现代化海滨城市,既收获了金山银山,又守住了绿水青山。2018 年,珠海完成地区生产总值 2914.74 亿元,人均 GDP16.51 万元。以人均 GDP 而言,珠海在广东全省排名第二,高于广州、佛山等,仅次于深圳。

汕头是潮汕文化的发源地之一,是著名的侨乡,从汕头走出去的海外华侨、港澳台同胞 500 多万人,遍布全球 100 多个国家和地区。可是,在改革开放之初,汕头发展建设相当缓慢。在设立经济特区的第 13 年,汕头 GDP 已达 124 亿元,外贸出口总值达到 16.88 亿美元,市区居民人均年生产收入 3 589.3 元。进入 21 世纪后,汕头的发展势头突然慢了下来,进入了"失落的 10 年"。如今,汕头正在奋起直追,期待新一轮腾飞。2018 年,汕头 GDP 总量为 2 512 亿元,在广东省排名第十一位。

厦门经济特区位于福建省东南端,与台湾隔海相望。在远古时,厦门是白鹭栖息的地方,故又称"鹭岛"。在 20 世纪 70 年代末,厦门是一个孤岛,人口不到 10 万人,城市面积只有几平方公里,骑一辆自行车,一个小时就可以走遍全城。厦门成为经济特区后,设立了海沧、杏林、集美3个台商投资区和火炬高新技术产业开发区、象屿保税区,以及厦门出口加工区、厦门海沧保税港区,实行计划单列,获得了省一级经济管理权限和地方立法权,形成了全方位、多层次的对外开放格局。2018年,厦门GDP总量达到4 791.41亿元,在福建全省排名第三。从人均GDP来看,厦门以近12万元位居全省第一。

海南是最晚设立的经济特区,也是最大的经济特区。海南拥有广大农村,基础薄弱,经济落后,在发挥全国改革开放试验田和排头兵的作用方面面临着巨大的挑战。2018年海南地区生产总值达到4832.1亿元、地方一般公共预算收入752.7亿元,31年间分别增长23.1倍和253.3倍。人均地区生产总值达到7853美元,迈上中等偏上收入水平。对外经贸往来日益密切,进出口总额增长42.6倍,服务贸易成为新的增长亮点。产业结构由建省前"一三二"(50∶19∶31)调整为2018年的"三二一"(20.7∶22.7∶56.6),显示出产业升级、动能转换的良好态势。

霍尔果斯经济特区设立于2010年5月,是我国的七个经济特区之一。霍尔果斯是我国的一座西北边陲小城,如今正在广泛集聚优势,加快超常规发展,力争早日形成面向东亚、南亚、西亚、中亚乃至欧洲的核心发展区。该经济特区的设立,有望加快促进我国边境地区的发展。

四、经济特区的示范意义

经济特区是中国体制改革道路上规避风险的发展路径选择,其基本意图是风险与制度变革的最优结合,这就规定了经济特区在中国从计划体制到社会主义市场经济体制转变过程中的制度试验性质,赋予经济特区改革试验区的属性。建立经济特区是中国发展的一个关键战略选择,以经济特区的率先发展带动整个国家经济起飞已经具有普遍意义,成为现代化建设的中国路径。中国经济特区自身的发展奇迹成就同样源于制度探索和路径实践。作为改革开放时期最早的制度试验区域,其根本的独特性在于经济起飞发展过程中拥有领先于内地的市场取向改革的占先优势,从计划体制向中国特色社会主义市场经济体制的转制中产生的制度改进效应是其发展的根本动力原因。①

经济特区具有多方面的示范引领意义。首先,以开放带动改革,并以改革促进开放。经济特区是在党的十一届三中全会以后,对中国僵化的、高度集中的计划经济体制改革的"试验田",目的是打破旧的体制框架,大胆创新经济体制,率先探索并建立社会主义市场经济体制。经济特区通过改革实现对外开放,然后又利用更加开放的市场进一步带动国内改革。

---

① 袁易明:《中国经济特区建立与发展的三大制度贡献》,《深圳大学学报(人文社科版)》2018年第35期,第31—36页。

其次,发挥示范辐射带动作用。经济特区是对外开放的窗口,让一部分地区率先发展的过程中对吸引外资、影响全国经济发挥重要作用。有限资源条件下,让全国各个地区以同样速度发展起来是不可能的,只能选择一部分条件好的地区率先发展起来。如此一来,经济特区在为全国向市场经济体制转型,加快对外开放方面创造了很多经验。此后,我国对外开放复制了经济特区的成功经验,经历了经济特区—沿海开放城市—沿海开放地区—内陆地区—沿边开放地区,形成了由点到面、由东到西、由沿海到内陆、由局部到全局的全面开放格局。

再次,率先与国际接轨。经济特区是在"对外实行开放、对内搞活经济"的方针下,为了实现改革开放,充分利用国内国外两种资源,开拓国内国外两个市场而设立的。经济特区的设立是在闭关锁国几十年后向世界打开一个窗口,推动我国从封闭半封闭状态逐步走向开放,并与国际接轨。经济特区是一个窗口,通过这个窗口,我们可以引进先进技术、了解世界经济信息,逐步实现了资金、技术、管理等方面的国际化。同时,经济特区可以扩大我们走向世界的通道,开辟世界了解我国改革开放政策的渠道。

最后,带动经济持续健康增长。高度集中的计划经济体制下,党中央希望通过建立几个能够利用国内国外两种资源,开拓国内国外两个市场的窗口的特区,引进外资、引进技术和管理经验,为改革开放"杀出一条血路来",并相应地促进经济增长。经济特区的设立可以利用外资引进技术、提高产品质量、增强产品竞争力,并可以利用外商销售渠道,适应国际市场需要和惯例,从而扩大出口,增加外汇收入。

总体来说,经济特区的发展适应国内国际新形势,面向现代化、面向世界、面向未来。具体来说,经济特区要从以下四个方面入手:一是转变经济发展方式,提升核心技术自主创新能力,推动经济发展从要素驱动向创新驱动转变。发挥外资在自主创新、产业升级、区域协调发展等方面的积极作用。二是将"引进来"和"走出去"结合,提高开放质量,完善内外联动、互利共赢、安全高效的开放经济体系,形成经济全球化条件下参与国际经济合作和竞争新优势。加快培育我国的跨国公司和国际知名品牌。三是坚持生态文明建设,把保护生态环境放在经济社会发展的重要位置,做到在保护中发展、发展中保护。四是进一步发挥经济特区的"排头兵"和重要辐射作用,增强服务全国的大局意识。经济特区应积极支持和参与西部大开发、东北老工业基地振兴、粤港澳大湾区建设等区域发展战略;加强同香港、澳门、台湾地区的交流合作,为保持香港、澳门长期繁荣稳定、推动两岸关系和平发展发挥更大作用。

第三节 国家级新区发展

一、国家级新区的设立背景和目的

1979年到1989年改革开放初期,国家主要通过成立经济特区和高新技术开发区来推动改革开放。经济特区和高新技术开发区的改革创新主要集中在经济领域。到

20世纪80年代末,改革开放进入了瓶颈,要解决发展中一些深层次的问题,特别是破解一些制度上的瓶颈,既和技术产业特性有关,也和地理区域特性有关,既和整个社会治理有关,又和管理体制及政府的政策等很多方面有密切的关系,所以就需要更综合的措施来解决这样一系列问题。

单纯依靠经济领域的改革创新已经不能有效促进经济社会发展,需要从社会管理、体制机制等其他各个领域同步开展综合试验改革,才能进一步深化改革和扩大开放。为此,经过中央的充分酝酿,作出了设立上海浦东国家级新区的重大决策,向全世界和全国人民彰显了进一步推进改革开放的决心。"国家级新区"在这样的思路之下应运而生,开始登上历史舞台,从政府管理、社会治理,到各项政策落地落实,再具体到市场与企业组织,多渠道多角度综合入手,探索发展新模式。

国家级新区的进一步发展与扩容,均是适应特定的国家发展目标需要,为服务于国家重大发展战略而成立。例如:天津滨海新区的设立,是继上海浦东开发带动整个长三角地区发展之后,我国在新世纪新阶段着眼于经济社会发展全局而作出的重要战略部署,国家希望天津滨海新区的设立,有利于提高京津冀、环渤海地区的国际竞争力,有利于推行全国区域协调发展总体战略,有利于探究新时期区域发展的新模式。重庆两江新区的设立,是为了探索内陆地区开发开放新模式,更好推动西部大开发,促进区域协调发展。浙江舟山群岛新区是我国首个以海洋经济为主题的国家战略层面新区,是新时期从全局和长远推进实施国家海洋发展战略与国民经济和社会发展"十二五"规划纲要的一个重大举措。甘肃兰州新区的设立,是出于国家经济布局平衡的考虑、对大西北开发的考虑、对维护民族团结的考虑和对国家安全的考虑。广州南沙新区,是为了进一步推进改革开放、加速现代化建设步伐、提高东部沿海地区科学发展水平而设立的,担负着推动珠三角发展转型、探究新型城镇化道路、肩负粤港澳全面合作的重大使命。

国家级新区作为区域增长极,是带动区域经济发展的重要空间载体。其依托特殊的政策优势集聚大量创新性制度要素和经济要素,成为所在地区重要的产业集聚区,在促进要素区域流动、产业结构优化升级、平衡区域竞争与合作方面发挥着关键性的作用。国家级新区设立的目的主要体现在以下几个方面:一是从国家层面赋予国家级新区探索试验开发开放的权力,使之成为引领改革开放的前沿地区;二是通过国家级新区的设立与发展,撬动长江三角洲、环渤海经济区、成渝城镇群等主要城市群的现代化建设,从而辐射和带动更大区域的经济社会发展,成为区域经济发展的增长极;三是在全国整体经济社会发展水平不高、短期内难以根本改变的国情下,将国家级新区作为未来中国经济的代表和主要平台参与国际化经济竞争,以确保中国能及时追赶国际经济发展的新浪潮和新趋势。

二、国家级新区的主要特征

国家级新区具备有别于老城区的新区一般特性。空间方面,其依托的老城区的综合承载能力已经接近、达到甚至超过了其国土空间可供利用的最大值,急需拓展新的空间,满足新的发展需求。功能方面,一些老城区发展条件受限,虽然还有国土空间可供开发,但也需要设立新区,以营造适宜新功能培育和发展的环境。模式方面,在老城区的发展过程中,暴露了一系列突出的、影响长远发展的问题,需要新区在发展模式上予以突破。国家级新区突出特征体现为:空间新,通常布局在所依托的老城区之外;功能新,要与老城区的功能有明显区别;模式新,要创新发展模式,规避老城区传统发展模式的弊端。

国家级新区突出国家的战略指向,体现自上而下的行为,具有区别于其他新区的专属特性。其他新区的地域范围往往必须限定在一定的行政边界内,但国家级新区可以突破行政边界,横跨多个行政区;其他新区往往是依托同一行政区域范围内的老城区,而国家级新区则可以在更大范围选择其发展所依托的区域。虽然可以突破行政边界的限制,但国家级新区的区位选择并不是随意的、无序的。相对于其他新区而言,国家级新区对新区的功能和发展模式有着更高的要求。功能上,强调国家级新区在国家和区域发展重大战略中所承载的功能以及发挥的作用;模式上,关注国家级新区的发展经验对其他地区的示范引领作用。为此,国家级新区专属特性为:战略性,必须具备承担国家和区域发展重大战略的能力或潜力;引领性,必须对其他区域发挥示范引领作用;多样性,地域边界设定有很多可供创新的空间。其中,战略性和引领性是国家级新区有别于其他新区的根本特性。[①]

表 18-6　国家级新区的主要特征

分　类	特　征	内　　涵
一般特征	空间新	通常布局在所依托的老城区之外
	功能新	要与老城区的功能有明显区别
	模式新	要创新发展模式,规避老城区传统发展模式的弊端
专属特征	战略性	必须具备承担国家和区域发展重大战略的能力或潜力
	引领性	必须对其他区域发挥示范引领作用
	多样性	地域边界设定有很多可供创新的空间

资料来源:作者整理。

三、国家级新区的战略定位

设立国家级新区作为国家战略,是在新的发展背景下,对特定区域的发展作出重新定位,在进一步整合资源的基础上,发挥该区域的潜在比较优势和竞争优势,从而解决长期以来困扰中国经济的产业结构同构和产能过剩困局,进而优化产业布局,提升产业能级,提高经济发展的质量和效益。深圳特区的使命是让世界进入中国、让中国融

---

① 陈东、孔维锋:《新地域空间——国家级新区的特征解析与发展对策》,《中国科学院院刊》2016 年第 1 期,第 118—125 页。

入世界,有着窗口和桥梁的作用。浦东新区最重要的是金融发展和国际化。雄安新区承载的使命是创新,未来成为创新型现代化国家的心脏区域,类似于中国的"硅谷",成为创新驱动发展引领区、协调发展示范区、开放发展先行区,为城市发展提供新的探索路径。

国家级新区试图通过新区建设带动区域整体发展,承担一个区域新增长极作用,通过辐射带动效应改变整个区域的发展规模、质量和格局。例如,上海浦东新区对长三角、东南沿海及沿江的经济增长都有不同程度的带动作用,重庆两江新区对重庆整个地方的经济增长和发展的带动作用十分明显。

表18-7 国家级新区的发展定位

名 称	功能定位及目标
上海浦东新区	科学发展的先行区、"四个中心"(国际经济中心、国际金融中心、国际贸易中心、国际航运中心)的核心区、综合改革的试验区、开放和谐的生态区
天津滨海新区	我国北方对外开放的门户、高水平的现代制造业和研发转化基地、北方国际航运中心和国际物流中心,逐步成为经济繁荣、社会和谐、环境优美的宜居生态型新城区
重庆两江新区	统筹城乡综合配套改革试验的先行区,内陆重要的先进制造业和现代服务业基地,长江上游地区的经济中心、金融中心和创新中心等,内陆地区对外开放的重要门户,科学发展的示范窗口
舟山群岛新区	浙江海洋经济发展的先导区、海洋综合开发试验区、长江三角洲地区经济发展的重要增长极、中国大宗商品储运中转加工交易中心、东部地区重要的海上开放门户、中国海洋海岛科学保护开发示范区、中国重要的现代海洋产业基地、中国陆海统筹发展先行区
甘肃兰州新区	西北地区重要的经济增长极、国家重要的产业基地、向西开放的重要战略平台和承接产业转移示范区,带动甘肃及周边地区发展、深入推进西部大开发、促进我国向西开放
广州南沙新区	粤港澳优质生活圈和新型城市化典范、以生产性服务业为主导的现代产业新高地、具有世界先进水平的综合服务枢纽、社会管理服务创新试验区,打造粤港澳全面合作示范区
陕西西咸新区	丝绸之路经济带重要支点、我国向西开放的重要枢纽、西部大开发的新引擎和中国特色新型城镇化的范例
贵州贵安新区	西部地区重要的经济增长极、内陆开放型经济新高地和生态文明示范区
青岛西海岸新区	海洋科技自主创新领航区、深远海开发战略保障基地、军民融合创新示范区、海洋经济国际合作先导区、陆海统筹发展试验区,为探索全国海洋经济科学发展新路径发挥示范作用
大连金普新区	我国面向东北亚区域开放合作的战略高地、引领东北地区全面振兴的重要增长极、老工业基地转变发展方式的先导区、体制机制创新与自主创新的示范区、新型城镇化和城乡统筹的先行区,为将大连建设成为东北亚国际航运中心和国际物流中心,带动东北地区等老工业基地全面振兴,深入推进面向东北亚区域开放合作发挥积极作用

(续表)

名　称	功能定位及目标
四川天府新区	以现代制造业为主的国际化现代新区,打造成为内陆开放经济高地、宜业宜商宜居城市、现代高端产业集聚区、统筹城乡一体化发展示范区
湖南湘江新区	高端制造研发转化基地和创新创意产业集聚区、产城融合城乡一体的新型城镇化示范区、全国"两型"社会建设引领区、长江经济带内陆开放高地
南京江北新区	自主创新先导区、新型城镇化示范区、长三角地区现代产业集聚区、长江经济带对外开放合作重要平台
福建福州新区	两岸交流合作重要承载区、扩大对外开放重要门户、东南沿海重要现代产业基地、改革创新示范区和生态文明先行区
云南滇中新区	我国面向南亚东南亚辐射中心的重要支点、云南桥头堡建设重要经济增长极、西部地区新型城镇化综合试验区和改革创新先行区
黑龙江哈尔滨新区	中俄全面合作重要承载区、东北地区新的经济增长极、老工业基地转型发展示范区和特色国际文化旅游聚集区
吉林长春新区	创新经济发展示范区、新一轮东北振兴的重要引擎、图们江区域合作开发的重要平台、体制机制改革先行区
江西赣江新区	中部地区崛起和推动长江经济带发展的重要支点
河北雄安新区	千年大计、国家大事,建设绿色生态宜居新城区、创新驱动发展引领区、协调发展示范区、开放发展先行区,打造贯彻落实新发展理念的创新发展示范区、扩大开放新高地和对外合作新平台

资料来源:根据国务院关于各国家级新区的批复文件整理。

专栏　雄安新区

1. 区位条件

雄安新区规划范围涉及河北省雄县、容城、安新3县及周边部分区域,地处北京、天津、保定腹地,区位优势明显、交通便捷通畅、生态环境优良、资源环境承载能力较强,现有开发程度较低,发展空间充裕,具备高起点高标准开发建设的基本条件。

2. 战略意义

设立雄安新区,是以习近平同志为核心的党中央深入推进京津冀协同发展作出的一项重大决策部署,是千年大计、国家大事。对于集中疏解北京非首都功能,探索人口经济密集地区优化开发新模式,调整优化京津冀城市布局和空间结构,培育创新驱动发展新引擎,具有重大现实意义和深远历史意义。

3. 规划范围

雄安新区规划建设以特定区域为起步区先行开发,起步区面积约100平方公里,中期发展区面积约200平方公里,远期控制区面积约2 000平方公里。

> **4. 重点任务**
>
> 建设绿色智慧新城，建成国际一流、绿色、现代、智慧城市；打造优美生态环境，构建蓝绿交织、清新明亮、水城共融的生态城市；发展高端高新产业，积极吸纳和集聚创新要素资源，培育新动能；提供优质公共服务，建设优质公共设施，创建城市管理新样板；构建快捷高效交通网，打造绿色交通体系；推进体制机制改革，发挥市场在资源配置中的决定性作用和更好发挥政府作用，激发市场活力；扩大全方位对外开放，打造扩大开放新高地和对外合作新平台。

四、国家级新区的产业布局

围绕战略定位和战略任务，各新区明确产业规划和产业定位，战略性新兴产业、现代服务业和制造业、特色产业是大多数新区产业规划的主体方向。部分新区因其特殊的战略定位，具有特殊鲜明的产业发展导向，如舟山群岛新区是现代海洋产业基地，发展包括海洋工程装备与船舶、海洋旅游、海洋开发、海洋生物和海洋渔业等产业；江北新区、雄安新区创新发展军民融合产业；青岛西海岸新区以深远海开发产业和海洋经济国际合作产业为主。围绕战略定位和产业基础，各国家级新区产业集聚发展的趋势较为明显。因设立时间前后跨度较大，各新区内产业情况与集聚程度也差异较大。

例如，上海浦东新区集聚了新一代信息技术、智能制造装备、生物医药与高端医疗器械、航空航天等战略性新兴产业，在科技和经济全球化中成为科技、人才、资金、信息等创新资源高度聚合的重要节点。目前，第二产业和第三产业增加值占地区生产总值比重分别约为25%和76%，战略性新兴产业产值占规模以上工业总产值的比重达到41.2%，占全市战略性新兴产业产值的40.2%。

天津滨海新区聚集发展航空航天、电子信息、汽车及装备制造、石油和化工、现代冶金、生物制药、新材料新能源等产业，初步形成了电子信息、生物医药、先进装备制造、绿色能源、新材料等高新技术产业集群，成为先进技术的承接地和扩散地、高新技术的原创地和产业化基地。

大连金普新区以装备制造、生物医药、新能源汽车、电子信息、精工化工业等为支柱性产业，成为装备制造业重要承接地。2014年获批成为"国家新型工业化产业示范基地"。生物医药方面，新区拥有规模以上生物医药企业50余家，其中年产值过亿元的企业近10家，成为辽宁三大生物产业集聚区之一。新能源汽车方面，已经初步形成完整的节能与新能源汽车产业链，石化和精细化工产业已形成以大型企业为龙头、中小型企业配套的精细化工产业集群。在保税商品贸易方面，金普新区以保税区专业市场聚集商贸企业，初步形成贸易业集群。

青岛西海岸新区制定了一整套产业转型发展的方向和路径，优先发展海洋生物医药、游艇邮轮、通用航空、涉海金融四大产业，重点发展航运物流、石油化工、家电电子、船舶海工、汽车制造、机械装备制造等六大产业集群。

表 18-8　国家级新区产业布局

名　称	产业定位
上海浦东新区	金融服务、集成电路、生命健康、航空及高端装备、汽车、航运贸易、文化创意
天津滨海新区	高水平的现代制造业和研发转化、国际航运和国际物流
重庆两江新区	汽车产业、电子信息产业、装备制造业等
舟山群岛新区	船舶、海洋旅游、现代渔业、临港石化和大宗物资加工、高端服务业、传统农业产业改造
甘肃兰州新区	战略性新兴产业、高新技术产业、石油化工、装备制造、新材料、生物医药、现代农林业、现代物流仓储和劳动密集型产业
广州南沙新区	研发及科技成果转化、国际教育培训、金融服务、专业服务、商贸服务、休闲旅游及健康服务、航运物流服务、资讯科技等
陕西西咸新区	低碳产业、临空产业、生态、文化和商业、战略性新兴产业、高新技术产业和会展产业
贵州贵安新区	大数据产业、高端装备制造产业、生物医药产业、大健康产业、电商产业
青岛西海岸新区	航运物流、石油化工、家电电子、船舶海工、汽车制造、机械装备制造、海洋生物、海洋旅游
大连金普新区	战略性新兴产业、先进装备制造业和现代服务业
四川天府新区	电子信息、汽车制造、新能源、新材料、生物医药、金融
湖南湘江新区	战略性新兴产业、现代服务业、创新创意产业
南京江北新区	新材料、生物医药、软件和信息服务、轨道交通、汽车及零部件等
福建福州新区	高端服务业、海洋新兴产业、制造业
云南滇中新区	装备制造、汽车、石油化工、电子信息、保税物流
黑龙江哈尔滨新区	高端装备、绿色食品、新一代信息技术、生物医药、新材料、节能环保产业、金融商务
吉林长春新区	战略性新兴产业、高端服务业
江西赣江新区	先进制造业、战略性新兴产业和现代服务业、科教研发产业
河北雄安新区	高端服务、网络智能、军民融合、现代农业、生态环保、生物科技、科技金融、文化创意

资料来源：根据国务院关于各国家级新区的批复文件及其他相关规划整理。

五、国家级新区的政策体系

国家级新区承载着落实国家战略、协调区域发展和政策先行先试的职能,其发展的最大优势在于拥有各种政策先试先行的权力,适度放权和政策优惠是新区获得优先发展的前提。[①]国家级新区享有的特殊政策供给涵盖多个方面,既有金融、财税、土地和开

---

① 张晓宁、金桢栋:《产业优化、效率变革与国家级新区发展的新动能培育》,《改革》2018 年第 2 期,第 109—121 页。

放政策等政策优惠,又因与战略定位相对应而享有一些独特的政策。

(一)金融政策

以《国家发展改革委、国土资源部、环境保护部、住房和城乡建设部关于促进国家级新区健康发展的指导意见》为例,该意见明确要求强化金融对国家级新区建设的大力支持,支持新区有效利用市场机制引进各类金融机构,加快完善服务于新区发展的金融体系。包括:鼓励银行业金融机构加大信贷投放力度,创新金融产品。支持新区符合条件的企业通过多种融资方式筹集建设资金。鼓励开发性金融机构通过提供投融资综合服务等方式支持新区发展。完善投融资体系,鼓励央企、省属国企和民营企业等各类投资主体参与新区建设发展。

金融机构和金融服务体系是所有国家级新区金融政策的基础,同时也通过鼓励金融创新和金融开放政策等方式赋予少数新区较大的金融政策权限。例如:浦东新区允许外资开办银行、财务公司、保险公司等金融机构;积极推进符合条件的金融企业开展综合经营试点;鼓励发展各类股权投资企业(基金)及创业投资企业等。天津滨海新区鼓励进行金融改革和创新,在金融企业、金融业务、金融市场和金融开放等方面的重大改革原则上可安排在天津滨海新区先行先试点。大连金普新区围绕重点产业集群建设,按照市场化方式设立产业投资基金和创业投资基金,鼓励金融机构积极参与新区建设,加大金融支持力度。支持南沙新区在内地金融业逐步扩大对港澳开放的过程中先行先试;支持港澳金融机构根据CEPA优惠措施及相关法规规定,在南沙新区设立机构和开展业务。

(二)财税政策

财税政策从财政直接补贴逐步转化为税收政策激励。早期设立的国家级新区享有更广泛的财政直接补贴,如:最早设立的浦东新区享有所得税优惠以及免征和减征所得税的优惠,地方所得税和房产税政策优惠,以及关税优惠。天津滨海新区所辖规定范围内、符合条件的高新技术企业,减按15%的税率征收企业所得税;中央财政在维持现行财政体制的基础上,在一定时期内对天津滨海新区的开发建设予以专项补助。两江新区内所有国家鼓励类产业的各类中资企业和外商投资企业,到2020年按15%的税率征收企业所得税。对入驻两江新区工业开发区的工业企业,所缴纳的企业所得税地方留成部分,前2年由新区给予全额补贴,后3年按50%给予补贴。区内高新技术产业领域或战略性新兴产业领域的企业,从获利年度起三年内,按有关规定提取的风险补偿金(按当年利润额的3%—5%)可税前扣除。享有国家财税支持的新区还有舟山群岛新区、南沙新区、西咸新区、西海岸新区、天府新区、哈尔滨新区。在国家级新区建设总体方案中没有涉及财税政策的新区有兰州新区、金普新区、湘江新区、福州新区、滇中新区和江北新区。

(三)土地政策

国家赋予国家级新区土地政策支持的同时,也要求强化保护耕地和节约集约用地。在创新土地管理制度方面,实施土地利用总体规划、评估修改和动态管理,以土地整理开发利用试点为方向,土地集约利用和生态发展为原则,实施差异化土地政策。

这些差异化土地政策表现在:浦东新区在区内实行土地使用权有偿转让的政策,使用权限 50—70 年,外商可成片承包进行开发。舟山群岛新区重大产业项目可以实行耕地国家范围占补平衡。两江新区对新区建设用地计划指标实行单列并予以倾斜,根据发展规划需要优先确保建设用地。兰州新区范围内的耕地占补平衡在全省范围内统筹解决;在严格保护耕地和节约集约用地的前提下,鼓励新区开发利用未利用土地,允许在土地开发整理和利用等方面先行先试。南沙新区享有的土地政策具体而详细:支持南沙新区开展土地管理改革综合试点,在不破坏自然生态系统平衡的前提下,保障南沙新区科学发展的必要用地;在南沙新区开展土地利用总体规划定期评估和适时修改试点,强化规划实施的动态管理;支持南沙新区开展建设用地审批改革试点,试点方案报国土资源部同意后实施。而滨海新区和西咸新区均未提及具体的土地政策,天津滨海新区是支持土地管理改革,增强政府对土地供应调控能力;西咸新区总体方案中只提及土地政策试点优先考虑。

(四)开放政策

国家级新区是改革开放的窗口,基于不同的战略定位,各新区开放程度存在差异,但大部分新区都立足发展外向型经济。浦东新区立足于经济全球化和中国对外开放的新阶段,目的是提升对外开放水平、带动整个经济迈向外向型经济。滨海新区和大连金普新区定位为我国北方对外开放的门户和向东北亚开放的战略高地;贵安新区、天府新区和两江新区为内陆地区对外开放的重要门户;舟山群岛新区为东部地区重要的海上开放门户;兰州新区和西咸新区是向西开放的重要枢纽;江北新区是长江经济带对外开放合作重要平台;云南滇中新区是面向南亚东南亚辐射中心的重要支点;福州新区是两岸交流合作重要承载区,对外开放的战略定位意味着中国的全方位对外开放向纵深发展。

在明确开放定位的基础上,各新区获得了不同程度的对外开放优惠政策。例如大连金普新区具体对外政策包括:支持在新区先行先试投资、货物与服务贸易便利化政策;继续推进人民币与日元、韩元直接交易进程,支持人民币跨境使用;依托大窑湾港区,发展保税贸易和离岸贸易,开展期货保税交割试点,配套完善国际航运吸引转口贸易物流的政策措施;鼓励外资参与市政、医疗、教育等领域建设;支持新区与国外共建合作园区。广州南沙新区扩大对外开放政策包括:建设粤港澳口岸通关合作示范区;简化南沙港区与香港葵涌码头船舶进出境手续;将广州港口岸整车进口港区范围扩大至南沙港区,支持南沙港区口岸开展零担拼柜出口业务;建设南沙(粤港澳)数据服务试验区。允许在南沙新区试点开展离岸数据服务;积极引导广东境内中国强制性产品认证(CCC)检测实验室服务南沙新区注册的港澳企业;增加南沙新区粤港澳直通车指标数量。

六、国家级新区的发展成效

从 20 世纪 90 年代上海浦东新区设立至今,国家级新区已经走过了 28 年的历史岁月,中央先后批准设立了19个国家级新区。各国家级新区勇担使命、锐意改革、大胆创新,保持了良好发展态势,经济增速保持较快水平,探索形成了一批可复制可推广的好经验好做法,新区发展面貌和发展水平又有明显提升,向社会传递出经济整体平稳、稳中向好的积极信号,为全国稳增长、调结构、促改革作出了积极贡献。①

经过近三十年的发展,国家级新区的建设在带动区域经济增长、形成区域产业发展新动能、推动区域创新发展、推动区域对外开放等方面取得了良好的成效,其中先期规划建设的上海浦东和天津滨海两个新区已经取得了举世瞩目的巨大成就,成为带动长三角、京津冀和环渤海湾地区发展的增长极和领头羊。

(一)增长极带动效应突出

绝大多数国家级新区经济增速处于所在省市"领跑"位置,对区域经济增长带动效应突出。浦东新区2018年经济总量实现10 460.09亿元,经济增速为7.9%,高于上海市经济增速1.3个百分点,经济总量占上海市比重近1/3;西海岸新区2018年经济总量实现3 517.07亿元,增速为9.8%,较全市平均增速高2.4个百分点,较山东省平均水平高3.4个百分点,占青岛市经济总量的29.3%;两江新区2018年经济总量实现2 933亿元,增速10.2%,高于重庆市经济增速近1个百分点,占重庆市比重达到13%。金普新区、湘江新区、天府新区、江北新区等均保持了高速增长势头,经济总量均超过2 000亿元,占市域比重均超过20%。

(二)新动能培育成效显著

各国家级新区着力强化培育新产业、新业态,综合经济优势显著增强。伴随中国(上海)自贸试验区建设和张江国家科学城国家战略的实施和推进,浦东新区不断加大新动能培育力度,生物医药、集成电路、高端装备和类脑科学、人工智能等产业集群效应进一步强化;西海岸新区组织实施了新旧动能转换十大工程,家电电子、船舶海工、汽车、装备制造四大集群初步形成;金普新区国家新型工业化产业示范基地、跨境电商综合试验区建设取得明显成效,集成电路、新能源及储能装备、生物医药、新能源汽车等新兴产业不断壮大;江北新区新增集成电路设计企业超过100家,东方"硅谷"打造取得实质进展;两江新区通过积极引导产业资本与金融资本的紧密结合,开创了电子信息、高端装备制造、新能源及智能汽车、智能装备等战略性新兴产业发展新局面。

(三)创新驱动实现新突破

各国家级新区深入实施创新驱动发展战略,自主创新能力不断提升。浦东新区累计引进外资研发中心累计达到227家建设,"科创中心"核心功能建设成绩显著,形成了以C919大飞机、5G、中国"芯"为代表的一批重大科研成果。西海岸新区新增市级以上重点实验室、工程研究中心等研发平台49个,新增高新技术企业145家。江北新区连续三年高新技术企业数增长超过25%,2017年规模以上高新技术企业产值达1290.3

---

① 李韶辉、刘梦雨:《18个国家级新区积极作为探路多元共享发展新典范》,《中国产经》2016年第7期,第54—55页。

亿元。金普新区实施了创新主体倍增、区校合作协同创新中心建设和军民融合创新平台建设三大工程,新增高新技术企业53家,高新技术产品产值突破1500亿元。滨海新区、福州新区、湘江新区、两江新区、贵安新区、西咸新区等国家首批"双创"示范基地取得明显进展,新区创新活力持续增强。

（四）对外开放加速推进

各国家级新区积极打造国际合作平台,已成为我国"一带一路"倡议实施的重要支点。浦东新区自贸试验区外资企业近2万户,注册资本超过2 600亿美元,对长三角地区对外开放的引领作用更加明显。西海岸新区"引进来""走出去"对外合作战略成效显著,累计有56家世界500强企业投资设立了82个外资项目,2017年新区对"一带一路"沿线实现出口47.5亿美元。金普新区引进外资企业已达5 000多家,世界500强企业中近百家在此投资兴业,已成为引领东北地区开放发展的龙头。两江新区积极推动中德、中瑞、中韩、中日等6个国别合作产业园,在技术研发、生产经营、服务网络、贸易流通、资金往来、人才服务等方面扩大国际合作,成为西部地区对外开放合作典范。

参考文献

陈东、孔维锋:《新地域空间——国家级新区的特征解析与发展对策》,《中国科学院院刊》2016年第1期。

李韶辉、刘梦雨:《18个国家级新区积极作为探路多元共享发展新典范》,《中国产经》2016年第7期。

林立勇:《功能区块论——国家级新区空间发展研究》,博士学位论文,重庆大学,2017年。

徐文涛:《建设喀什经济特区对当地经济带来的影响及研究对策》,《科技创新导报》2011年第5期。

袁易明:《中国经济特区建立与发展的三大制度贡献》,《深圳大学学报(人文社科版)》2018年第35期。

张晓宁、金桢栋:《产业优化、效率变革与国家级新区发展的新动能培育》,《改革》2018年第2期。

第十九章　欠发达地区发展

区域发展不平衡在世界上是一种普遍的经济现象。我国区域发展的非均衡性一是影响国民经济的发展，制约了消费需求和投资需求，导致国民经济需求不足；二是影响全面建成小康社会的奋斗目标的实现，因为"全面"讲的是发展的平衡性、协调性、可持续性；三是影响我国社会主义共同富裕的最终目标的实现。所以，研究我国欠发达地区如何发展，有其紧迫性和必要性。

第一节　"欠发达"地区的理论界定

"欠发达"地区的理论界定有以下五个方面：①"欠发达"内涵的分类；②"欠发达"地区的定义；③"欠发达"与"发达"的划分标准；④"欠发达"与"发达"的相互转化；⑤欠发达地区的基本特征。

一、"欠发达"内涵的辨析[①]

"欠发达"是人类社会经济发展过程中的一种状态。然而，什么是"欠发达"？它有怎样的内涵？不同的学派、组织和学者，有着不同的理解，主要有以下观点：

从国际观点来看，常见的是以下三种地区分类：①世界银行的观点影响较为广泛。在世界银行的国家分类中，以人均GDP这一项指标的高低为标准，将国家划分为不发达国家与发达国家两类，在划分时并没有再考虑其他指标。社会发展的其他方面（科技、教育、文化、卫生、福利等）都未能被列入划分标准。这种看法被称为经济发展说或人均GDP说。②欧共体并不认同世界银行的看法，其从经济结构的角度出发，认为农业在国

---

① 裴晓枫：《欠发达地区经济发展的国际比较研究》，硕士学位论文，山西财经大学，2004年，第2—3页。

民经济中比重高的地区，就是欠发达地区。这种看法可归入结构功能说。③法兰克福学派则认为，欠发达主要是指社会制度的落后以及由此带来的对社会发展、社会进步的束缚。这通常称为体制说。

在我国地区差距的研究分析中，常见的是以下两种地区分类：①分析落后的中西部地区与东部沿海地区的差距，这是以地理位置为区域的划分标准，可归为地理区位说。②分析贫困地区与富裕地区的差距，这是以人均收入为区域的划分标准，可归入人均收入说。

由此可见，目前国内外理论界尚未对"什么是欠发达"形成一种普遍认可的权威定义，"欠发达"还只是一个抽象的、笼统的、缺乏明确内涵的模糊概念，一个描述性、形容性的术语。

"欠发达"是对社会整体发展水平的一种描述，是社会各个方面（经济、文化、教育、科技、卫生等）整体性、综合性落后的总称。"欠发达"的内在涵义应包括三方面内容：①社会本体（制度、生产关系、机制、自然生存环境等）与社会发展的不适应；②社会投入（能源、材料、文教、科技、卫生等资源、技术和信息）水平和结构的低下；③社会产出成果（经济成果、人口寿命、文化素养、福利等）水平和结构的低下。欠发达地区，就是指经济运行和社会发展在以上三个方面具有同质特征的一定空间范围。

由此可见，人均 GDP 说、人均收入说、结构功能说、体制说、地理区位说，便都只是从一个侧面反映出欠发达的某一种特征，都未能概括出欠发达的全部内涵。若只根据一个方面的特点来界定欠发达地区，便不可避免地具有片面性和局限性。"欠发达"具有多元内涵。判断一个地区欠发达与否，应是在宏观层次上，从整个社会全方位的角度，对社会变迁的状况进行多维审视和评价。应进一步将已定义的"欠发达"内涵转换为用统计语言表述——建立衡量不发达的界定标志或识别体系，即建立"欠发达"评价指标体系。

二、"欠发达"地区的定义

"欠发达"与"发达"相对应，是对事物发展状况、发展态势的一种动态表述，是对相对落后的社会经济现状进行纵向、横向对比，所形成的动态定位。欠发达地区这一概念即属于一种特定地域空间范畴，同时也是立足于历史纵向发展的动态变化过程。与发达地区相对应，它指那些具有一定经济基础、社会条件和发展潜力，但由于特定的历史、区位差异、自然禀赋、制度差异、文化差异以及非均衡的生产力空间配置等原因，导致生产力发展、科技水平不高且不平衡，目前仍落后于发达地区的区域。与发达地区相比，这些区域存在经济发展总量与速度偏低且缺乏活力、人均国民收入不高、产业结构不尽合理、科技水平与创新意识薄弱、劳动生产率与资源利用率低下、思想观念陈旧、社会文化教育水平低下等问题。

欠发达地区的界定需要特别指出的是：①欠发达地区是一个相对的地域概念。②欠发达地区是一个动态、发展的概念。经过一段时间的发展，可以转变为发达地区。

③欠发达地区主要是针对经济发展水平低下而言,但并不仅仅包括经济发展程度的落后,还包括社会、文化、观念、资源与环境等方面的落后,它是一个综合性指标体系。④欠发达与"后进""落后""贫困"等其他相关概念在对区域发展态势和范畴大小等方面的描述中存在差异。⑤欠发达一方面是经济发展上的量的差异,即经济发展水平和经济发展速度的差异;另一方面为经济发展上的质的差异,即劳动生产率、科技水平、经济效益、劳动者素质等方面的高低。⑥欠发达地区经济和社会发展具有较大潜力,资源较为丰富,生态环境尚未遭到严重的破坏,是在新一轮经济增长中有可能实现高速发展的区域。

三、"欠发达"与"发达"的划分标准

(一)按人均 GDP 划分

世界银行是按人均国民总收入,对世界各国经济发展水平进行分组。通常把世界各国分成四组,即低收入国家、中等偏下收入国家、中等偏上收入国家和高收入国家。但以上标准不是固定不变的,而是随着经济的发展不断进行调整。按世界银行公布的数据,2008 年的最新收入分组标准为:①低于 975 美元为低收入国家;②在 976 至 3 855 美元之间为中等偏下收入国家;③在 3 856 至 11 905 美元之间为中等偏上收入国家;④高于 11 906 美元为高收入国家。①

(二)人类发展指标

经济学家约瑟夫·斯蒂格利茨(Joseph E. Stiglitz)在《经济学》中将欠发达地区的特点概括为:①人均年收入低于 580 美元;②有 70%以上的劳动力在农业部门就业;③城市化的水平低,有 60%以上的人生活在农村;④人口的增长率较高,通常高于 3%。

(三)经济社会综合指标

经济社会综合指标主要是以下八个指标:①经济总量规模;②经济增长速度;③人均 GDP 水平;④固定资产投资规模;⑤工业经济发展;⑥对外贸易发展;⑦实际利用外资;⑧人均收入水平。

四、"欠发达"与"发达"的相互转化

地区经济发展中不平衡发展存在客观必然性。平衡是暂时的、相对的,不平衡是长期的、绝对的,经济发展总是由旧的不平衡不断地向新的不平衡演变,呈现波浪式上升过程。具体包含以下三个方面:①经济发达地区与经济不发达地区长期并存。发达地区与欠发达地区两者可以相互转化,发达地区如果停滞不前就可能转变为欠发达地区,而欠发达地区经过跨越式发展可能会超过原来的发达地区,后来居上,进而出现新的经济发达地区和经济不发达地区,产生新的不平衡。②经济发达地区和经济不发达地区

---

① 陕西省统计局:《世界银行的国别收入分组标准》,http://tjj.yanan.gov.cn/index.php?m=content&c=index&a=show&catid=20&id=11307,2020 年 5 月 26 日。

各自内部都存在着发达和不发达的小地区。经济发达地区内有经济不发达的小地区，经济不发达地区内有经济发达的小地区，其各自内部也存在着不平衡发展现象。③地区经济发展过程存在着不平衡现象，同一地区在不同的发展阶段，存在着不同的发展速度，有时发展快，有时发展慢。

五、欠发达地区的基本特征

欠发达地区一般具有这样几个特征：①低下的人均收入或人均产值，从而消费水平较低；②以农业为主体的产业结构和就业结构，大部分人口生活在文明程度低的农村地区；③交通、通信、能源等基础设施落后；④失业率高，劳动生产率低下，人口出生率高，人口素质差；⑤收入分配不均，城乡间收入差距较大；⑥积累能力弱，建设资金不足。[①]

第二节　区域发展的理论综述

区域发展的相关理论有以下四个方面：①区域均衡发展理论；②区域非均衡发展理论；③区域分工贸易理论；④胡佛-费希尔的区域经济增长阶段理论。

一、区域均衡发展理论[②]

区域均衡发展理论认为，区域经济增长取决于资本、劳动力和技术 3 个要素的投入状况，而各个要素的报酬取决于其边际生产力。在自由市场竞争机制下，生产要素为实现其最高边际报酬率而流动。在市场经济条件下，资本、劳动力与技术等生产要素的自由流动，将导致区域发展的均衡。因此，尽管各区域存在着要素禀赋和发展程度的差异，由于劳动力总是从低工资的欠发达地区向高工资的发达地区流动，以取得更多的劳动报酬；同理，资本从高工资的发达地区向低工资的欠发达地区流动，以取得更多的资本收益；要素的自由流动，最后将导致各要素收益平均化，从而达到各地区经济平衡增长的结果。

区域均衡发展理论的内容如下：

1. 赖宾斯坦（Harvey Leibenstein）的临界最小努力命题论。主张发展中国家应努力使经济达到一定水平，冲破低水平均衡状态，以取得长期的持续增长。不发达经济中，人均收入提高或下降的刺激力量并存，如果经济发展的努力达不到一定水平，提高人均收入的刺激小于临界规模，那就不能克服发展障碍，冲破低水平均衡状态。为使一国经济取得长期持续增长，就必须在一定时期受到大于临界最小规模的增长刺激。

2. 纳尔森（R.R.Nelson）的低水平陷阱理论。以马尔萨斯理论为基础，说明发展中国家存在低水平人均收入反复轮回的现象。不发达经济的痼疾表现为人均实际收入处

[①] 杨伟民：《对我国欠发达地区的界定及其特征分析》，《经济改革与发展》1997 年第 4 期。
[②] 《区域均衡发展理论》，https://wiki.mbalib.com/wiki/%E5%9D%87%E8%A1%A1%E5%8F%91%E5%B1%95%E7%90%86%E8%AE%BA，2020 年 5 月 26 日。

于仅够糊口或接近于维持生命的低水平均衡状态;很低的居民收入使储蓄和投资受到极大局限;如果以增大国民收入来提高储蓄和投资,又通常导致人口增长,从而又将人均收入推回到低水平均衡状态中,这是不发达经济难以逾越的一个陷阱。在外界条件不变的情况下,要走出陷阱,就必须使人均收入增长率超过人口增长率。

3. 罗森斯坦-罗丹(P.Rosenstein-Rodan)的大推进理论。主张发展中国家在投资上以一定的速度和规模持续作用于各产业,从而冲破其发展的瓶颈。此论在发展中国家较有市场,原因在于它的三个"不可分性"的理论基础,即社会分摊资本的不可分性、需求的不可分性、储蓄供给的不可分性以及外部经济效果具有更能说服人的证据。

4. 罗格纳·纳克斯(Ragnar Nurkse)的贫困恶性循环理论和平衡增长理论。资本缺乏是阻碍不发达国家经济增长和发展的关键因素,是由投资诱力不足和储蓄能力太弱造成的,而这两个问题的产生又是由于资本供给和需求两方面都存在恶性循环;但贫困恶性循环并非一成不变,平衡增长可以摆脱恶性循环,是扩大市场容量和造成投资诱力的一种必需的方法。

上述理论应用在区域经济中就形成了区域均衡发展理论,它不仅强调部门或产业间的平衡发展、同步发展,而且强调区域间或区域内部的平衡(同步)发展,即空间的均衡化。理论提出以后,在一些欠发达国家和地区的区域开发中,受到了一定程度的重视;对工业化过程中片面强调工业化,忽视地区之间、部门之间的均衡协调发展的倾向有所影响;强调均衡的、大规模投资和有效配置稀缺资源的重要性以及市场机制的局限性,实行宏观经济计划的必要性,为欠发达国家和地区的工业化和区域开发提供了一种理论模式,产生了一些积极的作用。

二、区域非均衡发展理论

区域经济差异一直是区域经济学研究的核心问题之一,也是世界各国经济发展过程中的一个普遍性问题。其中的非均衡发展理论,最初是发展中国家实现经济发展目标的一种理论选择。由于区域发展存在许多共性,该理论与均衡发展理论在区域开发与规划时经常被引用和借鉴,作为区域经济发展战略选择的理论基础。非均衡发展主张首先发展一类或几类有带动性的部门,通过这几个部门的发展带动其他部门的发展。在经济发展的初级阶段,非均衡发展理论对发展中国家有现实指导意义。

(一)增长极理论①

增长极理论是由法国经济学家佩鲁(Francois Perroux)在 1950 年首次提出,该理论被认为是西方区域经济学中经济区域观念的基石,是不平衡发展论的依据之一。佩鲁认为,如果把发生支配效应的经济空间看作力场,那么位于这个力场中的推进性单元就可以描述为增长极。增长极是围绕推进性的主导工业部门而组织的有活力的高度联

---

① 《增长极理论》,https://baike.baidu.com/item/%E5%A2%9E%E9%95%BF%E6%9E%81%E7%90%86%E8%AE%BA/2617380?fr=aladdin,2020 年 5 月 26 日。

合的一组产业,它不仅能迅速增长,而且能通过乘数效应推动其他部门的增长。因此,增长并非出现在所有地方,而是以不同强度首先出现在一些增长点或增长极上,这些增长点或增长极通过不同的渠道向外扩散,对整个经济产生不同的最终影响。他借喻了磁场内部运动在磁极最强这一规律,称经济发展的这种区域极化为增长极。增长极理论认为:一个国家要实现平衡发展只是一种理想,在现实中是不可能的,经济增长通常是从一个或数个"增长中心"逐渐向其他部门或地区传导。因此,应选择特定的地理空间作为增长极,以带动经济发展。

经济增长极作为一个区域的经济发展新的经济力量,不仅自身形成强大的规模经济,对其他经济也产生着支配效应、乘数效应和极化与扩散效应。这三种效应的产生,充分显示了经济增长极的重大意义。

(二)循环累积因果论[①]

循环累积因果理论是由著名经济学家缪尔达尔在1957年提出的,后经卡尔多、迪克逊和瑟尔沃尔等人发展并具体化为模型。缪尔达尔等认为,在一个动态的社会过程中,社会经济各因素之间存在着循环累积的因果关系。某一社会经济因素的变化,会引起另一社会经济因素的变化,后一因素的变化,反过来又加强了前一个因素的变化,并导致社会经济过程沿着最初那个因素变化的方向发展,从而形成累积性的循环发展趋势。

市场力量的作用一般趋向于强化而不是弱化区域间的不平衡,即如果某一地区由于初始的优势而比别的地区发展得快一些,那么它凭借已有优势,在以后的日子里会发展得更快一些。在经济循环累积过程中,这种累积效应有两种相反的效应,即回流效应和扩散效应。前者指落后地区的资金、劳动力向发达地区流动,导致落后地区要素不足,发展更慢;后者指发达地区的资金和劳动力向落后地区流动,促进落后地区的发展。

缪尔达尔用循环累积因果关系解释了"地理上二元经济"的消除问题,他认为,循环累积因果关系将对地区经济发展产生两种效应:一是回波效应,即劳动力、资金、技术等生产要素受收益差异的影响,由落后地区向发达地区流动。回波效应将导致地区间发展差距的进一步扩大。二是由于回波效应的作用并不是无节制的,地区间发展差距的扩大也是有限度的,当发达地区发展到一定程度后,人口稠密、交通拥挤、污染严重、资本过剩、自然资源相对不足等原因,使其生产成本上升,外部经济效益逐渐变小,从而减弱了经济增长的势头。这时,发达地区生产规模的进一步扩大将变得不经济,资本、劳动力、技术就自然而然地向落后地区扩散,缪尔达尔把这一过程称为扩散效应。扩散效应有助于落后地区的发展。同时缪尔达尔认为,发达地区经济增长的减速会使社会增加对不发达地区产品的需求,从而刺激这些地区经济的发展,进而导致落后地区与发达

---

① 《循环累积因果论》,https://baike.baidu.com/item/%E5%BE%AA%E7%8E%AF%E7%B4%AF%E7%A7%AF%E5%9B%A0%E6%9E%9C%E8%AE%BA/4012100?fr=aladdin,2020年5月26日。

地区发展差距的缩小。

（三）核心与边缘理论①

核心与边缘理论是 1966 年由弗里德曼在他的学术著作《区域发展政策》一书中正式提出的。核心区是具有较高创新变革能力的地域社会组织子系统，外围区则是根据与核心区所处的依附关系，而由核心区决定的地域社会子系统。核心区与外围区已共同组成完整的空间系统，其中核心区在空间系统中居支配地位。弗里德曼认为，任何空间经济系统均可分解为不同属性的核心区和外围区。核心边缘理论是解释经济空间结构演变模式的一种理论。该理论试图解释一个区域如何由互不关联、孤立发展，变成彼此联系、发展不平衡，又由极不平衡发展变为相互关联的平衡发展的区域系统。

空间系统发展过程中，核心区的作用主要表现在以下几个方面：①核心区通过供给系统、市场系统、行政系统等途径来组织自己的外围依附区。②核心区系统地向其所支配的外围区传播创新成果。③核心区增长的自我强化特征有助于相关空间系统的发展壮大。④随着空间系统内部和相互之间信息交流的增加，创新将超越特定空间系统的承受范围，核心区不断扩展，外围区力量逐渐增强，导致新的核心区在外围区出现，引起核心区等级水平的降低。

弗里德曼非常重视核心区在空间系统中的作用。他认为，核心区位于空间系统的任一网络结构上，空间系统可以有全球级、洲级、国家级、大区级和省级水平，一个支配外围地区重大决策的核心的存在具有决定性意义，因为它决定了该地区空间系统的存在。任何特定的空间系统都可能具有不止一个核心区，特定核心区的地域范围将随相关空间系统的自然规模或范围的变化而变化。

（四）极化涓滴效应②

赫希曼（A.O.Hirschman）是世界著名的发展经济学家，他对一个国家内各区域之间的经济关系进行了深入的研究，提出了极化-涓滴效应学说，解释经济发达区域与欠发达区域之间的经济相互作用及影响。该学说是他在《不发达国家中的投资政策与"二元性"》一文中提出，后又在《经济发展战略》一书中进一步作了阐述。赫希曼认为，如果一个国家的经济增长率先在某个区域发生，那么它就会对其他区域产生作用。为了解释方便，他把经济相对发达区域称为"北方"，欠发达区域称为"南方"。北方的增长对南方将产生不利和有利的作用，分别称为极化效应和涓滴效应。

极化效应有以下几个方面：①随着北方的发展，南方的要素向北方流动，从而削弱了南方的经济发展能力，导致其经济发展恶化。北方的经济增长对劳动力需求上升，特别是对技术性劳动力的需求增加较快，同时，北方的劳动力收入水平高于南方，这样就导致南方的劳动力在就业机会和高收入的诱导下向北方迁移。结果，北方因劳动力和

---

① 《核心与边缘理论》，https://baike.baidu.com/item/%E6%A0%B8%E5%BF%83%E4%B8%8E%E8%BE%B9%E7%BC%98%E7%90%86%E8%AE%BA/12597491，2020 年 5 月 26 日。

② 《极化涓滴效应》，https://baike.baidu.com/item/%E6%9E%81%E5%8C%96%E6%B6%93%E6%BB%B4%E6%95%88%E5%BA%94/9349041?fr=aladdin，2020 年 5 月 26 日。

人口的流入而促进了经济的增长,南方则因劳动力外流特别是技术人员和富于进取心的年轻人的外流,经济增长的劳动力贡献(实际上也包括了智力的贡献)减小。再就是资金的流动。显然,北方的投资机会多,投资的收益率高于南方,南方有限的资金也流入北方。而且,资金与劳动力的流动还会相互强化。从而使南方的经济发展能力被削弱。②在国内贸易中,北方由于经济水平相对高,在市场竞争中处于有利地位。特别是,如果北方生产进口替代性产品,南方原来可以按较低价格进口的这些产品,现在不得不在高额关税保护下向北方购买。在出口方面,南方由于生产效率相对较低,无法与北方竞争,导致出口的衰退。③南方本来可以向北方输出初级产品,但是,如果南方的初级产品性能差或价格有所上涨,那么北方就有可能寻求进口。这样,就使南方的生产受到压制。

涓滴效应体现在:北方吸收南方的劳动力,在一定程度上可以缓解南方的就业压力,有利于南方解决失业问题。在互补情况下,北方向南方购买商品和投资的增加,会给南方带来发展的机会,刺激南方的经济增长。特别是,北方的先进技术、管理方式、思想观念、价值观念和行为方式等经济和社会方面的进步因素向南方的涓滴,将对南方的经济和社会进步产生多方面的推动作用。

(五)梯度推移学说[1]

梯度推移学说理论的基本观点是:无论在世界范围内,还是在一国范围内,经济技术的发展是不平衡的,客观上已形成一种技术梯度,有梯度就有空间推移。生产力的空间推移要从梯度的实际情况出发,首先让有条件的高梯度地区引进、掌握先进生产技术,然后逐步向处于二、三级梯度的地区推移。随着经济的发展,推移速度加快,也就可逐步缩小地区间的差距,实现经济分布的相对均衡。这一观点引起了一些争论,提出了一些新的空间推移理论,如反梯度推移式、跳跃式、混合式等,但多数学者认为起主导作用的还是梯度推移方式。主要理论根据是:推移之所以能够进行,一方面是因为扩散有其内在动力和外在压力,愿意进行;另一方面是由于接受地区存在着接受扩散的引力场,推移方向的选择,主要看接受地区引力场的状况。接受地区的引力场主要有劳动力场、资源场、区位场。相对落后地区一般缺乏资金和技术,主要靠上述3个场的引入吸引高梯度地区的新产业、新产品、新技术扩散到本地区去。

三、区域分工贸易理论[2]

分工贸易理论,最先是针对国际分工与贸易提出来的,后来被区域经济学家用于研究区域分工与贸易。区域分工贸易理论的主要理论有:亚当·斯密的绝对利益理论,大

---

[1] 《梯度推移学说》,https://baike.baidu.com/item/%E6%A2%AF%E5%BA%A6%E6%8E%A8%E7%A7%BB%E7%90%86%E8%AE%BA/10761977?fr=aladdin,2020年5月26日。
[2] 《区域分工贸易理论》,https://baike.baidu.com/item/%E5%8C%BA%E5%9F%9F%E5%88%86%E5%B7%A5%E8%B4%B8%E6%98%93%E7%90%86%E8%AE%BA/12717393?fr=aladdin;《新贸易理论》,https://baike.baidu.com/item/%E6%96%B0%E8%B4%B8%E6%98%93%E7%90%86%E8%AE%BA/1645339?fr=aladdin,2020年5月26日。

卫·李嘉图的比较利益理论,赫克歇尔与奥林的生产要素禀赋理论以及克鲁格曼为代表的"新贸易理论"等。

绝对利益理论认为,任何区域都有一定的绝对有利的生产条件。若按绝对有利的条件进行分工生产,然后进行交换,会使各区域的资源得到最有效的利用,从而提高区域生产率,增进区域利益。但绝对利益理论的一个明显缺陷,是没有说明无任何绝对优势可言的区域,如何参与分工并从中获利。

比较利益理论解决了绝对利益理论无法回答的问题,认为在所有产品生产方面具有绝对优势的国家和地区,没必要生产所有产品,而应选择生产优势最大的那些产品进行生产;在所有产品生产方面都处于劣势的国家和地区,也不能什么都不生产,而可以选择不利程度最小的那些产品进行生产。这两类国家或区域可从这种分工与贸易中获得比较利益。

赫克歇尔与奥林在分析比较利益产生的原因时,提出了生产要素禀赋理论。他们认为,各个国家和地区的生产要素禀赋不同,这是国际或区域分工产生的基本原因。如果不考虑需求因素的影响,并假定生产要素流动存在障碍,那么每个区域利用其相对丰裕的生产要素进行生产,就处于有利的地位。

新贸易理论是指 20 世纪 80 年代初以来,以保罗·克鲁格曼(Paul Krugman)为代表的一批经济学家提出的一系列关于国际贸易的原因,国际分工的决定因素,贸易保护主义的效果以及最优贸易政策的思想和观点。新贸易理论后来发展成为以规模经济和非完全竞争市场为两大支柱的完整的经济理论体系。产业内贸易、发达国家之间的水平分工与贸易的迅速增长成为当今国际贸易的主要现象,新贸易理论认为这是因为产生国际贸易的动因与基础发生了变化,不再仅仅是因为技术和要素禀赋的差异带来了贸易。新贸易理论从供给、需求、技术差距论等不同角度分析了国际贸易的动因与基础。

综上所述,区域分工贸易的主要思想为:①劳动地域分工是区域经济发展的源泉。经济发展过程可以看作一个以分工为媒介、以制度变迁为核心、累积因果、自我演进的非均衡过程。②如果一个地区生产一种产业(产品)的机会成本(用其他产业衡量)低于在其他地区生产该种产业的机会成本,则这个地区在该种产业上就拥有比较优势。各地区专业化产业(产品)的选择:"两利相权取其重,两害相权取其轻。"③贸易的原因不仅仅是比较优势,还有规模递增收益。要素禀赋差异决定着产业间的贸易,而规模经济决定着产业内部的区际(国际)贸易。

四、胡佛-费希尔的区域经济增长阶段理论[①]

胡佛-费希尔的区域经济增长阶段理论是指美国区域经济学家胡佛(E.M.Hoover)与费希尔(J.Fisher)在 1949 年发表的《区域经济增长研究》一文中提出的区域经济发展

---

① 《胡佛-费希尔的区域经济增长阶段理论》,https://baike.baidu.com/item/%E8%83%A1%E4%BD%9B-%E8%B4%B9%E5%B8%8C%E5%B0%94%E7%9A%84%E5%8C%BA%E5%9F%9F%E7%BB%8F%E6%B5%8E%E5%A2%9E%E9%95%BF%E9%98%B6%E6%AE%B5%E7%90%86%E8%AE%BA/12748916?fr=aladdin,2020 年 5 月 26 日。

阶段理论。该理论指出任何区域的经济增长都存在"标准阶段次序",经历大体相同的过程,具体有以下五个阶段:①自给自足阶段。在这个阶段,经济活动以农业为主,区域之间缺少经济交流,区域经济呈现出较大的封闭性,各种经济活动在空间上呈散布状态。②乡村工业崛起阶段。随着农业和贸易的发展,乡村工业开始兴起并在区域经济增长中起着积极的作用。由于乡村工业是以农产品、农业剩余劳动力和农村市场为基础发展起来的,故主要集中分布在农业发展水平相对比较高的地方。③农业生产结构转换阶段。在这个阶段,农业生产方式开始发生变化,逐步由粗放型向集约型和专业化方向转化,区域之间的贸易和经济往来也不断地扩大。④工业化阶段。以矿业和制造业为先导,区域工业兴起并逐渐成为推动区域经济增长的主导力量。一般情况下,最先发展起来的是以农副产品为原料的食品加工、木材加工和纺织等行业,随后是以工业原料为主的冶炼、石油加工、机械制造、化学工业。⑤服务业输出阶段。在这个阶段,服务业快速发展,服务的输出逐渐成了推动区域经济增长的重要动力。这时,拉动区域经济继续增长的因素主要是资本、技术以及专业性服务的输出。

第三节 地区发展存在差异的因素剖析

地区发展存在差异的综合影响因素和四个要素分析如下:

一、地区发展的综合影响因素

(一) 因素分类

1. 因素与生产相关性:①直接影响因素(生产因素):劳动力、资本、资源、能源等;②间接影响因素(环境因素):自然条件与资源、人口、科教、经营管理、政策体制、分工协作、对外贸易等。

2. 因素的地域来源:①内部因素(区内因素——反映潜力、自我能力):区内生产要素的供给、消费和投资需求;②外部因素(区外因素):区际要素流动、商品贸易、区外需求、区域政策等。

3. 因素的性质与特征:①一般性因素(共性因素):资本、劳动力、科技;②区域性因素(个性因素):城市化水平、资源禀赋与配置、投资偏好等。

(二) 因素作用机制

1. 资源禀赋:①自然资源、经济社会资源(劳力、资金、技术);②资源分布存在区域差异——资源价格与供给的区域差异——影响区域经济发展;③资源越富集,越有利于经济增长。

2. 资源配置能力:经济体制(计划、市场经济)、政府经管能力(高效、廉洁)、企业组织水平(企业家)、产业结构。

3. 区位条件:①区位:一个区域在相关的经济空间或地理空间中的位置——经济联系的机会和程度;②区位条件越优越,越有利于经济增长。

4. 外部环境：①国内经济发展格局、区际和国际的经济关系；②区域越开放、分工与合作合理，越有利于经济增长。

二、地区发展的四个要素

地区发展的四个基本要素是：①自然资源、自然条件；②人口、劳动力；③交通运输；④制度环境。

（一）自然资源、自然条件与地区发展

自然资源指自然界一切能被人类利用的自然物质要素。通常认为自然资源主要有土地资源、水资源、气候资源、生物资源以及矿产资源。自然资源的四个基本特征：①其形成和分布具有一定的规律性和非均衡性；②空间流动的相对性；③各类自然资源之间具有相互影响和相互制约的关系；④自然资源数量的有限性。自然条件是指除自然资源以外的所有影响经济活动的自然要素，如自然地理位置、地质条件、地貌条件、水文条件等。

自然条件、自然资源是地区经济发展的物质基础，自然资源、自然条件对地区劳动生产率、产业结构产生重要影响：①自然资源的数量多寡影响地区生产发展的规模大小；②自然资源的质量及开发利用条件影响地区生产活动的经济效益；③自然资源的地域组合影响地区产业结构。

（二）人口、劳动力与地区发展

1. 与人口相关的需求要素对地区发展的影响：①地区人口规模决定了地区消费需求总量；②地区人口构成影响和决定着地区消费需求结构；③地区人口的变动引起地区需求总量和需求结构的变动。

2. 与人口相关的供给要素对地区发展的影响取决于以下因素：①地区劳动者的身体素质；②地区劳动者的文化程度、科学与技术素养。

3. 人口红利与地区发展。"人口红利"，是指一个国家的劳动年龄人口占总人口比重较大，抚养率比较低，为经济发展创造了有利的人口条件，整个国家的经济成高储蓄、高投资和高增长的局面。

4. 人口对地区产业的影响：①地区人口状况影响地区的产业集聚；②地区人口状况影响地区非专业化产业的发展与布局；③地区人口状况直接影响着地区第三产业的发展。

（三）交通运输与地区发展

自然资源分布不均衡和地区经济社会发展不平衡以及劳动的地域分工，使不同地域之间产生人和物的交流的需要。借助于交通运输完成的人和物的空间位移会产生一定的运输成本和时间成本。交通运输的便捷性和低成本会影响人和物空间位移的方向和流动频率，从而对地区经济活动产生重要的影响。

空间距离对地区发展的影响：①运输成本。使人和物完成空间位移所支付的运费。决定和影响运输成本的首要因素是运距。②时间成本。使人和物完成空间位移所耗费的时间换算而成的代价。

交通运输对地区发展的影响：①影响经济活动区位；②影响地区空间结构；③影响地区经济开发模式；④影响地区产业布局；⑤影响劳动力就业空间分布等；⑥影响地区产业结构与产业布局；⑦影响区际贸易。

（四）制度环境与地区发展[①]

地区发展是制度经济学中的客观经济部分，主要有两个部分的内容：制度环境和制度安排。下面主要讨论制度环境中的产权和制度安排中的组织。

制度环境中的产权。产权安排对经济发展的影响主要体现在：①决策。安排决策的程序不同，最后的结果相差很大。②责任。不同的安排所体现的所有权不一样，导致各经济主体在经济运行中所负的责任也不一样，常常影响其在经济运行中的行为方式是积极向上，还是消极怠工。③利益。不同的安排应当带来不同的利益，如果由于产权安排带来不同的利益，或者由于产权安排造成利益分配不合理，就会打击劳动者的积极性，从而影响经济增长。产权安排的地区合理化包括：①产权安排要有利于经济增长；②产权安排要与地区的发展模式相适应；③产权安排要与地区的产业结构相适应。

制度安排中的组织。市场组织理论和治理结构理论构成制度安排的主要内容，其中心内容是交易成本问题。交易成本经济学认为，无论产权是否被界定清楚，是否被有效实施，它们都是有问题的，都有可能造成缺乏效率的交易，要解决这一问题，必须造就合理的组织结构和治理结构，并强调认为不同的治理结构对管理交易的相对有效性是不一样的。事实上，治理结构的优化，可以解决市场无法达到最优状态的问题，非市场的社会制度将会产生并缩小这一差距。在交易成本经济学中，对企业、市场和混合形式的研究被视为一个统一体，交易成本最小化是其核心。影响交易成本的地区性原因包括：①地区垄断及其竞争；②地区集团形成及其竞争；③地区间地方政府及其竞争。

第四节 地区发展竞争力的评价标准

地区发展的竞争力的评价标准，可以参照波特钻石模型、竞争力评价体系和全球竞争力指数。

一、波特钻石模型[②]

波特钻石模型是由美国哈佛商学院著名的战略管理学家迈克尔·波特（Michael

[①] 孙久文、叶裕民：《区域经济学教程》，中国人民大学出版社2020年版，第36—39页。
[②] 《波特钻石模型》，https://baike.baidu.com/item/%E6%B3%A2%E7%89%B9%E8%8F%B1%E5%BD%A2%E7%90%86%E8%AE%BA/9214447?fromtitle=%E9%92%BB%E7%9F%B3%E7%90%86%E8%AE%BA&fromid=5296089&fr=aladdin，2020年5月26日。

Porter)于1990年提出的,用于分析一个国家如何形成整体优势,因而在国际上具有较强竞争力。波特国家竞争优势理论的中心思想是一国兴衰的根本在于国际竞争中是否赢得优势,强调不仅一国的所有行业和产品参与国际竞争,并且要形成国家整体的竞争优势,而国家竞争优势的取得,关键在于以下四个基本要素和两个辅助要素的整合作用。四个基本要素分别为:①资源要素,指一个国家的生产要素状况,包括人力资源、天然资源、知识资源、资本资源、基础设施。②需求条件,指对某个行业产品或服务的国内需求性质。③辅助行业,指国内是否存在具有国际竞争力的供应商和关联辅助行业。④企业战略,指一国内支配企业创建、组织和管理的条件,以及国内竞争的本质。两个辅助要素分别为:①主要机遇,机会是可遇而不可求的,机会可以影响四大要素发生变化。②政府功能,政府只有扮演好自己的角色,才能成为扩大钻石体系的力量。具体见图19-1。

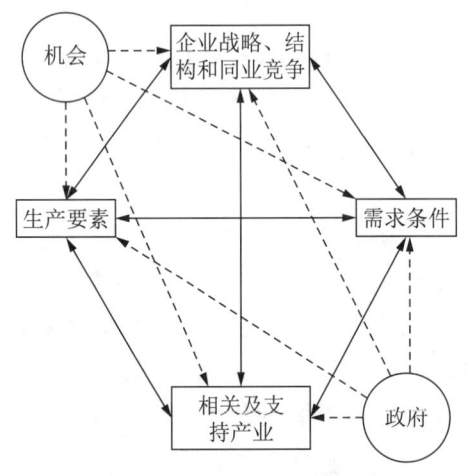

图 19-1　波特钻石模型

资料来源:《波特钻石模型》,http://baike.baidu.com/item/%E6%B3%A2%E7%89%B9%E8%8F%B1%E5%BD%A2%E7%90%86%E8%AE%BA/9214447?fromtitle=%E9%92%BB%E7%9F%B3%E7%90%86%E8%AE%BA&fromid=5296089&fr=aladdin,2020年5月26日。

二、国际竞争力评价指标

国际经济论坛在1994年的《国际竞争力报告》中,将国际竞争力定义为"一国一公司在世界市场上均衡地生产出比其竞争对手更多财富的能力"。瑞士国际管理发展研究院则认为,国际竞争力是一个国家在市场经济竞争的环境和条件下,与世界整体中各国的竞争比较,所能创造增加值和国民财富的持续增长和发展的系统能力水平。它提出影响国家国际竞争力的八大因素是:①国内经济实力,指一国经济力量的整体评估;②国际化程度,指一国参与国际贸易和投资的程度;③政府影响,指政府政策对竞争力的有利程度;④金融实力,指对资本市场和金融服务质量的整体评估;⑤基础建设,指投资源与制度满足企业基本需求的程度;⑥企业管理能力,指企业管理在创新、获利和应变等方面的表现;⑦科技实力,指科学和技术的能力以及在基础和应用研究上的成功程度;⑧人力资源,指拥有人力资源的数量和质量。这八个因素中,每个又包括若干方面,共有 244 个指标。

三、全球竞争力指数①

"全球竞争力指数"由世界经济论坛(WEF)于 2005 年提出,是"决定一个经济体生产力水平的一整套制度、政策和影响因素的集合",以 12 项主要竞争力因素为衡量指标,全面反映世界各经济体的竞争力状况。12 项主要竞争力因素分别为:法律和行政架构、基础设施、宏观经济环境、健康和基础教育、高等教育和培训、商品市场效率、劳动力市场效率、金融市场发展、技术就绪程度、市场规模、商业成熟度、创新。自 1979 年以来,世界经济论坛每年发布一份《全球竞争力报告》(*The Global Competitiveness Report*),该系列报告是衡量全球各经济体促进生产力发展和经济繁荣程度的重要参考,竞争力排名基于"全球竞争力指数"。

第五节 我国欠发达地区的现状界定②

张鹏飞、李锦宏从欠发达地区的内涵入手,立足于"经济发展""社会发展""资源与环境发展""地区发展趋势"四大指标类,共 38 个具体指标的构建基础,运用主成分分析法对我国的欠发达地区进行了界定划分,结论为我国 31 个省市自治区(港澳台除外)中的 13 个省为我国欠发达地区。

一、欠发达地区界定的指标体系重构

将欠发达地区的界定指标体系分为四层:1 个目标层(A)、4 个准则层(B)、11 个复合指标层(C)以及 38 个具体指标层(D),其中 4 个准则层分别为:经济发展指标类、社会发展指标类、资源与环境发展指标类、地区发展趋势指标类,见表 19-1。运用主成分分析法对我国欠发达地区进行认知重构,因此,在对我国 31 个省市自治区(港澳台除外)进行具体的综合评价时,就形成了 38 行 31 列的指标矩阵 $X=(x_{ij})_{38\times 31}$。

表 19-1 界定欠发达地区的指标体系

目标层(A)	准则层(B)	复合指标层(C)	具体指标(D)
我国欠发达地区界定	经济发展指标类(B1)	经济总量水平(C1)	地区生产总值(D1)
			地区财政收入(D2)
			地区社会消费品零售总额(D3)
			地区进出口总额(D4)

---

① 《世界经济论坛:2017—2018 年全球竞争力报告》,https://www.sohu.com/a/197391594_810912,2020 年 5 月 26 日。
② 张鹏飞、李锦宏:《欠发达地区的认知重构:一个分析框架》,《现代经济信息》2016 年第 7 期。

（续表）

目标层(A)	准则层(B)	复合指标层(C)	具体指标(D)
我国欠发达地区界定	经济发展指标类(B1)	经济平均水平(C2)	人均生产总值(D5)
			人均财政收入(D6)
			人均固定资产投资额(D7)
			城镇居民年人均可支配收入(D8)
			农村居民年人均纯收入(D9)
		经济结构水平(C3)	非农产业产值比例(D10)
			工业产值占生产总值比例(D11)
	社会发展指标类(B2)	人口发展指标(C4)	城市化水平(D12)
			人口平均预期年龄(D13)
			人口自然增长率(D14)
		教育水平指标(C5)	文盲率(D15)
			每十万人口拥有的大专及以上教育人口(D16)
			普通高等学校数(D17)
		生活水平指标(C6)	城镇居民家庭恩格尔系数(D18)
			农村居民家庭恩格尔系数(D19)
			城镇登记失业率(D20)
			人均卫生、社会保障及社会福利投资(D21)
			每万人医院和卫生院床位数(D22)
			每万人拥有公共图书馆建筑面积(D23)
			社会福利企业机构数(D24)
		基础设施指标(C7)	旅客周转量(D25)
			货物周转量(D26)
			公共交通与出租车数(D27)
			开通互联网宽带行政村比重(D28)
	资源与环境发展指标类(B3)	资源利用指标(C8)	人均城市液化石油气供气量(D29)
		环境保护指标(C9)	生态建设与保护本年完成投资占生产总值比例(D30)
			建成区绿化覆盖率(D31)
			城市生活垃圾无害化处理率(D32)
	地区发展趋势指标类(B4)	发展速度水平(C10)	第二产业产值增长率(D33)
			第三产业产值增长率(D34)

(续表)

目标层(A)	准则层(B)	复合指标层(C)	具体指标(D)
我国欠发达地区界定	地区发展趋势指标类(B4)	发展潜力水平(C11)	每十万人口高等学校平均在校生数(D35)
			研发机构单位数(D36)
			R&D人员数(D37)
			R&D经费内部支出(D38)

资料来源:张鹏飞、李锦宏:《欠发达地区的认知重构:一个分析框架》,《现代经济信息》2016年第7期。

二、欠发达地区界定中的主成分确定与得分

由于上述构建的各个指标在量纲以及数量级上存在差异,因此,需要进行标准化处理,即 $z_{ij}=(x_{ij}-\bar{x}_i)/s_i$;$i=1,2,\cdots 38$;$j=1,2,\cdots 31$;其中 $\bar{x}_i=\sum_{j=1}^{31}x_{ij}/n$;$s_i=\sum_{j=1}^{31}(x_{ij}-\bar{x}_i)^2/(n-1)$;从而将指标矩阵 X 标准化为矩阵 $Z=(z_{ij})_{38\times 31}$。根据上述标准化矩阵 $Z=(z_{ij})_{38\times 31}$,计算方差与协方差,得到关于各项指标的协方差方阵 $S=(s_{ij})_{38\times 38}$;然后,求解该方阵的特征值与相应的特征向量,也即主成分的方差(体现了主成分对目标层的影响力大小),并将其按从大到小的顺序排列,最后根据特征值计算对应的主成分的贡献率 $e_i=\lambda_i/\sum_{i=1}^{38}\lambda_i$,以及累积贡献率 $E=(\sum_{i=1}^{m}\lambda_i)/(\sum_{i=1}^{38}\lambda_i)$。将我国31个省市自治区(港澳台除外)按照表19-1给出的指标体系所对应的统计数据输入spss软件后,选择累积贡献率达到83%的特征值 $\lambda_1=15.016$,$\lambda_2=5.03$,$\cdots\cdots$,$\lambda_7=1.263$,所对应的第一,第二,……,第七个主成分 $Y_1,Y_2,\cdots\cdots,Y_7$ 作为原始数据信息的代表,该七个主成分累积贡献率为84.392%,达到83%的标准。另外,再用spss软件计算得到的主成分载荷矩阵的每一列系数除以所对应特征值的平方根即可得到七个主成分的特征向量,设为 $\xi_1,\xi_2,\xi_3,\cdots\cdots,\xi_7$(均为38维列向量),其构成的向量矩阵设为H,并以此为权重,计算出以上所选主成分的数值。最后以各主成分的贡献率 $e_i=\lambda_i/\sum_{i=1}^{7}\lambda_i(i=1,2,\cdots 7)$ 为权重,得到我国31个省市自治区(港澳台除外)社会经济发展的综合排名(表19-2)。

表19-2 综合主成分得分(各地区社会经济发展综合排名)

地区	总得分	排名	地区	总得分	排名
北京	4.832 4	1	广东	2.924 7	4
上海	3.828 0	2	浙江	2.357 2	5
江苏	3.030 5	3	天津	2.192 1	6

(续表)

地区	总得分	排名	地区	总得分	排名
辽宁	1.594 4	7	四川	−0.746 0	20
山东	1.581 5	8	湖南	−0.812 9	21
福建	0.315 3	9	黑龙江	−0.819 1	22
内蒙古	−0.012 1	10	海南	−1.071 3	23
湖北	−0.223 0	11	广西	−1.227 8	24
陕西	−0.241 0	12	宁夏	−1.506 2	25
河北	−0.294 4	13	新疆	−1.784 7	26
重庆	−0.319 2	14	云南	−1.891 3	27
河南	−0.410 9	15	青海	−2.063 3	28
安徽	−0.540 1	16	西藏	−2.124 3	29
吉林	−0.652 6	17	甘肃	−2.198 9	30
山西	−0.684 4	18	贵州	−2.299 2	31
江西	−0.733 5	19			

资料来源:同表 19-1。

三、欠发达地区的界定结果

由表 19-2 可以看出,我国 31 个省市自治区(港澳台除外)社会发展水平呈现明显的不平衡性。总得分为正以及在−0.7—0 之间的省市自治区均有 9 个,均占地区总数的 29.03%;而得分小于−0.7 的地区有 13 个,占总数的 41.94%。参考相关等级分类方法以及各地区综合主成分得分情况,得到我国欠发达地区的分级标准:①综合主成分 Y1—7≥0 的等级分类为发达地区;②−0.7—0 为中等发达地区;③<−0.7 为欠发达地区。由此可得出,在我国 31 个省市自治区(港澳台除外)中,江西、四川、湖南、黑龙江、海南、广西、宁夏、新疆、云南、青海、西藏、甘肃以及贵州 13 个省为我国欠发达地区。

第六节 欠发达地区发展的指标体系

本节给出欠发达地区发展的指标体系,欠发达地区发展可以参照相关指标的标准来推进。

一、经济社会协调发展指标体系

以经济社会协调发展为目标,遵循科学性、客观性、易取性等数据获取原则,构建工业化、城镇化、农业现代化、信息化及绿色化等 5 个指数为一级指标层,建立与之对应的 30 个二级指标,共同构成经济社会协调发展测度指标体系(表 19-3)。

表 19-3 经济社会协调发展综合测度指标体系

一级指标层	二级指标层	指标计算	权重
工业化指数	工业产出比重	工业增加值/GDP(%)	0.157
	工业就业比重	工业就业人数/就业总人数(%)	0.156
	工业人均产值	工业总产值/总人口(元/人)	0.194
	工业劳动生产率	工业增加值/工业从业人数(万元/人)	0.181
	工业产值利润率	规模以上工业利润总额/规模以上工业总产值(%)	0.114
	工业利用外资率	外商投资工业总产值/规模以上工业总产值(%)	0.198
城镇化指数	人口城镇化率	非农人口/总人口(%)	0.169
	人均消费指数	社会消费品零售营业总额/总人口(元/人)	0.172
	文化发展指数	图书馆藏书/总人口(本/百人)	0.181
	医疗发展指数	卫生机构人员/总人口(%)	0.118
	社会保障指数	城镇职工基本养老保障人数/总人口(%)	0.168
	基础设施指数	公路里程数/总人口(km/万人)	0.192
农业现代化指数	农业劳动生产率	农业总产值/一产从业人数(万元/人)	0.192
	农业劳均农产品量	主要农产品/一产从业人员(kg/人)	0.181
	农业机械化率	农业机械化总动力/耕地面积(kW/hm^2)	0.149
	农业灌溉指数	有效灌溉面积/耕地面积(%)	0.125
	农村发展指数	农村用电量(亿 kmh)	0.196
	农民生活质量指数	农村人均纯收入(元)	0.157
信息化指数	信息产业产值比	信息产业增加值/GDP(%)	0.167
	邮电业务指数	邮电业务总量/总人口(元/人)	0.178
	互联网宽带普及度	互联网接入用户/总人口(户/万人)	0.180
	移动电话普及度	移动电话用户数/总人口(户/万人)	0.126
	信息人才指数	大学生人数/总人口(%)	0.188
	科技投入指数	R&D 支出/财政总支出(%)	0.160
绿色化指数	森林覆盖率	森林面积/区域面积(%)	0.208
	大气环境指数	(废气 SO_2＋烟尘排放量)/总人口(t/万人)	0.161
	水环境指数	废水排放量/总人口(t/万人)	0.148
	能源消耗指数	能源消费量/国民生产总值(t 标准煤/万元)	0.131
	生活绿色化指数	生活垃圾无害化处理率(%)	0.180
	经济循环利用指数	一般固体废弃物综合利用率(%)	0.172

注:指标选取内涵说明:工业化主要考虑资金投入、产出、就业、效益等方面;城镇化选取主要考虑人口、经济、社会、基础设施等方面;农业现代化主要考虑农业、农村、农民等方面;信息化主要考虑产值、技术、人才等方面;绿色化主要考虑资源、环境、能耗、治理等方面。

资料来源:江孝君、杨青山、张郁、王小艳、陈长瑶:《中国经济社会协调发展水平空间分异特征》,《经济地理》2017 年第 8 期。

二、欠发达地区现代化指标体系

欠发达地区现代化评价体系包含经济发展、社会发展、生活质量、生态发展、科教文化等5个二级指标(权重分别设定为29%、24%、17%、15%和15%)以及11个三级指标。标准值的确定具体见表19-4。

表19-4 欠发达地区现代化进程评价指标体系

一级指标	权重值	二级指标	单位	标准值	权重
经济发展	29%	人均GDP	元	120 000	8%
		第二和第三产业增加值占CDP比重	%	>95	7%
		外贸依存度	%	>50	7%
		经济自由度*	%	<10	7%
社会发展	24%	城市化水平	%	>75	8%
		城乡居民收入比*	%	≤1.7	8%
		失业率(城镇)*	%	≤3	8%
生活质量	17%	城镇住户人均可支配收入	元	>50 000	8.5%
		农村住户人均可支配收入	元	>23 000	8.5%
生态文明	15%	森林覆盖率	%	>50	15%
科教文化	15%	高中阶段毛入学率	%	>90	15%

注:*为逆向指标;权重值采用德尔菲法,即专家打分法。
资料来源:李飓、李旭瀚:《我国欠发达地区现代化指标体系研究——以广东省为例》,《广东社会科学》2018年第4期。

第七节 欠发达地区发展的对策建议

欠发达地区发展的具体对策建议有以下三个方面:立足点、战略对策和具体措施。

一、欠发达地区发展的立足点

欠发达地区发展的立足点主要在以下六个方面:
1. 促进生态效益、经济效益和社会效益的统一。
2. 促进经济增长方式由粗放型向集约型转变。
3. 经济发展与人口、资源、环境相协调。
4. 经济持续、稳定、健康发展,提高人民的生活水平和质量。
5. 从注重眼前利益、局部利益的发展转向长期利益、整体利益的发展。
6. 从物质资源推动型的发展转向非物质资源或信息资源(科技与知识)推动型的发展。

二、欠发达地区发展的战略对策

表 19-5 显示了欠发达地区发展的战略对策和主要内容。

表 19-5 欠发达地区发展战略对策

战略对策	主要内容
支持重点产业发展	引导资源、要素向重点发展的产业集聚,给予重点发展产业在信贷、税收、建设用地、能源供给等方面的优惠或倾斜等
支持空间发展重点建设	引导人口、企业向空间发展重点集聚,对空间发展重点给予改革开放和经济管理权限、各类产业园区设置、重大产业发展项目布局、城市及重大发展平台的等级认定等方面的支持
支持重大基础设施建设	通过对重大基础设施建设的规划、优先立项、加大投资等,促进基础设施建设
加强人力资源开发	加大对教育、公共卫生、文化等投入,培育专业人才,提高全民的综合素质等
加强科技创新	加强对科技的投入,鼓励创新和创业,构建区域发展的创新驱动机制
加强生态环境建设	通过规划、实施严格的环保政策,加强对遭受破坏的环境修复,建设宜居的居住环境等,提升生态环境的质量
建设重大发展平台	在空间开发、产业园区建设、交通枢纽建设、信息平台建设、科技创新、投资服务、贸易服务、区域合作、人力资源开发等方面,依照整合资源、多方联动、重点突破、辐射带动等原则,规划重大发展项目,形成影响全局的发展平台
加强改革开放	按照充分发挥市场配置资源基础性作用的要求,改革经济体制、行政管理体制等,扩大对外开放,从而不断完善有利于发展的体制机制
加强区域合作	积极谋划和参与各类区域合作,协调与其他区域的发展关系,为本区域发展创造更大的发展空间
争取国家或上级政府支持	通过将本区域确定的发展重点纳入国家或者上级区域的发展战略及规划之中,获得国家或上级政府的重视,争取政策及投入等方面的支持
建立组织协调机制	根据需要成立区域发展战略实施统筹领导机构;围绕战略重点尤其是重大发展问题,建立跨部门的组织协调机制,以便协调部门的管理政策,形成支持发展的合力

资料来源:李小建等编著:《经济地理学》,高等教育出版社 2019 年第 3 版,第 164 页。

三、欠发达地区发展的具体措施

欠发达地区发展的具体措施有以下七个方面:

1. 通过国民经济结构战略性调整,完成从"高消耗、高污染、低效益"向"低消耗、低污染、高效益"转变。促进产业结构优化升级,减轻资源环境压力,改变区域发展不平衡,缩小城乡差别。

2. 继续大力推进扶贫开发，进一步改善贫困地区的基本生产、生活条件，加强基础设施建设，改善生态环境，逐步改变贫困地区经济、社会、文化的落后状况，提高贫困人口的生活质量和综合素质，尽快使尚未脱贫的农村人口解决温饱问题，并逐步过上小康生活。

3. 严格控制人口增长，全面提高人口素质。科教兴国，不断创新。充分发挥科技作为第一生产力和教育的先导性、全局性和基础性作用，加快科技创新步伐，大力发展各类教育，促进发展战略与科教兴国战略的紧密结合。

4. 合理开发和集约高效利用资源，不断提高资源承载能力，建成资源可持续利用的保障体系和重要资源战略储备安全体系。在推进经济发展的过程中，促进人与自然的和谐，重视解决人口、资源和环境问题，坚持经济、社会与生态环境的持续协调发展。

5. 形成健全的法律、法规体系。完善信息共享和决策咨询服务体系，全面提高政府的科学决策和综合协调能力，提高社会公众参与程度。

6. 积极参与，广泛合作。在世界经济趋向一体化的背景下，必须加强对外开放与国际合作，参与经济全球化。利用国际、国内两个市场和两种资源，在更大空间范围内发展。

7. 重点突破，全面推进。统筹规划，以整体利益为重。妥善处理局部与整体、一般与重点、农业与工业、乡村与城市、生活与生产。坚持全局原则，突出重点发展，分步骤实施。

参考文献

《波特钻石模型》，https://baike.baidu.com/item/%E6%B3%A2%E7%89%B9%E8%8F%B1%E5%BD%A2%E7%90%86%E8%AE%BA/9214447?fromtitle=%E9%92%BB%E7%9F%B3%E7%90%86%E8%AE%BA&fromid=5296089&fr=aladdin，2020年5月26日。

《核心与边缘理论》，https://baike.baidu.com/item/%E6%A0%B8%E5%BF%83%E4%B8%8E%E8%BE%B9%E7%BC%98%E7%90%86%E8%AE%BA/12597491，2020年5月26日。

《胡佛-费希尔的区域经济增长阶段理论》，https://baike.baidu.com/item/%E8%83%A1%E4%BD%9B-%E8%B4%B9%E5%B8%8C%E5%B0%94%E7%9A%84%E5%8C%BA%E5%9F%9F%E7%BB%8F%E6%B5%8E%E5%A2%9E%E9%95%BF%E9%98%B6%E6%AE%B5%E7%90%86%E8%AE%BA/12748916?fr=aladdin，2020年5月26日。

《极化涓滴效应》，https://baike.baidu.com/item/%E6%9E%81%E5%8C%96%E6%B6%93%E6%BB%B4%E6%95%88%E5%BA%94/9349041?fr=aladdin，2020年5月26日。

江孝君、杨青山、张郁、王小艳、陈长瑶：《中国经济社会协调发展水平空间分异特征》,《经济地理》2017 年第 8 期。

李小建等编著:《经济地理学》,高等教育出版社 2019 年第 3 版。

李飏、李旭瀚:《我国欠发达地区现代化指标体系研究——以广东省为例》,《广东社会科学》2018 年第 4 期。

裴晓枫:《欠发达地区经济发展的国际比较研究》,硕士学位论文,山西财经大学,2004 年。

《区域分工贸易理论》,https://baike.baidu.com/item/%E5%8C%BA%E5%9F%9F%E5%88%86%E5%B7%A5%E8%B4%B8%E6%98%93%E7%90%86%E8%AE%BA/12717393?fr=aladdin, 2020 年 5 月 26 日。

《区域均衡发展理论》,https://wiki.mbalib.com/wiki/%E5%9D%87%E8%A1%A1%E5%8F%91%E5%B1%95%E7%90%86%E8%AE%BA, 2020 年 5 月 26 日。

陕西省统计局:《世界银行的国别收入分组标准》,http://tjj.yanan.gov.cn/index.php?m=content&c=index&a=show&catid=20&id=11307, 2020 年 5 月 26 日。

《世界经济论坛:2017—2018 年全球竞争力报告》,https://www.sohu.com/a/197391594_810912, 2020 年 5 月 26 日。

孙久文、叶裕民:《区域经济学教程》,中国人民大学出版社 2020 年第 3 版。

《梯度推移学说》,https://baike.baidu.com/item/%E6%A2%AF%E5%BA%A6%E6%8E%A8%E7%A7%BB%E7%90%86%E8%AE%BA/10761977?fr=aladdin, 2020 年 5 月 26 日。

《新贸易理论》,https://baike.baidu.com/item/%E6%96%B0%E8%B4%B8%E6%98%93%E7%90%86%E8%AE%BA/1645339?fr=aladdin, 2020 年 5 月 26 日。

《循环累积因果论》,https://baike.baidu.com/item/%E5%BE%AA%E7%8E%AF%E7%B4%AF%E7%A7%AF%E5%9B%A0%E6%9E%9C%E8%AE%BA/4012100?fr=aladdin, 2020 年 5 月 26 日。

杨伟民:《对我国欠发达地区的界定及其特征分析》,《经济改革与发展》1997 年第 4 期。

《增长极理论》,https://baike.baidu.com/item/%E5%A2%9E%E9%95%BF%E6%9E%81%E7%90%86%E8%AE%BA/2617380?fr=aladdin, 2020 年 5 月 26 日。

张鹏飞、李锦宏:《欠发达地区的认知重构:一个分析框架》,《现代经济信息》2016 年第 7 期。

第二十章　国家主体功能区发展

国家主体功能区的概念自我国"十一五"规划纲要明确提出,是根据资源环境承载能力、现有开发密度和发展潜力等因素,引导国土空间分类有序开发的一种规划手段。主体功能区一般包括四类,即优化开发区域、重点开发区域、限制开发区域、禁止开发区域。国务院于2010年出台了《全国主体功能区规划》,明确并深化了各类主体功能区的内涵,对国土空间进行了主体功能区的划分。此外,省级和市级等地方层面也相应制定了主体功能区规划。本章概述主体功能区的背景、意义、划定方法、分类、功能、分级传导模式,并介绍《全国主体功能区规划》对国家层面的主体功能区的划分和引导策略。

第一节　国家主体功能区概述

一、主体功能区规划的背景与历程

(一)"十一五"规划纲要明确提出"主体功能区"概念

我国在2006年出台的《国民经济和社会发展第十一个五年规划纲要》(以下简称《"十一五"规划纲要》)的"促进区域协调发展"篇章中明确提出"推进形成主体功能区",并将相关内容形成了独立的章节。[①]《"十一五"规划纲要》提出:"根据资源环境承载能力、现有开发密度和发展潜力,统筹考虑未来我国人口分布、经济布局、国土利用和城镇化格局,将国土空间划分为优化开发、重点开发、限制开发和禁止开发四类主体功能区,按照主体功能定位调整完善区域政策和绩效评价,规范空间开发秩序,形成合理的空间开发结构。"

---

① 《中华人民共和国国民经济和社会发展第十一个五年规划纲要》,2006年。

在此基础上,《"十一五"规划纲要》提出了四类主体功能区总体的发展方向,并从财政政策、投资政策、产业政策、土地政策、人口管理政策、绩效评价和政绩考核等方面提出了实行分类管理的区域政策引导方向。

(二)全国及地方层面有序出台主体功能区规划

《"十一五"规划纲要》出台之后,国家及各级地方层面全面展开了关于主体功能区规划研究及编制的工作①—⑪。

2010年12月21日,国务院印发《全国主体功能区规划》。该规划是我国国土空间开发的战略性、基础性和约束性规划,也是我国第一次颁布并实施的中长期时间尺度的国土开发总体规划。《全国主体功能区规划》要求各省、自治区、直辖市人民政府要按照规划明确的原则和要求,尽快组织完成省级主体功能区规划编制工作,并认真实施;此外还要求各部门根据规划明确的任务分工和要求,调整完善财政、投资、产业、土地、农业、人口、环境等相关规划和政策法规,建立健全绩效考核评价体系,加强组织协调和监督检查等工作。

随后,各级地方政府相继基于《全国主体功能区规划》的要求出台了本地区的主体功能区规划。例如,2014年2月12日,江苏省人民政府印发了《江苏省主体功能区规划》;2014年11月10日,苏州市人民政府印发了《苏州市主体功能区实施意见》。

二、主体功能区规划的意义

主体功能区的提出在我国的区域发展历程上具有重要的划时代意义,主要体现在以下几个方面:

(一)响应长远发展蓝图和战略,促进国土空间可持续发展

主体功能区规划是一件上升到国家战略发展层面的工作,其构筑的是我国长远的、可持续的发展蓝图。主体功能区的规划和发展与国家长远竞争力的提升、国家安全的保障、国家发展核心驱动力的培育密切相关。主体功能区规划的科学编制和有效实施是我国国土空间可持续发展的重要保障。

---

① 赵永江、董建国、张莉:《主体功能区规划指标体系研究——以河南省为例》,《地域研究与开发》2007年第6期。
② 张莉、冯德显:《河南省主体功能区划分的主导因素研究》,《地域研究与开发》2007年第2期。
③ 曹有挥、陈雯、吴威等:《安徽沿江主体功能区的划分研究》,《安徽师范大学学报(自然科学版)》2007年第3期。
④ 张广海、李雪:《山东省主体功能区划分研究》,《地理与地理信息科学》2007年第4期。
⑤ 樊杰:《解析我国区域协调发展的制约因素 探究全国主体功能区规划的重要作用》,《中国科学院院刊》2007年第3期。
⑥ 樊杰:《我国主体功能区划的科学基础》,《地理学报》2007年第4期。
⑦ 曹卫东、曹有挥、吴威等:《县域尺度的空间主体功能区划分初探》,《水土保持通报》2008年第2期。
⑧ 王敏、熊丽君、黄沈发:《上海市主体功能区划分技术方法研究》,《环境科学研究》2008年第4期。
⑨ 王强、伍世代、李永实等:《福建省域主体功能区划分实践》,《地理学报》2009年第6期。
⑩ 樊杰:《主体功能区战略与优化国土空间开发格局》,《中国科学院院刊》2013年第2期。
⑪ 樊杰:《中国主体功能区划方案》,《地理学报》2015年第2期。

（二）落实并加强空间管制，补充并完善空间规划体系

主体功能区规划是我国政府加强空间管制的纲领性文件。[①]主体功能区规划为各级空间管制提供了科学的依据，也为后续的国土空间规划体系的建立打下了重要的工作基础。

（三）优化空间等要素资源配置，提升资源利用效率与合理性

主体功能区规划对于优化空间等要素资源配置，转变经济发展方式，推进形成人口、经济和资源环境相协调的国土空间开发格局，提升资源利用的效率与合理性具有重要战略意义。对于不同类型的区域，主体功能区规划能够基于工业化、城镇化导向的发展，将要素集聚而产生的财富资源统筹配置，向生态保护优先区域转移，提升国土空间整体资源利用效率与合理性。

三、主体功能区划定的技术方法

主体功能区划定的具体流程和方法因规划的空间层级不同和规划地区的不同存在一定程度的差异，但是基本的步骤大致均包括构建指标体系、开展指标空间评价、划定分区方案三步。

（一）构建指标体系

构建可计量的指标体系是主体功能区划定的首要工作。指标一般包括资源环境承载力（例如土地、水、植被等资源）、生态敏感性（例如灾害风险、生态脆弱性等）、社会经济发展水平（例如人口集聚度、经济水平等）、区位条件（例如交通可达性、区域潜力等）等指标。各地在开展主体功能区划定工作的时候一般会结合当地特点和发展导向构建具体的指标体系。

（二）开展指标空间评价

主体功能区划定的第二大步骤是开展指标的空间评价。基本的空间单元的范围一般是以行政区划为边界（或者以网格作为基本单元），例如省级的主体功能区规划通常是以乡镇或者县区为分析的基本空间单元。在这一步骤中，通常需要为相关指标确定权重，并建立相应的指标评价模型。这一阶段的评价以定量为主，定性为辅。

（三）确定区域划分方案

指标空间评价的结果是划定主体功能区方案的重要支撑。实际工作中通常会将指标评价结果同自上而下的发展与规划引导思路进行结合，经过综合比选与多轮调整确定主体功能区划的方案。

四、主体功能区的分类与功能

《"十一五"规划纲要》界定了四类主体功能区的内涵：优化开发区域是指国土开发

[①] 樊杰：《解析我国区域协调发展的制约因素 探究全国主体功能区规划的重要作用》，《中国科学院院刊》2007年第3期。

密度已经较高、资源环境承载能力开始减弱的区域；重点开发区域是指资源环境承载能力较强、经济和人口集聚条件较好的区域；限制开发区域是指资源环境承载能力较弱、大规模集聚经济和人口条件不够好并关系到全国或较大区域范围生态安全的区域；禁止开发区域是指依法设立的各类自然保护区域。

《全国主体功能区规划》则进一步明确并深化了各类主体功能区的内涵，并将各类地区与其他维度的功能分类方式建立了逻辑联系。其中，优化开发区域和重点开发区域主要对应城市化地区，主体功能是提供工业品和服务产品，其他功能是提供农产品和生态产品；限制开发区域和禁止开发区域主要对应农产品主产区和重点生态功能区，农产品主产区的主体功能是提供农产品，其他功能是提供生态产品和服务产品及工业品，重点生态功能区的主体功能是提供生态产品，其他功能是提供农产品和服务产品及工业品（图 20-1）。

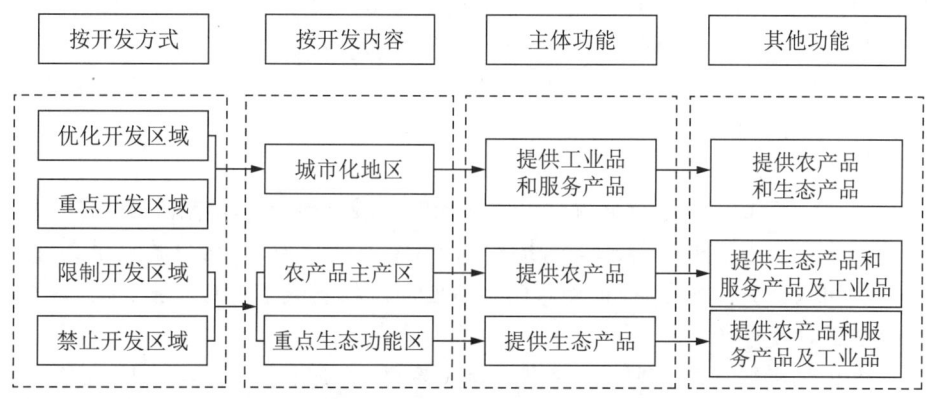

图 20-1　主体功能区的分类及其功能

资料来源：《全国主体功能区规划》，2010 年。

五、主体功能区规划的分级传导

按照空间尺度的层级，主体功能区规划分为全国、省级、市级等尺度。全国主体功能区规划是主体功能区规划体系中最上位的规划，由国务院组织编制，是下一层级主体功能区规划的重要依据。省级政府需要基于全国主体功能区规划所确定的开发原则编制省级主体功能区规划并组织实施。此外，省级政府还需要负责指导所辖市县落实国家级和省级层面的主体功能区的规划定位、开发强度等要求，并负责指导县市级的功能区划分，让国家和省级层面的主体功能区划分的战略意图能够得到有效落实与实施。例如，《江苏省主体功能区规划》要求市县级政府在落实全国和省级主体功能区规划对本市县的主体功能定位的基础上，进行功能分区，明确建设、农业、生态空间结构及空间范围，明确具体功能区的功能定位、发展方向、开发和管制原则等。

第二节 优化开发区域[①]

一、优化开发区域的定位与发展策略

优化开发区域是指优化进行工业化和城镇化开发的城市化地区，这些区域一般来说已经是基本实现城镇化的地区，是工业化和经济发展水平较高的地区。这类区域一般具备几个条件：①城镇化水平较高；②综合实力和竞争力较强；③经济规模较大；④科技创新实力较强；⑤有较大的带动全国经济发展的能力；⑥区域一体化基础较好，有条件形成具有全球影响力的特大城市群。

根据《全国主体功能区规划》，国家优化开发区域的功能定位是：提升国家竞争力的重要区域，带动全国经济社会发展的龙头，全国重要的创新区域，国家在更高层次上参与国际分工及有全球影响力的经济区，全国重要的人口和经济密集区；该区域的发展策略是：率先加快转变经济发展方式，调整优化经济结构，提升参与全球分工与竞争的层次，需要优化发展的内容包括空间结构、城镇布局、人口分布、产业结构、发展方式、基础设施布局、生态系统格局。

专栏　国家层面优化开发区域的发展方向和开发原则

——优化空间结构。减少工矿建设空间和农村生活空间，适当扩大服务业、交通、城市居住、公共设施空间，扩大绿色生态空间。控制城市蔓延扩张、工业遍地开花和开发区过度分散。

——优化城镇布局。进一步健全城镇体系，促进城市集约紧凑发展，围绕区域中心城市明确各城市的功能定位和产业分工，推进城市间的功能互补和经济联系，提高区域的整体竞争力。

——优化人口分布。合理控制特大城市主城区的人口规模，增强周边地区和其他城市吸纳外来人口的能力，引导人口均衡、集聚分布。

——优化产业结构。推动产业结构向高端、高效、高附加值转变，增强高新技术产业、现代服务业、先进制造业对经济增长的带动作用。发展都市型农业、节水农业和绿色有机农业；积极发展节能、节地、环保的先进制造业，大力发展拥有自主知识产权的高新技术产业，加快发展现代服务业，尽快形成服务经济为主的产业结构。积极发展科技含量和附加值高的海洋产业。

——优化发展方式。率先实现经济发展方式的根本性转变。研究与试验发展经费支出占地区生产总值比重明显高于全国平均水平。大力提高清洁能源比重，壮大循环经济规模，广泛应用低碳技术，大幅度降低二氧化碳排放强度，能源和水资源消耗以及污染物排放等标准达到或接近国际先进水平，全部实现垃圾无害化处理和污水达标排放。加强区域环境监管，建立健全区域污染联防联治机制。

---

① 本节内容主要参考依据国务院于 2010 年发布的《全国主体功能区规划》。

——优化基础设施布局。优化交通、能源、水利、通信、环保、防灾等基础设施的布局和建设,提高基础设施的区域一体化和同城化程度。

——优化生态系统格局。把恢复生态、保护环境作为必须实现的约束性目标。严格控制开发强度,加大生态环境保护投入,加强环境治理和生态修复,净化水系、提高水质,切实严格保护耕地以及水面、湿地、林地、草地和文化自然遗产,保护好城市之间的绿色开敞空间,改善人居环境。

(《全国主体功能区规划》,2010年)

二、优化开发区域的分布

《全国主体功能区规划》在全国层面提出了三大优化开发区域,即环渤海地区、长江三角洲地区、珠江三角洲地区,部分地区内部再细分为若干地区,并提出了具体的发展方向。

表20-1 各优化开发区域的区位和功能定位

地区		区位	功能定位
环渤海地区		位于全国"两横三纵"城市化战略格局中沿海通道纵轴和京哈京广通道纵轴的交会处,包括京津冀、辽中南和山东半岛地区。	北方地区对外开放的门户,我国参与经济全球化的主体区域,有全球影响力的先进制造业基地和现代服务业基地,全国科技创新与技术研发基地,全国经济发展的重要引擎,辐射带动"三北"地区发展的龙头,我国人口集聚最多、创新能力最强、综合实力最强的三大区域之一。
其中	京津冀地区	位于环渤海地区的中心,包括北京市、天津市和河北省的部分地区。	"三北"地区的重要枢纽和出海通道,全国科技创新与技术研发基地,全国现代服务业、先进制造业、高新技术产业和战略性新兴产业基地,我国北方的经济中心。
	辽中南地区	位于环渤海地区的北翼,包括辽宁省中部和南部的部分地区。	东北地区对外开放的重要门户和陆海交通走廊,全国先进装备制造业和新型原材料基地,重要的科技创新与技术研发基地,辐射带动东北地区发展的龙头。
	山东半岛地区	位于环渤海地区的南翼,包括山东省胶东半岛和黄河三角洲的部分地区。	黄河中下游地区对外开放的重要门户和陆海交通走廊,全国重要的先进制造业、高新技术产业基地,全国重要的蓝色经济区。
长江三角洲地区		位于全国"两横三纵"城市化战略格局中沿海通道纵轴和沿长江通道横轴的交会处,包括上海市和江苏省、浙江省的部分地区。	长江流域对外开放的门户,我国参与经济全球化的主体区域,有全球影响力的先进制造业基地和现代服务业基地,世界级大城市群,全国科技创新与技术研发基地,全国经济发展的重要引擎,辐射带动长江流域发展的龙头,我国人口集聚最多、创新能力最强、综合实力最强的三大区域之一。

(续表)

地区	区位	功能定位
珠江三角洲地区	位于全国"两横三纵"城市化战略格局中沿海通道纵轴和京哈京广通道纵轴的南端,包括广东省中部和南部的部分地区。	通过粤港澳的经济融合和经济一体化发展,共同构建有全球影响力的先进制造业基地和现代服务业基地,南方地区对外开放的门户,我国参与经济全球化的主体区域,全国科技创新与技术研发基地,全国经济发展的重要引擎,辐射带动华南、中南和西南地区发展的龙头,我国人口集聚最多、创新能力最强、综合实力最强的三大区域之一。

资料来源:《全国主体功能区规划》,2010年。

第三节 重点开发区域[①]

一、重点开发区域的定位与发展策略

重点开发区域是指重点进行工业化城镇化开发的城市化地区,这些区域的城镇化和经济发展水平通常较优化发展区域低一些,但是仍具有比较明显的发展潜力。这类区域一般具备几个条件:①有一定的城镇化基础;②经济基础较强;③科技创新能力和发展潜力较好;④具备经济一体化的条件;⑤中心城市辐射带动能力较强;⑥能够带动周边地区协调发展。

根据《全国主体功能区规划》,国家重点开发区域的功能定位是:支撑全国经济增长的重要增长极,落实区域发展总体战略、促进区域协调发展的重要支撑点,全国重要的人口和经济密集区;该区域的发展策略是:推动经济可持续发展,推进新型工业化进程,积极承接国际及国内优化开发区域产业转移并形成分工协作的现代产业体系,加快推进城镇化,加快对外开放。

> **专栏 国家层面重点开发区域的发展方向和开发原则**
> ——统筹规划国土空间。适度扩大先进制造业空间,扩大服务业、交通和城市居住等建设空间,减少农村生活空间,扩大绿色生态空间。
> ——健全城市规模结构。扩大城市规模,尽快形成辐射带动力强的中心城市,发展壮大其他城市,推动形成分工协作、优势互补、集约高效的城市群。
> ——促进人口加快集聚。完善城市基础设施和公共服务,进一步提高城市的人口承载能力,城市规划和建设应预留吸纳外来人口的空间。

---

① 本节内容主要参考依据国务院于2010年发布的《全国主体功能区规划》。

——形成现代产业体系。增强农业发展能力,加强优质粮食生产基地建设,稳定粮食生产能力。发展新兴产业,运用高新技术改造传统产业,全面加快发展服务业,增强产业配套能力,促进产业集群发展。合理开发并有效保护能源和矿产资源,将资源优势转化为经济优势。

——提高发展质量。确保发展质量和效益,工业园区和开发区的规划建设应遵循循环经济的理念,大力提高清洁生产水平,减少主要污染物排放,降低资源消耗和二氧化碳排放强度。

——完善基础设施。统筹规划建设交通、能源、水利、通信、环保、防灾等基础设施,构建完善、高效、区域一体、城乡统筹的基础设施网络。

——保护生态环境。事先做好生态环境、基本农田等保护规划,减少工业化城镇化对生态环境的影响,避免出现土地过多占用、水资源过度开发和生态环境压力过大等问题,努力提高环境质量。

——把握开发时序。区分近期、中期和远期实施有序开发,近期重点建设好国家批准的各类开发区,对目前尚不需要开发的区域,应作为预留发展空间予以保护。

(《全国主体功能区规划》,2010年)

二、重点开发区域的分布

《全国主体功能区规划》在全国层面提出了包括冀中南地区、太原城市群、呼包鄂榆地区、哈长地区、东陇海地区、江淮地区、海峡西岸经济区、中原经济区、长江中游地区、北部湾地区、成渝地区、黔中地区、滇中地区、藏中南地区、关中—天水地区、兰州—西宁地区、宁夏沿黄经济区、天山北坡地区等18个主要的重点开发区域,涉及了全国绝大多数的省级行政区。

表 20-2　各重点开发区域的区位和功能定位

地　区	区　位	功能定位
冀中南地区	位于全国"两横三纵"城市化战略格局中京哈京广通道纵轴的中部,包括河北省中南部以石家庄为中心的部分地区。	重要的新能源、装备制造业和高新技术产业基地,区域性物流、旅游、商贸流通、科教文化和金融服务中心。
太原城市群	位于全国"两横三纵"城市化战略格局中京哈京广通道纵轴的中部,包括山西省中部以太原为中心的部分地区。	资源型经济转型示范区,全国重要的能源、原材料、煤化工、装备制造业和文化旅游业基地。
呼包鄂榆地区	位于全国"两横三纵"城市化战略格局中包昆通道纵轴的北端,包括内蒙古自治区呼和浩特、包头、鄂尔多斯和陕西省榆林的部分地区。	全国重要的能源、煤化工基地、农畜产品加工基地和稀土新材料产业基地,北方地区重要的冶金和装备制造业基地。

(续表)

地 区	区 位	功能定位
哈长地区	位于全国"两横三纵"城市化战略格局中京哈京广通道纵轴的北端,包括黑龙江省的哈大齐工业走廊和牡绥地区以及吉林省的长吉图经济区。	我国面向东北亚地区和俄罗斯对外开放的重要门户,全国重要的能源、装备制造基地,区域性的原材料、石化、生物、高新技术产业和农产品加工基地,带动东北地区发展的重要增长极。
东陇海地区	位于全国"两横三纵"城市化战略格局中陆桥通道横轴的东端,是陆桥通道与沿海通道的交会处,包括江苏省东北部和山东省东南部的部分地区。	新亚欧大陆桥东方桥头堡,我国东部地区重要的经济增长极。
江淮地区	位于全国"两横三纵"城市化战略格局中沿长江通道横轴,包括安徽省合肥及沿江的部分地区。	承接产业转移的示范区,全国重要的科研教育基地,能源原材料、先进制造业和科技创新基地,区域性的高新技术产业基地。
海峡西岸经济区	位于全国"两横三纵"城市化战略格局中沿海通道纵轴南段,包括福建省、浙江省南部和广东省东部的沿海部分地区。	两岸人民交流合作先行先试区域,服务周边地区发展新的对外开放综合通道,东部沿海地区先进制造业的重要基地,我国重要的自然和文化旅游中心。
中原经济区	位于全国"两横三纵"城市化战略格局中陆桥通道横轴和京哈京广通道纵轴的交会处,包括河南省以郑州为中心的中原城市群部分地区。	全国重要的高新技术产业、先进制造业和现代服务业基地,能源原材料基地、综合交通枢纽和物流中心,区域性的科技创新中心,中部地区人口和经济密集区。
长江中游地区	位于全国"两横三纵"城市化战略格局中沿长江通道横轴和京哈京广通道纵轴的交会处,包括湖北武汉城市圈、湖南环长株潭城市群、江西鄱阳湖生态经济区。	全国重要的高新技术产业、先进制造业和现代服务业基地,全国重要的综合交通枢纽,区域性科技创新基地,长江中游地区人口和经济密集区。
北部湾地区	位于全国"两横三纵"城市化战略格局中沿海通道纵轴的南端,包括广西壮族自治区北部湾经济区以及广东省西南部和海南省西北部等环北部湾的部分地区。	我国面向东盟国家对外开放的重要门户,中国—东盟自由贸易区的前沿地带和桥头堡,区域性的物流基地、商贸基地、加工制造基地和信息交流中心。
成渝地区	位于全国"两横三纵"城市化战略格局中沿长江通道横轴和包昆通道纵轴的交会处,包括重庆经济区和成都经济区。	全国统筹城乡发展的示范区,全国重要的高新技术产业、先进制造业和现代服务业基地,科技教育、商贸物流、金融中心和综合交通枢纽,西南地区科技创新基地,西部地区重要的人口和经济密集区。
黔中地区	位于全国"两横三纵"城市化战略格局中包昆通道纵轴的南部,包括贵州省中部以贵阳为中心的部分地区。	全国重要的能源原材料基地,以航天航空为重点的装备制造基地、烟草工业基地、绿色食品基地和旅游目的地,区域性商贸物流中心。
滇中地区	位于全国"两横三纵"城市化战略格局中包昆通道纵轴的南端,包括云南省中部以昆明为中心的部分地区。	我国连接东南亚、南亚国家的陆路交通枢纽,面向东南亚、南亚对外开放的重要门户,全国重要的烟草、旅游、文化、能源和商贸物流基地,以化工、冶金、生物为重点的区域性资源精深加工基地。

(续表)

地 区	区 位	功能定位
藏中南地区	包括西藏自治区中南部以拉萨为中心的部分地区。	全国重要的农林畜产品生产加工、藏药产业、旅游、文化和矿产资源基地,水电后备基地。
关中—天水地区	位于全国"两横三纵"城市化战略格局中陆桥通道横轴和包昆通道纵轴的交会处,包括陕西省中部以西安为中心的部分地区和甘肃省天水的部分地区。	西部地区重要的经济中心,全国重要的先进制造业和高新技术产业基地,科技教育、商贸中心和综合交通枢纽,西北地区重要的科技创新基地,全国重要的历史文化基地。
兰州—西宁地区	位于全国"两横三纵"城市化战略格局中陆桥通道横轴上,包括甘肃省以兰州为中心的部分地区和青海省以西宁为中心的部分地区。	全国重要的循环经济示范区,新能源和水电、盐化工、石化、有色金属和特色农产品加工产业基地,西北交通枢纽和商贸物流中心,区域性的新材料和生物医药产业基地。
宁夏沿黄经济区	位于全国"两横三纵"城市化战略格局中包昆通道纵轴的北部,包括宁夏回族自治区以银川为中心的黄河沿岸部分地区。	全国重要的能源化工、新材料基地,清真食品及穆斯林用品和特色农产品加工基地,区域性商贸物流中心。
天山北坡地区	位于全国"两横三纵"城市化战略格局中陆桥通道横轴的西端,包括新疆天山以北、准噶尔盆地南缘的带状区域以及伊犁河谷的部分地区。	我国面向中亚、西亚地区对外开放的陆路交通枢纽和重要门户,全国重要的能源基地,我国进口资源的国际大通道,西北地区重要的国际商贸中心、物流中心和对外合作加工基地,石油天然气化工、煤电、煤化工、机电工业及纺织工业基地。

资料来源:《全国主体功能区规划》,2010年。

第四节 限制开发区域[①]

限制开发区域包括农产品主产区和重点生态功能区两大部分。

一、农产品主产区

(一)农产品主产区的定位与发展策略

农产品主产区一般以农产品生产为主要功能,同时限制进行大规模高强度工业化与城镇化开发。这类区域一般具备几个特征:①较好的农业生产条件;②以提供农产品为主体功能;③以提供生态产品、服务产品和工业品为其他功能;④农产品生产能力不断提高。

根据《全国主体功能区规划》,国家层面农产品主产区的功能定位是:保障农产品供给安全的重要区域,农村居民安居乐业的美好家园,社会主义新农村建设的示范区;该

---

① 本节内容主要参考依据国务院于2010年发布的《全国主体功能区规划》。

区域的发展策略是：着力保护耕地，稳定粮食生产，发展现代农业，增强农业综合生产能力，增加农民收入，具体举措包括土地整治、水利及基础设施建设、编制规划合理优化农业生产布局、以可持续发展为导向合理确定农业投入产出强度、协调不同农产品生产之间的有机联系、推动城镇化和公共服务设施建设等。

> **专栏　国家层面限制开发区域（农产品主产区）的发展方向和开发原则**
>
> ——加强土地整治，搞好规划、统筹安排、连片推进，加快中低产田改造，推进连片标准粮田建设。鼓励农民开展土壤改良。
>
> ——加强水利设施建设，加快大中型灌区、排灌泵站配套改造以及水源工程建设。鼓励和支持农民开展小型农田水利设施建设、小流域综合治理。建设节水农业，推广节水灌溉，发展旱作农业。
>
> ——优化农业生产布局和品种结构，搞好农业布局规划，科学确定不同区域农业发展重点，形成优势突出和特色鲜明的产业带。
>
> ——国家支持农产品主产区加强农产品加工、流通、储运设施建设，引导农产品加工、流通、储运企业向主产区聚集。
>
> ——粮食主产区要进一步提高生产能力，主销区和产销平衡区要稳定粮食自给水平。根据粮食产销格局变化，加大对粮食主产区的扶持力度，集中力量建设一批基础条件好、生产水平高、调出量大的粮食生产核心区。在保护生态前提下，开发资源有优势、增产有潜力的粮食生产后备区。
>
> ——大力发展油料生产，鼓励发挥优势，发展棉花、糖料生产，着力提高品质和单产。转变养殖业发展方式，推进规模化和标准化，促进畜牧和水产品的稳定增产。
>
> ——在复合产业带内，要处理好多种农产品协调发展的关系，根据不同产品的特点和相互影响，合理确定发展方向和发展途径。
>
> ——控制农产品主产区开发强度，优化开发方式，发展循环农业，促进农业资源的永续利用。鼓励和支持农产品、畜产品、水产品加工副产物的综合利用。加强农业面源污染防治。
>
> ——加强农业基础设施建设，改善农业生产条件。加快农业科技进步和创新，提高农业物质技术装备水平。强化农业防灾减灾能力建设。
>
> ——积极推进农业的规模化、产业化，发展农产品深加工，拓展农村就业和增收空间。
>
> ——以县城为重点推进城镇建设和非农产业发展，加强县城和乡镇公共服务设施建设，完善小城镇公共服务和居住功能。
>
> ——农村居民点以及农村基础设施和公共服务设施的建设，要统筹考虑人口迁移等因素，适度集中、集约布局。
>
> （《全国主体功能区规划》，2010年）

(二) 农产品主产区的主要分布

《全国主体功能区规划》在全国层面提出：从确保国家粮食安全和食物安全的大局出发，充分发挥各地区比较优势，重点建设以"七区二十三带"为主体的农产品主产区。其中，"七区"包括东北平原主产区、黄淮海平原主产区、长江流域主产区、汾渭平原主产区、河套灌区主产区、华南主产区、甘肃新疆主产区。

表20-3 各农产品主产区的发展重点

地 区	发 展 重 点
东北平原主产区	建设以优质粳稻为主的水稻产业带，以籽粒与青贮兼用型玉米为主的专用玉米产业带，以高油大豆为主的大豆产业带，以肉牛、奶牛、生猪为主的畜产品产业带。
黄淮海平原主产区	建设以优质强筋、中强筋和中筋小麦为主的优质专用小麦产业带，优质棉花产业带，以籽粒与青贮兼用和专用玉米为主的专用玉米产业带，以高蛋白大豆为主的大豆产业带，以肉牛、肉羊、奶牛、生猪、家禽为主的畜产品产业带。
长江流域主产区	建设以双季稻为主的优质水稻产业带，以优质弱筋和中筋小麦为主的优质专用小麦产业带，优质棉花产业带，"双低"优质油菜产业带，以生猪、家禽为主的畜产品产业带，以淡水鱼类、河蟹为主的水产品产业带。
汾渭平原主产区	建设以优质强筋、中筋小麦为主的优质专用小麦产业带，以籽粒与青贮兼用型玉米为主的专用玉米产业带。
河套灌区主产区	建设以优质强筋、中筋小麦为主的优质专用小麦产业带。
华南主产区	建设以优质高档籼稻为主的优质水稻产业带，甘蔗产业带，以对虾、罗非鱼、鳗鲡为主的水产品产业带。
甘肃新疆主产区	建设以优质强筋、中筋小麦为主的优质专用小麦产业带，优质棉花产业带。

资料来源：《全国主体功能区规划》，2010年。

二、重点生态功能区

(一) 重点生态功能区的定位

重点生态功能区一般限制进行大规模高强度工业化城镇化，以生态功能为区域主体功能。根据《全国主体功能区规划》，国家层面的该区域的功能定位是：保障国家生态安全的重要区域，人与自然和谐相处的示范区。

专栏 国家层面限制开发区域(重点生态功能区)的开发管制原则

——对各类开发活动进行严格管制，尽可能减少对自然生态系统的干扰，不得损害生态系统的稳定和完整性。

——开发矿产资源、发展适宜产业和建设基础设施，都要控制在尽可能小的空间范围之内，并做到天然草地、林地、水库水面、河流水面、湖泊水面等绿色生态空间面积不减少。控制新增公路、铁路建设规模，必须新建的，应事先规划好动物迁徙通道。在有条件的地区之间，要通过水系、绿带等构建生态廊道，避免形成"生态孤岛"。

——严格控制开发强度,逐步减少农村居民点占用的空间,腾出更多的空间用于维系生态系统的良性循环。城镇建设与工业开发要依托现有资源环境承载能力相对较强的城镇集中布局、据点式开发,禁止成片蔓延式扩张。原则上不再新建各类开发区和扩大现有工业开发区的面积,已有的工业开发区要逐步改造成为低消耗、可循环、少排放、"零污染"的生态型工业区。

　　——实行更加严格的产业准入环境标准,严把项目准入关。在不损害生态系统功能的前提下,因地制宜地适度发展旅游、农林牧产品生产和加工、观光休闲农业等产业,积极发展服务业,根据不同地区的情况,保持一定的经济增长速度和财政自给能力。

　　——在现有城镇布局基础上进一步集约开发、集中建设,重点规划和建设资源环境承载能力相对较强的县城和中心镇,提高综合承载能力。引导一部分人口向城市化地区转移,一部分人口向区域内的县城和中心镇转移。生态移民点应尽量集中布局到县城和中心镇,避免新建孤立的村落式移民社区。

　　——加强县城和中心镇的道路、供排水、垃圾污水处理等基础设施建设。在条件适宜的地区,积极推广沼气、风能、太阳能、地热能等清洁能源,努力解决农村特别是山区、高原、草原和海岛地区农村的能源需求。在有条件的地区建设一批节能环保的生态型社区。健全公共服务体系,改善教育、医疗、文化等设施条件,提高公共服务供给能力和水平。

(《全国主体功能区规划》,2010 年)

(二)重点生态功能区的主要分布

《全国主体功能区规划》在全国层面划定了 25 个重点生态功能区,包括大小兴安岭森林生态功能区、长白山森林生态功能区、阿尔泰山地森林草原生态功能区、三江源草原草甸湿地生态功能区、若尔盖草原湿地生态功能区、甘南黄河重要水源补给生态功能区、祁连山冰川与水源涵养生态功能区、南岭山地森林及生物多样性生态功能区、黄土高原丘陵沟壑水土保持生态功能区、大别山水土保持生态功能区、桂黔滇喀斯特石漠化防治生态功能区、三峡库区水土保持生态功能区、塔里木河荒漠化防治生态功能区、阿尔金草原荒漠化防治生态功能区、呼伦贝尔草原草甸生态功能区、科尔沁草原生态功能区、浑善达克沙漠化防治生态功能区、阴山北麓草原生态功能区、川滇森林及生物多样性生态功能区、秦巴生物多样性生态功能区、藏东南高原边缘森林生态功能区、藏西北羌塘高原荒漠生态功能区、三江平原湿地生态功能区、武陵山区生物多样性与水土保持生态功能区、海南岛中部山区热带雨林生态功能区。25 个重点生态功能区总面积约 386 万平方千米,占全国陆地国土面积的 40.2%;涉及人口约 1.1 亿人(2008 年底数据),占全国总人口的 8.5%;涉及的县级行政区共 436 个。

(三)重点生态功能区的主要类型和发展策略

《全国主体功能区规划》将国家重点生态功能区分为水源涵养型、水土保持型、防风固沙型和生物多样性维护型四种类型,各类型区域的主要范围和发展方向如表20-4所示。

表 20-4　各类型重点生态功能区的主要区域及发展方向

类型	含义	主要区域	发展方向
水源涵养型	主要指我国重要江河源头和重要水源补给区。	大小兴安岭森林生态功能区、长白山森林生态功能区、阿尔泰山地森林草原生态功能区、三江源草原草甸地生态功能区、若尔盖草原湿地生态功能区、甘南黄河重要水源补给生态功能区、祁连山冰川与水源涵养生态功能区、南岭山地森林及生物多样性生态功能区。	推进天然林草保护、退耕还林和围栏封育,治理水土流失,维护或重建湿地、森林、草原等生态系统。严格保护具有水源涵养功能的自然植被,禁止过度放牧、无序采矿、毁林开荒、开垦草原等行为。加强大江大河源头及上游地区的小流域治理和植树造林,减少面源污染。拓宽农民增收渠道,解决农民长远生计,巩固退耕还林、退牧还草成果。
水土保持型	主要指土壤侵蚀性高、水土流失严重、需要保持水土功能的区域。	黄土高原丘陵沟壑水土保持生态功能区、大别山水土保持生态功能区、桂黔滇喀斯特石漠化防治生态功能区、三峡库区水土保持生态功能区。	大力推行节水灌溉和雨水集蓄利用,发展旱作节水农业。限制陡坡垦殖和超载过牧。加强小流域综合治理,实行封山禁牧,恢复退化植被。加强对能源和矿产资源开发及建设项目的监管,加大矿山环境整治修复力度,最大限度地减少人为因素造成新的水土流失。拓宽农民增收渠道,解决农民长远生计,巩固水土流失治理、退耕还林、退牧还草成果。
防风固沙型	主要指沙漠化敏感性高、土地沙化严重、沙尘暴频发并影响较大范围的区域。	塔里木河荒漠化防治生态功能区、阿尔金草原荒漠化防治生态功能区、呼伦贝尔草原草甸生态功能区、科尔沁草原生态功能区、浑善达克沙漠化防治生态功能区、阴山北麓草原生态功能区。	转变畜牧业生产方式,实行禁牧休牧,推行舍饲圈养,以草定畜,严格控制载畜量。加大退耕还林、退牧还草力度,恢复草原植被。加强对内陆河流的规划和管理,保护沙区湿地,禁止发展高耗水工业。对主要沙尘源区、沙尘暴频发区实行封禁管理。
生物多样性维护型	主要指濒危珍稀动植物分布较集中、具有典型代表性生态系统的区域。	川滇森林及生物多样性生态功能区、秦巴生物多样性生态功能区、藏东南高原边缘森林生态功能区、藏西北羌塘高原荒漠生态功能区、三江平原湿地生态功能区、武陵山区生物多样性及水土保持生态功能区、海南岛中部山区热带雨林生态功能区。	禁止对野生动植物进行滥捕滥采,保持并恢复野生动植物物种和种群的平衡,实现野生动植物资源的良性循环和永续利用。加强防御外来物种入侵的能力,防止外来有害物种对生态系统的侵害。保护自然生态系统与重要物种栖息地,防止生态建设导致栖息环境的改变。

资料来源:《全国主体功能区规划》,2010年。

第五节 禁止开发区域[①]

一、禁止开发区域的功能定位

禁止开发区域一般是指禁止进行工业化城镇化开发的重点生态功能区。根据《全国主体功能区规划》，国家层面的该区域的功能定位是：我国保护自然文化资源的重要区域，珍稀动植物基因资源保护地。

专栏 国家层面禁止开发区域的管制原则

（一）国家级自然保护区

要依据《中华人民共和国自然保护区条例》、本规划确定的原则和自然保护区规划进行管理。

——按核心区、缓冲区和实验区分类管理。核心区，严禁任何生产建设活动；缓冲区，除必要的科学实验活动外，严禁其他任何生产建设活动；实验区，除必要的科学实验以及符合自然保护区规划的旅游、种植业和畜牧业等活动外，严禁其他生产建设活动。

——按核心区、缓冲区、实验区的顺序，逐步转移自然保护区的人口。绝大多数自然保护区核心区应逐步实现无人居住，缓冲区和实验区也应较大幅度减少人口。

——根据自然保护区的实际情况，实行异地转移和就地转移两种转移方式，一部分人口转移到自然保护区以外，一部分人口就地转为自然保护区管护人员。

——在不影响自然保护区主体功能的前提下，对范围较大、目前核心区人口较多的，可以保持适量的人口规模和适度的农牧业活动，同时通过生活补助等途径，确保人民生活水平稳步提高。

——交通、通信、电网等基础设施要慎重建设，能避则避，必须穿越的，要符合自然保护区规划，并进行保护区影响专题评价。新建公路、铁路和其他基础设施不得穿越自然保护区核心区，尽量避免穿越缓冲区。

（二）世界文化自然遗产

要依据《保护世界文化和自然遗产公约》《实施世界遗产公约操作指南》、本规划确定的原则和文化自然遗产规划进行管理。

——加强对遗产原真性的保护，保持遗产在艺术、历史、社会和科学方面的特殊价值。加强对遗产完整性的保护，保持遗产未被人扰动过的原始状态。

（三）国家级风景名胜区

要依据《风景名胜区条例》、本规划确定的原则和风景名胜区规划进行管理。

[①] 本节内容主要参考依据国务院于2010年发布的《全国主体功能区规划》。

——严格保护风景名胜区内一切景物和自然环境，不得破坏或随意改变。
——严格控制人工景观建设。
——禁止在风景名胜区从事与风景名胜资源无关的生产建设活动。
——建设旅游设施及其他基础设施等必须符合风景名胜区规划，逐步拆除违反规划建设的设施。
——根据资源状况和环境容量对旅游规模进行有效控制，不得对景物、水体、植被及其他野生动植物资源等造成损害。

（四）国家森林公园

要依据《中华人民共和国森林法》《中华人民共和国森林法实施条例》《中华人民共和国野生植物保护条例》《森林公园管理办法》、本规划确定的原则和森林公园规划进行管理。
——除必要的保护设施和附属设施外，禁止从事与资源保护无关的任何生产建设活动。
——在森林公园内以及可能对森林公园造成影响的周边地区，禁止进行采石、取土、开矿、放牧以及非抚育和更新性采伐等活动。
——建设旅游设施及其他基础设施等必须符合森林公园规划，逐步拆除违反规划建设的设施。
——根据资源状况和环境容量对旅游规模进行有效控制，不得对森林及其他野生动植物资源等造成损害。
——不得随意占用、征用和转让林地。

（五）国家地质公园

要依据《世界地质公园网络工作指南》、本规划确定的原则和地质公园规划进行管理。
——除必要的保护设施和附属设施外，禁止其他生产建设活动。
——在地质公园及可能对地质公园造成影响的周边地区，禁止进行采石、取土、开矿、放牧、砍伐以及其他对保护对象有损害的活动。
——未经管理机构批准，不得在地质公园范围内采集标本和化石。

（《全国主体功能区规划》，2010 年）

二、禁止开发区域的主要分布

2010 年的《全国主体功能区规划》发布时，国家禁止开发区域共 1 443 处，总面积约 120 万平方千米，占全国陆地国土面积的 12.5%。其中，国家级自然保护区共计 319 个，总面积 92.85 万平方千米；世界文化自然遗产共计 40 个，总面积 3.72 万平方千米；国家级风景名胜区 208 个，总面积万 10.17 万平方千米；国家森林公园共计 738 个，总面积 10.07 万平方千米；国家地质公园共计 138 个，总面积 8.56 万平方千米。此外，规划发布后新设立的国家级自然保护区、世界文化自然遗产、国家级风景名胜区、国家森林公园、国家地质公园也自动进入国家禁止开发区域名录。

参考文献

曹卫东、曹有挥、吴威等:《县域尺度的空间主体功能区划分初探》,《水土保持通报》2008年第2期。

曹有挥、陈雯、吴威等:《安徽沿江主体功能区的划分研究》,《安徽师范大学学报(自然科学版)》2007年第3期。

樊杰:《解析我国区域协调发展的制约因素 探究全国主体功能区规划的重要作用》,《中国科学院院刊》2007年第3期。

樊杰:《我国主体功能区划的科学基础》,《地理学报》2007年第4期。

樊杰:《中国主体功能区划方案》,《地理学报》2015年第2期。

樊杰:《主体功能区战略与优化国土空间开发格局》,《中国科学院院刊》2013年第2期。

《国务院关于印发全国主体功能区规划的通知》(国发〔2010〕46号),2010年。

江苏省人民政府:《江苏省政府关于印发江苏省主体功能区规划的通知》,2014年。

苏州市人民政府:《市政府关于印发苏州市主体功能区实施意见的通知》,2014年。

王敏、熊丽君、黄沈发:《上海市主体功能区划分技术方法研究》,《环境科学研究》2008年第4期。

王强、伍世代、李永实等:《福建省域主体功能区划分实践》,《地理学报》2009年第6期。

张广海、李雪:《山东省主体功能区划分研究》,《地理与地理信息科学》2007年第4期。

张莉、冯德显:《河南省主体功能区划分的主导因素研究》,《地域研究与开发》2007年第2期。

赵永江、董建国、张莉:《主体功能区规划指标体系研究——以河南省为例》,《地域研究与开发》2007年第6期。

《中华人民共和国国民经济和社会发展第十一个五年规划纲要》,2006年。

第二十一章 城市群发展

城市群作为城镇化发展的主体形态,引起了学界和各级政府的高度关注,探究城市群的概念、理论基础及其发展实践,对于促进城市群理论建设和指导地方实践都具有重要意义。本章着重对国内外城市群相关概念、城市群相关理论、我国城市群发展实践等内容进行探讨。

第一节 城市群理论基础与相关概念

城市群的相关概念可以追溯到 1915 年英国学者盖迪斯(Patrick Geddes)在其著作《进化中的城市》(Cities in Evolution)中,用集合城市(conurbation)来表达人口组群发展(population-grouping)的新形态,这被认为是城市群概念的雏形(江曼琦,2013)。然而,从现代意义上对城市群进行探讨,则应从法国地理学家戈特曼(Jean Gottmann)采用 megalopolis 来表示美国东北海岸的大城市连绵区开始,特别是在地理学界引起了广泛影响,地理学者通常将 megalopolis 一词与戈特曼同时提起(伊丽莎白·贝金塔,2007)。此外与城市群相关的概念还涉及都市区(metropolitan district)、城乡融合区(desakota region)、全球城市-区域(global city-region)等。

一、都市区

大都市带的提出是建立在美国整个社会大都市区化的基础之上,所以理解大都市带也应建立在大都市区的概念之上。20 世纪初期,美国郊区快速发展,其与中心城市互动相连,城市化地域范围不断扩大,城市与乡村的分界日益模糊,"城"与"乡"这两个传统概念已经不能概括人口和产业分布的新形式,城市与区域已经高度一体化,一种城乡统筹的新地域实体——大都市区就产生了(王旭,2006)。鉴于此,美国于 1910 年在人口统计中首先提出了都市区这一概念；1949年正式建立具体的统计标准用于国情普查，命名为标准都市区（standard metropolitan area），由此真正意义上的大都市区出现。1959年，"标准大都市区"更名为"标准大都市统计区"（standard metropolitan statistical area，SMSA），它包括1个拥有5万或5万人口以上的中心市，外围县到中心市的通勤率达到15%，外围县非农就业比重超过75%；20世纪80年代补充提出了"主要大都市统计区"（PMSA），任何包含两个以上PMSA的大都市区复合体则可称为"联合大都市区"（CMSA）（张欣炜、康江江，2017）。整体来看，20世纪美国城市发展的主导趋势是大都市区化，从1920年到1940年，大都市区的规模和数量普遍增长，由58个增长到140个，大都市区人口占全国总人口的比例已达47.6%（程相占，2008）。至此，大都市区已成为美国"全国所有地区的主要发展模式"和社会生活的主体，1940年以后被称为大都市区时代（程相占，2008）。而随着大都市区的进一步扩展、蔓延与增长，两个或两个以上的大都市区又连接起来，从而形成了"大都市连绵区"或称巨大城市带（王旭，2000）。

二、大都市带

megalopolis 一词最早源于希腊，公元前4世纪，希腊人在伯罗奔尼沙半岛规划一个新的城邦，并希望能够发展成为希腊最大的城市，将之命名为"Megalopolis"，最终这一想象中的巨大城市并未建立起来（李仙德、宁越敏，2012）。20世纪时这一词汇在学术作品中出现，主要被盖迪斯和芒福德用来表示一个过于巨大而注定走向灭亡的城市，而戈特曼则用其定义一个巨大的、相互密切联系的城市区域，尤其指美国东北海岸的大城市连绵区（伊丽莎白·贝金塔，2007）。

戈特曼1957年在其论文"Megalopolis or the Urbanization of the Northeastern Seaboard"中，用megalopolis一词来形容美国东北部大西洋沿海地区，北起波士顿，南到华盛顿，以纽约为中心的一连串大都市区的空间聚合现象（图21-1）。戈特曼认为美国城市化进程步入快速郊区化阶段以及美国社会进入汽车时代是推动美国大都市带形成的时代背景，随着高速公路迅速发展，越来越多的大都市区扩张蔓延到郊区甚至远郊区，尤其是位于交通走廊的大都市区，这种扩张趋势尤为明显（毕秀晶，2013）。大都市带的形成与发展，标志着支配空间的形式已不再是单一的大城市或大都市区，而是聚集了若干个大城市，在人口和经济活动等方面发生密切联系的一个多核心、多层次的巨大整体（顾朝林，2011），其经济活动主宰着国家经济、文化、金融、通信、贸易等方面的主要活动，甚至成为影响全球经济活动的重要力量。

戈特曼在其后续研究中，进一步明确了大都市带的概念指标，指出大都市带是大都市区沿着特定的交通轴线集聚而成的多核心城市体系，产业高度集聚，城乡界线日渐模糊，城市地域相互蔓延，城市间有着密切的、多形式的相互联系，人口规模在2500万人以上，人口密度超过250人每平方公里（毕秀晶，2013）。1976年，戈特曼在进一步研究基础上，发表了《全球大都市带体系》一文，认为世界上有六个大都市带：①从波士顿经

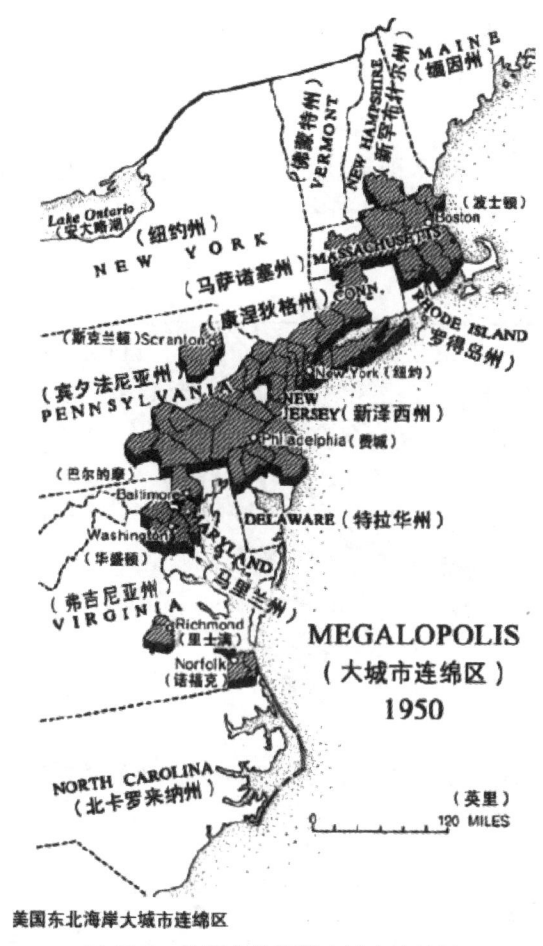

图 21-1　美国东北海岸大城市连绵区

资料来源：戈特曼著，李浩、陈晓燕译，2002 年。

纽约、费城、巴尔的摩到华盛顿的美国东北部大都市带；②从芝加哥向东经底特律、克利夫兰到匹兹堡的大湖都市带；③从东京、横滨经名古屋、大阪到神户的日本太平洋沿岸大都市带；④从伦敦经伯明翰到曼彻斯特、利物浦的英格兰大都市带；⑤从阿姆斯特丹到鲁尔和法国西北部工业聚集体的西北欧大都市带；⑥以上海为中心的城市密集区（Gottmann，1978）。

三、城乡融合区

加拿大地理学家麦吉（T.G.McGee）认为戈特曼提出的"megalopolis"的概念反映的是发达国家区域收入持续增长、经济专业化水平递增、服务业部门发展、个人流动性增强以及聚落从城市向农村扩散的现象。大都市带具有广阔的林地以及废弃土地，亚洲人口密集的农业地区大规模城市化形成的巨大城市空间组织与之不同（李仙德、宁越敏，2012）。麦吉通过对东南亚发展中国家（爪哇、中国大陆、中国台湾、泰国、印度）城市密集区的研究，提出了城乡融合区（desakota，印尼语 desa 即乡村，kota 即城市）的概念

(McGee,1991),用来描述亚洲一些国家和地区的大都市周围所出现的农业和非农业活动并存,非城非乡,但又表现两个方面特点的地域类型(简博秀,2004)。在此基础上,麦吉将这类由数个通过交通走廊联系起来的"desakota"所组成的巨大地域组织命名为"megaurban region"(MR),即超级都市区;尽管麦吉研究的超级都市区与戈德曼所研究的大都市带形成的机制不同,但空间上都市区连绵不断的特征是一致的(江曼琦,2013)。

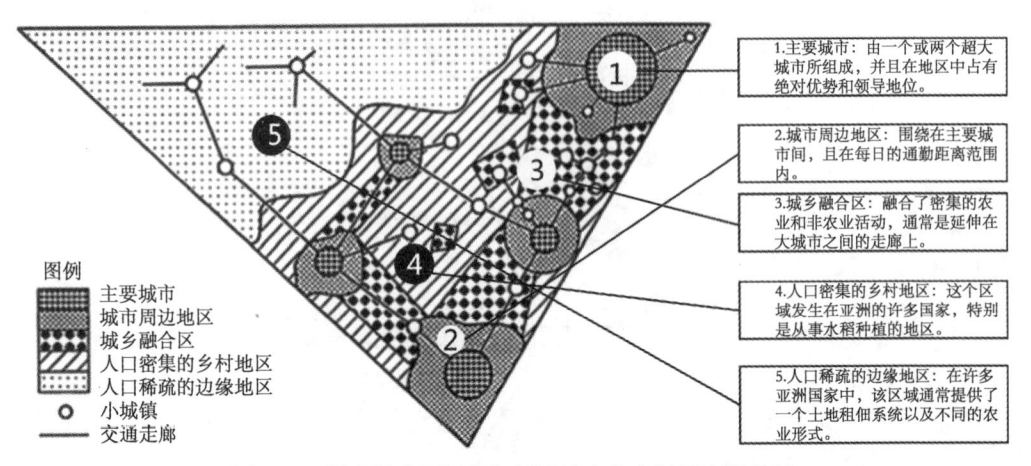

图 21-2 城乡融合区及其与周边城市和乡村的空间关系

资料来源:根据 McGee(1991)改绘。

四、全球城市-区域

20世纪美国学者斯科特(Allen Scott)结合对世界城市、全球城市的研究,提出了全球城市-区域(global city-region)的概念(Scott,1996;江曼琦,2013),认为区域尤其是全球城市-区域是全球经济基本的空间节点和世界舞台上独特的政治行动者,形成了当地生产者产生收益递增效应和竞争优势,以错综复杂的方式加强和遥远地区的跨界关系,并日益成为现代生活的生产与协调中心,在全球化进程中的作用日趋重要(Scott,2001;李仙德、宁越敏,2012)。进入新的世纪,面对日益加深的城市化进程,霍尔(Peter Hall)进一步提出巨型城市区域(mega-city region)的概念,强调是一个以全球城市或世界城市为中心,由数量可多达30—40个城市以及周边的小城镇所形成的结构复杂的庞大网络状城市复合体(Hall,2006)。如果抛开这种区域的全球性作用,斯科特的全球城市区域和霍尔的巨型城市区域强调的都是大都市地区或者是一系列大都市地区(contiguous sets of metropolitan)的集合(江曼琦,2013)。

五、大都市圈

都市圈是日本在美国"都市区"概念基础上,结合自身城市特点而形成的一个概念(许学强、周一星、宁越敏,2009),主要是指城市化达到一定水平后,以发达的交通通信网络为基础,以一个或多个中心城市为主导,通过中心城市与周边城市间频繁的人员流、资本流和信息流为基本特征的经济联系,最终形成的经济社会高度一体化的经济体(李美琦,2018)。都市圈的定义多样,但日本都市圈划定的要素基本都包括通勤、通校、购物、娱乐、报纸、快信、医院、图书馆等,其中经济意义上的都市圈指的是以物资依存关系为中心的城市势力圈(许学强、周一星、宁越敏,2009)。在具体的标准上,1960年日本行政管理厅提出了"都市圈"与"大都市圈"概念,其中都市圈中心市的人口规模需在10万人以上,与外围地区的通勤率门槛为1.5%;大都市圈的中心市需为中央指定市(类似我国的直辖市)或人口规模在100万以上,且邻近人口有50万以上的城市,通勤率不小于15%。在2010年官方的统计标准中,除中央指定市外,其他中心城区的规模门槛降为50万人,而外围地区通勤标准未变(张欣炜、康江江,2017)。总体来看,日本大都市圈的空间范围应介于都市区与大都市带之间。

第二节 城市群概念在国内的发展

改革开放以来中国工业化和城市化快速发展,城市地域空间不断扩张,城市间的联系也不断增强,国内学者也开始关注大尺度的城市空间组织。1983年于洪俊、宁越敏在《城市地理概论》中较早使用"巨大城市带"的概念介绍了戈特曼的思想,之后国内学者又逐步提出都市连绵区、城镇密集区以及现在最常用的城市群概念等。

一、都市连绵区

1986年,周一星在分析中国城市概念和城镇人口统计口径时,提出了都市连绵区,以与国外普遍使用的大都市带这一概念相对应。周一星所指的都市连绵区是以都市区为基本组成单元,以若干大城市为核心并与周边地区保持强烈交互作用和密切社会经济联系,沿一条或多条交通走廊分布的巨型城乡一体化地区。都市连绵区的形成有五个必要条件:①具有两个以上人口超过百万的特大城市作为发展极;②有对外口岸;③发展极和口岸之间有便利的交通干线作为发展走廊;④交通走廊及其两侧人口稠密,有较多的中小城市;⑤经济发达,城乡间有紧密的经济联系。都市连绵区成型也有五个指标:具有两个以上人口超过百万的特大城市作为发展极,且其中至少一个城市具有相对较高的对外开放程度,具有国际性城市的主要特征;有相当规模和技术水平领先的大型海港(年货物吞吐量在1×10^8吨以上)和空港,并有多条定期国际航线运营;区域内拥有多种现代运输方式叠加形成的综合交通走廊,区内各级发展极与走廊之间有便捷的陆上手段;区内有较多的中小城市,且多个都市区交通走廊相连,总人口规模达到2 500万以上,人口密度达到700人/平方千米以上;组成连绵区的各个都市区之间、都市区内部中心与外围县之间存在密切的社会经济联系(许学强、周一星、宁越敏,2009)。

在城市群空间组织演变规律方面,胡序威等(2000)参照弗里德曼(1973)区域空间组织演化模型和杨吾扬的城市地域结构演化模型,提出了"中小城市孤立发展阶段—都市区形成阶段—都市区轴向扩展形成联合都市区阶段—都市连绵区雏形阶段—都市连绵区成型阶段"的都市连绵区发展的五阶段模型,如图21-3,区域空间组织不断走向高度优化和动态均衡的阶段。

1. 中小城市独立发展阶段

2. 都市区形成阶段

3. 都市区轴向扩展形成联合都市区阶段

4. 都市连绵区雏形阶段

5. 都市连绵区成型阶段

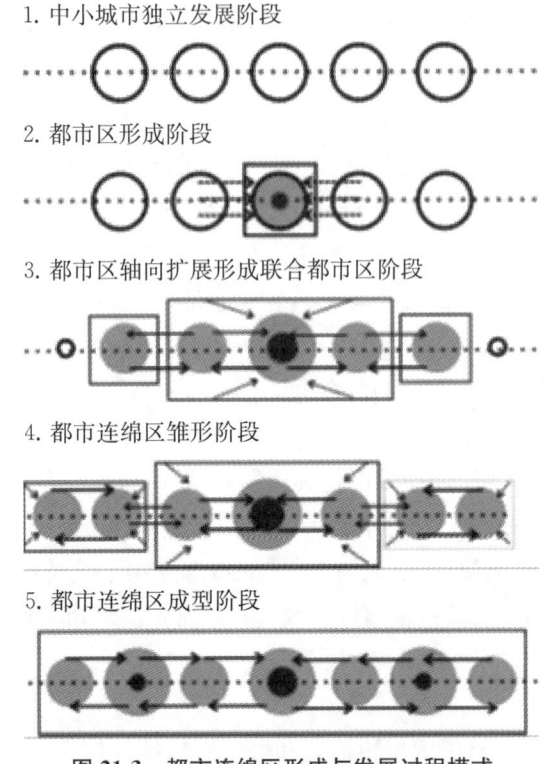

图 21-3 都市连绵区形成与发展过程模式

资料来源:胡序威等(2000)。

二、城镇密集区

城镇密集区作为社会、经济及城镇发展到一定阶段的产物,反映了随社会经济发展,城镇空间不断扩展,影响范围日渐扩大,城镇之间及城镇与区域之间联系逐步加强,城乡社会经济文化等一体化的趋势,是城镇区域化和区域城镇化两种过程相互作用的结果(孙一飞,1995)。城镇密集区从其本质含义上看,不仅存在着城镇间的紧密联系,而且城乡之间也发生着强烈的相互作用。这种联系不仅体现在经济方面,并且反映到社会、历史及文化等诸多侧面。孙一飞(1995)认为城镇密集区是在一定地域范围内,以多个大中城市为核心,城镇之间及城镇与区域之间发生着密切联系,城镇化水平较高,城镇密集分布的连续地域。2001年我国批准的《中华人民共和国国民经济和社会发展第十个五年计划纲要》中提出,"有重点地发展小城镇,积极发展中小城市,完善区域性中心城市功能,发挥大城市的辐射带动作用,引导城镇密集区有序发展。"这里使用了"城镇密集区"的概念,但并没有对其概念进行界定。总体来看,城镇密集区是对城镇分布比较密集、相对发达的地理空间的一种称呼,是一个比较中性的、一般的、可以广泛使用的词汇(许学强、周一星、宁越敏,2009)。

三、城市群

1992年,姚士谋等对中国城市群开展了系统的研究,认为城市群是指在特定的地域范围内具有相当数量的不同性质、类型和等级规模的城市,依托一定的自然环境条件,以一个或者两个超大或特大都市作为地区经济的核心,借助于现代化的交通工具和综合运输网的通达性,以及高度发达的信息网络,发生与发展着城市个体之间的内在联系,共同构成一个相对完整的城市集合体(姚士谋,1992)。但也存在不足,一是没有界定指标,空间尺度不明确;二是城市群的英文译名为"urban agglomerations",而这在国际上恰恰指的是都市区范围内的城镇集聚体。国内很多学者也尝试对城市群概念进行了界定(表21-1),总体来看,这些研究都将特定地域范围、紧密联系的多个城市、特大城市作为核心及城市群的重要特征,但与都市连绵区、大都市带未能有效区分开来(刘玉亭、王勇、吴丽娟,2013)。

表 21-1 城市群的主要概念

作者、年份	定　义
吴启焰(1999)	城市群就是指在特定地域范围内具有相当数量不同性质、类型和等级规模的城市,依托一定的自然环境条件,以一个或两个特大或大城市作为地区经济的核心,借助于综合运输网的通达性,发生在城市个体之间、城市与区域之间的内在联系,共同构成一个相对完整的城市地域组织。
邹军、张京祥、胡丽娅(2002)	城市群是指一定地域范围内集聚了若干数目的城市,它们之间在人口规模、等级结构、功能特征、空间布局,以及经济社会发展和生态环境保护等方面紧密联系,并按照特定的发展规律集聚在一起的区域城镇综合体。
苗长虹、王海江(2004)	在一定规模的地域范围之中,以一定数量的特大城市或超大城市作为核心,以众多的中小城镇作为依托,并以多个都市区为基础,借助城镇之间、城乡之间的紧密联系而形成的具有一定城镇密度的城市功能地域。
周伟林(2005)	城市群是城市化过程中一种特殊的经济与空间的组织形式,是以中心城市为核心的,由不同等级—规模城市所组成的巨大的多中心城市区域。经济的高度发展及城市间的相互作用,使城市间的地域边界相互蔓延,形成连结成片的城市地区,即城市群。
倪鹏飞(2008)	城市群是由集中在某一区域、交通通信便利、彼此经济社会联系密切而又相对独立的若干城市或城镇组成的人口与经济集聚区。
方创琳(2009)	城市群是在特定地域范围内,以1个特大城市为核心,由至少3个以上都市圈(区)或大中城市为基本构成单元,依托发达的交通通信等基础设施网络,所形成的空间相对紧凑、经济联系紧密,并最终实现同城化和一体化的城市群体。
顾朝林(2011)	城市群是指以中心城市为核心向周围辐射构成的多个城市的集合体。

资料来源:根据相关文献整理。

在城市群的界定上目前也没有统一的标准，界定的城市群数量、范围也存在较大差异。宁越敏(2011)提出对大城市群概念的界定应建立在都市区基础上，认为一个大城市群拥有较高的城市化水平，至少有两个人口百万以上大都市区作为发展极，或至少拥有一个人口在200万以上的大都市区；沿着一条或多条交通走廊，连同周边有着密切社会、经济联系的城市和区域，相互连接形成的巨型城市化区域。基于2000年的人口普查数据，结合大都市区空间分布的研究结果，长三角、珠三角、京津唐、山东半岛、辽中半岛、哈尔滨—齐齐哈尔、长春—吉林、中原地区、闽南地区、成渝地区等10个地区均有两个人口百万以上的大都市区以及一批人口在50万—100万的都市区，这些都市区沿交通干线相互连接，形成了彼此间有着密切社会经济联系的城市群。此外，武汉、长株潭、关中等3个地区虽无两个人口百万以上的大都市区，但核心都市区的人口超过200万人，加上区内的其他都市区，也形成了城市群。这样，中国大陆合计有13个规模较大的城市群(表21-2)。

表21-2 2000年、2010年中国城市群的人口和城市化水平

城市群	城市	2000年		2010年		人口增加（百万）
		总人口（百万）	城市化率(%)	总人口（百万）	城市化率(%)	
长三角	上海、苏州、无锡、常州、镇江、南京、扬州、泰州、南通、杭州、嘉兴、湖州、绍兴、宁波、舟山、台州	82.28	58.23	107.63	69.68	20.20
珠三角	广州、深圳、佛山、江门、惠州、珠海、东莞、中山、肇庆	42.88	68.95	56.12	82.73	13.24
京津唐	北京、天津、廊坊、唐山、秦皇岛	37.05	59.12	47.48	72.7	10.03
辽中南	沈阳、鞍山、抚顺、本溪、辽阳、营口、大连	24.61	63.92	26.59	71.27	1.98
山东半岛	济南、青岛、淄博、潍坊、烟台、威海	35.33	49.83	38.92	58.43	3.59
闽东南	福州、莆田、泉州、厦门、漳州	23.03	43.64	26.37	60.41	3.34
成渝	成都、资阳、内江、自贡、重庆	33.15	44.10	36.83	60.90	4.14
中原(1)	郑州、开封、洛阳、新乡、焦作、济源	26.4	34.00	29.78	48.19	3.38
中原(2)	郑州、开封、洛阳、新乡、焦作、济源、平顶山、许昌、漯河	37.59	31.36	41.53	45.80	3.94
武汉	武汉、鄂州、黄石、孝感、黄冈、咸宁、仙桃、潜江、天门	30.70	46.10	30.24	54.70	−0.46
哈大齐	哈尔滨、大庆、齐齐哈尔	17.41	51.66	18.91	56.69	1.50
长吉	长春、吉林	11.62	51.93	12.09	55.75	0.47
关中	西安、咸阳、铜川、宝鸡	16.55	43.28	17.91	55.44	1.36
长株潭	长沙、株洲、湘潭	12.39	40.92	13.65	60.95	1.26

资料来源：宁越敏(2011)。

方创琳(2009)综合分析国内外专家有关都市区、都市圈、城市群、都市连绵区等的判断指标和标准,在吸收各相关权威指标和标准的基础上,充分考虑我国所处的城市化发展阶段和城市群形成发育中政府主导的国家特色,提出我国城市群空间范围识别的10大基本判断标准,即城市个数、人口规模、人均GDP、经济密度、铁路网密度和公路网密度、非农产值比重、核心城市GDP中心度、周围地区到中心城市的通勤率、中心城市到外围的时间等,界定的指标虽然细致,但也增加了界定的难度。在后来的研究中,方创琳(2014)进一步提出城市群的选择要以全国主体功能区规划、全国城镇体系规划和国家新型城镇化规划为依据,从重点培育国家新型城镇化政策作用区的角度出发,形成由5个国家级城市群(长江三角洲城市群、珠江三角洲城市群、京津冀城市群、长江中游城市群和成渝城市群)、9个区域性城市群(哈长城市群、山东半岛城市群、辽中南城市群、海峡西岸城市群、关中城市群、中原城市群、江淮城市群、北部湾城市群和天山北坡城市群)和6大地区性城市群(呼包鄂榆城市群、晋中城市群、宁夏沿黄城市群、兰西城市群、滇中城市群和黔中城市群)组成"5+9+6"的中国城市群空间结构新格局和"以轴串群、以群托轴"的轴群式国家新型城镇化发展战略格局,在国家"十三五"规划中被采用,但并未给出明确的空间范围。

综合都市区、都市圈、城市群、都市连绵区等国内外研究,可以明确都市区是都市圈和城市群的组成部分,例如国家发改委《关于培育发展现代化都市圈的指导意见》就指出都市圈是城市群内部以超大特大城市或辐射带动功能强的大城市为中心、以1小时通勤圈为基本范围的城镇化空间形态。城市群和大都市带或者都市连绵区似乎并没有严格的区分。但一些学者则认为城市群是大都市带的低级形态,大都市带的影响力远

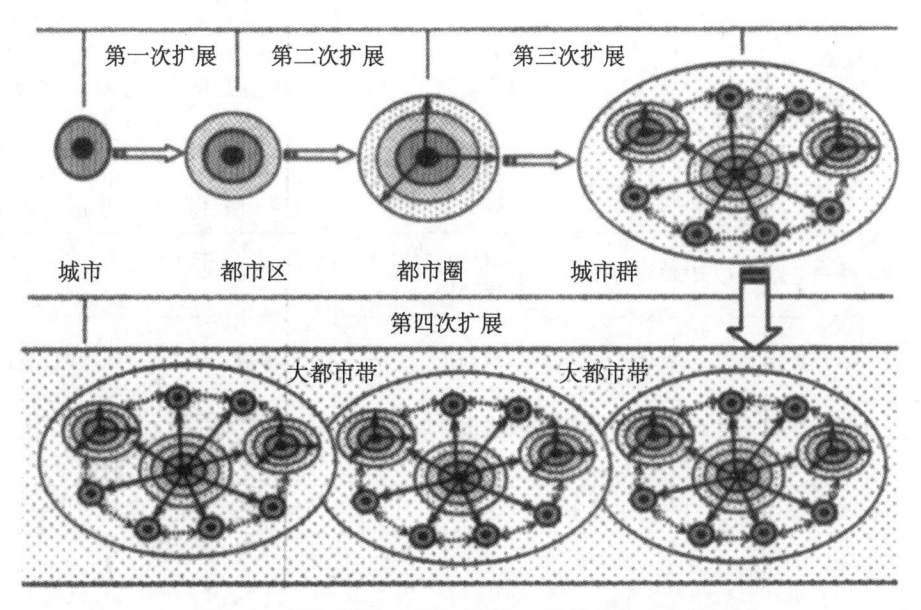

图 21-4 城市群形成发育过程中空间范围的四次拓展

资料来源:方创琳(2009)。

超过城市群,一般可以达到区域国际枢纽,甚至可为跨国国际枢纽(吴启焰,1999);王兴平(2002)则提出在都市区的区域空间序列上,存在这样的演化发展过程:一般城市—都市区—城市密集区—城市群—大都市区—都市连绵区—都市带。方创琳(2009)提出城市群形成发育中空间范围的四次扩展过程:从城市到都市区,再到都市圈,再到城市群,最后到都市带(图21-4),集聚和扩散始终是推动城市群演化的核心动力。如果把大都市带作为城市群发展的高级形态,还需进一步明确城市群与大都市带的区别,以及在何种尺度上才能将其称为大都市带。

此外,国内很多研究还围绕着城市群的集聚与扩散、城市群的形成机制、城市群协调发展以及分工合作、城市群的规划与发展等内容进行了大量研究(毕秀晶,2013;刘玉亭,2013),此处不再详细展开。

表21-3 城市群形成发育中空间范围四次扩展过程的基本特征比较

城市群形成发育的过程	第一次扩展	第二次扩展	第三次扩展	第四次扩展
名称	城市	都市区	都市圈	城市群	大都市带
空间范围	小	逐步扩大	进一步扩大	跨区扩大	跨界扩大
影响范围	市内意义	市级意义	市际意义	大区及国家意义	国家及国际意义
城市个数	1	1	1	3个以上	多个以上
人口规模	500万—1000万人	500万—1000万人	1000万—1500万人	大于2000万人	大于3000万人
空间组成	1个城市	1个城市及毗邻地区	1个城市及周边地区	3个以上城市或3个以上都市圈	2个以上城市群、数十个城市
交通网络	向市内地区延伸,城市之间交通网络不发达	向邻近地区延伸	向周边地区进一步延伸	向市外地区延伸,城市或都市圈之间交通网络紧密	向界外地区延伸,都市圈或城市群之间交通网络更密
产业联系	城市之间很弱	城市之间较弱	城市之间开始互补联系	城市或都市圈之间互补性较强	都市圈或城市群之间互补性更强
地域结构	单核心结构	单核心圈层结构	单核心放射状圈层结构	单核心或多核心轴带	
梯度扩张模式	点式扩张	点环扩张	点轴扩张	轴带辐射	串珠状网式辐射
发展阶段	城市群形成的雏形阶段	城市群形成的初级阶段	城市群形成的中期阶段	城市群发育的成熟阶段	城市群发育的顶级阶段
中心功能	城市增长中心	城市增长中心	区域增长中心	国家增长中心	国际增长中心

资料来源:方创琳(2009)。

第三节　城市群在中国的发展实践

作为国家参与全球竞争和世界经济重心转移的重要承载体(宁越敏,2011),城市群在国家经济发展中具有重要作用,自2006年"城市群"第一次出现在中央文件中,加快培育和建设城市群已成为重要的发展战略。

一、国家政策演进

2006年,国家"十一五"规划提出形成合理的城镇化空间格局,并提出要把城市群作为推进城镇化的主体形态。2007年,党的十七大报告进一步指出,以特大城市为依托,形成辐射作用大的城市群,培育新的经济增长极。2011年,国家"十二五"规划提出"按照统筹规划、合理布局、完善功能、以大带小的原则,遵循城市发展客观规律,以大城市为依托,以中小城市为重点,逐步形成辐射作用大的城市群,促进大中小城市和小城镇协调发展";还提出"在东部地区逐步打造更具国际竞争力的城市群,在中西部有条件的地区培育壮大若干城市群"。2011年,党的十八大报告指出,科学规划城市群规模和布局,增强中小城市和小城镇产业发展、公共服务、吸纳就业、人口集聚功能。

2013年,中央城镇化工作会议指出我国已经形成京津冀、长三角、珠三角三大城市群,同时要在中西部和东北有条件的地区,依靠市场力量和国家规划引导,逐步发展形成若干城市群,成为带动中西部和东北地区发展的重要增长极,推动国土空间均衡开发。2014年,《国家新型城镇化规划(2014—2020)》进一步强调优化城镇化布局和形态,提出"按照统筹规划、合理布局、分工协作、以大带小的原则,发展集聚效率高、辐射作用大、城镇体系优、功能互补强的城市群,使之成为支撑全国经济增长、促进区域协调发展、参与国际竞争合作的重要平台",除了优化提升东部地区城市群(京津冀、长江三角洲和珠江三角洲城市群)和培育发展中西部地区城市群(成渝、中原、长江中游、哈长等城市群)外,还提出建立城市群发展协调机制。2016年,国家"十三五"规划明确提出"加快城市群建设发展",并指出"优化提升东部地区城市群,建设京津冀、长三角、珠三角世界级城市群,提升山东半岛、海峡西岸城市群开放竞争水平;培育中西部地区城市群,发展壮大东北地区、中原地区、长江中游、成渝地区、关中平原城市群,规划引导北部湾、山西中部、呼包鄂榆、黔中、滇中、兰州—西宁、宁夏沿黄、天山北坡城市群发展,形成更多支撑区域发展的增长极;促进以拉萨为中心、以喀什为中心的城市圈发展"。2017年,党的十九大报告指出,以城市群为主体构建大中小城市和小城镇协调发展的城镇格局。

2018年,《中共中央国务院关于建立更加有效的区域协调发展新机制的意见》提出"建立以中心城市引领城市群发展、城市群带动区域发展新模式,推动区域板块之间融合互动发展",并明确"以北京、天津为中心引领京津冀城市群发展,带动环渤海地区协同发展;以上海为中心引领长三角城市群发展,带动长江经济带发展;以香港、澳门、广州、深圳为中心引领粤港澳大湾区建设,带动珠江—西江经济带创新绿色发展;以重庆、成都、武汉、郑州、西安等为中心,引领成渝、长江中游、中原、关中平原等城市群发展,带动相关板块融合发展"。

总体来看,自2006年城市群首次进入国家战略以来,城市群作为城镇化发展的主体形态已经形成共识;政策文件中提到的城市群数量逐步增多,城市群建设步伐加快,自2015年以来,国务院已批复11个城市群规划;在发展战略上,基本明确了以中心城市引领城市群发展、以城市群带动区域发展的模式,促进城市群协调发展。

二、城市群规划与进展

随着城镇化的快速推进,城市群作为国家经济发展重心以及区域发展战略的重要支点日益凸显,也成为全球化背景下中国参与国际劳动分工的重要功能区域(宁越敏,2011),但城市群发展也面临着一系列的社会和环境问题,如资源短缺、交通拥挤、环境问题、行政管理协调难度大等,给地区的持续发展带来了不稳定因素(刘玉亭、王勇、吴丽娟,2013)。科学合理地推进城市群建设,促进城市群内部城市之间协同发展,开展城市群规划就显得十分有必要。

所谓城市群规划并非区内各单体城市规划的简单"汇总",而是以城市群体系统的区域层面为出发点,对城市群总体发展的战略性部署与调控(官卫华等,2002)。顾朝林等(2007)也认为城市群规划是一种战略性的空间规划,具有宏观性、综合性、协调性和空间性的特点,它的主要目的是为城市政府提供关于城市和空间发展战略的框架,规划内容则以城市群经济社会的整体发展策略、区域空间发展模式以及交通等基础设施布局方案为重点。

在具体的规划内容上,顾朝林等(2007)认为城市群规划侧重解决问题,而非系统规划,规划的重点应以城市群内各城市(地区)需共同解决的问题为主;规划的主要内容包括城市群经济社会整体发展策略、城市群空间组织、产业发展与就业、基础设施建设、土地利用与区域空间管治、生态建设与环境保护、区域协调措施与政策建议。在2016年,国家发改委《加快城市群规划编制工作的通知》[①]中,指出跨省级行政区城市群规划,由国家发展改革委会同有关部门负责编制,并报国务院批准后实施;边疆地区城市群规划,由相关地区在国家发展改革委指导下编制,并报国家发展改革委批准;省域内城市群规划,原则上由省级人民政府自行组织编制,国家发展改革委会同有关部门进行指导。在规划的主要内容上,也强调抓住突出矛盾,针对阻碍城市群发展的重点难点问题和体制机制问题进行研究,提出了七个方面的任务:明确城市群空间范围和发展定位、优化城市群空间格局和城市功能分工、促进城市群产业转型升级、统筹城市群重大基础设施布局、提升城市群对外开放水平、强化城市群生态环境保护、创新城市群一体化发展体制机制。

---

① http://www.gov.cn/xinwen/2016-12/09/content_5145866.htm#1。

在具体的规划编制上,2015年以来,国家层面已经批复了多个城市群规划(表21-4)。除此之外,在国家层面,结合前期城市群建设的基础还进一步出台了多项重要区域性规划。2015年4月《京津冀协同发展规划》审议通过,提出京津冀的整体定位是"以首都为核心的世界级城市群、区域整体协同发展改革引领区、全国创新驱动经济增长新引擎、生态修复环境改善示范区"[1]。在珠三角城市群建设基础上,进一步联合香港、澳门,提出打造粤港澳大湾区。2019年2月,中共中央、国务院印发《粤港澳大湾区发展规划纲要》[2],明确粤港澳大湾区包括香港特别行政区、澳门特别行政区和广东省广州市、深圳市、珠海市、佛山市、惠州市、东莞市、中山市、江门市、肇庆市,总面积5.6万平方公里,2017年末总人口约7000万人。在发展定位上,提出要将其打造成充满活力的世界级城市群、具有全球影响力的国际科技创新中心、"一带一路"建设的重要支撑、内地与港澳深度合作示范区、宜居宜业宜游的优质生活圈。在长三角城市群建设基础上,2019年12月中共中央、国务院印发《长江三角洲区域一体化发展规划纲要》,规划范围包括上海市、江苏省、浙江省、安徽省全域,提出长三角区域的总体定位为:全国发展强劲活跃增长极、全国高质量发展样板区、率先基本实现现代化引领区、区域一体化发展示范区、新时代改革开放新高地。

表21-4 截至2019年国家公布的城市群

城市群	批复时间	战略定位	规划范围
长江中游城市群	2015年3月	中国经济新增长极,中西部新型城镇化先行区,内陆开放合作示范区,"两型"社会建设引领区。	武汉、黄石、鄂州、黄冈、孝感、咸宁、仙桃、潜江、天门、襄阳、宜昌、荆州、荆门、长沙、株洲、湘潭、岳阳、益阳、常德、衡阳、娄底、南昌、九江、景德镇、鹰潭、新余、宜春、萍乡、上饶、抚州、吉安
哈长城市群	2016年2月	东北老工业基地振兴发展重要增长极,北方开放重要门户,老工业基地体制机制创新先行区,绿色生态城市群。	哈尔滨、大庆、齐齐哈尔、绥化、牡丹江、长春、吉林、四平、辽源、松原、延边
成渝城市群	2016年4月	立足西南、辐射西北、面向欧亚,高水平建设现代产业体系,高品质建设人居环境,高层次扩大对内对外开放,培育引领西部开发开放的国家级城市群,强化对"一带一路"建设、长江经济带发展、西部大开发等国家战略的支撑作用。	渝中、万州、黔江、涪陵、大渡口、江北、沙坪坝、九龙坡、南岸、北碚、綦江、大足、渝北、巴南、长寿、江津、合川、永川、南川、潼南、铜梁、荣昌、璧山、梁平、丰都、垫江、忠县等27个区(县)以及开县、云阳的部分地区,四川省的成都、自贡、泸州、德阳、绵阳(除北川县、平武县)、遂宁、内江、乐山、南充、眉山、宜宾、广安、达州(除万源市)、雅安(除天全县、宝兴县)、资阳等

---

[1] http://www.xinhuanet.com/politics/2015-08/23/c_1116342156.htm。
[2] http://www.gov.cn/zhengce/2019-02/18/content_5366593.htm#1。

(续表)

城市群	批复时间	战略定位	规划范围
长江三角洲城市群	2016年5月	顺应时代潮流,服务国家现代化建设大局,从战略高度优化提升长三角城市群,打造改革新高地,争当开放新尖兵,带头发展新经济,构筑生态环境新支撑,创造联动发展新模式,建设面向全球、辐射亚太、引领全国的世界级城市群。	上海、南京、无锡、常州、苏州、南通、盐城、扬州、镇江、泰州、杭州、宁波、嘉兴、湖州、绍兴、金华、舟山、台州、合肥、芜湖、马鞍山、铜陵、安庆、滁州、池州、宣城
中原城市群	2016年12月	着眼国家现代化建设全局,发挥区域比较优势,强化创新驱动、开放带动和人才支撑,提升综合交通枢纽、产业创新中心地位,打造资源配置效率高、经济活力强、具有较强竞争力和影响力的国家级城市群。	郑州市、开封市、洛阳市、平顶山市、新乡市、焦作市、许昌市、漯河市、济源市、鹤壁市、商丘市、周口市和山西省晋城市、安徽省亳州市为核心发展区。联动辐射河南省安阳市、濮阳市、三门峡市、南阳市、信阳市、驻马店市,河北省邯郸市、邢台市,山西省长治市、运城市,安徽省宿州市、阜阳市、淮北市、蚌埠市,山东省聊城市、菏泽市等
北部湾城市群	2017年1月	面向东盟国际大通道的重要枢纽,"三南"开放发展新的战略支点,21世纪海上丝绸之路与丝绸之路经济带有机衔接的重要门户,全国重要绿色产业基地,陆海统筹发展示范区。	南宁、北海、钦州、防城港、玉林、崇左、湛江、茂名、阳江、海口、儋州、东方、澄迈、临高、昌江
关中平原城市群	2018年1月	向西开放的战略支点,引领西北地区发展的重要增长极,以军民融合为特色的国家创新高地,传承中华文化的世界级旅游目的地,内陆生态文明建设先行区。	西安、宝鸡、咸阳、铜川、渭南、杨凌农业高新技术产业示范区及商洛市的商州区、洛南县、丹凤县、柞水县,山西省运城市(除平陆县、垣曲县)、临汾市尧都区、侯马市、襄汾县、霍州市、曲沃县、翼城县、洪洞县、浮山县,甘肃省天水市及平凉市的崆峒区、华亭县、泾川县、崇信县、灵台县和庆阳市区
呼包鄂榆城市群	2018年2月	充分发挥比较优势,彰显区域和民族特色,建设面向蒙俄、服务全国、开放包容、城市协同、城乡融合、绿色发展的中西部地区重要城市群。	呼和浩特、包头、鄂尔多斯、榆林
兰州—西宁城市群	2018年2月	着眼国家安全,立足西北内陆,面向中亚西亚,培育发展具有重大战略价值和鲜明地域特色的新型城市群。	兰州市,白银市白银区、平川区、靖远县、景泰县,定西市安定区、陇西县、渭源县、临洮县,临夏回族自治州临夏市、东乡族自治县、永靖县、积石山保安族东乡族撒拉族自治县,青海省西宁市、海东市、海北藏族自治州海晏县、海南藏族自治州共和县、贵德县、贵南县、黄南藏族自治州同仁县、尖扎县

资料来源:根据各城市群规划整理。

第四节 城市群发展的未来展望

城市群上升为国家战略以来得到了快速推进,但不论在研究中还是在发展实践中都暴露出了一些问题。例如方创琳、王振波、马海涛(2018)认为城市群作为推进国家城镇化主体的战略地位被过分夸大高估;城市群的选择受制于强烈的政府主导,脱离了发育的最基本标准;城市群空间范围一扩再扩,违背了国家建设城市群的基本初衷;城市群成为雾霾等生态环境问题集中激化的敏感地区和重点治理地区;城市群选择过多地迁就了地方利益,影响到了国家战略安全大局。总体来看,城市群未来发展,以下几点仍需重视。

一、加强城市群的基础研究

在当前的学术研究和地方实践中,城市群都没有明确的概念和界定标准,导致城市群的数量差别较大,有说 13 个的,也有说 23 个的;在城市群的概念上,有 20 个左右的相关概念(刘玉亭、王勇、吴丽娟,2013);在人口规模上,有学者提出要超过 2 500 万才能算上城市群,但也有学者以 500 万作为最低标准(代合治,1998);在空间范围上,长江中游城市群面积达到 31.7 平方公里,而兰州—西宁城市群面积不到 10 平方公里。明确城市群的概念内涵和界定标准是开展城市群研究和规划的基础性工作,只有拥有统一的标准才能进行客观的比较研究和规划范围划定。通过划定城市群标准可以避免因地方政府不顾实际地主观构建城市群所带来的资源浪费,同时也有利于激励现有城市群进一步提升发展水平(刘玉亭、王勇、吴丽娟,2013)。在城市群的内涵上,还是应回归城市群的本意,戈特曼提出"Megalopolis"是基于美国东北部大西洋沿海地区一连串大都市区的空间聚合现象,国内学者最初也是从都市连绵区开始,所以在城市群的内涵上赞同以都市区为基础,强调城市化发展到一定阶段,而不是盲目提出一群城市在一起即为城市群。此外,也应对城市群的动力机制、集聚和扩散作用加强研究。

二、加强城市群的协同发展

城市群是一个区域概念,在本质上打破了行政区经济的藩篱,在更大的区域内实现经济社会的整合(宁越敏,2020),这就涉及区域间的协同发展问题。当前绝大多数研究和实践都注重了城市群内部城市间的协同发展,例如《长三角区域一体化规划纲要》划出"以上海青浦、江苏吴江、浙江嘉善为长三角生态绿色一体化发展示范区(面积约 2 300 平方公里),示范引领长三角地区更高质量一体化发展",并提出"深化跨区域合作,形成一体化发展市场体系,率先实现基础设施互联互通、科创产业深度融合、生态环境共保联治、公共服务普惠共享,推动区域一体化发展从项目协同走向区域一体化制度创新,为全国其他区域一体化发展提供示范"。但对于城市群内部与城市群外围区域的协同关注不够,如何发挥城市群的辐射带动效应,建立城市群带动区域发展的模式应加强研究。城市群是城镇化发展到高级形态的区域空间组织模式,当前对于城市群内的城乡均衡发展却关注不够,更多地重视了城市的发展,而忽略了对乡村的带动,要考虑通过城市群建设带动城乡融合发展。

三、加强城市群的政策支持

城市群发展离不开政策支持,尽管当前已经拥有多样的政策支持体系,未来还应加大政策支持力度,建立从规划、科创、产业、交通、生态、民生等方面的综合政策体系,加大政府财税政策支持,特别是对于跨区域协同的重大项目,鼓励发达地区对欠发达地区的帮扶。此外,更重要的是要发挥市场作用,以市场经济推进城市群发展一体化。

参考文献

A. J. Scott, *Global City-regions: Trends, Theory, Policy*, Oxford: Oxford University, 2001.

A. J. Scott, "Regional Motors of the Global Economy", *Future*, No.5, 1996, pp. 391—411.

H. Peter, P. Kathy, *The Polycentric Metropolis: Learning from Mega-city Regions in Europe*, London: Earthscan Publications, 2006.

J. Gottmann, "Megalopolitan Systems Around the World", in *Systems of cities: Readings on structure, growth and policy*, Edited by Bourne L.S, et al., Oxford: Oxford University Press, 1978.

T. G. McGee, "The Emergence of Desakota Region in Aisa: Expanding a Hypothesis", in N. Ginburg, B. Koppel, T. G. McGee(ed.), *The extended metropolis: Settlement transition in Aisa*. Hunolulu: University of Hawaii Press, 1991.

毕秀晶:《长三角城市群空间演化研究》,博士学位论文,华东师范大学2013年。

程相占:《西方大都市带思想要略》,《河南大学学报(社会科学版)》2008年第4期。

代合治:《中国城市群的界定及其分布研究》,《地域研究与开发》1998年第2期。

方创琳:《城市群空间范围识别标准的研究进展与基本判断》,《城市规划学刊》2009年第4期。

方创琳:《中国城市群研究取得的重要进展与未来发展方向》,《地理学报》2014年第8期。

方创琳、王振波、马海涛:《中国城市群形成发育规律的理论认知与地理学贡献》,《地理学报》2018年第4期。

戈特曼:《大城市连绵区:美国东北海岸的城市化》,陈晓燕、李浩译,《国际城市规划》2002年第5期。

顾朝林:《城市群研究进展与展望》,《地理研究》2011年第5期。

顾朝林、于方涛、刘志虹等:《城市群规划的理论与方法》,《城市规划》2007年第

10期。

官卫华、姚士谋、朱英明等:《关于城市群规划的思考》,《地理学与国土研究》2002年第1期。

胡序威、周一星、顾朝林等:《中国沿海城镇密集地区空间集聚与扩散研究》,科学出版社2000年版。

江曼琦:《对城市群及其相关概念的重新认识》,《城市发展研究》2013年第5期。

李仙德、宁越敏:《城市群研究述评与展望》,《地理科学》2012年第3期。

刘玉亭、王勇、吴丽娟:《城市群概念、形成机制及其未来研究方向评述》,《人文地理》2013年第1期。

苗长虹、王海江:《中国城市群发展态势分析》,《城市发展研究》2004年第4期。

倪鹏飞:《中国城市竞争力报告》,社会科学文献出版社2008年版。

宁越敏:《长江三角洲市场机制和全域一体化建设》,《上海交通大学学报(哲学社会科学版)》2020年第1期。

宁越敏:《中国都市区和大城市群的界定——兼论大城市群在区域经济发展中的作用》,《地理科学》2011年第3期。

孙一飞:《城镇密集区的界定——以江苏省为例》,《经济地理》1995年第3期。

王兴平:《都市区化:中国城市化的新阶段》,《城市规划汇刊》2002年第4期。

王旭:《美国城市发展模式——从城市化到大都市区化》,清华大学出版社2006年版。

王旭:《美国城市史》,中国社会科学出版社2000年版。

吴启焰:《城市密集区空间结构特征及演变机制——从城市群到大都市带》,《人文地理》1999年第1期。

许学强、周一星、宁越敏:《城市地理学》,高等教育出版社2009年版。

姚士谋:《中国城市群》,中国科学技术大学出版社1992年版。

伊丽莎白·贝金塔:《格迪斯、芒福德和戈特曼:关于"Megalopolis"的分歧》,李浩华译,《国际城市规划》2007年第5期。

于洪俊、宁越敏:《城市地理概论》,安徽科技出版社1983年版。

张欣炜、康江江:《发达国家都市区研究的实践与中国的借鉴》,《世界地理研究》2017年第3期。

周伟林:《长三角城市群经济与空间的特征及其演化机制》,《世界经济文汇》2005年第4期。

邹军、张京祥、胡丽娅:《城镇体系规划》,东南大学出版社2002年版。

第二十二章　经济带发展

"十三五"规划中指出:"推动区域协调发展:以区域发展总体战略为基础,以'一带一路'建设、京津冀协同发展、长江经济带发展为引领,形成沿海沿江沿线经济带为主的纵向横向经济轴带,塑造要素有序自由流动、主体功能约束有效、基本公共服务均等、资源环境可承载的区域协调发展新格局。"这是着眼于国际、国内区域协同发展的谋篇布局,是培育区域增长的新动力,是充分利用广阔内陆腹地、全国统一大市场乃至打造全方位开放战略平台,是打开我国与周边各国互利共赢发展通途,是推动我国区域经济进入一个优化发展空间新格局的区域发展战略。随着此战略目标的有序推进,经济带的发展将是盘活整个区域棋局的关键。因此,研究经济带发展具有重大的理论和现实意义。

第一节　经济带的基本概念定义

经济带是一个区域经济学概念,是依托一定的交通运输干线、地理位置、自然环境和资源禀赋而形成的带状地域经济单元。在这一区域内,一些经济发达的若干大城市,通过互联互通发挥经济积聚和辐射带动功能,链接带动不同等级规模的城市实现经济社会发展,从而形成了一条点状密集、面状辐射、线状延伸的生产、流通一体化的带状经济区域或经济走廊。

从区域经济学角度来说,经济带从根本上是一种路域经济,是依托重要经济通道形成的产业合作带和因道路辐射带动形成的生产力布局及区域经济发展体系。经济带的形成和发展决定于生产力发展水平、劳动地域分工的特点和规模,以及专门化与综合发展结合的程度,并且是由低级向高级循序渐进的过程。一条高效能的经济带是沿线地区横向协调、彼此互动和体制机制贯通的过程,包括产业、金融、物流、能源和创投等多个层面,以此推动实现沿线带内资源得到优化配置、生态系统保持良性循环、区内区外实现联系畅通。

第二节 相关理论剖析与经济带的内涵界定

从第一节经济带的基本概念定义可以看出,经济带发展主要和三类经济学理论相关:①区域经济学:区域空间结构理论;②城市经济学:城市群理论;③地理经济学:交通经济带理论。本节分别结合这三类经济学的理论基础和实际运用,对经济带的内涵进行剖析和内涵界定。

一、区域经济学:区域空间结构理论

区域经济,泛指一定区域内的人类经济活动。在与国民经济的关系上,区域经济是一个国家经济的空间系统,是具有区域特色的国民经济;在一定区域范围内,区域经济是由各种地域构成要素和经济发展要素有机结合、多种经济活动相互作用所形成的、具有特定结构和功能的经济系统。区域经济发展布局模式的应用与依次更替,是一个区域经济空间结构优化的过程,反映的是一个区域经济由非均衡走向均衡的过程。经济带作为一种区域经济的类型,也具有相应的特征。结合相应的区域经济空间结构理论和实际,其经济结构的空间结构剖析如下。

(一)区域经济空间结构基本定义

目前,学术界对区域经济空间结构的定义有以下几种:①区域经济空间结构是指社会经济客体在空间中的相互作用和相互关系,以及反映这种关系的客体和现象的空间集聚规模和集聚形态。[1]②区域经济空间结构是指在一定地域范围内,经济要素的相对区位关系和分布形式。[2]③人类的经济活动在一定地域上的空间组合关系,是区域经济的中心、外围、网络诸关系的总和。[3]④经济现象和经济变量在一定地理范围中以分布和位置、形态、规模和相互作用为特征的存在形式和客观实体。[4]⑤人类经济活动作用于一定地域范围所形成的组织形式。[5]⑥一定区域范围内,经济空间现象在集聚力和分散力的相互作用下所形成的结构。[6]⑦指占据一定空间的经济要素及子系统,由一定空间关系连接构成的区域整体。[7]

(二)区域空间结构及其7种组合模式

区域经济空间结构的基本要素是经济中心、经济腹地和经济网络,通常又用点、线(网络)、面(域面)来概括。区域空间结构由各种点、线、网络和域面相互结合在一起构

---

[1] 陆大道:《区域发展及其空间结构》,科学出版社1998年版。
[2] 崔功豪、魏清泉、刘科伟:《区域分析与区域规划》,高等教育出版社2006年版。
[3] 陈才:《区域经济地理学》,科学出版社2009年版。
[4] 曾菊新:《空间经济:系统与结果》,武汉出版社1996年版。
[5] 陆玉麟:《区域发展中的空间结构研究》,南京师范大学出版社1998年版。
[6] 聂华林、赵超:《区域空间结构概率》,中国社会科学出版社2008年版。
[7] 刘艳芳等编著:《经济地理学:原理、方法与应用》,科学出版社2017年版。

成,从而相互作用形成各种空间子系统,其组合模式有 7 种,具体见表 22-1。在此理论框架下,笔者认为经济带空间结构及其组成特征表现为:①经济带涵盖了 7 种区域要素及组合模式、空间子系统、空间组合类型和区域空间结构形态,并且这 7 种组合模式同时存在。②经济带主要是"点—线—面"空间经济一体化系统,呈现点状密集、线状延伸、面状辐射的特征。

表 22-1 区域空间结构及其组成

区域要素及组合	空间子系统	空间组合类型	区域空间结构
点—点	节点系统、信息节点系统	村镇、城市体系、区域网络城市	
点—线	经济枢纽系统、信息枢纽系统	交通枢纽、信息中心、网络中枢	
点—面	城市—区域系统	城镇聚集区、大都市区	
线—线	网络设施系统	交通网络、电力网络、供排水网络、信息网络	
线—面	产业区域系统	工矿带、工业走廊、高新技术走廊	
面—面	宏观经济地域系统	基本经济区、功能互补区、经济地带	
点—线—面	空间经济一体化系统	等级规模体系、智能综合区域	

资料来源:刘艳芳等编著:《经济地理学:原理、方法与应用》,科学出版社 2017 年版,第 143 页。

(三)区域空间结构三大模式

区域空间结构主要有以下三大模式,三大模式的演变过程参见"点—轴—网络"渐进扩散示意图(图 22-1)。

1. 极核式空间结构模式。称为点—增长极—极核式空间结构。①点的形成:在区域发展的早期,由于资源禀赋、区位条件不同,一些在空间分布上有集聚需求的经济部门及组织就会选择区位条件相对好的地方作为发展场所,由此产生了经济活动的点。②增长极的出现:区域中已形成若干个经济活动集聚的点,当它发展到经济规模和居民点规模都明显超过其他点时,它就成为区域的增长极。③极核的产生:增长极一经形成,其对周围地区的资金、劳动力、技术等要素的吸引力就会使这些要素不断向增长极集聚。极化过程导致区域的空间分异。增长极成为区域经济和社会活动的极核,对其他地方的经济和社会发展产生着主导作用。

2. 点轴式空间结构模式。称为点轴系统,它是在极核式空间结构的基础上发展起来的。点轴系统的发展:①点的发展:在区域发展的初期产生的增长极,在其发展过程中会对周围的点产生多种影响,其结果就是会带动和促进这些点的发展。②轴线的形成:从供需关系看,增长极与周围的点之间建立起了互补关系,为此会建设连接其间的各种线路。这些线路的建成,一方面更加利于增长极和相关点的发展,另一方面又刺激了沿线地区的经济发展。区域的资源和要素在继续向增长极及相关点集聚的同时,点开始向沿线地区集中。于是,沿线地区就逐渐发展成区域的经济活动密集区,成为区域发展所依托的轴线。③点轴空间结构的形成:轴线形成后,位于轴线上的点因发展条件的改善而使发展加速。随着增长极和轴线上点的规模不断增大,轴线的规模也随之扩大,它们又会向外进行经济和社会扩散,在新的地区与新的点之间再现上述点轴形成的过程。这样就在区域中形成了不同等级的点和轴线,它们相互连接,构成了分布有序的点轴空间结构。

3. 网络式空间结构模式。网络式空间结构是点轴系统发展的结果。网络的形成过程:在点轴系统的发展过程中,点与点之间形成纵横交错的交通、通信、动力供给网络。网络上的各个点对周围地区的经济和社会发展产生组织和带动作用,同时网络又沟通了区域内各地区之间的联系,由此构成区域的网络空间结构。

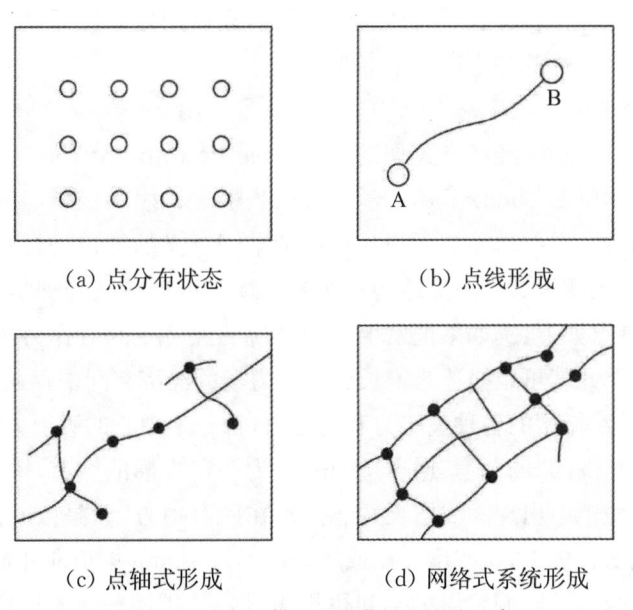

(a) 点分布状态　　(b) 点线形成

(c) 点轴式形成　　(d) 网络式系统形成

图 22-1 "点—轴—网络"渐进扩散示意

资料来源:《区域经济空间结构理论 1 详解.ppt》,第 15 页,https://max.book118.com/html/2016/0514/42983055.shtm,2020 年 6 月 1 日。笔者略有修改。

根据以上区域空间结构三大模式及其演化规律,笔者得出经济带发展的以下结论:

1. 经济带的区域空间结构的各个子系统涵盖极核式、点轴式、网络式三大空间结构模式。从经济带整体系统上来看,经济带的区域空间结构是网络式空间结构模式。

2. 经济带的开发可以采取以下三种:①据点开发。由于资源稀缺,要开发和建设一个地区,不能面上铺开,而要集中建设一个或几个据点,通过这些据点的开发和建设来影响和带动周围地区经济的发展。②轴线开发。区域的发展和基础设施的建设密切相关。将联系城市与区域的交通、通信、供电、供水、各种管道等主要工程性基础设施的建设适当集中成线,形成发展轴,沿着这些轴线布置若干个重点建设的工业区和城市,这样布局既可以避免孤立发展几个城市,又可以较好地引导区域的发展。③点轴渐进扩散开发。社会经济客体大多在点上聚集,逐步地通过线状基础而连成一个的有机空间结构网络发展体系。

3. 经济带发展可以采取以下步骤:①确定若干具有有利发展条件和开发潜力的线状基础设施经过的地带作为发展轴,予以重点开发。②各条发展轴线上,确定若干个点,作为重点发展的城镇,并且要明确其地位、性质、发展方向和主要功能,以及它们的服务、吸引区域。③确定点和轴的等级体系,形成不同等级的点轴系统。

4. 重点发展点的选择:①城市的发展条件及其在区域中的地位。②城市的发展规模。③城市空间分布的现状。

5. 重点开发轴的选择:①最好由经济核心区域和发达的城市工业带组成。②有水陆交通运输干线为依托。交通运输干线及相应的综合运输通道是城市、发展中心、增长极、经济发展区域的连结线路。③自然条件优越,建设用地条件好,农业生产发展水平较高的地带。④矿产资源和水资源丰富的地带。

(四)区域经济增长极理论

增长极理论是由法国经济学家佩鲁(Francois Perroux)于 1950 年提出,后来法国经济学家布代维尔(J.B.Boudeville)等学者将增长极理论引入区域经济理论中,使增长极的概念由起初的推进型单元扩展到具有地理空间意义的城市、城镇或其他地理单元等,用它来解释和预测区域经济的结构和布局。增长极理论从物理学的"磁极"概念引申而来,其理论观点如下:①如果把发生支配效应的经济空间看作力场,那么位于这个力场中的推进性单元就可以描述为增长极。受力场的经济空间中存在着若干个中心或极,产生类似"磁极"作用的各种离心力和向心力,每一个中心的吸引力和排斥力都产生相互交汇的一定范围的"场"。其地理空间表现为一定规模的城市,增长极在拥有推进型产业的复合体城镇中出现。②增长并非出现在所有地方,而是以不同强度首先出现在一些增长点或增长极上,这些增长点或增长极通过不同的渠道向外扩散,对整个经济产生不同的最终影响。影响发展的空间再组织过程是扩散—回流过程,如果扩散—回流过程导致的空间影响为绝对发展水平的正增长,即是扩散效应,否则是回流效应。③增长极可以繁衍。一方面,以物质能量输出和空间扩散未发展自己,使增长极规模、实力越来越大;另一方面,以渐进式扩散方式促使新的(下一级)增长极形成。

在此理论框架下,笔者认为:经济带的经济增长被认为是一个由点到面、由局部到整体依次递进的有机联系的系统。其物质载体或表现形式包括各类别城市、产业、部门、新工业园区等。应把少数区位条件好的地区和少数优势产业培育成经济增长极。

(五)弗里德曼区域空间结构演变理论

美国学者弗里德曼(John Friedman)在1966年出版的《区域发展政策》一书中把区域空间结构的演变划分为四个阶段。在每个阶段,区域空间结构表现出特有的形式,具体见表22-2和图22-2。在此理论框架下,笔者认为经济带的区域空间结构特征为:①经济带的发展阶段属于后工业化阶段,呈现后工业化阶段的特征,见表22-2。②经济带的经济增长处于空间相对均衡阶段,见图22-2(d)。

表22-2 弗里德曼区域空间结构演变理论

发展阶段	空间特征	地域组合	区域联系	经济特征
前工业化阶段	区域空间均质无序,没有等级结构分异	若干个地方中心+广大农村	缺乏联系,相对封闭	生产力水平低下,经济极不发达,呈低水平均衡状态
工业化初期阶段	空间极化现象凸显,区域空间结构日趋不平衡	单个相对强大的中心+落后的外围地区	中心不断吸引外围地区经济要素的集聚	某个地方获得发展动力,经济快速增长,形成区域经济中心,打破原均衡状态
工业化阶段	区域空间结构趋向复杂化和有序化	多个区域中心+外围地区	不同等级的中心—外围之间的联系较为紧密、频繁	产生新的经济中心,形成了区域的经济中心体系,区域空间结构对区域经济增长有着积极影响
后工业化阶段	空间结构体系功能上的一体化最终走向空间一体化	中心—外围界限逐渐消失,终将达到区域空间一体化	各地区之间的经济交往日趋紧密和广泛,不同层次和规模的经济中心与外围地区的联系也越来越紧密	经济发展达到较高水平,经济联系密切,区域经济发展水平的差异逐渐缩小

资料来源:John Friedman, *Regional Development Policy: A Case Study of Venezuela*, Cambridge: The MIT Press, 1966。

(六)区域空间结构的经济意义

区域空间结构通过一定的空间组织形式把分散于地理空间的相关资源和要素连接起来,由此产生种种经济活动和特有的经济效益。依托区域空间结构,经济带的发展可以取得:①集聚机制;②扩散机制;③空间近邻效应。具体分析如下:

1. 集聚机制:①经济活动的区位指向。相同的经济活动往往趋向于集中在区域内相关资源和要素集中分布的地方。②经济活动的内在联系。一些内在联系紧密、相互

(a) 工业化前阶段

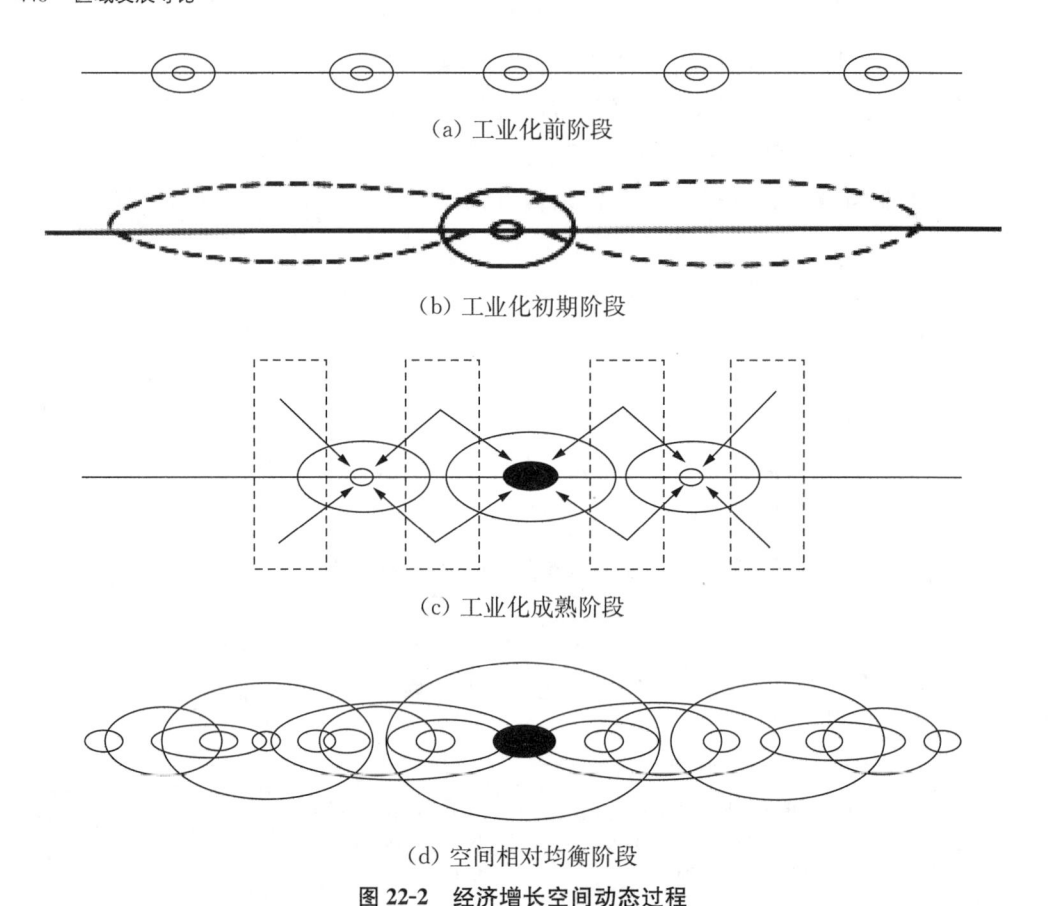

(b) 工业化初期阶段

(c) 工业化成熟阶段

(d) 空间相对均衡阶段

图 22-2 经济增长空间动态过程

资料来源：同表 22-2。

依赖性大的经济活动为了加强联系，往往趋向于集中在同一个适宜的地方发展。集聚过程中，区域内的资源、要素、企业、经济部门等不断地向优区位移动，促成了区域经济增长极（中心）的形成发展。③经济活动对集聚经济的追求。集聚能够产生集聚经济效益，所以各种经济活动为追求集聚经济也需要在空间上趋于集中，从而促进发达地区、城市、城市密集区、专业化地区、产业密集带等的形成和发展。

2. 扩散机制：①扩散机制将促进资源、要素、企业、经济部门在空间上趋于相对均衡，有利于缩小区域内部的经济水平差异，促进经济协调发展。②避免集聚不经济，当集聚规模超过了一定的限度而发生的集聚经济效益减少、丧失，以及因过度集聚而带来的外部环境和对经济活动的负面约束。③寻求新的发展机会，包括：集聚地区的经济部门为寻求进一步的发展、减小竞争压力，主动到周围地区建立分支机构或寻找新的发展点；集聚地区在进行经济结构转换过程中被淘汰下来的部分经济部门，可以到经济发展水平相对较低的区域去寻求发展；集聚地区主动与其他地区开展合作，从而引起部分资源、要素、企业等向其他地区扩散。

3. 空间近邻效应：①节约经济社会成本的内在要求。区域内各种经济活动之间或各区域之间的空间位置关系对其相互联系所产生的影响。各种经济活动或区域的经济影响力具有随空间距离的增大而呈减小的趋势,即地理学的空间距离衰减原理。②促使区域经济活动就近扩张,由近及远。在利用资源、要素,开发市场等方面影响各种经济活动的竞争,影响各种经济活动之间在发展上的相互促进,加强分工协作。

二、城市经济学:城市群理论

理论上讲,经济带的内涵界定属于城市群理论的范畴,经济带的特征也在某种程度上不可避免带有城市群的特点。如果将中心城市看成一个点,将运输航道和铁路公路干线看成一条线,将城市群看成一个面,那么"点—线—面"则构成了经济带的空间一体化系统模式。经济带作为城市群发展的高级阶段,涵盖所有城市群发展的特征。下面结合具体城市群的相关理论,来分析经济带的发展特征。

(一)城市与区域的关系

城市与区域相互联系、相互依赖、相互促进而构成一个整体,两者互为前提和条件。城市是区域的增长级,而区域是城市的载体、支撑和扩散腹地,两者不可分割。

1. 城市是区域的增长极,中心城市在区域经济增长中起主导作用。
2. 城市布局影响和决定区域经济空间结构的形成与发展。
3. 城市化通过推理机制和拉力机制推动区域经济协调发展。
4. 城市是区域经济联系的枢纽,区域的生产、贸易、投资、金融等经济行为以及经济要素的空间聚集与扩散更多是在城市与城市之间进行的。
5. 城市空间结构决定城市竞争力,进而决定区域竞争力。区域之间的竞争不仅仅表现为单个城市之间的竞争,更重要的是表现为城市区域、城市群之间的竞争。

(二)城市群概念定义

城市群的界定标准是:①所谓城市群是在特定的区域范围内云集相当数量的不同性质、类型和等级规模的城市,一般以一个或两个(有少数的城市群是多核心的例外)特大城市为中心,依托一定的自然环境和交通条件,城市之间的内在联系不断加强,共同构成一个相对完整的城市"集合体"。②城市群是相对独立的城市群落集合体,是这些城市城际关系的总和。城市群的规模有一定的大小,都有其核心城市,一般为一个核心城市,有的为两个,极少数的为三四个,核心城市一般为特大城市,有的为超大城市或大城市。③城市群指以中心城市为核心,向周围辐射构成城市的集合。城市群的特点反映在经济紧密联系、产业分工与合作,交通与社会生活、城市规划和基础设施建设相互影响。由多个城市群或单个大的城市群即可构成经济圈。①

理论界关于城市群的名称和概念界定的提法很多,并且没有统一的概念和标准。国内外与城市群相关概念的比较具体见表22-3。

---

① 《城市群》,https://baike.baidu.com/item/%E5%9F%8E%E5%B8%82%E7%BE%A4/4291670?fr=aladdin,2020年6月1日。

表 22-3　国内外与城市群相关概念的比较

编号	概　念	年份	代表学者	主要观点
1	城市群（Megalopolis）	1957	J.Gottman	具有一定的规模、密度；一定数量的大城市形成自身的都市区；都市区之间通过便捷的交通走廊产生紧密的社会经济联系。
2	超级都市区（MR）	1989	T.G.McGee	自上而下与自下而上相结合的城市化模式，导致农业活动和非农业活动并存且进一步融合，和灰色（Desakota）区域的出现。
3	大都市伸展区（EMR）	1991	N.Ginsburg	大城市周边地域产业化进程和城乡相互作用的加剧，使城乡交错区不断延伸，与周边的城镇组合成为一个高度连接的区域。
4	巨型城市区（MCR）	1999	P.Hall	对全球城市功能具有重要作用的高级生产性服务业的扩散导致巨型城市区的出现；区域层面的城市生产性服务间的相互联系使区域形成多中心网络状结构。它由20—50个不等的功能性城市区域组成，每个功能性城市区域围绕一个城市或城镇，在实体空间上彼此分离但在功能上形成网络，且围绕一个或多个更大的中心城市集聚，通过一种新的功能性劳动分工拉动经济增长。
5	巨型区域（MR）	2004	ARPA	经济、生态环境、基础设施建设的一体性；生产性服务业在中心城市集聚和分工，外围地区从事制造业分工，并为中心城市提供市场；区域稳定、共同繁荣、可持续发展。
6	大都市连绵区	1986	周一星	以都市区为基本组成单元，以若干大城市为核心并与周围地区保持强烈交互作用和密切的社会经济联系，一条或多条交通走廊分布的巨型城乡一体化区域。
7	城市群	1992	姚士谋	城市群指在特定的地域范围内具有相当数量的不同性质、类型和等级规模城市，依托一定的自然环境条件，以一个或两个超大或特大城市作为地区经济的核心，借助于现代化的交通工具和综合运输网的通达性，以及高度发达的信息网络，发生与发展着城市个体之间的内在联系，共同构成的一个相对完整的城市集合体。
8	城市群	2011	杨上广	①城市群是由一个或多个核心城市与若干个相关的周边城市组成的、在空间上密切联系、在功能上有机分工相互依存并具有一体化倾向的城市复合体。②城市群在本质上是一种新型的经济单元。③城市群实质是由各等级城市形成的相互串联、高度集中的经济中心地带，是产业整合的产物。④规模经济效应、集聚经济效应、经济竞争效应、资源配置效应是城市群发育壮大的四个重要机制。

(续表)

编号	概念	年份	代表学者	主要观点
9	城市群	2016	董利民	①如果大城市规模的不经济性很强,即规模超过了规模经济点,城市要素就会向外移动,大城市周围的小城市就有了发展的机会……这一规律的结果就是使19世纪的特大单中心城市转变为20世纪的多中心大都市区,并形成星座式的城市群。②在一个经济区域里,每个城市有着各种不同的经济分工和规模,它们几乎都有十分规律的地理分布。③一个国家的主要生产活动,一般都由几个比较大的城市承担着大部分,而这些城市一般都坐落在人口稠密的地方,同时大、中、小城市呈现出非常规律的降次排列。
10	城镇密集区	1995	孙一飞	城镇密集区指两个或两个以上30万人口以上的中心城市以及与中心城市相连的连片城市化地区。
11	城市经济区	1999	顾朝林	从其结构形态看,它是以大、中城市为核心,与其紧密相连的广大地区共同组成的经济上紧密联系、生产上互相协作、在社会分工中形成的城市地域综合体。中心城市和周围腹地是构成城市经济区不可缺少的两大要素。
12	城镇集群	2000	张京祥	城镇群体是指一定空间内具有密切社会、经济、生态等联系,而呈现群体亲和力及发展整体关联性的一组地域毗邻的城镇。其区别于一般区域内多城镇分布的表象是其内部空间要素较为紧密的联系,这种联系的紧密程度又直接导致了城乡混合区、都市连绵区等多种城镇群体空间亚形态的出现。
13	城市联盟	2008	王家祥	城市联盟是以经济、社会、自然、资源等联系密切的区域为基础单元,以区域经济一体化为目标,通过构建城市协商、对话、沟通、交流、合作和协调的多层次平台,逐步实现特定区域的城乡规划统一实施、生产要素有机结合、基础设施共享共建,各类资源优化配置,从而实现城市和区域共同发展。
14	城市群体	1990	肖枫、张俊江	城市群体是由若干个中心城市在各自的基础设施和具有亲和性的结构方面,发挥特有的经济社会功能,形成的一个社会、经济、技术一体化的具有亲和力的有机网络。这个"群体"通过若干个经济实体的有机结合,实现集聚效益和扩散效应的统一,从而促成各中心城市功能配套与区域经济之间的产业关联性和行业互补性。
15	大城市群	2011	宁越敏	一个大城市群拥有较高的城市化水平,至少有两个人口百万以上大都市区作为发展极,或至少拥有一个人口在200万以上的大都市区。沿着一条或多条交通走廊,连同周边有着密切社会经济联系的城市和区域,相互连接形成的巨型城市化区域。

(续表)

编号	概念	年份	代表学者	主要观点
16	大都市密集区	1999	顾朝林等	一系列大都市相对集中分布的一定区域,它是区域城市化发展到高级阶段的产物。
17	大城市群	2003	周牧之	大城市群是被高速交通轴缩短了时空距离的大城市空间。

资料来源:编号1—5来源于张晓明:《长江三角洲巨型城市区特征分析》,《地理学报》2006年第10期。编号6、7、10—13来源于陈美玲:《城市群相关概念的研究探讨》,《城市发展研究》2011年第3期。编号8来源于杨上广:《长三角经济空间组织的演化》,上海人民出版社2011年版,第60页。编号9来源于董利民:《城市经济学》,清华大学出版社2016年版,第150页。编号14来源于肖枫、张俊江:《城市群体经济运行模式——兼论建立"共同市场"问题》,《城市问题》1990年第4期。编号15来源于宁越敏:《中国都市区和大城市群的界定——兼论大城市群在区域经济发展中的作用》,《地理科学》2011年第3期。编号16来源于顾朝林等:《中国城市地理》,商务印书馆1999年版。编号17来源于洪世键、黄晓芬:《大都市概念及其界定问题探讨》,《国际城市规划》2007年第5期,第53页。

这些概念之间的逻辑关系大体是:①(大)都市区、(大)都市圈、(大)城市群、大都市带(都市连绵区)等都是城市地域空间组织的概念,是城市化进程中出现的新型功能地域结构形态的反映,这些概念的主要区别在于规模、实力、发展程度以及空间范围和形态等方面。②在许多情况下,"大都市区"和"(大)都市圈"可以相互通用,都是城市群和都市连绵区的基本构成单元。③城市群和都市连绵区是都市区发展到更高阶段的产物,城市群在内涵上与大都市带接近,只是在外延上要小于大都市带,可以看作大都市带发展的初级阶段,或者大都市区向都市连绵区发展过程中的过渡性形态。①

(三)城市群不同发展阶段的特征

城市群不同发展阶段的特征具体见表22-4。笔者认为经济带涵盖的地理区域属于城市群成熟发展阶段,具有其阶段的特征。

表22-4 城市群不同发展阶段的特征

指标阶段	雏形发育阶段	快速发育阶段	趋于成熟阶段	成熟发展阶段
城市化率	30%左右	30%—50%	50%—70%	70%以上
	增长速度较慢	增长速度最快	增长速度较稳定	区域内部动态平衡
城镇体系	不完善	较为完善	完善	完善
	城镇密度低	城镇密度较高	城镇密度继续提高	城镇密度趋于稳定
空间结构	松散	较紧密	紧密	最紧密
	基础设施不完善	基础设施较完善	基础设施完善	基础设施相当完善
空间作用	集聚作用占绝对优势	集聚作用为主,扩散作用为辅	集聚与扩散作用相平衡	扩散作用略占优势

---

① 洪世键、黄晓芬:《大都市概念及其界定问题探讨》,《国际城市规划》2007年第5期。

(续表)

指标阶段	雏形发育阶段	快速发育阶段	趋于成熟阶段	成熟发展阶段
城市分工	分工体系还未形成	分工体系开始形成	分工体系较为合理	分工体系完善
增长路径	外延式增长	外延式为主，内涵式为辅	内涵式为主，外延式为辅	内涵式增长
开发模式	增长级开发模式	点轴开发模式	点轴群开发模式	网络开发模式

资料来源：陈群元、喻定权：《我国城市群发展的阶段划分、特征与开发模式》，《现代城市研究》2009年第2期，第80页。

（四）都市区、都市圈和都市带相关特征比较

关于都市区、都市圈和都市带相关概念和特征的比较见表22-5。经济带的特征可以参考表中都市带的界定来理解。

表22-5 都市区、都市圈和都市带相关特征比较

	都市区	都市圈	都市带
人口规格	中心城市人口大于50万。	总人口大于500万、中心城市人口大于100万，次级城市人口大于50万。	总人口大于2 500万，中心城市人口大于400万，次级城市人口大于100万。
空间尺度	空间范围较小，无特别规定。	空间范围较大，半径在100公里以内。	空间范围庞大，面积5万—15万平方公里。
社会经济特征	中心城市与外围县市形成紧密联系的有机整体，外围县市非农化水平较高（非农业增加值占GDP比重在75%以上，非农业就业人口占就业总人口比重的50%以上，城镇人口比重占40%以上）。	外围城市与中心城市具有密切的合作关系；有发达的联系通道；中心城市GDP中心度大于45%，具有跨省际的城市功能。	城市间有密集的相互作用；区域城市化水平高，城乡融合；国家政治、经济和文化的核心区域；中心城市具有国际性功能。
空间结构特点	处于大城市地域空间组织的初级阶段；边界清晰，内部联系紧密，明显的二元结构；呈块状、带状、组团式等多种形态。	处于大城市地域空间组织的中级阶段；边界较清晰，内部联系较紧密，内部结构较复杂，多核心的圈层式结构；一般呈团块状。	处于大城市地域空间组织的高级阶段；边界模糊，内部联系较松散，内部单元各具特色，结构复杂，呈多核心、多节点的带状或环状。

资料来源：谢守红：《都市区、都市圈和都市带的概念界定与比较分析》，《城市问题》2008年第6期。

（五）城市群形成发展的几个阶段

城市群形成发展的几个阶段具体见图 22-3。笔者认为，此图中城市连绵系和经济带的内涵定义并不完全等同。不过结合图形给出的含义，城市连绵系的图形状态符合经济带的某些特征。

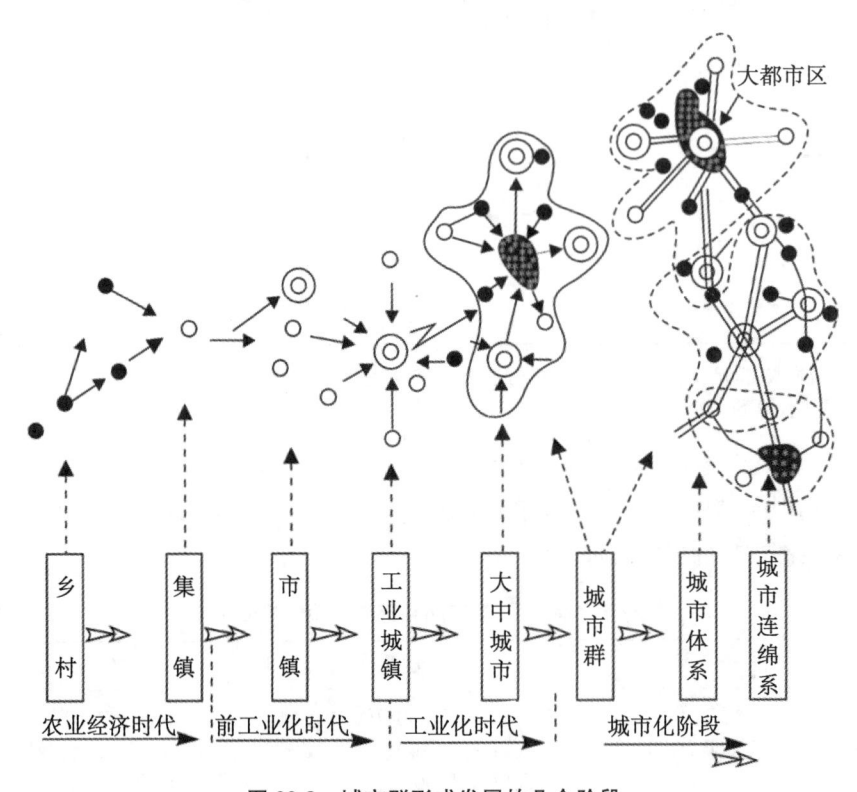

图 22-3　城市群形成发展的几个阶段

资料来源：姚士谋等：《中国城市群新论》，科学出版社 2016 年，第 15 页。

（六）城市群的主要特征[①]

城市群是由于生产要素和产业在空间集聚，形成产业和人口在特定区域双重极化的一种新的空间组织形态，其有如下主要特征：

1. 集聚性。城市群地区基本都是一个国家或地区城市化高度发达的地区，人口密度高、人口规模大。从城市群发展演变的历程看，它既不是组合城市，也不是大都市区，而是超越二者的一种特殊的空间组织形态。它是由于人口密集流动、信息高速公路发展以及高速铁路、通信电缆的遍布带来的相互联系，产生的一种在更大范围功能性城市区域的一部分。但在不同的国家，由于文化和规划体制不同，它的具体空间形式有差异。在美国，针对私人小汽车的普及，大城市的绿地区建设低密度、低调控性的"边缘城市"或"新中心城区"；在欧洲，是在通过绿带和其他形式进行约束的地区建设中等

---

① 黄征学：《城市群的概念及特征分析》，《区域经济评论》2014 年第 4 期。

规模的农村市场城镇或规划新城。但它们的共同点是人口规模都比较大。因为只有在特定地域范围内的人口规模超过一定的数量,才有可能形成集聚经济效应,也才能形成专业化的分工。如,美国东北部地区 2010 年的人口规模超过 5 200 万、五大湖地区人口超过 5 500 万,日本东海道城市群人口超过 7 000 万,英国中南部地区人口超过 3 600 万。

2. 网络性。交通网络体系发达是城市群非常重要的特征。它不仅促进了城市群内部的联系,对强化城市群"流动的空间"发挥了重要作用,而且改善了城市群的区域条件,产生了新的交通区位优势、新城市或城市功能区,从而影响了城市群产业空间结构。国外城市群大多拥有由高速公路、高速铁路、航道、通信干线、运输管道、电力输送网和给排水管网体系所构成的区域性基础设施网络,其中发达的铁路、公路设施构成了城市群空间结构的骨架。但初始条件不同,城市群内部选择的交通联系方式也有差异。如,美国东北部地区城际交通体系以高速公路为主,以轨道交通为辅;而日本东海道城市群建设了以新干线为主的快速轨道交通网,它可在 4 小时之内将京滨、中京、阪神工商业地带及中间城市有机地连接起来,使人员和物资流通环境大幅度改善。

3. 集群性。城市群内部的城市在竞合发展过程中,逐步形成城市功能明晰、产业垂直和水平分工合理,而且彼此间紧密联系的若干个产业聚集带和聚集区,共同参与全球产业竞争和经济竞争。如,美国东北部地区的纽约是全美的金融和商贸中心,有着最为发达的商业和生产服务业;波士顿集中高科技产业、金融、教育、医疗服务、建筑和运输服务业,其中高科技产业和教育是波士顿最具特色和优势的产业;费城港是美国最繁忙的港口之一,集装箱容量在北美各大港口中位居第二,港口发展带动了费城整个交通运输业的扩展,使费城成为美国东北部地区的交通枢纽;华盛顿市作为全美政治中心和世界大国首都,在国际经济中有着重要影响,全球性金融机构,如世界银行、国际货币银行和美洲发展银行的总部均位于华盛顿;巴尔的摩市区与华盛顿特区的接近使得它分享了很多联邦开支和政府采购合同,同时国防工业在巴尔的摩有了很大发展。

4. 开放性。城市群经济是一种高集聚、高能级、开放型的经济。中外城市群大都濒临海洋或交通运输枢纽,具有发展国际联系的最佳区位、优越的生产生活条件和巨大的消费市场,是连接海内外市场、利用国内外先进技术、参与国际分工的桥头堡。其拥有强大的内聚力和外张力,使城市群与其他单独的区域性中心城市相比,具有更强的经济吸引辐射能力和更高的经济外向度。如,美国的 11 个"巨型区"中,除五大湖区巨型区、皮埃蒙特大西洋巨型区和佛兰特山脉巨型区等 3 个不在沿海外,其余 8 个巨型区都在沿海地区,它们都通过沿海的港口城市,与世界经济体系融合紧密。尽管有 3 个巨型区不在沿海,但也都是美国外向型经济高度发达的地区。欧洲的 8 个巨型城市区也与世界各地经济联系非常紧密,经济体系也是高度开放的。如,伦敦是全球金融中心之一,阿姆斯特丹是全球航运中心,法兰克福是全球重要的航空枢纽等。

5. 共生性。城市群是不同规模结构和功能结构的城市相互作用而形成的共同体,在城市发展成熟的过程中,城市间的空间结构、产业布局、信息服务、基础设施、公共服务、政府管理与环境保护等都将通过外部效应产生相互影响,需要建立多元化的治理机制,促进城市群实现竞合共赢发展。特别是随着生态环境问题越来越突出,以及功能性城市区域基础设施共享的问题越来越迫切,城市之间的相互依赖显著增强。如美国11个巨型区域非常重要的合作事项就是生态环境的共同治理。我国城市群在发展中面临的生态环境压力逐步显现,依靠单个城市治理的效果越来越不明显,需要城市群内城市之间联防、联控、联治才可能发挥最大的效应。

(七) 结论性评述

经济带强调在某区域内随着经济社会的发展,依托某交通网络所形成的城市间经济联系和产业联系的经济特征。从世界范围的城市经济带的形成来看,在人口向城市集中的情况下,越来越多的城市因工业区位等原因在运输航道和铁路沿线等交通方便的地方迅速崛起,呈现出带状分布的特征。

经济带具有的基本优势如下:①经济带通过现代化交通网络连接,不会降低大城市的规模经济和集聚经济;由于是多中心的,可以防止单个城市过度化扩张带来的"城市病";城镇之间又是相对集中的,还可避免分散型城市化带来的土地浪费和物流成本上升。②经济带既是创造就业和人口居住的密集区,也是支撑经济发展、参与国际竞争的核心区。高密集城市群是一个庞大社会经济体系,能产生更大的聚集效应。③与绝对化的聚集相比,既有集中的优势或超大城市的优势,又避免了过分集中或城市过大的一些弊病,使得经济效益、社会效益和环境效益得以较好的统一,而且使三个效益相互促进,通过"强相互作用"和"连锁反应"产生可持续发展的力量。④培育城市群、打造经济带是推动区域经济发展、增强区域竞争力的有效途径。城市间形成功能和产业的分工互补、共生共赢的城市群形态转变。经济带是城市群发展到高级别的组织形式。

经济带具有的基本特征如下:①以都市区为基本单元,以若干个数十万以至百万人口以上的大城市为核心。②涵盖单个城市、城市圈、城市群、都市连绵区等多个城市组团模式。③强调的是城市分布的形态,但城市之间不一定存在密切联系。④强调依托于交通干线的带状分布结构,沿一条或多条交通干线大小城镇连续分布的巨型城市一体化地区。长轴呈带状发展,为产业和城市密集分布的走廊。⑤可吸纳较多的人口,城市化率达到70%以上,以第三产业为主导。⑥必须达到相当大的规模,人口在2 500万以上,各城市具有合理的层级联系,承担不同的功能,拥有发达的区域性基础设施网络。⑦规模庞大,内部结构复杂,具有高度密集的人口和频繁的城市经济活动。⑧在国家政治、经济、文化、金融、贸易等活动中发挥重要作用,是国家对内联系和对外联系的重要枢纽。在国家和世界经济中具有中枢作用。⑨既是巨型都市带(或称作大都市连绵区),也是密集的产业带,强调产业集聚和城市的集聚。⑩表现为产业、人口、设施在区域空间层次大规模的扩散,空间表现形式已不同于原先的"点",而是覆盖了相当范围的多层次的"面",在经济发达和城市发育的区域,已为一个个城市的辐射影响力所覆盖。⑪经济带包括不同等级和层次,各个层次客观地反映了不同等级的地域经济单元。⑫经济带通过复杂的物质流、信息流、人流与其他经济区保持密切联系。

三、地理经济学：交通经济带理论

经济带强调交通干线建设和交通综合输运能力对经济活动的引导和促进作用，下面结合地理经济学中关于交通方面的理论来具体分析经济带的特征。

（一）生长轴理论

以德国学者沃纳·松巴特（Werner Sombart）为代表在20世纪60年代初提出的生长轴理论，直接把交通运输与区域经济发展结合起来，并强调交通干线建设对经济活动的引导和促进作用。该理论认为，随着连接中心城市的重要交通干线（铁路、公路）的建设，将形成新的有利的区位，方便了人口的流动，降低了运输费用，从而降低了产品成本。新的交通干线对产业和劳动力具有吸引力，形成有利的投资环境，使产业和人口向交通干线集聚，产生新的工业区和居民点。以交通线为"主轴"将逐渐形成一条产业带，交通干线就是产业带形成的发展轴。①

（二）"点—轴系统"理论

1984年，中国科学院地理研究所陆大道研究员提出了"点—轴系统"理论。该理论以增长极理论和生长轴理论为基础，将二者有机地结合起来。点轴系统的"点"即中心城镇，是各级区域的集聚点，也是带动各级区域发展的中心城镇。点—轴系统的"轴"是在一定的方向上联结若干不同级别中心城镇而形成的相对密集的产业带或人口带。由于轴线及其附近地区已经有较强的经济实力和较大的潜力，又可称为"开发轴线"或"发展轴线"。而且这种发展轴线一般是指重要的线状基础设施（交通干线、能源输送线、水源线及通信干线等）经过的沿线地带。在这里，陆大道所论述的发展轴线或重点开发轴线实际上是一个线状的地带（Belt）。

"点—轴系统"理论认为，发展轴线由三部分组成：①以交通干线为主体的线状基础设施束；②发展的主体部分，即直接处于线状基础设施束或其交叉点上的城市、工矿区、港口、郊区农业及其他机械化农业设施等；③发展轴的直接吸引范围。生产力地域组织的开发模式是"点—轴渐进式扩散"，指在一定区域范围内，首先选择具有良好发展条件及前景的以交通干线为主的线状基础设施作为一定区域的主要发展轴线，重点优先开发该轴线及沿线地带内若干高等级优区位点或点域（城市及城市区域等）及周围地区。随着该发展轴及其附近发展轴经济中心实力不断增强，辐射及吸引范围不断扩展，干线会逐渐扩展自己的支线，支线又形成次级轴线和发展中心进一步扩展，促进次级区域或点域的发展，最终形成由不同等级的发展轴及其发展中心组成的具有一定层次结构的点—轴系统，从而带动整个区域发展。

（三）交通经济带理论②

2015年，孙久文等提出了交通经济带理论，该理论将交通经济带划分为以下三个

---

① 张文尝、金凤君、樊杰：《交通经济带》，科学出版社2002年版。
② 孙久文主编：《中国区域经济发展报告（2015）——新常态下的中国区域经济与经济带发展的理论与实践》，中国人民大学出版社2015年版，第29—32页。

时期,每个时期的形成进程和时期特征如下:

1. 起步雏形期。区域经济发展初期,连接各地的交通方式比较原始、单一,各中心地因彼此间客货交流障碍大而呈孤立分散、无等级体系状态,区域经济系统处于低水平均衡阶段,空间结构也以小地域范围内的封闭式循环为特征。随着新兴交通运输方式的引入,沿线矿产资源、农副产品资源迅速开发,沿线经济随之发展,人口迅速增加。区位条件比较优越的中心地(例如水陆枢纽或陆路交通连接点)依托沿线的农副产品、矿产资源的转运或加工首先成为近现代工业和商贸业的落脚之地,这些地区成为新的增长级,并逐渐成为区域的经济中心。区域内原有的城市、人口和生产力布局被打破,区域发展不平衡规律开始发挥作用,交通经济带的雏形逐步形成。

其突出特征为:①运输方式比较单一。②沿线物流多以内外交换为主,沿线各城镇之间的货物交流比较少,货种结构比较单一,输出货种以原料型货物为主。③沿线产业结构等级较低,以农业、食品、轻纺、采矿等原始加工型产业为主。④主中心的经济、社会、文化等智能的辐射范围仅局限在一定的空间内。此阶段理想化的空间模式见图22-4。

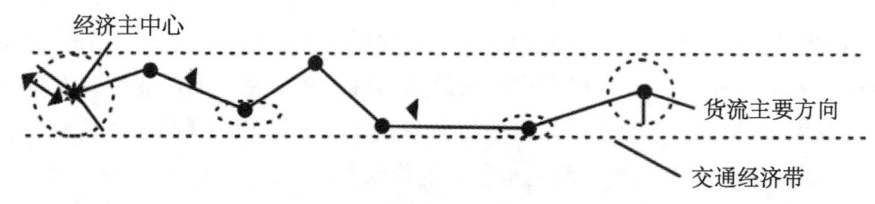

图 22-4 交通经济带起步雏形期发展模式

资料来源:孙久文主编:《中国区域经济发展报告(2015)——新常态下的中国区域经济与经济带发展的理论与实践》,中国人民大学出版社2015版,第29—32页。

2. 起飞膨胀期。随着运输方式的逐渐增加及运输能力的逐步提高,经济带与外部交流更加便利,与此同时,外部市场供需信息逐步被沿线地区获得并受到重视。依托交通线,立足生产环节之间的关联,以满足内部需要为特征的城镇联系日益紧密,区域内部的产业链、地域分工逐渐完善,城镇的数量迅速增加,其实力迅速增强,人口进一步向沿线地区聚集。经济带内区位条件优越、最先接受新兴技术、产业部门最先升级换代的城市逐渐发展成为新的经济主中心,该中心既可能是第一阶段经济主中心进一步极化后形成的,也可能是其他城市经济实力超过原经济中心后形成的,即此阶段有可能发生经济主中心转移的现象。围绕增长极和主导部门,经济中心的经济实力进一步增强,极化效应进一步增强,核心—边缘二元空间结构日益明显。

其突出特征为:①运输能力明显增强,与主轴线交叉的支线不断涌现,经济带影响范围显著拓展。②沿线物流内外交换和内部交流并重,沿线各城镇间的客货交流明显增加,货种结构日趋复杂,输出货种中,工业制成品的占比明显提高,输入货物仍以工业制成品为主。③沿线产业结构等级普遍提高,原料深加工型产业成为主导产业。④经济主中心地位提高,辐射范围明显扩大,主中心对其他地区的影响以梯度扩散形式为主。此阶段理想化的空间模式见图 22-5。

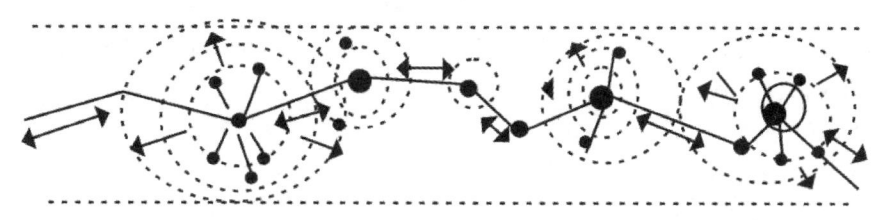

图 22-5　交通经济带起飞膨胀期发展模式

资料来源：同图 22-4。

3. 成熟扩展期。随着运输能力的进一步增强，大容量、高速度的综合运输通道逐渐形成，区域内外客货、信息交流更加便利。沿线产业升级、扩散进程大为加快，沿线城镇迅速扩大，经济带内部的城市职能分工更加明确，各大城市的卫星城不断涌现，扩散效应导致大城市郊区化过程明显，局部地段城市连绵区开始出现，经济带范围不断扩展。经济主中心作为贸易、金融、信息中心的智能和作为孵化器的智能日益重要，且能力更强，以等级扩散的方式沿交通线路向更远的城镇施加影响。

其突出特征为：①运输能力进一步增强，综合运输通道形成，经济带影响范围扩大。②沿线物流更加复杂，既包括内外交换、内部交流，又包括中心城市与卫星城间的交流，输出货种中，工业制成品已占明显优势，输入货物中以制成品、原材料为主。③沿线产业结构升级速度加快，第三产业成为主导产业，受本地资源禀赋的限制，利用经济带外部资源的企业数量日益增多。④经济主中心地位提高，主中心对其他地区的影响以扩散效应为主，其他中心城市地位亦相应提高，郊区化趋势导致城市界限开始衔接。此阶段理想化的空间模式见图 22-6。

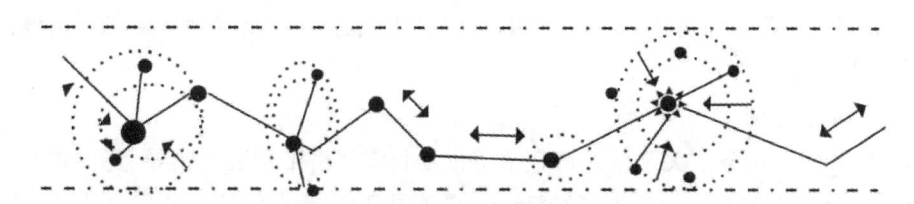

图 22-6　交通经济带成熟扩展期发展模式

资料来源：同图 22-4。

4. 融合消亡期。融合消亡期应该包括融合和消亡两种趋势。融合是指综合运输通道的能力进一步增强，集聚和扩散效应相伴产生，各中心城市经济腹地相互交叉，城市界限日益模糊，以综合运输通道为主干的城市连绵区逐渐形成，经济带内部形成由大、中、小城镇之间的交错联系而构成的均衡网络。与此同时，随着相邻交通经济带的不断发展壮大，各大经济带间出现了相互衔接、归并、融合的趋势。当众多交通经济带间的联系变得日益紧密时，更大范围地域内的均质性共同体得以重建。融合阶段出现的前提是地域内交通通道建设的高度完善引致的流通和经济增长的均质性。消亡则是由于运输技术的落后,交通综合运输能力下降,或该经济带受区位条件、区域发展政策等因素的影响,经济带的实力逐步萎缩,城镇建设、产业升级逐步减慢,与邻近交通经济带的差距迅速拉大,人口、资金、信息等区域经济发展因素逐渐向其他经济带转移,从而导致该经济带逐渐消亡。

第三节 案例剖析

本节具体以长江经济带、"一带一路"这两个经济带为具体案例进行剖析和研究。

一、长江经济带

推动长江经济带发展是党中央作出的重大决策,是关系国家发展全局的重大战略,对实现"两个一百年"奋斗目标、实现中华民族伟大复兴的中国梦具有重要意义。

(一) 历史沿革

长江经济带发展战略的主要相关政策文件目录如下:

1. 发布日期:2014年9月25日,国发〔2014〕39号,《国务院关于依托黄金水道推动长江经济带发展的指导意见》。

2. 发布日期:2016年5月25日,国函〔2016〕87号,《国务院关于长江三角洲城市群发展规划的批复》。

3. 2016年,新华社北京9月11日电 《长江经济带发展规划纲要》近日正式印发。

4. 2018年,新华社北京6月15日电 中共中央总书记、国家主席、中央军委主席习近平《在深入推动长江经济带发展座谈会上的讲话》单行本,已由人民出版社出版,即日起在全国新华书店发行。

5. 2019年,新华社北京12月1日电 中共中央、国务院印发了《长江三角洲区域一体化发展规划纲要》。

(二) 战略定位

1. 2014年,《国务院关于依托黄金水道推动长江经济带发展的指导意见》提出:"战略定位:①具有全球影响力的内河经济带。②东中西互动合作的协调发展带。③沿海沿江沿边全面推进的对内对外开放带。④生态文明建设的先行示范带。"

2. 2016年,《中华人民共和国国民经济和社会发展第十三个五年规划纲要》提出:"推进长江经济带发展:坚持生态优先、绿色发展的战略定位,把修复长江生态环境放在首要位置,推动长江上中下游协同发展、东中西部互动合作,建设成为我国生态文明建设的先行示范带、创新驱动带、协调发展带。"

(三) 基本概况

长江经济带覆盖上海、江苏、浙江、安徽、江西、湖北、湖南、重庆、四川、云南、贵州等11个省市。面积约205.23万平方公里,占全国的21.4%。地区生产总值占全国的44.76%,人口数占全国的42.91%。长江经济带社会经济基本情况及其与全国对比见表 22-6。

表 22-6　长江经济带社会经济基本情况及其与全国对比

	地区生产总值（亿元）	人均地区生产总值（元）	人口数（万人）	居民人均可支配收入（元）
全国	900 309	64 644	139 538	28 228
长江经济带	402 980	67 306	59 873	29 165
长江经济带占全国的比例（%）	44.76	104.12	42.91	103.32
上海	32 679	140 211	2 424	64 182
江苏	92 595	115 168	8 051	38 095
浙江	56 197	134 982	5 737	45 839
安徽	30 006	47 712	6 324	23 983
江西	21 984	47 434	4 648	24 079
湖北	39 366	66 616	5 917	25 814
湖南	36 425	52 949	6 899	25 240
重庆	20 363	65 933	3 102	26 385
四川	40 678	48 883	8 341	22 460
云南	17 881	37 136	4 830	18 430
贵州	14 806	41 244	3 600	20 084

资料来源：根据《中国统计年鉴 2019》数据整理计算。

（四）空间布局

空间布局是落实长江经济带功能定位及各项任务的载体，也是长江经济带规划的重点。经反复研究论证，形成了"生态优先、流域互动、集约发展"的思路，提出了"一轴、两翼、三极、多点"的格局。

1."一轴"是指以长江黄金水道为依托，发挥上海、武汉、重庆的核心作用，以沿江主要城镇为节点，构建沿江绿色发展轴。突出生态环境保护，统筹推进综合立体交通走廊建设、产业和城镇布局优化、对内对外开放合作，引导人口经济要素向资源环境承载能力较强的地区集聚，推动经济由沿海溯江而上梯度发展，实现上中下游协调发展。

2."两翼"是指发挥长江主轴线的辐射带动作用，向南北两侧腹地延伸拓展，提升南北两翼支撑力。南翼以沪瑞运输通道为依托，北翼以沪蓉运输通道为依托，促进交通互联互通，加强长江重要支流保护，增强省会城市、重要节点城市人口和产业集聚能力，夯实长江经济带的发展基础。

3."三极"是指以长江三角洲城市群、长江中游城市群、成渝城市群为主体，发挥辐射带动作用,打造长江经济带三大增长极。长江三角洲城市群。充分发挥上海国际大都市龙头作用,提升南京、杭州、合肥都市区国际化水平,以建设世界级城市群为目标,在科技进步、制度创新、产业升级、绿色发展等方面发挥引领作用,加快形成国际竞争新优势。长江中游城市群。增强武汉、长沙、南昌中心城市功能,促进三大城市组团之间的资源优势互补、产业分工协作、城市互动合作,加强湖泊、湿地和耕地保护,提升城市群综合竞争力和对外开放水平。成渝城市群。提升重庆、成都中心城市功能和国际化水平,发挥双引擎带动和支撑作用,推进资源整合与一体发展,推进经济发展与生态环境相协调。

4. "多点"是指发挥三大城市群以外地级城市的支撑作用,以资源环境承载力为基础,不断完善城市功能,发展优势产业,建设特色城市,加强与中心城市的经济联系与互动,带动地区经济发展。

二、"一带一路"

"一带一路"(The Belt and Road)是"丝绸之路经济带"和"21世纪海上丝绸之路"的简称。共建"一带一路"正在成为我国参与全球开放合作、改善全球经济治理体系、促进全球共同发展繁荣、推动构建人类命运共同体的中国方案。

(一)历史沿革

2013年9月7日,国家主席习近平在哈萨克斯坦纳扎尔巴耶夫大学发表题为《弘扬人民友谊 共创美好未来》的重要演讲。习近平提出,为了使欧亚各国经济联系更加紧密、相互合作更加深入、发展空间更加广阔,我们可以用创新的合作模式,共同建设"丝绸之路经济带",以点带面,从线到片,逐步形成区域大合作。

2013年11月,党的十八届三中全会通过的《中共中央关于全面深化改革若干重大问题的决定》明确指出:"推进丝绸之路经济带、海上丝绸之路建设,形成全方位开放新格局。"

国家发展改革委、外交部、商务部于2015年3月28日联合发布了《推动共建丝绸之路经济带和21世纪海上丝绸之路的愿景与行动》。

2017年10月18日,习近平总书记在党的十九大报告中指出:"要以'一带一路'建设为重点,坚持引进来和走出去并重,遵循共商共建共享原则,加强创新能力开放合作,形成陆海内外联动、东西双向互济的开放格局。"

(二)战略定位

1. 打造国际合作新平台。中国坚持对外开放的基本国策,坚持打开国门搞建设,积极促进"一带一路"国际合作,打造国际合作新平台,增添共同发展新动力。

2. 五通。推进"一带一路"建设的五大领域,分别为政策沟通、设施联通、贸易畅通、资金融通、民心相通。

3. 三大原则。共建"一带一路"秉持共商、共建、共享的原则。

4. 扩大开放的重大战略举措。"一带一路"建设是扩大开放的重大战略举措和经济外交的顶层设计,要找准突破口,以点带面、串点成线,步步为营、久久为功。

5. 本质是实现世界经济再平衡。以"一带一路"建设为契机,开展跨国互联互通,提高贸易和投资合作水平,推动国际产能和装备制造合作,通过提高有效供给来催生新的需求,实现世界经济再平衡。

6. 核心内容是促进基础设施建设和互联互通。对接各国政策和发展战略,深化务实合作,促进协调联动发展,实现共同繁荣。

(三) 基本概况

5 年来,共建"一带一路"倡议在世界范围内从容铺展,编织出了沿线国家深化交往的全新图景,不仅推动了我国对外开放发展,也为沿线国家和地区带来新的发展机遇。截至 2018 年年底,我国已与 122 个国家和 29 个国际组织签署了 170 份合作文件;一批基础设施重点项目扎实推进,中欧班列累计开行数量达 1.3 万列,通过欧洲 15 个国家49 个城市;与沿线国家货物贸易从 2014 年起至 2018 年累计超过 5 万亿美元;11 家中资银行在 27 个沿线国家设立 71 家一级机构;与 60 多个沿线国家签订文化合作协议,在沿线国家举办境外办学机构和项目 85 个。[①]

(四) 空间布局

从"一带一路"的愿景规划来看,要想打通亚太经济圈与欧洲经济圈之间的经济通道,不可能平行用力,必须首先沿铁路、公路、航空和能源管线等交通线路,建设沿线路域经济走廊,实行以点带面,从线到片,依托纵横交错、贯通四方的交通网,开发若干经济走廊。这六大经济走廊是:①中蒙俄经济走廊;②新亚欧大陆桥经济走廊;③中国—中亚—西亚经济走廊;④中国—中南半岛经济走廊;⑤中巴经济走廊;⑥孟中印缅经济走廊。

第四节 对策与建议

经济带发展的对策与建议有以下六点:

1. 突破行政区划障碍,强化区域合作发展。政府应完善重大区域发展战略与规划的实施机制,协调各区域、各部门利益及关系,本着自主原则、整体性原则和经济效益原则,打破部门、地域界限,推动城市间、地区间的规划联动、产业联动、市场联动、交通联动和政策法规联动,整合区域资源。围绕重点领域逐步建立健全推动经济带区域一体化发展的体制机制。

2. 随着经济带区域的发展,其空间结构会发生从点到轴再到网络的演化,城市是其中的节点。由此构成增长极的辐射带动作用以及城乡协调互动发展等实现的载体。发展应该有所选择,从条件优越的重点城市开始,逐渐扩大范围。

3. 将来国际竞争的真正据点是城市群,城市群高级别则发展为经济带。具体来

---

① 国务院研究室编写组:《2019 政策热点面对面》,中国言实出版社 2019 年版,第 206 页。

说：①形成合理的城市功能、城市结构和城市网络；②建立城市群经济一体化的理念与机制；③建立城市群优化分工与协调的统一竞争规则；④以产业群和产业链为依托融入经济全球化过程；⑤培育功能强大的中心城市，发挥增长级扩散效应，强化核心城市辐射作用。

4. 通过经济带的基础设施建设缩短区域之间的时空距离。区域统一的基础设施是经济带发展的硬性必要条件。通过统一规划、区域之间相互衔接和协调的基础设施，解决区域之间可达性的问题，降低资源要素流动的阻力，使得大范围的资源优化配置成为可能。要素流动性的增强还能产生新的互动，促进整个区域的发展。

5. 构建现代化的综合交通运输体系。交通是区域经济联系的纽带，是区域经济发展的基础条件，而区域空间内不同层次空间的分工和联系也主要依赖于核心区向边缘区的辐射通道，交通基础设施的完善是区域内辐射通道的基础。大力发展综合交通，完善交通基础设施，提高交通运输能力。统一合理规划交通布局，消除区域差异，促进区域一体化。

6. 通过产业分工与合作实现差异化的竞争优势。基于产业集群、经济基础和区位优势统一规划区域内的产业布局，形成差异化的竞争格局。需要注意的是产业规划在发挥地方积极性的同时，要坚决避免重复建设、产能过剩、结构趋同的发生。

参考文献

John Friedman, *Regional Development Policy: A Case Study of Venezuela*, Cambridge: The MIT Press, 1966.

陈才：《区域经济地理学》，科学出版社2009年版。

陈美玲：《城市群相关概念的研究探讨》，《城市发展研究》2011年第3期。

陈群元、喻定权：《我国城市群发展的阶段划分、特征与开发模式》，《现代城市研究》2009年第2期。

《城市群》，https://baike.baidu.com/item/％E5％9F％8E％E5％B8％82％E7％BE％A4/4291670?fr=aladdin，2020年6月1日。

崔功豪、魏清泉、刘科伟：《区域分析与区域规划》，高等教育出版社2006年版。

董利民：《城市经济学》，清华大学出版社2016年版。

顾朝林等：《中国城市地理》，商务印书馆1999年版。

国务院研究室编写组：《2019政策热点面对面》，中国言实出版社2019年版。

洪世键、黄晓芬：《大都市概念及其界定问题探讨》，《国际城市规划》2007年第5期。

黄征学：《城市群的概念及特征分析》，《区域经济评论》2014年第4期。

刘艳芳等编著：《经济地理学：原理、方法与应用》，科学出版社2017年第2版。

陆大道：《区域发展及其空间结构》，科学出版社1998年版。

陆玉麟：《区域发展中的空间结构研究》，南京师范大学出版社1998年版。

聂华林、赵超:《区域空间结构概率》,中国社会科学出版社2008年版。

宁越敏:《中国都市区和大城市群的界定——兼论大城市群在区域经济发展中的作用》,《地理科学》2011年第3期。

《区域经济空间结构理论1详解.ppt》,https://max.book118.com/html/2016/0514/42983055.shtm,2020年6月1日。

孙久文主编:《中国区域经济发展报告(2015)——新常态下的中国区域经济与经济带发展的理论与实践》,中国人民大学出版社2015年版。

肖枫、张俊江:《城市群体经济运行模式——兼论建立"共同市场"问题》,《城市问题》1990年第4期。

谢守红:《都市区、都市圈和都市带的概念界定与比较分析》,《城市问题》2008年第6期。

杨上广:《长三角经济空间组织的演化》,上海人民出版社2011年版。

姚士谋等:《中国城市群新论》,科学出版社2016年。

曾菊新:《空间经济:系统与结果》,武汉出版社1996年版。

张文尝、金凤君、樊杰:《交通经济带》,科学出版社2002年版。

张晓明:《长江三角洲巨型城市区特征分析》,《地理学报》2006年第10期。

第二十三章 国家生态功能区发展

国家生态功能区是国家层面上限制高强度大规模城市化、工业化开发的区域，主要包括水源涵养、水土保持、防风固沙和生物多样性四种生态功能区。为优化我国国土空间布局，实现区域可持续发展，国家《"十一五"规划纲要》正式提出实施全国主体功能区划，国务院印发的《全国主体功能区划》方案明确国家生态功能区要以增强生态功能为首要发展目标，要在国土空间开发的过程中提高生态产品的供给质量和供给能力。国家生态功能区发展是在促进人与自然和谐共生的条件下维护生态文明建设，推动区域经济社会协调发展的重要保障。本章国家生态功能区发展由生态功能区概述、生态环境保护和经济社会发展、生态功能区保护、国家风景名胜区发展、国家公园五节构成。核心是讨论生态功能区概念、生态环境保护和经济社会发展的关联及生态环境保护的主要内容、生态功能区类型，以及国家风景名胜区发展和国家公园及其管理等方面内容。

第一节 生态功能区概述

功能区是指具有某种主要的特定功能的空间单元，一定的国土空间内可以具有多种功能，但必有一种能够代表本地区特征的主导功能；主导功能是该地区多种功能中起决定作用的功能。地区的主导功能由地区的资源环境条件、社会人文、经济基础等因素决定，不同地区的自然环境、生态系统特征、社会经济发展水平不同，地区的承载能力、开发程度和发展潜力也各不相同，因此其主体功能也不尽相同。

"十一五"期间国家发改委正式提出主体功能区概念，将国土空间分为优化开发区、重点开发区、农产品主产区（限制开发）、重点生态功能区（禁止开发）等四类主体功能区。在此基础上按社会公平、共同发展的原则,在《全国主体功能区划》中明确划定了各功能区的范围、功能定位及发展方向,制定了差别化的分类管理的区域政策。各地区依据主体功能区划对其区域空间开发格局加以重新布局。不同的主体功能区相互分工、相互协作,共同发展、共同富裕,进而实现国家层面上整体最优。

在"主体功能区"概念提出之前,国土开发强调的是"因地制宜""可持续发展""协调发展",然而在对具体的国土区域进行开发目标定位时,"经济增长"往往是各地国土开发的主要目标。如此多层面的区域开发建设中经济增长作为区域国土开发的主要目标时,宏观、中观、微观层面之间必然出现难以协调的矛盾,这种矛盾表现为适宜经济开发的区域难以解决跨区域环境问题,应该进行生态保护的区域难以全力以赴实施生态保护战略等。各区域各自为政,缺乏协调发展,问题严重时造成不少地区出现不可持续发展问题。主体功能区的提出要求区域开发在考虑地区经济社会发展的同时,还要考虑环境承载力要求,使区域经济、社会、生态需求都能得到表达。这种转变使区域开发转向"功能导向",改变了以往区域开发分区划片的问题。区域开发向"功能导向"转变其制定的区域管制规则,使之跨越行政区,强调主体功能,表达整体协调发展的愿望,具有将多层次、多类别区域有机整合的统一体系的重要作用,有效减少了以往单纯追求经济增长所产生的各种问题。

生态功能区是在涵养水源、保持水土、防风固沙、维系生物多样性等方面起到重要作用的地区,它包括水源涵养型、水土保持型、防风固沙型和生物多样性维护型四种类型,是区域发展空间均衡形成的特定功能区域,是"开发"与"保护"双重功能的复合。由于生态功能区关系着较大范围地区的生态安全,一般来讲规划中生态功能区定位为限制开发区域。特别是生态系统已经遭到很大破坏的情况下,需要在国土开发的过程中限制一部分地区进行大规模的、高强度的工业化、城镇化建设。如天然草地、林地、水库、河流、湖泊水面等绿色生态空间,通过定位生态功能区进行建设和保护可有效解决因人类活动而减少等问题。在生态功能区实行严格的产业准入政策,在项目落地之前严把审核关,在现有的城镇布局上要集约开发、集中建设,并选择在承载能力相对较强的区域发展,并加强道路、水电、污染处理等基础设施的建设。通过以上措施,有望使全国的生态环境质量明显改善,产业结构更加优化,人口分布更加集约,人口质量更加提高,人民生活更加美满。

我国各地区的生态环境资源条件千差万别,不可能按照同一模式进行发展,主体功能区是根据国家的整体发展战略提出的,符合我国的发展情况。各地区针对国土开发可根据实际制定地区的主体功能区划,其中生态功能区的发展建设对促进区域协调发展、实现人口经济合理布局、提高区域调控水平、增强国家宏观调控能力、实现可持续发展、提高资源利用效率,以及坚持以人为本、实现公共服务均等化都发挥积极作用。国家生态功能区发展将构筑我国长远的、可持续的发展蓝图,将影响未来人口和产业的集聚、保障生态和资源的安全格局、提升国家实力。

第二节 生态环境保护与经济社会发展

一、相关理论

(一) 区位理论与区域经济发展理论

区位理论是在经济学理论基础上讨论研究经济活动的空间选择问题,它着眼于于人类活动的区位选择,分析了人类活动区位选择形成因素与条件,对其发展规律进行了预测。同时区位理论还是研究各种人类经济活动的最佳布局的理论,区位理论具有经济学和地理学的特点。19 世纪初到 20 世纪 40 年代,以德国农业经济学家杜能(Johann Heinrich von Thunen)的农业区位论、德国经济地理学家韦伯(A.Weber)的工业区位论、德国地理学家瓦尔特·克里斯塔勒(Walter Christaller)的中心地理论和德国地理学家廖什(A.Losch)的市场区位论为代表的区位理论,不仅从空间与资源市场关系方面对经济现象进行了定量研究,还对人文地理理论的完善和应用领域的拓展起到了有力的推动作用。

20 世纪 50 至 70 年代,区域经济发展理论针对"二战"后发展中国家的贫穷落后、资本稀缺,以及面临经济结构失衡,部门和地区间资源配置不合理,发展的不协调等问题开展讨论,希望指导这些地区通过制定区域政策促进区域的经济发展。同时区域经济发展理论也关注了各区域经济趋同或趋异问题。代表性的理论有:沃纳·松巴特(Wemer Sombart)提出的生长轴理论,法国著名经济学家弗朗索瓦·佩鲁(Francois Perroux)提出的增长极理论,费里德曼提出的中心—外围理论,以及波兰经济学家萨伦巴(Zaremba)和马利士(Malish)提出的点轴开发理论等。区域经济发展理论的着眼点是促进区域一体化,加强区域一体化与区外其他区域经济网络的联系。此外区域经济发展理论还主张经济发展在空间上协调及强调区域经济不平衡,其理论包括城市圈层经济理论,以及区域经济传递理论和区域经济辐射理论。这些理论以区域开放的视角,进行区域经济发展不平衡分析,指出不平衡的发展趋势包括有待开发阶段、成长阶段、成熟阶段和高级化阶段。

(二) 生态经济学理论与可持续发展理论

生态经济学和可持续发展理论作为区域可持续发展理论的基础,分别从两个不同角度探讨研究了经济增长与资源环境所有的密切的关系。

生态经济学理论从经济学角度,同时从人、自然、社会经济发展融合的角度,在经济学中融入了对生态的思考,构成经济发展框架,着重研究其相互促进和影响的作用和效果。1866 年德国生物学家恩斯特·海克尔(Ernst Haeckel)首次提出"生态学"概念,之后生态学逐步发展成为一门以揭示自然现象及自然规律,研究生物与环境(包括生物环境和非生物环境)、生态系统间的依存关系、互相影响的状态,并指导人类改造和利用自然资源,促进社会进步的独立学科。作为理论,生态学主要研究生物与自身和环境间的关系。随着人口、资源、环境等问题的日益凸显，生态学一词以及生态环境保护等概念等已被各国政府、研究机构以及普通民众重点关注，政府和学者们均希望通过生态学理论的研究来解决社会经济发展和生态环境之间的矛盾。因此生态经济学从最广泛的视角看待生态系统和经济系统之间的关系，认为人和自然可以形成相互促进、相互矛盾、长期对立三种状态。生态经济学理论寻求既符合自然要求又能够保证经济增长的良性平衡，即生态与经济均可持续发展。生态经济学理论将是指导社会、经济与自然可持续发展的基础理论。

可持续发展理论是从人类对环境问题的认识而逐渐演变形成的，其主要观点是经济的可持续发展应建立在生态可持续与社会可持续发展的基础之上，要确保各种经济活动的生态合理性，既要满足当代人类现实需要，又要保护资源和生态环境，不对后代人的生存和发展构成威胁。在发展指标上，可持续发展不再单纯用国民生产总值作为衡量地区发展的唯一指标，而是用社会、经济、文化、环境等多项指标来衡量发展，从而实现眼前利益与长远利益、局部利益与全局利益有机结合，使资源能够实现永续利用。可持续发展以自然资源为基础，可以通过适当的经济手段、技术措施和政府干预，实现经济发展同环境承载能力相协调，减少自然资源的耗竭速率。可持续发展以提高生活质量为目标，强调单纯追求产值的经济增长不能体现发展的内涵，经济发展应与社会进步相适应。可持续发展承认自然资源及环境的价值，这种价值不仅体现在自然资源与环境对经济系统的支撑和服务价值上，也体现在自然资源与环境对生命支持系统的不可缺少的存在价值上。

二、生态环境保护的主要内容

生态环境保护是一项政府重视，由上自下，并需要广大人民群众的共同参与进行落实的基本国策。

从国家层面看，国家生态功能区保护的主要内容是针对生态环境存在的问题采取措施减少土地荒漠化，加强植树造林，保持水土；合理资源利用，减少浪费，防治污染，以及减少有害气体排放，减缓全球变暖和植树造林，防止环境恶化等。生态环境保护的具体措施主要包括完善公共财政体系，建立财政转移支付开展生态补偿，促进绿色产业发展，改善生态与社会经济关系，加强生态文明建设，实施生态安全评价等。其中完善公共财政体系，建立财政转移支付开展生态补偿是指"坚持谁受益、谁补偿原则，完善对重点生态功能区的生态补偿机制，推动地区间建立横向生态补偿制度"。对开展生态林保护、防护林保护、草原保护、湿地保护的单位与个人给予补偿，对承担保护责任的地方政府进行财政补贴，给承担保护责任的个人和集体进行经济补偿，减少生态环境保护地区及个人的经济损失，鼓励生态环境保护。促进绿色产业发展，改善生态与社会经济关系就是产业方面树立生态系统观念，力争构建资源节约型的产业结构体系，推广资源节约型生产技术，减少生产对生态环境的破坏。同时倡导绿色环保消费理念，正确处理人类消费理念与自然资源的关系，逐渐形成关爱生态、环境友好的消费意识、消费模式以及消费习惯。通过这些措施加强地区的交通、水利、通信信息等公共基础设施的建设,缩小城乡差距、地区差距和促进基本公共服务均等化。

从地区层面看,国家生态功能区保护的主要内容是各地区响应国家基本战略,将生态环境保护列入地方发展策略之中推行的各项措施,如以草定畜、退牧还草、重点治理水土流失,维护或重建湿地、森林、草原等生态系统,恢复退化植被,禁止毁林开荒、开垦草原、陡坡垦殖、过度放牧、无序采矿,对于江河的源头以及上游地区,要加强小流域治理和植树造林,减少面源污染,大力推行节水灌溉技术和雨水集蓄利用工程,发展旱作节水农业,加强对能源、矿产资源开采项目的监管,加大矿山环境的修复力度,禁止滥捕滥采野生动植物,保持并恢复野生动植物物种和种群的数量与平衡,加强防御外来物种入侵的能力等。由于各地区生态环境差异大,生态环境问题不完全相同,各地区开展的生态环保工作主要根据各地区生态环境实际,做出符合地区实际的保护案,解决当地的生态环境问题。

三、生态环境保护与经济发展的关系

生态环境保护与经济发展的关系长期以来存在着多种不同认识:一种观点认为生态环境保护和经济增长处于矛盾的状态,认为经济增长对资源的需求是无限的,而自然资源及环境生产力的供给是有限的。基于这一观点,经济的发展总会给生态环境带来影响,造成污染,而保护生态环境总要占用一定数量的资源,会对经济发展产生影响。另一种看法认为生态环境保护与经济发展的关系是辩证统一的。持有这一观点的主张是,不能把生态环境保护和经济发展割裂和对立起来,要正确把握生态环境保护和经济发展的关系。因为经济与生态有着不可分割的内在有机联系,一方面自然界是人们经济活动的场所,而经济系统又是人类生态系统的一个子系统,不能独立于自然生态系统之外,其发展受生态系统的制约;另一方面经济发展依赖于自然环境,反过来又会影响生态系统的变化,影响经济系统与生态系统之间的关系。简而言之,持经济发展与保护生态环境具有辩证关系的主张认为只有生态环境系统源源不断地为经济系统提供物质和能量,才能使经济增长成为可能;同时,保护生态环境离不开经济发展,因为良好的环境质量只有在适宜的经济结构和经济秩序下才能达到,治理污染和保持良好的环境需要技术和资金,这就必须依靠经济实力的支撑。不论哪种认识,现实中的各种资源都是有限的,人类会随着发展而对自然资源产生越来越大的需求,环境的压力也会随之增大。因此人类必须实现生态环境与经济发展的和谐共处,从长远的角度来看,兼顾经济发展的需求与环境的最大承载力,才能实现可持续发展。

第三节 我国生态功能区类型

一、国家生态功能区

根据《全国主体功能区划》,我国现有重点生态功能区 25 个,分别是大小兴安岭森

林生态功能区、长白山森林生态功能区、阿尔泰山地森林草原生态功能区、三江源草原草甸湿地生态功能区、若尔盖草原湿地生态功能区、甘南黄河重要水源补给生态功能区、祁连山冰川与水源涵养生态功能区、南岭山地森林及生物多样性生态功能区、黄土高原丘陵沟壑水土保持生态功能区、大别山水土保持生态功能区、桂黔滇喀斯特石漠化防治生态功能区、三峡库区水土保持生态功能区、塔里木河荒漠化防治生态功能区、阿尔金草原荒漠化防治生态功能区、呼伦贝尔草原草甸生态功能区、科尔沁草原生态功能区、浑善达克沙漠化防治生态功能区、阴山北麓草原生态功能区、川滇森林及生物多样性生态功能区、秦巴生物多样性生态功能区、藏东南高原边缘森林生态功能区、藏西北羌塘高原荒漠生态功能区、三江平原湿地生态功能区、武陵山区生物多样性与水土保持生态功能区、海南岛中部山区热带雨林生态功能区。国家重点生态功能区是指与国家或较大范围区域的生态安全密切相关，生态系统十分重要，且当前生态系统有所退化，在国土空间开发中需要限制开展大规模高强度城镇化开发、工业化，需保持和提高生态产品供给能力的区域，[1]国家重点生态功能区以草地、森林及荒漠生态系统为主，根据2015年数据，我国的重点生态功能区，草地生态系统面积为 $136.52×10^4$ 平方公里，占国家重点生态功能区面积的 35.87%；森林生态系统面积为 $87.72×10^4$ 平方公里，占国家重点生态功能区面积的 23.05%；荒漠生态系统面积为 $63.97×10^4$ 平方公里，占国家重点生态功能区面积的 16.81%；其他生态系统面积为 $36.94×10^4$ 平方公里，占国家重点生态功能区面积的 9.71%；农田生态系统面积为 $33.83×10^4$ 平方公里，占国家重点生态功能区面积的 8.89%；水体与湿地生态系统面积为 $19.75×10^4$ 平方公里，占国家重点生态功能区面积的 5.19%；聚落生态系统面积为 $1.9×10^4$ 平方公里，占国家重点生态功能区面积的 0.5%。[2]从规模上看，国家重点生态功能区的总面积占我国陆地国土面积的 39.33%。从分布上看，分布在山地多、平原少、生态环境相对脆弱的西部地区的国家重点生态功能区是 16 个，其总面积为占国家重点生态功能区总面积的 75.55%。国家生态功能区的划分及其功能评估主要基于遥感（RS）和地理信息系统（GIS）技术的支持，更主要的是根据采用系数法进行的相关估算。

二、生态功能区类型

我国的生态功能区分为水源涵养功能区、土壤保持功能区、防风固沙功能区、生物多样性保护功能区四类。除此之外还有一些研究将洪水调蓄功能区、农田生态功能区乃至人文生态功能区也列入生态功能区的类型当中。

水源涵养功能区。水源涵养功能区是指我国重要河流上游的水源补给区，它包括国家重点生态森林、草地、湿地等生态系统。我国现有水源涵养型功能区约为 113 万平方公里，分布区域主要包括黑龙江、松花江、东西辽河，滦河，淮河，珠江（东江、西江、北

---

[1] 国家发展和改革委员会:《全国及各地区主体功能区规划》，人民出版社 2015 年版。
[2] 刘璐璐、曹巍、吴丹等:《国家重点生态功能区生态系统服务时空格局及其变化特征》，《地理科学》2018 年第 9 期，第 1508—1515 页。

江)的上游,渭河、汉江和嘉陵江上游,长江—黄河—澜沧江三江源区,黑河和疏勒河上游,塔里木河、雅鲁藏布江上游,以及南水北调水源区和密云水库上游等国家重要水源涵养区域。

土壤保持功能区。我国重要的土壤保持型功能区主要分布在黄土高原、三峡库区、金沙江干热河谷、西南石漠化地区、西藏自治区东南部等区域。其中分布在大兴安岭东南地区、江南红壤丘陵区、四川盆地东部丘陵和盆周山地地区、阴山山脉西部地区、横断山地区、西藏自治区东南部和新疆维吾尔自治区的天山山脉西段、北麓,以及塔里木河南段的土壤保持功能区面积约61.2万平方公里;分布在太行山东部、西藏自治区东部、青海省东南部、大兴安岭中部、东北平原大部、山东半岛等广大地区的土壤保持型功能区面积约为97.5万平方公里。

防风固沙功能区。全国重要的防风固沙功能区主要分布在内蒙古浑善达克沙地、呼伦贝尔西部、科尔沁沙地、毛乌素沙地、河西走廊和阿拉善高原西部、黑河下游、柴达木盆地东部、准格尔盆地周边、塔里木河流域,以及京津风沙源区和西藏"一江两河"(雅鲁藏布江、拉萨河、年楚河)等地区,防风固沙功能区的面积为95.1万平方公里。

生物多样性保护功能区。不同地区保护生物多样性的价值取决于濒危珍稀动植物的分布,以及典型的生态系统分布,我国中东部生物多样性保护功能区域主要包括西双版纳、海南岛中部山区、川西高山峡谷地区、藏东南地区、横断山脉中部、滇西北地区、武陵山地区、巴山区、十万大山地区、祁山南部地区、江苏省北部沿海滩涂湿地、洞庭湖和鄱阳湖湿地等地区,面积为37.2万平方公里。东北部生物多样性保护重要区域面积为139.5万平方公里,主要包括小兴安岭北部、三江平原、长白山、大兴安岭北部、浙闽山地、南岭地区和三江源地区。

洪水调蓄功能区。主要考虑具有滞纳洪水、调节洪峰的湖泊湿地生态系统。全国防洪蓄洪重要区域主要集中在一、二级河流下游蓄洪区,其面积为3.6万平方公里,分布在淮河、长江、松花江中下游蓄洪区及其大型湖泊等。

农田生态功能区。农田生态功能区主要是指提供粮食、油料、肉、奶、水产品、棉花、木材等农林牧渔业初级产品的功能区域。根据国家商品粮基地分布特征,农田生态功能区主要有南方高产商品粮基地、黄淮海平原商品粮基地、东北商品粮基地和西北干旱区商品粮基地。南方高产商品粮基地包括长江三角洲、江汉平原、鄱阳湖平原、洞庭湖平原和珠江三角洲;淮河平原商品粮基地包括苏北和皖北两个地区;东北商品粮基地包括三江平原、嫩江平原、吉林省中部平原及辽宁省中部平原地区。我国为粮食主产区,如东北平原、华北平原、长江中下游平原、四川盆地等,同时也是水果、肉、蛋、奶等畜产品的主要生产区。水产品主要分布在长江中下游和沿海地区。我国速生丰产林主要分布在大兴安岭、长白山、长江中下游丘陵、四川东部丘陵等地区。我国畜牧业发展区主要分布在内蒙古自治区东部草甸草原、青藏高原高寒草甸、高寒草原,以及新疆天山北部草原等地区。

人文生态功能区。我国重要的人文生态保障功能区主要分布在国内主要的大都市圈和区域重点城镇当中。大都市圈主要包括京津冀大都市圈、长三角大都市圈和珠三角大都市圈。重点城镇主要包括辽中南的主要城镇、胶东半岛的主要城镇、中原的重点城镇、关中重点城镇，以及成都市及其周边重点城镇、武汉市及其周边重点城镇、长株潭的主要城镇和海峡西岸的主要城镇等。

第四节 国家风景名胜区发展

一、风景名胜区

在中华人民共和国国家标准《风景名胜区规划规范》中，对于风景名胜概念的定义是，风景名胜也称风景资源，或风景名胜旅游资源，是指能引起审美与欣赏活动，可以作为风景游览对象和风景开发利用的事物与因素的总称。风景名胜资源是构成风景环境的基本要素，是风景名胜区产生环境效益、社会效益、经济效益的物质基础。风景名胜可分为自然资源与人文资源两大类。自然资源包括山川、河流、湖泊、海滨、岛屿、森林、动植物、特殊地质、地貌、溶洞、化石、天文气象等。人文资源包括文物古迹、历史遗址、革命纪念地、园林、建筑、工程设施、宗教寺庙、民俗风情等。其中就其涉及的区域性质来讲，自然风景资源包含风景名胜区、自然保护区（部分）、森林公园、地质公园四大体系。人文景观资源包括人文旅游资源中的建筑景观、历史遗迹景观等。

国家风景名胜区。根据2018年最新版《风景名胜区条例》，风景名胜区是指具有观赏、文化或者科学价值，自然景观、人文景观比较集中，环境优美，可供人们游览或者进行科学、文化活动的区域。风景名胜区划分为国家级风景名胜区和省级风景名胜区。[①]国家级风景名胜区是具有国家代表性的，自然景观和人文景观能够反映重要自然变化过程和重大历史文化发展过程，基本处于自然状态或者保持历史原貌的风景名胜区。因此国家风景名胜区由政府审定命名，通过设立国家风景名胜区可为国家保留一批珍贵的风景名胜资源（包括生物资源）。当前我国有各级风景名胜区677处，其中国家级215处，省级737处，其规模占国土陆地总面积的2.02%。[②]

表23-1 我国被列入《世界遗产名录》的国家风景名胜区

风景名胜区	位 置	景物及景点[③]
长城八达岭	北京市延庆区，军都山关沟古道北口	八达岭古炮、岔道城、望京石、敌楼、烽火台、城台、长城博物馆、雕塑博物馆等

---

① 中华人民共和国中央政府网：《风景名胜区条例》，http://www.gov.cn/gongbao/content/2016/content_5139422.htm。
② 中华人民共和国建设部：《中国风景名胜区事业发展报告（1982—2012年）》，2012年，https://ishare.iask.sina.com.cn/f/bth3UVGK5Cr.html。
③ 景点是指风景名胜区域内具有独立欣赏价值的若干相互关联的风景素材构成的具有相对完整性并具有审美特征的基本境域单位，它是风景名胜区构景的基本单元。其中景物就是具有独立欣赏价值的风景素材。

(续表)

风景名胜区	位　　置	景物及景点
承德避暑山庄和外八庙	河北省承德市中心以北的狭长谷地上,占地面积584公顷	热河行宫、苑景、溥仁寺、普宁寺、安远庙、普陀宗乘之庙、殊像寺、广缘寺等外八庙
泰山	山东省中部(隶属于地级市泰安市),总面积24 200公顷	十八盘、南天门、碧峰寺、桃花峪、桃花源、彩石溪等
黄山	安徽省南部黄山市,山境面积约1 200平方公里	黄山迎客松、屯溪老街、黄山日出、新安江山水画廊、徽州古城等
武夷山	福建省武夷山市南郊,武夷山脉北段东南麓,总面积999.75平方公里	武夷山景区天游峰、一线天、虎啸岩、九曲溪、武夷宫等,是中国著名的风景旅游区和避暑胜地
武陵源	湖南省西北部,总面积约500平方公里	森林公园、天门山、大峡谷、凤凰古城等
武当山	湖北省十堰市丹江口武当山旅游经济特区	太极湖景区、武当山新区、玉虚宫景区、太子坡景区、紫霄景区、南岩、太和宫、五龙宫等
峨眉山—乐山大佛	地处四川省乐山市,岷江、青衣江和大渡河三江汇流处,与乐山城隔江相望	凌云寺、东坡楼、竞秀亭、九曲栈道等
青城山—都江堰	四川省都江堰市西南	青城山、老君庙、上清宫、建福宫、天师洞、月城湖等
黄龙	四川省北部阿坝藏族羌族自治州境内,总面积700平方千米	黄龙沟、迎宾池、飞瀑流辉、黄龙寺、扎嘎大瀑布、红星岩、二道海、珍珠湖、单云霞
九寨沟	四川省西北部岷山山脉南段的阿坝藏族羌族自治州境内,景区流域面积651.34平方千米	扎如沟冰瀑、折叠则查洼沟、五彩池、镜海、五花海、诺日朗瀑布、熊猫海瀑布
庐山	江西省北部,紧靠九江市区南端	锦绣谷、三叠泉、五老峰、植物园、庐山会议旧址、芦林湖、三宝树、美庐等

资料来源:《世界遗产名录》,https://baike.baidu.com/item/%E4%B8%96%E7%95%8C%E9%81%97%E4%BA%A7%E5%90%8D%E5%BD%95。

二、国家风景名胜区发展

2017年2月7日,针对国家风景名胜区建设及其生态保护的法律法规保障,中共中央办公厅、国务院办公厅印发了《关于划定并严守生态保护红线的若干意见》(以下简称《意见》)。根据该《意见》,各风景名胜区的生态旅游活动应遵循限制性开发原则。所谓限制性开发原则,第一是区域限制,国家风景名胜区要按照生态系统功能、保护目标和利用价值的差异,合理划分功能区,并实行差别化保护和特定功能区的小范围旅游开发,杜绝大拆大建,坚持"园内观光,园外建设"的发展思路;第二是规模限制,国家风景名胜区要按照绿色环保的理念合理规划旅游线路、环境教育项目,科学衡量游客承载力,实行门票预订和游客限量制度,合理划定特许经营转让年限,防止生态资源财富透支;第三是市场运营限制,国家风景名胜区生态旅游发展要坚持政府主导、市场推动原则,进一步推动各园区旅游景区管理权、经营权和收益权的分立,明确国家风景名胜区管理部门管理权限,推动地方政府完善食品、水源、设施标准等基本服务项目标准化建设,优先引进信誉良好的行业龙头企业,严格划分垄断性经营与竞争性经营项目、劳动密集型产业与资本密集型产业的界线,创新生态旅游产品开发理念和营销方式,激发市场活力。通过限制性开发,促使公园管理部门在维护资源原真性的同时,坚持适度开发,使国家风景名胜区成为自然保护展示和生态文化传承区。相关部门在制定国家风景名胜区发展规划时,不能盲目追求经营权的大范围转让,要将其控制在社区可操作范围之内,保障社区居民的优先收益权。同时在转让项目拟定以及转让实施过程中,应当实行公园管理部门、地方政府、专家和社区居民四方沟通机制,维护社区居民的监督权。因此坚守限制性开发,严格保护,杜绝一切经济导向性行为,杜绝不合理开发活动是国家风景名胜区发展必须遵守的原则底线,坚持生态保护是国家风景名胜区建设的首要职能,而人与自然和谐共生是国家风景名胜区建设发展的主要目标。在此基础上,国家风景名胜区发展一是要适当开发适合国家风景名胜区居民消费方式的旅游产品,发展过程中要关心社区利益,满足当地居民的旅游需求;二是要清晰旅游是国家风景名胜区的一项基本职能,然而风景名胜区地质地貌特殊、生态环境脆弱,因此旅游管理应科学研究生态观光、生态体验等生态友好型旅游方式,促进蕴含环境教育内容在内的国家风景名胜区旅游业发展。

第五节　国家公园发展

国家公园(national park)在世界各地有着不同含义。应该说它是基于环境因素、相关历史背景和民族认同感,并结合各个国家的经济和社会发展的需要而建立起来的。各国的国家公园是有差异的,演化出了多种多样的形式,以适应各国不相同的自然、政治和社会环境。当越来越多的国家筹划创建国家公园时,可以看到一些地区仅为某个吸引人的名号就据此划出一块地盘来达到服务于观景与游憩的目的。《加拿大国家公园规划与管理》定义"国家公园是在国家政权的框架内,由政府认定,并指导管理的,专门为国民大众的户外游憩活动、欣赏文化遗产与自然遗产的专门性公用土地"。此外,世界自然与自然资源保护联盟(IUCN)保护区世界委员会(WCPA)也从人类利用和保护区建制的角度定义国家公园为:主要目的在于提供游憩服务及科学研究的保护区和保护生态系统的地方。

一、国家公园的概念和特征

(一)国家公园的概念

19世纪中叶,自然保护主义观开始萌芽,在环保主义者、生态环境学者和社会各界的不断推动下,1872年世界上首个国家公园黄石公园得以建立,并同时制定和颁布了《黄石国家公园法案》(Yellowstone National Park Act)。此后,国家公园以其在保护生态环境的同时能够兼顾多方利益的优势在国际社会受到了关注和推广,世界各国也纷纷依据自己的需求和价值对"国家公园"的概念进行了新的定义。虽然各国对于国家公园这一概念的解释存在差异,但国家公园建立的目的在世界各国却有着共同的认识,即在保护生态环境的同时,保留国家公园对经济、科研、教育、旅游的促进作用。《黄石国家公园法案》是全球首个国家公园立法。《黄石法案》中将国家公园概念的界定为:"国家公园是由政府设定的生态保护区,通过保护生态环境、自然资源、人文景观、野生的动物和植物,最终保证生态环境的代内和代际公平,维护环境正义为目的而建立的自然保护区域。"该法案明确了国家公园的性质及设立目的,世界各国对国家公园的概念大多以此为基础。世界自然与自然资源保护联盟是当前国际社会普遍认可的权威性国际环保组织。其1994年的《自然保护地管理类别指南》中,认为国家公园是"以保护自然资源和生态环境,为公众提供旅游和科研、文化服务为主要目的的非人为区域,其功能在于保护生态环境完整性和生物多样性,保证公民的环境权利。国家公园应当禁止任何形式的掠夺性开发和破坏性开发,为社会公众提供环境、旅游和科研服务"。IUCN在《自然保护地管理类别指南》中对国家公园的概念进行了补充和修正,对此后国家公园的定义产生了深远的影响。

我国也对国家公园的定义开展了广泛的讨论。2014年,在云南昆明举办的国家公园建设研讨会中,将"科学建立国家公园法律体制"作为主要议题进行了深入探讨,在会上首次明确了中国特色国家公园的定义方向,讨论认为:"国家公园应当是由政府划定和管理的保护区,以保护具有国家或国际重要意义的自然资源和人文资源及其景观为目的,兼有科研、教育、游憩和社区发展等功能,是实现资源有效保护和合理利用的特定区域。"此次会议对国家公园作出的定义为我国后来明确国家公园的定义指明了方向,打下了基础。此后,中共中央办公厅、国务院办公厅于2017年9月颁布《建立国家公园体制总体方案》,《方案》把国家公园的界定为:"国家公园是指由国家批准设立并主导管理,边界清晰,以保护具有国家代表性的大面积自然生态系统为主要目的,实现自然资源科学保护和合理利用的特定陆地或海洋区域。"《建立国家公园体制总体方案》的发布,首次对我国国家公园进行了精准的定义,规定了我国国家公园的性质、目的和功能,阐明了我国国家公园法律体制的建设原则和方向。

(二)国家公园的特征

一是主导自然保护地的发展。我国生态文明制度和环境保护事业在近几年发展迅速,如今已取得了有目共睹的巨大成就,在这70年间,我国先后构建以了自然保护区、风景名胜区为主,辅以森林公园、地质公园等自然保护地类型的多线并行的自然保护地体系,对我国境内大部分主要的生态环境保护区和人文景观进行了全方位的保护。自党的十八大以来,更是积极探索以国家公园为主,兼容并包的保护地模式。2017年《建立国家公园体制总体方案》指出,要把生态环境原生性和完整性保护作为建立和完善我国国家公园法律体制的根本目的,并以此为目标,建设国家所有、全民共有、代代传承的国家公园。国家公园由于其环境生态保护理念的先进性、环境生态保护模式的优越性、运营机制的创新性和监督管理的有效性，成为我国自然保护地建设的主导性模式。建立和完善行之有效的中国特色国家公园法律体制，并使之与我国之前建立的多线并行自然保护地体系并行不悖，必将使其在我国新时代的生态文明体制改革中大展身手。

二是属于主体功能区规划中的禁止开发区域。2006年"十一五"规划首次颁布了我国中长期国土开发总体规划，提出实施主体功能区战略，划定了四类主体功能区，即优化开发区域、重点开发区域、限制开发区域和禁止开发区域。其中，禁止开发区域是指具有明显特征的自然环境和生态资源区域、珍稀濒危野生动物和植被的原生地或汇集地、极具历史价值的自然和人文景观，在国土空间规划中实行最严格保护措施，严禁产业开发的环境保护区域。而国家公园由于其功能和定义的特殊性，均为有代表性的生态环境系统和人文景观，其中也均有濒危珍稀野生动植物原生地，因此，国家公园作为一种自然保护地类型，在我国主体功能区规划中应当定位在上述三种区域中的禁止开发区域的范围。

三是纳入全国生态保护红线区域管控范围。改革开放以来，我国国民生产力和综合国力稳步提升，所产生的自然资源问题和生态环境问题也日益突出，虽然生态文明制度改革和自然保护的重视程度逐年加深，力度逐年加大，但自然资源和生态系统的保护仍然是最为突出和最为棘手的问题。生态红线制度的设立目的是针对我国地域内一些拥有独特生态系统或自然资源的区域，以国家强制力予以最完整和细致的保护。生态红线制度是我国国土空间规划相关政策和法律的衍生制度，是我国进行区域管制和环境生态管制的法律机制之一，并且，生态红线制度是对某一地域多要素集合而成的生态环境系统进行精确、细致的管理和保护，并非片面或单独的对某一环境要素进行保护。这与以往《土地法》《森林法实施条例》《湿地保护管理规定》等法律法规分别立法、分别管理的模式不同，将立法保护的对象由某一环境要素变为某一地域集合多环境要素的整个生态环境系统。虽然单独的两个环境要素看起来没有联系，但是当它们有机地结合起来时，又相辅相成，共同形成一个完整的生态环境系统，对各个环境要素的集合整体、完整的保护方法尊重自然规律，有利于更好地对各个环境元素形成的生态环境系统进行整体上的管控和保护。经过多年的努力，生态红线制度已经成为体系完善、标准科学、行之有效的生态环境保护制度。其中，有关生态功能区、自然保护区、国家公园的各项规范也随之进一步得到了加强和完善。国家公园的设立目的和生态红线制度的设立目的均为保护我国自然环境和生态环境，二者的管理对象亦无二致，均为对各个环境要素形成的整个生态环境系统进行整体的保护，因此，国家公园属于生态红线制度的管控范围。

四是实行最严格的保护。"最严格保护"最开始的应用是在《"十一五"规划纲要》中，《纲要》指出：对于划定为禁止开发区域的地域，由于保护目的特殊性和保护对象的重要性，应当对这个区域实行最严格的保护。随着我国环境法治的进步，2017年9月，由于国家公园试点项目成绩显著，中共中央办公厅、国务院办公厅发布了《建立国家公园体制总体方案》,"最严格的保护"在今天也被赋予了新的涵义。在《建立国家公园体制总体方案》印发之前,我国特定生态环境区域的保护依据主要来自1994年发布、2017年修订的《自然保护区管理条例》,由于该条例立法时间久远,囿于当时的立法技术和立法环境,《条例》对"最严格的保护"的规定通常表现为用硬性规定一刀切地禁止在生态环境系统内的开发和建设,这样的做法固然最大限度地保护了该区域内的自然资源和生态环境,但是缺乏统筹兼顾的考量。"最严格的保护"时至今日应理解为一种坚决保护生态环境的态度和决心,"最严格的保护"并不是机械、刻板的严防死守,而应当统筹兼顾,在严守生态环境系统底线的同时,充分发挥该地区对于民众的教育、旅游、科研功能,使其综合效益达到最大化,力求保护发展两手抓,促进各环境要素之间的彼此联系和互相作用。上述观点在《建立国家公园体制总体方案》也有迹可循,《自然保护区条例》第28条规定:"在自然保护区的重点区域严禁进行人为开发和商业建设",而《建立国家公园体制总体方案》第14条规定严格规划建设管控,在对所在区域的自然资源、生态系统以及所在居民不产生影响的前提下,可以对自然观光、科研、教育、旅游等产业在科学规划的前提下进行合理的开发,禁止其他开发建设活动。国家公园法律体制建设在体现"最严格的保护"的同时也弥补了过去立法的不足,能够真正做到统筹兼顾,在坚持严格保护生态环境的同时兼顾各方面的利益,促进人与环境、经济与环境的和谐共生。

二、国家公园的功能和管理模式

(一)国家公园的功能

国家公园相比其他保护地模式而言,具有管理模式上的先进性和法律体制上的优越性,因此具有其独特的性质和建设目标,这就决定了国家公园的功能定位也是独特的。放眼全球,各国根据自身的经济、社会发展情况和发展需求,对国家公园的功能定位也各具特色,但是对于国家公园"对国家特殊地域的自然资源、环境生态系统和人文景观进行整体、持续的保护,同时对国家公园进行有规划地科学开发,发挥国家公园所兼具的经济、旅游和科研功能"这一要义的理解却是一致的。对于这一要义,我国也在国家层面以政策的方式予以了肯定,《建立国家公园体制总体方案》明确指出"国家公园的首要功能是重要自然生态系统的原真性、完整性保护,同时兼具科研、旅游、教育等综合功能"。首先,国家公园体制建设的基本目的是对于生态环境和自然资源进行严格、高效的保护,同时也在科学规划的前提下对国家公园区域进行合理的利用和开发,从而更好地管控自然资源、保全生物多样性,最终实现生态环境的可持续发展。此外,国家公园所处区域内有环境生态系统和自然人文景观并存的现象,既有珍稀、濒危的野生动植物及其生存所需的环境生态系统和自身包含的天然景观,也有在人类社会发展历程中由于受到间接影响而形成的人文景观。国家公园体制的建立,有助于对该区域内的自然环境和生态系统进行完整、全面的保护,同时,这种保护对该区域内文化景观和天然景观的保护也做到了同步进行、共同保护。

国家公园所划定的区域均为有代表性的环境生态系统和人文景观,其中也不乏濒危珍稀野生动植物的原生地和栖息地,除了自然资源外,国家公园所蕴含的生物资源和人文景观对于从事专业研究的科研人员来说具有极高的价值。同时,在国家公园内,自然资源和生态环境所呈现出的原始状态是不可多得的旅游资源,社会公众进入国家公园游览时的感受相较于通过阅读、浏览等方式更为直观,能够直接感受到人与自然和谐共生的状态,从而使得社会民众不自觉地提高其保护环境完整性、维持生态系统稳定性的环保意识。在国家物质水平迅速发展、公民文化素质飞速提高的今天,社会公众不仅仅要求物质的富足和生活水平的提高,对于精神文明的需求也愈加迫切。国家公园的建立,可以供公众进行观光和游览,娱乐自我,回归自然,满足公民的对旅游产品的需求。国家公园所具有的经济、科研、旅游等综合功能,是资源公益性特点和环境公平的具体体现。

(二)国家公园的管理模式

国家公园的管理模式国家公园自建立以来,历经了百年的风雨,现如今已是国际社会所普遍认可的行之有效的保护地模式,由于各国经济发展和生态环境情况不同,各个国家在建立国家公园时所制定的管理模式亦根据其自身国情有所不同。各国国家公园的管理模式可以划分成以下三类:第一类是中央领导,垂直管控的模式。美国在建立全球首个国家公园——黄石公园时就制定了这种管理模式,在此类管理模式中,联邦政府对国家公园实行中央集权、各地州直管的方式,从中央层面到地方层面对国家公园进行管理,而中央政府只对涉及国家公园相关法律法规制定与颁布保护措施和法令时才有权在其职务范围内进行活动,对国家公园在实践过程中产生的建设和管理问题,则交给了国家公园所在地的政府分别负责。第二类管理模式是中央政府和地方各行政机关共同管理的混合式管理模式,日本在1931年颁布《国立公园法》,依据该法案建立了日本首个国家公园——濑户内海国立公园,并通过混合管理模式进行管理。在此类管理模式中,日本的中央行政机关和地方行政机关都在自己的职权范围内进行共同管理,与美国中央领导、垂直管控的管理模式的主要区别在于是地方各行政机关拥有自主决定的权力,同时,一些经过法律所认可的社会环保机构也有权对国家公园提出建议,极大地提高了公众参与的积极性。第三类管理模式是建立"大区公园体系"的管理模式。大区公园作为国家公园体制建设的新经验和新成果,在当今国际社会的应用较上述两种管理模式而言显得较为稀少。法国是此类管理模式的代表性国家,在此类管理模式中,地方行政机关的管理起主导性作用,而中央政府只在制定法律法规和相关政策时提供指导性意见。法国各地方之间的联系非常紧密,这样的规定有助于各地方在充分考虑各地情况的条件下总结管理经验,以求得出国家公园最优的管理方法。但各国都在充分考虑本国国情的基础上,明确保护优先的原则和科学开发、合理利用的管理观念,以此来保护国家公园内的自然资源、生态环境和自然人文景观,让该区域内所拥有的各种资源可以得到科学、有效的利用。

表 23-2 我国首批十大国家公园名录

国家公园名录	区位与规模	国家公园作用
三江源国家公园	青海省南部，三江源国家公园面积 12.31 万平方公里	三江源是长江、黄河和澜沧江的源头地区。作为我国重要的淡水供给地，被称为"中华水塔"，是维系着全国乃至亚洲水生态安全命脉、全球气候变化反应最为敏感的区域之一，也是我国生物多样性保护优先区之一。
熊猫国家公园	公园涉及四川、甘肃、陕西三省，总面积达 2.7 万平方公里	为保护"国宝"大熊猫而设立的栖息地。
东北虎豹国家公园	吉林、黑龙江两省交界区域	为保护东北虎豹而设立的栖息地。
神农架国家公园	湖北省西北部的神农架林区，面积为 1 170 平方公里	神农架国家公园是世界生物活化石聚集地和古老、珍稀、特有物种避难所。拥有亚热带森林生态系统，以及泥炭藓湿地生态系统，同时这里还有国家重点保护的野生植物和重点保护野生动物。
钱江源国家公园	浙江省开化县境内	中国特有世界珍稀濒危物种的主要栖息地。同时是钱塘江的发源地，拥有大片原始森林。
南山国家公园	湖南省邵阳市城步苗族自治县境内	南山国家公园是生物物种遗传基因资源的天然博物馆，生物多样性非常丰富，还是重要的鸟类迁徙通道。
武夷山国家公园	福建省北部	武夷山是全球生物多样性保护的关键地区，保存了地球同纬度最完整、最典型、面积最大的中亚热带原生性森林生态系统，也是珍稀、特有野生动物的基因库。
长城国家公园	北京市延庆区境内	八达岭国家森林公园和部分八达岭长城世界文化遗产。试点区要追求人文与自然资源协调发展。
普达措国家公园	云南省迪庆藏族自治州香格里拉市境内	普达措国家公园拥有丰富的生态资源，拥有湖泊湿地、森林草甸、河谷溪流、珍稀动植物等，原始生态环境保存完好。
祁连山国家公园	公园所涉区域包括甘肃和青海两省约 5 万平方公里的范围	祁连山国家公园是我国生物多样性保护优先区域、世界高寒种质资源库和野生动物迁徙的重要廊道，还是雪豹、白唇鹿等珍稀野生动植物的重要栖息地和分布区。

资料来源：https://www.sohu.com/a/231892521_801314。

参考文献

陈谨：《论我国风景资源管理体制——国家公园体系的建立》，硕士学位论文，四川大学，2003 年。

国务院：《风景名胜区条例全文》(2018 年最新版)，http://s.yingle.com/y/fg/

120726.html。

国务院:《风景名胜区条例》,新华社,http://www.gov.cn/gongbao/content/2016/content_5139422.htm,2017年9月26日。

李静、于容皎:《加强生态文明建设促进生态经济发展》,《区域治理》2019年第9期。

刘慧明、高吉喜、刘晓、张海燕、徐新良:《国家重点生态功能区2010—2015年生态系统服务价值变化评估》,《生态学报》2020年第6期。

刘璐璐、曹巍、吴丹等:《国家重点生态功能区生态系统服务时空格局及其变化特征》,《地理科学》2018年第9期。

田嘉莉、赵昭:《国家重点生态功能区转移支付政策的环境效应——基于政府行为视角》,《中南民族大学学报(人文社会科学版)》2020年第3期。

王习明:《实现国家重点生态功能区跨越发展》,《人民日报》2014年2月10日,理论版。

武丹、王斌、孙聪、刘海江、张赞:《国家重点生态功能区县域环境监测质量评价方法及应用示范国家重点生态功能区县域环境监测质量评价方法及应用示范》,《中国环境检测》2020年第3期。

中华人民共和国建设部:《中华人民共和国国家标准风景名胜区规划规范》(GB 50298-1999),中国建筑工业出版社1999年版。

第四编
区域发展类型(Ⅲ)

本书根据体系构建需要,列入一些国内经常涉及的跨国界区域发展类型,包括发达国家区域和都市区发展、金砖国家的都市区发展、"一带一路"发展、全球城市等四章内容。需要指出的是,全球城市或国际城市或世界城市也列入其中,其重要理由是这类城市发展定位大都是立足于世界或国际或全球的,尽管这类城市在行政空间上是某一国的国内城市,但从其发展方向及其发展目标上而言已经是跨国界了。当然,跨国界乃至国外的区域发展类型还有很多,在全球化的背景下,都很值得研究,故本编还有许多可拓展的内容。

第二十四章 发达国家区域和都市区发展

发达国家和都市区的发展规划对于世界空间领域产生了较大影响，研究发达国家典型发展规划将会对我国城市规划发展有较强的借鉴意义，故本章选取欧洲、日本、美国和法国四个发达国家规划作为典型案例予以介绍。

第一节 欧洲空间规划

欧洲作为城市和区域空间规划的发源地，其空间规划的发展历程对于世界空间规划领域产生了较大的影响。随着欧洲空间规划研究项目的不断开展，形成了多中心空间结构。本节通过整理各学者的研究成果来分析欧洲空间规划的动态进程。

一、欧洲空间规划的发展历程

由于城市化进程的深化和国际交往的拓展，全欧洲范围内的城市、乡村空间体系的相互影响对其经济、社会、环境发展有着极为重大的影响，因此在欧洲一体化的进程中，必须突破国家之间区域空间发展的壁垒，建立欧洲一体化的"超国家"空间规划体系。[1]

1988年欧盟立法委员会正式启动欧洲标准区域划分（NUTS）工作，标志着欧洲空间规划的开始。1997年欧盟启动欧洲空间发展远景（ESDP），1999年完成。稍晚于"欧洲空间发展展望"，欧盟区域发展基金以240万欧元资助了"欧洲多中心巨型城市区域可持续发展管理"项目（POLYNET）。为进一步推进ESDP的研究和执行，保证欧盟成员国地

---

[1] 景娟、钱云、黄哲姣：《欧洲一体化的空间规划：发展历程及其对我国的借鉴》，《城市发展研究》2011年第6期，第1—6页。

域空间尺度上的政策实施,欧盟逐步建立起欧洲空间规划观察网络(ESPON),它提供了欧盟27国以及挪威和瑞士人口、经济、基础设施、创新能力等的空间变化趋势的测度。

二、欧洲空间规划的主要内容

(一)标准区域划分

标准区域划分是欧盟空间规划中区域社会经济状况分析和区域政策制定的基础,是欧盟空间规划的基本地域单元。标准地域统计单元上划分为三个等级:NUTS1、NUTS2、NUTS3。所有成员国纳入这个统计范围内,划分依据具有与行政管理区可比的原则,同时参考不同的地域功能划分;地方层管理单元通常划分为LAU1和LAU2。具体划分体系如图所示:

表24-1 标准地域划分体系

层级	等级	内涵	人口规模
标准地域统计单元	NUTS1	主要的社会经济地区	300万—700万
	NUTS2	落实区域政策的基本地区	80万—300万
	NUTS3	特殊问题或功能的小区	15万—80万
地方管理单元	LAU1	大部分国家,不是所有国家	
	LAU2	市镇或相应单元	

资料来源:蔡玉梅、黄宏源、王国力、王晓良、吕春艳:《欧盟标准地域统计单元划分方法及启示》,《国土与自然资源研究》2015年第1期。

(二)欧洲空间发展远景

欧洲空间发展远景作为促进欧洲一体化的指导性文件,基本方针是:①发展多中心与均衡的城市体系,建立新型城乡关系;②平等地获得基础设施和知识,提高交通通讯基础设施可达性及知识可获得性机会;③采用明智管理手段开发和保护自然与文化遗产。核心内容主要包括三个方面:

1.发展均衡、可持续的新型城乡关系。把城市和乡村作为一个具有多元关系和相互依赖的功能与空间实体,通过巩固乡村地区中小城镇的中心地位,推动建设本土化、多样化与高效发展的乡村地区。构建友好的城乡合作伙伴关系,保证乡村地区的中小城镇得到基本的社会福利和公共交通服务。以强化区域功能为目标,倡导城乡之间的合作。

2.建立泛欧洲网络。泛欧网络对提高欧洲竞争力和平衡发展有重要作用,其中以欧洲"大城市走廊"尤为重要。确定"大城市走廊"是发展的走廊,可以在部门政策之间建立起联系,包括交通、基础设施、经济发展、城市化及环境问题等各方面的部门政策。例如,西北欧地区的"走廊规划"项目,确定了兰斯塔德—佛兰德、兰斯塔德—莱茵鲁尔、莱茵鲁尔—佛兰德、佛兰德—里尔、里尔—巴黎、里尔—伦敦、伦敦—西米德兰七条"大城市走廊",并将高速铁路车站设置在走廊中间位置,凭借高速铁路带来的"隧道效应",带动走廊地区成为经济的新增长点,促进欧盟区域空间的均衡发展。

3. 创造人与自然的可持续发展道路。[①]随着交通流的日益增加、经济的带状发展和城市的日益扩张,需要重点考虑可持续发展。

(三)欧洲多中心巨型城市区域可持续发展管理项目

欧洲多中心巨型城市区域可持续发展管理项目主要研究了西北欧八大城市群的形成与发展,包括英格兰东南部、荷兰兰斯塔德、比利时中部、莱茵鲁尔区、莱茵—美因区、瑞士北部、巴黎地区,以及大都柏林地区。"通过分析比较各城市群节点之间的联系,从而以'流'为起点,用数据来说明八大城市群多中心的程度和内涵。其基本假设是,欧洲八大城市群或多或少都呈现多中心趋势;随着人口及就业逐渐离开中心城市(或大城市),小城镇之间的直接联系变得越来越密切(绕过大城市或中心城市),城市群多中心的发展趋势越来越明显。该项目结论认为,在区域层次上,应该通过加强核心地区的知识密集型流动与扩散,来提高整个欧洲的多中心程度。"[②]

(四)欧洲空间规划观察网络

欧洲空间规划观察网络计划主要研究欧盟区域发展的政策基础和实施办法,以及未来相邻国家的空间关系。包括:①以欧洲和跨国的视角审视欧洲空间发展远景的观点和实施情况,并对现有的国家研究项目进行评估;②为更好地理解和实施欧洲空间发展远景提供技术和组织帮助;③推进对结构基金、一体化政策和其他社会政策的空间尺度的理解;④探索一些行之有效的方法,使欧盟、国家和地方各个层面的区域决策更好地协调一致;⑤在决策者、行政管理者和科研人员之间架起桥梁。欧洲空间规划观察网络包括二十多个项目,第一轮 2002 年开始,启动 9 个项目,其研究经费的 75% 由欧洲委员会支付,25% 由成员国及自由经济联合组织共同承担,研究成果以出版物和项目研究报告两种形式公布在欧洲空间规划观察网络网站上。[③]

三、欧洲空间规划的实施机制

(一)多层级的合作体系

1. 欧盟层面。为了避免与空间相关的共同体政策之间彼此冲突或抵消,欧洲议会、欧洲委员会等超国家机构既各司其职又互相合作,共同推动空间规划实施。

2. 国家层面。国家间的空间合作是推动欧洲空间规划实施的关键,它通过联动不同空间层面的政策推动国家合作,从而提升次区域及欧盟整体的竞争力。

3. 地方层面。地方政府是欧洲空间发展政策的主要执行者,它们通过彼此合作及自下而上的方法实现共同体的目标。

---

① 施雯、王勇:《欧洲空间规划实施机制及其启示》,《规划师》2013 年第 3 期,第 98—102 页。
② 彼得·霍尔、考蒂·佩因、罗震东、陆枭麟、阮梦乔:《从战略到实施:政策回应》,《国际城市规划》2008 年第 1 期,第 28—40 页。
③ 刘慧、樊杰、王传胜:《欧盟空间规划研究进展及启示》,《地理研究》2008 年第 6 期,第 1381—1389 页。

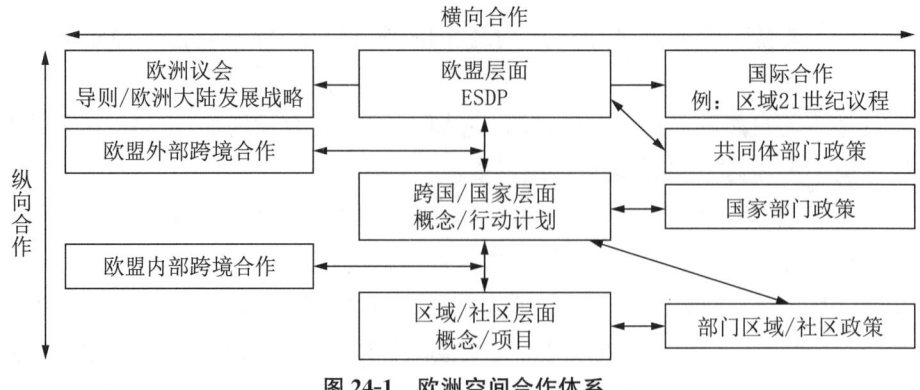

图 24-1 欧洲空间合作体系

资料来源：施雯、王勇：《欧洲空间规划实施机制及其启示》，《规划师》2013年第3期。

（二）多样化的结构基金支持

欧盟为区域均衡发展政策的有效实施，创建了有效的结构基金，主要包括区域发展基金、社会基金、凝聚基金（或结构基金）。

表 24-2 欧盟主要空间发展政策基金

	目标	重点支持区域或计划	区域确定标准
欧洲区域发展基金（ERDF）	凝聚目标，区域竞争力和就业目标，区域合作目标	① 跨国界、跨区域项目 ② 最边远地区	NUTS3
欧洲社会基金（ESF）	凝聚目标，区域竞争力和就业目标	国家就业推荐计划的实施，扩大社会包容	NUTS1 或 NUTS2
凝聚基金（CF）或结构基金（SF）	凝聚目标	人均 GNP 低于原欧盟平均水平 75% 的区域	NUTS2

资料来源：刘慧、樊杰、王传胜：《欧盟空间规划研究进展及启示》，《地理研究》2008年第6期。

（三）网络化的监督约束机制

网络化的监督约束机制是推动欧洲空间规划实施的重要机制，其运行建立在欧洲空间规划观察网络的基础上。

四、启示

（一）有效的区域协调机制

欧盟为了保证其区域政策有效贯彻落实，构建了多层级的区域合作体系，并随着实践的发展，不断完善法制、经济和行政等多管齐下的区域协调机制。

（二）应对经济全球化和气候变化，强调城市创新竞争力的核心培育

在经济全球化和气候变化的新形势下，欧盟的区域经济发展开始从传统的区域发展模式转向知识和创新型区域模式，区域空间格局出现了分散和离中心化的趋势，欧洲区域发展的空间格局从最初的点轴形态发展到当今的多边形网络一体化模式。

（三）多中心发展模式是实现欧洲地域均衡发展的重要途径

地域凝聚目标提倡欧盟及其成员国采取多中心发展模式，其实质是平衡发展与不

平衡发展的有机结合。"一方面,通过欧盟中心城市的发展,培育增长点,实施不平衡发展战略;另一方面,通过统筹规划多个中心城市,形成多个增长极,从整体布局上推进平衡发展战略,促进欧盟社会经济的协调和可持续发展。"①

第二节 日本首都圈的发展与规划

日本首都圈规划作为世界上较为成功的区域规划案例之一,具有较强的借鉴意义。本节结合前人研究,梳理日本首都圈五次规划及其特点,总结对我国区域规划的建设实施的借鉴意义。

一、国家—区域尺度重构

随着城市问题的不断出现,城市规划区域观逐渐受到人们的重视。空间规划逐渐走向了区域整体观。未来城市的发展学者张京祥(2013)梳理了国家—区域尺度的重构理论。他指出:

"诸多国家战略区域规划的出台,在极大程度上重构了国家—区域的尺度。自从计划经济体制终结以后,1990年代的市场化改革、政府企业化改造已经在很大程度上弱化了'区域'的地位和作用。尽管地方上出现了各种各样的城市群、都市圈规划及其相应的协调性活动,但是由于成员间缺乏内在需求耦合,制度建构层面缺乏必要的保障,这样的'区域协调'大多流为形式。除了省级政府以外,中国国家—地方治理体系中缺乏真正的'区域'尺度。而2005年来中央政府通过密集批复各种国家战略区域规划,形式上重建了区域尺度,并试图以此实现中央对地方发展调控力加强、促进区域协调均衡发展的双重目标。"②

关于区域尺度的规划,典型案例就是日本首都圈的规划。梳理日本首都圈规划的编制和实施有助于我国区域规划理论的完善。

二、日本五次首都圈规划

表 24-3 日本首都圈历次规划

	年份	1958	1968	1976	1986	1999
东京都市圈	规划名称	第一次首都圈基本规划	第二次首都圈基本计划	第三次首都圈基本计划	第四次首都圈整备计划	第五次首都圈基本计划
	编制主体	首都整备委员会	首都整备委员会	日本国土厅下辖首都整备委员会	日本国土厅下辖首都整备委员会	日本国土厅下辖首都整备委员会
	规划目标	抑制大城市的无序蔓延	缩小地区差异,实现均衡发展	控制大城市,振兴地方城市	推动形成多级分散型国土开发格局	提高区域竞争力,促进可持续发展

资料来源:吴骞:《尺度重构下的国外首都特大城市地区空间规划分析》,《国际城市规划》2019年第1期。

---

① 张丽君:《欧盟空间规划与凝聚政策的启示》,《国土资源情报》2011年第11期,第36—43、50页。
② 张京祥:《国家—区域治理的尺度重构:基于"国家战略区域规划"视角的剖析》,《城市发展研究》2013年第5期,第45—50页。

至 2018 年,日本首都圈一共进行了五次规划。其中 1958 年进行了第一次首都圈基本计划,规划主体是国家主导,国家层面的首都整备委员会对首都圈进行规划,规划目标是抑制大城市的蔓延。1968 年,首都整备委员进行了第二次的首都圈基本计划,规划的目标是缩小地区差异,实现均衡发展。1976 年,编制主体逐渐开始转向为"国家引领、区域协作",此次规划目标是控制大城市,振兴地方城市。1986 年,日本国土厅下辖首都整备委员会开展了第四次首都圈整备计划,此次规划的主要目标是推动形成多级分散型国土开发格局。在空间形态上,开始强化区域城市空间的布局,向多中心的分散格局转变。1999 年,委员会进行了第五次首都圈基本计划,此次规划的主要目标是提高区域竞争力,促进可持续发展。学者吴骞指出这五次规划充分展示了在全球化经济发展的大趋势下,区域城市布局逐渐向多中心集聚形态演变的过程。学者王郁(2005)指出至 2000 年日本进行的这五次规划期间,日本的经济经历了从高速增长、稳定发展到泡沫经济、经济衰退的过程。这五次首都圈规划的内容主要涉及项目建设、功能布局和区域协调,其中项目建设和区域协调成效显著。

智瑞芝等(2005)学者将这五次规划分为了早期、中期和近期三个规划阶段。早期阶段:1958 年和 1968 年。"此次规划首次将首都圈的范围由东京为中心半径 50 公里扩大到 100 公里,且仿照 1944 年的大伦敦规划,在建成区周围设置 5—10 公里的绿化带并在周围设立卫星城,以控制工业用地等继续向建成区扩展,从而达到有效防止核心都市东京规模过大及建成区过密状况的出现。"①但是同伦敦规划的结果一样,卫星城的规划并没有成功,卫星城沦为了"卧城",人们会在卫星城生活居住,但是工作仍会通勤至东京市区,同时绿化带的规划也并未成功,市区集聚了大量的人口,这些人口引发的快速增长的住房需求使得以建成区为中心半径 5—10 公里以内的区域成为住房高需求区。因而,"日本政府于 1968 年制定了第二次首都圈规划,主要提出了将东京作为经济高速增长的全国枢纽,实施以合理中枢功能为目标的城市改造。在距都心 50 公里的地域设立新的近郊整备地带代替第一次规划中的近郊绿地带,对中心城区进行大规模城市改造活动的同时,开始开发城市外围绿化带。"②中期阶段:1976 年和 1986 年。此次规划主要是为了改善东京都市区目前的一极形态,从而建立多中心的城市网络结构。在 1986 年的第四次区域规划中,主要是对周边核心城市的调整。同时 60 年代、70 年代,霍尔、弗里德曼等学者纷纷提出世界城市概念,弗里德曼强调了世界城市等级体系和总部经济的重要性,这也影响了当时的日本规划,在第四次规划中,日本政府强调了"国际金融职能和高层次中枢管理功能"。近期阶段:1999 年。日本国会众议院和东京都市政厅对于是否将首都东京迁离产生分歧,最后由东京市政厅独立出版第五次首都圈规划。第五次东京都区域规划"强调了建立'区域多中心城市'的设想,其发展目标是将首都圈建设为更具经济活力、充满个性与环境共生、具备安全舒适高品质生活环境的

---

①② 智瑞芝、杜德斌、郝莹莹:《日本首都圈规划及中国区域规划对其的借鉴》,《当代亚太》2005 年第 11 期,第 54—58 页。

可持续发展区域"①。

三、日本首都圈规划法律体系和实施举措

（一）规划法律体系

日本规划形成主要受三类法律的指导：《国土形成规划法》《国土利用规划法》和各类的专业规划法。学者李亚洲等（2019）依据日本国土交通省网站发布的法律指导规划图制作了图24-2。从图中可以看出，《国土形成规划法》主要指导国土形成规划，国土形成规划包括全国规划和广域规划（即区域规划）。《国土利用规划法》主要指导国土利用规划，并在都道府县层面编制土地利用基本规划，涉及城市地域、农业地域、森林地域、自然公园地域和自然保护地域五类地域的规划。各类专业规划法主要是针对五类专业地域编制专业用地的利用规划。同时，可以看出，日本规划体系和规划类型和我国有较多相似之处，很多规划均与我国目前的规划有对应。

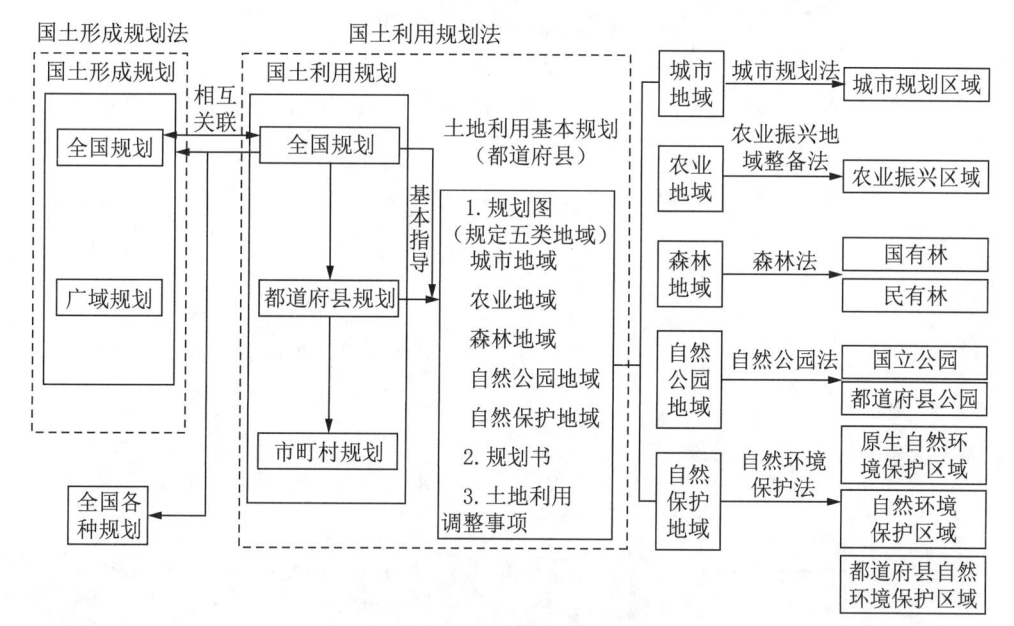

图 24-2 日本空间规划体系

资料来源：李亚洲、刘松龄：《构建事权明晰的空间规划体系：日本的经验与启示》，《国际城市规划》2019 年第 3 期。

（二）实施举措

东京首都圈规划共设立三个圈层，第一圈层是东京都，第二圈层是东京都市圈，这两个圈层主要承担行政、金融、文化、高校、国际与区域物流等功能；第三圈层是首都圈，主要承担工业、物流等功能。"日本首都圈规划提出建设中心城市周边的卫星城的小规

---

① 智瑞芝、杜德斌、郝莹莹：《日本首都圈规划及中国区域规划对其的借鉴》，《当代亚太》2005 年第 11 期，第 54—58 页。

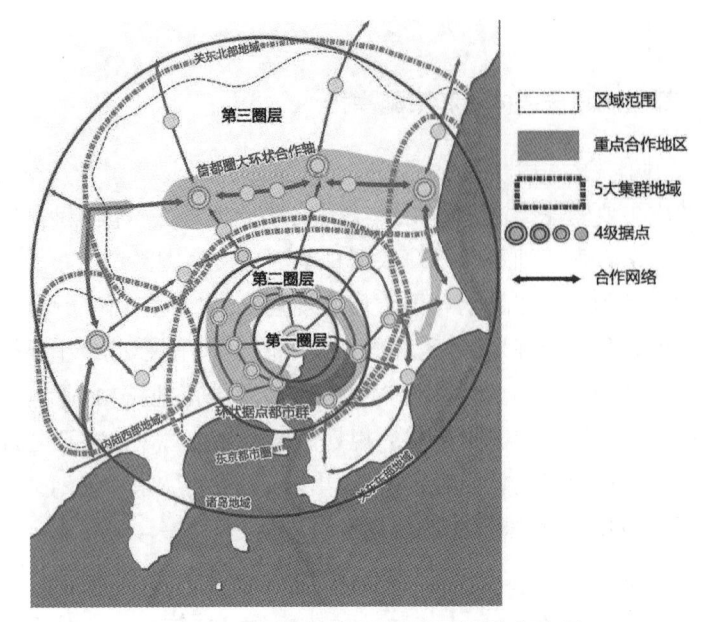

图 24-3　东京首都圈"分散型网络"空间布局

资料来源：吴骞：《尺度重构下的国外首都特大城市地区空间规划分析》，《国际城市规划》2019 年第 1 期。

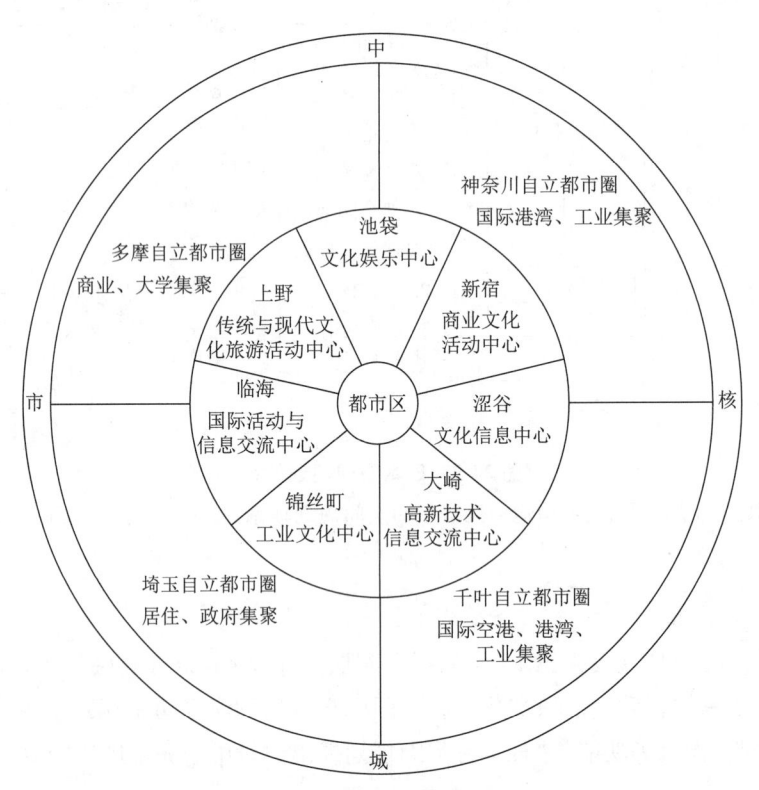

图 24-4　日本首都圈各圈层的职能分工

资料来源：高慧智、张京祥、胡嘉佩：《网络化空间组织：日本首都圈的功能疏散经验及其对北京的启示》，《国际城市规划》2015 年第 5 期。

模办公地点(Satellite+Office),通过互联网通信与公司本部保持联系,以缓解中心城住房的压力,满足多样化住房需求。为了促进跨界合作,首都圈规划确定了五个广域据点合作区,作为首都圈合作与管制区划。同时,在广域据点合作区,设立两级据点城市。在功能上,强调各城市圈在商业、商务、教育、文化、娱乐等功能方面自足性,以及同一产业带中的各城市圈之间的产业互补性。"[1]

具体来看,日本首都圈规划已经形成了多圈层、多样化副中心和卫星城等特点。其中第一圈层主要由七个城市组成,包括大崎、新宿等城市,这些城市距离都心区10千米,与都心区一起承担着首都的核心职能。第二圈层包括了四个都市圈,有千叶自立都市圈、埼玉自立都市圈、多摩自立都市圈和神奈自立都市圈。这一圈层距离都心区10—70千米,承担着行政、商业等城市功能,同时作为自立都市圈也具有一定的自立性。第三圈层是中核城市,这一圈层距离都心区70—150千米,这些城市具有较强的独立性,功能定位为工业城市、科研城市等。

四、日本区域规划特点

梳理日本首都圈五次规划,结合学者分析研究,可以总结日本区域规划的鲜明特点。首先是完备的法律体系。从国土形成规划法到国土利用规划法再到各类专业性的法律,涵盖了全国层面、区域层面、都道府县及市町村层面和各类专业用地的规划,确保了规划的可行性。其次是协作协调机制。日本首都圈的规划由起初的国家主导到目前的国家引导、区域协作机制,很大转变是增强了区域层面上各层级和各个部门的协调运作机制。区域层面建立积极有效的跨行政区域协调机制使得首都圈的各个圈层和城市智能分工明确,各司其职。最后是明确分工。都市圈作为较大的城市圈,各个城市之间需要职能分工合理明确。除了这三个鲜明特点以外,学者智瑞芝等(2005)还指出日本区域规划具有较好的衔接性和连贯性。学者王郁(2005)指出日本首都圈规划的亮点之一是成立首都建设委员会国土综合开发厅,形成了区域层面的协调机制。学者李亚洲等(2019)指出日本各级政府权责分明,地方拥有较大的自主权也是首都圈规划实施的重要保障之一。

五、日本首都圈规划对于中国的借鉴意义

针对日本首都圈区域规划的特点,结合前人研究结果,可以得出为中国所借鉴的几点意义。首先是完备的法律保障。对于区域层面和专业土地用地层面,需要有专门性的法律作为支撑。其次需要政府加强对区域层面的引导。国家总的引导才有区域协调机制建立的可能,一个区域发展的定位和功能分区需要政府的统筹和引导,包括区域总体方向的把控,是建立以核心城市为中心的单中心区域还是多中心区域。再次是建设区域协调机制平台。区域内的城市需要进行有效的沟通和协调,这涉及城市的定位分工和基础设施的建设。对于我国而言,打破行政边界,建立可行的区域协调机制是区域

---

[1] 吴骞:《尺度重构下的国外首都特大城市地区空间规划分析》,《国际城市规划》2019年第1期,第1—15页。

规划实施的首要任务，可参考 2018 年由我国上海、江苏、浙江、安徽三省一市成立的长三角区域合作办公室。智瑞芝等(2005)学者强调区域发展不论是单中心模式还是多中心模式，区域内均需要有分工。为避免同质化竞争，区域内的二级城市也需分工明确。学者王郁(2005)指出对于区域性的规划，中国应该效仿日本，建立区域性质的机构，统一协调。

第三节　美国芝加哥大都市区的发展与规划

美国芝加哥大都市区从 1909 年开始，应对挑战随着社会的发展有不同的变化。本节通过整理各学者的研究成果来分析美国芝加哥大都市区空间规划的动态进程。

一、芝加哥大都市区

芝加哥大都市区统计区(metropolitan statistical area)总面积为 28 120 平方千米，2011 年人口约 973 万，其主体部分位于伊利诺伊州。芝加哥大都市区的定义并没有统一，属于规划意义上的概念，其大都市区范围不断在扩大，"从 2005 年《芝加哥大都市区框架性规划》中的 6 个县、271 个自治市，增加到 2011 年《迈向 2040 综合区域规划》中的 7 个县、284 个自治市。"①从空间尺度来看，1909—2011 年历次规划所涉及的区域有 3 个，最大面积的区域涉及 7 个县，最小的空间为芝加哥的中心区。

二、芝加哥大都市区规划历程

表 24-4　芝加哥历次重要规划

编制时间	规划名称	应对挑战	战略目标	规划重点
1909 年	芝加哥大规划	工业化	工业中心、交通中心	基础设施、区域交通、公园
1958 年	中心区发展规划	战后恢复建设	工业中心、交通中心	公共交通的完善和拓展
1966 年	芝加哥综合规划	郊区化	工业中心、交通中心	居住、郊区商业服务
1973 年	芝加哥中心区委员会规划	强化中心	区域中心	中心区振兴、郊区与中心的联系
1983 年	芝加哥中心区规划：规划城市之心	郊区化	区域中心	城市中心区的商业规划
1999 年	芝加哥大都市 2020：为 21 世纪芝加哥大都市区作准备	全球化	区域中心	经济发展、投资、教育、土地开发与再开发
2003 年	芝加哥 2003 年中心区发展规划：为 21 世纪中心城市作准备	全球化	复合的城市中心	城市交通与城市滨水空间发展，城市商业商务文化环境建设

---

① 王兰叶、启明、蒋希冀：《迈向全球城市区域发展的芝加哥战略规划》，《国际城市规划》2015 第 4 期，第 34—40 页。

(续表)

编制时间	规划名称	应对挑战	战略目标	规划重点
2003 年	大都市区规划：芝加哥区域的选择	全球化	全球城市	更可持续，可达性好，可选择，更健康、更繁荣、更平等的区域
2005 年	芝加哥 2040 框架规划	生活质量	全球城市区域多层面中心	各个城市的定位、交通走廊、生态走廊
2011 年	迈向 2040 综合区域规划	全球经济危机	多层面规划目标与愿景、可持续发展的区域	人力资源、能源使用、经济技术创新

资料来源：王兰叶、启明、蒋希冀：《迈向全球城市区域发展的芝加哥战略规划》，《国际城市规划》2015 年第 4 期。

1909—2011 年，芝加哥共有 10 次重要规划，如表 24-4 所示。可以看出，1909—1966 年芝加哥的 3 次大规划，主要应对的战略目标是构建"工业中心和交通中心"；1973—1999 年芝加哥的 3 次规划主要战略目标是构建区域中心；2003—2005 年的规划战略目标是全球城市芝加哥大都市区；自 2011 年，"建设多层面的规划目标和可持续的发展区域"成为规划的重点。

学者王兰叶等（2015）将这 10 次规划按照规划理念划分为了四个阶段："第一阶段是区域大规划理念阶段，第二阶段为区域再平衡理念阶段，第三阶段为全球城市发展理念阶段，第四阶段为全球城市区域发展理念阶段。"其中第一阶段包括 1909 年、1958 年和 1966 年的规划，这一阶段虽然重点是芝加哥中心区，但是已经将区域的规划理念贯彻到了规划中，表现于在基础设施、区域交通和公园绿地等方面的区域视角空间规划。第二阶段包括 1973 年和 1983 年的规划，这一阶段主要针对战后中心区的衰退和郊区化现象，开始聚焦中心区的发展。第三阶段包括 1999 年和 2003 年的规划，这一时期全球化对城市区域的发展提出新的挑战，规划主要致力于构建更加可持续、更加繁荣的区域。第四阶段主要是 2005 年和 2011 年的规划，这一时期区域规划日趋成熟，更多的应对挑战是生活质量和全球层面的经济危机，同时此时更加注重多方参与规划；2005 年的规划将芝加哥定位为全球城，构建了芝加哥区域内多层面的区域城镇体系，2011 年的规划更加注重芝加哥作为全球城市其创新和科技所带来的产业集群和发展引领作用。

芝加哥中心区以外的区域部分，在历次规划进程中也承担着不同的功能。1909 年规划中心区强调文化和休闲的建设，其他部分重点发展基础设施建设。1958—1983 年芝加哥中心区不仅承担着文化、商业和教育等功能，同时全球经济也在中心区开始建设，其他区域主要是基础设施建设和区域性生态保护。1999 年随着全球化进程的加快，芝加哥中心区进一步朝着高端产业链发展，注重金融等同全球城市的联系，其他区域则侧重于全国性的物流地位并提供区域性的公共基础服务。2003—2011 年更加可持续的发展成为规划的主题，这一时期中心区强调在金融、经济、科技创新等方面的引领作用,而其他部分则侧重于区域次级中心的发展。

三、芝加哥大都市区规划特点

纵观芝加哥历次规划,是从工业中心、交通中心到区域中心再到全球城市,学者王兰叶等(2015)将其历次规划进程归纳为有序推进的全球城市区域发展进程。1909年、1966年、1983年等的区域规划主要强调芝加哥作为区域的工业中心、交通中心和产业中心,致力于为区域提供基础设施服务和商业服务;1999年将芝加哥大都市区域定位为全美国最重要的大都市区,强调其在经济发展、投资和教育领域的区域中心地位;2003年大都市区规划突出了在就业、居住和商业方面的中心地位,并在同年的中心区规划中明确提出了全球城市区域。2005年大都市区构建全球城市区域多层面中心,注重各个城市的定位;2011年大都市区立足全球经济,构建多层面的规划目标愿景,积聚创新和科技等要素。

张纯(2010)通过分析美国大都市区的规划和布局,总结出其四大特点:首先,大都市区形成并迅速发展的重要特点是密集便捷的交通网络;其次,大都市区的发展可持续性体现在其生态环境、资源和能源供给这些赖以发展的约束条件上;再次,大都市区的发展需要布局区域产业,这将为区域经济发展提供可持续发展的动力;最后,不同行政辖区的政府之间协作,共同制定发展策略是大都市区规划的实施保障。张红(2016)等着重对美国大都市区规划中的协调机制作出分析,指出协调机制对于整个都市区规划推进的重要作用。

四、迈向2040综合区域规划

为了应对区域经济衰退、交通和环境的问题,2010年芝加哥整合了《2040区域框架规划》和《2030区域交通规划》出台了《迈向2040综合区域规划》(简称《芝加哥2040》),旨在通过建设宜居社区、提高人力资本、改善政府管治、增强区域流动等手段,创造更繁荣、更可持续的地区,从而提升芝加哥的城市竞争力,维持全球经济中心地位。

《芝加哥2040》包含芝加哥中心区及周围7个县,"该规划以'协作式''全球化''可持续'和'宜居性'为核心特点。"[①]

(一)协作式理念

《芝加哥2040》采用协作式的规划模式,强调纳入区域内的各级政府、非政府组织、高校专家、企业家和普通市民共同参与,并建立互动联系,以达成理性共识。为了增强规划的说服力,由芝加哥信托基金提供资金支持,委托高校、非政府组织等完成教育、艺术文化、人力资源、公共安全、人际关系、食品、公共健康、战胜饥饿等9大议题的《战略文件》。除此以外,广泛的公共咨询也被采用到规划的编制中。

---

① 周岱霖、吴丽娟:《芝加哥2040战略规划的经验与启示》,https://mp.weixin.qq.com/s/SM60QHtfL7uC-He3SduRtA?scene=25#wechat_redirect,2017年6月22日。

（二）区域发展

规划充分体现了全球城市与区域发展的理念。其中区域发展的理念贯穿于规划的方方面面，包括：通过财政手段支持战略性交通设施建设，通过建设市中心和其他区域更加完善的交通体系，来达到更加有效的交通网络；未来30年，新增607平方公里土地区域开敞空间保护地；建设区域数据共享中心，集中公共部门等的经济和就业关键数据，来更好地服务区域发展。

（三）创新和分工

规划分析指出芝加哥大都市区在高级材料、化学、交通与物流、出版和商务金融等领域具有竞争优势，指出应集中力量于这些行业领域的研发端，引导产业集聚，以创新和科技引领区域经济发展。同时，规划对于芝加哥大都市区的区域分工也作出说明，市中心区应该在金融、经济、科创等领域保持全球领先地位，而周围地区应大力发展教育、制造业等用来支撑经济的发展。

（四）改善城市生活品质

为了应对当下芝加哥面临的交通、住房等问题，规划非常注重城市生活品质的改善。第一，增加公共交通的投入。通过增加投资，完善区域内的交通网络，加快火车站等枢纽的规划和建设。第二，拓展并优化公园等公共空间。增加建成区公园的面积，提高公园的可达性和均衡性，将7个县重要的自然地区作为开敞空间保护下来，并通过绿道等形式建立公园与保护区的联系。第三，改善社区宜居性。"规划提出到2040年，完成405平方公里的低效率闲置土地的再开发。"[①]这些土地主要将作为居住用地来缓解区域内的住房压力。第四，支持本地粮食生产与供应。鼓励区域内的家庭菜园、社区菜园等多种形式生产粮食，保护区域中的农业用地。

第四节　法国巴黎大区的发展与规划

巴黎大区的发展规划大致可以分为三个阶段，编制主体逐渐从法国政府到巴黎大区政体。本节通过整理各学者的研究成果来分析法国巴黎大区空间规划的动态进程。

一、大巴黎概况

法国的行政区划分为4个层级：中央政府、22个大区、82个省和3.6万个市镇。其中大区、省和市镇作为地方政府相互之间相对平行且独立，事权明晰，不存在明显的上下级制约关系。通常意义上的巴黎大区即包含在这22个大区之中。1983年开始，中央政府将城市规划等权责下放到了地方政府。大区具有制定区域规划、经济发展规划、交通及环境保护等方面政策的权力；省在规划上没有实权；市镇有实际的土地支配权和建筑许可权。

---

① 张丽君：《欧盟空间规划与凝聚政策的启示》，《国土资源情报》2011年第11期，第36—43、50页。

巴黎作为世界上的大都市之一,其文化软实力在世界上具有突出地位。通常意义上讲的大巴黎包含两个层次:一是巴黎大区,即"法兰西岛"区域。这一区域一共包含了7个省,面积约1.2万平方千米,人口约为1100万。二是巴黎大都市区,这一区域是法国政府于2014年批准的。共包含3个省,面积762平方千米,人口约为660万。

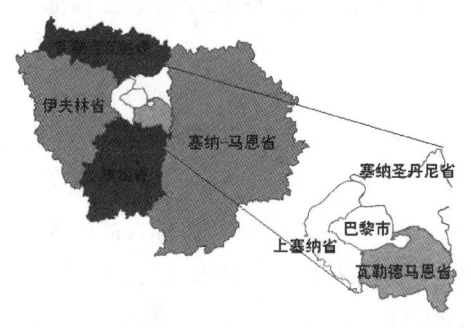

图24-5 巴黎大区(左)与巴黎大都市区(右)

资料来源:严涵、聂梦遥、沈璐:《大巴黎区域规划和空间治理研究》,《上海城市规划》2014年第6期。

二、巴黎大区规划历程

巴黎大区的区域规划历程大致可以分为三个阶段。第一阶段是"二战"以前的1934年,这一时期法国政府编制了巴黎地区的空间规划,目的是控制巴黎地区向郊区的膨胀。第二阶段是"二战"后的30年,这一时期被称为法国的"光荣的30年"。在这30年中,法国由战争破坏的衰败迅速恢复,并再度成为世界发达国家。这一时期法国基本完成了农村剩余劳动力向城市地区的转移,是快速城市化阶段。这一时期的巴黎大区的相关规划有:1956年法国政府制定的PARP规划,这一规划的目标是限制扩展,以期均衡全国;1960年以戴高乐政府为编制主体制定的PADOG规划,其规划目标是遏制蔓延,追求地区的均衡;1965年的SDAURP规划,这一时期成立了巴黎大区议会,该议会制定了SDAURP规划,其规划的目标是完善与拓展兼顾、数量与质量兼顾。"1965年由巴黎大区议会制定的这一规划被认为是巴黎大区空间规划发展的重要转折点。"[1]1976年的SDAURIF规划,这一规划由巴黎大区议会编制完成,编制的目标是强调城市扩张与空间重组兼顾、人工与自然的兼顾。第三阶段是"光辉的30年"后期,即20世纪70年代至今。这一阶段巴黎大区的规划有:1997年由巴黎大区政体的SDRIF规划,这一规划的主要目标是应对地区经济复苏与新的不平衡现象以及国际上重大的全球经济结构调整。2012年由巴黎大区政体编制完成的战略规划,这一规划的主要目标是确保巴黎在21世纪的全球吸引力。

---

[1] 吴骞:《尺度重构下的国外首都特大城市地区空间规划分析》,《国际城市规划》2019年第1期,第1—15页。

表 24-5　巴黎大区空间规划历程

	年份	1934	1956	1960	1965	1976	1994	2012
巴黎大区	规划名称	Prost 与 Dautry 共同主持完成的巴黎地区空间规划（PROST 规划）	《巴黎地区国土开发计划》（PARP 规划）	《巴黎地区国土开发与空间组织总体计划》（PA-DOG 规划）	《巴黎大区国土规划与城市规划指导纲要（1965—2000）》（SDAURP 规划）	《法兰西岛之岛地区国土开发与城市规划指导纲要（1975—2000）》（SDAURIF 规划）	《法兰西岛地区发展指导纲要（1990—2015）》（SDRIF 规划）	《巴黎大区战略规划》（SDRIF 规划）
	编制主体	法国政府	法国政府	戴高乐政府	巴黎大区议会	巴黎大区议会	巴黎大区政体	巴黎大区政体
	规划目标	控制向郊区膨胀	限制扩展，以期均衡全国	遏止蔓延，追求地区均衡	完善与拓展兼顾，数量与质量兼顾	强调城市扩展与空间重组兼顾，人工与自然兼顾	应对地区经济复苏与新的不平衡现象以及国际上重大的全球经济结构调整	确保 21 世纪的全球吸引力

资料来源：吴蒂：《尺度重构下的国外首都特大城市地区空间规划分析》，《国际城市规划》2019 年第 1 期。

三、巴黎大区规划特点和参与方

（一）巴黎大区规划特点

法国从"光辉的30年"到经历20世纪70年代的石油危机再到21世纪初的欧洲主权债务危机，其发展经历了快速增长到缓慢增长再到明显衰退的时期。自20世纪60年代法国建立现代城市规划体系以来，巴黎大区每一阶段的规划都有其鲜明的规划特点。

1. 20世纪60年代：限制扩张与平衡发展。这一时期主要是通过功能和人口的疏解来限制巴黎的扩张。将企业高校等机构疏解到其他地区，同时下放权力给地方政府来实现区域的平衡发展。

2. 20世纪70年代至90年代：权力下放与区域协调。1974年，法国成立了"法兰西岛"即巴黎大区这一行政级别。巴黎大区政府主要负责巴黎及周边7个省的区域战略规划制定并监督实施。但是由于大区内包含多个市镇，市镇这一行政级别对于本地的城市规划政策享有决策权，因此较长期以来，巴黎大区内的治理相对分散。从20世纪80年代起，全新的区域管理政府"自治市镇联盟"成立。这一联盟多由人口规模在20万—30万之间的市镇组成，联盟主要"致力于运用共同的战略和财政支持来解决规划和管理的问题"[①]。

3. 21世纪初：区域整合与中心强化。在21世纪初，虽然巴黎大区的经济仍具有一定优势，但是其竞争力和吸引力明显下降。严涵等学者(2014)指出在竞争力方面表现为巴黎大区科创能力的下降，创新型的企业一直呈现下降趋势；在吸引力方面表现为"住房危机"，住房成本高昂同时居住条件较差，使得人们在综合考量生活质量等条件后大量迁移至别的城市。国际为了扭转这一局面，实施了新的措施形成了新的"大都市范式"。这些举措包括将巴黎近郊区的3个省合并为巴黎大都市区。同时，对于远郊区的4个省，鼓励自治市镇联盟的扩大。

（二）巴黎大区规划参与方

自巴黎大区议会成立再到巴黎大区政府成立，法国的区域层面的城市规划日益成熟发展。现今，巴黎大区的规划决策层主要是由各党派直选大区议会、大区政府和大区议会咨询机构经济社会理事会组成。其中，各党派直选大区议会由常设委员会、分管委员会和全体会议组成；大区政府由各党派直选大区议会产生，并由议会主席和大区政府办公室组成。而巴黎大区规划的执行层则由大区行政部门完成。

四、巴黎大区2030战略规划

法国《城市规划法典》明确规定了"巴黎大区战略规划"的特殊法定地位，对其编制要求也有专门的说明。巴黎大区2030规划于2012年编制完成，次年通过大区议会和国家行政院的审议，2014年开始实施。巴黎大区2030规划的编制思路是从四个方面

---

① 严涵、聂梦遥、沈璐：《大巴黎区域规划和空间治理研究》，《上海城市规划》2014年第6期，第65—69页。

展开的,具体包括:挑战、理念、策略和目标。

(一) 挑战

挑战主要来自三个方面,包括区域的不平衡、气候变化和巴黎大区的创新活力下降。其中区域的不平衡包括交通不平衡、社会不平衡和环境不平衡。"这些具体涉及到职住平衡的不平等、贫富差距、住房紧缺、机场和能源设施对周边带来的环境影响问题等。"[1]气候环境的变化也是需要应对的挑战之一,包括成倍的疾病风险、水资源风险和更多极端天气风险。巴黎大区的竞争力和吸引力下降的挑战需要集聚更具有创新活力的企业和机构。

(二) 理念

为了应对巴黎现在面临的三大挑战,规划提出了一套可持续发展的理念来应对。这一理念具体包括的原则有:①从空间视角考虑提高巴黎大区的吸引力;②更好地制定相关政策应对未来而不是预测未来;③规划注重对于先前设施的加强、提升和维护,而不是着眼于新设施的增加;④减少社会不平等现象,提升社会的团结和平等;⑤保证区域内的所有领土均对大区有贡献;⑥规划的政策总体以鼓励为主,但对于一些保护农林用地和自然空间,作出明令禁止;⑦加强管理城市、农村等交界地区的发展;⑧在区域系统内兼顾可达性增加区域中心服务点;⑨控制城市土地的使用,增强现有土地的利用密度。

(三) 策略

2030巴黎大区规划提出了三大规划策略:连结与组织、集聚与平衡和保护与增值。连结和组织,是主要针对交通不平衡所制定的策略,目的是在建立区域内和对外交通联系方面使之更具便捷性。区域对外联系上,通过实施建设新的轨交站点等措施而使得区域对外交通更为便捷。区域内的联系,"公共交通系统将随着大巴黎轨道快线的实施、常规公交和有轨电车线路的外延而得到进一步的提升。"[2]

集聚与平衡。集聚是指增加区域内用地的密度,包括提高住宅密度和交通站点密度。平衡是指将在区域内发展大都市副中心来改变区域内单中心的特点保护与增值。

保护与增值。城市边界和绿化地带作为城市边界的重要组成部分,保护这些用地将有助于阻止城市进一步的蔓延。增值是指将现有的绿色空间用地改造进一步开发利用。

(四) 目标

在挑战、理念和策略之后,2030巴黎大区规划在地方层面和都市区层面分别提出了两大目标,一是提升居民的日常生活质量;二是加强巴黎大都市区功能。在这两个大目标下也提出细分的小目标,包括每年增加的住房数、工作岗位和增加区域经济活力机构、增强交通系统的吸引力等。

---

[1][2] 陈洋:《巴黎大区2030战略规划解读》,《上海经济》2015年第8期,第38—45页。

参考文献

Department of Planning, Department of Transportation, Department of Environment, The Chicago Central Area Plan: Preparing the Central City for the 21st Century, 2003.

Population Division, United States Census Bureau, 2013 Population Estimates, www.census.gov/popest.

彼得·霍尔、考蒂·佩因、罗震东、陆枭麟、阮梦乔:《从战略到实施:政策回应》,《国际城市规划》2008 年第 1 期。

蔡玉梅、黄宏源、王国力、王晓良、吕春艳:《欧盟标准地域统计单元划分方法及启示》,《国土与自然资源研究》2015 年第 1 期。

陈洋:《巴黎大区 2030 战略规划解读》,《上海经济》2015 年第 8 期。

高慧智、张京祥、胡嘉佩:《网络化空间组织:日本首都圈的功能疏散经验及其对北京的启示》,《国际城市规划》2015 年第 5 期。

官丽达:《解读"大巴黎计划"的十个关键词》,《国际城市规划》2010 年第 4 期。

景娟、钱云、黄哲姣:《欧洲一体化的空间规划:发展历程及其对我国的借鉴》,《城市发展研究》2011 年第 6 期。

李青淼:《欧洲多中心巨型城市区域研究概述》,《城市问题》2012 年第 11 期。

李亚洲、刘松龄:《构建事权明晰的空间规划体系:日本的经验与启示》,《国际城市规划》2019 年第 1 期。

刘慧、樊杰、王传胜:《欧盟空间规划研究进展及启示》,《地理研究》2008 年第 6 期。

施雯、王勇:《欧洲空间规划实施机制及其启示》,《规划师》2013 年第 3 期。

孙斌栋、丁嵩:《多中心空间结构经济绩效的研究进展及启示》,《地理科学》2017 年第 1 期。

汤爽爽、叶晨:《法国快速城市化进程中的区域规划、实践与启示》,《现代城市研究》2013 年第 3 期。

王兰叶、启明、蒋希冀:《迈向全球城市区域发展的芝加哥战略规划》,《国际城市规划》2015 年第 4 期。

王郁:《日本区域规划协调机制的形成和发展——以首都圈为例》,《规划师》2005 年第 10 期。

吴骞:《尺度重构下的国外首都特大城市地区空间规划分析》,《国际城市规划》2019 年第 1 期。

徐江:《多中心城市群:POLYNET 引发的思考》,《国际城市规划》2008 年第 1 期。

严涵、聂梦遥、沈璐:《大巴黎区域规划和空间治理研究》,《上海城市规划》2014 年第 6 期。

张纯、贺灿飞:《大都市圈与空间规划国际经验》,《国际城市规划》2010 年第 4 期。

张红、孙艳艳、胥彦玲:《美国东北都市圈协调发展经验及启示》,《情报工程》2016

年第6期。

张京祥:《国家—区域治理的尺度重构:基于"国家战略区域规划"视角的剖析》,《城市发展研究》2013年第5期。

张丽君:《欧盟空间规划与凝聚政策的启示》,《国土资源情报》2011年第11期。

智瑞芝、杜德斌、郝莹莹:《日本首都圈规划及中国区域规划对其的借鉴》,《当代亚太》2005年第11期。

周岱霖、吴丽娟:《芝加哥2040战略规划的经验与启示》,https://mp.weixin.qq.com/s/SM60QHtfL7uC-He3SduRtA?scene=25♯wechat_redirect。

第二十五章 金砖国家的都市区发展

随着金砖国家的崛起,金砖国家大都市区在全球城市体系中的地位迅速提高,影响力迅速扩大,正成为相对于传统西方发达国家都市区的新兴主导集团。金砖国家大都市区在崛起过程中,一方面在积聚发展实力和发展自信,另一方面也面临高速发展中的城市治理挑战。金砖国家由于在发展阶段上的相似性,其所面临的发展挑战与治理方式也具有共通性与可借鉴性。

第一节 圣保罗大都市区在巴西城市体系中的地位与作用

保罗大都市区位于巴西的东南地区,由 39 个市政当局组成,2010年,该大都市区的人口达到 1 970 万,占巴西全国人口的 42.1%。2012年,该大都市区的 GDP 产值占巴西的 55.2%。该区所在的东南区域,是巴西城市化程度最高、最为繁荣、产业与经济发展水平最高的地区。该地区是巴西企业总部最为集中的区域,也是中产阶级和高收入人群主要集聚区域。

一、巴西城市化演进对圣保罗大都市区的影响

(一)巴西大都市区人口增长阶段

20 世纪 60、70 年代,巴西大都市区的人口增长进入加速阶段,年均增长率达到约 3%。这一人口增长情况主要缘于 20 世纪后半期巴西的城乡关系调整。1950 年,巴西 35% 的人口居住在城市区域。到 2010 年,这一比率上升至约 85%。20 世纪 60、70 年代,是巴西绝大多数人口进入城市的主要时期。在这一阶段,随着城市人口超越农村人口,巴西国内也发生了政治、经济与文化领域的重要转型。20 世纪后半期,巴西的城乡状态转换也伴随着人口与流行病学方面的变化。这些变化导致了高城市

化率、人口出生率低于更替水平(每个育龄女性平均对应 1.8 个孩子)、低死亡率,以及慢性病致死人数大幅超过传染病等诸多新的情况。

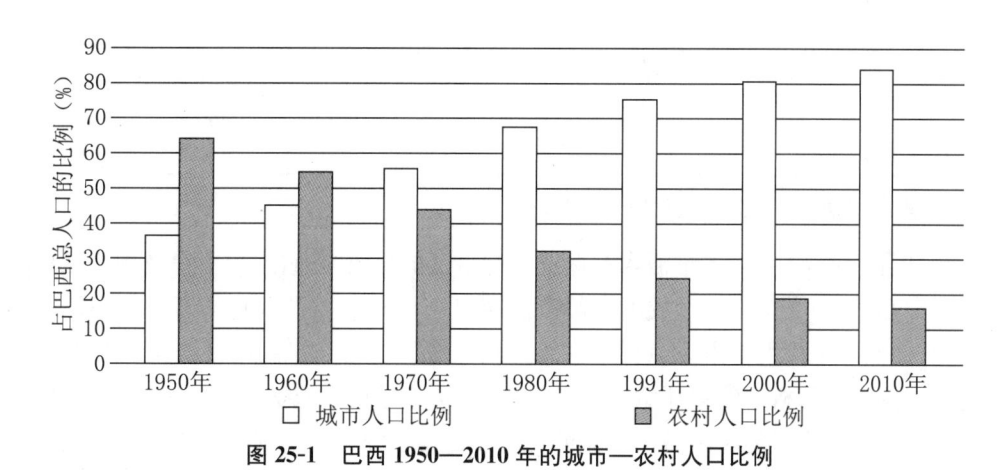

图 25-1　巴西 1950—2010 年的城市—农村人口比例

资料来源:巴西地理和数据统计局人口统计,1950、1960、1970、1980、1991、2000 和 2010 年。

(二)城乡关系变化的影响因素

这种城乡结构变化形成了巴西当前的城市体系,其变化受到一系列全国性影响因素的制约。相关因素包括:

1. 巴西的"保守主义现代化"(conservative modernization)进程,使得该国诸多区域,特别是东南部、中西部和北部的农业综合企业迅速发展。新型管理技术和现代科技在农业领域的应用,以及农业机械装备的使用成为促进这一进步的重要手段。乡村区域的"保守主义现代化"带来了土地的集中,以及一些区域干旱问题的加剧,并将小土地所有者排挤向城市与城镇区域。

2. "进口替代"战略的实施,促进了产业的发展。汽车和耐用消费品领域的跨国公司大量进入巴西,这些企业在南部与东南部的主要城市建立了产业中心。这些城市吸纳了大量东北部贫困与社会问题突出的乡村区域的移民,其中圣保罗、里约热内卢两个大都市区的吸纳量最大。

3. 工业产品以及通信媒体产品的消费增长,促使文化与生活方式发生变化。新的消费方式的拓展,使得现代城市生活方式得到广泛认同,进而使乡村生活被视为传统与过时。

(三)城乡移民流动与圣保罗大都市区的发展

巴西各区域的农村移民向大城市的流动,是造成城乡关系转变的主要原因。同时,移民流动的另一个重要影响,是带来了巴西主要城市的人口增长与城市扩张。这些城市包括里约热内卢、波特阿勒格里、雷西弗、福特勒扎、萨尔瓦多、库里蒂巴、坎皮纳斯、圭亚尼雅、贝勒尼等。2010 年,上述城市的人口都在 200 万人以上。

表 25-1　巴西人口及其增长率

区　　域	2000 年人口(人)	2010 年人口(人)	2000—2010 年人口年均增长率(%)
巴西	169 872 856	190 755 799	1.17
圣保罗大都市	17 879 997	19 683 975	0.97
圣保罗市	10 435 546	11 253 503	0.76

资料来源:巴西地理和数据统计局人口普查,2010 年。

20 世纪 60、70 年代大量涌入圣保罗大都市区的移民,导致圣保罗市及周边区域一些城市中心的空间扩展,并形成了大都市区域。这种城市扩张引起了诸多领域研究者的兴趣,他们对于该大都市区原有低收入民众区域的社会、政治、经济与空间演变的特点进行了探索和分析。值得注意的是,这种对于边缘城市区域扩展的研究,受到了以马克思主义理论为指引的法国城市学派的影响。许多研究的研究视角在于了解圣保罗与巴西其他城市的边缘城市扩展进程中,国家、社会与土地房地产市场之间的关系。

在法国城市社会学派的影响下,相关的研究展现出巴西城市化的一些特征,其中一个很重要的特点在于,国家的行为对于土地和房地产市场的公共影响力十分有限。在几乎所有的巴西城市中,上述市场被分割为两个不同的组成部分,其一为低收入家庭的非正式城市居住区,另一个部分为中高收入阶层的住宅房地产。

表 25-2　巴西人口与近期移民

区　　域	2010 年人口(人)	近期移民(人)	比例(%)
巴西	190 755 799	18 442 695	9.67
圣保罗大都市	19 683 975	1 602 580	8.14
圣保罗市	11 253 503	665 910	5.92

注:1. 本表统计了 2005 年 7 月 31 日之后年龄超过 5 岁者向市镇的迁居情况。
2. 本表包括了源自圣保罗大都市区域的移民。
资料来源:巴西地理和数据统计局人口普查,2010 年。

二、"边缘城市化模式"对圣保罗大都市区发展的影响

(一)"边缘城市化模式"的特点与演变

20 世纪后半期圣保罗大都市区的快速城市化,与区域高速公路周边的工业集群的形成同时进行。同一时期,非正式城市定居点的出现,也被视为"边缘城市化模式"(peripheral pattern of urbanization)。这些非正式居民点远离大都市区的中心城市以及次中心城市,主要包括私自占地居住区以及缺乏社会服务、基础设施的贫民区。非正式居民点主要由居民私自建设的住房构成,在未得到相关技术协助的情况下逐渐形成了整个社区。这些社区中,最重要的公共交通工具是公共汽车。

边缘城市化模式被认为是由于圣保罗与巴西其他大都市区的社会不公平与环境不

可持续的城市化进程的产物。无论是 20 世纪 70、80 年代,还是当前阶段,以中心—外围模式为核心的城市结构常常被视为深层次社会不平等的产物,这种不平等是巴西社会的特点。社会不平等与城市及住房政策实施过程中的缺陷一道,持续影响了城市低收入群体获得土地与住房的能力,同时对这些群体共享城市发展的成果也起到阻碍作用。

(二)"边缘城市化模式"对圣保罗城市社会的影响

尽管圣保罗大都市区近期为了应对边缘城市化模式,显著提升了相关居民区城市服务、基础设施与硬件设备的供应水平,但富人区与贫民区的社会不平等现象仍然显而易见。在贫民区,日间看护、基本卫生设施、就业机会等服务均十分不足,同时,公共空间以及文化休闲活动的服务也很难令人满意。此外,由于近 70% 的就业位于圣保罗大都市区的中心城区,这就迫使数以百万计的外围低收入社区居民不得不每天乘坐过度拥挤的公交车、火车与地铁来往于家庭与工作地点之间。

20 世纪 80 年代,圣保罗大都市区的住房与居住条件的不足和种种负面问题,使得低收入群体中的活跃分子与边缘贫民社区的居住者们共同发起一系列社会运动。这些社会运动的诉求核心在于争取住房、土地规制、公共交通、健康服务等问题的解决。在随后的数十年中,这些运动的方式方法不断翻新。新的社会运动层出不穷,而有些运动则偃旗息鼓。

上述巴西城市化中的种种问题,与社会运动及非政府组织关注的城市问题一道,引发了重要的政治影响。城市发展的法律框架得以逐渐形成,公共政策的实践得以推进,参与式规划逐渐成形。这些法律框架在地方和国家层面都得以建构。

三、圣保罗大都市区的工业化进程

(一)圣保罗工业区的初期选址

20 世纪上半期,在巴西城乡关系转变之前,圣保罗大都市的城市与人口发展十分迅猛,其发展缘于奴隶解放以及欧洲与亚洲国家的移民。圣保罗的第一个工业区也在这一时期建立起来。特别是 1867 年该市与桑托斯港(巴西与拉美最重要的港口)的铁路建成,对于工业区的建设发挥了重要的影响。

这一铁路横跨圣保罗大都市区主要河流平原地区。该区域首个工业区利用了这一广大的平原土地,建立起大型工厂、仓库以及货物装卸场。这些工业企业利用了都市区最为重要的两条河流(泰特河与塔曼杜特河),作为工业废水的排放之处。目前,这两条河流被高速公路截断,河流的污染程度很高。

(二)圣保罗大都市区当代工业区域的空间选择特点

20 世纪后半期,巴西的工业化得到联邦政府的持续大力支持,工业区域的设置开始更加靠连接圣保罗与巴西其他区域的高速公路,而非铁路。圣保罗大都市区成为 7 条州级高速公路和 3 条联邦高速公路的会合点。在整个 20 世纪,部分边缘城市化模式影响下形成的非正式居民区在工业化区域周边积聚,并靠近铁路线与高速公路。

20 世纪上半期建成的接近铁路周边的许多工业化区域都已丧失了原有的功能。

平原区域许多原本的工厂区域,因住宅和商业房地产项目而被拆迁。但是,这种拆迁和重建的过程并非进行了良好的发展策略谋划,也不是考虑公众利益的大型城市项目,因而在城市土地开发的充分性、公平性、可持续性方面有所欠缺。这些工业区的土地,主要位于临近圣保罗市中心区的地区,其重建项目理应成为大都市区新型城市开发的良好资源和契机。但这一契机却并未得到充分利用。这主要缘于旧工业区域在更新为居住区与商业区的过程中,并未规划充足的公共交通体系,以及高质量的公共空间和设施。

四、圣保罗大都市区在巴西城市体系中的地位

(一)城市网络核心地位

圣保罗大都市区具备重要的消费与服务市场,同时拥有巴西城市中最高的政府机构与企业总部积聚度,从而被视为巴西国家城市体系中的主要经济与决策中心。巴西的国家城市体系由12个城市网络构成。这些城市网络的等级基于其最重要或最大城市对其他城市的影响力而判定。除了上述政府机构与企业总部的积聚度之外,城市网络的影响力还在于其提供的教育与健康服务能力,以及媒体的发展水平等。根据对于巴西城市的区域影响力的指标体系测算,圣保罗大都市区是该国最重要的城市中心,其影响力范围超出了国家边界,对于拉美其他国家的区域也具有影响作用。

(二)都市区内部城市主体的多样性

与巴西其他城市网络不同,圣保罗所在的城市网络中,城市之间的距离相对更为接近,并由良好的高速公路体系互相连通,城市的等级体系也较为分明。在圣保罗州的城市网络中,城市往往承担地方、区域与国家的重要节点功能。这种多样性使得圣保罗大都市区的诸多城市具备繁荣的经济基础。

(三)经济重要性

圣保罗大都市区对于国家城市体系的经济重要性,可以从以下几个基本指标体现出来。2012年,该大都市区的GDP占巴西全国的19.2%。2010年,巴西的人均GDP为11 227.59美元,而圣保罗为21 557.63美元。这些指标表现出该大都市区的经济实力。但是,若考虑圣保罗大都市区以及巴西全国的社会不平等情况,其经济实力的未来发展仍受到贫困、脆弱性以及城市与社会的不稳定性状况影响。

表 25-3 巴西贫困人口情况　　　　　　　　　　　　　　　　　　单位:%

领土单位	极端贫困人口百分比 (年家庭收入低于3 977美元)	贫困人口百分比 (年家庭收入低于7 953美元)
巴西	6.62	15.2
圣保罗大都市	1.23	4.93
圣保罗市	0.92	4.27

资料来源:《人类发展地图集》,http://www.atlasbrasil.org.br/2013/pt/consulta/-2015。

第二节 莫斯科都市区及俄联邦城市发展的现状与问题

东欧剧变后,俄罗斯经历了以剧烈的政治变革为标志的特殊时期,其城市发展也面临城市形态到治理方式的诸多调整和挑战。20 世纪 80 年代末,作为当时苏联首都的莫斯科人口为 850 万,其工业、科学和教育在国民经济中占据重要地位。这一时期,莫斯科出现了以住房大规模建设为标志的城市扩张,但仍然受制于对移民的控制和对绿化带的保护,城市扩张仅在有限程度上展开。1991 年至 2011 年的 20 年间,作为后苏联时代的工作、经济和人口中心,莫斯科城市人口超过 1 000 万。尽管经济发展使人们获得了相对较高的收入,也建设了与人口相适应的社会、交通基础设施,但市民对城市交通和环境问题仍然日渐不满。到 2011 年,莫斯科城市面积扩大了 2.4 倍,城市更加加速向周边扩张,但新扩张的土地仍然没有得到良好的治理。

一、设立大量管理机构应对城市化发展

城市在促进经济由资源依赖型向具有现代优势的创新型发展的转变中发挥了关键作用。在过去的 20 年中,为确保城市在市场环境中的可持续运作和发展,俄罗斯建立了大量的特定管理机构,这些机构数在 2009 年达到最高值,之后略有减少(表 25-4)。

表 25-4 俄罗斯政府机构数量 单位:个

机构级别	2009 年	2011 年	2013 年	2014 年
总量	24 161	23 304	23 001	22 777
城市级	1 810	1 824	1 817	1 815
市内区域级	507	515	518	520
联邦城市间区域级	236	236	257	257
城市住区	1 745	1 773	1 687	1 660
农村住区	19 863	18 996	18 722	18 525

注:这些机构的职能主要包括:
(1) 管理房地产市场,建立基础设施建设的法律框架。
(2) 设立地方治理研究院,促进当地资源与社会经济发展的有效结合。
(3) 制定公共部门和地方政府的责任划分制度,促进城市发展、实施战略规划。
资料来源:www.wikipedia.org。

二、俄联邦主要城市的发展特点

(一)城市人口数量趋于减少

20 世纪 90 年代初,俄罗斯从粗放型城市化向集约型城市化发展模式转变。从趋势来看,城市发展速度趋向于减缓或完全停止增长。从实际情况来看,俄罗斯近

20 年城市人口的比例一直保持在 71%—73% 左右，人口的国内迁移也不断减少，并持续到 21 世纪第一个十年的阶段。在这一阶段，莫斯科市的人口规模和城市居民数量也明显减少。

值得注意的是，从 2001 年开始，这种减少的趋势呈现放缓的迹象，其国内人口迁移数量在相当长的一段时间内一直保持在每年 200 万人左右（这一数据不包括在一年内改变居住地的季节性劳动迁移者）。但是，由于与住房相关的迁移数量受经济因素（缺乏迁移或重新安顿的资金，缺乏成熟的、有组织的住房租赁市场等）及行政因素（被注册登记机构限制）和文化因素的限制，俄罗斯因劳动迁移的人口通常超过因住房因素引起的迁移人口。如果将劳动迁移统计在内，俄罗斯国内迁移率至少会增加 2 倍。

（二）人口向主要城市和城市群集聚

俄罗斯人口往往趋于集中在主要城市和城市群，近年来这一趋势不断加强。这表明在俄罗斯的国内迁移中，人口自然而然地被大城市居住区吸引。

俄联邦政府于 2002 年和 2010 年分别实行了全俄人口普查，调查结果显示，特大城市（人口超过 100 万）中莫斯科的人口具有最高的增长率（超过 13%），这表明国内人口持续向首都集聚。圣彼德堡、叶卡捷琳堡、新西伯利亚、喀山的人口增长率也相对较高。其他的特大城市人口增长率则从未超过 2%，下诺夫哥罗德和彼尔姆的人口数量在两次人口普查期间甚至有所下降（表 25-5）。

表 25-5 1989—2014 年俄罗斯主要城市的人口规模　　　　　　单位：千人

城　　市	1989 年	2002 年	2010 年	2014 年
莫斯科	8 878	10 126	11 504	12 198
圣彼德堡	4 989	4 661	4 880	5 192
新西伯利亚	1 420	1 426	1 474	1 567
叶卡捷琳堡	1 296	1 294	1 350	1 428
下诺夫哥罗德	1 400	1 311	1 251	1 268
喀山	1 085	1 105	1 144	1 206
车里雅宾斯克	1 107	1 077	1 130	1 183
鄂木斯克	1 149	1 134	1 154	1 174
萨马拉	1 222	1 158	1 165	1 172
顿河畔罗斯托夫	1 008	1 068	1 089	1 115
乌发	1 080	1 042	1 062	1 106
克拉斯诺亚尔斯克	869	909	974	1 052
彼尔姆	1 041	1 002	991	1 036
沃罗涅日	882	849	890	1 024
伏尔加格勒	999	1 011	1 021	1 017

数据来源：1989—2010 年全俄人口普查；《2014 年统计文摘"俄罗斯数据"》，俄罗斯统计局，2015 年。

(三)人口年龄分布具有明显的地域性特征

由于高死亡率和战争因素,俄罗斯老年人(80岁以上)比例相对较低。因此,虽然俄罗斯在人口方面已经"老化",然而与西欧大多数国家相比,它仍然是一个"年轻"的国家。

在俄罗斯,处于劳动年龄的城市居民比例高于农村居民(分别为60.2%和56.7%),同时,在就业年龄以下的城市居民比例低于农村居民(分别为16.3%和19.6%)。在超过50万人口的俄罗斯城市中,人口年龄分布的地理分区特征明显。例如,在俄罗斯的欧洲中心城市和伏尔加地区,处于就业年龄以下的人口比例整体偏低,而超过就业年龄的人口比例偏高。在西伯利亚和远东城市,则相反。

(四)汽车保有量快速增加

在国家转向市场经济之后,汽车的使用快速增加。车辆保有规模至少增长了两倍,目前在每千人260—320辆。1990—2014年,莫斯科市区的车辆使用量增长了4倍,而整个莫斯科空间增长则超过5倍。

(五)莫斯科经济集聚度不断提升

在莫斯科的发展过程中,经济的集聚是值得关注的问题。莫斯科的经济活动通常在交通半径(行车)2小时的范围内。这一范围包括莫斯科地区的主要部分,以及位于中央联邦区的邻近地区。区域内参与经济活动的人口规模有1 600万—2 000万。

作为联邦城市,莫斯科、圣彼德堡和塞瓦斯托波尔有权履行作为俄罗斯联邦一个独立组成单位的职责。近几年,莫斯科的经济发展阶段向后工业阶段快速转变。制造业从业人员已出现两位数百分比的下降,从1991年的23%下降到2010年的10.9%;贸易和专业商务服务人员的比重有所增加,贸易人员比重从15%上升到25.1%,专业商

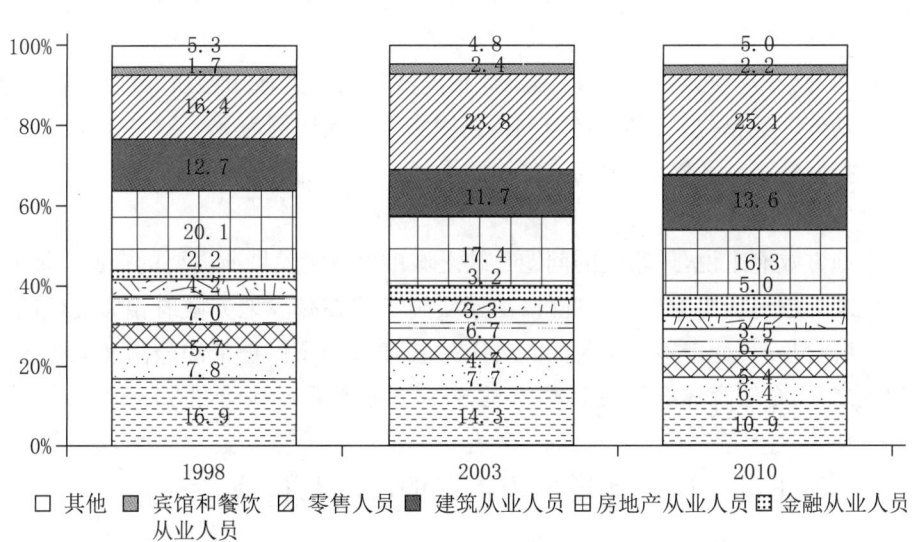

图 25-2 莫斯科劳动力市场划分动态

资料来源:www.wikipedia.org。

务服务人员比重从接近0增长至21.3%(图25-2)。目前,莫斯科的第三产业就业指数为72.1%,总体而言,莫斯科的后工业化进程仍然落后于主要的西方城市,但差别不是太大。

莫斯科就业人口占全俄就业人口近1/10,其中有超过1/3的就业位于中央联邦区。巨大的、多样化的劳动力市场保障了高人均收入。2011年,莫斯科人均收入46 000卢布,显著高于俄联邦17 000卢布的水平。作为俄联邦的经济中心,莫斯科也是主要的劳动力市场,不断增长的劳动力市场和较高的工资吸引联邦内就业人口向莫斯科集聚。除了在经济上领先以外,莫斯科也是主要的交通枢纽,占全国机动车运输海关货物的60%,以及俄罗斯总航空客运量的77%。

(六)商业和住宅集中于市中心

从20世纪的第一个十年开始,建筑业的繁荣导致了莫斯科的商业过度集中于市中心(40%的工作场所位于克里姆林宫6公里半径的区域内),城市周边地区和莫斯科附近地区出现了超密集的住宅。上述人口集聚与每天250万人通勤量的叠加,导致城市的交通基础设施处于超负荷状态。莫斯科居民的平均通勤时间为67分钟,有大约20%的莫斯科居民每天花3个小时的时间往返于住处和工作场所。

三、俄联邦主要城市发展面临的问题

(一)人口挑战

从短期来看,俄罗斯面临的主要人口挑战源于出生率下降导致的人口自然减少。据估计,在未来15年内,经济活跃的人口可能会减少600万—900万,减少近10%。由于就业人口减少的影响,这一时期俄罗斯城市的人口流动性也将有所降低。

(二)城市的空间结构与城市发展不匹配

俄罗斯的城市空间结构与长期国家计划经济框架下的城市经济、社会发展特征之间也存在功能匹配错位。例如,街道和道路网络的占地比例为8%,这一数值比欧洲城市的类似指标低2到3倍,类似的错位制约了社会发展和经济增长。

(三)资源缺乏

对于地方政府来说,最紧迫的问题是缺乏城市可持续发展所需要的资源。同时,相关城市也缺乏创造资源的机会。此外,由于实施了旨在减少地方政府相关责任的立法改革,这种情况一直处于不断恶化的趋势下。森林和公园保护带的分割和减少也是面临的问题之一,全俄森林面积从1985年的35%下降到了2010年的25%。

第三节 德里都市区及印度城市治理的困境与挑战

一、德里发展概况

在过去的20年里,印度的大城市(指人口超过100万的城市)已经成为其经济转型

的驱动器。2011年,100个最大城市的人口占印度总人口的16%,但GDP占国家GDP的43%(美国公路安全保险协会,2011)。印度的城市化率(尽管用一个非常严格的定义测量,相对于其他国家)已经落后于其他发展中国家,但在过去的20年里已有所加快。从1990年到2010年城市化水平从25.5%增加到30.0%,预计到2030年将达到39.7%或5.9亿城市人口(联合国,2013)。这些高增长率已使得印度城市的承载能力越来越紧张,特别是它们提供基本服务和基础设施的能力,以及协调增长与包容的能力。这些压力负担在任何地方都没有比在德里体现得更明显。作为一个超过13亿人口的国家的首都,德里首先是一个行政城市,但作为一个次大陆主要门户城市,在过去20年中它也吸引了大量的企业投资。它是印度北部唯一的大城市,靠近4个大州(哈里亚纳邦、旁遮普、北方邦和拉贾斯坦邦)。它也是一个移民城市(43%的居民是移民)。由于印巴分治,而吸收了近50万的难民,德里的人口从1941年的70万不到,到1947年扩大了一倍。至2011年,德里的人口已经增加到1 800万,预计2021年将达到2 300万(《德里总体规划(2007)》)。

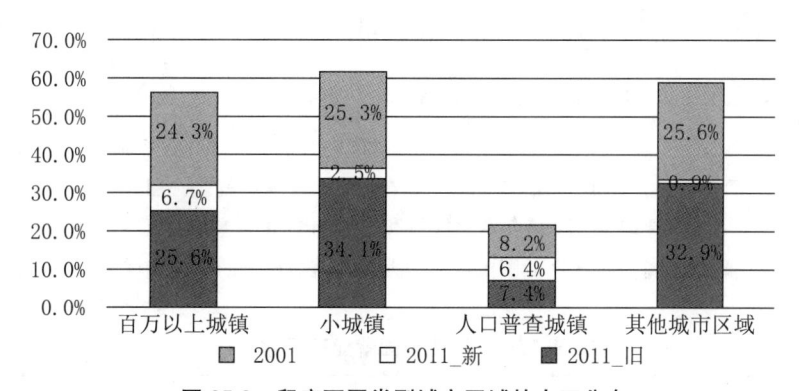

图 25-3　印度不同类型城市区域的人口分布

资料来源:2001年和2011年印度人口普查数据。

可以说没有一个印度城市能更好地管理不断增长的人口。首先,德里是印度联邦中最富有的城市和州,作为首都,长期以来享有不成比例的中央政府基金份额。它享有代表印度城市最高水平的现代基础设施,拥有最先进的国际机场、全国最大的地铁系统以及密度最大的城市高速公路网络。德里在各州中拥有最高的人类发展指数0.75,远高于全国0.467的平均水平(印度规划委员会,2013)。这座城市占地面积超过1500平方公里,位于平坦的农业耕地地区中部,没有影响城市扩张的自然壁垒。德里通过扩张已经协调了人口增长的问题,并成为印度人口密度最小的大城市之一。然而,德里在很大程度上未能为其不断增长的人口提供基本设施,并且总体规划通常不佳。

基本协调的失败不仅表现在持续增长的空间不平等程度,还表现在德里是世界上污染最严重的城市(世界卫生组织,2014)。

二、德里的经济基础

德里作为首都，为国民经济提供协调服务的作用体现在它占全国现代服务业的10%这个事实(2004—2005)。与孟买和班加罗尔对比，德里从未担负过突出的制造业的角色，而且实际上政府政策很大程度上对工业活动不具有吸引力。在过去20年，城市本身正规制造业的就业事实上已经减少了，大多数工业增长例如汽车制造业发生在卫星城市。不足为奇的是，就业增长最快的领域一直在现代商业服务业。在过去的10年里，城市的外围(卫星城市位于邻近的州)比城市本身(2.4%)增长更快，达6.2%。外围现在总人口360万，位于2 000万人口的大都市区。

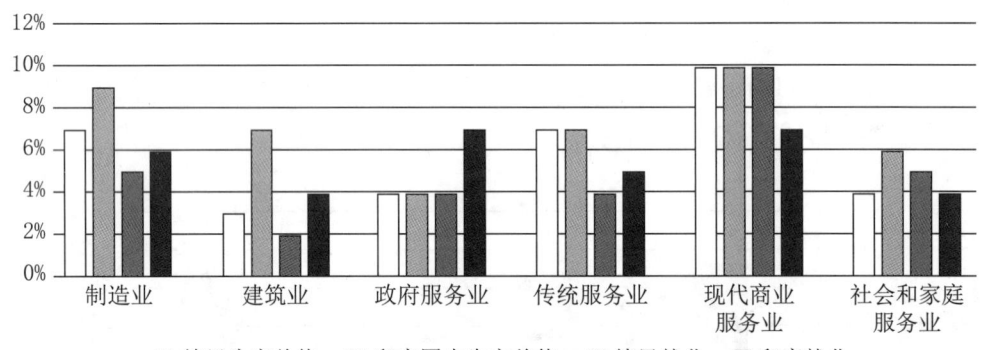

图 25-4 2004 年 5 月德里和印度的 GDP 及就业比重

资料来源：由印度储备银行的区域国民产品数据以及就业份额的全国抽样调查数据计算得到。

表 25-6 印度全国就业移民数据

时间	相对劳动生产率系数					
	制造业	建筑业	政府相关的服务业	传统服务业	现代商业服务业	社会和家庭服务业
2004—2005	1.46	1.61	0.70	1.56	1.19	1.06
1990—2000	1.53	1.20	0.56	1.41	1.26	1.02

资料来源：由印度储备银行的区域国民产品数据以及就业份额的全国抽样调查数据计算得到。

德里的城市增长主要是由寻租活动推动的。在印度特别是在推动城市发展中土地所起到的核心作用反映在土地价格的国际比较上。虽然印度仍然是一个低收入国家，2011年德里的土地价格高于巴西和墨西哥(尽管不如俄罗斯高)。此外，土地的获得已经高度地定量配给。加达维普大学计算过，在德里购买一个1 300平方英尺的公寓按平均收入计，平均要花180年，而在巴西是39年，俄罗斯99年，纽约47年(孟买最高，为580年)。

表 25-7 德里和孟买周边的城市化进展

城市人口	2001年	2011年	增长率	城市人口	2001年	2011年	增长率
德里首都区域	12 906 065	1 633 916	2.4%	孟买市区	3 337 895	3 145 966	−0.6%
加济阿巴德	1 816 413	3 144 574	5.6%	孟买郊区	8 640 386	9 332 481	0.8%
费尔达巴德	1 062 286	1 429 093	3.0%	孟买	11 978 281	12 478 447	0.4%
古尔冈	309 704	1 042 000	12.9%	塔那	5 902 467	8 503 094	3.7%
诺伊达	442 271	997 410	8.5%	赖格尔	534 834	972 809	6.2%
首都周边地区	3 630 674	6 613 077	6.2%	周边地区	643 701	9 475 903	3.9%
密拉特	1 451 992	1 762 573	2.0%				
布兰德舍赫尔	681 583	867 791	2.4%				
巴尼伯德	392 076	552 945	3.5%				
索尼巴	321 371	451 687	3.5%				
罗塔克	329 593	444 819	3.0%				
巴格帕	229 440	274 135	1.8%				
切杰尔	195 097	242 974	2.2%				
伯尔沃尔	159 038	235 663	4.0%				
雷瓦利	136 172	231 411	5.4%				
米瓦特	59 301	124 017	7.7%				
首都除外	3 955 664	5 188 015	2.7%				
首都	20 492 403	28 135 008	3.2%				

- 当德里和孟买中心的人口增长减缓时,德里周边的人口增长大于孟买周边。
- 德里的周边人口数小于孟买市中心的人口数。
- 这或许是因为周边存在其他发达的城市中心,例如浦那和纳西克。

资料来源:2001年和2011年印度人口普查数据。

三、德里的社会构成

德里是一个移民城市,尤其是来自北部的移民大部分来自北方邦和比哈尔邦,印度的两个最不发达的州。来自农村地区的移民高度集中在制造业和建筑业以及传统的服务行业。来自城市地区的移民往往从事公共服务,如医疗和教育。

德里是一个被社会与社会之间显著的排他形式深刻分裂的城市。在印度首都当代空间的排斥模式根植于在独立后的城市是如何被规划的。自印度独立以来,三个连续性的重大规划未能系统地开发出足够的土地来满足不断增长的人口(Bhan, 2013)。政策倾向于把移民当作临时工,最近的法庭裁决甚至做出把贫民窟居民归为"侵犯者"和"扒手"的事。根据德里政府自己的分类制度,只有23.7%的德里人口生活在被指定的"计划移民地"(德里经济调查,2008—2009年)。剩余的人口居住在那些要么完全非法的定居点,要么从未批准开发的区域,正因为如此这些地区从来没有被妥善规划过。缺乏规划不仅意味着这些定居点的物理空间不是按照基本的建筑规范或公共空间的要求来划样的(包括道路和通路网格),而且意味着它们不能融入这个城市的大部分基础设施运输体系。总的来说,51%的城市居民生活在法律上没有资格获取正常服务的社区。尽管许多这样的社区也确实得到一些服务,但这些都是作为政治协商和解的一部分,而不是权利。

表 25-8 印度全国教育移民数据

	德里				孟买			
最后定居州	少于1年		多于10年		最后定居州	少于1年		多于10年	
	比例	女性	比例	女性		比例	女性	比例	女性
北方邦	23.7%	22%	32.8%	19%	马哈拉施特拉邦	45.1%	24%	52.0%	19%
哈里亚纳邦	5.9%	29%	12.1%	19%	古吉拉特邦	7.2%	32%	30.2%	18%
北阿坎德邦	5.9%	23%	10.4%	14%	北方邦	22.9%	16%	17.8%	11%
比哈尔	18.6%	13%	9.1%	11%	卡纳塔克邦	6.0%	43%	16.6%	22%
旁遮普	2.0%	27%	7.0%	27%	拉贾斯坦邦	10.5%	14%	7.5%	11%
拉贾斯坦邦	5.1%	14%	4.1%	25%	喀拉拉邦	5.7%	30%	6.3%	36%
喜马偕尔邦	2.1%	40%	3.1%	18%	果阿邦	0.8%	39%	4.4%	29%
西孟加拉	5.1%	36%	3.1%	32%	泰米尔纳德邦	2.7%	29%	2.9%	28%
喀拉拉邦	2.8%	54%	2.4%	52%	中央邦	5.0%	19%	2.1%	19%
恰尔肯德邦	6.9%	18%	2.4%	18%	安得拉邦	5.8%	12%	2.0%	24%
中央邦	2.5%	16%	1.6%	32%	比哈尔	7.3%	13%	1.7%	12%
奥里萨邦	2.4%	17%	1.5%	14%	孟加拉邦	4.5%	27%	1.6%	27%
东北部*	6.0%	36%	1.7%	29%	德里	4.2%	37%	0.9%	28%
					东北部*	2.7%	47%	0.2%	35%

* 东北部包括阿鲁纳恰尔邦、阿萨姆邦、曼尼普尔邦、米佐拉姆、那加兰邦和特里普拉邦。

* 代表除从马哈拉施特拉邦到德里以外的州际的移民数据,州内移民的人口数并不是很大。

资料来源:2001年印度人口普查数据。

表 25-9 德里住在各种类型住宅的人口

住宅类型	百万人口数(2006)	占德里总人口的比例	合法性	个人水源提供
贫民窟群落	2.448	14.80%	不合法、未规划	无权利
指定区域	3.148	19.10%	合法但未规划	有权利,但是受技术原因制约
未经批准的非法移民地	0.874	5.30%	不合法、未规划但是安全	无权利
移民群体	2.099	12.72%	合法、已规划、已告知	有权利但未传输
农村地区	0.874	5.30%	排除在外	豁免
合法的未经批准的移民地	2.099	12.72%	合法但未规划	良好
城市地区	1.049	6.35%	排除在外	良好
已规划的移民地	3.909	23.70%	合法、已规划	良好
总人口	16.5	100%		

资料来源:《德里2008年发展报告》,第二列来自 Bhan(2011),第三列数据来自 Maria(2011)。

据官方公布,在非贫民窟和贫民窟地区分别有 91% 的家庭和 48% 的家庭有抽水马桶,分别有 70% 和 47% 的家庭在经营场址或上述房屋中有处理过的水。然而,这些数字来自服务质量不良的报道。只有 23.7% 的抽水马桶被连接到城市规划地区的下水道,而在其他地方,未经处理的污水是一种常见的问题。城市自来水的供应非常不可靠,许多社区仅有每天 1—2 小时的供水。大多数贫民窟居民依赖油罐车运水供应。基本服务分布的空间分析已经记载了各社区的一种高度的不平等(辛迪万尼,2015;辛格,2013)。由德里的城市项目所管理的大量的实地调查揭示,居住在非法或不太合法的移民地的居民既要为他们想得到的服务支付高额溢价,还要在确保基本服务方面花费巨大的时间和精力。①

> **专栏　印度城市服务运输和基础设施**
>
> 基础设施和服务在经历增长后开始下降
> - 与中等收入占 49% 的比重相比(世界银行),公共运输只对印度城市运输的 22% 负责;
> - 在德里只有一半的污水是被处理过的(CAG);400 万户没有水龙头;印度德里水委员会(DJB)只负责对 37% 的污水用抽水机抽水;
> - 住房缺乏从 1991 年的 820 万套上升到 2007 年的 2 470 万套(世界银行);德里对于低收入住房只实现了目标的 15%(Bhan);
> - 德里拨出更多的土地给违法停车场而不是贫民(Mukhopadhyay, 2011)。

四、德里的城市治理

直到 1992 年,德里还是一个联邦领土,由联邦政府直接管理。在 1992 年德里成为国家首都区,有自己的立法机构和首席部长。立法机构有 70 个成员,从平均有 20 万选民的议会选区中选举产生。德里州(GNTCD)有许多大多数印度的州所拥有的权力,包括交通、工业发展、发电、卫生和家庭福利。然而,与大多数州不同的是,一些主要职能仍保持在中央政府手中,包括公共安全和土地开发。德里市和德里州在很大程度上是相互联系的,有 5 个城市地方机构。大多数德里人口生活在 3 个区域自治团体的管辖下,在每个自治团体中有 272 个市政议员和一个市长。每一个自治团体的行政机构由一个民政部门任命的行政长官领导。

在德里,政党竞争在很大程度上反映了国家的模式。自中华人民共和国成立以来,德里一直被两个国家政党之一的印度国大党或印度人民党统治。大众社会党是一个基于北方邦的代表了低等种姓的地方党派,也已经建立了一席之地。在 2015 年的州议会选举中,一个新的政党印度平民党上台。这个政党从一次反腐败运动中出

---

① http://citiesofdelhi.cprindia.org.

现,多半是中产阶级,但后来已经在这个城市的非法定居点建立起一个非常强大的代表席位。

尽管政党竞争激烈,然而当选的代表是相当弱势的。市政议员权力有限,而市长的角色主要是州级礼仪的代表。立法议会成员是重要的角色,但他们大部分的影响力是从作为选区的权力经纪人开始的。立法议会成员制定和影响城市政策的权力有限。政策在很大程度上是由官僚机构或在中央组织下的政治利益驱动的。

城市的综合治理能力渐渐受到断裂的权威、重叠的管辖权、不同级别政府之间的地方性冲突,以及一种跨部门协调的普遍缺乏的破坏。解决这个问题是这座城市最强大的机构德里发展局(DDA)的任务,这个机构负责规划、土地开发和住房。作为一个凭借自身能力的独立的强大的官僚机构,德里发展局更专注于保护这座城市的美学以及在更有特权的地区投资。在市场改革年代,德里发展局已变得积极于合并和出售土地,从而为私有开发积累大量现金储备,除了所持有的土地,它的现金储备估计超过50亿美元。

五、德里的城市问题

德里的基础设施建设没有跟上城市的经济和人口增长,社会—空间排斥模式正在深化。在过去的十年里,尽管德里有非常高的经济增长,但在印度德里是唯一真正看到它的人类发展指数下降的州。这些问题很多可能要与城市的管理联系起来。

第一,德里发展局对于开发用地存在系统性的供应不足。这导致了与大部分基础设施体系没有连接的非正式定居点和贫民窟的扩散和蔓延。德里发展局对于提供保障性住房的努力在很大程度上使中产阶级受益,而很少为处于社会经济较低阶层的人群建造住房,并且尽管创建了一个改造贫民窟的特殊机构,然而事实上没有贫民窟被修复。服务运输部门如负责自来水和污水的德里日航董事会,战略规划能力非常有限。而服务运输航线部门与德里发展局之间的协调是有限的。

第二,努力"规范"非法移民地几乎没有取得任何进展。虽然所有民选政府例行公事般地作出承诺为非法定居点提供服务和土地所有权,然而改革总是受阻于既得利益,那些受益于违法行为和跨部门协调行政机关缺乏责任。

第三,由于基础设施现代化作为城市努力的一部分,许多位于城市中心的贫民窟已经被拆除。这些拆迁的合法性往往是模糊的,居民安置一直饱受协调问题的困扰。大部分移民安置区位于城市的边缘,也不提供基本服务。这只会加剧城市社会—空间的不平等。

第四,投资模式已经急剧倾斜于有利于中产阶级的特权阶层。中央政府给德里的大部分投资用于私人交通(虽然只有四分之一的家庭拥有一辆车),在供水和污水方面却投资很少。分配给公共交通的投资已经高度倾斜于地铁铁路系统,而贫穷居民广泛使用的公共汽车服务一直被忽视。

六、结论

总之,虽然德里有大量的财政和物质资源,但它未能成为一个包容性的城市,成为所有居民的机会之地。在大多数情况下,这是城市治理的不足带来的。因此,德里是一个鲜活的案例,表明即使在有充足资源保障的城市,不合理的城市治理也会阻碍城市包容性发展。

第四节 约翰内斯堡都市区的可持续发展

从宽泛意义上说,约翰内斯堡是指沿着金山核心地带而形成的连绵城市集合体。约翰内斯堡市大约 500 万人口,而金山区域大约 950 万人口,金山城市区域又可作为进一步扩展延伸城市集聚体的一部分,被称为豪登城市区域,人口大约 1 300 万。豪登城市区域边界和 1 800 万人口的豪登省大致相当,包括比勒陀利亚市、茨瓦内都市以及有着重工业(瓦尔河)和矿藏业(西兰德、白金带)的边远地区。

在阐述约翰内斯堡在金砖国家和非洲的相对位置之后,本节将根据约翰内斯堡的经济、人口增长,分析其在国家城市体系中的角色、位置,以及其在多大程度上实现了经济、环境、社会和空间几个维度的可持续性。本节也涉及 2015 年早些时候远见集团(Foresight Group)对非洲城市会议作出的贡献,以及本人与坦尼娅·扎克博士(Tanya Zack)在约翰内斯堡的矿业经济方面的合作。

一、约翰内斯堡在金砖国家和非洲的位置

约翰内斯堡是南非最大的城市,在金砖国家属中等城市,按照联合国人口署对金砖国家所有大城市进行的排列,约翰内斯堡(以上述中央金山的定义)列第 15 位,人口规模处于印度的金奈和海得拉巴之间,稍多于中国的武汉和成都(联合国人口署,2014)。[①]

表 25-10 按人口排名的金砖国家主要城市

2015 年人口排序	城市	国家	2015 年人口预测(千人)
超巨型城市			
1	德里	印度	25 703.17
2	上海	中国	23 740.78
3	圣保罗	巴西	21 066.25
4	孟买	印度	21 042.54
5	北京	中国	20 383.99

---

① UN Population Division, *World Urbanization Prospects*, 2014 Revision.

(续表)

2015年人口排序	城市	国家	2015年人口预测（千人）
巨型城市			
6	加尔各答	印度	14 864.92
7	重庆	中国	13 331.58
8	里约热内卢	巴西	12 902.31
9	广州	中国	12 458.13
10	莫斯科	俄罗斯	12 165.7
11	天津	中国	11 210.33
12	深圳	中国	10 749.47
13	班加罗尔	印度	10 087.13
大城市			
14	金奈	印度	9 890.427
15	约翰内斯堡（金山）	南非	9 398.698
16	海得拉巴	印度	8 943.523
17	武汉	中国	7 905.572
18	成都	中国	7 555.705
19	东莞	中国	7 434.925
20	南京	中国	7 369.157
21	阿默达巴德	印度	7 342.850
22	香港	中国	7 313.557
23	佛山	中国	7 035.945
24	杭州	中国	6 390.637
25	沈阳	中国	6 315.470

资料来源：UN Population Division, *World Urbanization Prospects*, *2014 Revision*。

近年来，约翰内斯堡在金砖国家城市中的排序有所下降，很多程度上是20世纪70年代末期以来中国城市快速发展造成的。举例来说，1950年约翰内斯堡比中国的许多城市比如重庆、深圳、广州要大，大致相当于北京的规模，现在这些城市都显著大于约翰内斯堡。布鲁金斯学会曾将约翰内斯堡列为金砖城市经济的第30位，和中国的东莞、济南，巴西的巴西利亚差不多。这种相对较低的地位反映了中国城市在过去数十年经济上不可比拟的崛起态势。

表 25-11 全球排序中不断变化的金砖国家城市（前 50 位）

城　　市	1950 年全球排序	1980 年全球排序	1950—1980 年排序变化	2015 年全球排序	1980—2015 年排序变化
德　里	51	20	+31	2	+18
上　海	10	18	−10	3	+15
圣保罗	22	4	+18	4	没有变化
孟　买	16	10	+6	5	
北　京	35	21	+14	7	+14
加尔各答	9	7	2	14	−7
重　庆	40	51	−11	16	+35
里约热内卢	14	8	6	19	11
广　州	70	89	−19	20	+79
莫斯科	5	12	−7	21	−9
天　津	20	35	−15	23	+12
深　圳	1 576	1 517	+59	25	+1 542
班加罗尔	105	55	+50	28	+27
金　奈	44	32	+12	30	+2

资料来源：UN Population Division, *World Urbanization Prospects*, *2014 Revision*。

从非洲来看，约翰内斯堡人口在非洲次于拉各斯、开罗和金沙萨—布拉柴维尔，列第 4；从经济角度看，约翰内斯堡位列于开罗之后，尽管一些排序也将其列在第 1 位。

二、约翰内斯堡的经济转型

（一）黄金之城

约翰内斯堡的发展源于黄金。20 亿年前一系列的地质偶发事件和广泛的气象冲击保护了金山的大储量黄金免收侵蚀。19 世纪，大多数欧洲大国经济都建立在黄金标准基础上，需要大量的金条以支撑他们的货币体系。随着澳大利亚和加利福尼亚州黄金储备的枯竭，迫切需要新的供应。1886 年，非洲南部最深层的黄金主矿被发现，那时还属于相对封闭的布尔共和国。黄金矿藏埋藏得如此之深，需要大量的资金才能有效实施开采工作，由此建立了一个持续了数十年的寡头型的控制结构，六个矿业公司中，一个叫作南非盎格鲁的公司最终取得主导权。矿业开采需要大量非熟练、半熟练劳动力，由此矿业公司在 1889 年一起成立了矿业协会并从整个非洲南部（最远达到今天的坦桑尼亚）招聘劳动力，设定了可以给付劳动力的最高工资。

Crush 等人曾经将约翰内斯堡亲切地称为"劳动力帝国"。矿业成功构建移民劳动力的契约体系创造了一种移民的摆动机制，对整个地区的经济和社会结构方面产生巨大的经济社会影响力,而这种影响力甚至持续到现在。其中一个明显的恶果是大批量的男人不得不常年离开农村家庭,造成了整个地区家庭生活的崩溃。尽管黄金矿业很大程度上是由大型私营企业推动,国家在确保矿业持续增长方面也扮演主要角色。南非战争(1899—1902)时期引入了6万名中国工人,对试图反对以廉价的黑人劳动力替代昂贵的白人工人起义进行压制,1920年还通过立法在不熟练低工资劳动力(黑人)和熟练的高工资劳动力(白人)进行严格区分。[①]

尽管南非1930年放弃了黄金标准,然而随着黄金固定价格的大幅上涨和资金大规模流入,约翰内斯堡越来越像个世界城市。约翰内斯堡的黄金萃取量逐渐下降,这个城市仍然保有大量的矿业公司总部,且依然从黄金矿地向西兰德和远东兰德(West Rand and Far East Rand)的扩张中获益,包括自由州。

(二)工业之城

20世纪40年代,约翰内斯堡的国际贸易被第二次世界大战中断,反而创造了进口替代制造业的机会。到1950年,制造业已替代矿业成为最大的经济部门和最主要的驱动力,但与矿业保持异常密切的联系。矿业公司积极在英美开展跨部门业务,到20世纪60年代制造业部分利润甚至增加500%(Harrison & Zack,2012)。目前,约翰内斯堡制造业四分之一的就业机会在金属及金属制品行业,但仍有大量来自粮食和饮料,纺织业、服装和皮革,木材、纸业和印刷,石油化工和家具。进入20世纪80年代,约翰内斯堡开始了去工业化历程,制造业就业绝对数从1980年大约60万下降到1995年大约30万,经济由此相对低落,进而全球和国家两个层面上都失去了比较优势。这显然是一系列因素结合的结果,包括对南非种族制裁、出口导向型宏观经济政策的失败、政治紊乱和诸多不确定性。1990年民主化的转型对约翰内斯堡经济产生了积极后果,制造业和第三产业都获得了实质意义的增长。

(三)后工业之城

1990年,约翰内斯堡在社区、社会和个人服务、零售和采购贸易、金融保险、房地产和商业服务诸方面都取得了快速增长。随着种族隔离的结束,约翰内斯堡实现了经济的服务业化,第三产业占了全部增加值的70%,而就业1996年达到71.3%。此后,经济服务业化持续获得进展,先是升至76.1%,2011年又升至81.9%,约翰内斯堡成为新兴的金融和商业服务枢纽。而这一过程也反映出全球南方特别是金砖国家主要城市,如圣保罗、孟买、上海和莫斯科类似的发展进程,以及城市高端服务业成功替代制造业成为增长核心引擎。

约翰内斯堡经济结构中的服务业对劳动市场的性质,以及随之而来的城市社会结构产生显著的影响。Crankshaw和Borel-Saladin(2014)曾经发现,随着经济服务业化,中产阶级职位(专业人士、经理、技术工人)获得显著扩张,黑人中产阶级也随之成长。

[①] P. Harrison and T. Zack,"The Power of Mining: The Fall of Gold and Rise of Johannesburg", *Journal of Contemporary African Studies*, Vol.30, No.4, 2012, pp.551—570.

与此同时,失业人数经历显著增长,官方失业数据已经上升到30%,年轻人更高。在失业率持续攀升的背景下,非正式部门日益重要。2013年劳动力调查数据(2014)显示,约翰内斯堡9.76%的被雇佣人群处于非正式的自我雇佣,人数达到了19200人。这意味着社会深层次结构性不平等开始浮现。[1]

（四）当前的不确定性与未来期待

种族隔离刚结束时,约翰内斯堡取得很不错的经济绩效。1996年到2004年,相较于全国每年2.9%的增长率(Global Insight, 2014),城市经济的增长达到了4.5%,而豪登则达到3.9%。然而这种态势在2008—2009年的全球经济危机之后逆转,国家、省级、大都市经济增长率已相差无几,这意味着约翰内斯堡在南非内部的竞争优势正在逐步消失。2009年南非逐步从衰退中有所恢复,2011年起又有所下降,2015年第二季度南非经济衰退了1.3个百分点,约翰内斯堡似乎也沦落到危险境地。短期的周期性衰退或者深层次结构性问题值得忧虑。约翰内斯堡经济均有强大经济驱动基础,早期是矿业,1940—1970年是制造业,1990—2009年则主要是金融和其他商业服务业。目前,则不清楚这种经济驱动力的基础在哪里。显然,如果约翰内斯堡能够或者充分挖掘未被挖掘的市场,或者黑人中产阶级兴起,消费型经济兴起,又或者作为撒哈拉以南非洲跨境贸易的主要枢纽,那么约翰内斯堡的金融和商业服务业仍有很大发展空间。

三、约翰内斯堡的人口因素

约翰内斯堡最初的人口增长异常惊人,1886年最初发现黄金时就从零增长快速增加到10万。到1911年人口规模达到了23.6万,成为仅次于开罗、亚历山大的第三大城市,比数个世纪前建立的开普敦还要大,约翰内斯堡既从全球也从非洲南部腹地吸纳移民。

然而,约翰内斯堡的人口增长并不总是呈现迅猛态势,20世纪30年代前期经济受到黄金固定价格的影响增长相对缓慢。尽管如此,20世纪30年代仍达到了年均增长4.5个百分点,到40年代移民又主要流向制造业。种族主义政权时,约翰内斯堡试图控制人口流入并将黑人赶出城外,增长速度有所放缓,尽管如此也从来没有实现逆城市化的目标。到20世纪90年代,种族主义政权崩溃,约翰内斯堡人口年度增长又达到了4个百分点,一方面农村向城市移民控制措施被移除,另一方面金融服务业部门逐渐成为经济增长的引擎。然而,放松管制措施并不意味着城市化潜力或者需求有所减少,而是人口增长高峰期已经结束,目前增长率也已下降到2.6个百分点。随着城市化率达到70%,生育率的持续下降,约翰内斯堡整个人口增长也呈现出相对高速和相对低速的波浪形。目前增长尽管仍较缓慢,从国际比较角度看仍然较快。联合国数据显示约翰内斯堡1950年是全球第37大城市,而到了1990年就跌落到第48位,到2010年又上升

---

[1] O.Crankshaw and J.Borel-Saladin, "Does Deindustrialisation Cause Social Polarisation in Global Cities?", *Environment and Planning A*, Vol.46, 2014, pp.1852—1872.

到第 38 位。这说明了人口增长的积极态势。

人口也有其他维度的划分,包括种族、性别、年龄和国家来源地。从种族上来说,约翰内斯堡越来越成为纯粹的黑人城市,1911 年,约翰内斯堡 43% 的人口是非洲黑人,50.6% 是白人,5.1% 属混血和印度人,而到 2011 年,76.6% 已是非洲黑人,12.2% 是白人,11% 属于有色人种和印度人等其他种属。从性别比例看,约翰内斯堡呈现强烈的男性主导,特别是黑人群体 1911 年女性比例接近于零,矿业工人都居住于单身宿舍。

然而,随着时间变化,约翰内斯堡人口的性别比例已较为平衡,甚至相差无几。至于年龄结构,约翰内斯堡也显著区别于南非,儿童相对较少,0—14 岁儿童南非的比例是 32%,而约翰内斯堡只有 24%;但是年轻人相对较多,15—34 岁的劳动年龄组南非为 37%,约翰内斯堡为 42%。这一现象使得诸多家庭的空间分离成为常态,即许多儿童和祖父们在一起留在农村,年轻的家庭成员则到城市。这样约翰内斯堡以及更为广阔的豪登城市区域便成为移民的主要落脚城市。从来源地看,外国移民占据了官方统计流入移民的四分之一,官方统计移民最大的来源地是津巴布韦、莫桑比克、莱索托和马拉维,但也有大量移民来自更远国家,比如尼日利亚、刚果、埃塞俄比亚、印度、巴基斯坦和中国;来自欧洲的移民下降明显,但英国、葡萄牙和德国依然表现突出。

表 25-12　生活在豪登省的非南非人(2011 年)

出生国家	个体数量	出生国家	个体数量
津巴布韦	397 668	纳米比亚	11 271
莫桑比克	210 531	葡萄牙	11 087
莱索托	72 409	埃塞尔比亚	9 301
马拉维	51 055	德国	8 879
英国	36 034	中国	7 580
尼日利亚	17 509	巴基斯坦	6 837
赞比亚	16 724	其他	99 891
印度	15 721	未明确的	114 434
斯威士兰	13 211	总计	1 124 857
刚果共和国	12 873		

资料来源:通过邮件从南非国家统计局获取的人口普查数据(2011 年)。

四、一个可持续的城市

(一) 经济上

约翰内斯堡将经济可持续性建立在矿业上一开始就备受质疑,这个异常繁荣的小镇是否会随着矿业活动终止而最终崩溃。然而,约翰内斯堡最终超越了矿业这一单一经济,逐步将经济多元化,最终成长为一个强大的成熟经济体。今天的问题已不是约翰内斯堡本身的问题,而是其能否为自己的人口发展提供足够的生产生活的空间,从中长期看能否超越中等收入陷阱,成长为金砖国家和全球的领先城市。这里有着非常多的不确定性,最重要的是要有新的经济增长基础。

(二)环境上

约翰内斯堡城市成长完全依赖自然资源,然而该区域却有着严重的自身关切,特别是水、能源和空气质量。由此最急切的关切便是寻找足够水源,这一紧迫性更因最近的反复断水而有所强化。约翰内斯堡坐落印度洋和大西洋河流之间的洲际分水岭,自身降雨量不足,不得不到遥远的地方寻求水源,而这无疑需要大量技术创新和巨大资本投入。最近扩大水资源供应的方案就是来自莱索托的水资源计划,世界上最大的跨盆地(跨境)水资源输送项目之一。

长期来看,约翰内斯堡还需到赞比西河寻找水资源,但中短期来看仍面临更多的脆弱性,比如,水资源循环、从老矿区抽取水资源、更新损耗35%水资源的基础设施。

2007年以来,约翰内斯堡作为国家电网的一部分,也不断遭遇能源短缺,对经济增长产生较大的扰动性,而这无疑是规划不充分、投资不足以及能力建设长期延误的结果。到2020年新的大型煤炭发电站上线,能源短缺将有所缓解。问题的关键是如何确保长期能源供应,以及南非低碳转型。南非资源一体化方案(2010—2030)提出了新的电力供应来源,包括天然气、石油、核电、水电和太阳能,但仍有激烈争议,比如核电成本和采购,天然气勘探中的水压法所产生的环境效应。幸运的是,尽管煤电有锁定效应,对温室气体排放造成了负面影响,2011年起可再生能源配额或者能源生产商的权利拍卖取得显著成功。

2007年约翰内斯堡释放出了2 700万吨温室气体,主要是来自电力生产和消费的二氧化碳(92.4%);2007年约翰内斯堡的人均碳排放为6.89吨,明显高于巴西的2.2吨和印度的1.7吨,略高于中国的6.7吨(世界银行数据)。[①]与全球北方比较,南非和约翰内斯堡属于温和的排放主体,然而在中等收入国家和全球南方,显然属差等生行列。可能解决方案就是电力去碳化并实现交通的形态转换(这大概占了全球温室气体排放的25%左右)。

尽管与海平面上升覆盖的沿海城市相比,约翰内斯堡并不脆弱,却也受到气候变化的影响。相关模式显示城市气温中期(2056—2065)将升温2.3度,远期升温(2081—2100)4.4度,当然不同季节也会产生可预期的差异。约翰内斯堡还会受到高频率风暴事件的袭击,并遭遇更湿润雨季,以及日益强化的热岛效应,而腹地干旱频率的提升也可能强化早已趋紧的水资源供应。世界卫生组织最近对全球1 622个城市的空气数据进行了更新,从PM10(颗粒物)浓度看,约翰内斯堡排名最差时为第128位,从PM2.5

[①] "COJ-City of Johannesburg(2015) Greenhouse Gas Emissions Inventory for the City of Johannesburg Global Protocol for Community-scale Greenhouse Gas Emissions(GPC)", a technical memorandum from the Office of the Executive Director,http://promethium.co.za/wp-content/uploads/2015/07/GPC-Report-for-the-City-of-Johannesburg_01-1.pdf.

浓度看,排名最差时为第 98 位,也就是说约翰内斯堡是目前世界上空气污染最严重的十个城市之一。①影响最严重的莫过于老矿业带、非正式居住区域和城镇中最贫穷的部分,这些地方煤炭、树木和石蜡都用来支持家庭生活,造成了严重污染。当然,在主要交通干道附近也集聚了高浓度污染物。显然,约翰内斯堡未来的可持续将取决于确保水和能源供应、可依赖的空气质量、缓解气候变化效应的能力,而减少温室气体也将促进全球的可持续性。

（三）社会上

约翰内斯堡无法逃避自身历史遗产,呈现高度分裂和不平等。人文发展指数排列表上,南非 GDP 的位序明显低于人均 GDP。最近,人类发展指数又被 HIV/AIDS 高感染率影响,这显著减少了人类预期寿命,而高犯罪率、失业率和极端的社会不平等也对生活质量造成严重负面影响。约翰内斯堡人类发展指数高于南非整体,却明显少于本市既定经济发展水平。约翰内斯堡在测量所有不平等方面都处于世界所有城市最差行列。根据联合国人居署《世界城市状况报告(2010/2011)》的计算,约翰内斯堡基尼系数为 0.75,和南非其他城市差不多,显著高于拉美和撒哈拉以南非洲(UN Habitat, 2010)其他城市,最近计算数值为 0.67。②

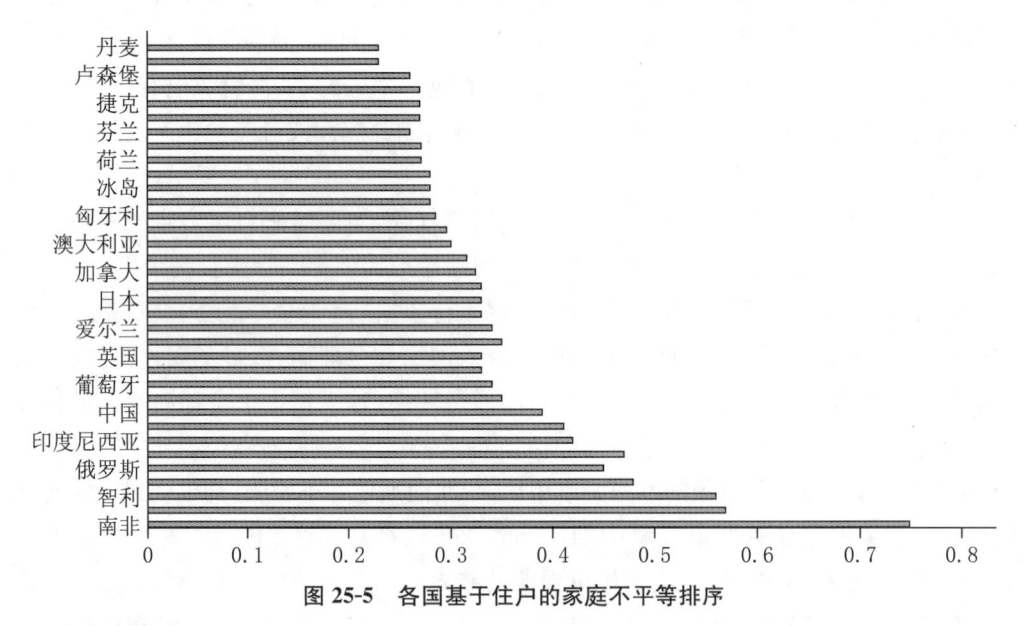

图 25-5 各国基于住户的家庭不平等排序

资料来源：Herd, 2010。

尽管目前不平等程度有所下降,横向比较仍异常突出。最近联合国人居署刚发布

---

① WHO—World Health Organization(2014) Ambient(outdoor) air pollution in cities database 2014, http://www.who.int/phe/health_topics/outdoorair/databases/cities/en/.
② "Un Habitat(2010) State of World Cities 2010/2011: Bridging the Urban Divide", UN Habitat, Nairobi, https://sustainabledevelopment.un.org/content/documents/11143016_alt.pdf.

了"城市繁荣指数"(CPI)，包括两种测量方法，第一个测量方法不包括公平，第二个测量方法包括公平。按第一个测量方法，约翰内斯堡繁荣指数为 0.742，这和中等收入城市雅加达、开罗、卡萨布兰卡、马尼拉差不多，与北京相差甚远；然而按第二个测量方法，约翰内斯堡的繁荣指数下降到 0.479，只能与一些非洲极端贫穷的城市相提并论，比如利比亚的蒙罗维亚、几内亚的科纳克里、马达加斯加的塔那那利佛（联合国人居署，2012）。[1] 约翰内斯堡还面临其他一些社会压力，包括高犯罪率（尽管 2003—2011 年有所下降，最近再度升高），以及强烈的排外主义，外国人被许多人认为是主要经济威胁。积极方面，南非已实现种族主义向非种族民主转型，渐进而又不稳定推进种族融合（经常从学校开始但也发生在其他领域，特别是政治领域，目前最大的反对派已经是黑人领导，此前一直是白人）。由此一种新型的社会认同兴起，尽管种族认同依然存在。随着政府对公共服务的强调和经济的衰败，社会预期增强，包括穷人、年轻人甚至中产阶级在内的抗议活动日益明显。这种社会压力有可能成为未来变革的动力。

（四）空间上

早期约翰内斯堡被矿业活动和基于种族、阶级划分社会精英强烈影响，并逐步成为隔离城市，先是黑人居住的高密度小镇、单身宿舍后来越来越变成非正式居住地，而白人成为中产阶级，居住于低密度林荫郊区，这种分隔为 20 世纪 60 年代末期起的大规模高速公路基础设施所支持，黑、白两个种族的居住区域也被相关《集体区域法》合法化。20 世纪 50 年代黑人城镇主要位于城市边缘位置，远离就业市场。低密度所付出的资源成本、职住分离、市场和就业不匹配所造成的社会政治压力（穷人家庭交通支出占他们收入的 30%），以及人群相互分裂造成的长期社会效应，都说明约翰内斯堡并不具有可持续性。核心问题是在后种族政权时代约翰内斯堡是否能形成可持续的城市形式，答案显然是不清晰的，存在一些异常复杂且矛盾的趋势，即老模式高度顽固的同时也出现了一些新的发展趋势。种族隔离被认为很难予以克服，以前的黑人城镇仍全部是黑人，而内城原来主要是白人工人阶级，现今也几乎都是黑人居住，目前唯一显著去隔离化的是以前白人中产阶级的郊区社区，这也部分反映了黑人中产阶级的成长。

当然从紧凑和扩张的角度看，约翰内斯堡城市有一些相互矛盾的趋势，其中低收入家庭主要位于土地价格便宜的城市边缘地带，城市总体密度有所提升，特别是内城和城镇中。这种密度的提升使人和就业、服务比以往任何时候都更邻近。

五、结论

约翰内斯堡是南非最大也是经济上最重要的城市，非洲领先城市之一。然而，在金砖国家内部，它还只能作为中等或者二线城市。从长周期来看既有增长也有衰退，在经历种族隔离的长期禁锢之后，经济和人口都有了增长，且这种增长未有减缓。经济上，

---

[1] "UN Habitat(2012) State of World Cities 2012/2013: Prosperity of Cities". UN Habitat, Nairobi, https://sustainabledevelopment.un.org/content/documents/745habitat.pdf.

约翰内斯堡是具有韧性的城市,克服矿业所带来的可持续性挑战而具备了多样化经济,对未来经济增长动力依然充满忧虑和关切。资源方面,约翰内斯堡主要依赖于其自身边界之外的进口,特别是水和能源,然而仍存在一系列的可持续性诉求需得到有效制度响应。极端的不平等削弱了城市的可持续性能力,未来成功与否将主要取决于经济社会系统的持续演进以及就业市场能否具有更大包容性。约翰内斯堡也存在一系列混合趋势,其中包括一种密度提升的积极态势,而这种态势将使得城市更为多元化,以确保更可持续、更具韧性的城市形式。

参考文献

G. Bhan, "Planned Illegalities. Housing and the 'Failure' of Planning in Delhi: 1947—2010", *Economic and Political Weekly*, Vol. XLVIII, No. 24, 2013, pp. 58—70.

G. Singh, "Freedom to Move, Barriers to Stay: An Examination of Rural Migrants' Urban Transition in Contemporary India", Providence: PHD Dissertation, Brown University, 2014.

GCRO, "Quality of Life III: The Gauteng City-Region survey 2013", http://www.gcro.ac.za/media/redactor_files/QoL%20III%202013%20launch%20slides%2014%20August%202014%20v2.pdf.

Indian Institute for Human Settlements, "Urban India 2011: Evidence", Bangalore: Scan, 2011.

O. Crankshaw and J. Borel-Saladin, "Does Deindustrialization Cause Social Polarization in Global Cities?", *Environment and Planning A*, Vol. 46, No. 9, 2014, pp. 1852—1872.

P. Harrison and T. Zack, "The Power of Mining: The Fall of Gold and Rise of Johannesburg", *Journal of Contemporary African Studies*, Vol. 30, No. 4, 2012, pp. 551—570.

P. Harrison, "Johannesburg Foresight", A report prepared as an input into the Africities Summit hosted in Johannesburg, 1—5 December, 2015.

P. Sidhwani, "Spatial Inequality in Big Indian Cities", *Economic and Political Weekly*, Vol. 50, No. 20, 2015, pp. 55—62.

Un Habitat, "State of World Cities 2010/2011: Bridging the Urban Divide", UN Habitat, Nairobi, 2010, https://sustainabledevelopment.un.org/content/documents/11143016_alt.pdf.

UN Habitat, "State of World Cities 2012/2013: Prosperity of Cities", UN Habitat, Nairobi, 2012, https://sustainabledevelopment.un.org/content/documents/745habitat.pdf.

United Nations Habitat, "State of the Worlds Cities 2012/2013", New York:

Earth COJ-City of Johannesburg, Greenhouse Gas Emissions Inventory for the City of Johannesburg Global Protocol for Community-scale Greenhouse Gas Emissions (GPC), a technical memorandum from the Office of the Executive Director, 2015, https://promethium.co.za/wp-content/uploads/2015/07/GPC-Report-for-the-City-of-Johannesburg_01-1.pdf.

UN Population Division, "World Urbanization Prospects, 2014 Revision".

WHO: World Health Organization (2014) Ambient (outdoor) air pollution in cities database 2014, https://www.who.int/phe/health_topics/outdoorair/databases/cities/en/.

第二十六章 "一带一路"发展

2013年9月7日,中国国家主席习近平在哈萨克斯坦纳扎尔巴耶夫大学演讲时,首次提出共同建设"丝绸之路经济带";2013年10月3日,习近平在印度尼西亚国会发表演讲首次提出共同建设"21世纪海上丝绸之路",这就是"一带一路"倡议的由来。显然,"一带一路"首先是一个区域概念,丝绸之路经济带是在"古丝绸之路"概念基础上形成的一个新的经济发展区域;其本质是区域合作,其核心是共同发展。这一倡议的背景往大里说,是经济全球化以及区域经济一体化;往小里说,是国内的改革开放以及随之而来的换挡阵痛等复杂态势。有人用"箭在弦上"来形容当时乃至现在国内的背景,言下之意,"一带一路"乃事所必然,时代的必然。发展是解决一切问题的总钥匙。走出去则是一种新的区域开放合作和发展方式。"一带一路"是创新之路,也是共赢之路。共赢既是结果,也是方式。互利共赢是"一带一路"倡议最关键的灵魂。通过政策、设施、贸易、资金和民心这"五通",秉持共商、共建、共享理念,打造利益、命运和责任共同体,是"一带一路"的逻辑。

第一节 "一带一路"倡议的区域解释

一、什么是"一带一路"

"一带一路"指的是丝绸之路经济带和21世纪海上丝绸之路。"一带一路"倡议包括一套合作发展的理念和倡议,旨在借用古代"丝绸之路"的历史符号,依靠既有的中国与有关国家的双多边机制,主动地发展与沿线国家的经济合作伙伴关系,共同打造政治互信、经济融合、文化包容的利益共同体、命运共同体和责任共同体。自"一带一路"倡议提出以来,对它的解读堪称日益丰富,并仍在不断深化之中,使其越来越成为一种宏大的叙事方式。本文的重点是"一带一路"倡议及其提出以来对中国经济的影响，尤其是从区域战略和区域发展的角度。

（一）丝绸之路经济带分为三条线路

丝绸之路经济带分为三条线路，即以亚欧大陆桥为主的北线（北京—俄罗斯—德国—北欧）、以石油天然气管道为主的中线（北京—西安—乌鲁木齐—阿富汗—哈萨克斯坦—匈牙利—巴黎）、以跨国公路为主的南线（北京—南疆—巴基斯坦—伊朗—伊拉克—土耳其—意大利—西班牙）。丝绸之路经济带重点使中国经中亚、俄罗斯至欧洲（波罗的海），中国经中亚、西亚至波斯湾、地中海，中国至东南亚、南亚、印度洋畅通。看得出来，都是在帮助内陆地区寻找出海口，打通内陆与海洋。中巴、孟中印缅、新亚欧大陆桥以及中蒙俄等经济走廊基本构成丝绸之路经济带的陆地骨架。其中，中巴经济走廊注重石油运输，孟中印缅经济走廊强调与东盟贸易往来，新亚欧大陆桥是中国直通欧洲的物流主通道，中蒙俄经济走廊偏重国家安全与能源开发。而21世纪海上丝绸之路则以泉州等地为起点，横跨大西洋、印度洋，经南海、马六甲海峡、孟加拉湾、阿拉伯海、亚丁湾、波斯湾，涉及东盟、南亚、西亚、东北非等相关国家，重点方向是从中国沿海港口过南海到印度洋，延伸至欧洲，以及从中国沿海港口过南海到南太平洋。

（二）"一带一路"的基本目标

"一带一路"首先是一个欧亚地区交通网络：由铁路、公路、航空、航海、油气管道、输电线路和通信网络组成的综合性立体互联互通的交通网络。沿这些交通线路将会逐渐形成为这些网络服务的相关产业集群，由此通过产业集聚和辐射效应形成建筑、冶金、能源、金融、通信、物流、旅游等行业综合发展的经济走廊。这个交通网络将把作为世界经济引擎的亚太地区与世界最大经济体欧盟联系起来，形成世界最长经济走廊，给欧亚大陆带来新的空间和机会，并形成东亚、西亚和南亚经济辐射区。推进贸易投资便利化，深化经济技术合作，建立自由贸易区，最终形成欧亚大市场，是两条丝绸之路建设的基本方向和目标。对域内贸易和生产要素进行优化配置，促进区域经济一体化，实现区域经济和社会同步发展，是"一带一路"建设的重要任务。

（三）"一带一路"的普遍意义：东方智慧

"一带一路"倡议提出以来受到广泛欢迎，这是因为中国抓住时机，将全球化与本土化相结合，开创出了21世纪地区与国际合作的新模式。作为世界经济增长重要引擎的中国，将自身的经验与模式优势、产能优势、技术与资金优势，转化为市场与合作优势，将中国机遇变成世界机遇。事实上，"一带一路"沿线国家急需中国的投资和基础设施建设，若能做到互联互通，发展潜力难以限量。中国已经走出了一条符合自己国情的发展道路，实现了初步的现代化水平，也希望和鼓励"一带一路"沿线国家搭乘中国现代化建设的便车，共同走上复兴之路。"一带一路"开创了一条新的前所未有的现代化道路。

二、"一带一路"对中国的现实意义

1. "一带一路"建设是一场深刻的重塑经济地理革命。为了能够搭上国家战略的"顺风车",国内的省区市都提出了自己参与"一带一路"的规划和设想。有关我国大陆31个省区市和新疆生产建设兵团"一带一路"建设实施方案的衔接工作已接近完成。根据方案,各地高度重视重大项目对"一带一路"建设的支撑带动作用,一批涉及基础设施建设、经贸合作、产业投资、能源合作等重大项目已开始实施。

2. 西部取代东部成为"一带一路"的前沿,这是"一带一路"的直接变化和结果。中国对东部沿海地区过度依赖。中国东部沿海一带占中国土地面积的约1/3,却集中了目前约2/3的经济活动与人力物力;而中国中西部占地约2/3,其经济活动可能仅占全国的1/3,导致沿海与内陆地区发展的不平衡。另外,中国的通信航线、运输也都集中在东部长三角和华南珠三角,构成两个瓶颈。中国的进出口货品基本上都要通过水路运往欧美及东南亚地区。因此,打破区域不平衡,改变中国的战略弱项,实现平衡协调发展,就成为"一带一路"的重要使命之一。

3. "一带一路"打破原有点状、块状的区域发展模式。中国早期的经济特区往往以单一区域为发展突破口。"一带一路"改变了之前点状、块状的发展格局。从横向看,它贯穿了中国东、中和西部;从纵向看,它将主要沿海港口城市连接起来,一直延伸至中亚、东盟。这些都有利于省区之间的产业承接与转移、基础设施的互联互通,以及国内经济的一体化进程。"一带一路"被誉为新时期决定中国经济能否翱翔的两个翅膀。

4. 在全球产业链中,中国处于上下两可地位,既可向上迈进,与发达国家竞争,也可向下互补,寻找合作潜力,这也是"一带一路"题中之义。中国目前进入了以转型升级带动经济持续发展的阶段,产业已由劳动密集型转向技术密集型,正从全球价值链低端向中高端攀升。其结果是,"世界经济的循环从传统的'中心—外围'式的单一循环,越来越变为中国为枢纽点的双环流体系,其中一个环流位于中国与发达国家或地区之间(北美经济体和西欧经济体等),另一个环流存在于中国和亚非拉等发展中国家或地区之间。一方面,中国与发达国家之间形成了以产业分工贸易投资资本间接流动为载体的循环体系;另一方面,中国又与亚非拉国家之间形成以贸易、直接投资为载体的循环体系。"①

三、国内目前已取得的成就举例

初步统计,"一带一路"已涉及64个国家约900个项目、投资金额逾8 000亿美元。具体来说,经贸合作方面:广东、四川、陕西、宁夏、青海、新疆、内蒙古等借力广交会、高交会、西博会、中蒙博览会等展会平台扩展与沿线国家经贸合作。产业投资方面:甘肃等省加快建立境外生产加工基地步伐,积极推进省内产业龙头企业走出国门,开展国际

---

① 王义桅:《"一带一路"的全球化逻辑》,《南方日报》2019年5月6日。

产能合作；辽宁则优先推动新材料制造设备、先进轨道交通装备等十大重点装备和建设标准"走出去"。基础设施建设方面：新疆、重庆、内蒙古、四川、湖北、河南、浙江等地稳步推进中欧班列建设；福建大力推进厦门东南国际航运中心建设，等等。能源合作方面：江苏积极推进塔尔煤田工业园等中巴经济走廊能源规划优先实施项目建设；天津推进蒙古铁矿采选、哈萨克斯坦油气收购等能源项目以及印尼农业合作产业区等。海上合作方面：远洋运输保障体系建设取得进展，海洋产业合作领域不断扩大。

第二节 "一带一路"建设的理念、原则与合作机制

2015年《推动共建丝绸之路经济带和21世纪海上丝绸之路的愿景与行动》明确指出，"一带一路"建设要坚持共商、共建、共享原则，积极推进沿线国家发展战略的相互对接，同时积极利用现有双边、多边合作机制，推动"一带一路"建设，促进区域合作蓬勃发展。"一带一路"的核心是合作共建，从而到后来衍生出了共同体概念。关于共同体，我们马上能想到的是欧盟前身欧共体的组成部分之一，欧洲经济共同体。共同体一般是一种国家之间的区域经济合作形式。命运共同体超越了经济共同体概念，是共同体的最高形式。自党的十八大报告提出命运共同体概念以来，这一概念便得到了"一带一路"沿线国家的广泛响应，从而证明了这些国家都有着休戚与共的情怀。"一带一路"的理念与原则建立在这些共同体的基础之上。共商、共建、共享既是理念，也是原则，开放是它的前提，合作是它的结果或保障。有两类合作机制：一类为我国所提倡建立的"一带一路"推进性合作机制，如中央领导小组、各类经济走廊、亚洲基础设施投资银行（AIIB）、丝绸基金等；另一类为沿线国家配合性机制。

一、演进中的共同体：利益、责任、命运共同体建设

（一）共商：利益共同体

中国倡导"共商"，即在整个"一带一路"建设当中充分尊重沿线国家对各自参与的合作事项的发言权，妥善处理各国利益关系。通过双边或者多边沟通和磋商，各国方可找到经济优势的互补，实现发展战略的对接和产业协同。要本着互惠互利的原则同周边国家开展合作，编织更加紧密的共同利益网络，把双方利益融合提升到更高水平，让周边国家得益于我国的发展，使我国也从周边国家的共同发展中获得裨益和助力。

（二）共建：责任共同体

如何推进"一带一路"建设？中国倡导"共建"。共建的重要出发点是共担风险、共同治理，建立责任"共同体"。风险来自各个方面，国情不同、制度不同，面对的问题也可能不同，这就要求沿线国家携手面对问题解决问题，国家间的关系必须推向新的高度，必须有责任担当，大家共同迎接挑战，共同出力提供公共产品。共建既是原则，也是任务。但没有共建的理念，基础设施互联互通就无从谈起。

（三）共享：命运共同体

"一带一路"倡议之所以不断得到沿线国家的响应,是因为我们的互利共赢、平等合作和共同发展理念,与沿线国家渴望共同发展与和平的诉求高度契合,同时也符合他们希望共同迎接全球挑战的时代要求,而这就是命运共同体得以建立的意识基础。世界进入全球化时代以来,随着日益呈现的挑战的复杂性,人们对共同应对挑战进而实现共同发展的认识逐渐加深,从而使得超越经济层面的人类命运共同体的诉求日益变得现实。联合国秘书长古特雷斯在受访时不止一次提到人类命运共同体理念。他说:"如果我们想要一个共同繁荣的社会,就必须确保国际关系中有更多公正。'一带一路'倡议是当今世界在南南合作背景下最具现实意义的项目,有助于实现更加公平的全球化。"（新华社,2019年4月24日）

二、合作机制：原则落实的保障

《"十三五"规划纲要》第五十一章"推进'一带一路'建设"把"健全'一带一路'合作机制"作为首要任务,并指出"围绕政策沟通、基础设施、贸易畅通、资金融通、民心相通,健全'一带一路'双边和多边合作机制"。由于"一带一路"连接东亚与欧洲两大贸易圈,途经60多个国家,总人口超过40亿,各国在政治制度、经济发展与文化建构方面存在着不同的利益诉求,这导致"一带一路"易面临来自地缘、经济、法律、道德等诸多层面的风险,因此依托合作机制缓和争端,坚持合作对话、平等协商意义重大。

（一）国际合作架构

2019年4月25日至27日,中国在北京主办第二届"一带一路"国际合作高峰论坛。论坛期间有127个国家和29个国际组织同中方签署"一带一路"合作文件,其中包括金融机构同中方签署的第三方市场合作文件。中国同有关国家签署了中缅经济走廊、中泰铁路等一系列政府间务实合作协议,各方共同发起并设立了"一带一路"共建国家标准信息平台,各国企业就开展产能与投资合作项目达成众多协议,中国同意大利等国共同设立新型合作基金、开展第三方市场投融资项目。另外,企业家大会是第二届高峰论坛的创新安排。80多个国家和地区的政府官员、国际组织和机构代表、商协会代表、中外知名企业家共800多人出席。另还发起成立20多个"一带一路"多边对话合作平台,内容涵盖中欧班列、港口、金融、海关、会计、税收、能源等诸多领域,包括设立"一带一路"绿色发展国际联盟、"一带一路"国际智库合作委员会、国际科学组织联盟、成立"海上丝绸之路"港口合作机制,等等。

（二）中国推进性"一带一路"合作机制

1. "一带一路"建设工作领导小组

作为顶层设计的中央"一带一路"建设工作领导小组的创立,是国内外各类合作机制有效运行的重要保证,体现了我国政府对"一带一路"的高度重视,它有利于从宏观层面对"一带一路"的建设进行统筹规划与政策制定,同时也是为了同国内各地区、各国家在多领域开展合作打下基础。

2. 经济走廊建设

丝绸之路经济带主要通过联结中亚的形式贯通欧洲。我国依据不同的现实情况，在东北亚、东南亚、南亚、中亚，因地制宜地建立了中蒙俄经济走廊、孟中印缅经济走廊以及中巴经济走廊等六条经济走廊。经济走廊最早是在1996年马尼拉举行的第八届大湄公河次区域经济合作部长级会议上提出的，旨在为特殊的地理区域设定特殊的生产、贸易和基础设施的机制，促进相连地区或国家之间的经济合作与发展。

3. 亚投行与丝路基金

2014年中国、印度、新加坡等21个国家在北京签署《筹建亚洲基础设施投资银行的政府间框架备忘录》，截至目前加入亚投行意向创始成员国的国家确认为57个，另还有30多个国家有意加入。2015年6月29日，《亚洲基础设施投资银行协定》签署仪式在北京举行，亚投行宣告成立。作为政府间亚洲区域多边开发机构，亚投行的功能是与世行、亚行等其他多边及双边开发机构密切合作，按照多边开发银行模式和原则，促进主要是亚洲地区的区域合作与伙伴关系，重点支持亚洲地区基础设施建设，尤其是要增强该地区的基础设施建设融资能力。2014年11月8日，在北京举行的"加强互联互通伙伴关系"东道主伙伴对话会上，习近平宣布，中国将出资400亿美元成立丝路基金，为"一带一路"沿线国家基础设施、资源开发、产业合作和金融合作等与互联互通有关的项目提供投融资支持。2014年12月29日，丝路基金有限责任公司在北京注册成立，并正式开始运行。丝路基金是由外汇储备、中国投资有限责任公司、中国进出口银行、国家开发银行共同出资，依照《中华人民共和国公司法》，按照市场化、国际化、专业化原则设立的中长期开发投资基金，重点是在"一带一路"发展进程中寻找投资机会并提供相应的投融资服务。

（三）沿线各国："一带一路"配合性合作机制

推动互联互通，除了我们自己主动设立的机制，还必须利用沿线区域之前已有机制，这些机制与当地现有政策联系紧密，利益相关，所以我们需要这些机制的配合，从而更好地推动解决地区问题、实现区域繁荣发展和落实"一带一路"规划。这类机制有上海合作组织（SCO）、亚欧会议（ASEM）、亚洲合作对话（ACD）、亚信会议（CICA）等，我们必须充分利用好这些平台的作用。另外，我们还要增添新的区域合作机制，如大湄公河次区域经济合作（CMS）、中亚区域经济合作（CAREC）、中阿合作论坛、中国—东盟"10+1"，等等。

三、合作中的风险与应对

（一）风险

1. 技术方面

在交通技术标准、口岸管理制度和运输标准方面，中国与许多沿线国家存在巨大差异。比如在铁路运输轨距标准方面，我国采用的是国际通用的1 435毫米标准轨距，而中亚国家使用的是苏联的宽轨标准1 520毫米。由于通关时车皮要换装作业，物流成本加大。公路方面，我国车型相对短小，而通关以车次计算，从而增加了我们的跨境成本。铁路轨距和公路运输车辆技术标准差异已构成制约我国与中亚国家交通运输合作的主要障碍。

2. 社会方面

其次是社会政治因素,如当地各种团体、各个阶层的利益会不一样,项目中很难兼顾。在项目实施过程中,我们有时忽略了当地人和当地企业的利益,只将重点放在当地政府的身上,而政府与民众的利益往往会不相一致。我们过于从政治着眼,而当地存在各种利益团体,一旦我们不能兼顾它们的利益,它们往往会给我方带来不小的麻烦,比如抵制或者甚至破坏,从而影响项目的完成。

3. 地缘政治

地缘政治动荡波及站队选择,立场易于动摇,取信对方殊为不易,政治互信有待加强。不少沿线国家是恐怖势力、极端势力和分裂势力等所谓"三股势力"的老窝,同时又成为大国博弈的焦点区域。大国博弈的结果是,这些国家的立场容易动摇,有随时变卦的可能。

(二) 完善补充合作机制

1. 成立联合工作组、项目评估委员会

为保证合作倡议的持久深入,一般来说,在倡议进展到一定阶段后,往往需要政策磋商的常态化和项目建设的规范化,完善项目发展机制。比如,完善项目评估和遴选机制,实现项目建设中的各方共赢,促进"一带一路"沿线国家优势互补、共同发展。中国与全球化智库(Center for China and Globalization, CCG)学术专家委员会主任郑永年表示,推进"一带一路"倡议应坚持现实主义的原则,充分考虑到地缘政治因素对项目的影响,可将项目化大为小、化整为零,使之更具灵活性;同时,他建议,"一带一路"倡议应建立有效的评估机制,在项目开始前后大量研究,争取提高效率达到效果。目前已出现了几种形式的联合工作组,如2017年的中国-加州基础设施投资建设联合工作组、2018年中国政府与联合国开发计划署(UNDP)共同推进"一带一路"建设联合工作组等。2017年亚洲评级协会秘书长桑蒂·达姆劳(Santi Dumlao)也建议成立"一带一路"基建项目评级委员会。2019年4月24日由新华社研究院联合15家中外智库共同发起的"一带一路"国际智库合作委员会在北京宣告成立。这也是对中外专家关于搭建合作平台、推动"一带一路"学术交流机制化常态化共同意愿的积极回应。

2. 建立信誉约束机制,建立合作信誉档案

信用建设也是推进"五通"、防范投资风险、增强国家间信任与合作不可或缺的重要环节。国家发改委国际合作中心主任黄勇指出,"一带一路"城市信用建设应更加注重"四性"。一是更加注重系统性,在建设过程中充分发挥政府主导的作用,积极引导专业机构参与进来,建立持续投入、有效运营、不断完善的信用体系发展机制,从点、线、面三个维度积极推动个体信用、行业信用、通用性基础信用等快速发展。二是更加注重应用性,着力打造以优化城市营商环境为重点的信用建设新高地。三是更加注重创新性,着力发展与数字经济相适应的城市信用新产业。四是更加注重国际性,着力形成与"一带

一路"相适应的信用合作新局面。然而,这似乎主要是针对中方的信用建设,目前距离真正的信用机制的完善还有很长的路要走。

3. 加大违规成本,提高相关合作主体的自律性

这方面目前主要是通过加强对"一带一路"沿线国家的法律服务来完成的。2016年11月24日新华网报道,中国司法部将在上合组织成员国司法部长会议机制下,与相关国家建立政府间法律服务合作机制和平台,统筹推进"一带一路"相关国家的法律服务合作。中国司法部将与上合组织各成员国司法部加大法律服务人才交流培养力度,加强国际货物贸易、服务贸易、专利技术转让和新商业业态、新产业等领域的法律服务合作;研究完善上合组织框架下各成员国之间法律服务业开放的措施,建立"丝绸之路经济带建设法律服务委员会",统筹"一带一路"建设法律服务合作。这将有利于提高相关合作主体的自律水平。

第三节　基础设施互联互通

基础设施互联互通是"一带一路"的基础,是深化经贸合作的前提条件,是"一带一路"建设乃至共同体建设能否成功的关键,同时也是"一带一路"倡议推进的最佳切入点之一。一方面,基础设施是沿线国家经济社会发展中的短板,基础设施投资缺口巨大,可以说基础设施已经成为制约沿线国家经济发展的主要瓶颈,尤其是中亚内部和南亚内陆国家,它们对改善基础设施连接性的需求非常迫切。同时从世界局势看,在加入WTO成员增多和双边自由化贸易机制成立之后,关税及关税壁垒对贸易和合作的影响减轻,基础设施更多成为制约贸易经济合作的主要障碍。另一方面,我国恰有着非常强的对外工程承包建设能力和较为充裕的资金实力,可以说,以基础设施为突破口,是我们审时度势之后的决定。实践中,中国发起成立的亚洲基础设施投资银行、金砖国家开发银行、上合组织开发银行以及丝路基金都是为了基础设施互联互通建设的进行。

一、中国推进基础设施互联互通的优势

（一）战略可行性

我国拥有强大的基础设施建设能力和资金能力,雄厚的基金实力,在国际中的地位和号召力不断上升,同时沿线各国普遍意识到基础设施的不足,因而对推进基础设施领域的合作有较高的积极性。目前为止亚洲基础设施投资银行意向成员已达57个。我们对沿线地区各种风险和矛盾有认识有准备,我们有决心,有方案,我们抱定共商共建互利共赢的原则,有步骤推出了多种合作机制,并时刻准备创新。

（二）营造内外环境

在2013年11月的十八届三中全会上,"一带一路"被写入《关于全面深化改革若干重大问题的决定》,上升为国家战略;在2015年中央经济工作会议中,"一带一路"被作为了2015年区域发展的首要战略。国家高层通过出访,与塔吉克斯坦签署了首个共建

丝绸之路经济带的合作备忘录，与科威特签署了共同推进丝绸之路经济带和丝路城有关合作的备忘录，与俄罗斯签署了地区合作和边境合作的备忘录等。

（三）国际国内准备

亚太经合组织第二十二次领导人非正式会议北京宣言批准《通过公私伙伴关系促进基础设施投资行动计划》。2014年年底，财政部设立政府和社会资本合作（PPP）中心。从国内金融准备看，亚洲基础设施投资银行、金砖开发银行、丝路基金、中国-欧亚经济合作基金等筹建和设立或完成，或即将完成。

（四）开放的区域主义

"一带一路"是想象力的惊人一跃，不是为了扩大自己的战略腹地和势力范围。中国欢迎任何有意愿的国家和国际组织参与，不是搞封闭集团，不附加任何条件。表面看中国作出了牺牲，影响了对西部的投资，但既然中国倡导合作共建，互利共赢，就有决心有勇气承担可能的风险，这是必须付出的代价，而西部终将得到回报。开放的区域主义也包括银行资金的来源方式，以及采取的 PPP 模式，同时它既投向国内，也投向其他国家，并采用商业运作方式，有选择地进行和接受投资，风险分摊。这是共建、开放的区域主义的一部分。

二、跨境基础设施互联互通的重要意义

（一）区域合作的重点

《推动共建丝绸之路经济带和21世纪海上丝绸之路的愿景与行动》提出，"一带一路"建设的合作重点包括政策沟通、设施联通、贸易畅通、资金融通、民心相通。基础设施互联互通是"一带一路"建设的优先领域。要抓住交通基础设施的关键通道、关键节点和重点工程，加强能源基础设施基础互利互通合作。

（二）经济合作的基础

跨境基础设施互联互通是进一步加强与"一带一路"沿线国家经济合作的前提，对中国企业"走出去"大有裨益，是中国向西发展的桥梁，同时这也是培育国际经济合作的新增长点之一。

（三）共同体建筑的基础

共同体理念是"一带一路"发展的哲学基础，而跨境基础设施互联互通是共同体建筑的物质基础。沿线国家普遍基础设施落后，已经构成了其经济发展的瓶颈之一，而我们有帮助它们的能力，如果放弃基础设施这条线，共同体将难以立足，难以构建，连最基础的利益共同体也难以达成。

三、"一带一路"沿线国家基础设施建设的现状与面临的问题

（一）基础设施落后

1. 基础设施质量差

通过表 26-1 可看出，中亚、南亚国家的得分明显低于全球平均水平。

表 26-1　部分"一带一路"国家基础设施质量评分

区域	国家	评分	排名
东南亚	越南	3.5	99
	柬埔寨	3.4	102
	泰国	4	71
	马来西亚	5.6	16
	缅甸	2.4	135
	菲律宾	3.3	106
南亚	印度	4	74
	巴基斯坦	3.5	98
	尼泊尔	4	72
	斯里兰卡	5.1	26
北亚	俄罗斯	4.1	64
	蒙古	3.3	107
中东欧	波兰	4.1	68
	克罗地亚	4.6	46
	保加利亚	3.7	89
	乌克兰	3.8	82
西亚北非	伊朗	3.9	76
	沙特阿拉伯	4.9	31
	科威特	4.1	67
	埃及	4.5	51
中亚	哈萨克斯坦	4.2	62
	塔吉克斯坦	3.8	85
	中国	4.5	51

注：1代表最高分，7代表最低分。
数据来源：Global Competitiveness Report 2015—2016。

2. 设施不完备

"一带一路"沿线国家除了铁路公路之外，其他方面的基础设施连接条件较差，远远不能满足需要，影响了物流的发展速度。

3. 管理能力有待加强

由于经验不足，加上相关制度建设落后，沿线国家管理水平不高。

（二）相邻国家资金缺口大，资金配套能力弱

1. 资金不足

据亚洲开发银行估算，东盟每年基础设施投资建设资金需求为600亿美元左右，

但由成员国为此筹集的资金不足10亿美元;2013年中亚4国国民储蓄率平均仅为22.6%,不及我国的一半,而且比世界平均水平也低2.4个百分点。

2. 投融资主体、模式单一

投融资模式上,很少采用国际流行的BOT、TOT、PPP(公私合营)等非官方资金利用方式,主要还是借助于银团贷款。区域和国内的资本市场尤其是债券市场不发达(亚行研究所,2009)。中国在投融资主体方面,主要还是国企,中小企业少,基础建设投资短期回报率低,私人资本投资少。

(三) 不确定性风险大

1. 未知风险

风险来自多个方面,有些属于客观风险,如自然风险、市场风险,有些是行为风险,如项目风险、政治风险等。

2. 利益风险

"一带一路"沿线各个国家有时目标相互有差异,需要协调。另外沿线国家基础设施建设的主体除了多个国家和地区的政府部门之外,还包括居民等私人主体,不易统一。

3. 标准风险

沿线国家基础设施标准和规范与我们有差异,影响相互衔接。

(四) 应对挑战

1. 把握总的原则

(1) 判断其可行性。综合考虑沿线国家的意愿,包括企业、居民的诉求;考虑国情、人文环境和政治因素,在此基础上,加强沟通,达成战略共识。

(2) 权衡各方利益。基础设施项目充分考虑并兼顾各国不同利益诉求,充分考虑到第三国、国内利益集团的利益,让共同效益最大化。做好各大利益和各方的分析启动项目。

(3) 立足区域经济。要站在区域经济合作的全局,将跨境基础设施互联互通建设与"一带一路"总体战略考虑相结合。

2. 借助市场力量

(1) 建立风险共担利益共享机制,创造适合私营部门参与的环境,调动私人资本的积极性。

(2) 打造标准高效的互联互通。中国应尽量为基础设施落后沿线国家提供资金支持,并输出高端技术。

(3) 鼓励中国企业"走出去",建设工业园区,带动当地经济发展,从而产生基础设施建设需求。

3. 具体任务

实现基础设施规划的对接,加强对基础设施投资的保护;进一步提高国内对接国外的通信、交通、电网等基础设施互联互通水平,着力打通"断头路"和交通瓶颈,构建有机联系的综合交通运输网络；搭建区域、国际机构多方参与的平台，整合利用多种资源。

四、跨境基础设施投融资机制

（一）跨境投融资

跨境投融资被誉为基础设施领域的珠峰，其操作难度可见一斑。原因是投融资机制建设十分复杂，它远不止是金融问题，而是包含了政策、技术和战略众多层次，它牵涉到社会环境、产业布局、国家关系、国家主权等诸多领域，涉及各种贸易投资经济活动。它不只是投资人的问题，而是牵涉到很多利益主体。基础设施属性不同，利益主体也会不同，然后还有这些主体之间的相互衔接问题，一个环节出了问题，就会影响到全局。所以说投融资是个系统工程，要求相关人员具有系统思维。况且，它还超越了经济、贸易或金融的范围。

（二）总框架构成

总体而言，跨境投融资包括项目分析、项目设计、主要投资方以及保障制度这几个环节。东道国等相关方经过初步项目评估后，将其认为相对比较有价值的项目提交给相关国政府，相关国政府按重要程度进行研究排序筛选，然后提交给多边或双边区域合作机制讨论确定是否立项。立项后进入项目设计与投融资实施阶段，项目负责方会会同其他国家讨论实施具体方案，然后决定分包还是整体打包。项目主导国召集相关国讨论基础设施具体规划方案，并根据基础设施的属性特征进行分解，制定具体的投融资方案，如分段实施或分部分实施，还是将基础设施整体打包。在实践中，往往是两者集合，将关联不是很紧密的部分分开推进，确立相应的责任主体；而对关联较为紧密、商业属性和社会公益属性难以分开的部分，则包装为一个整体，采用综合的投融资方案。项目设计涉及各方利益和责任的分配问题。主要投资人一般有如亚洲开发银行、金砖国家开发银行、亚洲基础设施投资银行这样的多边金融机构投资者，这些都是国际金融资源，这方面还有由国家或地区政府设立的官方基金、主权财富基金，以及跨国机构投资者。工程承包商也是主要投资人的一部分，它们了解工程项目，融资渠道、资金流也较为稳定，比如举世闻名的中国的承包商就是如此。由于抗风险能力等因素，真正流入基础设施领域的投资是有限的。目前普遍认为必须设法降低项目风险和鼓励私人部门参与。因此如何发挥商业金融机构的作用、完善区域金融市场以及利用PPP等创新模式已成为业界的主要探索方向。制度保障主要有三类，即东道国利用外资政策、双边投资协定以及区域性和全球性投资保护安排。这主要是官方而非市场性质的安排。

（三）一般融资工具或模式

融资工具方面，信贷、债券、股权、公共资金支持是其中最基本的方式，后来随着金融技术的发展，又出现了一些衍生工具，包括夹层融资、混合融资、PPP、各种资产证券化产品以及与租赁有关的融资工具等。信贷是基础设施项目的传统融资工具，包括商业贷款、开放性贷款、政策性优惠贷款。对于具有跨区域性质的项目，由多家贷款机构组成的银团贷款是最常见的方式。发行债券也是规模较大、期限较长的基础设施项目通常采用的融资方式。若按模式分类则有：①利用开发性金融获取投融资模式。如之前提到的亚洲基础设施投资银行、金砖国家开发银行、丝路基金等。②BOT（build-operate-transfer）模式。BOT 模式即建设—营运—移交模式，是指由项目所在国政府或所属机构通过特许协议的方式将基础设施建设、营运权让渡给项目发起人，由项目发起人投资组建项目公司，负责项目的融资、建设、营运以及维护，并承担相应风险。项目公司通过收取服务使用费，赚取商业利润以及回收投资，并于特许期满后，将整个项目以较低名义价格或无偿移交给政府机构。③PPP（public-private partnerships）模式。PPP 模式即公私合营或政企合营模式，是指以某个项目为基础，公共机构（政府）和私营机构（社会私人资本）通过相互合作的模式，共同提供公共产品或服务，发挥各自优势，共同承担风险并共享收益。PPP 模式能够帮助东道国政府减轻财政负担，扩大建设资金来源，减少运营成本并分担风险，因此在海外基础设施建设中得到广泛应用。

（四）一般对策建议

一般认为，要改善基础设施领域投融资机制和效率，应注重以下几个方面：一是要以东道国为主，重视利用项目所在国资金；二是鼓励境内对外投资机构（民间资本对外直接投资）的发展，尊重市场规律，让企业成为投融资主体；三是加强与国际金融机构的合作；四是在区域内基础设施投资风险方面加强合作平台，建立风险防范机制，搭建信息共建平台。而在关于如何创新 PPP 模式方面仍处在探索争论之中，未有定论。

第四节　中国境外经济合作区建设

中国境外经济合作区是由中国境内注册的、具有独立法人资格的中资控股企业，根据中国与东道国或地区的双方合作意愿，在中国政府指导下，在境外投资设立的基础设施齐备、主导产业明确、具有集聚和辐射效应的产业园区，包括加工区、工业园区、科技产业园区等各类经济贸易合作区。境外产业园区能够利用地理上的集中性，通过集聚效应促进区域内主导企业与相关配套企业的合作，形成一个完整的产业链条，有利于形成产业集群，发挥规模效应。境外产业园区是实施中国企业"走出去"战略的一项重要载体和平台，具有重要意义，它能降低"走出去"企业境外投资经营、国际合作中的风险和筹资成本，提升中国企业的国际竞争力，推进企业的国际化发展。随着中国国内制造业综合成本的上升，以及企业开拓国际市场的需求，"一带一路"倡议构想下的中国制造业"走出去"成为必然趋势，集体"走出去"正成为中国企业海外发展的一种模式。

一、中国境外产业园区基本情况

（一）发展历程

中国境外产业园区的发展，从战略角度可分为三个时间阶段。第一阶段，企业自发行动阶段。2005 年年底之前为中国实施"走出去"的战略初期。海尔集团和福建华侨实业是这一阶段的先驱。2000 年福建华侨实业公司在古巴投资了占地面积 6 万平方米的境外加工贸易小区。同年,海尔在美国设立工业园。第二阶段,中国政府扶持阶段。2006—2013年年底为中国"走出去"战略的深化时期。伴随中国国际地位的变化,中国政府开始加大支持境外经济合作区的投资建设。2006年6月18日商务部出台《境外中国经济贸易合作区的基本要求和申办程序》,正式启动了扶持中国企业建设境外经济贸易合作区的工作,同时宣布建立50个"国家级境外经贸合作区",鼓励企业在境外建设或参与建设各类经济贸易合作区,如自由贸易区、自由港、工业园区、开发区、物流园区、工业新城以及经济特区等,为中国企业提供经济可靠的海外平台和发展场所。园区必须参加一年一度的考核,连续三次不通过考核就停止资格,但下一次还有参加考核的机会。第三阶段,政府支持企业市场运作阶段。2014年,中国进一步规划和建设境外经济合作区,政府从扶持转向支持和服务,企业成为境外经济合作区的真正主体,进一步推进和落实"一带一路"倡议构想。商务部会同多个部位机构建立合作机制,包括年度考核、风险防范机制、联合工作机制。2015年8月4日,商务部出台《境外经贸合作区服务指南范本》,为境外经济合作区进驻企业提供信息咨询服务、运营者管理服务、物业管理服务、突发事件应急服务等。到2015年年底,共有13家园区通过考核进入国家级境外经贸合作区名单。

(二)基本现状

2014年,结合"一带一路"倡议,原商务部部长高虎城在一年一度的全国商务工作会议上提出,商务部2015年将推进"境外经济合作区创新工程"。同时提出了中国境外经济合作区的发展目标,即将在全球建设118个经济合作区,分布在世界50个国家。其中共有77个涉及"一带一路"的沿线的23个国家;35个境外经济合作区处在丝绸之路经济带的沿线国家,它们分别位于哈萨克斯坦、吉尔吉斯斯坦、乌兹别克斯坦、俄罗斯、白俄罗斯、匈牙利、罗马尼亚和塞尔维亚等国;42个境外经济合作区处在21世纪海上丝绸之路的沿线国家,分别位于东南亚地区(老挝、缅甸、柬埔寨、越南、泰国、马来西亚、印尼)、南亚地区(巴基斯坦、印度、斯里兰卡)、非洲地区(埃及、埃塞俄比亚、赞比亚、尼日利亚、坦桑尼亚、莫桑比克)。

截至2015年年底,中国在世界各地已经成立75个境外经济合作区,分布在34个国家;75个境外经济合作区共带动投资近180亿美元,吸引入驻企业1141家,其中中资控股711家。境外经济合作区为所在国创造了大量税收和就业。近年来境外中资企业向投资所在国缴纳的各种税金超过了1000亿美元,2015年末在境外中资企业工作的外方员工近90万人(商务部《2015年商务工作年终综述》)。

从级别上看,中国境外经济合作区分国家级和省市级。国家级境外经济合作区由商务部和财政部进行确认考核和年度考核,省市级境外经济合作区主要由相应的地方政府进行指导监管、提供支持和服务。

从类型看,中国境外经济合作区有加工制造型园区、资源利用型园区、农业产业型园区、商贸物流型园区、技术创新型园区、科技产业型园区等。已经进驻境外经济合作区的中国企业达到2790个,流入境外经济合作区的企业投资额达120多亿美元,累计产生了 480 亿美元的产值。

二、"一带一路"沿线国家境外经济合作区的主要问题

(一)境外经济合作区企业的优势

1. 享受优惠政策或服务:东道国政府通常会在金融、土地、税收、基础设施配套、出入境等方面提供便利,企业审批手续简化。这方面,中国、白俄罗斯之间的中白工业园堪称双方互利合作的典范,被誉为丝绸之路经济带上的明珠。白方对入园企业十年免征所得税、不动产税及土地税,之后十年减半征税,称为"十免十减半"政策。

2. 享受配套式服务:境外经贸合作区往往会建立一站式服务中心,为企业提供各种投资配套设施及服务。2014年柬埔寨西哈努克港经济特区设立的一站式服务中心,为企业提供优质的配套服务及优惠的税收政策,大大降低了企业的运营成本。单个企业显然很难享受到这样的待遇。

3. 企业规避国际贸易壁垒:通过境外产业园区,国内企业可以改变产品的原产地,以较小的代价进入国际市场,规避国际贸易壁垒,减少贸易摩擦。

(二)中国境外经济合作区建设中的问题

1. 基础设施不够完善

许多发展中国家基础设施不完善,极大地影响了经济合作区的发展。运输条件差、成本高,还有园区的各种配套基础建设也给企业入驻带来很大影响。基础设施差的工业园入住率仅为30%左右。

2. 融资压力大成本高

境外经济合作区建设资金靠自筹,因开发前期投入加大,开发成本高于国内产业园区。东道国多数金融环境差,融资渠道和融资工具都较为有限,贷款成本也高。而中国国内银行由于种种原因难以承认境外资产,无法通过抵押担保向境内贷款,加重了融资困难。

3. 文化环境影响经营

一些东道国的政府和当地居民对待园区的态度并不十分友好,往往不能保证已经签订的各项协议被付诸实施。语言障碍,还有文化差异,使得有些中国企业与当地的交流不到位,影响了园区经营。

4. 政策法律环境风险

如前所述,园区企业享受东道国优惠政策,但这些政策,包括法律,都有发生变动的风险,持续性可能不长。原因首先在于,毕竟是在国外,当地不大可能赋予园区特别高的地位,加上政权的更迭,所以政策连续性较难保证。

5. 产业趋同欠缺规划

初期的优惠政策造成一哄而上,产业雷同,或大而无当,缺乏特色和优势产业。综合性多功能园区多,专业园区少,没有更多考虑东道国的实际情况和需求,造成园区设施浪费。

三、紧密结合"一带一路"理念和发展势头,做大做强境外经济区

（一）签订与修订与"一带一路"沿线国家签署的相关协定

凡发现过去的不少双边投资保护协定不适应新形势的要求,与国际规则和国家利益不相协调的地方,中国政府应当与有关经济贸易伙伴商谈,修订原有的双边投资协定,签署新型的协定,特别是推动多边合作发展的投资协定。必须增加解决投资争端防范风险的相关条款,以尽量降低东道国政策法律变动的风险。除风险之外,考虑到市场主体的增多和复杂化,利益条款必须比以往更加明晰。

（二）建立健全政府间合作沟通机制

合作是"一带一路"的主旋律和精髓。应当建立两国政府间的磋商机制,指导经济合作区的发展。针对经济区中常出现的难点问题,应当成立一个由两国间政府有关部门加入的双边机构,协调加以解决。另外,中国政府应当结合"一带一路"倡议所强调的"五通",尤其是政策沟通手段,推动当地政府更好更快地完善合作区内的公共服务水平,并更加明确入区企业可获得的优惠政策细则。另外中国政府要当好后勤,帮助园区企业了解和熟悉东道国的社会和文化环境,为企业决策提供必要的指导和建议。结合跨境基础设施互联互通条件,争取能够借上东风,完善经济区内基础设施系统建设。

（三）创新企业融资方式,提高融资能力

经济合作区是资本输出的新模式,因而改善它的融资能力具有特别意义,必须完善双边金融合作机制,减少投资的汇率风险,降低贸易成本,为园区建设提供稳定良好的融资平台。

依据各方利益,通过严格的法律合同合理分担责任和风险,从而保证项目融资顺利实施。

（四）找准产业定位,形成海外产业链优势

经济合作区具有初期投资大,直接回收慢的投资特点,因此务必要根据当地环境基础设施条件、自身的实力,以及政府的支持投入力度,选择和确定开发目标,以避免过去一哄而上的浪费现象出现。结合产业集群理论,找准主导产业,判断标准是它在全球资源链中的位置。"一带一路"倡议的背景之一是中国产业所处于的梯度转移时刻,我们应当利用这一契机,结合地区特点及资源优势,以产业集群作为导向,以有利于中国的产业结构调整与产业升级为原则,统筹规划,引导企业入住经济区,融入"一带一路"发展的大局。

附：

一、由互联互通带动和支持的经济走廊和其他项目

1. 亚的斯亚贝巴—吉布提铁路经济走廊及沿线工业园
2. 黑水隧道
3. 巴库—第比利斯—卡尔斯跨国铁路和巴库阿里亚特自由经济区

4. 文莱—中国广西经济走廊

5. 中国—中亚—西亚经济走廊

6. 中欧陆海快线

7. 中国—中南半岛经济走廊,包括中老经济走廊

8. 中国—吉尔吉斯斯坦—乌兹别克斯坦国际公路

9. 中国—老挝—泰国铁路合作

10. 中国—马来西亚钦州产业园

11. 中蒙俄经济走廊

12. 中国—缅甸经济走廊

13. 中国—巴基斯坦经济走廊

14. 泰国东部经济走廊

15. 大湄公河次区域经济合作

16. 欧盟泛欧交通运输网络

17. 欧洲—高加索—亚洲运输走廊

18. 中白工业园

19. 国际南北运输通道

20. 维多利亚湖—地中海海路航线连接计划

21. 拉穆港—南苏丹—埃塞俄比亚交通通道

22. 马来西亚—中国关丹产业园

23. 中国—尼泊尔跨越喜马拉雅立体互联互通网络及中尼跨境铁路

24. 新亚欧大陆桥

25. 中国—新加坡(重庆)战略性互联互通示范项目:国际陆海贸易新通道

26. 非洲北部通道(连接蒙巴萨港和非洲大湖区国家以及泛非公路)

27. 开罗—开普敦南北通道

28. 比雷埃夫斯港

29. 埃塞俄比亚—苏丹港铁路互联互通

30. 印度尼西亚区域综合经济走廊

31. 苏伊士运河经济区

32. 北方海航道货物运输

33. 跨太平洋海底光缆

34. 越南"两廊一圈"发展规划

35. 中国—塔吉克斯坦—乌兹别克斯坦国际公路

二、"一带一路"大事记

2013年9月　习近平在访问哈萨克斯坦时提出构建"丝绸之路经济带"

2013年10月　习近平在印尼国会发表演讲提出共同建设"21世纪海上丝绸之路"

2013年12月　习近平在中央经济工作会议上提出,推动"丝绸之路经济带"建设

2014 年 2 月　　俄罗斯跨欧亚铁路"一带一路"的对接达成了共识
2014 年 11 月　　2014 年中国政府工作报告提出抓紧规划建设"一带一路"
2013 年 9 月　　习近平在 APEC 峰会上宣布，中国将出资 400 亿美元成立丝绸基金
2015 年 2 月　　"一带一路"建设工作领导小组成员亮相
2015 年 3 月　　《推动共建丝绸之路经济带和 21 世纪海上丝绸之路的愿景与行动》发布
2015 年 12 月　　亚洲基础设施投资银行正式成立
2016 年 8 月　　习近平出席推进"一带一路"建设工作座谈会并发表重要讲话
2017 年 5 月　　"一带一路"国际合作高峰论坛在中国北京举行
2017 年 10 月　　"一带一路"写入党章
2018 年 9 月　　中非合作论坛北京峰会召开
2018 年 11 月　　中国与东盟 10 国全部签署共建"一带一路"政府间合作文件
2019 年 4 月　　《共建"一带一路"倡议：进展、贡献与展望》发布
2019 年 4 月　　"一带一路"国际智库合作委员会成立
2019 年 4 月　　第二届"一带一路"国际合作高峰论坛在中国北京举行

参考文献

厉以宁、林毅夫、郑永年：《读懂"一带一路"》，中信出版社 2015 年版。

罗玉泽：《"一带一路"基础设施投融资研究》，中国发展出版社 2015 年版。

《千年之约："一带一路"连通中国与世界》编写组：《千年之约："一带一路"连通中国与世界》，新华出版社 2017 年版。

王灵桂主编：《"一带一路"理论构建与实现路径》，中国社会科学出版社 2017 年版。

王义桅：《世界是通的："一带一路"的逻辑》，商务印书馆 2016 年版。

薛力：《"一带一路"：中外学者的剖析》，中国社会科学出版社 2017 年版。

于洪君：《"一带一路"：联动发展的中国策》，人民出版社 2017 年版。

曾刚、赵海、胡浩：《"一带一路"倡议下中国海外园区建设与发展报告(2018)》，中国社会科学出版社 2018 年版。

赵晋平等编：《重塑"一带一路"经济合作新格局》，浙江大学出版社 2016 年版。

第二十七章 全球城市

全球城市作为一个较新的概念,是指在全球范围内具有广泛的多方面影响力的现代化大都市,它以信息网络为枢纽,以科技创新为驱动力,在它的城市中集聚着大量的跨国公司、高新技术产业、服务产业和后现代文化产业。①这些产业的集聚是全球城市形成其全球影响力的关键,也是全球城市处在全球城市网络体系顶端的最直接原因。本章由全球城市内涵、全球城市理论演进、全球城市评价指标三节构成,核心讨论全球城市的形成要素及特征、全球城市的研究及主要观点、全球城市评价的主要方向及相关的评价体系等方面内容。

第一节 全球城市内涵

一、相关概念

全球城市是在全球经济网络中,处于重要节点、具有较强控制力的城市,又被称为世界城市或国际大都市。

(一)全球城市

全球城市(global city)是1991年由美国学者丝奇雅·沙森(Saskia Sassen)最早提出。沙森从对全球生产性服务公司的研究入手,认为全球城市是跨国公司总部的聚集地,并为跨国公司全球经济运作和管理提供良好服务和通信设施。她总结了全球城市的特征:高度集中化的世界经济控制中心,金融和特殊服务业的主要所在地,涵盖创新生产在内的主导产业的生产场所,同时也是产品和创新的市场。②

---

① 孙越雯:《中国全球城市的发展格局研究》,硕士学位论文,东北师范大学,2012年。
② S.Sassen, *The Global City*: *New York*, *London*, *Tokyo*, Princeton University Press, 1991.

（二）世界城市

"世界城市"（world city）与"全球城市"概念相近，它是全球经济系统的中枢或组织节点，且集中了控制和指挥世界经济的各种战略性的功能。世界城市理论早于全球城市理论。1984年英国学者彼得·霍尔（Peter Hall）概括了世界城市的七大特点：主要的政治权力中心；国家的贸易中心；主要银行所在地和国家金融中心；各类专业人才聚集的中心；信息汇集和传播的地方；集中了相当比例的富裕阶层人口，人口聚集中心；娱乐业作为重要的产业部门。在此基础上，定义世界城市是那些已对全世界或大多数国家发生经济、政治、文化影响的国际第一流大都市。[①]

（三）国际大都市

相较于"全球城市"与"世界城市"，"国际大都市"（international metropolis）的概念相对宽泛，它是指在经济全球化的背景下，那些在国际经济、政治、文化活动中具有较强影响力、占有重要地位，以及具有集聚扩散能力的特大城市。这类城市具有对全球经济活动的控制能力，是经济全球化的空间产物。此外，在国际交往中国际大都市具有一个或多个突出功能，影响力和辐射功能波及全球。关于国际性大都市的一般特点，1995年国内学者吴良镛等利用专题进行了归纳：一是以技术或知识密集型产业为主体的大规模空间集聚经济；二是以金融和贸易为核心的第三产业发达，国际化程度高，能容纳大型跨国公司、国际资本和贸易，在国际劳动分工中发挥积极作用；三是拥有现代化的城市基础设施，如交通、通信等，并在世界范围内形成网络化的交通联系；四是社会文化高度发达，面向全世界，拥有高质量的工作、生活和环境条件等。[②]

二、全球城市的形成要素和特征

（一）全球城市的形成要素

1. 经济方面

从经济上来看，全球城市拥有众多金融行业、保险行业、房地产行业、银行行业、会计行业等行业，可以为当地提供多种国际金融服务以及其他市场方面的服务，是一个国际性跨国企业、金融机构、大型律师事务所的集聚地。同时城市本身对自身城市建设和整个国家的经济、文化发展有着举足轻重的作用和影响力，尤其是在经济上，对整个国家的国内生产总值有重大经济贡献，因而是其本国企业总部与外国跨国集团及其总部在选择城市时的必然考虑。除此之外，从证券方面看，它还需要是主要证券交易所的所在地，位列生活费用最昂贵城市排行榜前列位置。

2. 社会方面

社会方面，第一，从影响力看，全球城市大多是各国家的国家战略中心城市，例如具有首都地位的伦敦、华盛顿、巴黎、东京、莫斯科、柏林、北京以及重要的中心城市如广

[①] P. Hall, *The World Cities*, Weidenfeld and Nicolson, 1984.
[②] 吴良镛：《吴良镛教授谈CBD的规划建设》，《城市规划》1995年第3期。

州、香港、上海等。这些城市需要在政治上对国际各大事务和事件有很大的参与度，有权实施自己本国的政治权力，在世界上具有很重要的影响作用。除此之外是这个城市拥有国际性的机构总部，这样更突显整个城市的政治功能，这样的例子有联合国（纽约）、欧洲联盟（布鲁塞尔）和世界贸易组织（日内瓦）等。第二，从人口看，全球城市市区的人口数量是有要求的，不仅数量上应有很大的优势，人口的组成也需要多种。各行各业的人口，在质量和种类上也需要有全球性的素质；此外，生活环境、人口基数、生活水平、城市发展、人员的流动性、拥有移民人口以及社区和整座城市的都市化水平等是衡量人口组成多种多样性的评价指标。

3. 文化方面

从文化上来看，全球城市的文化水平应当居其所在国之首。第一，应具有中外知名的大型机构或大型的组织，以及艺术馆、博物馆、芭蕾舞蹈团、歌剧团、电影中心、管弦乐团、剧场等。如巴黎的卢浮宫、纽约的大都会博物馆等。第二，整座城市具有浓厚的文化气息，最显著的是有年度的国际性文化庆典，例如多伦多国际电影节、戛纳电影节等。此外，热闹的剧院、音乐场所、首映艺术中心、年度节目巡游和街头艺术表演等也是城市文化气息的重要表现。第三是媒体，这也是衡量全球城市不可或缺的部分。这些城市需要有强大而有影响力的世界性媒体组织，如英国广播公司、美联社、《华尔街日报》《纽约时报》《世界报》《泰晤士报》、法新社和《国际先驱论坛报》等。第四是在体育方面，有强大的体育群体设施，例如有能力举办国际性的体育盛事诸如奥运会，拥有大型体育设施、本地联赛队伍等。第五是教育，拥有著名的教育机构，满足拥有知名大学、国际学生人数多、研究设施完善等条件。此外，作为城市为艺术作品、传媒、电视、电影、电视游戏、音乐、文学、报刊、文献等所描绘或提及。也有各个宗教的朝圣中心，如麦加、耶路撒冷、罗马（梵蒂冈）等，以及观光事业蓬勃，拥有重要历史和文化意义的世界文化遗产。

4. 空间方面

空间方面，全球城市是在全球化高速发展的大环境下，以全球城市为基点，以经济联系为纽带的特有的空间现象，它在造成城市社会经济秩序变化的同时，也对城市空间结构产生极化影响。全球城市的空间特点第一是单核心离散发展转向多核心均衡发展。最早的全球城市的空间发展是单中心与低水平离散的形态，与其他城市或区域几乎没有联系。随着城市逐渐发展壮大，空间结构由单中心向多中心转化，由低水平离散状态向高水平均衡状态发展。全球城市作为核心之一，与其他全球城市或低等级城市具有密切联系。第二是内部空间结构趋于合理化、高级化。全球城市的内部产业结构经历了由集聚到分散再到合理的逐渐演替过程。内部集聚作用强，生产性服务业等高级第三产业形成集核。城市功能合理化，城市转向可持续发展，比如对教育、创新、生态等的关注与投入加大。第三是依托区域或腹地，形成大都市圈。全球城市具有较强的辐射能力与带动力。全球城市高度开放，与区域或腹地互动发展形成大都市带，或都市连绵区。全球城市通过这种互动，在世界竞争中更加具有优势。

（二）全球城市的特征

1. 全球经济与商务服务中心

全球经济促进了全球城市的产生，由于全球经济系统与区域经济的紧密联系，全球城市首先应该是全球的重要金融中心。此外一国的对外进出口及贸易如果较高，最好属于港口城市，货物吞吐量长期占有较高的水平，城市中合资企业，尤其是外企数量的多寡、涉外税收的多寡等也能从侧面反映出城市经济发展的活力；全球城市中对外投资及商业贸易占城市 GDP 比重的高低，能够较好地反映出城市的对外发展水平；城市中大型乃至国内及国际机场的多寡，国际航班数量的多少，能够承接多少重要的国际会议等商务活动都是全球城市的重要特征。根据《世界趋势 2030》报告，城市区域财富和经济权力的增长使得城市的作用大幅上升。2010—2025 年，600 个全球较大城市占全球近 65% 的 GDP 的增长，其中 440 个新兴城市将占 47% 的全球增长，拥有 23 万亿美元 GDP。

2. 全球文化与生态环境中心

全球城市是重要国际性的技术、文化展览、艺术演出等活动的平台。全球城市拥有数量较多的高水平的高等院校、科研机构及文化团体。同时全球城市市民的整体文化素质水平，城市丰富的市民文化生活，市民掌握外语的程度，以及反映文化多元和城市包容的城市外籍常住人口数量长期稳定和逐步缓慢增长，都是全球城市的全球化水平较高的有效说明。此外，全球城市是适合人类生存及未来发展的宜居城市。全球城市对生态环境的要求水平较高，如果城市的污染企业过多，空气质量比较糟糕，距全球城市的差距暂时还较大。

3. 全球创新与对外交往中心

全球创新中心主要表现在城市的自有的专利数量方面，它反映了城市中高新技术产业的发展程度和创新水平。城市外交是指城市为了自身利益，在国际政治中某一领域与其他行为体的交往的制度的过程。也就是在"多中心世界"，城市与其他非国家行为体相互运作，并发生相互竞争、合作互动或者共存的关系。实际中这些多层次外交的逐步发展为城市成为外交中心发挥了重要的作用。当今国际组织越来越多，国际组织的聚集，能否对外来移民产生较强的吸引力，领事馆数量的多寡及高层领导的访问数量等能够从侧面反映出全球城市在其国家乃至全球中所占有的重要地位。当然城市外交不能脱离主权外交而独立存在，城市外交是国家外交体系构建中的重要部分。

第二节 全球城市理论演进

一、全球城市的提出

1991 年美国学者丝奇雅·沙森在其所著的《全球城市：纽约、伦敦、东京》一书中首次提出了"全球城市"这一概念。她从全球化经济体系出发，以全球生产性服务公司为研究视角，以纽约、伦敦和东京为案例，深层次分析研究了生产性服务业的国际化性质，阐述了她对全球城市的认识：全球城市是世界经济的枢纽城市，是构成世界网络的核心节点城市，是高度集中化的世界经济控制中心、金融和特殊服务业的主要所在地，是包括创新生产在内的主导产业的生产场所及市场（全球城市不仅是世界经济的枢纽，同时还是"市场要素、专业化服务、创新金融产品"的生产基地）。她认为全球城市的形成在于经济全球化，是经济全球化促使各种功能集中向个别大城市汇集的结果。沙森还指出全球化的快速发展，影响到全球城市和全球城市所在国家之间的关系，全球城市在造成城市社会经济秩序变化的同时也对城市空间结构产生极化影响。2000年，曼纽尔·卡斯特(Manual Castells)的理论及研究进一步丰富了全球城市概念，他将全球城市作为一个全球化城市与城市之间联系网络的结点，在其《网络社会的崛起》的论著中，他提到在当今信息化时代，城市置于世界城市网络中，全球城市通过网络来联系和支配其他城市，这些具有顶级服务的消费、生产中心，且在世界网络中起到联系作用的地方即为全球城市。2001年著名经济学家斯科特(Scott)在其研究中指出，当前的全球城市数量已经超过300个，且这些城市区域的人口数量都在100万以上，其中超过1 000万人口的至少有20个。它们包括像伦敦、墨西哥城这样以一个大的中心城市辐射开来的大都市辐射区，也包括由多个中心城市组成的城市网络。斯科特的研究勾勒出当今经济全球化大环境中全球城市的特征，指出了全球城市将会在不久的将来成为新时代的生活中心。

二、全球城市研究演进

全球城市发展的早期是第二次世界大战后，各国将国家发展的重点从军备竞争转移到经济发展，并且关注城市的研究。相关研究开始尝试从金融、贸易、通信设施、政治、文化和高等教育等方面对城市空间结构、发展方向进行研究。这一阶段出现了"世界城市"的概念，这一时期属于研究的起步阶段，学者们对全球城市怀有一种设想。19世纪中期后，随着经济的迅猛发展，跨国公司的出现带动了资金、技术、商品、劳务在各国之间的流通，从而推动了贸易和金融的自由化发展，经济的发展状况对城市发展的影响开始显现。学者们在这一时期开始注重经济对城市发展的影响，重视公司决策机制对全球经济的作用，他们用跨国公司总部数量等指标对世界城市进行等级排序。该阶段是世界城市研究的重要阶段，实现了世界城市研究的经济转向。20世纪80年代后，跨国公司在全球经济发展中的作用更加显著，跨国公司的发展促进了城市的经济发展以及城市间的联系。劳动密集型企业逐渐向发展中国家转移，新的国际劳动的地域分工开始出现。这一时期研究全球城市比较有代表性的人物有约翰·弗里德曼(John Friedmann)，他提出"世界城市"假说，将城市化过程与世界经济力量直接联系起来，为以后的研究提供了理论基础。随着经济全球化、城市化、信息化加剧，在有限的资源中，国家的发展依靠经济强盛，城市之间尤其国际大都市之间的竞争日益突出。全球城市的研究发展也进入了新的阶段，更多的学者投入对"全球城市"的研究中，成果显著，梳理出了许多不同的理论。例如沙森的全球城市理论，以戴维斯（Davis）、詹姆森（Jameson）为代表的洛杉矶学派，以卡斯特为代表的以信息技术革命为切入点对世界城市发展的研究，以泰勒（P.T.Taylor）为代表的关于世界城市网络作用力的研究，以及对发展中国家的世界城市的研究等。

三、研究的焦点和主要观点

关于全球城市形成的因素早期有过不少激烈的全球化争论。许多研究认为在全球化中，空间规模相互影响和转化，社会和空间两极化是全球化的普遍结果，是全球城市的主要特征。基于这一假设，相关研究围绕着"地区"和"全球"这两个清晰的概念框架，得出全球是活跃的、强大的，而地区是消极的、弱小的这一结论。这类研究忽略了受全球城市化的影响，那些比城市大（或是城市联合区域）但不及全球化水平的小区域所产生的可能共变。随后出现的假设是区域和国家在地区形成过程中扮演着重要的角色，这一认识反映出全球化过程的进行程度，促使了资源的流动，将城市和国家与全球经济联系起来。早期的地区—全球双重性理论观点的问题是研究者基于理论，将城市作为一个与全球化不相关的角色，所以，空间规模就被具体化为一个自成格局的整体。第二种非常普遍的研究方式是把关注点放在全球网络上，而不是这些全球网络中的领土国界地区。网络与全球城市、世界城市的研究集中在城市间的跨国网络上，从而在全球环境下分析这些网络的构成和特征。这与不断变化的地点和城市在区域、国家或跨国集团都市地带的经济角色里日益增长非常兼容。通过这类研究，对跨国网络本身的关注和特殊城市制度及其实践，以及调节网络的发展成为研究的焦点。尽管研究关注点同样存在于"固定空间"和"流动空间"上。赞成这一观点的学者表明资金和劳动力的全球化促进了一些城市的成长和经济的发展，如纽约，同时也限制了其他一些城市，如底特律，也因此加重了区域经济的两极化。第三种研究是区域途径，就国际和国内的角度来理解，它是一样的。和过去相比，这是一种概念上的背叛，区域的概念涉及一个单一民族国家的空间领地。欧洲学者们（和一部分东亚学者）正致力于研究国际性的地方主义造成的都市影响，或许因为他们的祖国正处于这类状态。他们关心的是全球化如何促进跨国经济的一体化，以致形成自己拥有超民族管理制度的大型区域；不论地点是在全球投资的接纳地或劳动力流动地，都呈现出更好的政策和经济意义。这些研究有助于了解城市运行的动态和全球环境。

第三节 全球城市评价指标

一、全球城市评价的基本方向

全球城市综合评价主要着眼于流动、创新和人文这三大领域（表21-1）。"流动"是指各种要素的集聚和扩散，进而吸引和辐射，它是全球城市发展的首要要素，是实现创新和发展人文的基础。因为在全球性的各种流动中不可缺少地包含了创新人才和创新企业的流动,它们占有很大比重,特别是流动增加了资本大规模地流向创新领域,这为创新提供了物质条件和人力资源,为创新提供了强大的生命力,促进和推动了创新的发展。全球城市要想在全球的产业分工中占据顶端位置,就必须要借助创新来实现。创新能够提高生产效率,改变生产和生活方式以及全球经济结构,同时又促进了资本和人口的流动。人文是推动资本和人口流动的内在动力,全球城市的全球影响力和它的人文文化密不可分。大量的资本和人口在流动中发挥着人文交流的作用,对全球城市的塑造有着重要的影响。

表 27-1　全球城市评价体系

领　　域	指标体系
流动领域	资本流动
	人口流动
人文领域	自有品牌企业
	文化资源
	信息引领
创新领域	创新投入
	创新机构
	创新产出

资料来源:张晨阳:《全球城市的比较分析》,硕士学位论文,华东政法大学,2017 年。

(一)流动领域

1. 资本流动

资本流动是全球城市的功能发挥作用的物质基础,是全球城市创造价值与全球城市网络之间互动的重要表现,更是全球城市能否成为全球经济中心的重要因素和标志。全球城市能够创造多少就业机会,吸纳多少外来人口,提供什么样的公共服务,在很大程度上决定于资本流动;同样资本流动也决定了全球城市的经济的外部影响力,因为资本流动的一个重要方面是大公司通过对外直接投资、合并、收购或合资等形式实现其所有权与控制权的跨国化。[1]跨国公司对城市经济发展的核心支撑力量,对于全球城市的经济增长与技术创新等核心竞争要素的积累非常明显,[2]它决定着全球城市在全球城市体系中的功能地位,进而决定了其在全球城市网络体系中的地位与层级。[3]

---

[1] Saskia Sassen, *The Global City: New York, London, Tokyo*, Princeton University Press, 2001, p.20.
[2] 陆军等:《世界城市研究》,中国社会科学出版社 2011 年版,第 32 页。
[3] 陆铭:《动人为主、动钱为辅——如何在区域发展战略调整中避免经济"欧洲化"》,《上海交通大学学报(哲学社会科学版)》2013 年第 5 期,第 5—15 页。

2. 人口流动

资本的国际流动促进了人口的流动,全球城市的发展离不开人口的流动,需要保持人口的开放性和多样性,需要不断有各类移民包括国际移民进入全球城市。这不仅仅代表了全球城市的发展水平,也体现了全球城市的生产效率,是衡量全球城市综合实力的一个关键指标。全球城市中产业结构的变化导致劳动力需求结构发生了变化,即对专业性和非专业性劳动力需求的增大。[①]而外来人口的流入则满足了全球城市的这种需求,为全球城市的发展带来了充足的劳动力资源。全球城市发展的规模经济效应有利于提高劳动力个人的就业概率,而不是像通常人们所认为的那样,外来移民会挤占原有居民的就业机会。因此,人口流动也是全球城市形成的一个重要因素。[②]

(二) 创新领域

1. 创新投入

在进行创新的过程中,创新投入是保证创新的必要条件,体现了全球城市的科技创新水平和综合实力。创新投入可以提升科技创新水平,从而进一步促进经济发展,提升全球城市的综合实力。创新投入还能够有效加强对创新型科技人才的培养,引进高端技术人才和科学家群体,为提高创新能力、引领创新发展方向提供了重要的智力支撑。

2. 创新机构

创新机构是创新的载体,是全球城市创新体系的重要组成部分,对提升全球城市创新能力发挥着至关重要的推动作用。创新机构职能包括优化并整合创新资源,着重推进核心技术创新,不断地更新知识和技术创新来为全球城市提供技术,推动了全球城市的创新体系建设。

3. 创新产出

创新产出就是创新活动各种直接产出的成果及其影响,可以有效地衡量全球城市的创新能力。将创新投入和创新产出相结合,可以更全面地对全球城市创新体系进行分析。

(三) 人文领域

1. 城市文化

城市文化是全球城市人文文化的重要组成部分,也代表了全球城市及其所在国家的民族文化。城市文化是全球城市在文化认同、形象推广、社会和谐和历史文化教育等多方面的建设。此外,城市文化是全球城市发展的历史标志,不仅体现了全球城市在不同时代独特的建设风格,而且留下了全球城市居民不同时期的生活足迹。这些历史的风貌和足迹是全球城市发展的独特见证,甚至成为一个全球城市及全球城市区域的重要象征和代名词。

---

① J.R.Short, L.M.Benton, W.B.Luce and J.Walton, "Reconstruction the Image of an Industrial City", *Annals of the Association of American Geographers*, Vol.83, No.2, 1993, p.207.
② 陆铭、高虹、佐藤宏:《城市规模与包容性就业》,《中国社会科学》2012年第10期,第47—66页。

2. 品牌企业

城市品牌能够加强全球城市在文化等方面的吸引力，有利于全球城市在世界上的推广宣传，提高全球城市的竞争力；有助于凝聚公众对全球城市的认同感和归属感，加强城市向心力，推动全球城市在流动中获取更多的发展动力；能够体现城市之间的差异性与独特性，有助于加强全球城市的辨别度，通过话语和符号系统的差异化表达，体现全球城市的错位竞争和网络互补。

3. 时尚引领

时尚产业体现了全球城市在文化产业和创意产业等方面的软实力，是全球城市重要的社会和经济活动内容，其影响力也在不断上升。全球城市的时尚产业的辐射力和影响力不仅横跨该地区，甚至超越了区域的限制辐射到本国范围。时尚产业的发展，既可以有效推动全球城市经济发展转型，也可以提升全球城市在全球文化领域的地位。

二、全球城市评价体系

（一）GaWC 的城市等级评价

1999 年，彼得·泰勒在英国拉夫堡大学创立了智库"全球化与世界级城市研究小组与网络"（GaWC），通过案例对全球城市网络进行定量分析划分，并系统性地为世界级城市进行定义和分类。在他们的成果《世界级城市名册》中，以国际公司的"高级生产性服务业"（如金融和法律）供应为标准来对城市进行测定和排名，确认全球城市的级别。GaWC 的城市等级不是统计意义上的城市实力定义，而是以全球网络整合能力为特征，反映各城市在全球城市网络中的（功能）地位和协调协作能力，以及反映国家制度语境中战略中心城市及其城市的门户功能。彼得·泰勒的研究认为全球化背景下对于城市发展最为重要的是城市间关系、城市间关系构成的网络，以及城市与城市网络相关性，这些是城市间竞争与合作的关键要素。当前 GaWC 全球城市等级评价已成为全球最有权威的城市排名。在 2012 年的排名之中，伦敦和纽约均为 Alpha++级城市，而巴黎、香港和上海则为 Alpha+级城市。

（二）GPCI 的全球城市实力指数（全球城市质量评价）

2008 年日本森纪念基金会（The Mori Memorial Foundation）首次发布了全球城市实力指数（Global Power City Index，GPCI），评估了全球 40 个主要城市的综合实力。该评价指数以城市的实际建设（存量）为基础，从质的方面出发比较评估对象城市，综合描述各城市所处发展水平，因此 GPCI 全球城市实力指数也被称为全球城市质量评价或全球城市商务环境评价。除基于功能的客观评价外，GPCI 的全球城市质量评价还有基于角色的主观评价，其中包括管理人员、研究人员、艺术家、居民和游客这五种角色对于相关领域的主观评价。全球城市实力指数评价包括了经济、文化、研发、环境、活力和可达性共 6 大领域和 70 个相关指标。2018 年最新一期的排名中，伦敦、纽约和巴黎分别位于第 1、第 2 和第 3 位，而上海则排在了第 16 位。

（三）全球城市竞争力项目

2005 年中国社科院的倪鹏飞和美国巴克内尔大学的彼得·卡尔·克拉索（Peter Karl Kresl）等全球多国研究机构学者组成的团队共同开展了"全球城市竞争力项目"（GUCP），并邀请了沙森和彼得·泰勒等著名全球城市学者担任专家顾问。根据其研究报告《全球城市竞争力报告 2017——丝绸之路城市网》，全球城市竞争力的指标体系包含了三个部分：第一部分是产出指标体系，由跨国公司、人均 GDP、专利申请数量等 6 个指标构成；第二部分是要素环境指标体系，由企业本体、基础设施、全球联系和当地需求等 7 个一级指标和 52 个二级指标构成；第三部分是产业竞争力指标体系，由产业结构和产业层次 2 个指标构成。在这份报告中，伦敦、纽约和巴黎分别位居第 1、第 2 和第 4 位。

（四）全球城市竞争力指数

英国智库"经济学人情报中心"（EIU）于 2012 年首次发布了"全球城市竞争力指数"（Global City Competitiveness Index，GCCI），对城市吸引资本、人才和游客的能力进行评价。全球城市竞争力指数共包含 8 个领域和 31 项指标。这 8 个领域根据其重要性分为四个层面：第一层面是经济实力；第二层面包括人力资本和机构效力；第三层面包括全球感召力、金融成熟度和物质资本；第四层面是自然环境以及社会文化特色。在最新一期的排名中，纽约、伦敦和巴黎分别位于第 1、第 2 和第 4 位。

（五）城市指标项目

"城市指标项目"（Urban Indicators Program）是联合国人居署用来监测和评估全球城市"人居议程"和"千年发展目标"项目所开发的，包含了许多城市发展水平评价指标，如"城市发展指数"（CDI）。"城市指标"目前一共有 43 个指标，对应着"人居议程"项目中的经济、环境、社会发展、城市治理等 19 项发展目标和"千年发展目标"项目下的改善贫民生活的发展目标。"城市指标"项目构建了一个强大的全球主要城市数据库系统，并得到了各种国际组织、机构的广泛应用。

（六）GCIF 的城市可持续发展指标体系

城市可持续发展指标体系国际标准（ISO 37120）是由世界银行城市发展局领导，由全球城市指标机构（GCIF）负责具体实施的，该标准提供了一套比较不同的国家中同类型城市的全球通用标准。该标准分城市服务和生活质量两大领域、20 项指标，衡量了城市的服务和生活质量因素。其中的城市服务包括了医疗、交通、娱乐、安全、财政和教育等 13 项指标，而生活质量则涵盖了文化、社会公平、科技创新、公众参与等 7 项指标。

（七）全球城市指数

全球管理咨询公司科尔尼公司（AT Kearney）、芝加哥全球事务委员会和《外交政策》杂志于 2008 年发布了全球城市指数（Global Cities Index），根据城市吸引全球资本、人力和创意的能力来评价全球主要城市。该项评价的全球城市指数共包括 5 个领域以及 26 个指标。这 5 个领域又分为三个层面：第一层面包含了商务活动和人力资本;第二层面包含了信息交流和文化体验;第三层面则是政治参与。根据最新的 2019 年全球城市指数报告,纽约、伦敦、巴黎、东京、香港分别顺位高居全球城市前 5 位。

(八)机遇城市指数

普华永道(PwC)于 2007 年发布了机遇城市指数(Cities of Opportunity),对 30 个全球主要城市进行评价。该指数共有三大领域、10 个一级指标以及 58 个二级指标。第一个领域是应对世界变化的能力领域,其中包括了门户城市、智力资本与创新和技术成熟度;第二个领域是生活质量领域,包含了人口结构和宜居性、可持续发展和自然环境、健康安全和治安以及交通和基础设施;第三个领域是经济领域,其中包括经济影响力、宜商环境和成本。根据最新的指数报告,伦敦、巴黎、纽约分别位居第 1、第 4 和第 6 位。

三、全球城市评价案例与主要指标

(一)GaWC 的全球城市等级评价

GaWC 的城市网络节点整合能力评价将城市划分为十个等级:α^{++}、α^{+}、α、α^{-}、β^{+}、β、β^{-}、γ^{+}、γ、γ^{-}。表 27-2 是 GaWC 的城市网络节点整合能力评价等级划分的定义说明。例如等级 α^{++} 代表全球城市的世界级城市,是具有高能级的、对全球城市网络具有整合能力的城市,如纽约和伦敦。α^{+} 标志着城市虽然在功能能级上低于世界级城市,但已作为重要节点融入全球城市网络。

表 27-2 GaWC 的城市等级评价指标内涵

等级	定义内容	功能等级
α^{++}	世界级城市,具有高能级的、对全球城市网络具有整合能力的城市,如纽约和伦敦	地区总部功能
α^{+}	融入全球城市网络,且能级低于全球世界级城市,但在亚太地区有众多业务活动的城市	全球城市网络重要节点
α、α^{-}	主要经济圈和世界经济有重要联系的超重要世界城市	分支机构或分公司
β	与地区和世界经济相联系的重要世界都市	
γ	在全球化中将中小规模地区与世界经济形成联系的城市,或者虽然在全球城市网络中没有重要地位的重要的国际化城市	商务出行的节点
H.S.、S.	不是国际化城市,但是具有满足国际化城市服务功能的城市,如区域核心城市或传统制造业中心	未开发节点

资料来源:"The World According to GaWC",http://www.lboro.ac.uk/gawc/gawcworlds.html。

根据 GaWC 城市等级理论,亚洲主要城市全球网络中的等级定位的测算结果如表 27-3。可以看到 2012 年的全球网络等级评价中亚洲主要城市功能等级为 α^{+} 的城市有 6 个,分别是上海、东京、北京、新加坡、香港和悉尼。根据 GaWC 的城市网络节点整合能力评价,α^{+} 代表着这些城市尽管能级尚没能达到 α^{++} 总部功能级别(全球世界级城市),但已融入全球城市网络,属于"重要的功能节点"城市,在亚太地区已经拥有了众多的业务活动。

表 27-3 根据 GaWC 理论测算的亚洲主要城市全球网络功能定位

城市	2000 年	2004 年	2008 年	2010 年	2012 年
上海	α^-	α^-	α^+	α^+	α^+
东京	α^+	α^+	α^+	α^+	α^+
首尔	β^+	α^-	α	α	α^-
大阪	H.S.	γ^-	H.S.	β^-	γ^+
台北	α^-	α^-	α^-	α^-	α^-
北京	β^+	α^-	α^+	α	α^+
香港	α^+	α^+	α^+	α^+	α^+
曼谷	α^-	α^-	α^-	α^-	α^-
吉隆坡	α^-	α^-	α^-	α^-	α^-
新加坡	α^+	α^+	α^+	α^+	α^+
悉尼	α	α	α^+	α^+	α^+

资料来源:"The World According to GaWC", http://www.lboro.ac.uk/gawc/gawcworlds.html。

(二) GPCI 全球城市实力指数(城市质量评价)

2008 年对外发布,该评价指标体系以全球各大洲有代表性的 42 个城市为对象,从 2008 年起日本森纪念财团的全球城市实力指数,即 GPCI 全球城市质量评价每年定期以研究报告的形式向全球发布,该报告已是当今全球城市评价中较有影响的报告之一。GPCI 报告的全球城市实力指数评价分四个等级,每 10 个城市排列为一个等级,分别表示各城市相关领域的优、良、一般和差。表 21-4 是 GPCI 全球城市实力指数评价指标,其中包括城市经济、研发、文化交流、居住、环境、交通六大领域的 70 项指标。

表 27-4 GPCI 全球城市实力指数评价指标

评价视角		相关指标
经济	市场魅力	GDP,人均 GDP,GDP 增长速度
	商务环境	证券交易所的股票时价总额,世界 300 强企业数,就业人数
		完全失业率,服务业就业比例,租金水平,人才确保程度,人均商务面积
		法律制度及风险,经济自由度,法人税,商机与风险
研发	研究环境	研究者数,世界排名 200 学校数,数学与科学的学科能力
	接受及制度	外国研究员的接受情况,研究开发经费
	研发成果	专利登记,主要技术的受奖情况,研究者交流机会

(续表)

	评价视角	相关指标
文化交流	文化交流能力	发布规模,国际会展举办数量,主要的世界文化活动举办数,艺术家创造环境
	住宿环境	星级酒店客房数,旅店数量(集客资源)
	集客设施	国际教科文组织的世界遗产(100千米圈),文化历史的接触机会,剧场和演唱厅的数量,体育场数量
	接受环境	购物魅力,饮食魅力
	交流效果	外国人居住者数量,海外访问学者数量,留学生数量
居住	就业环境	总劳动时间,就业者的生活满足度
	居住成本	住房租赁平均价格,物价水平
	安全及安心	人口平均杀人案件,灾害对应的能力,健康寿命,社区交流的良好性
	城市生活环境	人口密度,人口平均医师数量,外国人人口,平均外国人学校数量,小商品超市的充实程度,饮食店的充实程度
环境	生态	"ISO 1400"企业获得数,再生能源比例,回收率,CO_2排放量
	污染状况	SPM浓度,SO_2浓度,NO_2浓度,水质量
	自然环境	城市中心的绿色覆盖率,气温的舒适度
交通出行	国际交通网络	城市中心到国际机场的时间,国际航班直航城市数量,国际线旅客数量,机场跑道数量
	市内交通服务	公共交通(地铁)站点的密度,公共交通的充实度与正点率,通勤上学的便利性,出租车的价格

资料来源:根据森记念财团《世界の都市総合力ランキング》整理。

根据GPCI报告,近年亚洲主要城市的综合实力评价如表27-5所示。东京、新加坡、香港的全球城市综合实力排名分别为第4、第5和第7位,属于全球的第一等级城市。北京和上海的综合评价排名分别是全球城市的第17和第18,排列全球第二等级城市。从发展变化角度来看,2010—2015年亚洲主要城市综合竞争力变化较大的是香港,在经历下挫之后又回到第一等级城市行列。东京、新加坡、首尔变化相对稳定地保持在全球第一等级城市当中。北京、上海、悉尼总体处于上升状态但仍属于第二等级城市。结合GPCI的全球城市质量评价来看,影响北京、上海综合排名的因素主要是城市环境,此外研发和城市交通也分别是影响上海和北京提升综合竞争力排名的重要方面。

表27-5 2010—2015年亚洲主要城市GPCI综合评价排名

年份	北京	上海	台北	香港	悉尼	首尔	新加坡	东京	大阪
2015	18	17	32	7	12	6	5	4	24
2014	14	15	33	9	13	6	5	4	25
2013	14	12	33	11	13	6	5	4	23

(续表)

年份	北京	上海	台北	香港	悉尼	首尔	新加坡	东京	大阪
2012	11	14	32	9	15	6	5	4	17
2011	18	23	29	8	11	7	5	4	15
2010	24	26	29	9	10	8	5	4	18

资料来源：森記念財団：《世界の都市総合力ランキング》(2010—2015)。

参考文献

J.R.Short，L.M.Benton，W.B.Luce and J.Walton，"Reconstruction the Image of an Industrial City"，*Annals of the Association of American Geographers*，Vol.83，No.2，1993.

P.Hall，*The world Cities*，Weidenfeld and Nicolson，1984.

S.Sassen，*The Global City：New York，London，Tokyo*，Princeton University Press，2001.

S.Sassen，*The Global City*，Princeton University Press，1991.

段霞、文魁：《基于全景观察的世界城市指标体系研究》，《中国人民大学学报》2011年第2期。

陆军等：《世界城市研究》，中国社会科学出版社2011年版。

陆铭：《动人为主、动钱为辅——如何在区域发展战略调整中避免经济"欧洲化"》，《上海交通大学学报(哲学社会科学版)》，2013年第5期。

陆铭、高虹、佐藤宏：《城市规模与包容性就业》，《中国社会科学》2012年第10期。

任颖盈：《基于全球城市区域视角的长三角城市分工与联系的测度》，硕士学位论文，宁波大学，2016年。

石光宇：《纽约全球城市地位的确立及特征分析》，博士学位论文，东北师范大学，2013年。

孙越雯：《中国全球城市的发展格局研究》，硕士学位论文，东北师范大学，2012年。

吴良镛：《吴良镛教授谈CBD的规划建设》，《城市规划》1995年第3期。

俞可平：《全球化：全球治理》，社会科学文献出版社2003年版。

张晨阳：《全球城市的比较分析》，硕士学位论文，华东政法大学，2017年。

第五编
区域发展实施

  实践中具体的各种区域发展类型，实施前或实施时都需要制定相应的战略、规划、政策、体制等，有些还涉及建设项目的安排，就是区域单元较小的城市商务区、商业区、居住区等，按照某类指标划定发展空间范围后，无一不涉及该空间范围内的发展战略、规划、政策的制定，发展机构、职能、人员的界定和配置，以及发展项目的方案设计、前期手续办理和招标、施工、竣工等一系列建设过程，上述这一切都属于区域发展实施的内容。与区域发展基础理论一样，区域发展各种实施措施，也都是对实践中各类具体区域发展类型共性的操作方案进行归纳研究，使之上升到区域发展的一般实施措施。本编由区域发展战略、区域发展规划、区域发展体制机制、区域发展政策等四章组成。

第二十八章 区域发展战略

区域发展战略是对区域发展的宏观谋划，旨在明确一定时期内区域发展的各项目标和实施路径。本章简要梳理了区域发展战略的概念、区域发展战略的目标、区域发展战略的内容和区域发展战略的实施。同时，针对当前我国区域发展战略的新动向，将概念与实践相结合，也一并作简要介绍。

第一节 区域发展战略的概念

一、区域发展战略的内涵

区域发展战略是根据区域发展条件、发展目标等作出的重大的、具有决定全局意义的宏观谋划，其核心是明确区域在一定时期内的基本发展目标和实现这一目标的具体路径。区域发展战略的主要内容包括战略依据、战略目标、战略重点和战略措施等。

新中国成立以来，结合我国经济发展的主要任务，我国区域发展战略经历过几次大的调整，分别为区域经济平衡发展战略、区域经济非均衡发展战略和区域协调发展战略等。1956年，毛泽东在《论十大关系》中指出："我国全部轻工业和重工业，都有约百分之七十在沿海，只有百分之三十在内地。这是历史上形成的一种不合理的状况。沿海的工业基地必须充分利用，但是，为了平衡工业发展的布局，内地工业必须大力发展。"改革开放以后，从人民共同富裕、区域经济协调发展的目标出发，邓小平提出"两个大局"的区域经济发展思想。第一个大局，是加快沿海地区经济发展的步伐，体现效率原则；第二个大局，是在国家经济实力达到一定程度后，帮助和支持中西部地区发展，体现公平原则。在东部地区率先发展的带动下，全国经济发展明显加快，但区域之间的发展差距也逐步扩大。

到 20 世纪末，我国区域经济发展要解决的主要问题从效率转变为公平问题，我国的区域发展战略开始从非均衡发展转向区域协调发展，一系列区域协调发展战略如西部大开发、振兴东北、中部崛起等战略相继出台。

总体上，改革开放以来，中国区域发展战略在演变规律方面呈现以下 10 个显著特征：空间属性增强、创新作用增强、更加注重顶层设计、实施思路的协调性提高、面临问题的复杂性增加、更加注重质量提升、发展动力的内生性增强、发展机制的可持续性增强、作用对象的全面性增强、战略地位的稳定性增强。新的历史时期，区域协调发展上升为国家战略，培育发展一批现代化都市圈，形成区域竞争新优势的区域发展目标和路径日渐清晰。

二、区域发展战略的类型

从出发点角度划分，区域发展战略基本可分为两种类型：一类是以实现目标为出发点，首先根据区域的现状、环境、基础条件、优势和劣势等确定区域未来的发展愿景与发展目标，根据发展目标的导向开展战略布局。例如《伦敦城市战略规划(2011—2030)》，规划提出了增长、平等、可持续发展三大核心原则，为伦敦设立了 6 个发展总体目标，根据目标提出了 8 个法定战略和 10 个专题政策。另一类是以解决问题为出发点，战略布局旨在解决区域发展中面临的实际问题，应对区域未来发展存在的潜在危机与问题。例如 2007 年以来，作为纽约大都市区内核心城市的纽约市编制了 4 版总体规划，分别是 2007 年(2011 年修订)、2013 年、2015 年和 2019 年版，在强大(strong)这一一以贯之的愿景下，各版规划的发展愿景和措施体现了城市面临的最重要的挑战。2007 版规划称为"PlaNYC 2030"，关键词是更绿色(greener)，主要是为了应对经济和人口发展带来的一系列包括基础设施在内的挑战，引入了"可持续发展策略"，第一次将减少温室气体排放量作为承诺目标；2013 版规划的关键词是韧性(resilient)，其背景是 2012 年飓风"桑迪"对纽约州和新泽西州等造成了巨大灾难，规划颁布了一系列政策以支持灾后重建，同时提出一系列针对海平面上升和极端天气事件等气候变化影响的策略；2015 版规划称为"OneNYC"，关键词是公正(just)，作为战略目标，并针对增长、平等、可持续和韧性四个愿景提出了 20 多项具体的措施建议；2019 版规划称为"OneNYC 2050"，关键词是公平(fair)，在 2015 版愿景基础上增加了多样性和包容性，提出城市要为所有人服务。

从规划内容角度划分，根据城市战略议题的选取，区域发展战略可分为综合型和专题型两大类。前者如伦敦、巴黎、东京等战略规划，后者包括纽约环境专项规划、首尔生态专项规划、香港土地专项战略等。

从编制主体角度划分，区域发展战略主要分为政府决策类和体系外战略类两种。前者本身属于城市公共政策体系中的重要组成部分，一般是由政府机构、政策研究机构、规划部门等组织编制。后者则更为广泛，可由各类私人部门和机构发起，形式比较灵活，约束力比较弹性，导向更为多元。

第二节 区域发展战略的目标

一、区域发展战略的目标导向

战略目标是区域发展战略的核心,是战略思想的集中反映,规定了战略期限内的发展方向和希望达到的最佳状态。区域战略目标包括总体发展目标和各个分项目标,主要包括社会发展目标、经济发展目标、生态发展目标、文化发展目标和区域统筹发展目标等。例如,社会发展目标,是对区域社会结构关系协调发展的总体部署,需要综合考虑区域的基本现状、空间地理位置、环境优势、现状问题、发展潜力等多方面因素,其目标的制定要能够综合反映区域社会发展的水平和导向;经济发展目标,是对区域经济结构协调发展的总体部署,需要综合考虑宏观经济环境、现状产业结构、产业资源环境、经济体系等多方面因素,其目标的选取要能够综合反映区域化经济发展趋势;区域统筹目标,是区域发展战略的核心内容,其目标的制定要能够综合考虑区域发展质量水平、区域生活水平差距程度、区域未来发展中心等要求。

战略目标的制定需要体现几个注重:一是注重将目标的高标准和现实性相结合;二是注重目标的多部门和阶段性衔接;三是注重将定性目标与定量目标相结合;四是注重全面性和突出重点相结合。

对于我国来说,到 21 世纪中叶,实现从全面建成小康社会到基本实现社会主义现代化是最重要的战略目标。该战略目标的内涵从较早时期的"经济现代化",拓展到中共十六大报告提出的"三位一体"(经济建设、政治建设、文化建设),再到中共十七大报告提出的"四位一体"(经济建设、政治建设、文化建设和社会建设),在中共十八大报告中拓展到"五位一体"(经济建设、政治建设、文化建设、社会建设、生态文明建设)。其中,经济建设是根本,政治建设是保障,文化建设是灵魂,社会建设是条件,生态文明建设是基础,共同致力于全面提升我国物质文明、政治文明、精神文明、社会文明和生态文明,统一于把我国建成富强民主文明和谐美丽的社会主义现代化强国的新目标。中共十九大以来,实施区域协调发展战略上升到一个新的高度,《中共中央国务院关于建立更加有效的区域协调发展新机制的意见》等相关文件陆续发布,一系列区域发展战略相继出台。

总体而言,应以政治建设为统领,引导形成经济建设、文化建设、社会建设、生态文明建设的区域发展战略目标导向,并在相互之间形成协调关系。

1. 发挥产业提升战略的先导作用。产业发展战略是指从产业发展的全局出发,分析产业构成与区域全局发展之间的关系,作出相应的决策。产业是区域经济发展的发动机,直接决定了区域发展的状况,产业功能的衰竭是区域的衰落根本原因之一。因此,早年欧美国家为了实现区域复兴,首先提出的都是产业转型的策略,通过新兴产业尤其是第三产业的发展带动和激发衰落地区活力。例如德国鲁尔区等,均逐步实现了老工业基地的持续发展。在当代,新一轮科技创新、新兴产业的发展竞争已经开始,其背后首先是新技术新产业创新发展的制度效率的竞争。区域的产业体系建设与产业布局战略需要根据全球产业竞争的态势进行调整,谋求突破和领先。

2. 发挥社会公平战略的平衡作用。社会公平战略主要体现在平衡就业压力、改善区域生活环境、减少区域或阶层福利差异等多个方面。根据《"十三五"推进基本公共服务均等化规划》,我国要在2020年总体实现基本公共服务均等化,其范围包括公共教育、就业创业、社会保险、医疗卫生、社会服务、住房保障、文化体育、残疾人服务等八个领域,旨在全体公民都能公平可及地获得大致均等的基本公共服务,其核心是促进机会均等,重点是保障人民群众得到基本公共服务的机会。

3. 发挥文化发展战略的引导作用。文化发展战略是推动区域经济、社会复兴的重要手段。文化战略主要是以政策手段对社会分化过程中的利益冲突进行调节、控制和引导。其目的是保持社会的稳定和带动经济的发展。20世纪70年代的美国,政府为了改善内城衰败的现象,开始将文化政策用以城市更新。英国在历经20世纪80年代经济衰退后也逐渐应用这种解决城市经济问题的新方法,一些世界知名的城市和区域由于文化的发展战略,转型为"文化之都",推动了城市文化、政治、商业的融合。文化艺术政策作为促进经济发展的手段之一越来越多受到关注,成为西方"城市复兴"的主流方式。

4. 发挥生态可持续发展战略的保护作用。当区域生态平衡遭到破坏,生态系统的结构和功能将会严重失调,从而威胁到区域人类的活动、发展甚至生存。例如,美国西海岸的洛杉矶市的光化学烟雾事件、日本的水俣病事件等。而生态环境的治理战略又不仅仅是一个城市或地区能解决的,需要整个区域的联动治理和防治。因此,生态的可持续发展战略可谓区域发展战略的基础和保障。

二、当前我国区域发展战略制定的背景

前文已述,20世纪八九十年代,我国为了抓住国际产业转移的机遇,加强改革开放,带动全国经济增长,率先实施了东部沿海地区的优先发展战略。从20世纪90年代后期开始,区域均衡协调发展成为我国现代化高质量发展的重要组成部分,区域协调发展战略成为新时代我国的国家重大战略之一。2003年,中共十六届三中全会提出"五个统筹",包括统筹城乡发展、统筹区域发展、统筹经济社会发展、统筹人与自然和谐发展、统筹国内发展和对外开放。其中,统筹区域发展的具体内容包括:积极推进西部大开发,振兴东北地区等老工业基地,促进中部地区崛起,鼓励东部地区率先发展,继续发挥各个地区的优势和积极性,通过健全市场机制、合作机制、互助机制、扶持机制,逐步扭转区域发展差距拉大的趋势,形成东中西相互促进、优势互补、共同发展的新格局。1999年、2003年、2004年陆续提出和实施的"西部大开发战略""东北老工业基地振兴战略""中部地区崛起战略",构成了涵盖全国的东部率先、西部开发、东北振兴、中部崛起的区域发展战略,对促进我国四大区域的发展发挥了重要作用。

区域发展战略的实践经验表面，任何一个区域发展的战略都是当时特殊时代的产物，是区域主动适应新时代经济社会发展趋势和要求的体现。中国特色社会主义进入新时代，我国社会主要矛盾已经转化为人民日益增长的美好生活需要和不平衡不充分的发展之间的矛盾。同时，我国经济发展进入新常态，由高速增长阶段转向高质量发展阶段。总体上，当前影响我国区域经济格局发生大变革的动力来自三个方面。一是我国逐步重回世界经济中心地位，为了支撑这一趋势，除了发展沿海地区城市群外，还需在内地城市培育新的经济增长极。二是区域接力趋势，在沿海发达地区进入结构调整和增速放缓阶段，中西部城市逐步跨入快速增长的阶段，在我国形成梯度转移态势，成为我国未来经济建设的重点。三是随着高速交通网络、5G 信息网络、企业空间组织网络的发展，我国区域经济联系网络化趋势不断增强，将深刻而广泛地改变我国区域经济格局。坚持创新、协调、绿色、开放、共享的新发展理念，将成为当前及未来一段时期我国区域发展战略的重要指导思想。

三、当前我国区域发展战略目标的确立

区域是一个处于不断变化中的复杂综合体，区域发展战略目标只能是有限的目标，区域发展战略规划必须抓住对区域真正能发挥作用的内容进行规划。针对每个特定区域、特定时代背景、特定环境的要求，对"重点问题"进行有针对性的规划，提高区域发展战略的制定效率与效果，避免面面俱到、泛而无物。

中共十九大对于实施区域协调发展战略作出了总体战略部署。加大力度支持革命老区、民族地区、边疆地区、贫困地区加快发展，强化举措推进西部大开发形成新格局，深化改革加快东北等老工业基地振兴，发挥优势推动中部地区崛起，创新引领率先实现东部地区优化发展，建立更加有效的区域协调发展新机制。以城市群为主体构建大中小城市和小城镇协调发展的城镇格局，加快农业转移人口市民化。以疏解北京非首都功能为"牛鼻子"推动京津冀协同发展，高起点规划、高标准建设雄安新区。以共抓大保护、不搞大开发为导向推动长江经济带发展。支持资源型地区经济转型发展。加快边疆发展，确保边疆巩固、边境安全。坚持陆海统筹，加快建设海洋强国。

具体来看，在原来的东部、中部、西部、东北四大区域发展战略的基础上，先后实施了"一带一路"、京津冀协同发展、长江经济带发展、长三角区域一体化发展、粤港澳大湾区建设、海南全面深化改革开放、黄河流域生态保护和高质量发展等战略。

1. "一带一路"。共建"丝绸之路经济带"和"21 世纪海上丝绸之路"，旨在构建全方位、多层次、复合型的互联互通网络，实现沿线各国多元、自主、平衡和可持续的发展。《推动共建丝绸之路经济带和 21 世纪海上丝绸之路的愿景与行动》等相继发布，主要聚焦五个方面：政策沟通、设施联通、贸易畅通、资金融通、民心相通。

2. 京津冀协同发展。战略的核心是有序疏解北京非首都功能，要在京津冀交通一体化、生态环境保护、产业升级转移等重点领域率先取得突破。《京津冀协同发展规划纲要》审议通过，相关规划的实施行动主要聚焦四个方面：疏解背景非首都核心功能，调

整优化城市布局和空间结构，构建现代化交通网络系统，扩大环境容量生态空间。

3. 长江经济带。充分利用长江黄金水道，以长三角城市群、长江中游城市群和成渝城市群带动整体区域发展。《长江经济带发展规划纲要》及相关专项规划印发实施，主要聚焦五个方面：强化创新驱动产业转型升级，推动新型城镇化进程，构建东西双向、海陆统筹的对外开放新格局，推进一体化市场建设，提升区域内基本公共服务的整体水平。

4. 长三角一体化。提升长三角在世界经济格局中的能级和水平，引领我国参与全球合作和竞争；探索区域一体化发展的制度体系和路径模式，引领长江经济带发展，为全国区域一体化发展提供示范；提升长三角地区整体综合实力，在全面建设社会主义现代化国家新征程中走在全国前列。《长江三角洲区域一体化发展规划纲要》印发实施，明确长三角全国发展强劲活跃增长极、全国高质量发展样板区、率先基本实现现代化引领区、区域一体化发展示范区、新时代改革开放新高地的战略定位。

5. 粤港澳大湾区建设。新时代推动形成全面开放新格局的新尝试，也是推动"一国两制"事业发展的新实践。以《粤港澳大湾区发展规划纲要》为引领，明确打造充满活力的世界级城市群，具有全球影响力的国际科技创新中心，"一带一路"建设的重要支撑，内地与港澳深度合作示范区，宜居宜业宜游的优质生活圈。

6. 海南全面深化改革开放。建设中国特色自由贸易港，将海南打造成为引领我国新时代对外开放的鲜明旗帜和重要开放门户。《海南自由贸易港建设总体方案》提出，要实现海南贸易自由便利、投资自由便利、跨境资金流动自由便利、人员进出自由便利、运输来往自由便利和数据安全有序流动，使其成为我国开放型经济新高地。

7. 黄河流域生态保护和高质量发展。加强黄河治理保护，推动黄河流域高质量发展，积极支持流域省区打赢脱贫攻坚战，解决好流域人民群众特别是少数民族群众关心的防洪安全、饮水安全、生态安全等问题。具体的目标任务包括加强生态环境保护、保障黄河长治久安、推进水资源节约集约利用、推动黄河流域高质量发展，以及保护、传承、弘扬黄河文化等。

第三节 区域发展战略的内容

一、区域发展结构体系

根据区域发展战略目标，划定区域发展的结构，根据结构制定相应的政策。区域发展结构体系包括区域空间结构、等级规模结构和职能分工等。

1. 区域空间结构。区域空间结构是指区域各类经济体受自然地理环境、社会经济活动、城市化水平、科技发展水平、人口状况、区域开放程度、对外联系等因素影响形成的空间区位特征。区域空间结构必须打破相互封闭、各自为政的格局，建立起区域间互相交流、互相影响的内在流通机制。

2. 区域规模等级结构。区域规模等级结构是结合区域城镇等级体系、人口规模、产业规模,以及不同区域的组合形式与特征来确定的。

3. 区域职能分工。区域职能分工要结合区以内各主体的经济发展地位等条件,合理确定各主体的性质、职能和特色,并明确职能定位和分工,力求实现区域内的一体化发展。

二、区域协调发展机制

党的十八大以来,新发展理念的贯彻实施从思想层面统一了区域内部城市对协调发展的认识。在大的区域协调发展格局下,小尺度空间下的城市合作越发紧密,当前部分省市相关规划文件中纷纷提出要围绕区域核心城市打造都市圈、完善城镇体系格局;同时,以高速铁路和高速公路为代表的现代快速交通网络体系为区域协同发展提供了有力的保障,进一步加深了跨区域的城市合作。当前,"以合作促发展、以开放促发展"的理念已深入人心,建立更加有效的区域协调发展新机制,是落实区域协调发展战略各项任务,促进区域协调发展向更高水平和更高质量迈进的基础和保障。

《中共中央、国务院关于建立更加有效的区域协调发展新机制的意见》提出,一是要建立区域战略统筹机制,包括推动国家重大区域战略融合发展、统筹发达地区和欠发达地区发展、推动陆海统筹发展;二是要健全市场一体化发展机制,包括促进城乡区域间要素自由流动、推动区域市场一体化建设、完善区域交易平台和制度;三是深化区域合作机制,包括推动区域合作互动、促进流域上下游合作发展、加强省际交界地区合作、积极开展国际区域合作;四是优化区域互助机制,包括深入实施东西部扶贫协作、深入开展对口支援、创新开展对口协作(合作);五是健全区际利益补偿机制,包括完善多元化横向生态补偿机制、建立粮食主产区与主销区之间利益补偿机制、健全资源输出地与输入地之间利益补偿机制;六是完善基本公共服务均等化机制,包括提升基本公共服务保障能力、提高基本公共服务统筹层次、推动城乡区域间基本公共服务衔接;七是创新区域政策调控机制,包括实行差别化的区域政策、建立区域均衡的财政转移支付制度、建立健全区域政策与其他宏观调控政策联动机制;八是健全区域发展保障机制,包括规范区域规划编制管理、建立区域发展监测评估预警体系和建立健全区域协调发展法律法规体系等。在前述的我国区域协调发展战略中,京津冀协同发展、长三角区域一体化发展和粤港澳大湾区建设等战略都承担着探索区域协同发展新机制的重任。

三、对外开放发展战略

从改革开放之初,兴办深圳等经济特区、沿海沿边沿江沿线和内陆中心城市对外开放到加入世界贸易组织,我国形成了全面对外开放。进入 21 世纪以来,我国改革开放再出发,提出"一带一路"倡议、设立自由贸易试验区、谋划中国特色自由贸易港、成功举办首届中国国际进口博览会,从"引进来"到"走出去"。习近平在庆祝改革开放 40 周年大会上的讲话提出,"我们统筹国内国际两个大局,坚持对外开放的基本国策,实行积极主动的开放政策,形成全方位、多层次、宽领域的全面开放新格局,为我国创造了良好国际环境、开拓了广阔发展空间。"新的历史时期,外部宏观环境的长期、阶段性变化,已成为我国未来发展面临的重要"给定条件",我国的发展将进入内外部动力重置的"新格局"。因应全球化趋势的重大转变、大国博弈新格局、科技创新与技术变革的新需求、社会形态与需求的变化、国内外经济贸易结构的新调整与变局,中央明确"要深化供给侧结构性改革,充分发挥我国超大规模市场优势和内需潜力,构建国内国际双循环相互促进的新发展格局"。

理论与实践都已经证明对外开放为我国经济的快速发展作出了巨大贡献,中国仍将坚持对外开放的基本国策,坚持打开国门搞建设。在前述的我国区域协调发展战略中,承担更高水平开放这一重任的区域类型主要包括"一带一路"倡议沿线地区、海南自由贸易港、各地的经济特区、自由贸易区等。以最具代表性的"一带一路"倡议为例,其旨在推动沿线各国实现经济政策协调,开展更大范围、更高水平、更深层次的区域合作,共同打造开放、包容、均衡、普惠的区域经济合作架构。此外,海南自由贸易港是国内建设的第一个自由贸易港,将在多个领域进行更深层次的改革开放,成为中国新一轮深化对外开放的标杆地区。为落实《中共中央、国务院关于支持海南全面深化改革开放的指导意见》要求,《海南自由贸易港建设总体方案》明确了发展目标和实施路径,包括11大类39条具体举措构成的政策制度体系,以及分步骤分阶段的重点任务。

四、生态保障发展战略

长期以来,先开发后保护,先污染后治理,只管开发、不管保护的发展理念给我国的自然环境造成了巨大的伤害,包括水体、空气、土壤等在内的污染对经济生产和居民生活带来了双重消极影响,无法满足广大人民群众日益增长的美好生活需要。2005年,时任浙江省委书记习近平首次提出"绿水青山就是金山银山"战略论断,即"两山"理论。这一重要论断深刻阐明了生态环境与生产力之间的关系,牢固树立保护生态环境就是保护生产力,改善生态环境就是发展生产力的理念。中共十八大报告提出必须树立尊重自然、顺应自然、保护自然的生态文明理念,把生态文明建设放在突出地位,融入经济建设、政治建设、文化建设、社会建设各方面和全过程。中共十九大报告提出必须树立和践行绿水青山就是金山银山的理念,坚持节约资源和保护环境的基本国策,像对待生命一样对待生态环境,统筹山水林田湖草系统治理,实行最严格的生态环境保护制度,形成绿色发展方式和生活方式,坚定走生产发展、生活富裕、生态良好的文明发展道路,建设美丽中国,为人民创造良好生产生活环境,为全球生态安全作出贡献。

将生态文明和绿色发展理念融入区域经济发展之中是落实区域协调发展战略的应有之义。区域协调发展要考虑生态环境维护、生态环境损害、生态环境治理三类问题。其一,各区域将生态文明和绿色发展理念融入区域协调发展必须树立生态环境承载力约束理念,并融入区域发展规划之中。区域作为一个经济体,其生态环境承载力和环境容量是有限的,所以,在一定时期内,其经济规模必定是有限度的。其二,明确区域内各经济主体对于生态环境保护共同而有区别的责任。基于共同而有区别的责任原则，区域内各经济主体都应承担起各自的生态环境保护责任。其三，建立有效的区域间长期合作机制，协同维护区域整体生态环境。由于区域内各地区发展的不平衡，发达地区和欠发达地区对生态环境问题的关注点各不相同，发达地区更关注环境污染和生态退化问题，欠发达地区则更关注经济发展和贫困治理。在前述的我国区域协调发展战略中，长江经济带发展、黄河流域生态保护和高质量发展等战略都将承担起探索生态优先与绿色发展重任，京津冀协同发展和长三角区域一体化发展也都重点突出了生态优先的发展思路。

五、产业转型发展战略

产业发展是地方经济发展支撑和区域竞争的核心要素，区域产业空间的布局情况以及由此决定的区域间横向经济联系很大程度上决定了区域发展格局。区域发展的生命周期理论已经指出，任何区域都将面临转型问题，区域产业体系在包括区位优势变化、自然资源枯竭、外部竞争加剧等因素的作用下会逐渐丧失竞争力，如果该地区想要继续保持内部经济体系的持续运转，就需要不断根据内外部的竞争环境变化对自身产业体系进行转型升级。

竞争优势发展阶段理论是美国哈佛大学教授波特（Porter）在《国家竞争优势》提出的，书中波特将产业演化分为四个阶段：要素驱动、投资驱动、创新驱动和财富驱动。20世纪80年代以来，区域创新能力逐渐被认为是获取全球竞争优势的决定因素。区域创新系统对区域经济的促进作用主要表现在三个方面：一是提高区域竞争优势，竞争力取决于该国或该地区具有竞争优势的特色产业或产业集群；二是推动产业结构升级，区域创新系统能有序引导主导产业不断更替以适应发展需要，引领产业结构向更高经济效率的方向升级；三是平衡区域经济发展，极化效应导致区域经济长期不平衡状态，区域创新系统将推动后进区域跨越发展，提供赶超机会，进而缩短不同国家和区域间的差距。因此，区域产业转型发展需要更加注重无形的知识、创新、人力资本以及人才等高级要素的培育和集聚，这种无形的高级要素在竞争优势的提升中会发挥越来越大的作用。

区域产业规划是地方经济发展战略的核心内容，是各级政府部门发展相关产业的"路线图"。在我国区域协调发展战略中，需要重点注意两种类型：一是探索陷入发展困境后实现转型发展的区域，典型代表是一些资源型地区。中共十九大报告明确提出要支持资源型地区经济转型发展，我国的东北、内蒙古、山西等地区都曾经依靠丰富的自然资源而获得过高速发展，但是随着外部环境的变化和内部资源的消耗，这些地区都陷入发展困局当中，必须通过重新培育有竞争力的新产业，推动形成多元产业支撑的发展格局。二是探索跨越式发展的区域，典型代表是中西部的部分欠发达区域，如贵州省充分利用自身的气候和能源等优势，培育发展大数据产业，成为全国首个国家级大数据综合试验区，正是这一跨越式发展思路的体现。

六、综合交通发展战略

以高速铁路和高速公路为代表的新型交通基础设施的发展很好地支撑了区域发展建设。至 2019 年年底,我国高速铁路营业里程已经超过 3.5 万公里,未来将形成"八纵八横"的主通道;高速公路总里程约 15 万公里,国家高速公路里程超过 10 万公里。根据中共中央、国务院印发的《交通强国建设纲要》,至 2035 年,要基本形成现代化综合交通体系,城乡区域交通协调发展达到新高度,基本形成"全国 123 出行交通圈"(都市区 1 小时通勤、城市群 2 小时通达、全国主要城市 3 小时覆盖)和"全球 123 快货物流圈"(国内 1 天送达、周边国家 2 天送达、全球主要城市 3 天送达)。

综合交通发展战略旨在为国家和区域经济发展与社会进步,以及为客、货运输用户提供安全、快捷、方便、舒适、经济优质服务的综合交通运输系统。将铁路、公路、水路、航空、管道、城市交通等运输方式作为一个有机整体进行系统研究,以满足经济持续增长对交通运输发展的规模要求、新型工业化和产业结构调整对交通运输发展水平的要求、国际交往和国际贸易的发展对交通运输国际化的要求、经济增长方式的转变对运输服务质量与效率的要求、可持续发展战略实施对交通运输节约资源树立新的发展观的要求。尤其是高速铁路和高速公路随着不断的建设,以其高效、快捷的速度优势和营运能力,极大地拉近了地区和城市间的时空距离,催生了一系列新的生活和工作方式,使城市基本功能和服务的共享范围不断扩大,拓宽了区域内部居民的通勤范围、就业范围以及生活范围,丰富了居民的就业和居住区位选择,从而促进了都市区和城市群形成和发展。如何进一步通过城际铁路、高速公路等基础设施建设加强核心城市与周边地区的经济联系,促进地区间人流、信息流、资金流等的快速流通,形成统一的通勤、就业市场,强化资源的跨区域配置能力和配置效率,越来越成为区域综合交通发展战略需要考量的重要议题。

七、民生改善发展战略

"民生"是中国特有的,也是最具中国特色的福利概念,民生事业在中国的兴起有着深层的制度逻辑,民生事业的快速兴起是国家治理体系建构的结果,也构成了民生国家出场的逻辑必然。2004 年召开的中共十六届四中全会中,中央正式提出以保障和改善民生为重点的"社会建设"概念,提出要"加强社会建设和管理,推进社会管理体制创新"。此后,保障和改善民生作为一项公共政策逐渐上升到国家战略层面,并在中共十九大报告中得到全面系统的阐述。至此,全国各地保障和改善民生事业进入了快速发展阶段,呈现出民生范围不断扩大、民生地位不断提升、民生投入空前加大、民生质量不断提高和民生功能更加完善等特点。

保障和改善民生没有终点,只有连续不断的新起点。一方面,国家作为民生事业的决策、规划与组织者,要充分考虑到中国民生事业的建设离不开特定的政治、经济环境,离不开中国特有的场域与惯习,更离不开"以经济建设为中心"、经济总量跃居世界第一的战略目标,为中华民族伟大复兴提供坚强有力的经济支撑,因而民生事业的发展必须顺应经济发展而不能超越经济发展的水平。另一方面,国家要积极回应人民群众日益增长的物质文化生活需要特别是日益增长的美好生活需要的诉求,借助于民生项目的完善、民生支出的增多、民生待遇的改善,强化民生职能,注重民生质量,提升民生地位,明确民生使命,使国家真正成为民生事业的推动者与建构者。民生改善发展战略涉及的面多量广,脱贫攻坚是"十三五"期间的一项重大任务,要在2020年稳定实现农村贫困人口不愁吃、不愁穿,农村贫困人口义务教育、基本医疗、住房安全有保障;同时实现贫困地区农民人均可支配收入增长幅度高于全国平均水平、基本公共服务主要领域指标接近全国平均水平。推进城乡和区域之间基本公共服务均等化,建立覆盖城乡、符合国情、可持续的基本公共服务体系,加快跨区域医疗、教育、养老、文化等多方面的设施建设,解决上学难、看病难、养老难等一系列突出问题,在发展中补齐民生短板、促进社会公平正义,才能切实增强人民群众的获得感、幸福感和安全感。

八、文化繁荣发展战略

文化是一个国家、民族和社会的所有成员在长期的生活过程中形成并遵从的一整套生活方式、习惯、风俗和思想。世界各国以不同的地理环境形成不同的生存方式,并由此形成不同的文化样式。文化自信是一个国家、一个民族发展中更基本、更深沉、更持久的力量,推动中华优秀传统文化创造性转化、创新性发展,继承革命文化,发展社会主义先进文化,是我国文化繁荣发展战略的基本要义。中共十九大报告提出了文化建设的两个重要判断:一是文化是一个国家、一个民族的灵魂,文化兴国运兴,文化强民族强;二是中国特色社会主义文化,源自于中华民族五千多年文明历史所孕育的中华优秀传统文化,熔铸于党领导人民在革命、建设、改革中创造的革命文化和社会主义先进文化,植根于中国特色社会主义伟大实践。文化建设的五个基本原则:一是坚持中国特色社会主义文化发展道路,激发全民族文化创新创造活力,建设社会主义文化强国。二是发展中国特色社会主义文化,要以马克思主义为指导,坚守中华文化立场,立足当代中国现实,结合当今时代条件,发展面向现代化、面向世界、面向未来的,民族的科学的大众的社会主义文化,推动社会主义精神文明和物质文明协调发展。三是坚持为人民服务、为社会主义服务;四是坚持百花齐放、百家争鸣;五是坚持创造性转化、创新性发展,不断铸就中华文化新辉煌。

具体而言,区域文化繁荣发展战略服务于区域整体发展,应坚持双效同一原则,完善以高质量发展为导向的文化经济政策。2019年,我国的全国规模以上文化及相关产业企业营业收入约为8.7万亿元,按可比口径计算,比上年增长7.0%,文化产业占GDP比重持续提升。文化艺术产品是特殊商品,具有意识形态和商品双重属性,意识形态属性呈现出的是社会效益,商品属性呈现出的是经济效益,在二者发生矛盾时要把社会效益放在首位,努力实现社会效益与经济效益相统一,这是我们在社会主义市场经济条件下必须把握的关系与原则。在现阶段社会主要矛盾发生变化的背景下,文化产品在保障社会效益的前提下,要使商品属性得到有效体现,必须建立在高质量的基础之上。为此,要完善以高质量发展为导向的文化经济政策,推动和实现文化产业高质量发展。

第四节 区域发展战略的实施

一、实施成效评估

全面系统地建立、实施和评估各项区域发展战略,是有效落实区域发展战略导向作用的重要手段和支撑。在基于一致性和有效性的完全质量评估标准的基础上,按时、保质、保量做好对区域发展战略实施成效的评估工作,将有利于建立更加有效的区域协调发展新机制,更有利于全面有效"实施区域协调发展战略"。

为有效解决区域发展战略实施评估中存在的问题,需要构建科学的区域发展战略实施评估体系,即需要科学界定区域发展战略实施评估的主体、实施评估的标准和方法;科学确定区域发展战略实施评估的内容、指标体系和评估周期;切实建立更加有效的区域发展战略实施评估运行机制。

二、实施机制建设

区域发展战略的目标实现有赖于具体的规划实施。"重规划、轻落实"是区域发展战略实践中普遍存在的问题,区域各发展主体之间缺乏有效的协调与合作机制,区域发展战略缺少法律基础、缺少健全的评估与监督机制、缺少规范化与法制化的社会公众参与机制等成为主要的制约。为此,有必要建立完善的区域发展战略实施机制,包括主体间的协调与合作机制、法律保障机制、评估与监督机制、公众参与机制等。具体来看,区域发展战略的实施机制建设尽管存在一定的时空差异,但总体上具有类似性。例如,《关于建立健全国家"十三五"规划纲要实施机制的意见》是为更好发挥《中华人民共和国国民经济和社会发展第十三个五年规划纲要》引领和约束作用,确保各项目标任务有效落实,把规划蓝图变成经济发展和社会进步的实效,就建立健全实施机制提出的指导性意见。该意见具体提出了明确实施责任主体、抓好重点任务落实、健全相互衔接的规划体系、营造实施的良好氛围、强化实施监测评估和完善监督考核机制等具体举措。

参考文献

蔡之兵:《改革开放以来中国区域发展战略演变的十个特征》,《区域经济评论》2018年第4期。

程鹏:《纽约大都市区规划实施及与核心城市纽约愿景协同进展》,《国际城市发展报告(2020)》,社会科学文献出版社2020年版。

方大春、裴梦迪:《习近平区域经济思想学理性探析》,《湖南财政经济学院学报》2019年第1期。

高和荣:《民生国家的出场:中国保障和改善民生的实践与逻辑》,《江海学刊》2019年第3期。

管宁:《以完善的制度建设保障社会主义先进文化繁荣发展》,《学术评论》2020年第1期。

罗震东、王兴平、张京祥:《1980年代以来我国战略规划研究的总体进展》,《城市规划汇刊》2002年第3期。

张满银:《中国区域规划实施评估问题探究》,《宏观经济研究》2020年第3期。

钟茂初:《绿色发展理念融入区域协调发展战略的对策思考》,《区域经济评论》2018年第5期。

周振华、陶纪明等:《战略研究理论、方法与实践》,格致出版社、上海人民出版社2014年版。

第二十九章　区域发展规划

区域规划是为解决特定区域、特定问题或达到区域内特定目标而制定实施的战略、思路、布局方案和政策措施，是国家进行空间管治的重要手段，也是引导地方发展建设的调控机制。近四十年来，区域规划已超越了传统"唯经济论"的逻辑，由单一经济发展谋划转变为综合性部署，从经济、社会和生态环境等更宽广的多元维度来重塑区域发展的图景，规划的目标不再注重静态空间配置和追求单纯的经济增长，而是转向动态过程引导和完善区域治理框架建构。世界众多国家的实践经验表明，区域规划对于指导一国空间开发和经济社会发展具有举足轻重且不可替代的作用。正因如此，国内外学界和实际部门都十分重视区域规划问题，并进行了广泛研究和实践。近十余年来，伴随我国系列区域规划陆续出台并取得巨大成就，区域规划的理论和现实问题也不断显现。为了厘清区域规划理论和现实问题研究的进展与不足，更好地服务我国区域规划的制定和实施，本章系统梳理国内外区域规划的理论溯源，总结得出区域规划设计需把握住找准区域定位、打造区域形象、明确区域发展目标、确定区域发展重点这四个关键问题，把握改革开放以来我国区域发展规划趋势动态与特点，提出我国区域发展规划应继续探索与区域发展总体战略相适应，同时实现中央和地方意志、加强规划实施和保障机制。

第一节　区域发展规划理论溯源

从区域规划研究的发展历程来看，不同历史阶段因其发展需求不同，区域规划的目标任务、内容重点和政策手段经历了多种变迁。在西方，近百年来作为纠正市场失灵和政府干预发展调控手段的区域规划，虽经起伏，但始终发挥着重要作用。进入20世纪90年代后，为应对人口、资源和环境的日益突出问题，为增强区域竞争力，全球特别是发达国家对区域规划的研究和实践出现复兴并呈现新进展。在国内,改革开放后,我国开展了以国土规划为主体的区域规划,奠定了我国20世纪90年代中期的区域开发基本格局。90年代中后期开始,为促进地区资源的有效合理配置,我国区域规划逐渐转向以城镇体系规划为主体的规划。进入21世纪后,我国工业化城镇化进程加速,区域规划出现了多主体、多类型、多层次、多目标的新形势,区域规划的战略地位大大提高,国家级区域规划不断出台,意义重大,影响深远,成为学界研究热点。本节对国内外区域规划研究的历史脉络和进展动态进行了归纳。

一、国外区域发展规划理论的发展

理论是指导区域规划研究和制定的基础,国内外学者都重视区域规划理论研究。国外区域规划理论可追溯到1898年霍华德(Ebenezer Howard)的《明日田园城市》,但真正的实用型规划理论体系构建则源于"二战"后西方各国快速工业化建设的需要。规划初兴时期,区位论、中心地理论、增长极理论、劳动地域分工论等是传统区域规划理论的主要来源。而在其兴盛时期,西方国家产生了一系列新的规划理论,主要包括以曼海姆(Karl Mannheim)为代表强调社会公平与和谐的理性科学规划理论、以林德布隆(Charles E.Lindblom)为代表主张区划全程必须有政治力量参与的渐进主义规划理论、以达维多(Paul Davidoff)为代表强调规划服务于多元社会群体的倡导型规划理论、以弗里德曼(John Frishman)为代表强调规划中公民角色的新人文主义规划理论、以麦克洛克林(J.Bryan McLoughlin)为代表突出各部分相互关联成整体的系统规划理论、以盖迪斯(Patrick Geddes)为代表强调"调查-分析-规划"的理性过程规划理论、以哈贝马斯(Jurgen Habermas)为代表主张规划是沟通和协作的协作规划理论等。这些规划理论各有侧重和长短,各理论长期辩论发展的结果是多元化规划理论走向大融合。[①]

二、我国区域发展规划理论的发展

我国学者也一直注重区域规划理论研究,为满足发展规划的需要,改革开放以来,该领域研究已取得了长足进展。代表性成果如:崔功豪等对区域发展系统和区域规划基本理论方法体系进行了全面介绍;[②]方创琳等以科学发展观、人地关系和谐理论为基础,系统探讨了区域规划与空间管治的基本理论和原理,总结了我国区域规划的空间演变格局和模式演进逻辑;[③]李广斌从各方利益博弈角度分析了我国区域规划转型的相关理论体系;[④]周建明从规划理论模式、区域发展机制、区域竞争力和区域竞合、区域空间组织等方面构建了颇具特色的区域规划理论体系;[⑤]殷为华从新区域主义理论视角

---

① 方创琳:《区域发展规划论》,科学出版社2000年版,第33—34、47—53、151—152页。
② 崔功豪、王兴平:《区域分析与区域规划》,高等教育出版社2006年版,第17—326页。
③ 方创琳:《区域规划与空间管治论》,商务印书馆2007年版,第1—315页。
④ 李广斌:《利益博弈视角下的区域规划转型》,南京大学出版社2010年版,第43—102页。
⑤ 周建明:《区域规划理论与方法》,中国建筑工业出版社2013年版,第25—216页。

建立了我国新概念区域规划的基本理论框架；①顾朝林系统研究了国民经济和社会发展规划、城市规划、土地规划、环境规划等"类空间"规划"多规"分立及其演化过程，基于"先多规融合，再多规合一"的思路提出了区域发展规划理论框架。②具有中国特色的主体功能区规划理论取得了重要进展，并付诸实践，出台了《全国主体功能区规划》，为全国性空间开发提供了根本性参照。同时，新的区域规划理论不断引入。比如区域管治理论和新区域主义理论，新区域主义始终以经济可持续发展为导向并关注空间公正性，提倡构筑空间公正规划理念。协商协同、多方参与、推进区际合作成为编制新型区域规划的重要手段，区域协调和空间管制与引导成为新型区域规划不可或缺的重要内容，运用社会学扎根理论与方法对国家制定的系列区域规划的动因如社会体制改革、经济绩效提升、发展权利平衡、国际风险防范等诸方面进行分析，在规划中引入社会公正观，遵循区域经营观的空间体系价值统一规划理念。③这些新的理念、理论及相关方法手段为人们提供了认识区域的新视角和进行区域规划的新理论导向。

第二节　区域发展规划的关键问题

区域发展规划要解决的主要问题，是找准区域定位、打造区域形象、引领区域发展方向和目标，以及确定区域发展重点。

一、找准区域定位

区域定位，是指在社会经济发展的坐标系中综合地确定区域坐标的过程，区域定位对于区域发展具有重大的影响作用。

（一）区域定位的特性和内容

1. 区域定位的特性

区域定位具有鲜明的战略性、综合性、地域性和动态性。

战略性，要求定位工作做到高屋建瓴、高瞻远瞩，站在未来发展层次把握区域和相关区域的方向和走向，洞悉社会经济发展的总体演进趋势。

综合性，要求定位工作全面、系统地分析与区域发展有关的各种条件和影响因素，并能够从总体上抓住关键问题和主导因素。

地域性，要求定位工作突出区域及其所在区域的特色，把区域放在大背景中去分析，把能够代表区域自身的内在的特质和内容发掘出来，强化区域自身的个性发展特征。

动态性，要求定位工作遵循区域发展的历史演进规律和总体趋向，注重区域发展的

---

① 殷为华：《新区域主义理论：中国区域规划新视角》，东南大学出版社2013年版，第104—142页。
② 顾朝林：《多规融合的空间规划》，清华大学出版社2015年版，第57—75页。
③ 周春山、谢文海、吴吉林：《改革开放以来中国区域规划实践与理论回顾与展望》，《地域研究与开发》2017年第1期，第1—6页。

阶段性变化,赋予其时限性和时效性。

2. 区域定位的内容

区域定位由定性、定向、定形和定量四个方面组成。

区域定位的定性,即指确定区域的性质,在详尽分析区域在社会经济发展大背景中的各种职能作用的基础上,筛选出对区域发展具有重大意义的主导性和支配性的区域职能。

区域定位的定向,即指确定区域的发展方向,包括区域的发展方针、目标走向、战略模式等,这一工作主要以区域分析、区域对比分析和发展战略研究为基础。

区域定位的定形,即指区域形象的确定,这项内容不仅包括区域的代表性景观特色,更重要的是突出区域内在的、相对稳定的、个性化的内容。要做到这一点,需要处理好历史文脉的继承和发展创新的关系,处理好自然生态潜质和人文社会发展的关系,做到区域形象与区域灵魂、活力的有机融合。

区域定位的定量,即指从数量的角度给区域发展以某种形式的标定,这既包括区域人口规模、用地规模的确定,也包括区域经济地位、综合竞争力、发展水平的科学预测和数量分析。

(二)区域定位的因素和要素

区域定位是一项复杂的工作,需要对若干重要的影响因素进行综合分析。区域定位的主要因素有:①区域的历史基础及地位;②区域的经济地理位置;③区域发展的国际背景和国内背景;④区域的发展条件和基础;⑤区域的产业现状、人口和经济规模;⑥区域的职能分工和发展方向;⑦区域与其他相关区域的关系;⑧区域的区域影响及地位;⑨区域的区域基础及区域—区域关系;⑩国家或经济区对区域发展建设的要求和区域分工任务等。

基于区域经济学、区域地理学、区域规划学等相关学科的基本理论,参考国内外有关地区开展区域定位的工作经验和研究文献,区域定位大致可以归纳为七个基本要素:空间定位、产业定位、区域特色、区域功能和性能、区域形象、区域规模、区域发展策略。

区域定位工作不是对发展特征和规划指标的机械罗列和烦琐陈述。区域定位与区域发展目标、区域性质、区域发展战略、区域形象既有联系也有区别,相较前述工作,区域定位更具综合性、科学性和战略性。因此,区域定位应是在一个合理的定位框架下,明确基本组成要素,运用规范的科学术语将区域的方向、特色、精神内涵高度地提炼和概括出来。

二、打造区域形象

小到个人,大到地区和国家,均存在一个形象问题。个人形象反映了一个人的气质、文化修养和基本素质等;地区形象反映了该地区的文化渊源、历史传统、经济水平、城市特色和地域人文特性等;国家形象反映了国家的历史、文化、经济实力、国际地位与影响力等。比如,天安门、故宫、长城等让人们联想到中国的首都北京;外滩、南京路步行街、东方明珠、陆家嘴金融圈等让人联想到上海的基本形象。在市场经济发展进程中,区域经济、文化和社会全面发展已成为各方面关注的焦点,树立良好的区域形象,已经成为引进外资、开拓市场等区域发展的关键要素之一。本节认为,区域形象设计既要符合实际,也要面向未来,能够真正表达出区域未来的发展目标。要防止过分渲染、无限拔高、劳民伤财地建造标志性工程。

(一)区域形象设计的概念和构成

1. 区域形象设计的基本概念

区域形象(regional identity 或 regional image,RI),指某区域内部与外部公众关于区域内在综合实力、外显活力和未来发展前景的一整套情感和印象,是该区域内自然、经济、社会、科技、教育、文化、历史、生态诸方面要素在公众头脑中反映后形成的总体形象,涉及区域的发展规模、发展水平、发展质量及发展模式等内容。因此,树立良好的区域形象是区域发展的一笔无形资产。

区域形象设计(regional identity system,RIS),是在对某区域全面考察的基础上,分析该区域自然地理特征、文化历史渊源、资源与经济的比较优势、经济发展水平与空间结构特征、人口素质、文化景观特征和环境美学特色等内容,提出该区域未来形象特征的一整套设计方案,并在实践中按照设计要求进行建设和宣传介绍,使该区域形象充分显示出来。区域形象设计的目的,是提高区域人口素质、改善区域质量环境质量、增强区域活动水平、加重区域景观美学色彩,以此优化人地系统的结构。

2. 区域形象设计的构成

区域形象的形成过程是区域实体与区域内外公众相互沟通的过程。不同的区域特征塑造了区域形象,通过不同的个体的印象综合形成了该区域的形象。这种形象会影响区内外观众的态度,进而影响公众的舆论和行为,这一切又将对区域形象的结构和特征产生影响。这一过程循环往复、逐步增进和升华。

基于区域形象形成过程的机制特点,区域形象的设计与建设分为三个方面:理念识别(mind identity,MI)、行为识别(behavior identity,BI)和视觉识别(visual identity,VI)。

理念识别系统的构建,包括区域精神、区域价值观、伦理道德水平等内容。其中,区域精神是区域形象的核心,一个区域的精神一旦被广大公众接受,既能够对内部公众产生巨大的凝聚力,又能对外部公众产生巨大的吸引力,从而集聚区内外的各种力量,实现区域经济文化的协同发展;反之,则产生反效果。

行为识别系统的构建,包括政府行为、民众行为和企业行为三方面内容。政府是区域发展的组织者和管理者,政府行为往往是区域形象的代表,体现在政府的各种管理与公共活动中,如重大决策的制定和实施、日常的办事效率、新闻发布会、慰问、专访、社会公益活动、特色节日、贸易活动、调研活动等。民众行为包括民众的衣食住行、言谈举止、精神风貌、整体素质等。由于民众是组成区域的主体,民众行为形象也是区域行为形象的主体。企业行为主要是指企业的生产经营活动,包括企业家与员工的素质和行为、企业经济效益状况、产品的品牌及企业参与社会公益活动情况等,它是区域形象活动的指示器。

视觉识别系统的构建,包括区域的信息标志、标准字体、标准色、象征图案、宣传口号、文化景观、经济文化实体的活动等内容。视觉识别系统是最直接有形的形象识别体系。

(二)区域形象设计需正确处理的关系

区域形象设计是区域长远发展走向的一种战略选择,因此区域形象设计需要正确处理三个关系。

1. 区域形象的主客体关系

区域形象存在于一个客体和两个主体的关系中。一个客体,是指区域自然和社会本身。两个主体,分别是:①客体向其显示形象,使之接受形象的主体,即形象的接受者;②对客体显示其形象和作用并能够对该客体产生影响的主体,即形象的给予者。在这种关系中,由于两个主体与客体的相互作用,客体及其外在表现形象总有差异。而区域形象设计与建设是形象给予者的事情,为避免形象误导,要处理好主客体关系,既要加大力度展示形象,也要杜绝弄虚作假等不良手段。

2. 区际关系

区域系统相对于世界来说具有多层次和多元性。依据不同的尺度可以划分出多种类型的区域。区域之间又是相互联系、相互作用的,存在着不同的利益,具有不同的地位和比较优势,形成了复杂的区际分工和区内分工。因此,在进行区域形象设计时要充分考虑到区域的静态和动态的比较优势,兼顾各区域的比较利益,顺应区域分工的客观规律,形成独具特色的区域形象,实现多区域的协调发展。

3. 代际关系

区域形象设计是在历史和现实的基础上,对区域的重新定位和建设。因此,对区内历代人民所创造的文化精华要给予充分的肯定和继承,对一些不足部分要加以完善和升华;对外来的人们要留有活动和展示才华的余地。这主要表现在对自然资源的开发利用和生态环境的保护方面,树立人地和谐的伦理价值观,既要满足当代人的需求,又要满足后人生存的需要,走可持续发展的道路。

三、明确区域发展目标

区域发展目标,是指通过实施区域发展战略或发展规划,预期在一定时期后要求达到或实现的区域发展目的和状态,是制定区域发展战略和区域发展规划的主要依据。在区域发展战略(规划)研究中,对战略(规划)依据和战略(规划)思想的研究是为了制定发展目标,而对战略(规划)重点、战略(规划)措施(即实现目标的方法、途径)的研究却是围绕着如何实现目标而展开的。可见,区域开发目标取决于开发方向的具体化和进一步落实。

(一) 区域发展目标的内涵和表现指标

1. 区域发展目标的内涵

区域发展目标是一个动态的概念,不同发展阶段其内涵也不尽相同。长期以来,区域发展的目标局限于经济发展,主要以国民生产总值的增长、就业规模的扩大乃至经济实物产量的增加作为区域发展的目标,这种做法有失偏颇。随着经济的发展,生产力水平的提高,人们开始关注生活质量的提高,认识到社会进步对区域发展的作用,区域发展目标逐渐转向以社会的发展为中心,关注人的文化生活水平得以提高、人的积极价值取向得以实现等。

发展至今,区域发展目标成为一个涵盖经济、社会、环境等多方面的总体目标,包括一系列相应的二级、三级分目标的多层次目标系统。其中,区域经济发展目标,应涉及经济总量、结构、效益、分配等方面;社会发展目标,随着生产力水平的提高日益受到重视,涉及就业、教育、卫生保健、社会平等等方面;环境目标,是区域发展目标中不可或缺的重要组成部分,随着区域社会经济的不断发展,有关水土流失、"三废"污染、荒漠化等环境问题日趋严重,为实现区域持续健康发展,以生态环境改善为中心的环境目标的制定与实施至关重要。

2. 区域发展目标的具体表现指标

区域发展目标指标体系由于所包含的客体大小、客体性质、目标实现期限、目标的计量方式等不同而多种多样,目前具有代表性的指标体系有:

(1) PLA指标体系。该指标体系由人口与社会特征、区位特征、经济活动、人口和区位关系的特征、人口活动关系特征、区域活动关系特征六个方面的二级指标组成。[①]

(2) 联合国可持续发展指标体系。该指标体系于1996年由联合国可持续发展委员会创建,由社会、经济、环境、制度四大系统按驱动力(driving force)、状态(state)、响应(response)模型设计的142个指标构成。社会系统由5个子系统构成:清除贫困、人口动态和可持续发展能力、教育培训及公众认识、人类健康、人类住区可持续发展等;经济系统由3个子系统构成:国际经济合作及相关政策、消费和生产模式、财政金融等;环境系统反映在12个方面:淡水资源、海洋资源、陆地资源、防沙治旱、山区状况、农业和农村可持续发展、森林资源、生物多样性、生物技术、大气层保护、固体废物处理、有毒有害物质处置等;制度系统体现于科学研究和发展、信息利用、有关环境、可持续立法、地方代表等方面的民意调查。

(3) 世界银行的可持续发展指标体系。该指标体系于1995年公布,被称为新国家财富指标,由自然资本、生产资本、人力资本、社会资本四组要素指标组成。自然资本,是各种自然资源的价值含量,包括农业用地、牧场、森林、保护区、金属和矿产、石油、天然气等。生产资本,指为人类生产所提供的设备或基础设施,如厂房、公路、管道等。人力资本,指一个区域的民众所具备的知识、经验、技能等能力的总和。社会资本,指以集

---

① 黄以柱等:《区域发展与规划》,广东教育出版社1991年版。

体形式出现的家庭和社会成员、组织和机构所产生的价值含量。该指标体系首次将无形资产纳入可持续发展度量要素。

(4) 美国可持续发展指标体系。该指标体系由美国总统可持续发展理事会于 1996 年创建，由十大目标组成：健康与环境、经济繁荣、平等、保护自然、资源管理、持续发展的社会、公众参与、人口、国际职责、教育等，共计 54 个小目标。其中健康与环境目标包括空气质量达标程度、饮用水达标程度、有害物质处理率等；经济繁荣包括人均 GDP、就业机会、贫困人口、工资水平等指标；平等目标包含基尼系数、不同阶层环境负担、受教育机会、社会保障、平等参与决策的机会等；保护自然包括森林覆盖率、土壤干燥度、水土流失率、污染处理率、温室气体控制度等指标；资源管理指标有资源重复利用率、单位产品能耗、海洋资源再生率等；持续发展的社会指标包括城镇绿地面积、婴儿死亡率、城乡收入差距、图书利用率、犯罪率、入网覆盖率等；公众参与包括公民参加民主活动投票百分比、参与决策程度等指标；人口指标有妇女受教育机会、女性与男性的工资差、青少年怀孕率比重等；国际职责指标有科研水平、环境援助、国际援助等；教育指标有学生毕业率、参加培训人员比重、信息基础设施完善度等。

(5) 英国可持续发展指标体系。该指标体系创建于 1994 年，完善于 1995 年，由四大目标构成：经济健康发展、人类健康和环境保护、不可再生资源优化利用、人类对环境危害的最小化。包括经济、交通、休闲和旅游、海外贸易、能源、土地利用、水资源、森林、渔业资源、气候变化、臭氧层衰竭、酸雨沉降、大气、淡水质量、海洋、野生生物及其栖息地、土地覆盖率及土地特征、土壤、矿物勘探、废弃物、放射性等 21 个专题的 123 个指标。

(6) 中国科学院可持续发展指标体系。该套指标体系由中国科学院可持续发展研究组设计，分为总体层、系统层、状态层、变量层和要素层五个等级。其中，总体层表达可持续发展的总体能力，代表战略实施的总体态势和总体效果；系统层由生产支持系统、发展支持系统、环境支持系统、社会支持系统、智力支持系统五大系统组成；状态层是在每个系统内能够代表系统行为的关系结构，表现形式可是静态的，也可是动态的；变量层共采用 48 个指数，从本质上反映状态的行为、关系、变化等原因和动力；要素层采用可测的、可比的、可获得的指标及指标群，对变量层的数量表现、强度表现、速率表现给予直接的度量，由 208 个指标组成。

(二) 确定区域发展目标应注意的问题

1. 目标的确定既要考虑其先进性，又要考虑其实用性

先进性是确定目标时，必须充分考虑现代经济、社会发展的要求，体现科学技术进步在未来区域开发中的巨大作用。绝不能在传统经济观念和现有技术水平上就事论事。实用性是确定的目标必须符合当时当地的发展实际。

2. 指标应积极而留有余地

积极指的是指标不能过低。指标过低，轻而易举就能达到，不利于调动各方面的积极性，从而影响区域发展。留有余地指的是指标不能过高。指标过高，经过努力也达不到，也不利于调动各方面的积极性。区域的实际未来和规划未来往往存在一定出入，只

有在确定目标指标时适当地留有余地,才能应对未来的变化。

3. 要处理好不同阶段目标之间的关系

区域开发考虑的时限较长,其总体目标需要分阶段完成。在确定阶段目标时,要注意不同阶段目标的区别和衔接。

4. 要注意不同目标之间的协调

在确定区域发展目标时,应在综合效益最大化的原则下,协调好各目标的关系。要特别注意的是,本区域的发展,总体目标是以追求收入均衡为主,还是以效率最高、国民生产总值最大为主;是以发展经济为主,还是以保护环境为重。区域发展的综合性决定了区域发展目标的多样性,其中主要的目标一般包括经济增长、公平分配、基本需求的满足、生态环境的改善等。这些目标既相互促进,又存在差异,差异产生相互矛盾,这种相互矛盾即为目标冲突。区域发展中,各种发展目标的实现,都需要一定的投入作保障,在发展的一定阶段内,区域开发总投入量是既定的,或者说是有限的,各目标的实现有赖于分配到的投入量的多少,分配的过程就是一个矛盾的过程,这种矛盾是目标冲突产生的本质原因。

5. 要防止区域发展目标产生消极作用

尽管规划者主观上都希望目标能起到积极作用,但若考虑不周,目标对区域发展也可能起到消极作用。如曾发生过,在执行全国国民经济规划时,某些区域的领导片面追求 GDP 和加工业,忽视了能源、交通运输业的发展,结果导致整个国民经济后劲不足,应引以为戒。

四、确定区域发展重点

区域发展的重点实质上是为了实现区域发展目标所寻找的突破口。区域发展的重点包括部门重点和地区重点。区域重点的选择对区域发展有着重要意义。一是选择发展重点是区域发展总体规划的核心之一,对于推进区域向更高水平发展具有重要意义。因为各部门和地区在区域不同发展阶段的地位和作用也不同。二是区域发展是一项庞大的系统工程,只有抓住重点,即抓住影响系统运行的最关键的部门、关键地区,才能事半功倍地有效推进整个区域的发展。三是地区资源,包括自然资源、财力、物力、人力和技术等,具有特定的组合结构和一定量的限制,客观上要求把有限的资源集中到效益较好的部门和地区,靠重点部门、重点地区带动全区域的振兴和发展。

(一) 重点发展部门的选择

在一定时期内,区域发展的重点应该选择哪些部门和怎样选择,没有固定的模式,只有根据当时当地的具体情况来具体分析。但从产业发展规律的角度看,区域发展过程中的重点部门,一般包括战略产业(先导产业、主导产业和支柱产业)和瓶颈产业。

先导产业,是区域发展的重点,尤其是政府投资的重点。先导产业是区域未来发展的希望,若不把它作为重点,区域明天就没有主导产业、后天就没有支柱产业,区域的可持续发展就难以为继。

主导产业,是区域发展的重点,因为它发展速度快,对区域经济增长的贡献大;技术水平高,代表了区域未来的发展方向;辐射带动作用强,是区域经济增长的火车头。但是,主导产业不一定是政府扶持的重点,因为它的技术日趋成熟,产品市场占有额正在扩大,完全可以依靠市场的力量发展。换言之,主导产业是市场投资的重点而不一定是政府扶持的重点。对于这种产业,政府可以给予一定的优惠政策,提供很好的发展环境;引导社会投资,使其能够及时获得足够的投入;鼓励、扶持、协调基础产业、相关产业的发展,以保证主导产业所蕴含的巨大增长带动潜力得到充分发挥。

支柱产业,是区域发展的重点,因为它规模大,容纳的就业人数多,支撑着区域经济的繁荣。但是,支柱产业也不一定是政府扶持的重点,因为它的规模已经足够大,已经进入自我积累、自我发展的状态,再扶持也没有多少扩张的余地,而且外界进入和投资的可能性不大。政府可以为其创造宽松的环境,让支柱产业本身实现自我积累、自我发展;提供必要的技术帮助,使其能够及时进行技术改造和产业升级,延长支柱产业寿命,维持区域经济的繁荣。

以瓶颈产业为区域发展的重点,旨在体现和实现产业之间的平衡和协调发展,通过拉长短线,克服瓶颈,使长线产业的闲置能力充分发挥。

在产业结构的战略安排上,既要有重点,又要倾斜适度,利用区域发展规律,适时调节,协调发展。

(二) 重点发展区域的选择

1. 重点区域选择的基本依据

重点发展区域,是指特定时期国家为总体发展战略的需要,给予事关全局的地区相应的政策倾斜,引导资金、资源、人才等各生产要素迅速集中流向这些地区,通过这些地区的发展带动更大范围内区域的发展。重点发展区域的确定,历来都是世界各国各地区决策者必须决策,而且必须慎重决策的工作内容。一般需遵循以下原则:

第一,有利于增项综合实力,提高竞争力。重点区域的选择,必须坚持有利于增项区域的综合实力和提高竞争力的原则,既要符合区情,又要能够与经济科技飞速变化的国际经济发展大趋势相吻合,选择一些发展基础和现有条件较好、具备一定实力、投入产出率高、经济科技实力能够尽快与国外发达水平相匹敌的地区作为战略重点地区,集中国家有限的资金和生产要素及早、尽快地发展起来。

第二,有利于适应市场经济发展要求,发挥地区比较优势,建立各具特色的区域经济。按照因地制宜、发挥优势、分工合作的原则,发展各具特色的地区经济,避免不合理的结构趋同,以取得最好的比较效益,是区域经济协调发展的重要内容。因此,重点地区的选择,必须有助于尽快建立充分体现地区比较优势、合理分工、协调发展的区域经济新格局。要以国家的产业政策和区域政策为指导,按照经济联系和市场经济发展的要求,突破行政区划界限,依靠市场机制吸引区内外生产要素的流入,引导企业积极参与,通过确立战略重点区域来促进全国区域经济协调发展。

第三,有利于促进宏观经济总体布局合理化和最优化,提高资源的空间配置效率。

合理布局生产力，推进宏观经济总体布局的优化是保证经济发展战略目标顺利实现的重要条件。重点区域的选择，必须充分考虑国家生产力总体布局和未来取向，即要在我国已经形成的沿海、沿江、沿边和沿新亚欧大陆桥等经济总体布局主轴线上，选择若干能够促进宏观经济总体布局优化的区域。

第四，有利于带动大区域乃至全国的经济发展，促进区域经济协调发展。由于各地区经济发展条件与开发潜力差异较大，在建设资金有限的条件下，为了获得良好的资源空间配置效益，将经济发展条件较优越的地区作为重点地区有限发展，能够带动起周围地区的发展，进而促进整个区域的发展。

第五，有利于加快经济欠发达地区的发展，实现共同富裕。在优先考虑缩小我国同世界发达国家差距的前提下，必须努力缩小国内地区的发展差距。这需要在先保证发展快的发达地区实现再发展的同时，进一步加快后进的欠发达地区的发展；在保证发达地区继续提高经济发展水平的同时，促进落后地区的经济繁荣，实现共同富裕。

第六，有利于贯彻实施科教兴国和可持续发展两大战略。知识经济和优美的生态环境已成为现代文明和先进的代名词，一个国家（或地区）的科技水平和生态环境质量已经成为衡量国家（或地区）经济社会进步的重要指标。我国是发展中的大国，人口基数大、人均资源少、科技比较落后，既面临发展社会生产力，增强综合国力和提高人民生活水平的任务，又面临知识经济带来的科技创新、产业结构调整的压力以及资源、环境在经济快速发展、人口增长中承受的压力等。因此，战略重点地区的选择，必须坚持有利于尽快提高科技水平和实现经济社会可持续发展的原则。

2. 重点区域应具备的基本条件

第一，区位优势突出，交通便利，经济腹地广阔。拥有明显的对外开放和发展的区位优势，交通运输便利、经济腹地广阔，是一个地区得以迅速发展并成长为具有全国意义或者重大区域意义重点区域的基本条件。市场经济条件下，重点区域应是能够让生产要素配置成本最低、区位优势能够获得最大经济效益、交通网络发达、可以广泛开展经济活动和经济贸易联系的地区。

第二，经济实力雄厚，科技力量强大。经济实力雄厚反映了该地区大多已经形成了一定产业基础，城市化水平高，城镇密集，在未来的发展中可以在此基础上加强薄弱环节的建设，以较少的投入、较短的实践，取得较好的社会经济效益。综合科技实力强的地区，人才优势明显，劳动力素质高，能够提供经济发展所需的各类高级人才和专业技术人才，可以为发展高新技术产业创造良好条件。同时，这类地区也大多具有较强的开发设计能力、综合配套能力、生产经营管理能力、适应市场需求的应变能力，能够较快地调整产业结构，创造高精新优产品，扩大市场占有份额。

第三，自然资源条件好，发展潜力巨大。丰富多样的自然资源，是传统产业也是新兴产业发展的重要因素，是地区经济发展的优势之一。如中西部地区，能够利用其丰富的农业资源、能矿资源、旅游资源，建设不同种类的农牧业基地，具有地区特色的轻纺工业基地，能源、原材料重化工基地，以及旅游景区等。

第四，开放度高，投资环境优越。我国东部沿海对外开放地区在体制创新、产业升级、扩大开放等方面已走在全国前列，对区域和全国经济发展的带动作用将进一步加强，参与国际经济合作与竞争的实力明显增强。上海、北京、广州等中心城市将逐步向国际化大都市迈进。中西部地区可以充分利用长三角黄金水道的有利条件，进一步扩大长江流域对外开放；东北地区和西南地区分别可以推进东北亚和澜沧江—湄公河次区域合作的机遇，进一步融入国际市场。

第三节　我国区域发展规划的演进趋势

我国区域发展规划的制定和实施经历了由计划经济向市场经济的市场化变革、由相对封闭向对外开放的国际化探索、由学习模仿向中国特色的自主性构建的过程。

一、我国区域发展规划目标的演进

改革开放以来，我国区域发展规划根据世情国情进行调整，其所确定的目标是对国家经济社会活动及资源环境在国土范围内布局的基本构想，涉及的要素较多、空间范围较大，但在发展方向、规模、时序上会有所侧重。

（一）1978年到"八五"计划期间以东部沿海地区优先发展为规划目标

1978年之前，我国区域发展方向已发生微调，由从属于国防安全目标、以内地和"三线"建设为主导向推进东部沿海地区建设过渡。党的十一届三中全会后实施的改革开放从根本上改变了我国区域发展规划的逻辑，区域发展规划以经济建设为中心，区域发展的空间导向以促进对外开放为切入点。1979年中央确定在广东、福建两省实行"特殊政策、灵活措施"，1980年开始全面建设深圳、珠海、厦门、汕头4个经济特区，以东部沿海地区优先发展为区域发展规划目标。

"六五"计划时期采用"沿海—内地"的区域划分，明确了向沿海地区倾斜的区域发展思路。提出沿海地区要在现有基础上，"充分发挥它们的特长，带动内地经济的进一步发展"；内陆地区要"加快能源、交通和原材料工业建设，支援沿海地区经济的发展"。"六五"计划还很重视中心城市的作用，提出编制以大中城市为中心的区域发展规划，注重发挥城市，尤其是大中城市在组织经济方面的作用。

"七五"计划是区域发展规划系统化的一次重要尝试。首先，根据经济发展的地域性特征，将我国划分为东部沿海、中部、西部三大经济带，并提出要正确处理好三者间的关系。其次，"继续鼓励一部分地区、一部分企业和一部分人先富起来"，尤其是加速东部沿海地区的发展，1988年3月国务院召开的沿海地区对外开放工作会议正式提出将"沿海地区经济发展规划"作为国家方针。再次，提出三级经济区网络，突破行政区划限制，加强地区协作和经济区网络的发展。最后，对长期实行的"三线"建设进行分类调整，对少数厂址存在问题、产品没有明确方向、无法经营下去的企业，实施关、停、并、转、迁，扭转原来战备背景下的区域布局导向。"七五"计划提出的三大经济地带及经济区网络的理念对后来我国区域经济发展产生了长期影响。

"八五"计划在延续"七五"计划提出的区域发展规划方向的同时,开始酝酿调整。到 20 世纪 90 年代初,我国地区间经济增长差距逐步扩大,地区间矛盾和冲突逐渐显现,出现地方保护。因此,《中华人民共和国国民经济和社会发展十年规划和第八个五年计划纲要》没有提出新的区域重点发展方向,而是着重于处理地区间关系。"八五"计划在十年远景规划的框架下提出,要努力改善地区经济结构和生产力布局,以此正确处理发挥地区优势与全国统筹规划、沿海与内地、经济发达地区与较不发达地区间的关系,促进各地经济发展实现合理分工、优势互补、协调发展,但同时也提出有计划、有步骤地搞好上海浦东新区的开发和开放工作。

(二)"九五"至"十五"计划期间以区域协调发展为重点目标

"九五"计划是我国区域发展规划的一次重大转型,其倡导的"区域协同发展"规划确定了我国区域经济长期发展的目标,把"坚持区域经济协调发展,逐步缩小地区发展差距"作为重要指导方针。《中华人民共和国国民经济和社会发展"九五"计划和 2010 年远景目标纲要》将地区差距扩大明确为影响全局的重大问题,提出从"九五"计划开始,要更加支持内地发展,实施相应政策以缓解区域差距扩大趋势。"九五"计划延续了东中西三大经济带的划分,同时再次强调跨省级行政区的经济区建设。"十五"计划的最大特点是在区域协调发展框架下提出实施西部大开发规划,促进地区经济合理布局和协调发展。

(三)"十一五"规划以来以区域总体发展和主体功能区建设为目标

"十一五"规划是我国区域发展规划的重要节点,确立了长期影响我国国土空间格局的两大规划——区域发展总体规划和主体功能区规划。区域发展总体规划包括推进西部大开发、振兴东北地区等老工业基地、促进中部地区崛起和鼓励东部地区率先发展,区域发展格局逐渐趋于合理。主体功能区规划将国土空间划分为优化开发、重点开发、限制开发和禁止开发四类主体功能区,按照各功能定位调整和完善区域政策和绩效评价,形成合理的空间开发结构。同时,"十一五"规划高度重视城镇化发展,提出按照循序渐进、节约土地、集约发展、合理布局的原则,积极稳妥推进城镇化;并将城市群作为推进城镇化的主体形态,逐步形成以沿海及京广、京哈线为纵轴,长江及陇海线为横轴,若干城市群为主体,其他城市和小城镇点状分布,永久耕地和生态功能区相间隔,高效协调可持续的城镇化空间格局。"十二五"规划延续了"十一五"规划的区域发展规划方向,力图构筑区域经济优势互补、主体功能定位清晰、国土空间高效利用、人与自然和谐相处的区域发展格局。"十三五"规划在区域发展总体规划的基础上,提出以"一带一路"建设、京津冀协同发展、长江经济带发展为引领,形成以沿海沿江沿线经济带为主的纵向、横向经济轴带,形成区域协调发展新格局。

二、我国区域发展规划演进趋势

1978 年以来我国区域发展规划除演变趋势不断系统化和精细化。系统化指区域发展规划的实施机制是由多种组成部分构成的复杂系统,这些组成系统的元素不断丰富;精细化指构成区域发展规划的各种元素不断细化、不断明确。

(一)区域类型划分逐渐精确

区域发展规划实施的对象主要是不同类型的区域,因而对区域的划分就很重要。除传统的行政区划分外,还要结合区域发展规划意图来划分区域类型。我国区域发展规划按照经济地带、主体功能、特殊问题和规划重点进行区域划分,如经济地带就经历了"六五"时期的"沿海—内地"、"七五"时期"东部沿海—中部—西部"、"九五"时期"东部—中部—西部"、"十一五"时期的"东部—东北—中部—西部"的划分;规划重点地区则有"八五"时期的上海浦东新区、"十一五"时期的天津滨海新区等。

(二)相关配套政策日渐丰富

推动区域发展规划实施的相关配套政策主要包括产业、投资、财税、环保、人才、科技、绩效考核等方面政策,这些政策是逐步明确和细化的。产业政策一直是区域发展规划实施的重要手段,区域发展规划最初可以说就是产业政策上的落实,主要通过产业的空间安排来实现,这一特征在"六五"到"八五"期间尤为明显,当时的财政政策、投资政策基本围绕产业发展和项目落地来实施。到"九五"时期,伴随分税制改革的推进,中央财政占国家财政收入比重逐步提高,中央政府协调地区发展的能力不断增强,财政政策作用开始凸显,中央财政转移支付制度逐渐规范,并逐步加大对中西部地区的财政支持。"十五"时期的西部大开发规划在系统化区域发展规划配套政策方面有较大突破,其相关配套政策包括重点区域的确定、增加资金投入的政策、改善投资环境的政策、扩大对外对内开放的政策、吸引人才和发展科技教育的政策等。"十一五"规划的相关配套政策更为系统,在区域发展总体规划和主体功能区规划框架下,明确提出实施分类管理的区域政策,包括针对不同区域所具有的主体功能和发展方向,实施有差异的财政政策、投资政策、产业政策、土地政策、人口管理政策、绩效评价和政绩考核政策。

(三)空间规划体系逐步完善

区域发展规划既具有发展规划的性质,也具有空间安排的特征,因此其落实不仅要有按照行政区划或其他空间单元的指标管控,也需要有效的空间规划。改革开放以来的空间规划体现了跨行政区域、多层分级、紧密结合区域发展规划的特性。如"六五"计划从国土开发整治角度提出编制以上海为中心的长江三角洲经济区规划,以山西为中心包括内蒙古西部、陕北、宁夏、豫西的煤炭、重化工基地的经济区规划;"七五"计划提出三级经济区网络思路和规划,推动上海经济区、东北经济区、以山西为中心的能源基地、京津唐地区、西南"四省(区)五方"地区等全国一级经济区网络的形成和发展,形成以省会城市和一批口岸与交通要道城市为中心的二级经济区网络,发展以省辖市为中心的三级经济区网络;"八五"和"九五"期间提出长江三角洲及长江沿江地区、环渤海地区、东南沿海地区、西南和华南部分省区市、东北地区、中部五省、西北地区七大经济区发展规划;这些规划分别对不同区域的发展作出了方向性规定。2005年以来,国家开始新一轮以规划为导向的区域规划,主要包括国家级新区、重点城镇群、综合改革、跨行政区合作和对外开放等多种类型的区域规划,如关中—天水经济区规划、长株潭城市群区域规划等,其所针对的问题更为明晰、区域范围和类型更为明确,体现了区域指向的精细化特征,但也带来空间重叠、衔接不够及实施机制不到位等问题。

(四)中央和地方经济社会事务管理权限划分日益明确

中央和地方关系构成了地方政府运行的基本环境,中央和地方经济社会事务管理权限的划分对区域发展规划的实施有较大影响。毛泽东1956年在《论十大关系》中就提出"处理好中央和地方的关系,这对于我们这样的大国大党是一个十分重要的问题",要求"在巩固中央统一领导的前提下,扩大一点地方的权力,给地方更多的独立性,让地方办更多的事情"。党的十一届三中全会决议指出,"我国经济管理体制的一个严重缺点是权力过于集中,应该有领导地大胆下放,让地方和工农业企业在国家统一计划的指导下有更多的经营管理自主权",采取措施,才能充分发挥中央部门、地方、企业和劳动者个人四方面的主动性、积极性和创造性。从总体看,中央和地方间经济社会事务的管理倾向于向地方分权,赋予地方更多的自主权。这一点也与国际上过去30多年来的分权化趋势相符。

中央向地方转移经济事务管理权限从增强企业活力、搞活城市经济入手。1984年中央提出城市企业是工业生产、建设和商品流通的直接承担者,是社会生产力发展和经济技术进步的主导力量,要实现经济状况的根本好转,必须更好地发挥城市企业生产和经营的积极性、主动性、创造性,使城市企业具有强大的活力。政企职责分开后,要充分发挥城市的中心作用,逐步形成以城市特别是大中城市为依托,不同规模的开放式、网络型的经济区。①全国性的公司和少数大型骨干企业应由行业主管部门直接管理,大量企业应逐步改由地方负责管理。②即使是对地区协作,也提出"地区协作实行中央和地方分级管理,以地方为主的原则"③。1988年,以"划分税种、核定收支、分级包干"为特征的财政包干办法的实行进一步加快了财力向地方的倾斜,而且财政包干办法按照企业的隶属关系划分企业所得税,把工商企业税收与地方政府的财政收入紧密结合,这在很大程度上激发了地方政府发展地方企业的积极性。

1993年召开的党的十四届三中全会和1994年开始实行的分税制财政管理体制改革试图改变地方财政收入占比较大的情形,把维护国家权益和实施宏观调控所必需的税种列为中央税,把与经济发展直接相关的主要税种列为共享税,把当时税收收入规模最大的企业增值税划为共享税,中央占75%,地方占25%;实行税收返还和转移支付制度,以调节分配结构和地区结构,特别是扶持经济不发达地区发展和老工业基地改造,实现财政制度的地区均等。同时,推进房地产市场和土地市场的改革与发展,实行土地使用权有偿有限期出让制度,由于土地市场天然具有的地方特性、国家垄断城镇土地一

---

① 1984年《中共中央关于经济体制改革的决定》。
② 《中华人民共和国国民经济和社会发展第六个五年计划(1981—1985)》。
③ 《中华人民共和国国民经济和社会发展第七个五年计划(1986—1990)》。

级市场和地方政府负有城镇住房改革与发展的领导责任,①地方政府尤其是城市政府从房地产市场和土地市场获得巨大收益。因此,可以说地方政府获得经济社会活动管理更多权限的趋势并没有发生变化。

近年来,在促进经济发展过程中地方政府债务规模不断扩大,金融风险也不断加大,进一步划分中央和地方经济社会事务的管理责权、规范地方政府行为的要求越发急迫,中央因此出台了一系列规章制度,②明确了地方政府应承担的债务范围,有助于建立权责清晰、财力协调、区域均衡的中央和地方财政关系,提高地方政府动态监测、实时预警能力,规范地方政府行为,促进区域经济的平稳发展。

(五) 区域协作逐渐精细

为实现区域发展规划目标而实行的区域协作包括中央对地方的财政转移支付、形成跨行政区的区域经济发展区和区域横向合作机制,③我国的区域协作坚持"全国一盘棋",并不断系统化和精细化。主要表现在区域协作形式由物资协作、技术协作和经济联合,细化扩展为联合兴办国家急需的建设工程,建立跨地区的农副产品、能源、重要原材料生产基地,再到发展"飞地经济"、共建园区等合作平台;协作内容由建设项目扩展到科技人才合作,形成科技综合优势,发展科研生产联合体,联合开发新产品、新技术,由经济互助扩展到社会援助和生态保护补偿、资源开发补偿等;协作机制由实行合同制发展到对口支援,由倡导自愿发展为政策约束。④

三、我国区域发展规划演进特点

(一) 遵循市场化变革

我国区域发展规划是在改革开放的大背景下讨论、制定和实施的,其自身也是改革开放的重要内容。因此,无论目标还是实施机制,其确定过程都遵循了市场化变革的逻辑。从区域发展规划和市场化间的关系看,市场化的逻辑包括顺应市场、引领市场和矫正市场三方面。

区域发展规划顺应市场的主要表现是:认同市场力量是促进区域经济发展、形成区域发展格局的基本力量,区域发展规划不能违背市场力量作用的基本方向。从区域发展规划目标的角度看,经济发展的主要空间就是在市场活力最强、与国际市场最为接近的地区,如"六五"计划确定的沿海地区、"七五"计划确定的东部沿海地区的重点发展格

---

① 《国务院关于深化城镇住房制度改革的决定》(国发〔1994〕43号)和《关于进一步深化城镇住房制度改革加快住房建设的通知》(国发〔1998〕23号)。
② 如《国务院办公厅关于印发地方政府性债务风险应急处置预案的通知》(国办函〔2016〕88号)、《地方政府性债务风险分类处置指南》(财政部,2016年)、《地方政府性债务风险应急处理预案》(国办函〔2016〕88号)、《基本公共服务领域中央与地方共同财政事务权限和支出责任划分改革方案》(国办发〔2018〕6号)。
③ 由于财政转移支付和形成跨行政区的区域经济发展区已分别作为中央地方经济社会事务管理权限以及空间规划体系的内容予以讨论,这里仅讨论区域横向合作机制。
④ 详见《关于进一步加强区域合作工作的指导意见》(2015)和《关于进一步加强东西部扶贫协作工作的指导意见》(2017)。

局。从实施机制的角度看,就是市场化环境的建设和完善,包括市场主体的确立及其活力的释放。如通过调整中央和地方关系,赋予地方更多自主权,发挥地方政府尤其是城市政府的积极性,如"六五"计划赋予城市政府更多经济社会事务管理权的约定;通过确立企业市场主体的地位、赋予企业包括选址在内的经营自主权,激发企业活力;尊重市场规律,理顺价格体系,通过价格信号引导资源要素的自由流动,如"九五"计划提出的理顺资源性产品价格体系;有步骤地引导东部某些资源初级加工和劳动密集型产业转移到中西部地区,"十一五"规划则明确将市场机制作为健全区域协调互动机制的重要内容,提出通过健全市场机制,打破行政区划的局限,促进生产要素在区域间自由流动,引导产业转移。

区域发展规划引领市场指在确认市场力量的主要方向和趋势后,通过创造条件,助力市场,加快市场趋势的形成。[①]其在经济活动空间布局方面的主要表现:一是促进经济活动和产业的集聚和集中发展,既包括向中心城市也包括向园区的集聚发展。企业和产业有集聚发展的内在要求,但常常会缺乏引导性力量,区域发展规划可顺势而为,为其指出集聚的方向,如在"十五"计划和促进西部大开发的过程中提出诸多重点发展区域。二是在合理确定区域间经济联系的基础上,通过加强空间网络的联系,促进区域协作网络建设及城市群的发展。

区域发展规划矫正市场指要应对市场失灵,克服市场自发力量所带来的负外部性,随着不同时期区域发展规划的深入实施,通过发展规划来矫正市场越发重要。这主要体现在缩小地区发展差距、扶持特殊类型地区的发展、加强生态环境保护、重大基础设施和重要的产业布局及加强区域横向协作等方面。主要的实施机制有中央财政转移支付、确定主体功能区和行政主导的对口援助,这些措施的实施力度在"十一五"期间确立了区域发展总体规划和主体功能区规划之后有明显增强。

(二)与对外开放步伐相适应

对外开放是我国形成区域发展规划、塑造区域经济格局的重要推动力量。1978年以来,我国对外开放经历了由城市到区域、由沿海到内陆边境再到全方位开放、由"引进来"到"走出去",我国区域发展规划也经历了由沿海到内地、由重点发展到区域协调发展的演进。

"六五"到"八五"期间实施的东部沿海地区优先发展规划主要通过对外开放来推进。1980年设立四个经济特区,此后沿海地区的对外开放区域逐步扩展。1984年14个沿海港口城市和海南省分别被确定为开放城市和开放地区;1985—1987年,珠江三角洲、长江三角洲和闽南漳—泉—厦三角地区及山东半岛、辽东半岛等又被确定为经济开放区。"八五"计划提出,在进一步办好经济特区,巩固已有经济技术开发区、沿海开放城市和开放地区的条件下,重点搞好上海浦东新区的开发和开放,同时选择一些内陆边境城市和地区作为对外开放的窗口,摸索从沿海到内地的对外开放。"九五"期间是

---

① 可称之为发挥区域发展战略的引导作用,激发市场的正外部性。

对外开放由沿海到内地大幅扩展的时期，这也与"九五"计划提出的区域协调发展规划相适应，明确提出"沿交通干线、沿江、沿边地区和内陆中心城市要发挥自身优势，加快开放步伐，发展对外经济合作，促进中西部地区的经济开发和振兴"。"十五"和"十一五"期间结合西部大开发的需求，鼓励和引导外资更多地投向中西部地区，特别是中西部地区的老工业基地改造、基础设施建设、生态建设和环境保护、矿产和旅游资源开发、优势产业发展等。"十二五"规划明确提出完善区域开放格局的措施，要求把坚持扩大开放与区域协调发展相结合，协同推动沿海、内陆、沿边开放，把均衡协调作为区域开放的重要目标。"十三五"时期则以区域发展总体规划为基础、"一带一路"建设为引领，全面推进双向开放，支持沿海地区全面参与全球经济合作和竞争，同时以内陆中心城市和城市群为依托，建设内陆开放规划支撑带，推动区域协调发展。

第四节 我国区域发展规划的展望

一、继续探索与区域发展总体战略相适应的区域规划

我国区域发展规划仍存在缺乏统筹考虑，区域规划体系的层次不明晰的问题。自2009年开始，国家战略区域规划开始在全国范围内铺开，一时间，各类国家级综合改革区、示范区、新区等纷纷涌现，区域规划有一种"遍地开花"的态势。有专家提出"国家战略性"区域规划出得过快、过急、过多，未能细化到"一区一策"，在制定不同区域政策的基本出发点等方面下功夫不够，还未能充分发挥地方的能动性，造成规划的引导性和方向性并不强，缺乏整体的统筹和综合的安排，使区域规划体系和层次不明晰。受到条块分割的管理体制影响，各部门将编制规划作为争取部门利益的重要手段而争相编制各自部门的规划，跟风明显。不同部门管理下的规划自成体系，每一体系又对应着不同层级的专项支撑规划，对结合资源禀赋、区域特点、功能定位、发展现状、增长潜力，以及把握下一步区域政策指导的地区构架、重点领域和基本内容方面有所不足。由此，我国空间规划体系缺乏层次性，不仅使区域规划的实施效果不显著，加剧区域政策泛化，难以获得公众的认同与支持，也难以有效发挥整体合力与综合调控作用。

区域规划与区域发展总体战略相辅相成，区域规划是实现区域发展总体战略的有效手段，同时也要与区域发展总体战略相适应。区域战略一般是对一个区域较长时间的发展策略、发展目标形成总体构想，区域规划则是对实现区域战略的路径、步骤进行具体化。区域规划的编制和实施要遵循科学的发展理念，响应国家发展规划对区域发展提出的战略要求。区域规划的有效实施要与国家发展战略和区域政策的调整创新联系起来。区域规划工作的成效如何，主要取决于当时国家区域政策的内容、力度及适用范围。改革开放至今区域规划工作的实践证明，制定区域政策时充分考虑其空间层次性、差异性和依赖性，能有效地促进区域规划的顺利实施。

二、区域规划要同时实现中央和地方意志

区域规划要同时发挥中央政府和地方政府的积极性,既体现国家意志,又兼顾地方利益诉求。编制科学的区域规划,是为政府宏观调控和社会管理提供重要依据。在规划的编制过程中,不同层级政府及其职能部门编制的规划体现了各自的目标,反映了各自不同的利益追求,区域规划的编制过程实际上是对部门规划、行业规划和下一层次的规划进行整合和完善的过程。通过改革开放以来的区域规划编制和实施历程,可以发现,中央政府和地方政府对区域规划的制定和实施都非常重视,一方面中央政府希望通过编制和实施区域发展规划解决日趋复杂多样的区域性问题;另一方面地方政府则希望通过编制和争取中央政府批准区域发展规划获取更多的实际利益及良好声誉。实践证明,通过上下互动出台的区域规划一方面使地方政府更加明确发展的目标,调动了地方贯彻落实区域政策的积极性,另一方面中央部门通过监督规划的实施,体现了国家意志,保障了整体利益最大化。总的来看,区域规划作为一种公共干预,首先体现国家意志,同时必须兼顾地方利益诉求。要继续加强国家意志和地方要求有机结合,有效地把国家意志实实在在地注入地方的发展思路之中,真正把国家宏观调控的要求落到实处。只有服从中央的统一规划,区域政策才能实现有效的区域分工合作,保障整体利益最大化;只有兼顾地方利益诉求,调动地方贯彻落实区域政策的积极性,才能使区域政策真正落到实处,发挥应有的作用。

三、区域规划的效力发挥重在加强规划实施

"一分部署,九分落实",要避免区域规划成为"规划规划,纸上画画,墙上挂挂",必须从区域规划的实施机制上进行突破。区域规划实施要从主要运用行政手段转向综合运用行政、法律、经济、技术手段,有效调动多方积极性。参照欧盟推进区域政策实施的基金工具体系和美国联邦层面以基金引导为主、以法规控制为辅的规划实施机制,探索建立区域发展政策体系,为推进规划有效实施,提供稳定的制度化保障。在资金保障上探索由中央财政建立区域发展基金,形成完善的资金保障体系。围绕生态文明建设,创新完善财政、土地、人口、环保等配套政策,推进完善主体功能区制度和国土空间开发保护制度,建立区域规划实施的长效机制。同时更重要的是要建立有效的区域协调机制,由于经济的快速发展,资源配置突破了原先的行政界限,再加上国家级区域规划大多是跨越几个行政单元,需要由更高层面出面进行协调,建议设立"国家区域规划委员会",主要任务是制定国家级区域规划,推动规划实施、评估、修编等,以及协调跨省区利益关系。

四、要建立区域规划实施的保障机制

区域规划的实施需要健全区域规划的监督和评估机制。一方面要推进区域规划立法工作。通过把规划的前期研究、衔接协调、颁布实施、评估调整等一套流程纳入法制

框架,减少规划编制和实施的随意性,增强权威性。应该在总结成功经验的基础上,尽快研究起草促进区域协调发展的法律,把区域协调发展纳入法制化的轨道,及早制定《区域规划法》,使区域规划从编制到实施和监管都具有法律约束力,对随意违反规划的行为能予以制裁,从使区域规划真正成为区域内各主体一体化的行动指南。另一方面要建立评估监测机制,形成适宜的评估办法与规范的评估内容和评估程序,加强总体部署,组织专门班子,与相关地方和部门进行及时有效的沟通和联系,对各地区区域规划方案和文件的实施情况进行检查评估,并充分发挥部际联席会议机制的作用,及时解决评估中和规划实施过程中出现的困难和问题,提出解决对策,指导改进区域规划工作。

参考文献

崔功豪、王兴平:《区域分析与区域规划》,高等教育出版社2006年版。

第六届全国人民代表大会第四次会议:《中华人民共和国国民经济和社会发展第七个五年计划(1986—1990)》,1986年4月12日。

第五届全国人民代表大会第五次会议:《中华人民共和国国民经济和社会发展第六个五年计划(1981—1985)》,1982年12月10日。

方创琳:《区域发展规划论》,科学出版社2000年版。

方创琳:《区域规划与空间管治论》,商务印书馆2007年版。

顾朝林:《多规融合的空间规划》,清华大学出版社2015年版。

国家发展改革委员会:《关于进一步加强区域合作工作的指导意见》(发改地区〔2015〕3107号),2016年4月28日。

黄以柱:《区域发展与规划》,广东教育出版社1991年版。

李广斌:《利益博弈视角下的区域规划转型》,南京大学出版社2010年版。

殷为华:《新区域主义理论:中国区域规划新视角》,东南大学出版社2013年版。

中共中央办公厅、国务院办公厅:《关于进一步加强东西部扶贫协作工作的指导意见》(中办发〔2016〕69号),2016年12月7日。

中国共产党第十二届三中全会:《中共中央关于经济体制改革的决定》,1984年10月20日。

中华人民共和国国务院:《国务院关于深化城镇住房制度改革的决定》(国发〔1994〕43号),1994年7月18日;《关于进一步深化城镇住房制度改革加快住房建设的通知》(国发〔1998〕23号),1998年7月3日。

周春山、谢文海、吴吉林:《改革开放以来中国区域规划实践与理论回顾与展望》,《地域研究与开发》2017年第1期。

周建明:《区域规划理论与方法》,中国建筑工业出版社2013年版。

第三十章　区域发展体制机制

区域发展体制与机制是区域发展中重要的环节,是一种适应和推进区域生产力发展的重要的生产关系。不同的国体,不同的区域,不同的发展阶段,都有不同的体制机制与区域发展相适应。当区域体制机制适应区域发展的实际时,其将对区域优化配置资源起到重要的推动作用;相反,当区域体制机制不适应区域发展,甚至成为区域生产力发展的桎梏时,必须进行体制机制改革。

第一节　区域发展体制

一、体制的概念

体制指一个系统中的组织形式以及体现组织形成的规则、制度体系,是系统中社会生产关系的具体表现形式,也是配置资源的具体方式或制度模式。①不同的主体、不同的规范以及不同的组织形式相结合,就形成了不同的体制。

一般来说,系统中的组织形式是抽象的,但这种组织形式必须在一定的规则、制度体系中体现出来,才能转化成为系统各部分的行为规范和准则。体制主要体现自上而下的框架关系,其核心是上下层级之间运作的关系。因此,体制是系统管理主体、被管理主体和管理规范之间形成的统一体。体制首先是系统中组织形式的制度框架。在国家、区域、城市、部门、企事业单位、园区、非政府组织等多个不同规模和形式的系统中,都存在体制问题。系统的体制主要由推进机构、制度体系、工作标准、统计体系和信息系统等子系统通过组成。

---

① 秦德君:《中国社会体制问题研究》,《上海行政学院学报》2010年第4期,第75—81页。

二、体制的类别

(一) 按照性质分类

体制按照性质分为政治体制、行政体制、管理体制等类型,三者之间也有必然的联系。

政治体制是政治学科政治名词"政体"(form of government),是国家的政治、统治形态,即国家政治体系运作的形式,是指政权的组织形式,即统治阶级采取什么样的方式来组织自己的政权机关。政治体制与相应的政治制度相匹配,不同的政治体制和政治制度又决定了经济、社会、文化、外交等不同的政策体系。在不同的历史时期,不同的国家和地域,政治体制不尽相同。古代主要有奴隶主共和制、君主独裁制、封建制等,现代主要有联邦议会制,如美国、德国等国家;人民代表大会制度,如中国、朝鲜等社会主义国家;君主立宪制,如英国、日本等;酋长制,主要在阿拉伯国家等。

行政体制也称为"政府体制",是国家行政机关的设置、职权的划分与运行等规则和制度体系,是支撑国家政治体制运行的重要组成部分。主要类型包括:①行政权力体制,根据国家行政机关与其国家机关、政党组织、群众团体等之间的权力分配关系划分,主要有三权分立制、议行合一制、军政合一制、政教合一制、党政合一制等。②政府首脑体制,根据最高行政权力的代表者与政府首脑职位担任者的关系及人数情况,可分为一元制、二元制、多元制。③中央政府体制,根据国家最高行政机关的职权划分、活动方式和组织形式等制度,主要分为中央集权型、地方分权型、集权与分权结合型;合议制和首长制;政府首长负责制和集体领导负责制。④行政区划体制,国家将全国领土划分为若干层次的区域单位,并建立相应的各类行政机关。

管理体制是指系统优化结构和组织运作的方式,即采用的适合系统的组织形式,并且以这种组织形式,结合一定的方法和手段,将系统形成合理运行的统一有机体的框架体系。管理体制是规定系统中各层次、各方面之间的责、权、利分配,即责任范围、权限职责、利益获得等相互之间关系的准则。管理体制相对政治体制和行政体制来说,其范围主体更加广泛,运作层级更加基础。管理体制的核心通过设置合理的管理机构、分配各管理机构的职权,配置和优化管理资源,形成各管理机构之间的相互协调。管理体制的优劣直接影响到管理的效率、效果和效能,对系统的管理起着决定性作用。

(二) 按照领域分类

体制按照领域不同分为经济体制、社会体制、文化体制、科技体制等方面。

经济体制(economic system)是指系统中所有制形式和产权结构形式及其配置资源方式的框架体系,是系统经济运行中的制度和政策安排。[①]一般经济体制多指一个国家或地区按照政治体制的大框架,通过制度和政策安排,组织生产、流通和分配的模式。经济体制体现参与经济活动的不同层级、不同领域、不同单元的地位,以及相互之间的

[①] 秦德君:《中国社会体制问题研究》,《上海行政学院学报》2010年第4期,第75—81页。

利益关系。对国家而言,经济体制有农业、制造业、服务业领域及其子行业等不同层级的体制,此外各个不同企业的企业管理体制也属于经济体制的范围。经济体制也可以分层,除了指宏观层面的整个国民经济的管理体制外,还包括中观层面的农业、工业、商业、贸易、交通运输、文化旅游业等各行各业内部的经济管理体制,以及不同区域内部的经济管理体制。另外,微观层面的城市以及区县、街道、镇、企业、机构等基本单元的管理体制也可以纳入经济体制的范畴,但微观层面的体制往往不是孤立的,是在宏观和中观层面体制的决定下采取的相应的管理体制。总体来说,社会制度不同,对宏观、中观、微观层面的经济体制影响也各不相同,社会制度的不同决定了经济体制不同。

社会体制(social system)也称为社会管理体制,是国家或地区以政府为主导,市场与社会共同参与,进行社会管理、公共服务、协商机制等一系列事务的制度框架。社会体制一般属于执行层次,在不同的历史时期,不同的政治体制下,社会体制框架下会形成不同的社会模式和管理机制。

文化体制(cultural system)是文化领域的框架体系。文化是一种生产力,也是一种资源,更是一种软实力的体现。文化与经济、社会、政治等领域相互融合[①],在国家综合竞争力方面的地位和作用越来越突出。文化体制关系到一个国家的文化传承和工作大局,关系到国家文化安全和社会政治稳定,关系到一个国家发展的路径和方向。我国提出深化文化体制改革,就是要把握正确方向,创新落后的文化框架体系,把符合社会主义精神文明建设要求与适应社会主义市场经济规律结合起来。具体来说,就是要根据社会主义精神文明建设的特点和规律,构建适应社会主义市场经济发展规律的文化体制框架体系,坚持马克思主义在意识形态领域的指导地位,坚持社会主义先进文化的前进方向,要坚持为人民服务、为社会主义服务,坚持百花齐放、百家争鸣,坚持贴近实际、贴近生活、贴近群众,围绕中心、服务大局、弘扬主旋律。

科技体制(science and technology system)是科学技术活动的组织体系和管理制度的总称,包括组织结构、运行机制、管理原则等内容。国内外科技体制一般是以发挥企业科技创新主体的作用,提高企业的技术吸收与开发,构建科研机构、高等院校、企业之间的产学研创新体系,促进科技成果转化,促进人才的合理流动为核心,建立适应本国市场经济体制的宏观科学管理体制,形成市场经济与技术创新有机结合的科学合理的运行机制。[②]我国在不断推进科技体制改革,就是在国家统一部署下,形成高质量发展的体制框架,促使科技工作的总体格局和运行机制发生深刻变革,从而进一步提升科技在经济社会领域的融合和渗透,提升生产力水平。

另外,体制按照系统主体也分为国家、区域、城市、部门、企事业单位、园区、非政府组织等体制。

[①] 祁述裕:《中国和欧盟国家文化体制、文化政策比较分析》,《中国特色社会主义研究》2005年第2期,第57—62页。

[②] 方新:《中国科技体制改革——三十年的变与不变》,《科学学研究》2012年第10期,第3—5页。

三、区域发展体制的概念

区域发展体制是指维持一个区域正常运行的组织形式以及体现组织形式的规则、制度体系。区域发展体制属于中观层面的框架体系。不同的区域发展体制与国家体制是息息相关的。适于区域发展的体制，一般是以统筹区域内部的城市、乡村、产业、人口等要素资源的配置为目的，消除制约区域协调发展的制度障碍，发挥区域内各主体的比较优势，优化分工与协作，促进良性竞争，促进基本公共服务均等化，将区域发展差距控制在合理限度内，缩小经济社会发展水平差距，并实现区域发展与资源环境之间的协调，从而提升区域的整体竞争力。

区域发展体制要与城乡体制相互融合，相互协调。发挥区域发展体制的优势，必须重视统筹城乡体制，解决城乡二元经济结构、二元体制结构和二元社会结构。发达国家在20世纪七八十年代就基本解决了城乡二元结构问题，城乡的相对差距缩小，城乡体制差距缩小，也为区域发展体制的创新奠定了坚实的结构基础。世界五大城市群得以快速发展，我国以长三角、京津冀、珠三角为引领的城市群也在打破城乡差距的束缚，向世界级城市群昂首阔步。

四、区域发展体制的类型

（一）按照国家体制分类

按照国家体制不同，区域发展体制一般分为自上而下（政府主导型）、自下而上（社会自主型）和自上而下与自下而上相结合（政府—社会互助型）三种类型。[①]

自上而下体制就是中央政府自上而下形成的管理框架和组织运作机制，中央政府直接对区域发展行使人事权和决策权，采取这种形式较为明显的是日本。日本按照统一的国土规划行使自上而下的区域组织形式。日本国土规划体系分为六级，全国综合开发规划→三大都市圈建设规划→七大地区开发规划→特殊地区规划（岛屿、山村、欠发达地区等特殊地区）→都道府县综合发展（长期）规划→市村町综合发展（长期）规划。[②]这些规划被笼统地称为国土规划，具有法律效力。在具体实施中，通过自上而下的规划，日本在基层单元的规划中，必须遵循上一级统一的规划布局，从而达到统筹规划的目的。

自下而上体制是区域内部组织之间按照一定规则形成的自组织形式。区域有较强的配置资源的权力，中央政府一般行使指导权。如美国联邦政府与各州的关系就是这一形式。美国是联邦制国家，州的权力很大，有自己的法律、税收、警察、教育、选举制度。同样地，美国的州长与市长、县长、区长没有上下级隶属关系。在这种情况下，区域之间的协调完全依赖个体之间的自组织的关系，联邦政府很难干预。

---

① 秦德君：《中国社会体制问题研究》，《上海行政学院学报》2010年第11期，第75—81页。
② 王静：《日本、韩国土地规划制度比较与借鉴》，《中国土地科学》2001年第3期，第45—48页。

自上而下与自下而上相结合体制就是中央政府与地方政府之间分工合作,中央政府组织协调重大、跨区域、关键性、全局性的难点问题,区域内各地方政府之间依靠市场机制形成相互协调、分工合作的关系。

(二) 按照系统控制分类

区域发展体制实质上是一种控制系统,具有反馈控制的原理,控制系统都是通过各种反馈来达到控制的目的。按控制方式来划分,区域发展体制主要有三种:集中控制方式、分散控制方式、多级递阶控制方式。

1. 集中控制体系

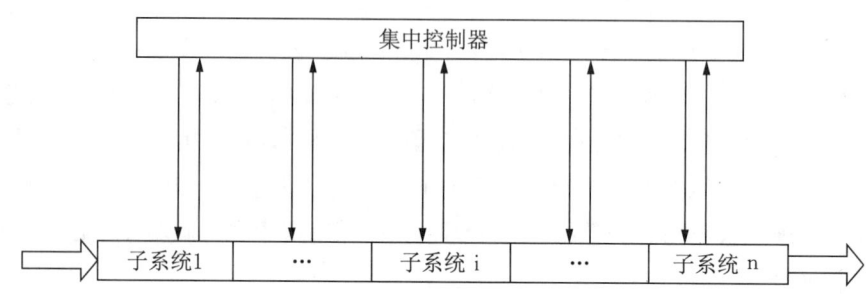

图 30-1 集中控制体系

资料来源:朱建江、邓智团:《城市学概论》,上海社会科学院出版社 2018 年版。

集中控制的特点是由一个集中控制器(一般是中央政府)对整个系统进行控制,在这种控制方式中,各子系统(区域)的信息、系统的各种外部影响,都集中传送到集中控制器,由集中控制器进行统一加工处理。在此基础上,集中控制器根据整个系统的状态和控制目标,直接发出控制指令,控制和操纵所有子系统的活动。

2. 分散控制体系

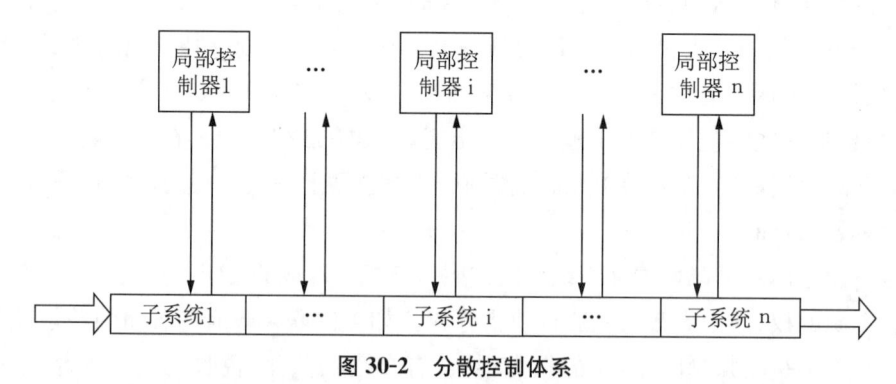

图 30-2 分散控制体系

资料来源:朱建江、邓智团:《城市学概论》,上海社会科学院出版社 2018 年版。

分散控制方式的特点是由若干分散的控制器(一般是地方政府)来共同完成系统的总目标,在这种控制方式中,各种决策及控制指令通常由各局部控制器分散发出,各局部控制器主要是根据自己的实际情况,按照局部最优的原则对子系统进行控制。

3. 多级递阶控制体系

图 30-3　多级递阶控制体系

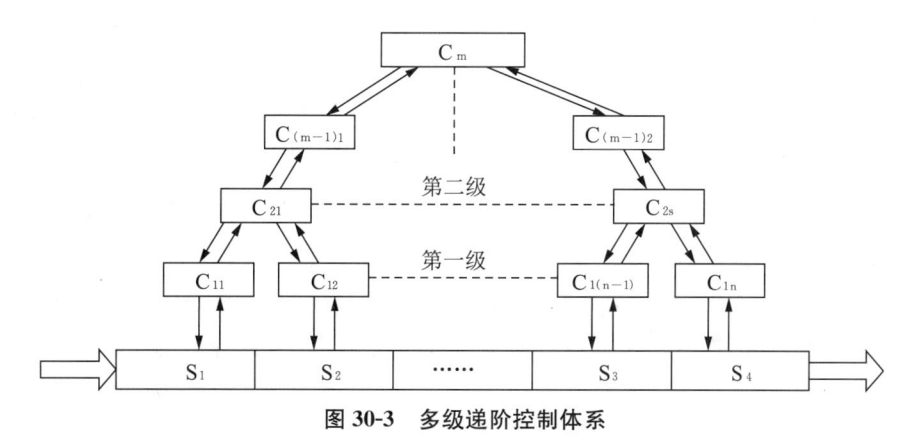

资料来源:朱建江、邓智团:《城市学概论》,上海社会科学院出版社 2018 年版。

多级递阶控制方式的特点是在集中控制方式和分散控制方式的基础上,取长补短发展起来的。多级递阶控制系统主要是由子系统(次级区域)和决策单元(市、区县、街镇等)构成的。决策单元由两个以上的级配列起来。第一级决策单元直接作用于各子系统,它们进行下一级的决策,完成对子系统的控制任务。第二级决策单元进行上一级的决策,它们是对第一级中各决策单元进行协调的协调器,执行着系统的局部控制功能,同时又受控于再上一级的决策单元,也就是说对于上一级而言它们是局部控制机构,对下一级而言则是协调器。类似地可以递阶至三级、四级……,从而形成多级递阶控制系统。

表 30-1　三种控制方式的特点比较

名称 项目	集中控制方式	分散控制方式	多级递阶控制方式
适用对象	系统规模小	系统结构比较复杂、功能比较分散	空间结构复杂、影响因素众多的复杂系统
控制有效性	功能、权力集中程度大,控制有效性较高	功能、权力分散,局部控制器之间需要协调,全局有效性低,但对应子系统的控制有效性较高,灵活性好	集中与分散控制相结合,对全局协调及各系统的局部控制有效性高
运行可靠性	集中控制器发生故障,影响全局运行,可靠性较低	分散控制器发生局部故障,不会导致系统全局瘫痪,可靠性较高	递阶控制使故障分离、风险分散,集中控制器与局部控制器之间可以相对独立运行,因此可靠性较高
信息传递性	纵向信息流为主,传递速度快	横行信息流为主,传递速度较慢	递阶式纵向信息流为主,信息传递慢,特别是局部控制器之间的信息传递缺陷较大

资料来源:朱建江、邓智团:《城市学概论》,上海社会科学院出版社 2018 年版。

从上面的比较可以看出,每种控制的方式都各自有优劣势。在安全控制中,控制主体组织的设计首先应在遵循客观规律的情况下,根据自身的情况选择不同的控制系统;同时在控制过程中灵活运用各种机制,克服系统本身的缺陷,同样可以达到良好的效果。

不同规模、不同生产力水平和不同国体的区域,会选择不同的控制系统,形成适于自身发展的区域发展体制。例如,美国的联邦制体制城市群内部各城市及单元之间相互较为独立,没有行政隶属关系,必须选择分散控制模式。我国城市群规模较大,次级城市群层级多,如长三角有四级城镇体系,一般以多级递阶控制体系为主。集中控制模式一般以规模较小的次级城市群或者城市、街道、城镇等单元的体制为主。

(三) 按照合作功能分类

1. 贸易合作体制——北美自由贸易区模式

1944年,美国、加拿大与墨西哥组成的北美自由贸易区(NAFTA)正式启动,从此开创了打破经济发展水平差异组建区域经济集团(组织)的先例。北美自由贸易区是在经济发展水平悬殊的发达国家与发展中国家共同建立南北型区域经济合作组织,实现贸易自由化。NAFTA是紧密型的自由贸易区,具有制度型的合作机制。以《北美自由贸易协定》为依据制定的契约具有法律效力。在协议正式生效前,就通过了一系列法律程序。协定生效后,三国经贸关系就正式以法律形式固定下来,具有很强的约束力。①

NAFTA被认为是历史型的区域合作计划,主要体现在三个方面:在区域贸易合作中,它代表了最广泛的自由贸易协定;第一个在工业国和发展中国家之间签订了互惠贸易协定;提供了在自由贸易协定下的洲际实现贸易保护的独特机会。

2. 共同治理模式体制——欧盟模式

欧洲一体化实质上是区域整合,共同治理的一种社会发展模式。②它以和平、稳定、社会经济均衡发展为目标,在多元一体、主权共享原则下,遵循共同法规和共同机制,实行国家和区域两个层面相互协调、双向互动的区域共治。当前全球区域合作层次最高的是欧盟,其率先实现了成员国内部的劳动自由流动并发行了统一货币,而且出现了诸如成立中央银行和制定《欧盟宪法草案》等联邦制的特征,但最终走向联邦制还是邦联制仍不确定。

3. 多边立体合作体制——东亚区域合作模式

东亚区域合作在各国政府的推动下发展迅速,其主要特点有:一、合作显现多层次性。从合作范围看,既有以"10+3"和"10+1"为基本框架构建的整个东亚区域合作,也有东南亚和东北亚的地区合作,此外还有湄公河、图们江等许多区域的合作;二、合作涉及领域广泛。东亚合作的内容不仅包括贸易与投资便利化,也包括发展中国家关心的

---

①② 曲亮、郝云宏:《竞争与合作:区域经济协调发展研究综述》,《重庆与世界(学术版)》2011年第1期,第75—81页。

经济技术合作,近年来还进一步扩大到反恐、防止跨境犯罪、预防艾滋病等非传统安全领域。东亚地区在金融领域的合作不断加强,已经建立了双边货币互动机制,并正在酝酿进一步提升合作水平。三、由于缺乏有效的多边机制,双边自由贸易区正在成为东亚合作的主要方式,主要是协商对话式的区域合作机制。[①]

4. 多边贸易协商体制——WTO模式

WTO是一种多边贸易体制,充分体现了制度的内涵与功能。[②]WTO本身就是一个规则的化身和体现,它使国与国之间的贸易往来变得更有预见性和确定性。同时,WTO制度减少着协调人类活动的成本,抑制着国际交往中可能出现的任意行为和机会主义行为。

WTO是提供协商的场所,而不是政策制定机关。WTO的规则因时因地适应不同的情形而区别对待,普遍规则要与实际案例的背景相结合。WTO的监督机制是依靠惩罚得以实现。所有WTO成员国都必须遵守非歧视原则、互惠原则、市场准入原则和公平竞争原则等四项原则,违背上述原则的行为会在WTO的制度框架内受到相对应的惩罚或制裁。

世贸组织制度的局限性主要体现在两个方面:一是立法不容易,WTO的每一项谈判内容的选择和确定,都是经过无数次争执和讨价还价才大致取得缔约成员方认同的,其间总是贯穿着谈判的破裂或协议的失败;二是执法的困难,WTO的协定或条款对于不同缔约成员国的约束力是有显著差异的,特别是对于大国、强国,缺乏约束力。

第二节 区域发展机制的概念与内涵

一、机制的概念

机制一词最早源于希腊文,原指机器的构造和工作原理,后泛指系统内部的组织或部分之间相互作用的过程和方式。把机制的本义引申到不同的领域,就产生了不同的机制,如生物机制、市场机制、竞争机制、用人机制、社会机制等。

机制的构建是一项复杂的系统工程,需要在一定的体制框架下,以制度为规范,形成不同部分、不同层次、不同侧面互相呼应、相互作用、补充补充的体系,内部之间需要通过机制形成一种平衡和协调,但复杂的系统一般很难做到"1+1=2"。机制是执行层面的,合理的体制,科学的制度,执行不力,机制仍然不会到位。

二、区域发展机制的概念

区域发展机制是区域内部的城市、乡村、街镇等微观系统之间相互作用的过程和方

[①②] 曲亮、郝云宏:《竞争与合作:区域经济协调发展研究综述》,《重庆与世界(学术版)》2011年第1期,第75—81页。

式。区域发展机制内涵较多,一般包括区域合作机制、区域协调机制、区域分工机制、区域竞争机制、区域利益补偿机制、区域基本公共服务均等化机制、区域创新机制等,这些机制一般也分为不同层面。同时,这些机制往往是动态的,不同的区域发展阶段有不同的重点。

改革开放以来,我国深入实施西部开发、东北振兴、中部崛起、东部率先的区域发展总体战略。其中,按照高质量发展的要求,围绕新时代区域协调发展的新内涵新目标,构建新型的区域发展机制,破除制约发展活力和动力的体制机制障碍,充分发挥市场机制作用,创新区域合作机制,多层次、多形式、多领域的区域合作如火如荼,利益协调机制、组织保障机制、规划衔接机制、激励约束机制、资金保障机制、信息共享机制、政策协调机制等不断建立健全,促进了资源要素跨区域优化配置,科技、教育、人才、资金等要素的流动更加畅通,区域一体化程度不断增强。

三、区域发展机制的实施机构

国内外城市化发展经验表明,区域发展机制需要实体机构来推进才能发挥效用,促进生产力的不断提升。不同体制、不同机制的区域往往设立不同职能的实施机构。同时,区域性治理一定需要所有社会力量共同参与,制定相关的战略、政策和制度,解决共同面临的跨区域问题,提供公共服务,谋求共同利益,这都需要统一实施机构来进行协调和实施。有些区域的实施机构具有人权、事权,有些实施机构则主要起到协调作用;有些实施机构是单一主体,有些实施机构是多个主体。

具有实体性质的如大伦敦政府(Greater London Authority,GLA)是英国伦敦的地方政府,管辖范围包括整个大伦敦地区(包括伦敦市及周边 32 个自治市)。[①]政府由一个直选产生的市长领导,并由一个 25 人的伦敦议会监督。大伦敦政府负责 1 579 平方公里大伦敦地区的规划和管理。它与 32 个伦敦自治市的委员会和伦敦市法团分享地方行政权力。大伦敦政府是为了改善自治市各委员会之间的协调工作而设立的,而伦敦市长则是为了选举一个代表整个伦敦的人物。市长提出政策和预算,并委任伦敦交通局(Transport for London)、伦敦开发局(London Development Agency)等策略行政机关的人员。伦敦市长要向伦敦议会问责,而伦敦议会的主要功能则是监督市长的工作,和审查市长的政策、决定和年度预算,并有批准和修改预算的能力。大伦敦政府的总部在泰晤士河南岸的市政厅,靠近伦敦塔桥。

具有协调功能的是美国城市群内政府部门。美国大多数城市群或都市区通过正式选举产生一个地区性的权力机构,或在统一的政府指导下进行。[②]除了正式的机构以外,地区性的合作也经常通过其他地区性的决策机制网络进行,实际上更多的都市区合作是以非正式的形式进行的。在美国,非正式机构实际上得到更多拥护,因为非正式机

---

① 严荣:《大伦敦政府:治理世界城市的创新》,《上海城市管理职业技术学院学报》2005 年第 3 期,第 47—51 页。
② 雅克·勒韦勒加:《加拿大与美国都市圈内政府治理差异分析》,《城市观察》2009 年第 1 期,第 51—62 页。

制不会影响市民的自治愿望。同时,政府会建立合作机制,寻求社会组织和民众的参与。总体上看,正式的合作机制实施机构包括区域性政府组织、大都市规划理事会、特别服务税收区和合作服务协议,以及民间合作组织等。区域性政府组织(regional or consolidated government structure)是指通过直接选举产生的地区性政府。波特兰大都市区理事会(Portland Metro)是一个直接选举产生的地区性政府,理事会主席是在全地区范围内选举产生,六名理事会成员是由地区内六个分区分别选出,另外还有一位全地区范围选出的审计师会。它的服务对象是俄勒冈州波特兰大都市区下属的三个县(Clackamas、Multnomah 和 Washington 县)和 24 个城市,共 130 多万人口。大都市区理事会负责公共空间的维护、公园的管理、土地使用的规划、地区交通、垃圾处理和循环;还负责监管各种文化设施,如作为生物保护和教育基地的俄勒冈动物园及促进地区经济发展的俄勒冈会议中心。作为波特兰大都市区的地区规划机构,它组织发起了波特兰地区许多合作计划。大都市规划理事会(metropolitan planning councils)是政府主导的地区性规划机构。美国的大都市规划理事会兴起于 20 世纪六七十年代,许多已发展成为地区合作中强劲的推动力量。1967 年明尼苏达州议会成立了大都市理事会,负责协调双城(Twin Cities)大都市区的规划和发展,处理现有的政府框架不能有效解决的事情。1974 年、1976 年和 1994 年又分别通过法案强化了理事会的规划和政策作用,并将三个机构(大都市交通委员会、地区交通委员会和大都市废物控制委员会)的功能一起合并到大都市理事会。双城大都市理事会是一个地区性的规划机构,理事会共有 17 名成员,其中 16 名成员分别代表 16 个地理区域,理事会主席则全面负责。他们都由州长委任,并由州参议院确认。理事会通过主席办公室、社区发展机构、交通和环境机构为社区和公共服务。理事会提供的主要服务包括:运作地区最大的公共汽车系统,收集处理废水,组织社区和公共参与地区未来增长的规划,提供地区人口和家庭增长的预测,为中低收入者或家庭提供平价房,负责地区公园的规划和筹资;提供地区服务的决策和实施机制地区,这些服务包括航空、交通、公园和公共空间、水质和水的管理等,审查对地区有影响的大型项目。这些功能大大提高了大都市地区协作的能力。理事会的运作资金来自多个方面。2003 年,理事会收入的 42% 来自对使用者的收费,如废水处理费、公共交通费等,53% 来自州和联邦基金。约 3% 来自一项七县统一的财产税,另 2% 来自其他渠道。2003 年的总预算为 3.95 亿美元,主要用于废水收集和处理、交通服务,以及资助社区交通和社区发展项目。南加州地区的六个县也成立了一个大都市规划理事会,它联合周边城市共同开发了阿拉曼达走廊(The Alameda Corridor)项目,将原来多条分散运行、长达 90 英里的铁路线,整合为一条高运能的 20 英里铁路线,可以直达洛杉矶和长海滩(Long Beach)等港口。公用事业税收特区(special service taxing districts)和公用事业合作协议(joint service agreements)是地区政府为了一些特定的目标而成立的一些特区,专门支持公用设施建设。1982 年,丹佛(Denver)为了解决便民设施的融资困难成立了第一个地区设施管理区。1988 年,丹佛大都市区的六个县通过全民公决成立了一个特区,征用 1% 销售税中的十分之一用于特区内便民设施的建设。这个特区取得了很大的成功,被许多大都市区加以模仿。1994年,宾夕法尼亚州Allegheny县按照1993年通过的第77号法案成立了一个政府性的组织——Allegheny县地区设施特区(RAD)[①],这是当地政府为了一个特定的目标而设立的地区,专门资助建设地区内设施,包括图书馆、公园和休闲设施、文化和运动设施,可以使宾夕法尼亚州整个西南地区全部受益,并为包括匹兹堡市在内的Allegheny县内各政府解决那些长期未支付的税收问题。这项立法案由匹兹堡市和Allegheny县的政府官员,以及来自Allegheny社区发展大会和大地区商会等私有部门的领导人共同倡议产生。Allegheny地区设施特区有权将全县1%销售税收入的50%分配给地区内128个市镇,用于建设跨社区的图书馆和公园,或建设运动设施和文化场所。税收的另外50%被用于减免财产税,或免除老年人的税务。相对较穷的社区比相对富裕的社区得到更多的税收分配。这些税收的分配由一个董事会负责,董事会成员分别由县长和匹兹堡市市长委派。同时董事会还成立了一个27人组成的顾问委员会,提供公众对政策和程序的建议。Allegheny地区设施特区表明,居民们已经认识到地区的吸引力取决于地区设施的维护,而这一点仅仅靠匹兹堡市是不可能做到的。2004年,特区的预算为7 570万美元,其中31%用于图书馆建设,27%用于公园,10%用于特别设施,如动物园、鸟舍、温室等,22%用于运动设施,9%用于艺术文化设施,用于行政管理的费用不足1%。该特区的公共记录全部向公共开放,接受公众监督。

  非正式的合作机制包括市民组织、市民大会、地区性联盟,或者其他的规划机构,主要都是一些非政府公益性机构。如芝加哥交通和空气质量委员会有29名市民成员以及芝加哥地区几百名市民志愿者的参与。委员会起草了东北部伊利诺伊州的市民交通计划,为未来25年的交通决策制定了一个政策和规划框架。委员会尽其所能帮助区内的居民和组织参与地区长期交通计划的制定,从犹太人城市事务理事会到美国肺协会,共有200多个机构参与了委员会的规划制定过程。Duwamish联盟的名字来自穿过西雅图的一条河,该联盟的参与者来自西雅图和邻近的一些市,以及来自企业、工人、环保机构和联邦、州及当地一些重要机构的代表。该联盟的目的是对位于King县内一条5英里长的Duwamish工业走廊进行清洁、回收再利用,并保护那里75 000份、年工资总额为25亿美元的工作。该联盟一方面采取了许多具体措施治理河流,使许多野生物回归河流,同时也致力于促进政府、产业、社区、环境保护主义者和劳动力之间的合作关系。印第安纳中部地区市民联合会成立于1996年,是一个非营利性公共利益组织。它吸引市民为包括9个县的印第安纳中部地区在21世纪的发展献计献策,并从地区角度出发处理地区问题。该联合会以召开系列讨论会、月度论坛等形式对问题进行辩论。

  我国长三角区域合作办公室也是主要具有协调功能的机构。长三角区域合作办公室由安徽省、浙江省、江苏省和上海市抽调的人员组建而成,主要任务是贯彻落实长三

---

① WHAT IS RAD?,https://www.radworkshere.org/pages/what-is-rad。

角一体化战略,把长三角建设成为贯彻落实新发展理念的引领示范区,成为在全球有影响力的世界级城市群,成为能够在全球配置资源的亚太门户。

四、区域发展体制与机制的关系

一般来说,体制是一种组织框架或架构,机制则是在体制框架下各部分之间相互作用的过程和方式;体制重点指上下之间有层级关系,机制则是内部各部分之间有平行关系;体制具有相对刚性的特点,机制则具有相对灵活的特点。

(一)区域发展体制决定区域发展机制

区域发展体制往往也包含着机制要素,体制是机制发挥作用的前提条件,机制的顺利运行必须在体制大框架下完成,也必须以体制为保障。

(二)区域发展机制对区域发展体制形成支撑

区域发展体制框架只有依赖与之相适应的运行机制才能实现。同时,区域发展机制是由一系列的机制组成的。一般来说,每个机制之间也是不平衡的,有的机制较为健全,有的机制则不完善,机制也有瓶颈和短板。从我国目前区域发展阶段看,主要的问题还是区域协调机制的不健全。对此,要以区域协调机制为重点,以促进区域内部实现有序、协调、互补、互促发展的相互作用方式为核心,推进区域融合发展和一体化发展。

第三节　长三角一体化发展机制

长三角政府合作机制从新中国成立以来就开始了。随着长三角逐步发展成为世界第六大城市群,合作的重点也在不断切换,合作机制也在随着时代不断完善。总体上看,长三角合作机制的历史可以分为"五个阶段,三个节点"。

一、长三角一体化发展机制的发展阶段

(一)第一阶段:适应阶段(中华人民共和国成立初期)

1945年9月由山东分局和北上的华中局合并组成中共中央华东局,成为六大地方局之一,1949年迁往上海,但其后取消。1961年1月18日,中共八届九中全会批准恢复中共中央华东局,1966年,中共中央华东局再次取消。可以说,中华人民共和国成立初期阶段,长三角以华东局的合作为基础,逐步建立了有建制的行政管理主体。华东局的成立是为了适应当时的发展形势,对中华人民共和国成立初期国家治理地方起到了较大的作用,也为长三角政府间合作奠定了实践基础。

(二)第二阶段:计划协调阶段(1982—1988年)

中央以派出机构的方式,对区域进行规划,以中心城市和工业基地为依托,形成以协调为核心的体制机制。虽然最终国家撤销了上海经济区,但是上海经济区规划办公室的出现第一次打破了行政区界限,以经济区为单位组织和管理区域经济事务,特别是

确立了交通、能源、外贸、技术改造及长江口、黄浦江和太湖综合治理等为规划重点,提出了10大骨干工程,为之后长三角融合发展机制的形成和完善积累了丰富的协调经验,奠定了坚实的实践基础。

（三）第三阶段:要素合作阶段(1990—1997年)

以浦东开发开放为核心的改革开放,为长三角区域打破要素合作的限制开辟了新局面,随着民间合作的呼声一浪高过一浪,政府间成立长江三角洲协作办(委)主任联席会议,长三角区域合作进入。

（四）第四阶段:制度合作阶段(1998—2007年)

这是我国城镇化进入加速期的阶段,区域一体化合作上升到两省一市最高决策层,决策层、执行层、操作层的合作机制基本形成。

（五）第五阶段:转型调整阶段(2008—2017年)

随着全球金融危机的影响,以苏南模式、温州模式、义乌模式等延续下来的传统粗放型发展模式已经难以为继,纷纷进行结构调整。①第六个阶段将从2018年开始,进入战略统筹阶段。在"一带一路"、长江经济带、自贸区(自由港)、有全球影响力的科创中心建设等一系列新时代国家战略指导下,上海发挥"引领"作用,通过统筹规划,进一步突破生产关系的束缚,产生了巨大的同城化效应,推进了长三角大市场的形成。②

表30-2　长三角地区融合机制历史沿革

阶段	节点	最高层会晤	组织形式	范围	备注
第一阶段	1982年12月	两省一市省市长会议制度	中央派出机构协调	上海、苏州、无锡、常州、南通、杭州、嘉兴、湖州、宁波、绍兴	
	1986年			上海、江苏、浙江、安徽、江西、福建	1988年6月撤销
第二阶段	1992年	长三角城市协作办主任联席会议	成员城市合作	上海、南京、苏州、无锡、常州、扬州、镇江、南通、杭州、嘉兴、湖州、宁波、绍兴、舟山	
	1996年			上海、南京、苏州、无锡、常州、扬州、泰州、镇江、南通、杭州、嘉兴、湖州、宁波、绍兴、舟山	扬州拆为扬州和泰州,联席会议成员增至15个
	1997年4月	长三角城市经济协调会市长联席会议		上海、南京、苏州、无锡、常州、扬州、泰州、镇江、南通、杭州、嘉兴、湖州、宁波、绍兴、舟山	

---

① 王庆五、章寿荣:《长三角蓝皮书:2015年新常态下深化一体化的长三角》,社会科学文献出版社2015年版。
② 张学良、林永然、孟美侠:《长三角区域一体化发展机制演进:经验总结与发展趋向》,《安徽大学学报(哲学社会科学版)》2019年第1期,第138—147页。

(续表)

阶段	节点	最高层会晤	组织形式	范围	备注
第三阶段	2001年	沪苏浙经济合作与发展座谈会	副省级会议	上海、江苏、浙江	
	2003年8月			上海、南京、苏州、无锡、常州、扬州、泰州、镇江、南通、杭州、嘉兴、湖州、宁波、绍兴、舟山、台州	
	2004年	沪苏浙主要领导会晤	省级会议	上海、江苏、浙江	
	2007年	沪苏浙皖主要领导会晤	决策层、协调层和执行层框架体系	上海、江苏、浙江、安徽	合肥市、盐城市、马鞍山市、金华市、淮安市、衢州市加入城市经济协调会
第四阶段	2013年	沪苏浙皖主要领导会晤		上海、江苏、浙江、安徽	芜湖、滁州、淮南、丽水、温州、徐州、宿迁、连云港加入城市经济协调会

资料来源:根据《长三角区域合作协调机制研究》(上海社会科学院课题组,2007)以及后续发展情况整理。

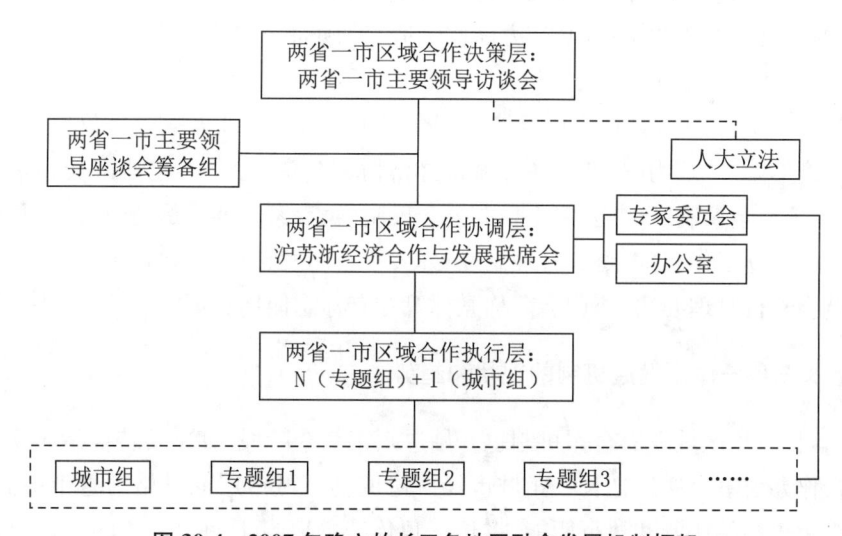

图 30-4　2007年确立的长三角地区融合发展机制框架

资料来源:根据《长三角区域合作协调机制研究》(上海社会科学院课题组,2007)整理。

可以看到,改革开放以来,长三角区域一体化进程经历了五个周期,已经进入第六个周期。从前面五个阶段看,基本是每十年一个周期,这是与我国经济发展的历史阶段特征相契合,也与多年来实施五年规划相契合的。从目前情况判断,长三角经济社会开始通过平台整理进入下一轮发展阶段,合作机制也将随着社会发展的需求进入新的发展阶段。

二、长三角一体化发展机制的历史节点

(一)第一节点:1997年

确立了长三角协调会机制,标志着长三角地区融合发展机制迈出第一步。在1997年的长三角经济协调会第一次会议上,通过了《长江三角洲城市经济协调会章程》,但该章程相对较简单,就基本宗旨、原则、任务、组织机构、活动形式、常务主席方、执行主席方、常设联络处、经费缴纳和管理等作了原则性的规定,并确立了专(课)题制度。

(二)第二节点:2007年

2007年,确立了以决策层为核心,由决策层、协调层和执行层共同组成的多层次融合发展机制框架体系,标志着长三角地区融合发展机制进入了系统化、科学化的新阶段。长三角地区融合发展机制从"自下而上"向"自下而上"与"自上而下"相结合,贯彻执行国家政策,科学决策地区发展更加坚决,融入国家战略的步伐更加紧密。2007年,长三角经济协调会第八次会议对《长江三角洲城市经济协调会章程》进行了修改,虽然是第二次修改,但是创新性的变革。重点修改内容是:按照党的十七大关于推动区域协调发展的精神,温家宝总理在"长江三角洲地区经济社会发展座谈会"的讲话要求,"沪苏浙主要领导座谈会"对长三角区域合作和协调发展的工作部署,对"基本宗旨""基本任务"内容作了相应调整和衔接;根据协调会近年来在实践中形成的有效工作机制,在"组织机构""议事形式""工作职责"方面作了适当的修正和完善。

(三)第三节点:2015年

2015年3月26日,经长三角经济协调会第十五次市长联席会议审议通过,形成了"1+n"制度体系。"1"为《长江三角洲城市经济协调会章程》,"n"包括市长联席会议制度、办公室工作会议制度、办公室主任办公会议制度、专家咨询委员会暂行管理办法、城市合作专(课)题工作制度、财务管理制度、办公室新闻发布制度、执行主席方工作制度、专业委员会暂行管理办法、协调会名称徽标等专有标志使用管理办法等。

三、长三角一体化发展机制的现状和趋势

目前,长三角区域政府合作机制也开始进入第六个阶段,其主要特征是成立了长三角区域合作办公室。通过把长三角城市经济协调会从城市层面升格为省市层面,大大提升了组织机构的协调和执行职能,将长三角传统的以自下而上为主的协调形式进一步向自上而下与自下而上相结合的模式推动,进一步提升了合作机制的全局作用。上海市委书记李强提出未来长三角一体化发展将聚焦五个着力点进行推进:一是规划对接。下一步要重点加强规划对接,强化功能布局互动,来形成分工合理、各具特色的空间举措。李强在举例时说,"如果各地的规划不协同,很多事项就难以落地,比如断头路就是这个问题。"二是战略协同。三省一市都承担着一些重大的国家战略和重要的改革

举措,比如自贸试验区建设、行政审批制度改革、科技和产业创新中心建设等。李强表示,三省一市将共同推进试点,共享改革成果,放大改革创新示范效应和带动作用。三是专题合作。长三角已有交通、产业、科技、环保等12个方面的专题合作,将聚焦各方关注的问题,提升专题合作质量,在基础设施的互联互通、公共服务便利化等方面,长三角地区将深化研究,明确措施,积极推进。四是市场统一。更加注重运用市场的力量,进一步消除市场壁垒和体制机制障碍,共建一批开放性的合作平台,在更大范围内推动资源整合、一体化共享。五是机制完善。在已形成决策层、协调层和执行层"三级运作"机制的基础上,进一步完善常态长效体制机制,配强专业力量,形成更高效的运作模式。①

参考文献

方新:《中国科技体制改革——三十年的变与不变》,《科学学研究》2012年第10期。

祁述裕:《中国和欧盟国家文化体制、文化政策比较分析》,《中国特色社会主义研究》2005年第2期。

秦德君:《中国社会体制问题研究》,《上海行政学院学报》2010年第4期。

曲亮、郝云宏:《竞争与合作:区域经济协调发展研究综述》,《重庆与世界(学术版)》2011年第1期。

王静:《日本、韩国土地规划制度比较与借鉴》,《中国土地科学》2001年第3期。

王庆五、章寿荣:《长三角蓝皮书:2015年新常态下深化一体化的长三角》,社会科学文献出版社2015年版。

雅克·勒韦勒加:《加拿大与美国都市圈内政府治理差异分析》,《城市观察》2009年第1期。

严荣:《大伦敦政府——治理世界城市的创新》,《上海城市管理职业技术学院学报》2005年第3期。

张道根等编著:《长三角蓝皮书:2018年新时代发展的长三角》,社会科学文献出版社2019年版。

张学良、林永然、孟美侠:《长三角区域一体化发展机制演进:经验总结与发展趋向》,《安徽大学学报(哲学社会科学版)》2019年第1期。

朱建江、邓智团:《城市学概论》,上海社会科学院出版社2018年版。

---

① 张道根等编著:《长三角蓝皮书:2018年新时代发展的长三角》,社会科学文献出版社2019年版。

第三十一章 区域发展政策

区域发展政策是推进区域发展的重要环节,也是区域发展中重要的组成部分。区域发展政策是在区域体制机制大框架下制定的,推进区域发展的具有一定法律效力的一系列标准和规范性文件。区域发展政策的实质是一种生产关系,是为了适应和推动生产力发展,在制定、实施、评估、修订等方面形成的一系列步骤和程序。

第一节 区域发展政策概念

一、政策的概念

政策是国家政权机关、政党组织和其他社会政治集团为了实现自己所代表的阶级、阶层的利益与意志,以权威形式、标准化地规定在一定的历史时期内,应该达到的奋斗目标、遵循的行动原则、完成的明确任务、实行的工作方式、采取的一般步骤和具体措施。政策的实质是阶级利益的观念化、主体化、实践化反映。

政策具有以下特点:①阶级性。这是政策的最根本特点。在阶级社会中,政策只代表特定阶级的利益,从来不代表全体社会成员的利益、不反映所有人的意志。②正误性。政策是阶级利益的反映,故而任何阶级及其主体的政策都有正确与错误之分。③时效性。政策是在一定时间内的历史条件和国情条件下推行的现实政策。④表述性。就表现形态而言,政策不是物质实体,而是外化为符号表达的观念和信息。它由有权机关用语言和文字等表达手段进行表述。国家层面的政策,一般分为对内与对外两大部分。对内政策包括财政经济政策、文化教育政策、军事政策、劳动政策、宗教政策、民族政策等;对外政策即外交政策。政策是国家或者政党为了实现一定历史时期的路线和任务而制定的国家机关或者政党组织的行动准则。

二、区域发展政策的定义

区域政策一般以促进经济增长和优化社会分配作为主要目标,具有跨领域、多层次、宽范围、全局性的特点。区域政策根据作用、目标等因素有多种分类模式。因政策作用的空间范围、政策目标以及侧重点不同,区域政策可以分为广义区域政策和狭义区域政策。[1]广义的区域政策,是以政府为主体,以协调区域经济发展为对象,为弥补市场在空间范围配置资源失灵而采取的相应对策的总称,对不同区域均有影响,具有普适性。从覆盖内容上看,区域政策包括区域经济政策、区域社会政策、区域环境政策、区域政治政策、区域文化政策、区域资源空间配置政策、区域经济协调政策等。狭义的区域政策是专门为解决区域的某一特定问题而制定的政策,或者有时候仅指区域经济政策,具有很强的针对性。区域政策的制定往往是基于相关的多个理论,如区域均衡理论、区域非均衡发展理论、区域成长理论、增长极理论、区位理论、区域分工与贸易理论,等等,这些理论在实践中不断调整与完善。[2]根据政策涵盖范围,可将区域政策又细分为总政策、基本政策和具体政策。总政策是关于国家全局性、根本性的政策,其决定着社会发展的基本方向,包括总路径、总纲领、总任务、总目标等,如区域协调发展目标、城乡协调发展路径等;基本政策是"在总政策制约下,解决社会基本领域中存在的主要问题时必须坚持的行为规范"[3],其由一系列的特定领域政策或者跨领域组成,如财政政策、产业政策、民族政策等;具体政策是"为解决社会发展中某个领域某个问题的具体政策"[4],如财政支出与收入政策、扶贫政策等[5]。

区域发展政策是通过对整体区域进行全面的发展分析,从而制定的具有全局意义的发展政策,具有长远性、方向性、系统性、层次性和全局性的特点,包含区域发展政策、部门发展政策和地区发展政策三大层面,涵盖产业结构、人口数量、社会发展、生态环境、文化建设、医疗卫生等方面,以推动和协调各地区经济发展,实现资源最大化配置为目标。

总体而言,区域发展政策基本组成包括三大内容:区域产业政策、区域发展组织政策和区域调控政策。[6]其中,区域产业政策是指依据区域实际发展情况和资源分布,采取相关的政策手段与方式,制定与之匹配的资源调控、产业布局、产业配置等政策,搭建区域发展的框架,是区域发展政策的基础;区域发展组织政策是为了协调区域间的各利益关系,建立相关的政策,其作用是维持各利益的平衡,规范秩序,是区域发展政策的保

---

[1] 胡春阳、廖信林:《区域政策研究综述:概念、演化及调整思路》,《现代管理科学》2017年第11期,第118—120页。
[2] 刘玉、刘毅:《区域政策研究的回顾与展望》,《地理科学进展》2002年第2期,第153—162页。
[3][4] 严强等编著:《公共政策学》,南京大学出版社2002年版,第166页。
[5] 杨龙:《国区域政策研究的切入点》,《南开学报(哲学社会科学版)》2014年第2期,第61—64页。
[6] 姜丽丽、王士君、冯章献:《区域协调发展战略指引下的区域政策框架构建》,《世界地理研究》2009年第2期,第56—63页。

障;区域调控政策是为了区域经济发展和区域内外部的协调平衡,而采取与制定的相关方式与政策,实现国家与区域的效益最大化,是区域发展政策的支撑。三者相互联系与支持,共同组成了区域发展政策的基本内容。

第二节 区域发展政策体系

一、政策体系

政策体系是指不同政策单元之间和同一政策内部不同要素之间的关联性及其与社会环境相互作用而形成的系统。其具有以下特点:

1. 整体性。政策体系是一个有机的整体,这是政策体系首要的基本特点。
2. 相关性。指政策系统内部以及系统与环境之间的相互依存性质。
3. 层次性。从纵向结构看,政策体系从高层到低层分为若干等级,高层级政策是低层级政策的基础,低层级政策是对高层级政策的具体化。从横向结构看,政策体系内部分为不同类别的子系统,它们之间相互补充、配合、协调,使政策体系得以保持自身的有机整体性。
4. 有序开放性。这是政策运行状态的特征之一。有序性体现了政策体系的结构和运动按照一定秩序有规则地进行。开放性体现了政策体系与社会环境之间的关系。

政策体系的功能包括三个方面:自我维持、综合治理、功能最大化。

政策体系的纵向结构包括总政策、基本政策、具体政策:

1. 总政策

这是政策主体在一定历史阶段为实现一定任务而规定的指导全局的总原则,其构成要素主要包括总目标、总任务和总路线,内容具有高度的概括性、综合性、长期性和全局性,是一种战略政策。

2. 基本政策

这是政策主体用以指导某一领域或方面工作的指导原则、基本方针。它是总政策在某一领域或方面的具体化,具有区域性和阶段性两个特征。

3. 具体政策

这是不同层次的政策主体针对某一具体问题而制定的具体措施、准则、界限性规定。它是基本政策的具体化和分解,有具体性、可操作性、时效短、变动快等特点。

政策体系的横向结构包括政治政策、经济政策、文化政策、社会政策和对外政策:

1. 政治政策

这是以争取政权或维护政权为中心目标,以全面协调社会各阶级、阶层、党派、集团、公民的政治权利和义务关系为基本内容的政策。它在政策体系横向结构中处于首要地位。

2. 经济政策

这是以调节人们的经济利益关系为基本内容,以促进经济发展为根本目标的政策。

它在政策体系横向结构中处于基础地位和决定作用。

3. 文化政策

这是以指导人们精神生活为内容,以建设精神文明为根本目标的政策。

4. 社会政策

这是以协调人类群体和社会环境关系为内容,以保证社会有机体良性运行为根本目标的政策。它要解决的是人类社会存在的最基本的环境条件,其他政策不能解决的问题,最后都要由社会政策来加以解决。

5. 对外政策

这是以协调国与国之间关系为内容,以创造良好的外部国际环境为根本目标的政策。

政策体系横向结构中的各个构成要素,各有不同的调控对象,功能各异,它们之间存在着相互补充的关系,因此在实际运行中应彼此协调、相互配合,从而促进整体社会的协调有序发展。

二、区域发展政策体系

区域发展政策是依据区域的发展优势条件、发展要求、发展目标、未来空间范围内经济和社会发展规划而作出的具有全局性、高层次的政策规划,是区域经济社会的发展战略和全局谋划的有机结合体现。长期以来,随着我国区域发展战略不断发生变化,区域发展政策体系也在相应地不断改善与发展,可以分为四个阶段。

第一阶段是1949—1978年,新中国刚刚成立,第一要务是恢复满目疮痍的中国经济,改变工业基础薄弱、产业布局不平衡的现状,因此本阶段采取区域平衡发展战略,平衡区域之间的要素与产业布局、缩小区域之间经济发展差距是区域发展政策制定与实施的出发点和基本特征。①受传统计划经济体制影响,政策实行主要是由上至下的单向指令式,区域发展战略偏向强调平衡发展,尤其是对落后的内陆地区进行政策倾斜,通过在国家投资和重点项目的布局方面进行生产力调控和资源调控,在一定程度上缓解了东西部区域发展不平衡的情况,但当时"重内地,轻沿海"的均衡战略抑制了沿海地区、东部地区的经济发展和效率。

第二阶段是1979—1991年,国家深刻总结了"大跃进""文化大革命""五年计划"的教训与弊端,开启了改革开放的历史进程。伴随着区域发展战略和体制的转变,区域政策体系也发生了相应的变化,这一阶段的区域政策屏弃了平衡发展理论,推崇非均衡发展策略,选择先让一部分地区尽快富起来,带动其他地区,因此国家投资布局和区域政策鼓励成本低见效快、强调效率目标,区域政策向基础条件较好的沿海地区倾斜,兴办经济特区,大力发展经济技术开发区、沿海海港城市、珠三角/长三角/京津冀区域,设计

---

① 姜丽丽、王士君、冯章献:《区域协调发展战略指引下的区域政策框架构建》,《世界地理研究》2009年第2期,第56—63页,第152页。

浦东新区发展规划。①同时为了兼顾公平,一并实行扶贫开发政策,重新设定扶贫目标,制定相关的优惠政策与福利,加强扶贫专项资金扶持力度,大力推行实行以工代赈带动经济,以及实行民族地区政策,带动民族地区经济,如制定东西扶贫计划、建立财政补贴和专项补助、实行对口支援以及税收优惠等政策。

第三阶段是1992—1998年。1992年,我国正式确立了建立社会主义市场经济的体制改革目标模式,区域协调发展这一概念受到了国家与政府的重视,开放了一大批的沿边、沿江城市,国家政策指导思想明确提出了区域协调发展的概念,自此由"沿海发展战略"向"区域协调发展战略"转型,②将区域发展政策调整为统筹规划全国区域,发挥地区优势,协调沿海与内地、经济发达与经济不发达地区的关系,注重发展结果、发展能力、发展机会的空间平衡。③在这一时期的区域发展政策为实行全方位的对外开放政策,进一步扩大开放程度,如增加沿海地区的保税区和延边通商口岸城市、扩大经济开放区的范围、增设国家经济技术开发区、提高经济开发区的政策自由空间、实行更多的政策倾斜;并进一步调整国家投资和产业布局政策,如将投资布局重点转移至东部、鼓励外商到东部地区投资、推进高新技术产业开发区的建设、促进棉纺织设备的区域转移;进一步完善国家扶贫政策体系,如继续开展扶贫协作与对口支援、制定八七扶贫攻坚计划、建立专项基金、增加扶贫资金、优化扶贫资金的使用效率等。④整体而言,这一时期的区域政策极大地推动了东部沿海地区的发展,建立起多元的所有制结构,各区域呈现各具特色的活跃态势,形成新时期的区域经济格局。

第四阶段是1999年至今。在这一阶段,我国区域发展政策的目标明确为解决区域间经济发展不平衡和协调区域间利益相关,建立起"三大地带""四大板块"、四类主体功能区划以及多个"综合配套改革试验区"和国家级新区组成的区域经济政策体系。⑤这一时期的区域政策展现出全方位、多领域、深层次的协调开放发展战略格局与目标,更加重视区域的协调发展与统筹规划,注重东中西、沿海和内地的产业联动与产业分工,重视资源配置效用的最大化,重视区域一体化,重视与国际合作,重视科学性的国土空间开发。⑥在这一时期,我国工业化发展迅速,极大地推动了城市化的进程,经济活动空间集聚程度日益增高,区域联动性不断增强,合作的深度与广度都有进一步的提升,区域产业分工明显增强,比较优势得以最大化发挥,规模效应愈发突出,并出现了区域增长极,显著带动区域内的发展,区域的市场化和国际化并得到了显著提高,经济活力与主动性也有显著性提高。但是,与此同时,区域间的竞争关系加剧,城市群之间开始出

---

① 肖金成、安树伟:《从区域非均衡发展到区域协调发展——中国区域发展40年》,《区域经济评论》2019年第1期,第13—24页。
②⑤ 汤学兵、张启春:《完善我国区域经济政策体系的战略构建——基于国内外区域经济政策理论与实践的考察》,《贵州社会科学》2013年第3期,第70—75页。
③ 孙志燕、侯永志:《对我国区域不平衡发展的多视角观察和政策应对》,《管理世界》2019年第8期,第1—8页。
④ 杨龙:《中国区域政策研究的切入点》,《南开学报(哲学社会科学版)》2014年第2期,第88—102页。
⑥ 付晓东:《70年来我国区域政策演变历程与未来趋势》,《国家治理》2019年第21期,第26—40页。

现分化,区域内部的资源与效用差异也不断拉大,中西东部的经济发展差距依然悬殊,南北区域的差距日趋拉大,区域发展打破了四大板块的限制,我国区域发展政策面临着一系列的挑战,艰巨而漫长。①

随着区域发展战略的调整与优化,我国的区域发展政策体系也不断完善与趋于稳定,目前我国区域发展政策体系分为两个层次,分别是国家层次和地方层次,区域发展协调机构则是连接两者的重要平台与桥梁,形成横向联系纵向调节的系统。并搭建起以行业政策为主但区域有别、以初步形成社会主义统一市场为基础、以基本公共服务均等化为目标、以兼顾公平与效率为协调利益方向的区域发展政策体系框架。②

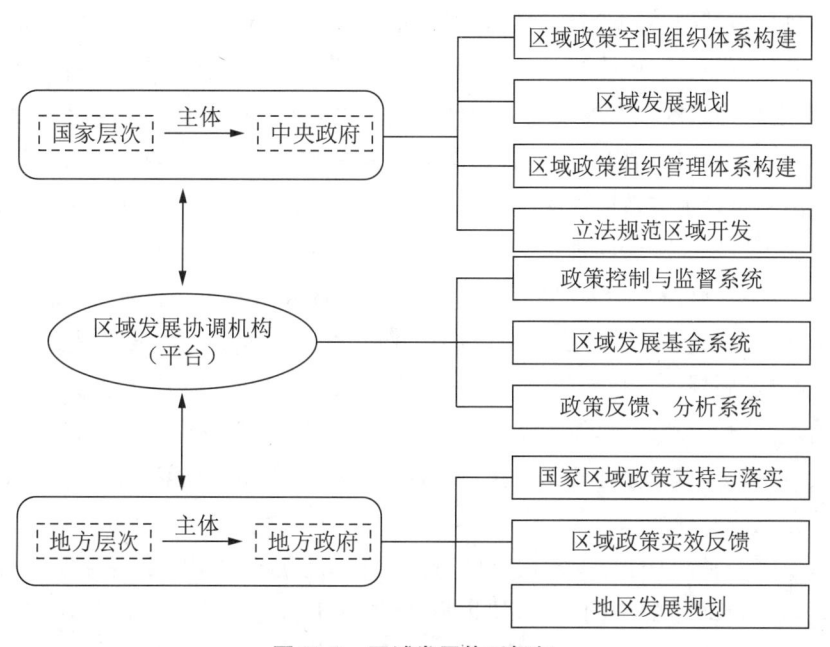

图 31-1 区域发展体系框架

资料来源:姜丽丽、王士君、冯章献:《区域协调发展战略指引下的区域政策框架构建》,《世界地理研究》2009 年第 2 期,第 56—63、152 页。

国家层次:以中央政府为制定与执行的主体,侧重宏观调节,根据区域类型的不同实行不同的发展政策,以兼顾公平与效率为主要目标,如产业布局、开放政策、财政转移支付政策、公共财政政策、扶贫政策等,更加突出均衡性与协调性,优化区域发展,缩小区域差距。其中,区域政策空间组织体系构建、区域发展规划、区域政策组织管理体系构建、立法规范区域开发构成了国家层次区域发展政策体系的主要内容。区域政策空间组织体系是指中央政府与地方政府以及各级政府之间的关系与分工,明确区域发展

---

① 黄征学、覃成林、李正图、陈建军:《"十四五"时期的区域发展》,《区域经济评论》2019 年第 6 期,第 1—12、165 页。
② 贾若祥:《完善我国区域政策体系》,《中国发展观察》,2018 年第 Z2 期,第 70—73 页。

政策的实施目标,确定区域发展政策战略路径;①区域发展规划是指依据各地区当前的社会经济情况和可实现的未来发展趋势,制定不同的政策目标与规划,采取相应的政策手段和政策资源保障,更具有地域性和综合性的特点,包含区域发展总体规划、各地区域发展规划以及专项发展规划;区域政策组织管理体系构建是指管理机制的设计、管理机构的搭建以及政策工具与手段的选取,这与区域发展政策的规模与目标具有很强的相关性;立法规范区域开发是指依据区域发展政策,制定与之相匹配的法律,规范相关利益主体的行为,消除行政壁垒与政策壁垒,为区域发展政策提供法律庇荫,保证政策的顺利进行,实现政策目标。②

地方层次:以地方政府为制定与执行的主体,侧重地区内发展与微观调节,以国家区域发展政策为基础,根据当地的实际发展情况与资源特点,制定相匹配的发展政策,如投资政策、产业政策、税收政策、招商引资政策等,具有针对性、具体性和特色性的特点,在本质上是国家区域发展政策的延伸。其中,国家区域政策支持与落实、区域政策实效反馈、地方发展规划构成了地方层次区域发展政策体系的主要内容。国家区域政策支持与落实是指地方政府以中央区域发展政策为依据,以地方实际情况为基础,执行与落实国家区域发展政策与理念,如国家产业政策的地方延伸、当地税收优惠政策制定等;区域政策实效反馈是指人民群众自下而上地反馈发展政策实行效果,政府根据民众的反馈了解政策的效果与不足,调整与优化政策,在一定程度上也是区域政策评价的重要来源;地方发展规划是指地区以国家区域发展政策为纲要,依据自身的社会经济发展状况和治理能力,因地制宜,制定本地区的区域发展规划与目标,具有地方特色,如当地的产业政策、投资政策、企业优待政策、产业布局政策、劳动力政策等,进行资源调配,推动地方社会经济发展。

区域发展协调机构:是国家层级的管理机构,是联系国家层次区域发展政策与地方层级区域发展政策的中间平台,协助两者之间开展密切合作,有序引导权力转移,并监督与制约政府的行为,避免政府为了快速发展而采取过于激进、不科学的行为与手段。其中,由政策控制与监督系统、区域发展基金系统、政策反馈与分析系统构成了区域发展协调机构的主要内容与职能。政策控制与监督是督促政府合理制定区域发展政策,依法实行发展政策;区域发展基金系统则是筹集国家基金、社会基金、民间投资等各类资金并进行统一管理,为区域发展政策提供资金保障,确保资金合理、有针对性地利用;政策反馈与分析系统是引入了各级政府与公众的意见,并从不同维度,选取不同指标与体系,科学合理地评价区域协调发展政策,③及时发现存在的问题和实施中的困难,提出解决方案,进行动态调整,保证政策是符合国情、民意和地

---

① 汤学兵、张启春:《完善我国区域经济政策体系的战略构建——基于国内外区域经济政策理论与实践的考察》,《贵州社会科学》2013年第3期,第70—75页。
② 姜丽丽、王士君、冯章献:《区域协调发展战略指引下的区域政策框架构建》,《世界地理研究》2009年第2期,第56—63、152页。
③ 袁惊柱:《区域协调发展的研究现状及国外经验启示》,《区域经济评论》2018年第2期,第132—138页。

发展情况的。

第三节 区域发展政策制定

一、制定部门

不同层次的区域政策制定具有相应不同层级的制定部门与组织。国家区域政策的制定主体是中央政府及其所属的有关机构,如财政部、中央银行、国家发展计划委员会、立法机构与司法机构、税务局、国家层级的区域发展基金、全国性的区域开发机构组织等。地方层次的区域发展政策制定部门主要有区域层次的地方政府管理机构,如地方政府、地方级别的区域发展基金组织、地方级别的区域开发组织和其他地方级别的区域开发机构等。

我国目前采用的是分立式的职能部门模式,决策权掌握在中央政府,地方政府属于从属地位,拥有处理地方事物的自主权,负责政策的具体实施与落地,但部门之间相对独立,职责分散,联系不够紧密。我国应建立分工明确的制定体系,即"中央统筹、省负总责、市县参与",国家发改委负责区域的统筹协调,财政、人力、社保等相关部门共同推进,省、市则负责具体落实,纵向交流横向沟通,实现动态的政策制定,并区分政府职能与市场功能,形成政府引导与市场机制并行的分工协调机制。①②

二、制定程序

（一）政策制定的基本原则

一般来说,政策方案的设计要遵循四个原则:①政策方案要具有多样性。也就是说,在设计政策方案时,一般不能只提出一套方案,而是要提出多套方案供决策者比较选择。因为在实践中,由于政策问题的复杂性,很难提出一套从各种角度衡量都十全十美、大家一致认可的政策方案。只有从不同的角度提出多种不同的方案,才有利于在比较的基础上进行选择,从而有利于政策的优化。②政策方案要满足整体上的完备性和个体之间的互斥性。所谓整体上的完备性,是指应尽可能把所有的备选方案全部提出来,以避免好的政策方案被遗漏。所谓个体之间的互斥性,是指所提出的各个不同的备选政策方案之间必须相互排斥,不能彼此包含、交叉,从而有利于对政策方案进行比较选择。③政策方案的设计要具有创造性。在设计政策方案时,一味抄袭以前成功的政策或者生搬硬套其他国家和地区的成功经验是一大忌讳。因为随着时间和空间的改变,成功的经验未必适用当前的实际。即使情形相近,也需要在仔细分析的基础上,发挥创造性,寻求具有独创性的政策方案。这样做不是为了标新立异,而是为了尽可能找

---

① 周叶中、刘诗琪:《地方制度视域下区域协调发展法制框架研究》,《法学评论》2019 年第 1 期,第 28—35 页。
② 贾若祥:《完善我国区域政策体系》,《中国发展观察》2018 年第 Z2 期,第 70—73 页。

到更好的政策方案。④政府主导，社会参与。充分发挥政策导向作用，并引入市场机制，调动各方参与政策设计的前期研究和制定工作，把政府管理与社会参与有机结合起来，提高政策设计的社会化程度。

（二）政策制定的工作流程

政策制定的主要流程可以分为三大步骤：确定目标、规划方案、政策抉择。

1. 公共政策目标确定

（1）公共政策目标含义：政府解决公共政策问题采取相关政策以达到对应的目的和效率。

（2）公共政策目标两大特征：问题针对性和未来预测性，政策的制定是为了解决区域中存在问题并推动区域发展，因此在制定中会以针对区域问题和未来发展方向为依据，具有明确的导向性。

（3）政策目标：政策的目标是增加公平、提高效率、保障自由、注重安全，具体可以细分为远期政策目标、近期政策目标及短期政策目标。

（4）确定政策目标两大意义：制定政策方案为区域发展提供针对性的指导；为区域发展政策方案规划、实施提供审核评估标准。

（5）确定政策目标原则：实事求是（制定的政府符合区域的实际发展情况，是可实现、可达到的）、面向未来（政策制定必须具有前瞻性考量，是符合未来发展方向的）、系统协调（政策制定必须要统筹协调，具有联动性、整体性、一体化）、明确具体（制定的政策必须要具体明确，以便政策的推行，不能是空泛模糊的）、伦理考量（制定的政策必须符合法律与社会伦理，方能获得民众的认可）。

2. 公共政策方案规划

（1）政策规划（政策构建）含义：指建立相关政策议程，制定政策目标，构建政府组织力量，并草拟评估政策方案和实施流程步骤。

（2）政策规划特征：针对性（针对区域存在的问题）；强调目的（推动区域发展，协调发展，缩小差距）；重视过程（注重实施的规范性、科学性、有序性）；着眼整体（市场化与政府主导并存）。

（3）单一主体政策规划与多元主体政策规划含义利弊比较：

单一主体政策规划——规划主体政府机构唯一。

多元主体政策规划——规划主体包含政府机关、研究机构、利益集团等多方相关主体。

单一主体模式——优点：能够掌握全局，制定流程简单，高效；缺点：公平性、科学性难保证，缺乏民主性。

多元主体模式——优点：具有公平性、科学性和民主性；缺点：效率较低，考虑方向可能过于片面，存在利益博弈。

（4）政策方案设计原则：紧扣政策目标、规划科学合理、方案相互独立、方案具有创新性、方案切实可行。

3. 公共政策抉择

（1）听证制度含义：要求政府制定决策时要听取相关专家、相关管理主体、相关利益代表等公众的意见，这样有利于政策规划抉择透明化、科学化、民主化、公平化和规范化。

（2）政策方案评估科学性与择优：对各项政策方案的可行性、预测性、合理性、科学性前瞻性进行比较评估分析，从而选择最优的政策方案。

第四节 区域发展政策实施

一、实施部门

区域政策的实施部门与制定部门基本一致。通常是在国务院成立相关的区域发展领导小组，一般由国务院总理担任组长，并采取众多相关部门联动机制，同时在国家发展与改革委员会设立办事处，作为常设机构。例如，已设立的机构就有国务院西部地区开发领导小组办公室、国务院振兴东北地区等老工业基地领导小组办公室等。[1]同时，相关省、自治区、直辖市和地（市）、县级政府也成立相应的组织机构，由地方政府统筹，专门负责各地方的区域发展政策实施与反馈。区域协调发展机制则负责监督区域发展政策的实施，收集反馈，评价政策实施效果。

二、实施步骤

政策实施是为了实现政策目标而综合运用各种手段与方法的过程，是将观念转化为实际行动的一系列政策活动。行动内容可以分为将发展政策落地的行动和为实现发展目标而努力的行动，具有目标性、针对性、执行性、强制性、实践性和时间性的特征。

区域发展政策的实施过程可分为七个步骤：第一步是问题区域的识别，找出区域存在的问题，以便对症下药；第二步是区域发展政策目标的确定，以区域实际特征为依据，制定符合本区域发展情况的目标；第三步是发展政策手段的选取，基于发展目标与当地区域的人文风俗，选取最适合本区域的政策手段；第四步是发展政策资源的保障，明确政策实施所需的资源，并为其提供保障；第五步是发展政策的具体实施，具体落实区域发展政策的每一步；第六步是发展政策实施过程的监督，确保政策的目标和计划能按部就班顺利执行；第七步是发展政策效果的评估与反馈，促进政策制定与实施更科学化，实现动态化政策发展。[2]

区域发展政策的实施必须坚持严格、规范、动态的程序化道路，每一个步骤与环节

---

[1] 付晓东：《70年来我国区域政策演变历程与未来趋势》，《国家治理》2019年第21期，第26—40页。
[2] 蔡之兵：《区域政策实施效果保障体系研究》，《中国国情国力》2017年第1期，第61—64页。

都有清晰与相对固定的模式,但会相对具有弹性,应给予一定的调整与发展空间,并辅以监督以确保政策的正确实施。同时对区域发展政策的每一环节要予以绩效评估,记录和分析评估结果,找出问题的关键点以及解决措施,在实施的下一步以及未来的政策实施中予以改进,最终实现区域发展政策的目标与效益。

第五节　区域发展政策评估

一、评估机构

区域发展政策评估一般是区域政策实行流程的最后环节,具有非常重要的作用,是检验政策效果的重要手段,也是改进和优化的重要来源,但是评估具有难量化、缺标准的特性,因此制定评估方案必须严谨,获得较高的认同。区域发展政策评估往往是委托第三方机构来进行评估,以保证评估结果公正,也有社会机构因兴趣自发开展评估,如高校、科研机构。[①]第三方评价是指由独立于政府及其部门之外的第三方组织实施的评价,也称外部评价,通常包括独立第三方评价和委托第三方评价。开展第三方评估,必须坚持以下原则:

第一个原则是服务决策。围绕国家、省、自治区、直辖市和地(市)经济社会发展大局,以对党和人民高度负责的态度,认真开展第三方评估,确保评估工作取得良好成效。

第二个原则是客观公正。坚持实事求是,严格遵守相关法规制度,评估客体提供客观真实、完整详细的数据资料和相关文件资料,评估机构以实际情况为基础,独立完成评估工作,通过系统深入分析得出客观公正的评估结论,确保评估公信力。

第三个原则是科学规范。数据采集深入细致,评估方法科学先进,分析论证严谨可靠,活动流程严密规范,听取意见全面系统,评估结论要经得起时间和历史检验。

第四个原则是注重实效。突出问题导向和实践导向,认真查找政策实施中的突出问题,科学总结重大政策实施后的实际成效,努力提出专业化、建设性、切实管用的对策建议,通过评估促进有关部门改进工作。

第三方评估一般可以分为四种模式,涉及不同的评估机构,如下:[②]

1. 高校专家评估模式

即高校中的专家学者作为"第三方"接受地方政府委托的评估模式,是目前比较普遍的一种方式。比如甘肃省政府曾委托非公有单位兰州大学中国地方政府绩效评价中心对政府工作绩效进行评估,建立透明公开的评价过程,向社会公布评价结果,开创了我国由第三方评估政府绩效的先河;广东省政府曾邀请华南理工大学公共管理学院对

---

① 汤丁、李东:《加强政策事中事后评估的思考》,《宏观经济管理》2020年第4期,第1—6页。
② 徐双敏:《政府绩效管理中的"第三方评估"模式及其完善》,《中国行政管理》2011年第1期,第28—32页。

广东省各级政府工作进行的整体绩效评价等。因为非公有单位是政策直接受益者,对政策绩效有更为严格的要求,所作出的评价也更容易受到公众的认可。[①]

2. 专业公司评估模式

这是由专业组织作为"第三方"参与政府绩效评估的模式。比如武汉市委托著名的咨询机构麦肯锡公司(Mckinsey & Company)对政府工作进行绩效评估;上海市静安区政府也曾委托知名咨询公司罗兰贝格为其政策方案进行评估。这种委托专业的咨询公司或者商业公司来评估政府政策是一种较为客观、独立、公正的考核方式,完全不同于由上级政府、政委考核这一传统的考核模式,目前也较为普遍。

3. 社会代表评估模式

由各级政府组织相关部门成立测评团或者评议团作为第三方机构对政府的政策进行评估,评估成员一般来自人大代表、党政机关、新闻单位、政协委员、行业组织等,这一模式主要是指"民主评议政风行风工作",对于提高政府效率、民众满意度具有极大的作用,是基础也是最无法替代的评估模式。

4. 民众参与评估模式

这是普通民众参与政策评估工作的模式。根据公众参与方式的不同,可以分为三种类型。第一种类型是问卷或者电话调查,政府机构随机向民众发放问卷或者进电话访问,深度了解民众对政府政策的满意度与意见;第二种类型是口头访问,政府机构通过在工作窗口随机拦截办事居民进行深度访问,填写测评表等表格,评价工作办事人员服务效率与态度,以及对政策的满意度;第三种类型是网上评议,政府建立官方渠道向民众征集意见与反馈,邀请网民填写问卷调查,是一种比较好的直达民意的评估方式,鼓励民众从被动到主动参与国家政策。

二、评估目的

政策评估是运用科学的方法与理论,依据价值标准,通过科学性的程序与步骤,全方位地对政策实施的过程进行分析,力求客观、公正地对政策实施绩效进行判断,从而修正、调整和改善政策。政策评估是提供政策运行实际效果信息的重要手段,是决定政策取向的重要依据,是合理配置资源的基本前提,是公共决策科学化、民主化的必由之路,是提高决策水平和政策执行力的重要举措,也是推进区域治理体系和治理能力现代化的现实要求,因此政策评估标准是生产力标准、效益标准、效率标准、公正标准以及政策回应度。评估环节有两大重要的作用:一是能够为区域政策制定与实施的流程提供一个评价基准,为未来的区域发展政策制定提供参考与标准;二是科学的评估会促进区域发展政策的流程实施更科学化,促进资源更合理的配置,建立更为稳定的公共信赖关系。[②]

政策评估的目的是通过评估总结城市管理力量下沉改革取得的经验和成就;评估

[①] 包国宪、曹西安:《我国地方政府绩效评价的回顾与模式分析》,《兰州大学学报(社会科学版)》2007年第1期,第34—39页。

[②] 蔡之兵:《区域政策实施效果保障体系研究》,《中国国情国力》2017年第1期,第61—64页。

城市管理力量下沉改革后取得的社会效益；找到城市管理力量下沉过程中存在的短板；对标城市精细化管理标准，找到城市管理力量下沉需要提升的空间和着力点；在国家治理现代化的治国方略指导下，针对建设卓越的全球城市目标，提出相应的对策建议，为相关部门提供决策参考，为提升上海城市治理水平打下基础性工作。

三、评估范围

根据评估的目的：提高政府机关工作效率与服务质量、强化政府治理能力、提高公众满意度，以及评估的对象，可确定评估范围。[①]一般范围为政策全过程评估，包括政策方案评估、政策执行评估、政策结果评估等。以2014年上海市创新社区治理政策评估为例，上海市政府先后颁布配套文件，明确评估范围，2014年上海市委、市政府发布《关于进一步创新社会治理加强基层建设的意见》和6个配套文件。2015年初，上海市委、市政府下发《关于进一步完善本市区县城市管理综合执法体制机制的实施意见》。随后，城管综合执法体制机制改革在全市各区县及下属街镇逐步推开，一套"1＋1＋1＋X"区县城市综合管理工作体系逐步建构起来。城市管理力量下沉改革后评估的范围重点是围绕"1＋6"文件中的要求，以及《关于进一步完善本市区县城市管理综合执法体制机制的实施意见》中所规定的城管、住房、绿化、市容四项城市管理力量下沉的具体指标展开。

四、评估内容

评估内容一般是各层级的区域发展政策，包含人员考核、政策效果评估、民众满意度、流程评估、政策内容评估、政策实施评估、政策效果评估等。依据评估涵盖范围和评估的政策所处阶段，也可以将评估内容分为前端分析、评估性测定、过程评价、效力评估、方案和问题监控评估以及综合评估。

重点聚焦体制机制，同时兼顾成果评估。如上评估，一是对城市管理力量下沉改革推进的体制机制评估。对市、区、街镇及基层单位在搭建管理框架过程中的工作成效进行评估，包括组织领导机制、资源优化配置、部门联动机制、社会联动机制、网格化管理机制等方面。在评估过程中，重点参照"1＋6"文件中的具体要求，对照文件落实和工作实施情况，以及达到的效果。二是对城市管理力量下沉改革的成果评估。对城市管理力量下沉改革带来的经济社会效益进行评估，特别对惠及民生、提升文化品牌、促进企业发展等方面的效果进行总体评估。

五、评估方法

评估一般采取定性与定量相结合的方法，具体有文献研究、专家访谈、问卷调查、舆情跟踪、实地走访等。[②]依据评估内容和评估目的确定评估方法，总体而言可分为以下四种：

[①] 包国宪、曹西安：《我国地方政府绩效评价的回顾与模式分析》，《兰州大学学报（社会科学版）》2007年第1期，第34—39页。
[②] 汤丁、李东：《加强政策事中事后评估的思考》，《宏观经济管理》2020年第4期，第1—6页。

1. 资料分析

根据政策实施后的相关总结报告,结合政策实施的目标,分析实施情况,发现存在的问题。资料分析是依据评估报告的基础材料,也是总结丰富的实践过程。

2. 深度访谈

第三方评估机构到政策制定、政策实施等职能部门进行调研访谈,了解实施过程中的基本情况和存在的主要问题,了解政策实施对基层工作带来的影响和产生的困难,以及工作中遇到的实际问题等。

3. 实地调研

赴政策实施和落实对象地进行实地调研,了解政策实施后的效果情况,包括政策实施后产生的各种实际效果,实施过程中人、财、物等资源配置的情况和存在问题等。

4. 量化评估

构建指标体系进行量化评估,一般通过问卷进行调研。问卷分为两个部分:一是针对政策实施职能部门的内部评价问卷。重点对政策实施过程的顺畅程度,对管理工作带来的效果、产生的影响等进行评估。二是针对实施对象的外部评价问卷。重点针对政策实施的对象,如居民、社区、园区、企事业单位等,了解产生的效果、实施对象对政策的认同程度等。

六、评估流程

政策评估流程可以分为三个阶段:第一阶段是准备阶段,确定评估的对象、评估目的以及评估主体,制定评估计划,选择评估人员;第二阶段是实施阶段,是最为重要的阶段,制定科学、客观的评价标准,全面搜集政策制定、政策执行、政策影响、政策产生的效益等信息,综合运用各类适合评价方法分析政策,公正、客观地反映政策实际效果;第三阶段是结束阶段,处理评估结果,确保结果的可信度与有效度,撰写评估报告,与政策设计者、决策者、执行者、参与者讨论,避免因缺乏相关信息而导致结果错误,提高评估的可靠性,最后汇报评估结果。

具体流程如下:

1. 确定评估项目。根据区域政策要求,制定重大政策举措第三方评估计划;根据省、自治区、直辖市和地(市)政府主要领导要求,以及省政府常务会议或专题会议意见,适时开展第三方评估。

2. 选择评估机构。以政府采购方式,科学选取第三方评估机构。

3. 制定评估方案。明确评估目的、对象、内容、标准、方法步骤及时间要求,建立科学有效的评估指标。

4. 开展评估调研。全面采集数据信息,广泛收集意见建议,深入了解真实情况。

5. 撰写评估报告。评估报告一般应包括基本情况、评估内容、评估方法、评估结论、意见建议和评估工作总结,以及需说明的其他问题。

6. 修改评估报告。根据有关方面的意见和建议,进一步完善评估报告,并提交委托方。

7. 汇报评估结果。向省、自治区、直辖市和地(市)政府常务会议或专题会议汇报评估情况,客观陈述政策效果,说明政策中存在的问题,并提出相关政策建议供省、自治区、直辖市和地(市)政府及有关部门决策参考。

参考文献

包国宪、曹西安:《我国地方政府绩效评价的回顾与模式分析》,《兰州大学学报(社会科学版)》2007年第1期。

蔡之兵:《区域政策实施效果保障体系研究》,《中国国情国力》2017年第1期。

付晓东:《70年来我国区域政策演变历程与未来趋势》,《国家治理》2019年第21期。

胡春阳、廖信林:《区域政策研究综述:概念、演化及调整思路》,《现代管理科学》2017年第11期。

黄征学、覃成林、李正图、陈建军:《"十四五"时期的区域发展》,《区域经济评论》2019年第6期。

贾若祥:《完善我国区域政策体系》,《中国发展观察》2018年第Z2期。

姜丽丽、王士君、冯章献:《区域协调发展战略指引下的区域政策框架构建》,《世界地理研究》2009年第2期。

刘玉、刘毅:《区域政策研究的回顾与展望》,《地理科学进展》2002年第2期。

孙志燕、侯永志:《对我国区域不平衡发展的多视角观察和政策应对》,《管理世界》2019年第8期。

汤丁、李东:《加强政策事中事后评估的思考》,《宏观经济管理》2020年第4期。

汤学兵、张启春:《完善我国区域经济政策体系的战略构建——基于国内外区域经济政策理论与实践的考察》,《贵州社会科学》2013年第3期。

肖金成、安树伟:《从区域非均衡发展到区域协调发展——中国区域发展40年》,《区域经济评论》2019年第1期。

徐双敏:《政府绩效管理中的"第三方评估"模式及其完善》,《中国行政管理》2011年第1期。

严强等编著:《公共政策学》,南京大学出版社2002年版。

杨龙:《国区域政策研究的切入点》,《南开学报(哲学社会科学版)》2014年第2期。

袁惊柱:《区域协调发展的研究现状及国外经验启示》,《区域经济评论》2018年第2期。

周叶中、刘诗琪:《地方制度视域下区域协调发展法制框架研究》,《法学评论》2019年第1期。

附录　嘉昆太协同创新核心圈发展方案

上海市嘉定区和江苏省昆山市、太仓市，积极落实长三角区域一体化发展战略，于2018年5月，签订了《嘉昆太协同创新核心圈战略合作框架协议》。近日，《长江三角洲区域一体化发展规划纲要》明确指出，高水平建设长三角生态绿色一体化发展示范区（以下简称"示范区"）。示范区将不改变现行的行政隶属关系，率先探索将生态优势转化为经济社会发展优势，从系统化、集成化角度探索区域一体化制度创新，按照中心区、全域、全国等层次，推广示范区一体化发展制度经验。为了进一步释放示范区带动作用，受嘉定区财政局委托，上海社会科学院课题组开展促进"嘉昆太协同创新核心圈"与示范区联动发展的财税政策和财政体制研究。本课题基于嘉定区，也跳出嘉定区，从落实长三角区域一体化国家战略高度，聚焦重点领域的跨区域财税政策和财政体制研究。

第一节　嘉昆太协同创新核心圈建设进展和面临问题

一、嘉昆太协同创新核心圈建设进展

2018年5月，嘉定区、苏州市共同签订《嘉昆太协同创新核心圈战略框架协议》，并联合发布了《江苏省苏州市　上海市嘉定区共同打造嘉定区、昆山市和太仓市协同创新核心圈行动方案》。嘉昆太协同创新核心圈重点以科技创新领域的合作共赢为突破口，聚焦"规划同圈、科创同圈、产业同圈、交通同圈、生态同圈、民生同圈"等6个同圈建设，积极探索党建联建工作，并率先围绕科技、产业、资源、市场、人才等7个大类共15个项目展开合作，合力打造协同创新核心圈。签约一年多来，三地政府围绕框架协议和行动方案，积极开展沟通合作，目前在多方面已经取得了较为显著的成效。

（一）规划领域互融互动

合作协议提出以协同产业发展专项规划为先导，同时有序实施协同推进生态治理、重点城镇圈等专项规划。按照合作协议，目前已编制完成《嘉昆太产业协同发展规划》，从三地产业基础、区位交通、资源禀赋等方面推进产业协同发展，实现资源共享、优势互补，规划将"协同打造世界级汽车产业中心，成为全球智能制造网络的重要节点，成为上海迈向全球卓越制造基地的主要板块，成为长三角重要的科技创新与成果转化基地"作为嘉昆太的总体定位，并提出全面构建"四链协同"的产业发展体系，明确了产业发展方向以及未来产业协同发展重点项目清单。

（二）科创领域互促共享

合作协议提出，依托嘉昆太雄厚的产业基础、浓厚的创新氛围、丰富的平台载体、良好的营商环境、强大的人才储备等方面优势，进一步拓展合作空间、探索合作举措、丰富合作方式，加快融合协同发展。在合作协议中，科创领域主要有四个方面的合作内容。

一是嘉昆太科技创新公共服务平台共享机制建设。2018年发放首张沪昆通用通兑科技创新券，在长三角区域内率先实现两地科技创新券通用通兑。联合上海"牵翼网"和上海研发公共服务平台开展"科学仪器共享——上海行"科技创新资源系列对接活动，推动沪昆科技资源共享共用。2019年4月29日，嘉定区科委与太仓市科技局签订《嘉太"双创券"互通合作框架协议》；发布《关于嘉定区科技双创券科技服务机构入库申报的通知》；组织召开机构入库评审会，共279项服务项目入库，其中嘉定区245项，温州市28项，太仓市6项，上半年嘉定区科技型中小企业申领双创券1050万元。

二是探索建设"科创飞地"——"嘉昆太科创产业园"。2018年11月嘉昆太科创产业园揭牌，核心园位于太仓市城厢镇，核心园拓展由嘉定张江园、昆山高新区、昆山开发区、太仓高新区等组成，目前该园区的建设推进相对较慢，不论是昆山还是嘉定，2019年都还没有明确的项目推进情况。

三是探索嘉昆太市场信用体系共享机制，联合打造嘉昆太企业诚信圈。目前，已升级为嘉昆太社会诚信体系建设。2018年三地签署了《共同推进嘉昆太协同发展创新圈社会信用体系建设合作框架协议》，明确三地合作聚焦产业发展、视频安全、产品质量、旅游等重点领域，以企业诚信圈建设为核心和契机，不断拓展区域社会信用体系合作范围，探索创新信用惠民便企举措，打造"信用嘉昆太品牌"，实现"一地失信，三地受限"。2019年，三地初步确定在环保、产品质量两个重点领域签署联合奖惩合作备忘录。推进跨区域信用信息共享方面，2018年昆山市与嘉定区实现信用"黑名单"与失信被执行人定期更新共享，2019年三地明确黑名单认定标准，完成三地红黑名单信息的交换，并已开展三地信用平台实时联通和信息交换的技术论证工作。2018年，开展嘉昆太市场监管共建合作，建设长三角市场监管体系合作机制，签订《嘉昆太协同创新核心圈市场监管合作方案》协议。在2018年基础上，2019年三地继续举办各类专题研讨及科普交流等活动，促进嘉昆太三地市场监管合作交流，开展长三角异地消费维权活动等。

四是探索建立嘉昆太高技能人才柔性流动机制及高技能人才实训基地联盟。2018

年签订了《嘉昆太人社工作一体化发展框架协议》，搭建人社交流和信息通报机制；同时，签订了《嘉昆太地区高技能人才合作发展协议》，构建就业职业培训领域资源共享机制。在2018年基础上，2019年嘉定将嘉昆太高技能人才培养合作纳入最新制定的《嘉定区技能提升行动计划（2018—2021年）》主要举措中，明确了具体的工作内容和责任单位；同时开设嘉昆太高技能人才培养基地合作培养项目，鼓励嘉昆太三地学员参与报名，教授理论和实际操作的课程，对于经考试合格的学员颁发相关结业证书。

（三）产业领域互补共进

充分发挥市场在资源配置中的决定性作用，引导嘉昆太聚焦各自优势领域加强合作，强化产业集群化、特色化、差异化发展，构建有分有合、错位发展、分工协作的区域产业发展格局。聚焦汽车产业、聚焦错位发展。合作项目中提出建立嘉昆太产业链创新联盟，目前已升级为长三角汽车产业链创新联盟。2019年5月16日，长三角汽车产业创新联盟成立仪式举行，发布《长三角汽车产业联动发展倡议》。

（四）交通领域互联互通

《嘉昆太协同创新核心圈战略合作框架协议》提出要加快完善嘉昆太之间内外部交通网络，为加快打造嘉昆太协同创新核心圈提供重要保障。三地要加快建设跨区域对接道路，提高公共交通一体化水平，提升能源设施保障水平，完善市场基础设施建设布局。在此基础上，2018年昆山市与嘉定区联系签订了《沪昆道路运输一体化执法监管协议》，开展交通联合执法20余次；2019年城北路—岳鹿公路对接工程如期推进，同时嘉定与太仓交通部门已确定公交线路在太仓市内线路走向、站点位置，公交线路调整计划已面向社会公开征询意见。此外，花桥至安亭公交线路方案设计，也正在对接开通事宜。

（五）生态领域互治互保

协议指出要把生态保护摆上重要位置，全面建立保护合作机制，探索建立应急演练等各项机制，开展联合执法行动，推动污染协同治理。加快提升三地区域生态能级，推动嘉北生态涵养区、昆山旅游度假区、太仓长江口旅游度假区等重点生态功能片区建设，探索建设共同生态区及浏河生态走廊。在此基础上，目前已制定《嘉定区共建浏河生态走廊工作机制建设方案》，相关部门各司其职，大力维护区域环境质量。

（六）民生领域互惠互助

协议提出统筹协调公共服务需求，重点在教育、卫生、文体、养老等方面求突破，推动公共服务资源实现优势互补，民生互惠。建立职业教育院校、职教集团联动机制；推动深化医疗合作水平，充分发挥落户嘉定的三甲医院龙头引领作用，推动形成嘉昆太医疗联合体；加强嘉昆太养老机构合作交流；深化文旅合作水平，共同打造"嘉昆太精品文化旅游目的地"；深化社会共治水平，建立"长安"嘉昆太建设共享联动工程。主要的项目有以下几个方面：

一是建立职业教育院校、职教集团联动机制。2018年建立了院校联动资源共享机制，建立三地院校优质资源信息共享，举行2018年嘉昆太校企合作技术技能人才共享研讨活动,开展三地院校工作交流,推动三地联盟校企实习实训基地和职业技术人才共用。2019年,持续开展三地校企合作经验线上分享,推进三地校企合作基地建设。

二是联合推动健康服务业发展。2018年举办首届嘉昆太疾控论坛,三地疾病预防控制机构共同签署《嘉昆太疾控机构协同发展合作框架协议》;签订《嘉昆太中医药传承创新战略合作框架协议》,制定中医联传、人才联培、学科联创、发展联动、民生联惠、制剂联用"六联"模式合作机制;举办"首届医疗服务综合监督论坛"活动,签署《防范和打击无证行医工作合作协议》,促进嘉昆太医疗服务综合监督工作协同创新发展。2019年,嘉定区22家、昆山市39家、太仓市3家医疗机构开通长三角异地门诊,费用直接结算,举办第二届嘉昆太医疗质量管理论坛;举行首届嘉昆太三地疾控应急业务实训;嘉定区中医医院正式加盟"长三角首个结直肠外科协作组",安亭、花桥、白鹤、华新开展防范和打击无证行医联合行动;开展跨区域设防联防工作。

三是打造嘉昆太精品文化旅游目的地。三地合作开展了一系列的旅游活动,2018年签订了《嘉昆太旅游合作框架协议》,并联合主办"太仓新版旅游宣传片发布活动暨南园雅集·嘉昆太戏曲文艺交流展演活动";联合推广嘉昆太城市形象和旅游亮点,三地旅游公共服务中心互换宣传资料,并进行相互展示陈列,编制三地特色精品旅游线路地图,增加旅游资源的相互宣传以及宣传品资料的发放。2019年举行的"上海嘉定·F1一千站"主题园活动中首次增加"远亲近邻长三角旅游一体化城市",全面展示了昆山太仓等地的长三角特色旅游资源,进一步推进旅游一体化发展。此外,旅游联票、联合年票等多种类型旅游产品也正在对接中。

四是建立"长安"嘉昆太建设共享联动机制。加强相邻街镇公安派出所等部门的日常沟通,协作强化交界区域图像监控布设、入户卡口联守;协调配合健全重大案(事)件和重点人员联查联控、大型活动安保联动配合、紧急警情联动指挥处置、省际公安检查站联合执勤、边界地区监控系统联网共用等协作机制;共同应对跨区域治安突出问题。

五是建立"智慧公安"协同机制。2018年,围绕首届进博会安保,完善跨区域警务协作,签订《警务合作框架协议》,开展警务对接。2019年进一步深化警务合作,统一标准开展人像识别、车辆抓拍、WIFI嗅探等信息化装备升级改造;定期组织开展毗邻区域集中清查整治,统一协查三地关注人员在对方辖区的活动轨迹;建立情报共享机制;开展"智慧警务联盟"建设,推动科技装备设施建设、使用、管理标准统一。

(七)区域化党建联建共建

围绕共同目标、共同需求、共同利益,分层构建完善高效、顺畅协调的嘉昆太区域化党建工作机制。聚焦资源整合、聚焦组织结对、聚焦难点问题、聚焦常态长效、聚焦规范组织生活,不断拓展区域化党群共建合作的广度和深度,共享活动阵地和相关资源,搭建党群共建交流平台。2018年,制定嘉昆太基层党组织结对联建、党组织书记结对培育、党建阵地结对联用,在职党员"同城"管理、组织生活同频联动、红色资源同向引领计划,促成三地基层党组织和党组织书记形成结对,开展党务干部培训班互跟互学、党建工作互看互学。

2019年2月，中国浦东干部学院与上海嘉定、江苏苏州和浙江温州共同成立"长三角区域城市党群建设创新发展研究院"，并将推出首期研修班。嘉定、苏州、温州三地还成立了"长三角区域城市基层党群共建联席会议办公室"。全面加强三地党组织联动力度，在2018年推出系列党建项目和党群协作项目的基础上，将"班长工程""基石工程"等纳入干部共育体系，探索实施三地基层党组织书记"月度联合提升计划"，稳步推行后备干部异地挂职培养计划。例如，昆山高新区与嘉定新城马陆镇开展两地青年干部双向挂职活动；千灯与南翔启动"古镇通联握红绸"党建共建项目。

二、嘉昆太协同创新核心圈发展问题

嘉昆太三地虽处于一小时经济圈，但在行政区划上分属于沪苏两地，加之其他先天因素，导致三地协同发展也存在一些问题。

（一）三地区位和产业结构差异不大，区域发展的同质性比较高

一方面，三地经济社会发展水平和发展阶段、产业结构和产业转型方向差异不大。另一方面，昆山、太仓在区域经济发展中运输、土地、劳动力、资金等生产成本无明显比较优势，只有在房价、日常生活成本、居住环境等方面略有差异，再加上户籍制度和社会福利制度等政策影响，要素自由流动并不通畅。

（二）行政割裂利益分化，缺乏竞合统筹机制

由于行政区划不同，加之现行制度安排，在涉及招商引资项目落地、税源落地等与产业协同发展息息相关的问题时，各地往往从自身利益出发，缺乏整体意识和协作思维，且往往会在区/市级自主事权范围内比拼政策优惠和展开盲目竞争，导致资源分散浪费、功能碎片化、形不成合力，也造成三地产业一定程度同质化现象，比如机器人产业、精密机械产业。这也是嘉昆太协同发展的主要瓶颈。

（三）产业布局有待优化，经济密度亟需提高

由于各种原因，嘉昆太三地存在产业布局部分同质化、同构化倾向，同时，在土地资源利用方面总量匮乏和结构分化并存，既有开发强度较高的工业园区和高新区，也有部分工业集建区（比如上海195区块、198区域）土地利用低效，且有部分街镇商办楼宇空置率过高，一方面占用了宝贵的土地资源，另一方面导致经济密度不高。放在产业协同发展乃至区域一体化的大框架下，着眼于大格局和大版图，整合功能资源，优化空间结构和生产力布局，提升嘉昆太三地土地开发的集约程度和经济密度是推动协同发展的重要使命。

（四）创新协作存在壁垒，动力共享机制欠缺

当前，区域科技创新合作缺乏一体化动力机制和政策环境，如地方政府R&D投入具有排他性，不愿意其他区域共同分享由R&D投入带来的技术外溢和既有成果；又如各地对省（市）级高新技术企业和成果、人才资质认定、企业研发机构设立等均存在不同评判标准；再如对创新生态的共享共建缺乏有效抓手，等等。这在一定程度上导致了创新成本的上升和创新资源的浪费，也阻碍了科技创新生产要素的自由流动和合理配置，降低了科技创新效率。

(五) 项目进度差异较大,利益共享问题突出

对七大类中15个项目的合作情况进行梳理,可以看出三地在民生领域、生态领域、党建共建等方面合作机制较为顺畅,成效也较为显著;而在市场行为比较突出的产业领域、科创领域等,则进展相对缓慢。这主要是由于三地在行政区划上分属沪苏两地,因此涉及产业转移政策、优惠扶持政策、财政资金分配、税收利益分配等不明确,导致企业异地注册、园区共建等方面进展较为缓慢。例如嘉定区2019年15个项目进展中,设立嘉昆太科创产业园被列为推进缓慢的项目,利益共享问题也是调研中反映最为突出的问题,因此嘉昆太协同创新核心圈在未来发展中,亟需加快建立税收分享机制。

第二节 嘉昆太三地发展状况分析

一、区域资源禀赋分析

嘉昆太地缘相近,紧邻上海大都市,同属长江三角洲冲积平原,地势平坦,土地肥沃,水资源丰富,气温、日照、降雨、生物大致相同,区位相当。嘉定区位于上海西北部,西与昆山毗邻,北与太仓接壤,总面积464.2平方公里。昆山处江苏省东南部,东北与太仓市相连,南与嘉定接壤,总面积927.7平方公里。太仓市东濒长江、南邻上海,距上海、苏州市中心均约50公里,市域面积823平方公里。从自然资源条件来看,嘉定、昆山、太仓三地,江南水乡成为三地自然资源的最大公约数。从人文资源条件看,嘉定原属于江苏省,1958年1月,原江苏省松江专区所属的上海县、宝山县、嘉定县划入上海市,嘉定、昆山、太仓三地,吴文化是三地合作的最重要的人文资源。江南水乡和吴文化是嘉定、昆山、太仓三地资源禀赋研究的重点,也是三地开展生态环境保护和精品文化旅游目的地建设的共同基础。

嘉昆太三地土地资源紧缺,利用结构和潜力有一定差异。具体而言:一是总量规模上,昆山市要高于嘉定区、太仓市。2017年昆山市建设用地为401.57平方公里,是嘉定区的1.45倍,太仓的1.67倍。二是从增长潜力来看,昆山市、太仓市还有少量的建设用地增量。从表1可以看出,昆山市、太仓市到2020年建设用地分别有4.7平方公里和3.54平方公里增量,而嘉定区建设用地呈现负增长,要减少10.78平方公里。嘉定区建设用地更多依靠存量调整,土地利用效率也相对高于太仓市。目前,嘉定区人均城镇工矿用地为178.9平方米/人,低于太仓市的185平方米/人。

表1 嘉昆太土地使用结构分析　　　　　　　　　　　单位:平方公里

指　　标		嘉定	昆山	太仓
建设用地	现状	277.38	401.57	240.79
	规划	266.6	406.27	244.33

(续表)

指标		嘉定	昆山	太仓
城乡建设用地	乡村建设			
	城镇建设	249.2	325.87	205.92
城镇工矿用地	现状			
	规划	177.81	262.74	134.80
交通、水利及其他用地	现状	43.2		
	规划		80.4	38.41
基本农田	现状			
	规划	40.80	225.82	239.43
人均城镇工矿用地(平方米/人)	现状	178.9		
	规划	156.0(2035)		185
土地流量指标	规划	−10.78	4.8	13.33

数据来源：嘉定、昆山、太仓各地土地利用总体规划（2006—2020），嘉定区土地利用总体规划（2017—2035）。规划数据为2020年，现状数据为2017年。

二、区域经济社会发展分析

（一）嘉定区经济社会发展分析

1. 嘉定区经济发展分析

制造业雄厚，汽车产业集聚优势明显。2018年嘉定区实现地区生产总值达到2362.7亿元，三次产业结构比为0.1∶68.1∶31.8，第二次产业增加值占比达到68.1%。其中，汽车产业集聚优势明显，2018年嘉定区汽车产业制造业实现工业产值4405.9亿元，占全区规模以上工业总产值的72.9%。其中汽车零部件业实现工业产值2122.0亿元，占全区属地规模以上工业总产值的56.4%。

产业转型不断推进，打响"智能制造"品牌。目前，嘉定区正在培育高性能医疗设备及精准医疗、集成电路及物联网、新能源汽车及汽车智能化、智能制造及机器人等四大新型产业。2018年嘉定区战略性新兴产业实现工业产值1058.4亿元，占全区规模以上工业总产值的17.5%。高新技术产业实现产值1962.3亿元，占属地工业产值的52.2%。

科研实力雄厚，创业载体不断丰富。一方面，依托上海区位优势，嘉定区开展多项院地科技合作。上海中科国家技术转移中心牵头的张江科技创新成果转化集聚区二期重大项目，聚焦专业技术转化平台建设，上海工研院8英寸MEMS研发中试线完成量产客户导入14个，温度传感器产品累计出货超过350万颗。首台国产质子治疗装置已完成安装及设备调试等工作，联合北京市器检所积极推动检验检测工作。另一方面，创新创业载体进一步丰富。2018年，新入库市级科技企业孵化器1家，新立项市"三化"众创空间引导培育项目3家，各级众创空间（含科技企业孵化器）总数达52个，提供

39.6万平方米孵化空间,有8 684家创业企业入驻孵化空间创业。

2. 嘉定区社会发展分析

2018年嘉定常住人口150.89万。

嘉定区交通便捷,区内公共交通道路总长度达到666.5千米,有轨道交通11号线和13号线,与市中心联通便捷。嘉定区是国家智能网联汽车试点示范区,测试场景突破200个,智能网联汽车开放道路测试增至11.1千米,是中国首个发放示范应用牌照,允许自动驾驶汽车在街道上运客送货的地区。

嘉定区科教资源丰富,拥有中科院光机所、中国科学院电动汽车研发中心、中科院上海分院产业化基地等"11所3中心2基地"以及7所科技型高校。全社会研发投入占GDP比重达到4.8%(2017年数据),拥有高新技术企业超1 000家,拥有国家级智能传感器创新中心和国家级汽车风洞中心等重大科技基础设施。

医疗资源丰富,嘉定区拥有22家公立医院,包括三级医院2家,二级医院7家,一级医院14家;其中21家公立医院完成了一体化技术接口改造测试,可以直接进行长三角异地就医门诊费用直接结算。并与市级三级医院建立合作关系,建立四个区域性医联体,如瑞北—嘉定医联体、仁济—嘉定医联体、东肝—嘉定医联体和市——嘉定医联体。

(二)昆山市经济社会发展分析

1. 昆山市经济发展分析

昆山市是外资及台资集聚地,加工贸易、外包服务等外向型经济发达。近年来,昆山市经济转型较早、成效明显,并在科技创新领域积极布局。主要特征有:

经济发展水平较高,多项指标居于三地首位。2018年,昆山市实现地区生产总值达到3 875亿元,三次产业结构比为0.8∶54.14∶45.06;地区生产总值是嘉定区的1.64倍,太仓市的2.91倍。同时,昆山市经济发展呈现高集约,人均GDP和地均GDP都处于领先水平。2018年,昆山市人均GDP达到23.03万元,地均GDP为9.65亿元/平方公里,分别高于嘉定区(人均GDP 14.87万元,地均8.86亿元/平方公里)、太仓市(人均GDP 18.55万元,地均5.52亿元/平方公里)。

制造业发达,电子信息产业集聚优势明显。2018年,昆山市实现工业增加值为1 719.52亿元,按可比价年增长6.1%。其中形成了1个千亿级IT产业集群,主要包括通信设备、计算机及其他电子设备等产业。全年生产计算机整机4 496.98万台,移动通信手持机3 958.77万台。

科技创新活跃,凸显特色科技创新"高峰"。立足于昆山实体制造业产业链完整、配套实力强的特点,在产业链、创新上凸显昆山的特色,重点在光电、半导体、小核酸生物医药、智能制造等重点领域,打造具有昆山特色的科技创新"高峰"。目前,昆山正在全力推进国家超算中心以及深时数字地球国际卓越研究中心两个国家级重大科技平台建设。其中,超算中心建成后将再夺全球超级计算机领先地位,预计可满足昆山、上海等长三角区域各研究单位对计算资源的需求。

2. 昆山市社会发展分析

2018年昆山常住人口达到190.88万。

昆山市交通便捷,首个实现跨省际轨道交通通行。昆山市有昆山南站、昆山站、沪宁高速公路出入口形成综合的交通枢纽优势;同时,拥有跨省际轨道交通上海地铁11号线安亭至花桥,是全国首个实现跨省际轨道交通。

昆山市是我国著名百强县市,获得多项荣誉称号。2018年10月,入选2018年度全国投资潜力百强县市、全国绿色发展百强县市、全国科技创新百强县市、全国新型城镇化质量百强县市。2018年11月,入选2018全国"幸福百县榜",入选中国县级市全面小康指数前100名。2018年12月,入选全国县域经济综合竞争力100强、投资潜力100强,获中国最佳县级城市第1名。2018年重新确认为国家卫生城市(区)。

昆山市企业创新活跃,拥有众多科技平台。2018年,全社会研发投入占GDP比重达到3.3%,科技进步贡献率达到64.1%。全年认定高新技术企业533家、民营科技企业270家,高新技术企业超过1300家,正在积极推进G60科创走廊、阳澄湖科技园(杜克智谷小镇)、花桥国际科技创新港"一廊一园一港"科创载体建设,并出台了"631"科创人才计划。2018年,新增省工程技术研究中心18家、省企业研究生工作站11家、苏州市工程技术研究中心65家,大中型及规模以上高新技术企业建设研发机构比例为94.97%。

(三)太仓市经济社会发展分析

1. 太仓市经济发展分析

太仓市是嘉昆太协同创新核心圈连接长江经济带的重要通道,港口功能突出,生态环境优美,中德合作抢眼,民营经济发达。具体体现:

产业基础雄厚,战略新兴产业发展强劲。2018年,太仓市实现地区生产总值达到1330亿元,三次产业结构比为2.6∶50.8∶46.6。太仓市产业主要以打造高端装备制造、新材料、物贸总部3个千亿级产业和500亿级的生物医药产业为主。2018年,"两新"产业产值占比分别达55.8%和47.7%。太仓市还依托上海汽车产业、航空制造业产业集群,大力发展汽车核心零部件产业和航空产业。

开放特色突出,深层次开展中德合作。太仓市与160多个国家和地区建立经贸往来,深层次对德合作,被授予"中德企业合作基地"称号。现有300多家德资企业在太仓发展,年产值超500亿元人民币,有近50家所属行业为全球"隐形冠军",400多家本土企业与德资企业开展配套协作,建成全球第八个、全国第三个德国中心,拥有中德先进制造技术国际创新园、中德中小企业合作示范区、德国留学生创业园等一系列载体平台。2018年新批外资项目66个,其中德资项目23个。

2. 太仓市社会发展分析

2018年太仓市常住人口为95.43万。

太仓市交通便捷,拥有多条城际快线。太仓正迈入高铁时代,沪通、南沿江铁路太仓段建设进展顺利,"5+1"铁路网加快构建。同时,太仓与上海交通便捷,开通多条城际快线。如拥有上海地铁 11 号线嘉定北站到太仓市区的太嘉快线连接,用时只需 20 分钟;上海地铁 7 号线美兰湖站到太仓市浏河镇也有沪浏快线连接,用时 40 分钟。此外,太仓市公共交通卡可在长三角范围内的上海、无锡、苏州、昆山、常熟几市通用,亦可在安徽省阜阳、淮南两市使用。

太仓市濒临长江,拥有太仓港。太仓市拥有 38.8 公里的口岸线,包括 25 公里的深水岸线,港口境内开阔、稳定,能允许 50 000 吨级别的轮船通行调头。太仓港是国家一类口岸,共有各类型泊位 91 个、国际国内航线 200 条。2018 年集装箱吞吐量突破 500 万标箱,比上年增长 12.4%;货物吞吐量 22 884 万吨,增长 6.4%。其中,煤炭及制品、金属矿石、矿建材料分别为 5 973 万吨、5 704 万吨、1 427 万吨,增速分别为 17.9%、−19.5%和 89.9%。

民营科技创新活跃,科技贡献不断加大。2018 年,太仓市全社会研发投入占 GDP 比重达到 2.6%,科技进步贡献率达到 62%。拥有西北工业大学长三角研究院、中科院上海硅酸盐研究所太仓园区、同济大学高新研究院等产学研平台。拥有高新技术企业 349 家,并着力实施"1123"行动计划、科技创新"五百工程"和"1115"产业计划。2018 年,全年新认定高新技术企业 56 家,省民营科技企业 161 家,国家"千人计划"人才累计达 31 人。

表 2　嘉昆太经济社会发展概况

主要指标	嘉定区	昆山市	太仓市
GDP(亿元)	2 362.7	3 875	1 330
GDP 增速(%)	6.2	7.2	6.8
地均 GDP(万元/平方公里)	88 623	96 496	55 235
一般公共预算收入(亿元)	269.9	387.89	155.06
人均 GDP(元)	148 700	230 300	185 500
R&D 投入占 GDP 比重(%)	4.8	3.3	2.6
三次产业结构比	0.1∶68.1∶31.8	0.8∶54.14∶45.06	2.6∶50.8∶46.6
战略性新兴产业产值(亿元)	1 058.4		1 274.1
主导产业	汽车制造产业	千亿级 IT 产业,包括通信设备、计算机及其他电子设备	高端装备制造、新材料、物贸总部 3 个千亿级产业

资料来源:根据 2018 年三地国民经济社会发展统计公报整理。

三、区域优劣势和区域分工分析

基于嘉昆太资源禀赋和经济社会发展基本概况,三地区域优劣势和区域分工具有如下特征:

一是经济发展水平总体相当,昆山发展水平较高。从表 2 可以看出,嘉定、昆山、太仓总体经济发展水平相当。从规模上来看,昆山上处于领先地位,2018年昆山实现地区生产总值3 875亿元,要高于嘉定(2 362.7亿元)和太仓(1 330亿元)。从发展质量来看,昆山发展效率也高于嘉定和太仓。2018年昆山市人均GDP为23万元,是嘉定的1.54倍,太仓的1.24倍。2018年昆山地均GDP为9.65亿元/平方公里,而嘉定区和太仓市地均GDP分别为8.86亿元/平方公里和5.52亿元/平方公里,如图1。

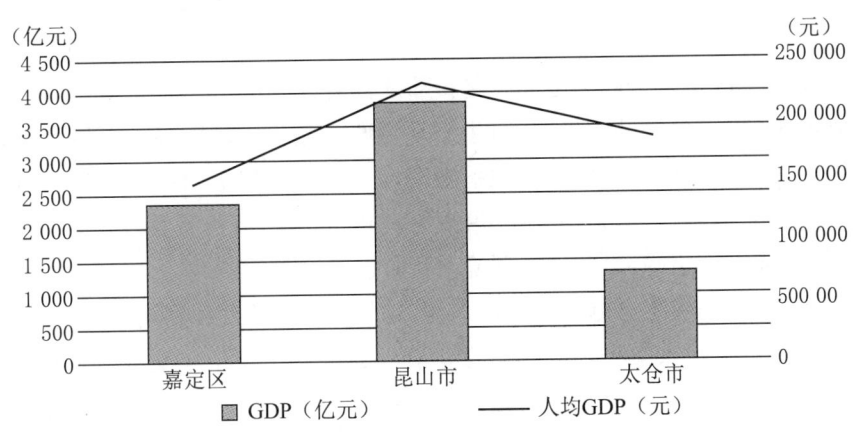

图1 嘉昆太经济发展水平比较

资料来源:根据2018年三地国民经济社会发展统计公报整理。

二是制造业各有侧重,战略新兴产业竞争激烈。从产业结构来看,嘉定、昆山、太仓三地均以第二产业为主。其中嘉定区第二产业增加值占比最高,2018年嘉定区第二产业增加值占生产总值比重达到68.1%;昆山市和太仓市第二产业增加值占比分别为54.14%和50.8%。从制造业内部结构来看,各地产业各有侧重,嘉定区主要以汽车产业为主导产业;昆山形成了以通信设备、计算机及其他电子设备为主的IT产业集群;太仓市主要以高端装备制造、新材料、物贸总部等产业为主。嘉昆太三地经济发展水平相近,高端装备制造、新材料、生物医药等新兴产业竞争尤为激烈,均成为三地的产业发展重点。

三是科教资源为共同诉求,嘉定科教医疗资源相对丰富。嘉昆太三地经济发展水平和发展阶段相似,都处于产业转型期,对科教资源具有共同诉求。例如,昆山重点围绕与上海大院大所合作共建校地协同创新平台。探索依托上海大院大所在沪建设离岸离地孵化器,按照"技术在上海、转化在昆山"的模式,分离研发和产业化环节,利用上海科技、人才资源开展前沿技术研发,利用昆山产业配套优势实现科技成果转化。太仓新建上海交通大学磁浮技术应用研究(太仓)中心、长三角翱翔创客中心、上海交大太仓港公共医疗研发平台等。相对而言,嘉定区科教资源丰富,拥有上海大学、同济大学、上海师范大学天华学院、上海科技学院、科技干部管理学院、新侨学院、上海医药高等专科学校等7所高校,以及"11所3中心2基地"。经实地调研,仅嘉昆太三地科教资源还难以满足三地经济社会发展需求,昆山和太仓除利用嘉定的科技资源以外,还更加积极地利用上海市区的科教资源予以支撑。

四是同属上海大都市圈北翼,对交通联动诉求明显。G2、G15等高速公路穿境而过,入沪第一站均在嘉定境内,312国道、204国道分别穿越嘉定、昆山和太仓境内;沪宜高速、S339连接昆山、太仓;地铁11号线直通花桥,太仓市中心到嘉定北地铁站开通班车,以及京沪高铁、沪宁城际铁路,显著提升了嘉定与昆山、太仓两地的同城化水平。随着长三角区域一体化上升为国家战略,三地推动区域合作更为强烈。其中交通一体化是区域合作的首要基础,三地对"断头路"的打通形成了共识,并进行了实质性推进,如城北路与岳鹿公路、宝安公路与金阳东路将陆续打通。

五是同属长江三角洲冲积平原,对生态环境联防整治诉求明显。嘉昆太三地同属江南水乡,土地水系等生态环境因素联系紧密,但分属两省(市)管辖,故对跨行政区域的生态保护、垃圾处理、污水处理、河流治理等有共同需求,迫切需要各方探讨生态联防联治机制及生态补偿机制,以及生态环境项目布点建设,等等。

六是三个地方同属于吴越文化覆盖地区,对传统文化开发和利用具有共同的诉求。嘉昆太三地地缘相近、人文相亲,传统上属江苏一地管理。近千年发展形成的风俗习惯和文化形态均属同一体系。利用和保护三地吴越文化的创造性转化和创新性利用,既是促进三地协同发展的灵魂,也是推进三地经济社会发展的软实力。

七是三地在执行的制度和政策上存在较大差异,在经济社会管理上相互协同的诉求明显。嘉昆太地域相连,但三地属于两省(市)管辖,各类经济社会管理信息互通,食品安全执法、市场监管执法、社会治安执法、非法就医执法、城市管理执法等方面都需要相互配合。

第三节 嘉昆太协同创新核心圈与长三角一体化示范区联动发展思路任务

嘉昆太协同创新核心圈在长三角区域一体化示范区内率先进行制度创新的先行先试,尽快形成一体化制度创新成果,引领长三角一体化发展,为国家区域合作先行探路。

一、长三角区域一体化示范区发展主要内容

长三角示范区将打破现有行政区划对环保、人才、设施、资金、市场、企业需求的割裂状态,在规划、土地、投资管理、要素流动、财税分享、公共服务政策、生态管控、公共信用等方面实现一体化的发展态势。

一是打造生态友好型一体化发展样板。在生态友好日益成为区域发展的"硬约束"的时代背景下,将长三角一体化示范区打造成为跨区域生态友好型地区,是示范区发展的"规定动作"。因此,生态管控将成为示范区的重中之重。近期,在召开的长三角区域大气污染防治协作小组第八次工作会议上,一市三省联合签署《加强长三角临界地区省级以下生态环境协作机制建设工作备忘录》;上海市青浦区、江苏省苏州市吴江区、浙江

省嘉兴市嘉善县政府主要负责人联合签署《关于一体化生态环境综合治理工作合作框架协议》。

二是统一的一体化机制和标准体系。长三角一体化示范区将在组织机构和工作机制方面实现一体化,在此基础上,形成一系列一体化的标准体系。例如,在生态管控方面,建立统一生态环境标准,统一检测体系,统一执法。再如创新生态保护修护治理制度,吸引社会资本投入生态环境保护市场化机制,探索企业环境风险评价机制,建立监测预警和动态完善机制;产业发展方面,统筹建立统一、透明的市场准入政策,实施统一的市场准入负面清单,帮助市场主体降低制度性成本。又如企业在一市三省注册、登记等无差别对待,行政流程全部打通;公共服务政策方面将进一步统一和衔接,建立联合信用机制。

三是创新重点领域一体化发展制度。目前,一体化示范区建设方案仍在细化,未来将首先在行政管理制度方面实现一体化。近日,长三角一体化示范区内非居民相关用电业务已经逐步实现"一网受理、只跑一次、一次办成"。企事业单位办理用电业务,无论是在青浦、嘉善还是吴江,只要到就近供电营业厅专设的异地业务窗口,或通过互联网线上渠道进行申请,均可轻松实现跨省用电业务办理、增值税发票跨省换取和电费跨省解缴。另外,示范区还将在区域实行成本共担、利益共享的财税分配机制,包括探索税收等经济指标共享、污染等产业转移成本共担的新模式,实现全域资源的优化配置。

二、嘉昆太协同创新核心圈与示范区联动发展主要思路和任务

根据前面所述,嘉昆太协同创新核心圈发展中,民生、生态、党建等行政主导领域进展相对顺利,产业、创新等市场领域进展相对缓慢。按照先易后难的原则,嘉昆太协同创新核心圈发展总的方向和顺序为:生态为"基",文化为"魂",产业为"重"。嘉昆太协同创新核心圈与示范区具体的发展思路和任务为:

(一)联动发展思路

一是坚持一体化战略为引领。从空间上看,嘉昆太协同创新核心圈是长三角城市群中自然、经济、社会水平相当的均质型区域发展空间,是长三角一体化战略先行先试的重要地区之一。因此,嘉昆太协同创新核心圈的联动发展既要符合长三角一体化的共性规律,同时也应具有其他区域的不同之处,在长三角一体化战略的引领下,因地制宜,选择创新发展路径。

二是坚持市场为主导。国际区域一体化发展经验表明,遵循经济发展和资源流动的一般规律,充分发挥市场配置资源的决定性作用,激发区域内各方的能动性,是推进区域一体化持续发展的内在动力。长三角是市场化发达的地区,嘉昆太又是市场化发育成熟的地区,市场化是嘉昆太的优势。因此,要利用好这一优势,高效率地优化要素资源配置。

三是发挥社会力量。嘉昆太联动取得的成就,与社会力量的积极参与是分不开的。嘉昆太以党建联建共建为引领,积极引导社会组织、社会机构等社会力量参与区域一体

化合作，充分发挥"第三方""润滑剂"作用，解决市场和政府无法解决的行政壁垒问题。

四是发挥政府组织功能。发挥政府培育市场和组织社会的功能，更好打造有为政府，通过战略和规划制定、政策设计、市场监管、基础设施建设、公共服务提供、产业生态营造等方面的主导作用，集聚社会各种力量，形成区域一体化发展合力。

（二）联动发展任务

一是创新联动。嘉昆太将是上海都市圈迈向全球卓越制造基地的主要板块之一，是长三角重要的科技创新与成果转化基地。嘉昆太应发挥科创要素资源集聚、高科技园区集中的优势，在嘉昆太科创产业园建设、产业链创新联盟、科技创新公共服务平台建设、科技博览等方面进行深度合作，形成长三角重要的科技创新高地。

二是产业联动。"嘉昆太"在汽车产业和智能制造等方面有共同的产业链，是协同打造世界级汽车产业中心，成为全球智能制造网络的重要节点。在此基础上，嘉昆太还将聚焦汽车、集成电路、新一代信息技术、装备制造、生物医药、文化旅游等行业，推动重点产业优化布局和统筹发展，实现更大空间区域的"强链补链"，着力培育世界级产业集群。

三是交通联动。嘉昆太之间地缘相近，未来要在打通省级"断头路"的基础上，在高速公路、高速铁路建设和城际交通建设方面破解政策瓶颈，开展交通一体化执法和监督管理。

四是生态联动。在目前嘉昆太协同对浏河沿岸和水域进行综合整治，对浏河流域污染源开展排查，严厉打击各类环境违法行为基础上，未来可以按照国务院2017年提出的全域旅游理念，借鉴浙江将全省作为一个"大花园"打造的全域旅游经验，将嘉昆太三地共2 214.9平方公里视为一个"大花园"，进行全域旅游示范区或绿色发展示范区打造，以此为平台，统筹推进三地的生态环境保护和经济社会发展。

五是公共服务联动。打造区域公共服务共享平台，形成共享机制，在文化交流、诚信体系建设、人才培养、健康医疗、养老服务、教育合作等方面进行联动发展。

六是社会治理联动。在推进"长安"嘉昆太联动机制和"智慧公安"协同机制建设基础上，制定一体化管理标准，加强区域基层平安共治机制，加强"雪亮工程"共享共用和道口查控协作，形成突发事件协同指挥和联勤联动。

七是党建联动。嘉昆太党建联建已经有较好的基础，特别是党建联建在区域社会治理领域取得较好的发展。未来区域党建将向深层次和更广的领域发展。深层次是区域党建在规划对接、战略协同、专题合作等方面加强联动；更广的领域是通过区域党建形成大平台，推进解决嘉昆太经济社会发展中的一些顽疾，特别是政策、制度和机制方面的薄弱环节。

八是规划政策信息联动。包括三地经济社会发展及规划、国土空间规划、生态环境规划、交通道路规划、产业发展规划等规划，经济社会发展制度政策、企业登记信息、纳税信息、统计信息等互相交流。

第四节　嘉昆太协同创新核心圈与示范区联动发展重点领域的财税政策

一、嘉昆太产业园区财税政策和财税体制

借鉴国内主要飞地经济财税政策，嘉昆太协同创新核心圈可以嘉昆太科创产业园（太仓）为载体，探索成本共担、利益共享、创新管理和政策，充分利用嘉定、昆山、太仓三地优势和资源，合力共同打造升级版的"飞地经济"。具体建议：

（一）创新嘉昆太科创产业园区管理模式

目前，我国飞地经济主要有四种模式，即国家政府主导共建模式、地方政府主导共建模式、园区主导建设模式、企业主导建设模式。以嘉昆太科创产业园区为载体，进一步创新共建园区管理模式，建议：一是创建不仅包括以资金、项目为特征的产业合作，还要进一步集成三地的最优管理经验、管理模式以及运行方法。例如，苏州工业园区和新加坡合作以后，很大程度上学习了新加坡的管理经验和模式，对苏州工业园区的发展起到了很大的推动作用。二是探讨产业和创新深度融合的合作模式。充分利用嘉定乃至上海的创新资源和平台，将孵化成熟的产业项目，移位到嘉昆太科创产业园区进行产业化。建立财税共享的利益机制，促进双方积极性。

（二）建立利益共享的财税分享机制

借鉴大连、安康等飞地经济的财税利益分享机制，嘉昆太科创产业园区要进一步深化利益共享的财税分享机制。主要有：一是要确定利益分享的年限，一般在10年。此后项目飞出地不再分享。二是确定财税分享的阶段和比例。一般而言，前期（多在三年或者五年）财税利益倾向于项目迁出地。建议在嘉昆太科创产业园区可实施在项目落地后的前期，除土地使用税外，前五年（或者三年）扣除兑现企业投资奖励政策后，嘉昆太科创产业园区财政实得收益全部奖励给项目迁出地。后期（五年或者七年），嘉昆太科创产业园区和项目引入地区按照一定比例分配，如5∶5比例或者7∶3比例，可通过双方进行协议。同时，对于重大项目可采取一事一议，探讨财税分享比例。

（三）属地化的财税统计制度

跨区域的飞地经济除了探讨财税分享，还要进一步探讨GDP、财税等经济统计的分享。一般而言，"飞地"项目常规统计调查按现行国家统计报表制度规定，由飞入地嘉昆太科创产业园区太仓政府统计部门负责统计。在政府内部考核时，对于地区生产总值、工业总产值、固定资产投资额、进出口额、外商投资额等经济指标，允许合作方综合考虑权责关系和出资比例，以及能源消费、污染物排放等资源环境因素，进行协商划分，仅作专门用途供内部使用。园区污染物排放等指标应按照属地管理原则由所在地政府有关部门按现行制度和口径进行统计考核。

（四）突破创新财税分享的制度保障

建立跨越省界的财税分享机制需要相应的政策制度作保障，使之有力推进：一方

面,做好财税分享企业的确认和标识,进一步明确对增量企业进行财税分享。对于哪些企业的财税分享要做好源头标识。在实际调研中也发现,可借鉴嘉定区与温州开展的一照多地的制度实施和推广,对于可分享财税的企业做好标识,便于统计。另一方面,要进一步探讨飞地经济两地统计指标的常态化、机制化的分享模式。对于地区生产总值、工业总产值等经济指标统计过程实行属地化统计,如何从国家层面推动对飞出地指标的统计,更大限度地调动飞出地的积极性,需要从国家层面进行突破。

二、嘉昆太创新券财税政策和财税体制

创新券是以创新需求为基础的一项政府创新投入政策,是由政府发放的具有支付功能的、用于购买科技服务的一种凭证,是有效创新财政资金使用方式、优化配置创新资源、提高创新能力的新模式。目前,昆山与上海两地已经推行创新券,为了最大限度发挥创新券的作用,有效引导各类科技创新资源向两地企业集聚,最大限度激发企业创新、创业和创造的活力,2018年6月国家技术转移东部中心与昆山市科学技术局签订《关于上海—昆山科技创新券通用通兑运营服务合作框架协议》,旨在实现两地创新券的通用通兑。而太仓方面,也在2019年4月,由太仓市科技局与嘉定区科委签订《嘉太"双创券"互通合作框架协议》。同时,加快资源共享制度建设,发布《关于嘉定区科技双创券科技服务机构入库申报的通知》,组织召开机构入库评审会,共279项服务项目入库,其中嘉定区245项、太仓市6项。2019年上半年,嘉定区科技型中小企业申领双创券1050万元。整体来看,双创券的推进较为顺利,但由于推广时间还较短,申请的额度还比较小,同时也需要三地之间的进一步对接协同,加快推进"双创券"落地运作。

（一）健全三地对接机制

建立《嘉昆太双创券互通合作框架协议》,以此为基础,进一步健全三地工作对接机制。互通标准,明确服务机构认定标准和"双创券"使用规则;互通资源,将"双创券"互动有关事宜纳入各自服务平台,加强对"双创券"三地互通工作的宣传推广,将彼此提供的科创资源在平台上发布推介;互通服务,成立工作小组,各地区负责属地企业在平台系统内的"双创券"申请、审核、兑现等具体操作事宜。

（二）充分挖掘资源优势

聚焦三地自身特色,发挥各自创新资源优势。例如,嘉定区可发挥汽车产业集聚优势,发挥嘉定汽车创新港、新微创源等专业化众创空间优势,开展汽车领域的企业技术难题对接活动。同时,加快成立科技创新服务联盟,集成三地优质科技服务机构,面向产业、聚焦企业,构建技术转移、科技金融、法律咨询、检验检测、创业孵化等于一体的综合性科技服务联盟。

（三）健全网上管理平台

建立健全嘉昆太双创券通用通兑在线管理平台,帮助三地企业通过网上平台渠道,实现企业在线申领、支付创新券,机构在线接单、兑现创新券。排摸企业需求,进一步扩充平台科技创新资源,建立科技服务机构引进、服务、评价、退出准则,吸引更多服务机

构入驻平台,形成长效服务的合作对接机制。

三、嘉昆太产业基金财税政策和财税体制

近期,嘉定、温州、昆山、太仓及上汽集团共同设立的上海长三角产业升级股权投资基金正式签约。该股权投资基金计划目标规模将超 80 亿元。股权投资基金是在嘉昆太协同创新核心圈中的一项创新发展模式,主要有以下示范作用:

一是市场与政府合作模式。该基金是地方政府与企业作为基金投资人共同发起的。与完全市场化运作模式不同,该基金是嘉定区财政局与温州市财政局、昆山市财政局、太仓市地方金融监督管理局、上汽集团等合作,形成的市场与政府多方合作模式。基金的成立将发挥各自在地方政府、产业基地等方面的区域优势进行合作,提升运作效率。

二是稳定的组织框架和运作机制。目前,基金已经形成职能分工明确的组织框架体系。组建投资指导委员会(以下简称"委员会"),由基金投资人及/或基金投资人认可的其他重要投资人委派人员担任委员。委员会的主要职能是充分协调各地资源,对基金的投资方向及行业配置情况进行指导,从而提升基金对长三角产业升级趋势的洞察力,确保基金投资运作符合预期的投资方向。各方建立长期有效的沟通机制,并成立工作组,定期开展日常沟通联络,以推动和深化各项合作的开展。

三是市场化运作方式。基金由上汽集团旗下专业私募股权投资平台负责管理运作,通过投资子基金及直投项目的方式,依托区域优势,结合国家战略布局新兴产业,引导优质型企业、创新型企业和投资机构落户嘉昆太协同创新核心圈乃至长三角,参与长三角地区高端制造、生物医药、消费、高科技与人工智能等四大领域企业的投资,重点聚焦装备制造、汽车、电子信息、新一代信息技术、医疗健康、新材料、现代金融、现代物流、文化创意等细分行业。管理人承担除基石投资之外的基金剩余额度的募集工作。

四是财税体制方面。在投资者后续募集、基金收益分成等方面,按照私募基金运作模式,实行市场化运作。

第五节 飞地经济发展案例

案例一:飞地经济主要管理模式

目前,我国飞地经济管理模式主要四种:一是国家政府主导共建模式。由国家之间签署政府协议,经济较发达国家采用外商直接投资等模式,将加工制造业等向其他国家转移。例如,中国和新加坡两国政府签署协议,共建苏州工业园。园区主导产业以外资加工为主,在管理模式上有选择地借鉴新加坡经济发展和公共管理方面的经验。随着我国制造业水平的不断提升,我国也在积极寻求海外合作,共建具备资源优势和成本优势的"飞地"。比如,我国与白俄罗斯共建中白工业园,实现双方投资从产业环节合作变

为产业链条合作。二是地方政府主导共建模式。由地方政府展开合作，推动产业由经济发达地区向经济不发达地区转移。通常是由双方政府联合成立投资公司，按市场化开发管理，税费由两地协商共享。地方政府联合共建可分为省内合作和跨省合作两种模式。如广东省中山市与河源市以省内合作模式共建工业园区，两市采用"联手建设产业转移园区联席会议"制度，共同成立园区管委会，税收留成部分五五分成。三是园区主导建设模式。根据园区与飞入地的关系，可分为直营式、兼并式、合作式三种形式。直营式是指园区通过"飞地"扩大规划面积。"飞地"享受原有的税收优惠和政策支持。如上海漕河泾新兴技术开发区在闵行区扩建浦江高科技园等。兼并式是指发展状况良好的园区兼并整合经营不善的园区，采用托管的方式，扩展发展空间。如余姚经济技术开发区异地整合滨海产业园、远东工业新城等。合作式是指园区与飞入地政府进行协商合作，由发展状况较好的园区将管理经验输出，飞入地政府以土地价格入股等方式参与园区的具体运作。如武汉江汉经开区江北民营科技园与东西湖区合作共建高桥园等。四是企业主导建设模式。龙头企业牵头建设。由企业在其他地区建立较大规模的生产基地，并按照当地惯例建设开发管理，带动飞入地的经济发展。企业之间合作共建。处于产业链不同环节的企业，通过资源优势互补，合作建设"飞地"。例如，宁波中策动力机电集团与华人财团李氏机构合作，在尼日利亚建设中策工业园区。由宁波中策在园区建设电力设备制造厂、修造船厂、水泥建材厂等。同时，积极将国内合作伙伴引入园区，在非洲修建空调制造厂等，推动优势产能向海外转移。

案例二：大连市飞地经济

2019年大连市颁布了《关于推进"飞地经济"发展的实施意见》（大政发〔2019〕2号），其中对财税分成机制、数据共享机制作出了明确规定。

财税分成机制。飞入地与飞出地利益共享。在"飞地园区"落地的"飞地"项目全部税收收入，包括项目建设、土地使用等缴纳的税款由飞入地税务机关负责征管，按属地原则就地缴库。对新上"飞地"项目缴纳的增值税、企业所得税飞入地分成部分，弥补飞入地给予该项目的优惠政策后，原则上项目投产后10年内由飞出地与飞入地政府按5∶5比例分享，此后飞出地不再分享。年税收在100万元（含）以上的工业企业整体搬迁到市内其他地区"飞地园区"的，在保证市本级及税源迁出地既得利益基础上，经市财政审核后，以搬迁前3年平均纳税所形成的地方财力为基数，在迁出地和迁入地进行划转，搬迁后税收由迁入地税务机关征管；年税收在100万元以下的工业企业整体搬迁到市内其他地区"飞地园区"的，飞出地与飞入地按新上"飞地"项目分享。重大项目可采取"一事一议"方式，由双方协商确定具体分享比例。涉及县域内的飞地经济财税分成政策，县域地区可自行研究确定税收分成比例及年限。（责任单位：市财政局、大连市税务局，各区市县政府及先导区管委会）

市财政让利于县。市财政在项目投产后10年内从各县（市、区）"飞地"项目形成的税收收入、非税收入和政府性基金等收入的50%返还县（市、区），各县（市、区）可通过

转移支付返还乡镇(街道)及"飞地园区"。(责任单位:市财政局、大连市税务局)

县(市、区)财政让利于乡镇(街道)。对乡镇(街道)招商引资企业入驻乡镇外"飞地园区"的,按照"飞地经济"税收管理,在项目投产后10年内实现的县级财政收入原则上大部分通过转移支付返还乡镇(街道)及"飞地园区"。(责任单位:各区市县政府及先导区管委会)

统计数据分享。"飞地"项目常规统计调查按现行国家统计报表制度规定,由飞入地政府统计部门负责统计。在政府内部考核时,对于地区生产总值、工业总产值、固定资产投资额、进出口额、外商投资额等经济指标,允许合作方综合考虑权责关系和出资比例,以及能源消费、污染物排放等资源环境因素,进行协商划分,仅作专门用途供内部使用。园区污染物排放等指标应按照属地管理原则由所在地政府有关部门按现行制度和口径进行统计考核。(责任单位:市统计局、市商务局、市环保局)

案例三:陕西安康地区飞地经济

安康高新区地处陕西南部秦,地处安康中心城市的江北片区,规划面积28平方公里,是全国14个连片特困地区的首个国家高新技术产业开发区,承担着生态保护、科技扶贫、乡村振兴、产业发展和转型升级的历史使命。安康92%的区域为限制开发区。为了保护生态环境、一江清水送京津、实现可持续发展,安康高新区规划建设"飞地经济"园区,破解了生态功能区工业发展难题,实现了经济建设、生态文明建设协同互动。

"飞地园区"坚持"市县共建、利益共享"原则,由安康高新区统一规划,统计建设,"飞出"县、高新区联合招商,产值、税收前5年"飞出"县"享有",5年后"飞出"县与高新区"七三"分成。"飞地"园区建设运营过程中,市发改委、财政、工信、扶贫、商务、人社、科技等部门积极配合,在人力、物力、财力等方面给予大力支持。

编后记

本书是贯彻落实习近平总书记2016年5月17日在全国哲学社会科学工作座谈会上的重要讲话精神,以及中共中央《关于加快构建中国特色哲学社会科学意见》中提出的学科体系、学术体系、话语体系、教材体系构建要求,结合我国改革开放以来区域发展实践,编写的一本以区域发展类型为侧重点的基础理论读本。这本书洋洋洒洒80多万字,其作者绝大部分是本所科研人员。写这本书,既强化了本所的基础学科建设,也强化了本所区域发展方面的智库建设,还加强了本所研究生的教学基础,检验了本所科研人员的科研能力,以及联合攻关的现代科研组织方式和相互合作的科研团队精神,还体现了集中人力、财力办大事的我国体制优势。

本书作者已在前言中列举。支持完成本书写作的还有本所的周海旺、胡苏云、杨欣、于宁、肖黎春、高慧、杨晓萍等老师,尽管他们没有参加本书具体章节的写作,但参与了本书写作提纲的讨论,在此表示感谢。本书各章的认领、签订写作合同、催稿等大量日常工作,都是由本所学秘周肖燕完成的,对她的努力和付出也表示感谢。同时本所办公室的李佩佩、许冉等同志也为本书的写作、出版、后勤保障做了大量的工作,没有她们的支持,本书也难以如期完成,在此同样表示感谢。更需要感谢的是上海社会科学院出版社和本书编辑应韶荃老师、陈慧慧老师,半年来认真、仔细、辛苦的劳动,使本书得以按时高质量出版,在此表示衷心的感谢。

编 者

2020年10月

图书在版编目(CIP)数据

区域发展导论 / 朱建江主编 .— 上海 : 上海社会科学院出版社，2020
 ISBN 978-7-5520-3385-4

Ⅰ.①区… Ⅱ.①朱… Ⅲ.①区域发展—研究—中国 Ⅳ.①F127

中国版本图书馆 CIP 数据核字(2020)第 234962 号

区域发展导论

主　　编：朱建江
副 主 编：宗传宏　李　娜
责任编辑：陈慧慧
封面设计：黄婧昉
出版发行：上海社会科学院出版社
　　　　　上海顺昌路 622 号　邮编 200025
　　　　　电话总机 021-63315947　销售热线 021-53063735
　　　　　http://www.sassp.cn　E-mail: sassp@sassp.cn
照　　排：南京理工出版信息技术有限公司
印　　刷：上海景条印刷有限公司
开　　本：710 毫米×1010 毫米　1/16
印　　张：41.5
插　　页：1
字　　数：888 千字
版　　次：2020 年 12 月第 1 版　2020 年 12 月第 1 次印刷

ISBN 978-7-5520-3385-4/F·642　　　　　　　　　　　定价：198.00 元

版权所有　翻印必究